PRIMÓRDIOS
DA FILOSOFIA GREGA

A. A. LONG (Org.)

PRIMÓRDIOS DA FILOSOFIA GREGA

EDITORA
IDEIAS&
LETRAS

Direção Editorial:
Marcelo C. Araújo

Conselho Editorial:
Avelino Grassi
Márcio Fabri dos Anjos

Tradução:
Pedro Ferreira

Coordenação editorial:
Ana Lúcia de Castro Leite

Revisão:
Bruna Marzullo
Leila Cristina Dinis Fernandes

Diagramação:
Simone A. Ramos de Godoy

Capa:
Vinicio Frezza/ Informat
A partir da pintura de J. L. David,
"A Morte de Sócrates"

Coleção Companions & Companions

Título original: *Early Greek Philosophy*
Copyright © Cambridge University Press 1999
The Edinburgh Building Cambridge, CB2 2RU, UK
ISBN 0-521-44667-8

Todos os direitos em língua portuguesa, para o Brasil, reservados à Editora Ideias & Letras, 2021.

6ª impressão

EDITORA
IDEIAS & LETRAS

Avenida São Gabriel, 495
Conjunto 42 - 4º andar
Jardim Paulista – São Paulo/SP
Cep: 01435-001
Editorial: (11) 3862-4831
Televendas: 0800 777 6004
vendas@ideiaseletras.com.br
www.ideiaseletras.com.br

Dados Internacionais de Catalogação na Publicação (CIP)
(Câmara Brasileira do Livro, SP, Brasil)

Primórdios da Filosofia Grega / A. A. Long (org.); (tradução Pedro Ferreira). - Aparecida, SP: Ideias & Letras, 2008. (Coleção Companions & Companions)

Título original: *Early Greek Philosophy*.
Vários autores.
ISBN 978-85-7698-004-9

1. Filosofia antiga I. Long, A. A. II. Série.

08-01492   CDD-180

Índice para catálogo sistemático:
1. Filosofia grega antiga 180

Sumário

Colaboradores – 11
Prefácio – 15
Normas de transliteração – 19
Abreviações das fontes – 21
Vida e obra dos primeiros filósofos gregos – 23
    Anaxágoras – 23
    Anaximandro – 24
    Anaxímenes – 24
    Antifonte – 25
    Demócrito – 25
    Diógenes – 26
    Empédocles – 27
    Filolau – 28
    Górgias – 28
    Heráclito – 29
    Hípias – 29
    Leucipo – 30
    Melisso – 31
    Parmênides – 31
    Pitágoras – 32
    Pródico – 32
    Protágoras – 33
    Tales – 34
    Xenófanes – 34
    Zenão – 35
Cronologia – 37
Mapa – 39

1. O escopo da filosofia grega em seus primórdios
    A. A. LONG – 41
        Rumo a uma definição da filosofia grega em seus primórdios – 47
        Caracterizar tudo – 53
        Conclusões – 59

2. Fontes
   JAAP MANSFELD – 65
   - Doxographi Graeci – 65
   - Dois sofistas e Platão – 71
   - Aristóteles, Teofrasto e as *Placita* tardias – 73
   - Sucessões, Diógenes Laércio – 79
   - Biografia e doxografia; Hipólito – 83
   - Outras fontes – 86
   - Os comentadores, em especial Simplício – 87

3. Os princípios da cosmologia
   KEIMPE ALGRA – 91
   - Introdução: Mito e cosmologia – 91
   - Tales e os princípios da cosmologia grega – 96
   - As cosmologias de Anaximandro, Anaxímenes e Xenófanes – 103
   - A cosmologia milésia e a história da filosofia e da ciência – 110

4. A tradição pitagórica
   CARL A. HUFFMAN – 115
   - Pitágoras – 119
   - Empédocles – 126
   - Filolau – 130

5. Heráclito
   EDWARD HUSSEY – 139
   - A abordagem de Heráclito – 139
   - Experiência, interpretação, racionalidade – 141
   - Unidade nos opostos – 146
   - O cosmos enquanto processo – 152
   - A teoria a respeito da alma – 156
   - Questões finais – 160
   - Conclusão: o passado e o futuro de Heráclito – 164

6. Parmênides e Melisso
   DAVID SEDLEY – 167
      Parmênides – 167
      Melisso – 181

7. Zenão
   RICHARD D. MCKIRAHAN JR. – 191
      O primeiro paradoxo de Zenão – 193
      Outro paradoxo a respeito da pluralidade – 196
      Ápeiron e infinitude – 199
      Os argumentos contra o movimento – 201
      A Dicotomia – 203
      O Aquiles – 210
      A Flecha – 211
      Os paradoxos: conclusão – 216

8. Empédocles e Anaxágoras: Respostas a Parmênides
   DANIEL W. GRAHAM – 219
      Empédocles e Anaxágoras – 220
      A influência de Parmênides – 227
      O modelo parmenídico de explicação – 234
      Objeções eleatas – 237
      Apêndice – 242

9. Os Atomistas
   C. C. W. TAYLOR – 245
      Princípios físicos – 246
      Acaso e necessidade – 250
      Epistemologia – 255
      Psicologia – 263
      Ética e política – 264
      Conclusão – 267
      Apêndice – 268

10. Teologia racional
    Sarah Broadie – 271
       Introdução – 271
       Xenófanes – 275
       Heráclito, Parmênides, Empédocles – 280
       O atomismo do século V a.C. e além – 289

11. Os primórdios do interesse pelo conhecimento
    J. H. Lesher – 293
       Pessimismo poético e otimismo filosófico – 293
       Xenófanes – 298
       Heráclito – 301
       Parmênides – 307
       Empédocles – 314

12. Alma, sensação e pensamento
    André Laks – 321
       A alma – 321
       Distinguindo entre sentidos e mente – 327
       A fisiologia da sensação e do pensamento – 337

13. Culpabilidade, responsabilidade e causa: Filosofia, historiografia e medicina no século V a.C.
    Mario Vegetti – 345
       Os filósofos – 349
       Os historiadores – 351
       A medicina – 354
       Sobre a medicina antiga – 360

14. Retórica e relativismo: Protágoras e Górgias
    Paul Woodruff – 365
       Os sofistas – 365
       A retórica – 368
       O relativismo – 377

15. Protágoras e Antifonte: Debates sofísticos acerca da justiça
    FERNANDA DECLEVA CAIZZI – 389
    Introdução – 389
    A justiça segundo Protágoras – 395
    Interlúdio: Tucídides – 402
    A justiça segundo Antifonte – 404

16. A poética da filosofia grega em seus primórdios
    GLENN W. MOST – 413
    Introdução: A poética da filosofia grega em seus primórdios? – 413
    Poética explícita nos primórdios da filosofia grega:
    a querela entre filosofia e poesia – 418
    Poética implícita nos primórdios da filosofia grega:
    a herança da épica arcaica – 424
    Poética imanente nos primórdios da filosofia grega:
    o filósofo como poeta – 434
    Conclusão – 444

Bibliografia – 447
Índice de passagens – 489
Índice remissivo – 505

Colaboradores

KEIMPE ALGRA é Professor Associado de Filosofia na Universidade de Utrecht e editor administrativo da revista *Phronesis*. É o autor de *Concepts of Space in Greek Thought* (1995) e coeditor de *The Cambridge History of Hellenistic Philosophy* (1999).

SARAH BROADIE é Professora de Filosofia na Universidade de Princeton. Suas principais publicações incluem *Ethics with Aristotle* (1991) e (como Sarah Waterlow) *Nature, Change and Agency in Aristotle's Physics* (1982).

FERNANDA DECLEVA CAIZZI é Professora de Filosofia Antiga na Universidade de Estudos de Milão e figura entre os editores do *Corpus dei Papiri Filosofici*. É a autora de *Antisthenis Fragmenta* (1965), *Antiphonis Tetralogiae* (1970), *Pirrone Testimonianze* (1981), *Plato Euthydemus* (1996) e de artigos sobre papiros filosóficos e as tradições sofística e cética.

DANIEL W. GRAHAM é Professor de Filosofia na Universidade Brigham Young, no Utah. É o autor de *Aristotle's Two Systems* (1987), *Aristotle's Physics Book VIII* (1995) e de numerosos artigos sobre filosofia antiga.

CARL A. HUFFMAN é Professor de Estudos Clássicos na Universidade DePauw, em Indiana, e o autor de *Philolaus of Croton: Pythagorean and Presocratic* (1993). Trabalhou em uma edição dos fragmentos de Árquitas de Tarento.

EDWARD HUSSEY é Professor Associado do All Souls College, de Oxford. É o autor de *The Presocratics* (1972), *Aristotle: Physics III-IV* (1983) e de outras publicações sobre os primórdios da filosofia grega e Aristóteles.

ANDRÉ LAKS é Professor de Filosofia Antiga na Universidade Charles de Gaulle, Lille 3, na França. É o autor de *Diogène d'Apollonie* (1983) e de artigos sobre os primórdios da filosofia grega. Editou, com Glenn W. Most, os volumes *Theophrastus: Metaphysics* (1993) e *Studies on the Derveni Papyrus* (1997).

J. H. LESHER é Professor de Filosofia e Estudos Clássicos na Universidade de Maryland. É o autor de *Xenophanes of Colophon* (1992), *The Greek Philosophers* (1998) e de numerosos estudos das teorias gregas antigas sobre o conhecimento.

A. A. LONG é Professor de Estudos Clássicos e Professor Irving Stone de Literatura na Universidade da Califórnia, em Berkeley. É o autor de *Language and Thought in Sophocles* (1968), *Hellenistic Philosophy* (1974, 1986), *The Hellenistic Philosophers* (com David Sedley, 1987), *Stoic Studies* (1996) e de artigos sobre os primórdios da filosofia grega e a filosofia grega tardia.

RICHARD D. MCKIRAHAN JR. é Professor E. C. Norton de Estudos Clássicos e Filosofia no Pomona College, na Califórnia. É o autor de *Philosophy Before Socrates* (1994) e *Principles and Proofs: Aristotle's Theory of Demonstrative Science* (1992).

JAAP MANSFELD é Professor de Filosofia Antiga e Medieval na Universidade de Utrecht e publicou numerosos livros e artigos sobre filosofia antiga.

GLENN W. MOST é Professor de Grego Antigo na Universidade de Heidelberg e Professor de Pensamento Social na Universidade de Chicago. É o autor de *The Measures of Praise: Structure and Function in Pindar's Second Pythian and Seventh Nemean Odes* (1985), *Collecting Fragments – Fragmente Sammeln* (1997) e de numerosos estudos sobre filosofia e poesia antiga e moderna. Editou (com A. Laks) os volumes *Theophrastus Metaphysics* (1993) e *Studies on the Derveni Papyrus* (1997).

DAVID SEDLEY é Professor de Filosofia Antiga na Universidade de Cambridge e Professor Associado no Christ's College. É coautor de *The Hellenistic Philosophers* com A. A. Long (1987) e o autor de *Lucretius and the Transformation of Greek Wisdom* (1998).

C. C. W. TAYLOR é Lente em Filosofia na Universidade de Oxford e Professor Associado no Corpus Christi College. É o autor de *Plato: Protagoras* (1976, 1991), *The Greeks on Pleasure* (com J. C. B. Gosling, 1982), *Socrates* (Past Masters, 1998) e de numerosos artigos em história da filosofia, ética e filosofia da mente.

MARIO VEGETTI é Professor de Filosofia Antiga na Universidade de Pavia. É o autor de *Il coltello e lo stilo* (1996), *Tra Edipo e Euclide* (1983), *L'etica degli antichi* (1989) e de numerosas obras sobre a história da medicina, da ciência e da filosofia antigas.

PAUL WOODRUFF é Professor de Filosofia e Professor Thompson de Humanidades na Universidade do Texas, em Austin. É o autor de *Thucydides on Justice, Power and Human Nature* (1993), editor (com M. Gagarin) de *Early Greek Thought, from Homer to the Sophists* (1995) e o tradutor de diversos diálogos platônicos e das *Bacantes* de Eurípides.

Prefácio

Este livro pretende oferecer uma abordagem original e abrangente dos primórdios da filosofia grega, cobrindo os pensadores frequentemente chamados de pré-socráticos. Os capítulos dividem-se entre estudos de pensadores individuais ou movimentos, incluídos aí os sofistas, e estudos de tópicos para os quais esses mesmos pensadores individuais ou movimentos coletivamente contribuem. Não se requer nenhum conhecimento prévio da língua grega antiga, e o livro inclui extensas traduções de textos primários feitas pelos autores dos capítulos, exceto quando houver indicação em contrário.[1] Há uma extensa bibliografia, organizada segundo cada um dos capítulos, e as referências em notas aos comentadores pretendem antes prestar auxílio ao leigo do que refinar seus conhecimentos. As normas de transliteração dos termos gregos e as abreviações das referências a autores antigos e suas obras são explicadas no começo do livro, juntamente a um mapa que mostra as cidades nativas e adotadas de cada filósofo, uma cronologia de suas datas aproximadas e uma apresentação (em ordem alfabética) da vida e da(s) obra(s) de cada qual.

Para aqueles que estão abordando os primórdios da filosofia grega pela primeira vez, algumas palavras a respeito de como usar este livro podem ser úteis. No capítulo 1, ofereço uma visão geral do campo que os capítulos 3-16 exploram em detalhe. Visto que a evidência é tão fragmentária e frequentemente transmitida por sumários de segunda ou terceira mão, em lugar de vir expressa nas palavras dos próprios pensadores, uma familiaridade geral com os autores gregos (e romanos) tardios que atuam como nossas fontes é indispensável. Adverte-se, então, àqueles para quem o assunto é novidade que leiam o capítulo 2, o estudo das fontes segundo Jaap Mansfeld, antes de

---

[1] N. T. A tradução dessas passagens para o português foi feita com base no cotejo com os textos originais em grego.

avançar em qualquer dos estudos subsequentes, sendo esse capítulo o lugar ao qual se deve retornar quando em busca das referências antigas mencionadas no texto principal e nas notas. O restante do livro é para ser lido em sequência, embora cada capítulo seja completo em si mesmo e não faça quaisquer pressuposições a respeito da ordem em que deva ser lido. Aqueles cujo interesse primário se volta para os sofistas podem dirigir-se imediatamente aos capítulos 14 e 15. Os capítulos de estudos de tópicos podem igualmente ser lidos em qualquer ordem, mas leitores a quem não sejam familiares os filósofos discutidos nos capítulos 3-9 podem preferir a leitura cronologicamente organizada dos estudos de filósofos individuais e movimentos antes de embarcar na maior parte dos capítulos de estudos de tópicos. Contudo, o capítulo final, o estudo da "poesia" por Glenn Most, embora lide com um tópico, explora um terreno altamente relevante, funcionando como complemento a meu capítulo introdutório.

Os colaboradores deste livro tiveram irrestrita liberdade, dentro dos limites de espaço, para apresentar seus assuntos como julgassem apropriado. Não se lhes pediu nem que fossem ortodoxos (como se se pudesse ser ortodoxo neste ou em qualquer outro empreendimento de caráter histórico), nem para que buscassem ser originais, apenas que fossem genuinamente introdutórios. Nada, decerto, substitui o encontro imediato de um estudante sério com os textos primários, mas este livro, esperamos, guiará seus usuários a questões de interesse central sem incorrer em simplificação exagerada ou barreiras de barafunda erudita. Dar-nos-emos por satisfeitos se os leitores acharem difíceis as ideias aqui apresentadas: os primórdios da filosofia grega não seriam estudados de maneira tão intensa se se tratasse de um assunto fácil e, quanto mais se estuda-o, mais difícil fica. Ficaremos desapontados se nossas exposições forem julgadas difíceis e se a excitação com o material não crescer proporcionalmente às dificuldades experimentadas. Se você se pegar debatendo com Heráclito, Parmênides ou Zenão, ou com o que nossos autores afirmam a respeito desses e de outros assuntos, então tudo está como deve ser. Jamais haverá uma interpretação final ou definitiva da filosofia grega em seus primórdios, e podemos encontrar diferentes abordagens de muitas questões de grande importância neste volume (como, em geral, indico). É sempre possível abordar o material de novas perspectivas e, de tempos em tempos, aquilo que julgávamos saber é sacudido por descobertas notáveis, como o papiro de Derveni e, mais recentemente, de um papiro contendo novos versos de Empédocles.[2]

Constantemente surgem novos materiais de pesquisa sobre os primórdios da filosofia grega.[3] A bibliografia deste livro, embora extensa, teve de ser seletiva, e inclui itens demasiado recentes para terem sido devidamente avaliados e assimilados. Entre esses inclui-se a desafiadora obra de Peter Kingsley sobre Empédocles e a tradição pitagórica [105], que propõe ideias muito novas a respeito da conexão entre a filosofia grega em seus primórdios e a magia, e traça as linhas de sua transmissão ao Egito, ao Islã e ao misticismo, e à alquimia medievais. Quando este volume estava em seus estágios finais, foi publicado o livro de Patricia Curd, *The Legacy of Parmenides* [290], além de outro livro de Kingsley, *In the Dark Places of Wisdom* (Inverness, Califórnia, 1999), que reinterpreta Parmênides à luz das inscrições descobertas em Vélia no sul da Itália.[4] Estudos como esses encorajam-nos a esperar que os primórdios da filosofia grega sejam tão efetivos em estimular o pensamento a respeito e sua interpretação no século seguinte como o foram nos últimos cem anos.

Este livro demorou mais para se completar do que previ quando aceitei o convite de Terry Moore, o editor da série para a Cambridge University Press, para editá-lo. Agradeço a ele e a todos os colaboradores a paciência e a admirável cooperação. Sou especialmente grato a Keimpe Algra, autor do capítulo 3, que assumiu a responsabilidade às pressas, após um colaborador anterior mostrar-se incapaz de prosseguir. O estudo contemporâneo da filosofia grega antiga tem sido objeto de atenção internacional. Tenho particular prazer em que os autores deste livro sejam de cinco nacionalidades diferentes, filiados a universidades de seis países diferentes.

Ao longo do processo editorial, fui assistido por James Ker, estudante de graduação em Estudos Clássicos em Berkeley. Prestou-me ele um auxílio de imensurável valor ao preparar a bibliografia e o material de apoio restante, ao formatar os capítulos e traçar as referências. Afora isso, beneficiei-me de

---

[2] Para o papiro de Derveni, cf. Most, neste volume, p. 413, e Laks & Most [537]. É iminente a publicação do novo material a respeito de Empédocles por Martin & Primavesi [380].
[3] Para uma listagem útil das sendas mais recentes de pesquisa, cf. Mourelatos [155] xxi-xxvii.
[4] Para detalhes a respeito dessas inscrições, cf. Coxon [270] 39-40.

seu entusiasmo, suas férteis sugestões e sua presteza em pôr-se no lugar de alguém que estivesse lendo o livro. Também tenho muito a agradecer a Andrew Wilson, da TechBooks, Fairfax, Virgínia, por sua meticulosa administração do processo tipográfico.

Meus estudos dos primórdios da filosofia grega têm início no University College de Londres sob a esplêndida orientação de David Furley. Olhando para trás depois de quarenta anos, vejo que Heráclito, Parmênides e os demais filósofos originários foram a principal razão por que me apaixonasse pela filosofia antiga em particular e, em geral, pela filosofia. Este livro realizará o seu propósito se encorajar outras pessoas a experimentar uma tal atração.

A. A. Long
Berkeley, janeiro de 1999

Normas de transliteração

A transliteração dos termos gregos segue o padrão abaixo:

Α α	A a
Β β	B b
Γ γ	G g
Δ δ	D d
Ε ε	E e
Ζ ζ	Z z
Η η	<u>E e</u>
Θ θ	Th th
Ι ι	I i
Κ κ	K k
Λ λ	L l
Μ μ	M m
Ν ν	N n
Ξ ξ	X x
Ο ο	O o
Π π	P p
Ρ ρ	R r
Σ σ ς	S s s
Τ τ	T t
Υ υ	Y y
Φ φ	Ph ph
Χ χ	Kh kh
Ψ ψ	Ps ps
Ω ω	<u>O o</u>

O "espírito brando" é omitido; o "espírito rude", representado por *h*. Aos acentos agudo, grave e perispômeno correspondem, respectivamente, agudo, grave e circunflexo.

Abreviações das fontes

Os fragmentos são citados a partir da coletânea de Diels/Kranz [1]; por exemplo, "DK 28B6.4-7" refere-se às linhas 4-7 do fragmento B6 de Parmênides, cuja numeração em DK é 28 (sobre a distinção entre A e B, cf. Mansfeld, p. 66-70).

Das obras modernas citadas com um número entre colchetes (por exemplo, "Barnes [14]"), a referência completa é oferecida na Bibliografia. Oferece-se uma lista de abreviações de periódicos à p. 449.

Adv. Col.	Plutarco, *Adversus Colotem*
Pr. med.	[Hipócrates], *Sobre a medicina antiga (De prisca medicina)*
An. post.	Aristóteles, *Analíticos posteriores*
Ap.	Platão, *Apologia de Sócrates*
Cat.	Aristóteles, *Categorias*
Crat.	Platão, *Crátilo*
De an.	Aristóteles, *De anima*
DK	Diels/Kranz
DL	Diógenes Laércio, *Vidas dos filósofos ilustres*
EN	Aristóteles, *Ethica nicomachea*
FHSG	Fortenbaugh/Huby/Sharples/Gutas, *Theophrastus of Eresus. Sources for his Life, Writings, Thought and Influence* [37]
GA	Aristóteles, *De generatione animalium*
GC	Aristóteles, *De generatione et corruptione*
Gorg.	Platão, *Górgias*
Il.	Homero, *Ilíada*
In Phys., *In Parm.* etc.	Comentário à *Física de Aristóteles*, Comentário ao *Parmênides de Platão* etc.
KRS	Kirk/Raven/Shofield, *The Presocratic Philosophers* [4]

LSJ	Liddell, H. G. e Scott, R. *A Greek-English Lexicon*, revisado por H. S. Jones, 9ª edição, com suplemento (Oxford, 1968)
AM	Sexto Empírico, *Contra os homens de ciência (Adversus mathematicos)*
Met.	Aristóteles, *Metafísica*
Meteor.	Aristóteles, *Meteorológicas*
Mem.	Xenofonte, *Ditos e feitos memoráveis de Sócrates (Memorabilia)*
MXG	[Aristóteles], *De Melisso, de Xenophane, de Gorgia*
Nat. hom.	[Hipócrates], *Sobre a natureza humana (De natura hominis)*
Od.	Homero, *Odisseia*
Parm.	Platão, *Parmênides*
PH	Sexto Empírico, *Esboços de pirronismo (Pyrrhoniae hypotiposes)*
Phys.	Aristóteles, *Física*
Prot.	Platão, *Protágoras*
Ref.	Hipólito, *Refutação de todas as heresias*
Resp.	Platão, *República*
Rhet.	Aristóteles, *Retórica*
SE	Aristóteles, *Sophistici elenchi*
Sens.	Teofrasto, *De sensibus*
Soph.	Platão, *Sofista*
Theog.	Hesíodo, *Teogonia*
Tht.	Platão, *Teeteto*
VS	Flávio Filóstrato, *Vida dos sofistas*

Vida e obra dos primeiros filósofos gregos

ANAXÁGORAS

Nascido a c. 500 a.C. em Clazômenas, na costa jônia; autor de uma cosmologia que rejeita quaisquer elementos últimos e tem o *Noûs* (a mente) como princípio ativador. Anaxágoras foi o primeiro filósofo a estabelecer-se em Atenas, onde passou cerca de vinte anos (sob o patrocínio de Péricles), até sua acusação e perseguição por impiedade. Ele então abandona Atenas e dirige-se provavelmente para Lâmpsaco, morrendo a c. 428 a.C. Para uma recente reconstrução de sua carreira, cf. Mansfeld [395].

Fontes
DL II.6-15; a Suda; Platão, *Ap.* 26d, *Fedro* 270a; Plutarco, *Péricles* 6, 16, 32; outros em DK 59A.

Obras
Um "tratado único" (DL I.16), conhecido posteriormente como *Física*, em dois livros. Dezesseis passagens de seu "primeiro livro" (incluindo as primeiras palavras: "e tudo estava junto") são citadas por Simplício, e todas as passagens (à exceção de uma) aparecem no comentário deste à *Física* de Aristóteles; outros autores preservam algumas linhas a mais. Outros livros atribuídos a ele a respeito da quadratura do círculo, da pintura de cenas, da perspectiva e de problemas (DK 59A38-40) são quase certamente espúrios.

Anaximandro

Nascido a c. 610 a.C. em Mileto; sua é a primeira cosmologia detalhada atestada. Credita-se a Anaximandro a invenção do gnômon, o estabelecimento do primeiro relógio de sol grego em Esparta, o fato de ser o primeiro a desenhar um mapa do mundo então conhecido e a construção de um modelo astronômico dos céus. Morre a c. 546. a.C.

Fontes
DL II.1-2; a Suda; outros em DK 12A.

Obras
Anaximandro foi um dos primeiros gregos a compor um livro em prosa. Nele, além da discussão sobre cosmogonia e cosmologia, o autor especula a respeito das origens da vida humana. A Suda lista como suas obras: *Sobre a natureza, Descrição da Terra, Sobre as estrelas fixas, Esfera* e "algumas mais". Esses títulos, embora apropriados a seus estudos conhecidos, são descrições provavelmente anacrônicas de um tratado originalmente sem título. Para uma sentença completa desse tratado, cf. Algra, neste volume, p. 104s.

Anaxímenes

Nascido em Mileto; contemporâneo mais novo de Anaximandro e continuador da cosmologia milésia. fl. c. 546-526 a.C.

Fontes
DL II.3; a Suda; outros em DK 13A.

Obras
Diógenes Laércio observa que Anaxímenes escreveu em "estilo simples e econômico" (II.3). Para exemplos de sua viva fraseologia, cf. Most, neste volume, p. 434 s.

Antifonte

Sofista ateniense do séc. V a.C. que distinguia entre uma justiça natural e uma justiça convencional/legal; provavelmente idêntico (como é proposto neste volume, cf. Caizzi, p. 396 nota 9) a Antifonte de Ramno, o orador ático (c. 480-411 a.C.) que ajudou a planejar a revolução oligárquica de 411 e foi subsequentemente condenado à morte.

Fontes
(1) Identificado como "sofista": Xenofonte, *Mem.* I.6.1-5, 10-15; outros em DK 87A. (2) Identificado como "orador": Tucídides VIII.68, Filóstrato, *VS* I.15.

Obras
(1): *Sobre a verdade* (parcialmente supérstite, cf. Caizzi, neste volume, cap. 15) e as seguintes obras perdidas: *Sobre a concórdia, Político, Sobre a interpretação dos sonhos*. Há também evidência de seu interesse por matemática e astronomia, cf. DK 87 B13. De (2) sobrevivem vários discursos, incluindo um conjunto de *Tetralogias*, as quais consistem em exercícios retóricos de acusação e defesa de um caso modelo (cf. Vegetti, neste volume, p. 349s).

Demócrito

Nascido a c. 460 a.C. em Abdera, na Trácia; seguidor de Leucipo e o principal responsável pela teoria atomista. Demócrito certamente tinha familiaridade com a filosofia eleata e possivelmente teve contato com Anaxágoras. Viajou muito, provavelmente para o Egito e talvez para a Índia, sendo conhecido no mundo romano como o "filósofo que ria". Data de morte desconhecida.

Fontes
DL IX.34-49 (inclui um catálogo de obras); a Suda; outros em DK 68A.

Obras

Mais de sessenta títulos são atestados em DL IX.46-48, a maioria sob os agrupamentos a seguir (classificação atribuída a Trasilo, bibliotecário em Alexandria no séc. I d.C.): obras éticas, físicas, matemáticas, musicais (incluem poesia) e técnicas. Uma amostra representativa de títulos: *Sobre o bom humor, Sobre os planetas, Sobre as cores, Causas dos sons, Sobre linhas e sólidos irracionais, Sobre a poesia, Sobre a pintura*. Nenhum livro sobrevive. A maioria dos fragmentos atestados são máximas éticas, preservadas na antologia de Estobeu, que recorda algo em torno de 130 delas atribuídas a Demócrito. Outros 86 aforismos curtos são listados em dois MSS de Estobeu como *Os ditos de ouro do filósofo Demócrates*. A transmissão destes é independente de Estobeu (cf. DK, vol. 2, 154), e é amplamente assumido que Demócrates é, na verdade, Demócrito. Platão jamais o menciona pelo nome. Nossa melhor fonte para seu atomismo é Aristóteles.

Diógenes

Nascido na colônia milésia de Apolônia, no Mar Negro, a c. 480 a.C.; Diógenes passa um tempo em Atenas, onde Aristófanes dele troça nas *Nuvens* por fazer do ar divino o primeiro e único princípio do mundo. Diógenes é importante tanto por seu retorno a um só princípio como por tratá-lo como inteligente e propositado, provavelmente sob a influência do *Noûs* de Anaxágoras. Suas pesquisas incluíam a fisiologia e a cognição humanas. Data de morte desconhecida.

Fontes
DL IX.57; Teofrasto, *Sens.* 39-45; e outros em DK 64A.

Obras
Um tratado *Sobre a natureza*, do qual algo em torno de dez fragmentos sobrevivem, a maioria deles citados por Simplício em seu comentário à *Física* de Aristóteles.

Empédocles

Nascido a c. 492 a.C. em Ácragas, na Sicília, em família proeminente; foi o pioneiro da imensamente influente teoria dos quatro elementos primários, água, terra, fogo e ar; provavelmente associado aos pitagóricos locais, cujas doutrinas religiosas e morais, juntamente aos argumentos de Parmênides, influenciam-no de modo decisivo. Apoia a transição da tirania à democracia em Ácragas. Rapidamente torna-se uma figura legendária a quem se creditava a realização de milagres e o fim da vida a um salto na cratera do Etna. A tradição anedotal deve basear-se em parte nas bizarras declarações que faz a respeito de si mesmo em sua poesia (cf. Most, neste volume, p. 439s.), mas era claramente uma figura carismática, devendo ser genuína a tradição que atesta ter sido médico e orador. Seus versos foram traduzidos para o latim e serviram de modelo ao grande poema didático de Lucrécio intitulado *De rerum natura*. Morre a c. 432 a.C.

Fontes
DK 31B112-14; DL VIII.51-77; a Suda; Aristóteles, *Met.* I.3 984a11; outros em DK 31A.

Obras
Empédocles compôs poesia didática em hexâmetros, a qual se dizia atingir 5.000 versos (DL VIII.77) e dividir-se em uma obra *Sobre a natureza* e outra, intitulada *Purificações* (*Katharmoí*). A maioria dos versos remanescentes (algo em torno de 1.000 versos) são em geral atribuídos à primeira obra, mas alguns estudiosos (cf. Osborne [364] e Inwood [357]) julgam que ele escreveu apenas um poema, conhecido por ambos os títulos. A questão pode ser esclarecida pela recente descoberta de um papiro contendo versos anteriormente desconhecidos (cf. Martin and Primavesi [380]). Diz-se também que Empédocles escreveu um pequeno poema sobre medicina, uma *Expedição de Xerxes*, epigramas e tragédias.

Filolau

Nascido a c. 470 a.C. em Crotona ou Tarento, no sul da Itália; é o primeiro filósofo pitagórico de quem sobrevivem alguns escritos. No *Fédon* de Platão (63c), os interlocutores tebanos Cebes e Símias alegam que Filolau passara algum tempo ensinando em sua cidade, de modo que era contemporâneo aproximado de Sócrates.

Fontes
DL VIII.84-85; Platão, *Fédon* 61e; outros em DK 44A.

Obras
Um único livro, do qual algo em torno de dez dos vinte e seis fragmentos atestados são provavelmente genuínos (DK 44B1-6, 6a, 7, 13, 17). Muito do material restante pertence à tradição de escritos pseudopitagóricos compostos na antiguidade tardia (cf. Thesleff [199]).

Górgias

Nascido a c. 480 a.C. em Leontini, na Sicília; reputa-se ter sido centenário; sofista célebre, especialmente como professor de retórica. Górgias visitou Atenas em 427 como embaixador. Seu estilo literário, que favorece as frases simetricamente balanceadas e frequentemente rimadas, era excepcionalmente inovador e influente.

Fontes
Górgias é personagem de um notável diálogo de Platão de título homônimo. Outras fontes: Filóstrato, *VS* I.1, I.9.1-6; a Suda; Diodoro Sículo XII.53.1-5; outros em DK 82A.

Obras
Dois discursos sobrevivem por completo, o *Encômio de Helena* e a *Apologia de Palamedes*, assim como fragmentos de sua *Oração fúnebre*. Sumários de seu ensaio filosófico *Sobre o não ser* são preservados no pseudoaristotélico *De Melisso, de Xenophane, de Gorgia* e por Sexto Empírico *AM* VII.65ss. (= B3).

Heráclito

Seu nascimento em Éfeso é geralmente datado por volta de 540 a.C., tornando-o uma geração mais velho que Parmênides. Embora isso seja provavelmente correto, está longe de ser seguro. Mais de um estudioso (cf. Hölscher [153] 161) considera ambos contemporâneos, acrescentando que é Heráclito que responde a Parmênides, em vez do contrário, como geralmente se supõe. Sua filosofia notoriamente obscura foi popularmente resumida na fórmula: "tudo flui". A maior parte da informação biográfica a respeito de seu caráter misantrópico e de sua arrogância é derivada de suas próprias declarações sobre o assunto. A tradição de que ele renuncia a seu direito à monarquia hereditária em prol de seu irmão (DL IX.6) é digna de crédito. Provavelmente morre no período entre 480-470 a.C.

Fontes
DL IX.1-17; a Suda; Estrabão XIV.632-3, 642; outros em DK 22A.

Obras
Mais de cem curtos apoftegmas são citados, particularmente por escritores da era cristã. Alguns são inautênticos, e o exato conteúdo heraclítico de outros é frequentemente difícil de determinar. Sob a autoridade dos estoicos, cuja filosofia Heráclito grandemente influencia, adquire o estatuto de sábio na antiguidade tardia, sendo compostas numerosas imitações de suas frases crípticas (cf. Mondolfo & Tarán [235]). De Aristóteles em diante (*Rhet.* III.5 1407b13), faz-se referência aos "escritos" ou ao "livro" de Heráclito, de que se diz ter sido depositado no templo de Ártemis em Éfeso (DL IX.5). Não há razão para pensar (como foi sugerido por Kirk [233]) que ele fosse um compositor puramente oral, antes a forma de seus escritos parece ter sido deliberadamente epigramática, críptica e desprovida dos conectivos da prosa normal.

Hípias

Nascido na primeira metade do séc. V a.C., em Élis, no Peloponeso, Hípias, o mais versátil dos sofistas, era renomado por sua habilidade mnemônica. Foi um "homem universal", que produziu pesquisas originais em matemática, astronomia, gramática, música e história, e compôs em várias formas poéticas. Também foi a primeira figura a ter coletado e classificado as opiniões de escritores anteriores a si, sendo assim o pioneiro da tradição doxográfica (cf. Mansfeld, neste volume, p. 70s.). Morre provavelmente nos primeiros anos do século IV a.C.

Fontes

Hípias é personagem de dois diálogos de Platão de título homônimo, dos quais nenhum dá uma ideia adequada de sua importância. Também figura no *Protágoras* de Platão. Cf. também Filóstrato, *VS* I.11.1-8; Xenofonte, *Mem.* IV.4; e outros em DK 86A.

Obras

Praticamente nada dos escritos de Hípias sobrevive, e mesmo os poucos títulos remanescentes fazem pouca justiça a suas investigações eruditas.

Leucipo

Nascido na primeira metade do séc. V a.C. em Mileto ou Abdera, Leucipo foi "o primeiro a postular os átomos como princípios" (DL IX.30). Não se conhecem detalhes certos de sua vida, mas assume-se que escreveu depois de Parmênides e provavelmente depois de Zenão, de quem se alega ter sido pupilo. Data de morte desconhecida.

Fontes
DL IX.30-33 e outros em DK 67A.

Obras
O grande sistema do mundo (tratado citado no catálogo de obras de Demócrito) foi atribuído a Leucipo por Teofrasto (DL IX.45). Outra obra *Sobre a mente* é citada como fonte de sua única citação supérstite (DK 67B2), para a qual cf. Taylor, neste volume, p. 250s.

MELISSO

Nascido em inícios do séc. V a.C. em Samos; defensor e elaborador em prosa do poema filosófico de Parmênides. Estadista e comandante em chefe de Samos, derrotou os atenienses em uma batalha naval entre 441-440 a.C. Data de morte incerta.

Fontes
DL IX.24; a Suda; Plutarco, *Péricles* 26-28, *Temístocles* 2.

Obras
Um livro intitulado, segundo Simplício (DK 30A4), *Sobre a natureza ou sobre o que há*. Oito passagens são citadas por Simplício, todas (à exceção de uma) em seu comentário à *Física* de Aristóteles. Evidências adicionais a respeito de Melisso são fornecidas pelo tratado pseudo aristotélico *De Melisso, de Xenophane, de Gorgia* (DK 30A5).

PARMÊNIDES

Nascido a c. 515 a.C. em Eleia, no sul da Itália; originador da filosofia eleata, que contrasta verdades dedutíveis a respeito da realidade, incluindo sua unidade, com a enganosa multiplicidade e mutabilidade das aparências. Homem rico, de berço nobre, Parmênides possivelmente associou-se em sua juventude a Xenófanes e certamente a Amínias, pitagórico a quem honrou construindo para ele um santuário. Diz-se ter atuado como legislador em Eleia (Espeusipo, fr. 1) e ter visitado Atenas quando contava por volta de sessenta e cinco anos de idade (Platão, *Parm.* 127b), mas a cronologia de Platão é suspeita: cf. Mansfeld [32] 64-68. Morre a c. 449-440 a.C.

Fontes
DL IX.21-23; a Suda; Platão, *Parm.* 127a-c; outros em Coxon [270].

Obras

Poema em hexâmetros de que sobrevivem 154 versos, a seção contínua mais longa em uma única citação no comentário de Simplício à *Física* de Aristóteles (144.26). A obra tinha três partes: um poema de 32 versos (citados integralmente, à exceção dos dois últimos, por Sexto Empírico, *AM* VII.111ss.); a Senda da Verdade (72 versos sobrevivem, talvez nove décimos do original); e a Senda do Parecer (44 versos completos atestados, seis na versão latina de Célio Aureliano). Sobre a relação argumentativa dessas partes entre si, cf. Sedley, neste volume, p. 179-181. Poema completo intitulado *Sobre a natureza* na Antiguidade tardia.

PITÁGORAS

Nascido a c. 570 a.C. em Samos; migrou para Crotona no sul da Itália em c. 530, quando se diz ter "estabelecido uma constituição para os gregos italiotas" (DL VIII.3) e fundado uma seita distinta por suas observâncias rituais, sua dedicação à "pureza" da vida e algum tipo de vida comunal. Pitágoras foi idealizado como um "homem divino", detentor de sabedoria ganha ao Egito e ao oriente, com poderes sobrenaturais, como a habilidade de recordar-se de suas encarnações passadas. Objeto de biografia hagiográfica por parte dos neoplatônicos. É incerto até que ponto, se é que de fato o fez, iniciou os estudos matemáticos e musicais aos quais o pitagorismo é associado. Morre a c. 490 a.C.

Fontes
Cf. Huffman, neste volume, p. 116.

PRÓDICO

Nascido na primeira metade do séc. V a.C. na ilha cicládica de Céos; sofista especialmente notável por seus estudos linguísticos e por sua ficcional "Escolha de Héracles", em que se pede ao herói que escolha entre virtude e vício, representados por duas mulheres contrastadas (Xenofonte, *Mem.* II.1.21-34). Pródico deriva a origem das divindades gregas, e da religião em geral, da estratégia de personificação, por parte dos homens de antanho, das coisas de que depende a vida, como o pão (Deméter) e o vinho (Dioniso); também se credita a ele, como a Protágoras, o postulado da impossibilidade da contradição (cf. Kerfeld [433] 89-90). Morre provavelmente nos primeiros anos do séc. IV a.C.

Fontes
Xenofonte (acima); Platão, em especial *Protágoras* 337a-c, *Eutidemo* 277e; Filóstrato, *VS* V.12; e outros em DK 84A.

Obras
Estações, obra de encômios (de onde se extrai o excerto a respeito de Héracles); um tratado *Sobre a natureza humana*; provavelmente um tratado *Sobre a correção dos nomes* e outos escritos não atestados.

PROTÁGORAS

Nascido a c. 485 a.C. em Abdera; provavelmente o primeiro grego a se intitular sofista, cuja influente carreira é a epítome da profissão; mais famoso por seu relativismo e agnosticismo. Tornou-se amigo próximo de Péricles em visitas a Atenas e foi convidado a elaborar a legislação da nova colônia ateniense de Thurii na Sicília. A tradição de que responde a julgamento por impiedade em Atenas, tendo sido condenado, é certamente fictícia. Morre a c. 415 a.C.

Fontes
Protágoras é personagem de um diálogo de Platão de título homônimo, sendo figura de destaque também no *Teeteto*. Outras fontes: DL IX.50-56; Filóstrato, *VS* I.10; Platão, *Prot. passim*; muitos outros em DK 80A.

Obras
Diógenes Laércio oferece um catálogo das obras de Protágoras (IX.55), das quais algumas são provavelmente espúrias ou subdivisões de obras únicas. Seus tratados autênticos incluem um *Sobre a verdade* (que se iniciava com a frase "o homem é a medida de todas as coisas", DK B1), *Discursos pró e contra (Antilogíai)* e *Sobre os deuses* (que se iniciava com a frase "a respeito dos deuses, não sei nem se existem, nem se não existem, nem como são em forma", DK

B4). Aproximadamente doze breves fragmentos sobrevivem. Para suas contribuições à crítica literária e a linguística, cf. DL IX.52-4; DK 80A27-30.

TALES

Nascido a c. 624 a.C. em Mileto; primeiro "pesquisador da natureza" segundo Aristóteles (*Met.* I.3 984a2) e idealizado alhures como um dos sete sábios e modelo, como estes, de sabedoria política. Heródoto louva Tales por advertir os estados jônios a se unir em face da ameaça persa (I.170). Também é caracterizado como o único sábio a ter ido além do âmbito prático (Plutarco, *Sólon* 3.5), como na anedota em que cai em um fosso ao olhar para o céu, transmitida por Platão (*Tht.* 174a-b) em um contexto onde é apresentado como filósofo paradigmático. Diz-se que Tales predisse um eclipse solar (provavelmente o de 585 a.C.) e credita-se a ele a maestria em engenharia, geometria e astronomia, possivelmente adquirida em viagem ao Egito. Morre a c. 546 a.C.

Fontes
DL I.22-44; Heródoto I.74-75, 170; outros em DK 11A.

Obras
As fontes de Diógenes Laércio informam que Tales nada deixou por escrito e que uma *Astronomia náutica* a ele atribuída é espúria (I.23).

XENÓFANES

Nascido a c. 570 a.C. em Cólofon, na Ásia Menor. Depois da conquista persa da Lídia em 545, Xenófanes vive uma vida itinerante, a qual inclui estadias nas cidades sicilianas. Por seu próprio testemunho (DK 21B8), estava ainda vivo quando de seus 92 anos. Os versos remanescentes tratam de cosmologia e teologia, criticam os valores convencionais, antecipam o relativismo cultural e o ceticismo e incluem temas tradicionais da poesia simpótica. Na antiguidade tardia foi considerado o fundador da filosofia eleata e mestre de Parmênides, porém, embora seja praticamente certo que tenha influenciado Parmênides, a tradição não deve ser aceita sem mais.

Fontes

DK 21B1-3, B8; DL IX.18-21; Clemente de Alexandria, *Stromateis* I.64; Platão, *Soph.* 242d; Aristóteles, *Met.* I.5 986b18 e o tratado pseudo aristotélico *De Melisso, de Xenophane, de Gorgia* (DK 30A5); outros em DK 21A.

Obras

Cerca de 120 versos foram preservados. Mais da metade são elegíacos, e um poema elegíaco (B1) pode estar completo. Outros, à exceção de um trímetro jâmbico (B14.1) são hexâmetros. Alguns deles são citados de seus *Sílloi* (versos satíricos) ou suas *Paródias*, sendo que pelo menos cinco livros de *Sílloi* eram creditados a ele na antiguidade tardia (B21a); Proclo afirma que eles eram dirigidos "contra todos os filósofos e poetas" (DK 21A22; cf. DL IX.18). Os demais versos remanescentes podem provir dessa obra, embora certos fragmentos possam pertencer a um poema intitulado *Sobre a natureza* no período helenístico. Diz-se também que ele escreve dois mil versos a respeito da fundação de Cólofon e de Eleia (DL IX.20).

Zenão

Nascido a c. 490 a.C. em Eleia, no sul da Itália, onde estuda com Parmênides (Platão, *Parm.* 127a-b). Zenão é o autor de paradoxos a respeito da impossibilidade do movimento e da pluralidade. Esses paradoxos são geralmente tratados como uma defesa do monismo eleata (cf., porém, McKirahan, neste volume, p. 191). Histórias a respeito de sua visita a Atenas, como "um quarentão bem-apessoado", junto ao idoso Parmênides e de seu encontro com o jovem Sócrates (Platão, *op. cit.*) podem ser fictícias, assim como a cronologia de seu suposto encontro (cf. Mansfeld [32] 64-68). A duração de sua vida é impossível de ser determinada, mas sua obra era certamente familiar a Demócrito e provavelmente também a Anaxágoras.

Fontes
DL IX.25-29; a Suda; outros em DK 29A.

Obras
Zenão pode bem ter escrito apenas uma obra, os "escritos" que, segundo a descrição de Platão, ele lê para o jovem Sócrates (*Parm.* 127c).

Cronologia

Esta lista dos primeiros filósofos gregos representa, *grosso modo,* quem era contemporâneo a quem, e tem como apêndice uma segunda lista de indivíduos proeminentes mencionados neste livro. A maioria das datas é apenas aproximada e poderia ser estendida algo em torno de dez ou vinte anos para mais ou para menos. Homero é tradicionalmente datado do séc. VIII a.C. e Hesíodo, do VIII ou dos começos do VII.

650 600 550 500 450 400 350 300

Tales ————————
Anaximandro ————
Anaxímenes ————
Xenófanes ————
Pitágoras ————
Heráclito ————
Parmênides ————
Anaxágoras ————
Empédocles ————
Zenão ————?
Protágoras ————
Górgias ————
Hípias ————?
Melisso ——?
Antifonte ————
Filolau ————
Leucipo ————?
Pródico ————
Demócrito ————?
Diógenes de Apolônia ————?

Outros
Ferécides ————?
Hecateu ————?
Heródoto ————
Sócrates ————
Hipócrates ————?
Tucídides ————
Platão ————
Árquitas ————?
Aristóteles ————
Teofrasto ————
650   600   550   500   450   400   350   300

Mapa

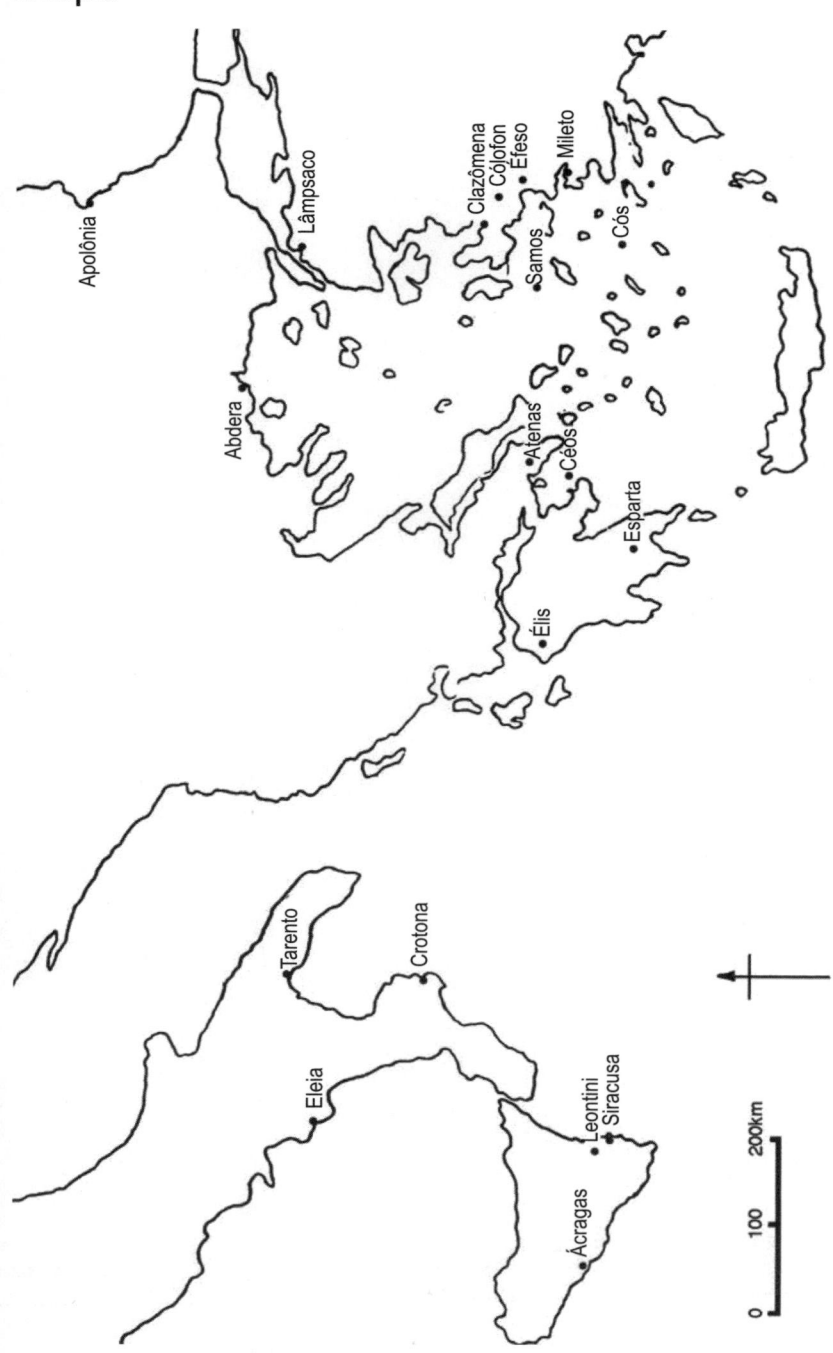

1 O escopo da filosofia grega em seus primórdios

A. A. LONG

O presente livro não é um manual dedicado a um único filósofo, mas ao conjunto de pensadores que coletivamente constituem os primórdios da tradição filosófica na Grécia antiga. Em sua maioria, esses pensadores escreveram pouco, e a sobrevivência dos que escreveram é fragmentária, frequentemente mediada não por suas próprias palavras, mas pelo testemunho de Aristóteles, Teofrasto e diversos outros autores posteriores. Estes autores são excepcionalmente preciosos, não apenas por suas qualidades intrínsecas, mas também pelo que revelam dos primórdios da história da filosofia e da ciência ocidentais. O fascínio do material, apesar (ou mesmo por causa) de sua densidade e de sua transmissão lacunar, prende a atenção de qualquer um que com ele se defronte.[1] Dois dos filósofos mais influentes do século XX, Heidegger e Popper, "retornaram" aos antigos filósofos gregos ao alicerçarem suas próprias metodologias e preocupações, radicalmente diferentes.[2] Muitos desses pensadores são tão desafiadores que a pequena quantidade de obras remanescentes não é impedimento a que se trate de cada um deles na extensão de um livro. Ainda assim, há razões além de nossas fontes fragmentárias e da prática convencional para apresentar tanto esses como outros dentre os primeiros filósofos gregos em um volume coletivo.

Em primeiro lugar, estamos lidando com uma era marcada por pensadores que foram profundamente inovadores e experimentais. O mais recente

---

[1] Cf. Mourelatos [155] 3: "Nenhum outro campo oferece um desafio tão convidativo à imaginação filosófica, ainda que em um ambiente tão exigente de controles evidenciais e interpretativos" (citações bibliográficas nesta forma de numeração se referem à bibliografia serial no fim do volume).

[2] Cf. Heidegger [152]; Popper [122]; e Cambiano [86].

deles não ignorava seus predecessores e, nos séculos VI e V a.C. (o período de que nos ocupamos), desenvolve-se um grande número de movimentos distintos geográfica ou dialeticamente – os primeiros cosmólogos jônios, os pitagóricos, os eleatas, os atomistas e os sofistas. Apesar disso, esse não é um período de escolas no sentido literal em que falamos da Academia de Platão ou do Liceu de Aristóteles, com um líder formal, um currículo e uma sucessão ininterrupta. Melisso pode ser chamado um eleata ou seguidor de Parmênides em virtude das conclusões com vistas às quais argumenta, mas, enquanto comandante-chefe de Samos, pode não ter tido qualquer contato pessoal com Parmênides, cujo local de nascimento e residência presumida eram Eleia, no sul da Itália. Zenão de Eleia, que deve ter conhecido seu conterrâneo Parmênides, pode tê-lo seguido mais literalmente do que Melisso, mas os argumentos de Zenão dependem diretamente, diferentemente do que ocorre com Parmênides, da história pregressa da matemática grega. Xenófanes, Heráclito, Parmênides e Empédocles alardeiam a individualidade de suas ideias e explícita ou implicitamente criticam outros pensadores e o povo comum. Para interpretarmos a obra de qualquer dos primeiros filósofos gregos, é indispensável fazer referência ao período como um todo.

Em segundo lugar, mesmo que se permitam numerosas lacunas em nosso conhecimento, podemos observar diferenças significativas entre as metodologias e os interesses dos primeiros filósofos gregos. Isso fica particularmente evidente no caso de Pitágoras, o único cujo nome, ainda que anos depois de sua morte, representará todo um movimento. Pitágoras ensinava um modo de vida que incluía práticas purificatórias e a suprema importância destas para o destino da alma humana após a morte. Suas contribuições à filosofia e à ciência como hoje as compreendemos são mais difíceis de discernir, especialmente em comparação com figuras tais como Zenão, Demócrito ou Anaxágoras. Apesar disso, seria um grave erro excisar Pitágoras do primeiro escalão dos primórdios da filosofia grega. Críticas a rituais religiosos convencionais, como sacrifícios cruentos e a promessa de que uma compreensão verdadeira do mundo transformará a vida de uma pessoa, são enfaticamente apresentadas também por Heráclito e Empédocles. Alguns dos primeiros filósofos gregos têm pouco ou nenhum interesse atestado em psicologia, epistemologia, ética e teologia; outros incorporam à sua obra contribuições a esses campos, subsequentemente demarcados.

A fluidez e diversidade da filosofia grega em seus primórdios é parte central de seu caráter e de sua importância. Também por essa razão, o assunto é particularmente apropriado para um volume de vários autores, não apenas por reunir diversos especialistas com vistas a um mesmo fim, mas também como maneira de articular algumas das muitas abordagens interpretativas do estilo e do conteúdo da filosofia grega em seus primórdios. Nos primeiros anos do século XX, o debate a respeito de seu caráter científico ou não científico, suas tendências consensuais ou contraintuitivas, suas dimensões teológicas etc. se expande.[3] Debates como esse jamais desaparecerão. O material é por demais complexo para tanto e, mais do que em muitos outros, nesse campo em especial cada intérprete é obrigado a introduzir um ponto de vista para dizer o que vale a pena dizer. Isso, porém, não implica invalidar as tentativas de caracterizar o que os principais pensadores têm em comum, como a "investigação da natureza".

Há mais a respeito disso ainda neste capítulo. Por ora, é essencial reconhecer que, com a possível exceção de Pitágoras, nenhuma das figuras tratadas neste volume se identificava expressamente como "filósofo" ou chamava seu projeto de "filosofia".[4] O ponto não é que *nós* devemos evitar chamá-los de "filósofos", mas sim que devemos ter o cuidado de não lhes atribuir concepções anacrônicas do escopo da filosofia e de sua subdivisão em campos como lógica, metafísica e ética. Mesmo Platão, que foi o primeiro pensador grego a teorizar explicitamente a respeito da natureza da filosofia, é inocente desse tipo de demarcação.

Não obstante, os primeiros filósofos gregos fazem contribuições pioneiras não apenas ao entendimento do mundo em geral, mas também à compreensão de tópicos filosóficos que mais tarde serão caracterizados de modo

---

[3] Cf., em especial, Burnet [6] cap. 1; Cornford [89]; Vlastos [187], [482]; Jaeger [481]; Kirk [123]. Uma comparação das páginas introdutórias dos seguintes volumes é uma boa amostra das diferentes abordagens dos principais intérpretes: Guthrie [15], Hussey [13], Barnes [14] e cf. Lloyd [124] 100-104.

[4] Na antiguidade tardia, creditava-se a Pitágoras o fato de ter sido o primeiro a empregar o termo "filosofia" e a se autointitular "filósofo" (DL I.12). Ainda que seja verdade, seria errado tomar os termos em outro sentido que não o literal, "amor da sabedoria", "amante da sabedoria", sem conotações técnicas ou profissionais. Para mais observações a respeito da fluidez da filosofia nesse momento, cf. Lloyd [154] 102-103.

mais específico. Por clareza de exposição e para facilitar a apreensão geral do que a filosofia grega abrange em seus primórdios, este livro se divide entre capítulos a respeito de pensadores individuais ou movimentos e capítulos a respeito de tópicos. No caso dos sofistas (capítulos 14 e 15), os tópicos e os pensadores individuais em larga medida coincidem, visto que a contribuição mais notável dos sofistas à filosofia grega em seus primórdios são seu ensinamento em retórica e linguística, seu relativismo e sua teoria política. Os capítulos 10-13, por outro lado, são devotados a tópicos consideravelmente heterogêneos no que diz respeito aos pensadores cujas opiniões são aqui discutidas – capítulos a respeito de teologia racional; dos princípios da epistemologia; da alma, da sensação e do pensamento; e da responsabilidade e da causalidade. Os principais heróis de nosso último capítulo de tópico, escrito por Mario Vegetti, são os médicos hipocráticos. São eles, argumenta Vegetti, e não aqueles que convencionalmente consideramos os primeiros filósofos gregos, os pioneiros de um pensamento rigoroso a respeito da causalidade. Seu capítulo inclui ainda os historiadores Heródoto e Tucídides. Em vez de avançar para além dos limites da filosofia grega em seus primórdios, esse material é uma importante indicação de sua instabilidade. Se o espaço não fosse uma preocupação, este livro teria incluído muito mais a respeito desse riquíssimo campo de investigações que é a medicina hipocrática.[5]

O último capítulo, ou antes uma coda para o livro como um todo, é um amplo "estudo da poética da filosofia grega em seus primórdios", escrito por Glenn Most. Três dentre os primeiros filósofos gregos, Xenófanes, Parmênides e Empédocles, preferem o verso ao mais recente meio da prosa como veículo de expressão de seu pensamento. Heráclito, embora não tenha composto em nenhum dos modos tradicionais do verso grego, adota um estilo ritmado e epigramático único. Temos aqui ainda outra indicação da fluidez da filosofia grega em seus anos de formação, pois, da segunda metade do século V a.C. em diante, a prosa discursiva se torna o meio padrão de escrita filosófica e a "verdade" poética passa a ser tratada como qualitativamente distinta das ambições probatórias da filosofia. Contudo, a "poesia" é

---

[5] A artificialidade que há em se excluir a medicina hipocrática da história da filosofia grega em seus princípios foi eloquentemente debatida em numerosas obras de Geoffrey Lloyd: cf. Lloyd [110], [111] e [154].

uma característica integrante de nosso assunto por razões mais profundas do que a forma literária adotada por um filósofo-poeta. A sabedoria grega tradicional não se distingue da poesia épica de Homero e Hesíodo. Enquanto componente principal da educação primária, esses grandes textos, mais do que quaisquer outros, influenciam e estimulam a filosofia grega em seus primórdios, tanto em estilo como em conteúdo. Se um pensamento inovador estava por criar raízes, Homero e Hesíodo tinham de ser destronados ou ao menos afastados de sua posição de proeminência, e assim encontramos críticas explícitas a ambos tanto em Xenófanes como em Heráclito. Apesar disso, como Most convincentemente nos mostra, os padrões homéricos e hesiódicos de pensamento e expressão, para nada dizer a respeito de pontos de contato tão óbvios como a "inspiração divina" invocada por Parmênides e Empédocles ou as interpretações explícitas de poesia ensaiadas por Demócrito, Górgias e Protágoras, são ainda palpáveis de numerosas maneiras nos primórdios da filosofia grega.

Os capítulos de tópico distinguem a abordagem da filosofia grega em seus primórdios efetuada neste livro de diversas abordagens padrão do assunto,[6] assim como, em certa medida, também nossa abordagem dos filósofos individuais e movimentos. O trio milésio Tales, Anaximandro e Anaxímenes é o assunto principal de um único estudo (cap. 3). Não temos capítulos devotados tão somente a Xenófanes ou Diógenes de Apolônia, sendo Empédocles e Anaxágoras discutidos em conjunto no capítulo 8, da perspectiva de suas respostas a Parmênides. Zenão tem um capítulo todo para si, mas Parmênides e Melisso são apresentados em conjunto. Se esse procedimento parece parcial ou idiossincrático, os capítulos de tópico e o índice oferecerão ao leitor muitas perspectivas adicionais a respeito de todos os principais pensadores. Assim, há diversas páginas a respeito de Xenófanes nos capítulos 3, 10, 11 e 16. Empédocles, um dos pensadores mais multifacetados, figura de modo proeminente nos capítulos de tópico e no capítulo 4, a respeito da tradição pitagórica. Uma grande vantagem desse procedimento, assim o cremos, é sua combinação

---

[6] Por exemplo, Zeller [18]; Burnet [6]; Guthrie [15]; [16]; KRS [4] e, em larga medida, Hussey [13]. Importante exceção é Barnes [14], cujo sólido estudo inclui capítulos sobre psicologia, epistemologia, ética e mais.

de história diacrônica, tratamento de indivíduos e análise de temas de destaque e metodologias para os quais esses pensadores contribuem em coletivo.

Porém, há ainda algo mais a se dizer no que concerne à estrutura do livro. Iniciamos, depois desta introdução e do capítulo 2 (a respeito das fontes), com os princípios da cosmologia em Mileto (cap. 3). Para evidências a esse respeito, dependemos quase que inteiramente da tradição interpretativa iniciada por Aristóteles e Teofrasto. O que quer que pensemos acerca dessa tradição, é indiscutível que ela traz consigo algum anacronismo e alguns desvios no que tange à apresentação das doutrinas alheias.[7] Além disso, ajuda a promover a concepção de que os primeiros filósofos gregos são, em geral, predominantemente, se não exclusivamente, cosmólogos, cujas principais questões dizem respeito às origens e aos princípios materiais do universo.[8] A maioria deles era de fato cosmólogo, se excluirmos os sofistas. Mas devemos excluir os sofistas dos quadros em que elencamos os primeiros filósofos gregos por não se terem engajado de modo relevante em discussões de questões cosmológicas?[9] Além da impertinência de se responder "sim" a essa pergunta, identificar a filosofia grega em seus primórdios a um predomínio da cosmologia teve o infeliz efeito de fazer suas contribuições em epistemologia, ética e outros tópicos parecerem ancilares e perfunctórias. Esse erro não é tão arraigado entre nós, mas ainda não desapareceu de todo. Assim, um dos objetivos do livro é mostrar o quanto esses pensadores originários oferecem contribuições não apenas à cosmologia, como também a outros tópicos que se tornariam, a seguir, parte do núcleo duro da agenda filosófica.

---

[7] Cf., neste volume, Algra, p. 97, e Graham, p. 242.

[8] Essa visão é particularmente proeminente em Burnet [6], sendo também enfatizada em KRS [4]. Isso explica porque ambos os livros excluem os sofistas.

[9] Para uma excelente justificativa da integração dos sofistas aos quadros dos primeiros filósofos gregos, cf. Kerfeld [433] 2-14, em que a história dos modernos erros de interpretação é apresentada de modo iluminador.

Rumo a uma definição da filosofia grega em seus primórdios

Até agora tenho evitado chamar os primeiros filósofos gregos pelo familiar nome de "pré-socráticos". A palavra torna-se corrente nas línguas modernas após o erudito alemão Hermann Diels empregá-la, há cerca de cem anos, como título de sua extraordinária coletânea de evidências a respeito da filosofia grega em seus primórdios, *Die Fragmente der Vorsokratiker* (*Os fragmentos dos pré-socráticos*).[10] Desde então, torna-se terminologia padrão. Aqueles que se deparam pela primeira vez com a palavra provavelmente supõem que se refere simplesmente aos pensadores cronologicamente anteriores a Sócrates, o que é em larga medida verdadeiro dos autores no primeiro volume da obra de Diels, que vai do mítico Orfeu à "escola pitagórica". Contudo, no uso de Diels, "pré-socrático" é mais que um indicativo cronológico. Como explica seu colaborador Walther Kranz, o segundo volume da coletânea inclui "muitos contemporâneos de Sócrates, e mesmo alguns que ainda atuavam após a morte deste; ainda assim, o livro constitui uma unidade", visto que, nele, "fala uma filosofia que não passou pelas escolas intelectuais de Sócrates (e Platão) – não apenas a filosofia pré-socrática, mas também a não socrática".[11]

Esse comentário é menos isento de pressuposições do que parece. O que é especialmente notável é que Kranz insere o nome de Platão entre parênteses. É claro que, de fato, os escritos de Platão são nossa principal fonte para determinar o que foi a filosofia não escrita de Sócrates e para distingui-la da de seus contemporâneos, aí incluídos, em especial, os sofistas. A maior parte do que podemos saber a respeito dos sofistas, à exceção da obra remanes-

---

[10] Diels [1]. Para discussão a respeito do trabalho seminal de Diels sobre os primórdios da filosofia grega, cf. Mansfeld, neste volume, p. 65, com muito mais detalhes em Mansfeld & Runi [27].

[11] Minha tradução de Kranz em Diels [1] vol. 1, viii. Embora Diels pareça ter sido o primeiro a escrever um livro com "pré-socráticos" em seu título, o conceito que o termo exprime é decisivo já na notável história da filosofia de Eduard Zeller, que influencia Diels de maneira decisiva, assim como a todos os que o seguem. A primeira parte da obra de Zeller (=Zeller [18]) conclui com os sofistas, e a segunda inicia com Sócrates. Zeller, por sua vez, foi muito influenciado por Hegel [22], mas o "primeiro período, segunda divisão" de Hegel abrange os sofistas, Sócrates e filósofos socráticos diferentes de Platão ou Xenofonte.

cente de Górgias, deriva de Platão, e nada importava mais a Platão do que defender Sócrates da crença, então difundida, de que fosse um sofista. Assim, Platão está longe de ser testemunha isenta de uma filosofia distintivamente socrática. É, por certo, o melhor que temos, e é inquestionável que Sócrates tenha sido, em sua metodologia interrogativa, em sua busca pela definição de conceitos morais, em sua vida autoexaminada e em muitos outros aspectos, uma figura em larga medida original. Contudo, Diels e Kranz escrevem em um momento em que os estudiosos supunham saber muito mais a respeito do Sócrates histórico do que muitos especialistas julgam saber hoje.

Podemos estar certos de que o Sócrates histórico era muito mais parecido com seu xará na *Apologia* e no *Críton* de Platão do que com a personagem "Sócrates", investigador da natureza e sofista, na áspera comédia *As nuvens*, de Aristófanes. Não estou sugerindo que "pré-socráticos" seja um termo a ser totalmente abandonado: ainda que isso fosse desejável, seria impraticável. Dadas as fontes a nossa disposição e a notável sobrevida de Sócrates, seria irresponsável tratá-lo simplesmente como um entre outros pensadores do século V a.C. Ele deve ser compreendido em associação com Platão, de modo que praticamente não o discutimos neste livro (cf., porém, os capítulos 14 e 15). Ainda assim, esse requerimento não nos permite considerar nem mesmo ao Sócrates de Platão uma figura tão seminal a ponto de aqueles que são por ele influenciados se distinguam daqueles que não sentem seu impacto.

Ao representar os primeiros filósofos gregos como conceitualmente ou metodologicamente pré-socráticos, tendemos a ignorar ou marginalizar o interesse desses filósofos por tópicos tais como ética, psicologia, teologia e epistemologia. Visto que Platão jamais menciona Demócrito, é fácil esquecer que Demócrito foi contemporâneo de Sócrates.[12] Ainda assim, há notáveis afinidades entre a psicologia moral de Demócrito e ideias apresentadas pelo Sócrates de Platão.[13] Escritores da Antiguidade tardia, que creditam tão somente a Sócrates a origem da ética filosófica, têm especial predileção por identificar "primeiros descobridores". Em lugar de diminuir a importância de Sócrates, destacamo-la ao reconhecer as dimensões éticas de Xenófanes e

---

[12] Burnet [6] 1 n. 1 já registra essa reclamação.
[13] Cf. Kahn [416].

Heráclito ou indicar os interesses que ele partilha, e indubitavelmente debate, com os sofistas. O rótulo "pré-socrático" é ainda enganador por seu caráter geral. Embora vago, sugere que todos os primeiros filósofos gregos são facilmente identificáveis como um grupo, sobretudo em razão de suas características não socráticas. Assim, o termo oculta a fluidez e a diversidade já enfatizadas aqui. E mais: tende a obscurecer a relação dialética que se estabelece entre Platão e seus outros predecessores, em especial os pitagóricos, os eleatas e Heráclito: uma relação que adquire crescente importância nos diálogos tardios de Platão, quando substitui Sócrates pelos "estrangeiros" eleata e ateniense e por Timeu.

Nem na antiguidade nem subsequentemente houve unanimidade quanto ao escopo, às fronteiras e às subdivisões da filosofia grega em seus primórdios. Aristóteles e Teofrasto, como explica Jaap Mansfeld no próximo capítulo, estavam interessados sobretudo em classificar as opiniões de seus predecessores em tópicos, como o número e a identidade dos princípios do mundo, a alma e a percepção sensível. Como esses tópicos incidem sob o conceito peripatético de "natureza", os proponentes dessas opiniões são chamados "investigadores da natureza" (*physikoí* ou *physiológoi*).[14] Às vezes, Aristóteles comenta a cronologia relativa desses filósofos, mas se o faz, ou quem inclui ou não em dado contexto, depende de sua opinião a respeito da relevância dos filósofos abordados em cada tópico. Em seu tratamento das "causas", Aristóteles estabelece uma nítida separação entre Platão e aqueles que o precedem, aí incluídos Parmênides e os pitagóricos, e aqui (mas apenas aqui) enfatiza a concentração socrática em ética para além de qualquer investigação a respeito da "natureza como um todo".[15] Em sua abordagem dos "princípios" (*Física* I), Aristóteles discute os primeiros cosmólogos jônios, Heráclito, Empédocles, Anaxágoras, Parmênides e Melisso, aludindo brevemente a Platão. No primeiro livro do *De Anima*, a discussão a respeito dos predecessores é sincrônica, independente de qualquer tentativa de definir períodos de pensamento, e aborda Platão entre outros filósofos (como o

---

[14] Cf. Most, neste volume, p. 413
[15] *Met.* I.6 987a29-b7. Cf. também *Met.* XIII.4 1078b17-31, onde Aristóteles identifica a contribuição específica de Sócrates não à ética, mas aos argumentos indutivos e à definição universal. É objeto de dúvidas se Aristóteles depende de qualquer autoridade que não inferências a partir dos diálogos de juventude de Platão.

faz Teofrasto em seu *De sensibus*). Aristóteles jamais chama Protágoras de sofista e, depois de argumentar contra a doutrina do homem-medida (*Met.* IV.5), liga a lógica por trás dessa doutrina a declarações de Anaxágoras, Demócrito e outros.

Aristóteles tem um conceito implícito do que seja a filosofia grega *em seus primórdios*, mas esse conceito é antes pré-platônico do que pré-socrático.[16] Autores posteriores de "sucessões" e vidas filosóficas, escrevendo nos tempos helenísticos, tendem a traçar a linha divisória imediatamente *antes* de Sócrates, de modo a apresentar tudo o que a ele se segue como uma série de escolas socráticas especializadas em ética.[17] Apesar disso, Sócrates pode ser apresentado como o último elo de uma sucessão iniciada em Anaximandro.[18] Para nós, essas classificações têm apenas interesse de antiquário, mas ajudam-nos a mostrar que os limites dessa história, embora não tenham de ser delimitados, são inevitavelmente imprecisos e, em parte, subjetivos.

Esse ponto não é apenas metodológico: também afeta o que tomamos como o início da filosofia grega em seus primórdios e como interpretamos sua história subsequente. Digo "história" em vez de "desenvolvimento" porque o conceito de desenvolvimento, que rege a abordagem (hegeliana) da filosofia grega por Zeller, tem sido preponderante.[19] Suas conotações biológicas tendem a prejulgar a superioridade do que sucede em face do que precede e, ainda que indubitavelmente haja desenvolvimentos no sentido em que o atomismo de Demócrito é uma resposta e (a nossos olhos) um claro avanço em relação a todas as teorias que o precedem a respeito dos fundamentos da realidade física, Heráclito e Parmênides, por exemplo, merecem análise e instigam investigação por conta própria, embora tornemos a eles com os olhos voltados para a filosofia posterior.

No que diz respeito ao início, o livro segue a convenção, autorizada por Aristóteles, de fazer de Tales de Mileto o pioneiro, e jamais se há de sugerir

---

[16] A oposição entre pré-platônico e pré-socrático perpassa todo o século XIX entre os eruditos alemães: cf. o artigo de Most citado à nota 1 de seu capítulo neste volume, p. 413.

[17] Cf. DL I.18-19.

[18] DL I.14. O prefácio de Diógenes Laércio é a melhor evidência de que dispomos para as antigas classificações de filósofos, as divisões da filosofia e a maneira como a tradição herdada é vista no império romano tardio.

[19] Sobre Zeller, cf. nota 11.

outro nome. Apesar disso, o próprio Aristóteles observa que "se poderia suspeitar" que o poeta épico Hesíodo tenha adumbrado a ideia de uma "causa eficiente" (*Met.* I.4 984b23). Em certos contextos, Aristóteles parece preparado para encontrar pensamentos filosóficos em figuras anteriores a Tales. E foi Tales ou Anaximandro o primeiro filósofo jônio? Diógenes Laércio, escrevendo por volta de 200 d.C., classifica Tales como um dos sete sábios *(sophoí)*, mas também faz dele mestre de Anaximandro, a quem, por sua vez, atribui a origem da filosofia jônica (I.13).

Há ainda a intrigante, porém obscura, figura de Ferécides, o primeiro, segundo relatos bastante tardios, a ensinar a doutrina da imortalidade da alma.[20] Suspeitas são algo natural quando se lê que Ferécides teria sido mestre de Pitágoras (DL, *ibid.*), sendo que Ferécides é igualmente listado por Diógenes Laércio entre os "sábios" anteriores à filosofia. A questão de se incluir ou não Hesíodo e Ferécides na história da filosofia grega em seus primórdios é geralmente respondida ou por uma negativa ou pelo tratamento destes como "precursores".[21] Uma justificativa para esse procedimento enfatiza a diferença entre as cosmogonias *mitológicas* de Hesíodo e Ferécides e as referências feitas pelos primeiros cosmólogos jônios a regularidades observáveis independentemente da vontade arbitrária das divindades. O ponto é bem argumentado, mas não se sustenta enquanto característica definidora da filosofia grega em seus primórdios. Nem Parmênides nem Empédocles (nem Platão) renunciam por completo ao uso da mitologia, e a teologia é um importante elemento do pensamento de Xenófanes e Heráclito (cf. os capítulos 10 e 16).

Se Tales, Pitágoras ou Xenófanes foram figuras isoladas, a quem nem seus contemporâneos nem a geração que lhes segue responde explícita ou significativamente, haveria pouca razão em tratá-los como o início de uma filosofia distinta de uma continuação da "sabedoria" representada por Hesíodo,

---

[20] Cf. H. Schibli, *Pherekides of Skyros* (Oxford, 1990).
[21] A maioria das histórias padrão da filosofia grega em seus primórdios incluem alguma discussão acerca dos "precursores", sendo a mais completa aquela em KRS [4]. Barnes [14] é o mais austero, mal mencionando Hesíodo e julgando Ferécides "de nenhum interesse filosófico". Neste volume, exigências de espaço são a principal razão para restringir a discussão do que, por falta de termo melhor, chamamos de precursores. Cf., porém, Algra, p. 91, Broadie, p. 271, Lesher, p. 293, e em especial Most, p. 413.

Ferécides e quejandos. O que particularmente distingue o primeiro grupo do segundo são dois fatos assaz relevantes. Em primeiro lugar, julga-se que Tales, quer tenha sido mestre de Anaximandro ou não, influencia as cosmologias mais ambiciosas de seus conterrâneos Anaximandro e Anaxímenes. Ele deixa algum tipo de legado intelectual que pode ser retrabalhado, melhorado e criticado. Em segundo lugar, por volta de 500 a.C., Heráclito diferencia seu pensamento da *polymathía* (erudição) de Hesíodo e três outros: Pitágoras, Xenófanes e Hecateu (DK 22 B40).

Esse quarteto de nomes é revelador. Heráclito coloca em paralelo o reverenciado poeta Hesíodo e três recentes contendores pelo título de "sábios". Aos de Pitágoras e Xenófanes, acrescenta o nome de Hecateu, geógrafo e cronista milésio. Não poderíamos esperar melhor evidência do que foi esse estágio formador da filosofia grega da perspectiva de um seu partícipe. Heráclito tenta distanciar-se tanto das autoridades antigas (Hesíodo) como de um *grupo* de contemporâneos próximos. Deveríamos assumir que ele escolhe deliberadamente essa constelação. Três deles correspondem a supostas novas autoridades, representativas de um empreendimento em que ele próprio está engajado, mas que ele realizaria mais a contento. É, porém, significativo que Heráclito, tão próximo que está dos inícios da tradição que ajudará a formar, ataque Hesíodo na mesma frase em que debocha de Xenófanes, Pitágoras e Hecateu.

A competição por sabedoria e perícia técnica já era de há muito endêmica na cultura grega. Poetas e atletas rivalizavam um com o outro, e esperava-se mesmo que o fizessem. O que há de novo em Heráclito (e que vemos também em Xenófanes) é o objeto da competição. Xenófanes, segundo a melhor reconstrução de uma sentença ambígua, caracteriza-se como alguém que se pronuncia a respeito de "tudo" (DK 21 B34),[22] e Heráclito, logo no início de seu livro, alega que todas as coisas se dão segundo o *lógos* que ele oferece (DK 22 B1). No mesmo contexto, Heráclito se caracteriza como

---

[22] Geralmente se constrói a frase de Xenófanes como "nenhum homem jamais terá conhecimento acerca de... tudo de que falo". Mas a gramática também permite a construção "conhecimento de... tudo o que digo a respeito de todas as coisas" (cf. Guthrie [15] 395 n. 3), o que torna a frase mais pertinente no contexto. Sigo Lesher (neste volume, p. 298s.) ao compreender o texto grego desse modo.

aquele que "distingue cada coisa segundo sua natureza *(phýsis)* própria". A "investigação da natureza" é uma bela caracterização da filosofia grega em seus primórdios. Foi a expressão empregue por Aristóteles e, como vimos, não há dúvida de que alguns dos primeiros filósofos gregos, quer tenham usado o termo ou não, são os pioneiros de conotações do termo "natureza", como a objetividade, o modo como as coisas são, a estrutura básica de tudo e a realidade (enquanto distinta da aparência e da convenção). Ainda assim, comprometer-se com essa tese é dar um passo maior do que as pernas. Mais autêntico e mais apto a apreender o que tanto Xenófanes como Heráclito julgavam fazer é a formulação "caracterizar *tudo*".

Caracterizar tudo

Devemos encarar essa expressão de modo técnico. O projeto não é falar de ou explicar literalmente tudo, mas o de oferecer uma caracterização de caráter universal, mostrar como é o "todo" do universo, tomar o todo – o mundo como um todo – como objeto de análise.[23] Podemos agora entender porque Heráclito escolhe aqueles quatro como membros de seu quarteto de dispensas. Xenófanes provavelmente professava discutir tudo; Hecateu de Mileto havia feito um mapa da Terra, tendo também escrito uma obra em que traçava as origens mitológicas de diferentes famílias; a *Teogonia* de Hesíodo é universal em seu propósito de abranger as principais características do mundo visível, além de numerosas figuras "abstratas", como o amor, a contenda, a amizade e o engodo, em um esquema de progenitores divinos e suas proles. Já no que diz respeito a Pitágoras, ainda que ele não tenha sido o inventor dos modelos matemáticos e musicais do mundo associados a seu nome, pode-se presumir que fosse considerado o autor de uma caracterização geral de tudo, em especial de como os seres humanos, em virtude de suas almas, estão situados.

---

[23] Para o uso, por parte de Xenófanes, do termo "tudo", cf. Broadie e Lesher neste volume, p. 278 e 298. Note-se que a deusa de Parmênides afirma a seu jovem interlocutor que ele está a ponto de aprender "tudo" (DK 28B1.28), e a expressão é ubíqua em Empédocles, Anaxágoras e Filolau.

É significativo que Heráclito não inclua Tales, Anaximandro ou Anaxímenes em sua lista. Se seu ponto fosse simplesmente o de atacar todos os demais universalistas, esses cosmólogos milésios seriam os primeiros candidatos. O que os salva da crítica, podemos inferir, é o *foco* de suas caracterizações da unidade subjacente do universo, a proposição que o próprio Heráclito proclama ser a essência da sabedoria: "Tudo é um" (DK 22B50). Julga-se, por contraste, que Hesíodo e o trio mais recente obscureceram essa verdade central ao contaminar suas pretensões universalistas com a multiplicidade dos dados *(polymathía)*.[24]

Ao vislumbrarmos a filosofia grega em seus primórdios como um projeto de caracterização e sistematização de todas as coisas, obtemos uma formulação que acomoda as principais figuras discutidas neste livro e faz justiça a sua fluidez e variedade sem colapsar em vagueza. O termo "natureza" *(phýsis)*, apesar de sua generalidade, inclina-nos a pensar em algo mais restrito, o mundo físico e, em particular, seu princípio (porque o sentido primário de *phýsis* é "origem" ou "crescimento") enquanto foco único. Isso funciona muitíssimo bem no que diz respeito aos cosmólogos milésios, a cujo respeito a nossa irregular evidência é em larga medida filtrada pela tradição aristotélica. É, porém, menos efetivo para circunscrever os filósofos cujas próprias palavras estamos em condições de ler, em especial se nos inclinar a concebê-los como observadores distanciados e teóricos da natureza, que não incluem a mente e o sujeito humanos no escopo de suas investigações.[25] Apesar disso, bem no início do período que nos concerne, em Mileto, encontramos Anaximandro investigando a origem dos seres vivos e da "evolução" dos humanos.[26] Na próxima geração, Anaxímenes usará a alma humana como modelo microcósmico de como o ar "divino" envolve o mundo.[27] Mesmo em Mileto, portanto, "cosmologia" é algo concebido em sentido lato. Quando nos

---

[24] Sou grato a David Sedley por este ponto e por chamar a atenção para a ausência de Homero na lista de Heráclito. Heráclito critica Homero alhures, mas provavelmente não o toma (como o faziam posteriormente os alegoristas) como um polímata didático que oferecia uma caracterização universalista do mundo em seus poemas.

[25] Para objeções a esta abordagem do material, ver Long [305] 127-132, e cf. Cherniss [87].

[26] Cf. Kahn [162] 109-113, KRS [4] 141-142 e Guthrie [15] 101-104.

[27] Cf., neste volume, Algra, p.109 e Laks, p. 323s.

voltamos para pensadores melhor atestados, seu universalismo e seu interesse pela experiência humana são extraordinariamente evidentes. Este livro documenta numerosas instâncias familiares, mas outras, menos conhecidas, serão deixadas de fora.

Anaxágoras estudou o conteúdo ético de Homero, sua cosmologia sendo usada como base de um comentário alegórico da *Ilíada*.[28] Demócrito, de cujos copiosos escritos possuímos pateticamente pouco, antecipa Aristóteles no vasto escopo de seus interesses, que incluem a ética (cf. o capítulo 9), a matemática, a música, a antropologia e a teoria literária, especialmente o que dizia respeito a Homero. Tanto Górgias como Hípias, segundo Platão, tinham preparo para se pronunciar a respeito de qualquer assunto, e Platão escreve que Hípias alegava ensinar astronomia, matemática e filologia, disciplina a que tanto Pródico como Protágoras fazem importantes contribuições.[29] Enquanto marco definidor do escopo da filosofia grega em seus primórdios, "caracterizar *tudo*" pode acomodar os assim chamados sofistas em sua tradição. Não há dúvida de que Górgias e Protágoras nada tinham a dizer a respeito da natureza objetiva, mas isso pode ser explicado por suas opiniões céticas ou relativistas a respeito da verdade (cf. o capítulo 14); eles certamente tinham preparo para discorrer a respeito de "tudo" o que julgavam relevante para os usos e o entendimento humanos, como testemunha o famoso *slogan* de Protágoras: "o homem é a medida de *todas* as coisas".

Isso não é o mesmo que dizer que pouco mudou, no que diz respeito a interesses e métodos, dos primeiríssimos filósofos gregos a seus sucedâneos. Nem equivale a questionar o caráter inovador dos sofistas em seu papel de educadores pagos. Nos anos finais do século V a.C., "sabedoria" *(sophía)*, o denominador comum das palavras filosofia e sofista, havia adquirido uma conotação mais "profissional" do que a que possuía ao tempo de Tales – uma conotação de perícia reconhecida no que dizia respeito a compreender e ensinar as condições *gerais* do universo e da experiência humana. Esse desenvolvimento cultural não teria sido possível sem a presunção notavelmente

---

[28] DL II.11. Cf. Most, neste volume, p. 422.
[29] Platão *Górgias* 449b-c, *Hípias menor* 363c-369a, *Hípias maior* 285b e *Prot.* 318e; cf. Lloyd [111] 91-95.

audaz, evidente dos milésios em diante, de que tentativas de *caracterizar* tudo, distintas da confiança em uma tradição, são humanamente possíveis e desejáveis. Até mesmo Aristófanes dá respaldo a essa interpretação do escopo da filosofia grega em seus primórdios, pois, ainda que digamos que seu Sócrates paródico é uma combinação de cientista "natural" e sofista, a personagem cômica é unitária.

Resumindo: a partir de 550-500 a.C., na Jônia – em Mileto (terra natal de Tales, Anaximandro e Anaxímenes), Samos (local de nascimento de Pitágoras), Cólofon (cidade de Xenófanes) e Éfeso (lar de Heráclito) –, o que se *tornará* uma tradição cultural consideravelmente nova está em gestação. Os pensadores em questão são altamente individualistas. Pitágoras migra para Crotona, no sul da Itália, e forma uma comunidade religiosa por lá; Xenófanes inclui as cidades italianas em suas viagens e compõe em variegadas formas de verso; Anaximandro escreve um livro na inovadora forma da prosa; e Heráclito se exprime em sentenças altamente obscuras e epigramáticas. Não há consenso, ainda, quanto ao que seja filosofar: não há qualquer concepção do que é a filosofia enquanto tal. Porém, a mais jovem dessas figuras, Heráclito, já insiste em que dispõe de uma caracterização de "tudo" unicamente correta e em larga medida melhor que a que os demais têm a oferecer.

Muito antes, Hesíodo havia apresentado sua *Teogonia* em uma competição poética, e também ele teria chamado sua composição de uma caracterização, ou ao menos uma história a respeito, de "todas as coisas". O que é, então, à parte a distância entre Heráclito e a mitologia tradicional e a discursividade épica, que afasta esse filósofo tão radicalmente de Hesíodo? Entre os muitos pontos que podem ser propostos, cinco têm maior relevância. Primeiro, Heráclito é consideravelmente explícito no que diz respeito ao tipo de caracterização que pretende oferecer: tem de ser uma caracterização que "explica" e "distingue" cada coisa. Jogando com os múltiplos significados da palavra *lógos* ("discurso", "caracterização", "avaliação", "medida"), ele chega bem perto, tanto quanto o permitem os recursos de sua língua, de afirmar que oferecerá uma caracterização "racional" e sistemática de todas as coisas. Segundo, seus pronunciamentos, apesar de sua obscuridade, exibem a preocupação de se produzir uma caracterização coerente com nossas faculdades cognitivas, tanto empiricamente como conceitualmente, o que torna possível discutir argumentativamente com ele. Terceiro, Heráclito formula sua caracterização de modo calculado para "despertar" as pessoas de suas ilusões individuais acerca de como acontecem as coisas: ele tem um objetivo transformador, poder-se-ia mesmo dizer "salvífico". Quarto, ele pretende não apenas contar verdades, mas contá-las de modo a fazer com que aqueles que o ouvem sejam instados a pensar e investigar por si mesmos: é o professor que visa a provocar as mentes de sua audiência. Quinto, como já o havia feito Xenófanes, Heráclito se afasta de convenções meramente etnocêntricas e da sabedoria recebida, mas adota distância crítica também de Xenófanes e de todos os demais.

Oferecendo uma caracterização de tudo o que seja (1) explicativo e sistemático, (2) coerente e argumentativo, (3) transformador, (4) educacionalmente provocador e (5) crítico, e não convencional, com uma formulação podemos englobar o projeto geral da filosofia grega em seus primórdios sem anacronismos e respeitando sua diversidade de ênfases, métodos e conteúdos específicos. Como qualquer generalização, também esta será por demais larga para incorporar toda particularidade. Este livro, por exemplo, lida pouco com as especulações meteorológicas de alguns dos primeiros filósofos gregos. Ainda assim, a generalização é apropriada no que diz respeito àqueles pensadores cujas palavras são bem atestadas, especialmente Xenófanes, Heráclito, Parmênides e Empédocles. Encaixa com o que sabemos de Demócrito e, em grande medida, também cai bem aos sofistas. Não há nada de mais quanto às características (1), (2) e (5), mas (3) e (4) carecem de explicação.

Karl Popper escreveu a respeito da "*racionalidade* simples e direta" dos pré-socráticos.[30] Seu entusiasmo por esses pensadores é equivocado: eles se tornam mais interessantes quando reconhecemos que sua racionalidade não é nem simples nem direta. Um proeminente estudioso francês recentemente propôs que toda a tradição greco-romana em filosofia deveria ser concebida, acima de tudo, como prática e "espiritual" em seus objetivos, advogando a filosofia como modo de vida.[31] Essa caracterização causará espécie a muitos, dado que apropriada apenas a *alguns* dos filósofos antigos posteriores, mas

---

[30] Popper [122] 130.
[31] Pierre Hadot. Cf. suas obras *Philosophie commemanière de vivre* (Paris, 2001) e *Qu'est-ce que la philosophie antique?* (Paris, 1995).

tem o grande mérito de exigir de nós que não apliquemos à antiguidade clássica concepções modernas a respeito do completo desinteresse ou da pesquisa "pura" em filosofia. Note-se, por exemplo, como Eurípides, tragediógrafo profundamente versado na fermentação intelectual de sua época, faz o coro de uma de suas tragédias comentar as bênçãos da "pesquisa":[32]

> Feliz daquele que em uma pesquisa
> aprendeu a engajar-se
> sem qualquer tendência a prejudicar seus concidadãos
> ou a praticar ações más,
> antes percebendo da natureza imortal
> a ordem perene, como é estruturada.

Nestes versos, ouvimos o elogio da filosofia grega em seus primórdios em palavras contemporâneas, que capturam sua ambição holística, científica, especulativa, ética e digna de admiração.

As principais figuras dos primórdios da filosofia grega claramente tomam a falsidade como gravemente danosa àqueles em erro, daí os tons estridentes com que Xenófanes, Heráclito, Parmênides e Empédocles repreendem sua audiência não ilustrada. Não apenas Pitágoras, mas também esses pensadores têm objetivos que podemos chamar de "transformadores", e muito da animosidade com que Platão trata Protágoras deriva de sua crença em que as pretensões deste último a ser capaz de ensinar a todos a boa administração dos negócios particulares e públicos não resistem ao escrutínio socrático. Platão não inventa a noção de que uma caracterização verdadeira de tudo terá efeito benéfico sobre a vida dos que lhe dão atenção: ele herda essa ideia de seus predecessores filosóficos.

Diretamente ligada a essa está a característica de ser educacionalmente provocador. Essa marca distintiva da atividade socrática também se pode fazer remontar aos predecessores. Embora Platão nos persuada a estabelecer uma distinção radical entre o discurso socrático e a retórica dos sofistas, o

---

[32] Eurípides, fr. 910. A passagem de uma peça desconhecida é citada em grego por Burnet [6] 10; a tradução é minha.

Sócrates de Platão, assim como o próprio Platão, também é um retor de maestria, como qualquer educador efetivo tem de ser. A verdade, para ser reconhecida, carece de uma expressão persuasiva, mas, se as pessoas têm de ser encorajadas a descobrir por si mesmas a verdade, carecem precisamente da provocação em que se engajam Heráclito e Parmênides, assim como, provavelmente, também Protágoras e Sócrates.

Esses pontos reforçam os descaminhos a que pode induzir o rótulo "pré-socrático". *Grosso modo*, o Sócrates de Platão se encaixa na caracterização da filosofia grega em seus primórdios que aqui ofereço, e o próprio Platão se encaixa ainda melhor.[33] Em seus escritos de juventude, Platão foca a atenção primariamente sobre uma metodologia e sobre questões éticas que ele considera serem o legado distintivo de Sócrates; porém, conforme seu pensamento se desenvolve, Platão passa a se concentrar cada vez mais sobre Heráclito, Protágoras, os pitagóricos e os eleatas, esboçando sua própria cosmologia apenas no *Timeu*, uma de suas obras de velhice. Como Aristóteles, devemos às vezes delimitar a linha divisória antes de Sócrates ou antes de Platão, mas, para alguns objetivos, precisamos estender a primeira fase de modo a incluir até mesmo Platão.

Conclusões

Com essas modificações, minha versão das características mais relevantes da filosofia grega em seus primórdios está em larga medida alinhada com as opiniões correntes, quer enfatizem a reforma da teologia, a capacidade de generalização abstrata, as explicações totalizantes, as hipóteses contraintuitivas sustentadas por argumentos ou o compromisso com uma investigação crítica. Certos pensadores inclinam-se mais pela ciência e por descobertas em larga medida dependentes de observação. Outros questionam as aparências das coisas e antecipam pensamentos que serão, mais adiante, água para o moinho dos céticos. Com Parmênides e os eleatas, podemos observar a lógica

---

[33] Ao caracterizar a filosofia grega como o fiz, não pretendo falar em nome de todos os colaboradores. Eles me acompanham em minha preferência por evitar o termo "pré-socrático", mas não se deve assumir que eles endossam as reservas que aqui exprimo.

e a metafísica em seu nascimento. Encontramos modelos cosmológicos de tirar o fôlego por sua ousadia e suas (incipientes) ideias de um universo em evolução e regulado por si mesmo, sistemáticas em sua estrutura e seus ingredientes básicos. São efetuadas distinções entre a natureza e a convenção, preparando o palco para as investigações acerca dos fundamentos da linguagem, das práticas sociais e da justiça. A verdade é considerada objetiva por alguns e relativa por outros. Ao longo do período discutido neste livro, são palpáveis a excitação e o desafio intelectuais. Uma teoria sucede e compete com a outra. As descrições do "todo" têm pouco embasamento na mensuração ou nas verificações e nos controles rigorosos que associamos à física. Apesar disso, conforme avança o período, culminando no atomismo de Demócrito, formula-se uma teoria científica de notável presciência, a de que a estrutura básica da natureza não é nada além da matéria em movimento.

Por que tudo isso aconteceu, onde e quando aconteceu, é uma questão tão fascinante de se propor como impossível de se responder com qualquer grau de precisão. Numerosos fatores podem ser aduzidos, entre os quais os mais eloquentes (não necessariamente em ordem de prioridade) são a liberdade política e a oportunidade de debates, o comércio entre os estados e a comunicação com as civilizações anteriores do Egito e da Ásia, a ascensão de uma cultura literária, a codificação das leis, a insatisfação com os mitos antropomórficos, a valorização da inovação e da autoafirmação, um interesse geral pela destreza verbal, a perícia capaz de enfrentar oposição, a consciência da carência de uma educação superior, angústias relativas à natureza da identidade humana e de seu lugar, tanto no mundo como após a morte.[34] Tudo isso é relevante para nossa compreensão do contexto cultural e do conteúdo da filosofia grega em seus primórdios; porém, o que quer que digamos a seu respeito, não devemos permitir que nossa admiração descambe para quaisquer discussões acerca do gênio peculiar à civilização grega. Este livro não tenta fazer quaisquer comparações entre a vida intelectual grega em seus

---

[34] Minha única contribuição distintiva a essa lista é o último ponto, relativo às angústias. O tratamento mais bem amparado e cuidadoso a respeito dos fatores sociais que podem ter ajudado a promover a filosofia grega em seus primórdios e torná-la culturalmente distintiva é a obra de G. E. R. Lloyd: cf., em especial, Lloyd [110], [111], [154] 121-140.

primórdios e a de culturas vizinhas, mas isso se deve inteiramente a exigências de espaço e à necessidade de impôr limites a qualquer história.

Os próprios gregos reconheciam sua novidade frente às civilizações muitíssimo mais antigas do Egito e da Ásia, bem como seu débito para com o Egito e a Babilônia no que diz respeito à matemática e à astronomia.[35] É praticamente certo que Tales e seus conterrâneos jônios conhecessem as descrições da origem do mundo apresentadas pelos povos do oriente próximo, sendo por elas influenciados. Para os propósitos deste livro, as questões importantes não são quem disse algo como isso pela primeira vez ou de onde X tirou essa ideia, mas o que Heráclito e os demais faziam de seus pensamentos (de onde quer que estes tenham surgido) e em que contextos eles se situavam a si mesmos e a sua audiência. De maneira geral, os gregos não foram os únicos entre os povos antigos a dar início a uma atividade filosófica.[36] A importância desse início é dupla: sua posição no início da tradição filosófica ocidental e o tipo de filosofia a que dão início.

As pessoas geralmente empregam o termo "tradição" de maneira imprecisa, designando com ele um conjunto duradouro de práticas cujas fases históricas estão sucessivamente conectadas, em vez de serem cumulativas e simbióticas. Desde seus princípios gregos, a tradição filosófica ocidental tem sido algo do segundo tipo, com novas questões, conjecturas e refutações sendo continuamente apresentadas, revisitando e revisando teorias e metodologias anteriores. Se há progresso em filosofia, este se dá em larga medida em decorrência de contatos dialéticos com a tradição, quer os correntes participantes no debate reconheçam essa relação ou não. Também é parte e parcela da boa filosofia tratar os colaboradores anteriores como parceiros com quem nos engajamos em frutífera conversação, em especial quando levamos em consideração as contingências históricas que os distanciam de nós e ajudam-nos a compreender sua visão de mundo. Se essas conversações omitem história e contexto, tendem a tornar-se polêmicas, artificiais e míopes, falha que espero ter sido completamente evitada neste livro. Contextualizar a filosofia

---

[35] Cf. Heródoto II.109 e Aristóteles, *Met.* I.1 981b23
[36] A questão relativa a que povos deram origem à filosofia já era debatida entre os gregos: alguns atribuíam-na a povos estrangeiros e outros insistiam em uma origem helênica. Cf. DL I.1-11.

grega em seus primórdios como nossos colaboradores tentam fazer não é uma prática greco-romana, mas listar filósofos do passado em investigações do presente é parte essencial da tradição grega. Foi belamente expressa por Aristóteles quando escreveu que:[37]

> A investigação da verdade é, por um lado, difícil, mas, por outro, fácil. Um sinal disso encontra-se no fato de que, se ninguém é capaz de alcançar adequadamente a verdade, ninguém jamais falha por completo, antes todos dizem algo de verdadeiro acerca da natureza e, ainda que individualmente se acrescente pouco ou nada a ela, o esforço coletivo produz algo de monta.

A filosofia grega em seus primórdios foi tanto o princípio da tradição antiga como uma parte integrante de suas fases subsequentes. O pensamento de Platão em sua velhice não pode ser apreendido em uma ou duas frases, mas claramente envolve o reconhecimento de que uma caracterização coerente do mundo tem de chegar a um acordo tanto com a uniformidade e a estabilidade eleatas, como com a contrariedade e o fluxo heraclíticos. Aristóteles discute sistematicamente os primeiros filósofos gregos em sua revisão crítica dos dados que um investigador científico tem de levar em consideração. Quando as escolas pós-aristotélicas são fundadas, o atomismo de Demócrito ganha uma nova vida nas mãos de Epicuro, ao passo que Zenão de Cício e Cleantes, os primeiros líderes da *Stoá*, cuidadosamente examinam Heráclito na formulação de sua física e de sua teologia. Ao mesmo tempo, quando o ceticismo se torna também ele uma instância reconhecida da atividade filosófica, primeiramente com Pirro e, depois, na Academia pós-platônica, Xenófanes, Protágoras e Demócrito são invocados como precursores ao menos parciais. O pitagorismo tem um futuro que será cada vez mais portentoso nos inícios da era cristã, sendo sua numerologia abraçada já pelos primeiros platônicos.

Afora essas indicações óbvias da sobrevida dos primórdios da filosofia grega, algumas de suas doutrinas mais relevantes se tornam praticamente axiomáticas para todos os seus sucessores que não os céticos. Essas doutrinas

---

[37] *Met.* II.1 993a30-34.

incluem o princípio parmenídico de que a realidade enquanto tal não pode ser reduzida ou simplesmente identificada às aparências cotidianas; a seleção empedocleana de terra, água, fogo e ar como os elementos primários; e, acima de tudo, o pressuposto de que o mundo como um todo é uma estrutura inteligível com princípios subjacentes acessíveis ao entendimento humano. No fim do período que nos concerne, com figuras como Demócrito, Anaxágoras e Diógenes de Apolônia, o palco está preparado para a grande questão cosmológica que, no momento devido, unirá platônicos, aristotélicos e estoicos contra o atomismo dos epicuristas – a questão de se o mundo é governado por uma mente com propósitos ou por forças meramente mecânicas. Também nas áreas da psicologia e da epistemologia, as teorias propostas pela filosofia grega em seus primórdios continuam a influenciar os pensadores gregos posteriores, como, por exemplo, em debates a respeito da composição da alma ou da confiabilidade da percepção sensível.

Mesmo em âmbitos exteriores à tradição filosófica, a filosofia grega em seus primórdios cativa a imaginação dos escritores modernos: Matthew Arnold escreve "Empedocles on Etna", um de seus poemas mais ambiciosos; T. S. Eliot prefacia seus *Four Quartets* com duas citações de Heráclito; Tom Stoppard, em sua peça *Jumpers*, recorda a flecha de Zenão, que, infelizmente, mata uma lebre, invocando, assim, outro dos paradoxos de Zenão; Karl Marx escreve sua tese de doutorado sobre as diferenças entre Epicuro e Demócrito; e Oswald Spengler, autor de *The Decline of the West*, a respeito de Heráclito. Essas são apenas algumas indicações do extraordinário impacto da filosofia grega em seus primórdios sobre nossa sensibilidade cultural.

2 Fontes

Jaap Mansfeld

Doxographi Graeci

Visto que as obras dos primeiros filósofos gregos foram perdidas, nosso conhecimento de seu conteúdo depende por inteiro ou de esparsas citações *verbatim* (embora menos esparsas do que, por exemplo, as dos primeiros estoicos) ou de diversas formas de informação de segunda mão encontradas em todo tipo de autores antigos. Tornou-se, assim, costumeiro iniciar livros desse tipo com uma revisão crítica de nossas fontes de informação.

O que está em jogo é a confiabilidade de nossas fontes.[1] O ideal de uma história objetiva da filosofia é uma invenção novecentista. Na Antiguidade, a história da filosofia era parte de uma filosofia sistemática, que servia a diversos propósitos. As ideias dos filósofos anteriores eram usadas e interpretadas de diferentes maneiras, sendo mais frequente servirem meramente como trampolim. Esse é o caso não apenas no que diz respeito à atitude de pensadores de maior porte, como Platão e Aristóteles, mas também no que diz respeito a obras mais humildes, coletâneas de pontos doutrinais, com ou sem detalhes biográficos, que circulavam em escala consideravelmente larga. Essas obras eram usadas, aparentemente, no contexto da educação primária em filosofia e como fontes a serem exploradas quando alguém que estivesse escrevendo a respeito de alguma questão filosófica sentisse que deveria contrastar sua concepção à de outrem, argumentar em prol de uma concepção já existente ou substituí-la por outra.

---

[1] Meus objetivos no que segue são eminentemente históricos. A atribuição de opiniões aos primeiros filósofos gregos por meio da "apreciação *filosófica* de uma opinião como coerente ou incoerente" proposta por Makin [75] corre o risco de projetar as modas de hoje sobre o passado.

O estudo dos filósofos e das filosofias precedentes, bem como antologias contendo passagens notáveis, também visavam ao deleite de um público mais genérico, mas o conteúdo doutrinal dessas obras, assim como as seleções feitas, embora contivessem material em sua maior parte tradicional, eram regularmente atualizadas e refletiam os interesses e as predileções de sua época, as quais em geral deviam-se às dos filósofos profissionais de então. A transmissão das concepções dos primeiros filósofos gregos (os assim chamados *physikoí*), portanto, não é apenas consideravelmente fragmentária, mas também frequentes vezes matizada ou mesmo tendenciosa.

A elucidação de parte desse processo de transmissão (concepção ainda hoje preponderante, embora comece a ser revista) é apresentada por Hermann Diels em sua monumental obra *Doxographi graeci*, de 1879 (ainda disponível em reimpressão inalterada).[2] "Doxógrafo" e "doxografia" não existem em grego antigo, antes são neologismos cunhados pelo próprio Diels, presumivelmente para contrastar fundamentalmente com "biógrafo" e "biografia", um gênero em que ele julgava, em princípio, não se poder confiar. A doxografia se ocupa das *dóxai*, as "opiniões" ou "pareceres" (também chamados de *dokoûnta* ou *aréskonta*; em latim, *placita* ou *opiniones*). Desenvolvendo as ideias de seu mestre Usener e dependendo não apenas da *Altertumswissenschaft* como também, em certa medida, de uma tradição (naquele momento parcialmente esquecida) iniciada no século XVI, Diels argumentava que a doxografia tem seu início com um tratado em seis volumes sobre tópico único, do qual apenas nos restam fragmentos (já então coligidos e editados por Usener). Esse tratado foi composto por Teofrasto, pupilo e sucessor de Aristóteles: as *Physikôn dóxai* ou "Pareceres dos filósofos naturalistas" (é quase certo, porém, que o título original fosse *Physikaì dóxai*, "Pareceres em física").

Segundo Diels, em algum momento do período helenístico a obra de Teofrasto passou por uma revisão, tendo sido então abreviada, embora também ampliada para conter as doutrinas dos filósofos helenísticos e de alguns médicos e astrônomos. Essa coletânea, provavelmente empregue

---

[2] Limito-me à parte de obra de Diels [3] que trata dos primórdios da filosofia grega. Note-se que o livro trata apenas da doxografia a respeito da *física*. Para uma avaliação crítica desse livro, cf. Mansfeld & Runia [27].

pelos epicuristas tardios, por Cícero, Varrão, Enesidemo (que é uma das principais fontes do neopirrônico Sexto Empírico, de fins do século II d.C.), pelo médico Sorano (c. 100 d.C.), pelo Padre da Igreja Tertuliano (c. 200 d.C.) e numerosos outros autores, foi por Diels chamada *Vetusta placita*, "Pareceres tardios". Essa obra, hoje perdida, foi, então, abreviada e atualizada em alguns pontos por um desconhecido chamado Aécio em algum momento no século I d.C.

As *Placita* de Aécio também foram perdidas, mas Diels oferece uma reconstrução que, embora não sem importantes falhas, é basicamente correta.[3] Ele mostra magistralmente (1) que as remanescentes *Placita* de Plutarco (na realidade, pseudo-Plutarco) sobre tópico único e datadas do século II d.C. são uma redução (drástica) da obra de Aécio (e que grande parte da inferior *Historia philosophica* atribuída a Galeno são uma redução posterior de uma versão do pseudo-Plutarco); (2) que João Estobeu (século V d.C.), no primeiro livro de sua gigantesca e apenas parcialmente preservada antologia, as assim chamadas *Eclogae physicae*, incorpora grandes partes da obra de Aécio e preserva importante material abreviado por Plutarco; e (3) que o Padre da Igreja Teodoreto (igualmente século V d.C.), em sua obra *Cura das doenças dos gregos*, a única fonte a mencionar o nome de Aécio (três vezes), também faz uso, em larga escala, de sua obra.

De acordo com isso tudo, Diels argumenta que a informação a respeito dos primeiros filósofos gregos contida em seu Aécio reconstruído,[4] embora adulterada e modificada no decurso da transmissão, está ligada à grande obra de Teofrasto por uma linha de descendência direta e vertical. Isso dá um ar de confiabilidade histórica ao que lá encontramos.

---

[3] A crítica de Lebedev [46], [47] é infundada; cf. Manfeld & Runia [27] 333-338; as fontes sobre ou relacionadas a Aécio são discutidas à larga neste volume.

[4] Apresentação sinótica: coluna da esquerda para o pseudo-Plutarco, coluna da direita para Estobeu, as duas colunas unidas por uma elegante linha horizontal indicando descenderem de um arquétipo comum; na base à esquerda, testemunhos adicionais acerca do pseudo--Plutarco, à direita, aqueles a respeito de Aécio. Os *Doxographi Graeci* de Aécio também contêm edições dos fragmentos relevantes de Teofrasto (incluindo o *De sensibus*), do primeiro livro da *Refutação* de Hipólito, seções de Cícero e Filodemo e obras menores.

Semelhante confiabilidade condicional é postulada no que diz respeito aos autores que fazem uso das *Vetusta placita* (obra que Diels, talvez sabiamente, não tenta reconstruir). Diels ainda argumenta que os textos a seguir remontam a Teofrasto: a maior parte das passagens doxográficas no primeiro livro da *Refutação de todas as heresias* do bispo Hipólito de Roma (inícios do século III d.C.), nas *Stromateis* de outro pseudo-Plutarco preservadas por Eusébio, em diversos capítulos que lidam com os primeiros filósofos gregos na obra *Vidas e máximas daqueles que se destacaram em filosofia e as doutrinas de cada seita*[5] de Diógenes Laércio (igualmente inícios do século II d.C.) e, finalmente, em algumas outras obras de menor importância.

Essa reconstrução da tradição secundária constitui a espinha dorsal da esplêndida edição dos *Fragmente der Vorsokratiker* de Diels (1903), a qual foi revisada e expandida três vezes pelo próprio Diels em vida, sendo ainda uma vez revisada por Walther Kranz, que acrescenta um indispensável volume de índices.[6] Também essa obra é ininterruptamente reimpressa, sendo ainda *a* edição básica dos textos dos primeiros filósofos gregos. Os fragmentos, tanto *verbatim* como secundários, são habitualmente citados segundo a numeração de Diels e Kranz (abreviadamente, DK). Todas as demais edições dos assim chamados pré-socráticos ou de pré-socráticos individuais, embora ocasionalmente acrescentem material adicional ou autentiquem fragmentos *verbatim* considerados espúrios por Diels, guardam um débito para com DK e, por conseguinte, para com a hipótese sobre a genealogia das fontes secundárias que subjaz a essa obra.[7]

---

[5] DL II.1-17, VIII.51-77, 82-84, IX.1-60. Note-se que Tales, enquanto primeiro dos sete sábios, é tratado em DL I.17-44, que inclui aí seus pareceres em física (I.23-24, 27).

[6] Publicada entre 1934-1937 = 5ª edição. A 6ª edição, contendo adições, permanece essencialmente sem mudanças nas reimpressões subsequentes. Kranz introduz uma influente, porém, em minha opinião, questionável modificação ao iniciar o vol. I com os primórdios da poesia e da prosa cosmológicas e a literatura gnômica. Diels havia colocado esse material antes dos sofistas.

[7] Não há hipótese quejanda para a maioria dos sofistas em DK. Note-se que Protágoras é incluído em Diógenes Laércio em razão da literatura das sucessões; cf. p. 79.

Diels tinha plena convicção de que os fragmentos *verbatim* (designados fragmentos B) não poderiam ser compreendidos sem os testemunhos (designados fragmentos A).[8] Apesar disso, porém, o formato da edição pretende destacar a importância dos fragmentos *verbatim*. Assim, Diels confere a cada indivíduo (ou, no caso dos pitagóricos, a um grupo individuado) um capítulo numerado próprio, em ordem cronológica e até mesmo em uma ordem de "sucessão", em vez de seguir o plano sistemático de Teofrasto ou do remanescente pseudo-Plutarco. Esse procedimento infelizmente acarreta recortar e distribuir testemunhos que, na maioria de nossas fontes antigas, tendem a reunir e opor mutuamente as opiniões dos diferentes filósofos em vez de discuti-las individualmente. Nesse processo, Diels tende a menosprezar alguns detalhes ou a situá-los em algum capítulo em que não se suspeitaria encontrá-los. Em nossas fontes, os fragmentos *verbatim* também são às vezes citados entre aspas para ilustrar uma questão em filosofia natural, teologia ou ética.

O modo de apresentação *quasi*-biográfico de Diels, embora baseado em uma (mui) clara hipótese acerca da transmissão, na verdade obscurece suas próprias fundações e inibe o acesso às fontes originais. Estabelece-se, assim, o reino dos fragmentos de pré-socráticos individuais, acreditando-se que a relativa confiabilidade de um fragmento A seja garantida de modo seguro pelo lugar assinalado a sua fonte na tradição tal como reconstruída, isto é, por contar como boa ou não tão boa. Os fragmentos *verbatim*, por outro lado, passam a ser vistos como obras de arte encontradas no decurso de uma escavação pré-moderna, isto é, como se tivessem um valor independentemente das ruínas que os preservaram.

Essa concepção, porém, não é inteiramente falsa, e certamente não o é sempre. Esses fragmentos frequentemente vão de uma fonte a outra, e o contexto em que os encontramos não é de modo algum decisivo para sua interpretação – mesmo em casos em que podemos estar relativamente ou completamente certos de que o que está sendo copiado é a obra original.

---

[8] Cf. a justificativa explícita em Diels [2], VI, obra hoje em larga medida esquecida e, infelizmente, jamais reimpressa. É aí que se encontra por primeira vez a distinção entre fragmentos A e B. Os testemunhos são bem mais completos que em DK.

Mesmo aqui devemos perceber que a citação não precisa ser necessariamente exata: erros são inevitáveis, e os textos citados podem ser adaptados a seu contexto.[9]

Antes da reconstrução de Aécio por Diels, os estudiosos alemães acreditavam que todos os autores antigos acima mencionados haviam usado, ou revisado, uma fonte comum já disponível à época de Cícero. As *Vetusta placita* são o que permanece quando o Aécio de Diels é subtraído: um belo exemplo de hipótese deflacionada. Não é, portanto, muito surpreendente que a seção em que Diels faz uma apreciação das *Vetusta placita* esteja longe de ser satisfatória, e quanto mais nos aproximamos de Teofrasto, mas arriscado torna-se o caminho. Seguindo as pegadas de Usener, Diels em nada se incomoda com o fato de que a maior parte dos fragmentos maiores (aqueles que lidam com princípios), que ele atribui à obra doxográfica de Teofrasto, sejam citações da *Física*.[10] Ele também deixa de levar em consideração a influência de Aristóteles, a não ser em uma observação em um artigo posterior,[11] embora Zeller houvesse apontado as semelhanças entre as caracterizações dos princípios postulados pelos primeiros filósofos gregos e por Platão em Aristóteles e em Teofrasto.[12] É certo que a maior parte das passagens aristotélicas que dizem respeito aos primeiros filósofos gregos é encontrada em DK, mas o papel de Aristóteles na formação dessa tradição foi totalmente deixado de lado.

---

[9] Cf. Whittaker [80]. Para os métodos de trabalho dos autores antigos, cf. Mejer [61] 16-29; sobre os excertos, J. E. Skydsgaard, *Varro the Scholar: Studies in the First Book of Varro's De re rustica* (diss. Copenhagen, 1968) 101-116; sobre a tratadística, T. Dorandi, "Den Autoren über die Schulter geschaut. Arbeitsweise und Autographie bei den antiken Schriftstellern" *Zeitschrift für Papyrologie und Epigraphik* 87 (1991) 11-33 e id. "Zwischen Autographie und Diktat. Momente der Textualität inder antiken Welt" em W. Kullmann & J. Althoff (eds.) *Vermitlung und Tradierung von Wissen in der griechischen Kultur* (Tübingen, 1993) 71-83.

[10] Cf. Steinmetz [28], Mansfeld [69].

[11] Diels [426] 7.

[12] E. Zeller "Über die Benützung der aristotelischen Metaphysik in den Schriften der älteren Peripatetiker" *Abteilungen der Akademie der Wissenschaften zu Berlin*, Philologisch-Historische Klasse 1877, 145-167, reimpr. em O. Leuze (ed.) *Eduard Zellers Kleine Schriften*, Bd. 1 (Berlin, 1910) 191-214.

Diels também deixa de indagar por que razão se coletavam *placita* e por que elas continuada e variegadamente sofriam adições, abreviações ou revisões. Ele não leva em consideração a possibilidade de que anteriormente a Aécio pudesse haver existido mais de uma tradição ou de que se pudesse dispor de testemunhos mutuamente discordantes sobre uma mesma tradição.[13] Aqueles que contribuíram para essa(s) tradição(ões) não estavam de modo algum *obrigados* a manter inalterado o material de seus predecessores, mas o principal objetivo de Diels era chegar o mais perto possível da imaculada origem teofrástica da tradição doxográfica ao desmascarar o que ele julgava ser uma prática fraudulenta, assim chegando à mais pura fonte da própria filosofia grega. E isso era uma espécie de operação de resgate, o que não é em si uma má ideia. Porém, conforme já assinalado, sua hipótese encontra-se em processo de revisão e carece de revisão ainda mais ampla, de modo que a caracterização resultante, embora ainda preliminar no sentido de que essa revisão ainda não atingiu seu termo, irá, em parte, além de Diels.

Dois sofistas e Platão

Coletâneas de opiniões eram compostas já por dois sofistas, Hípias e Górgias. Presume-se que Platão e Aristóteles, entre outros, usassem-nas, sendo influenciados por elas.[14] Hípias compôs uma antologia de tópico único com opiniões em prosa e verso de poetas, bem como do que posteriormente se chamaram os filósofos.[15] Tinha o propósito de oferecer um acesso fácil, provavelmente com propósitos retóricos, ao que era já então uma variedade desconcertante de ideias. Ao reunir opiniões correlatas desde os poetas até seu próprio tempo, Hípias enfatiza a concordância e

---

[13] Para outras obras perdidas que lidam com os *físicos*, cf. DL V.46, VI.101, X.27. Obras mais curtas e mais longas podem estar disponíveis simultaneamente. Assim, o Aécio que o pseudo-Plutarco (remanescente) epitomiza encontra-se em circulação até o século V d.C.

[14] Para mais evidências e bibliografia, cf. Mansfeld [29] e, para Hípias, Patzer [77].

[15] Clemente, *Stromateis* VI.15.1; cf. DL I.24.

a continuidade. Importantes ecos de sua abordagem são encontrados em Platão e Aristóteles.[16]

Górgias, por outro lado, acentua o que julga serem discordâncias insolúveis entre os filósofos. Ainda dispomos de uma breve paráfrase de parte de seu argumento original e de uma importante observação em uma de suas declamações remanescentes.[17] Além disso, sua obra é ecoada em duas das primeiras obras hipocráticas, em Xenofonte, em Isócrates e até mesmo em Platão.[18] Os filósofos, segundo Górgias, não conseguiam concordar quanto a serem as coisas uma só ou (infinitamente) muitas, quanto a serem geradas ou não geradas, quanto a existir ou não o movimento. Notavelmente, ele acrescenta que todos estão errados. Tanto Platão como Isócrates oferecem listas arranjadas segundo o número e a natureza das coisas assumidas, característica que encontramos em Aristóteles e outros.

Platão e Aristóteles combinam as abordagens de Hípias e Górgias, e fazem acréscimos ao material coligido por estes. Com efeito, uma apresentação por similaridade (por exemplo, uma lista de opiniões acerca de quantas e quais são as coisas que existem) pode ser combinada a uma apresentação por discordância. Em seus diálogos de velhice, Platão, que começara sua carreira como uma espécie de sofista socrático, volta-se cada vez mais para os grandes mestres do passado, discutindo e adaptando suas ideias com vistas a superá-los, e bem podemos crer que estudara as obras originais de, por exemplo, Anaxágoras, Parmênides, Heráclito, Zenão e Empédocles. Ainda

---

[16] Platão, *Crat.* 402a-b, *Banquete* 178a-b, *Tht.* 152d-e, Aristóteles *Met.* IV.5 1009b12-32, *De an.* I.2 404a25-31, III.3 427a21-29. Note-se que os poetas e os filósofos são citados em conjunto, embora em *Met.* I.3 983b27-84a3 Aristóteles enfatize a diferença entre eles.

[17] Sumário fragmentário em [Aristóteles] *MXG* 5 (omitido de DK) e *Helena* (= DK 82B11) 13: "os argumentos dos *meteorológoi* [termo antigo para os filósofos da natureza] que, substituindo crença (*dóxa*) por crença, demolindo uma e erigindo outra, fazem com que o incrível e o incerto se tornem claros aos olhos da crença".

[18] *Sobre a antiga medicina* 2; *Sobre a natureza humana* 1; Isócrates, *Helena* 3 (c. 385 a.C.); Xenofonte, *Mem.* I.1.13-14 (c. 370 a.C.); Isócrates, *Antídosis* 268 (c. 353 a.C.); Platão, *Soph.* 242c-e, 243d-244b. A lista de Isócrates é muito mais completa do que a de Platão, não podendo, pois, derivar desta; ao final, Isócrates acrescenta Górgias, que assumia não existir princípio algum. Patzer [77] 85-86 erroneamente faz derivar apenas de Hípias, ignorando Górgias, as caracterizações de Isócrates e Platão.

assim, sua abordagem desses mestres do passado é matizada pela recepção destes nas obras sofísticas acima mencionadas, bem como pelo modo como os antigos pensadores são interpretados por seus seguidores.[19] É por isso, por exemplo, que, quando fala de Heráclito, Platão ressalta as doutrinas do fluxo e da diversidade, tendendo a rejeitar o que esse pensador tem a dizer sobre a unidade e a estabilidade, e, quando fala de Parmênides, ressalta a ideia da Unidade e da imobilidade de tudo o que há, embora não feche os olhos para a questão do Ser (por exemplo, *Soph.* 241d).[20] Note-se, acima de tudo, que o que temos em Platão não é doxografia, mas uma forma de dialética (cf. a seção seguinte sobre Aristóteles) e que os esquemas mais ou menos rígidos subjacentes às exposições feitas por Platão são apresentados no decurso de conversações imaginárias entre pessoas civilizadas, não como ingredientes de um tratado sistemático.

ARISTÓTELES, TEOFRASTO E AS *PLACITA* TARDIAS

A discussão acerca dos pareceres dos predecessores, que frequentemente inclui Platão e os sucessores imediatos deste, é característica padrão dos tratados sistemáticos *(pragmateíai)* de Aristóteles.[21] Ele se preparava de modo consideravelmente meticuloso reunindo uma biblioteca, e presume-se que incluísse resumos e citações nas monografias críticas que escreve a respeito de Melisso, Alcmeão, os pitagóricos, Górgias e Zenão (DL V. 25), em um tratado em dois livros intitulado *Problemas nos escritos de Demócrito* (DL V. 26) e outro, em três livros, *Sobre a filosofia de Árquitas* (DL V. 25). Sobrevivem apenas alguns fragmentos dessas obras, ainda disponíveis para os comentadores aristotélicos tardios. Não há dúvida de que ele lia e extraía excertos

---

[19] Por exemplo, Crátilo, discípulo de Heráclito, em Aristóteles, *Met.* IV.5 1010a10-15.
[20] *Tht.* 152d-183e, *Parmênides* 128a-b. Platão nada afirma a respeito da cosmologia de Parmênides.
[21] A perda das obras de caráter mais literário de Aristóteles impede-nos de conhecer como ele lida, nelas, com seus predecessores. Por certo ele se pronuncia a respeito (por exemplo, no diálogo *Sobre a filosofia*), mas não se pode precisar até que ponto esses diálogos ecoam os diálogos de Platão.

de figuras de maior porte, como Parmênides e Empédocles, de quem cita versos isolados ou mesmo algumas longas passagens. Que faça uso de e seja influenciado por uma antologia de autoria de Hípias já foi aqui observado e, enquanto autor de uma monografia sobre Górgias, evidentemente tem acesso de primeira mão aos argumentos desse pensador. Além disso, é também influenciado pelo modo como Platão cita e usa seus predecessores. No entanto, Aristóteles converte as abordagens polidas de Platão em uma disciplina, a saber, a dialética, que segue um conjunto específico de regras explicitamente formuladas nos *Analíticos posteriores* e nos *Tópicos*.[22]

É parte do método aristotélico, quando engajado na discussão dialética de um problema (definida em *Tópicos* I.11 104b1-8), dividir um gênero em suas espécies para passar em revista as *dóxai* mais relevantes e estabelecer quais as discordâncias e quais as teses sustentadas em comum, de modo a avaliá-las e *criticá-las* da maneira mais apropriada, prosseguindo a partir daí. Provavelmente, o exemplo mais conhecido desse procedimento é a discussão dos antecedentes, de Tales até Platão, de sua própria teoria das quatro causas, discussão que ocupa boa parte do primeiro livro da *Metafísica*.

Aquele que embarca na discussão de uma questão ou problema (que possa ser posto sob forma proposicional) deve proceder de modo organizado. Deve estabelecer qual é o gênero do assunto, por exemplo, se se trata de uma questão em uma disciplina teórica como a física (e então, evidentemente, qual é a espécie, por exemplo, zoologia) ou a ética. Além disso, quatro tipos de questão devem ser distinguidas e tratadas em separado, se o objeto da investigação tem certo atributo ou não; qual a razão de ter esse atributo; existir ou não o objeto de investigação; e qual sua essência ou definição (*An. post.* II.1 89b24-35).

As categorias desempenham um papel crucial nesse ponto, visto que é da maior importância estabelecer a que categoria (substância, qualidade, quantidade, lugar etc.) pertencem o objeto de investigação e seus atributos (por exemplo, *De an.* I.1 402a7-10, 402a23-b3). Aqui, de novo, podem ser formulados os quatro tipos de questão para cada categoria.

Em *Tópicos* I.14, Aristóteles nos diz como selecionamos e classificamos proposições *(protáseis)* ou problemas *(problēmata)* a serem discutidos. Cito partes do texto:

[22] Cf. Mansfeld [44].

As proposições devem ser escolhidas de tantas maneiras quantas distinguimos no que diz respeito às proposições. Assim, podem-se selecionar as opiniões *(dóxai)* sustentadas por todos, pela maioria ou pelos *experts*... Devemos ainda fazer, a partir do que existe na literatura a respeito, listas de diferentes gêneros, supondo-os separados, por exemplo, sobre o bem, sobre o ser vivo ou sobre o bem como um todo, iniciando com a questão "o que é isso?". Devem-se indicar em separado as opiniões *(dóxai)* de cada qual, por exemplo, que Empédocles afirma [representando uma opinião especializada] que os elementos dos corpos são quatro... Há *grosso modo* três tipos de proposições e problemas: alguns são éticos; outros, físicos; e ainda outros, lógicos. Éticos são, por exemplo, se se deve obedecer aos pais ou à lei, caso discordem; lógicos, se o conhecimento dos opostos é o mesmo ou não; e físicos, se o universo é ou não eterno. O mesmo vale para os problemas (105a34-b25).

Proposições e problemas podem ser exemplificados por opiniões, *dóxai*; de acordo com isso, assim como há três classes de proposições, também há três classes de *dóxai*: éticas, físicas e lógicas. Isso explica o título do tratado de Teofrasto, *Physikaì dóxai*, bem como torna claro em que tipo de contexto a obra se insere.

Um exemplo aristotélico fundamental dessa divisão de um (sub)gênero é encontrada no começo da *Física*. Trata de três categorias, a saber, a quantidade, a substância e o movimento dos princípios ou elementos e, correspondentemente ao preceito dos *Tópicos*, acrescenta nomes em alguns casos (*Phys.* I.1 184b15-21). Numerosos outros exemplos podem ser extraídos dos tratados técnicos de Aristóteles.

Pode-se provar que o método de Aristóteles influencia em profundidade a literatura das *Placita*, visto que, em numerosos casos, os tipos de questão e as categorias determinam o formato dos capítulos, até mesmo inteiras sequências de capítulos no pseudo-Plutarco. Por exemplo, o capítulo I.7, "Sobre os deuses", primeiramente discute a questão da existência, prosseguindo com as variegadas opiniões (com os rótulos de nome devidamente adicionados) a respeito da substância e da forma (isto é, a qualidade) dos deuses. Os capítulos IV.2-7 tratam do que é a alma, qual o número de suas partes, a substância e a localização (categoria do lugar) de sua parte dominante, seu movimento e a questão a respeito de sua imortalidade (com os rótulos de nome devidamente adicionados ao longo de todo o texto). As *Placita* sobre a terra (pseudo--Plutarco IV.9-15) dependem, em última análise, da discussão efetuada por Aristóteles em *De caelo* II.13, mesmo no que diz respeito à parte de seu conteúdo e assim por diante.[23]

Minha hipótese de trabalho quanto aos *Pareceres em física* de Teofrasto é a de que este consistia de uma coletânea sistemática de opiniões problemáticas dos físicos (e, presumivelmente, de alguns médicos), segundo gêneros e espécies, e de que Teofrasto aplica a metodologia da divisão, aproveitando-se dos tipos de questão e dos arranjos segundo as categorias. Temos um testemunho explícito de que ele também acrescenta as objeções *(enstáseis)* requeridas.[24]

Teofrasto aplica o método da divisão ao longo de toda a sua obra de tópico único *Sobre os sentidos*. A principal divisão (explicitamente declarada) é entre os que creem que a cognição se dá "pelo semelhante"

---

[23] Cherniss [34] permanece importante enquanto discussão alentada da abordagem crítica da filosofia grega em seus primórdios por Aristóteles, mas é excessiva sua tese de que Aristóteles é invariavelmente tendencioso: cf. Mansfeld [33] 155. McDiarmid [42] aplica a metodologia de Cherniss à caracterização de Teofrasto para os primeiros pensadores.

[24] Tauro *apud* Filópono, *De aeternitate mundi* 15.20-24 Rabe (Teofrasto fr. 241A FHSG = [37]). Resquícios desse procedimento são encontrados, por exemplo, ainda em Aécio I.3. Fragmentos atestando o título *Pareceres em física* são muito poucos, e quaisquer atribuições, desde Usener e Diels, são infundadas: por exemplo, a passagem em DL IX.22 (fr. 227D FHSG) refere-se a algo que Teofrasto afirma "em sua *Física (en toîs Physikoîs)*, na qual estabelece os *dógmata* de praticamente todos <a respeito>". A caracterização dos princípios citada por Simplício também deriva da *Física*, como notado à p. 70. Também essa caracterização é estruturada segundo a divisão, sendo um refinamento posterior da caracterização constante da *Física* de Aristóteles: cf. J. Wiesner, "Theophrast und der Beginn des Archerefats von Simplikios' Physikkommentar", *Hermes* 117 (1989) 288-303 e Mansfeld [69].

e os que assumem dar-se "pelo dessemelhante". Mas uma outra divisão também desempenha um papel, a saber, aquela entre os que creem haver uma diferença entre a percepção sensível e o pensamento e os que não acreditam nisso. Ademais, em cada grupo, os membros são arranjados segundo o número de sentidos postulados. O último filósofo a ser discutido é Demócrito. Isso porque, segundo Teofrasto, ele argumenta que a cognição se dá tanto pelo semelhante como pelo dessemelhante, deixando, assim, de se encaixar na divisão principal. Essa estrutura, que envolve uma discussão dos representantes de cada partido a respeito de uma questão seguida por uma ou mais opiniões excepcionais, não é típica das apreciações dialéticas gerais de Aristóteles, mas é extremamente semelhante a numerosos capítulos no pseudo-Plutarco.[25] Diels acreditava que o tratado *Sobre os sentidos* era um grande fragmento dos *Pareceres em física*, mas isso não é de modo algum inequívoco.[26] Os predecessores de Aécio presumivelmente usam não apenas os *Pareceres em física,* como também outras obras de Teofrasto. Podem ter usado até mesmo obras desses Aristóteles ou, ocasionalmente, as fontes originais ou epítomes disponíveis desses originais. Podemos chamar essa prática de "contaminação retrógrada". Ainda assim, claramente é a metodologia de Aristóteles revisada por Teofrasto que determina o formato das *Placita*.

Que uma coletânea dessa natureza, incluindo opiniões de proveniência pós-teofrástica, já estivesse disponível à época do estoico Crisipo, é provado por um fragmento *verbatim* deste último a respeito da parte dominante da alma, citado por Galeno.[27] Essa coletânea já ia além de Aristóteles e Teofrasto por, como Aécio, exprimir uma profunda discordância (*antilogía* ou *diaphonía*) entre os especialistas. Em certo sentido, é um retorno à maneira de Górgias, mas, na realidade, é um sintoma do impacto do ceticismo helenístico.

---

[25] Cf. Mansfeld [40] e Runia [48].
[26] Cf. Baltussen [39].
[27] Galeno, *De placitis Platonis et Hippocratis* III.1.9-17; cf. Mansfeld [30].

A relação entre as *Questões naturais* de Sêneca e a tradição das *Placita* precisa ser investigada como não se pode fazer aqui.[28] É claro não só que ele usa material anterior ao pseudo-Plutarco, mas também que esse material não pode provir de Aécio ou apenas de Aécio: as diferenças são por demais substanciais, e Sêneca oferece muito mais informação acerca de doutrinas individuais do que Aécio que, ademais, tem de ser datado um pouco depois de Sêneca. Presumivelmente, Sêneca estudara tratados originais no campo da meteorologia. Ainda assim, as *Questões naturais* correspondem, no que diz respeito a seu conteúdo dirigir-se apenas a um tópico – com omissões e diferenças de ordem, diferenças essas complicadas pela incerteza acerca da ordem original dos livros no tratado original de Sêneca –, à *Meteorologia* de Aristóteles e ao terceiro livro do pseudo-Plutarco, que também trata de meteorologia (incluindo IV.1 sobre o Nilo). O último filósofo grego citado é Posidônio, como em Aécio. Há certa ênfase sobre os primeiros filósofos gregos, como em Aécio, embora Sêneca seja bem mais seletivo no que diz respeito a nomes (embora frequentemente cite anônimos). Com alguma hesitação, eu optaria pela sugestão de que entre as numerosas fontes de Sêneca há uma ou mais versões das *Vetusta placita*, em que ele encontra as informações consideravelmente ricas a respeito dos primeiros filósofos gregos – talvez até mesmo de Aristóteles, Teofrasto e Posidônio – que queria usar. Sêneca é um autor autônomo e criativo, que usa a informação de modo independente.

O que acima de tudo me tenta a aceitar essa sugestão é o procedimento de Sêneca: ele cita doutrinas que sujeita a um escrutínio *dialético*, apresentando objeções, fazendo a escolha apropriada e, ocasionalmente, oferecendo até mesmo uma solução distintivamente sua. Essa é precisamente a maneira pela qual os autores antigos usavam o material das *Placita*.

---

[28] *Naturales quaestiones*, ed. H. M. Hine (Stuttgart, 1995). O título traduz a expressão grega *Théseis physikaí*. Para a fórmula e a ideia por trás dela, cf. Cícero, *De partitone oratoria* 64; Sêneca, *Epístola* 88.24; Quintiliano *Instituições oratórias* 7.2.6-7. Sobre as *Théseis physikaí* de Crisipo, cf. Plutarco, *De stoicorum repugnantiis* 1035c, 1037b, 1047c. Cf., ainda, H. M. Hine, *An Edition with Commentary of Seneca's Natural Questions, Book Two* (New York, 1981; reimpr. Salem, N. H., 1984) 33; N. Gross, *Senecas Naturales Quaestiones. Komposition, naturphilosophische Aussagen und ihre Quellen* (Stuttgart, 1989); A. Setaioli, *Seneca e i Greci: Citazioni e traduzioni nelle opere filosofiche* (Bologna, 1988) 375-452, em especial 378-380.

Sucessões, Diógenes Laércio

Outro tipo de literatura que lida com os primeiros filósofos gregos são as chamadas *Diadokhaì tôn philosóphon* (*Sucessões dos filósofos*).²⁹ Esse é um gênero originalmente helenístico, do qual não dispomos de instâncias puras ou largas porções de texto.³⁰ O primeiro a escrever uma obra com esse título foi Socião (inícios do século II a.C.), frequentemente citado por Diógenes Laércio. Teve muitos sucessores, também citados por Diógenes. Aristóteles fala em uma "sucessão" no campo da retórica (*SE* 34 183b17-33), com o que pretende dizer que um pupilo assume a posição de um mestre, embora não necessariamente em sentido institucional. A motivação para escrever uma história da filosofia dessa maneira deriva sobretudo da prática institucional das escolas filosóficas estabelecidas, a começar pela Academia. Nessas escolas, o líder da associação apontava ou escolhia um sucessor (*diádokhos*). Retrospectivamente, linhas de sucessão como essas são construídas também para o período pré-platônico, sucessões essas de pré-platônicos que são ligadas de diversas maneiras às escolas tardias de filosofia.

Assim, uma sucessão poderia ser postulada em casos nos quais uma afinidade doutrinal real ou pretendida fosse almejada e encontrada. Aristóteles, Platão e Teofrasto, muito interessados em classificar as pessoas de acordo com suas afinidades doutrinais, já falavam em mestres e pupilos.³¹ Platão fala em um "clã eleata" (*Soph.* 242d), ao passo que Aristóteles designa os

---

²⁹ Cf. W. von Kienle, *Die Berichte über die Sukzessionen der Philosophen* (diss. Berlin, 1961); F. Wehrli (ed.) *Die Schule des Aristoteles. VIII: Eudemus von Rhodos* (Basel/Stuttgart, 1969); Mejer [61] 62-74; J. Glucker, *Antiochus and the Late Academy* (Göttingen, 1978) 161, 343-344; G. Giannattasio Andria, *I frammenti delle "Successioni dei filosofi"* (Napoli, 1989); Mansfeld [51] 20-43. Evito discutir a literatura "Sobre as seitas" (*Perì hairéseon*) porque, crê-se, a primeira "seita" ou escola filosófica foi a "Primeira Academia" de Platão (DL II.47).

³⁰ Os fragmentos em papiro das obras de Filodemo a respeito dos acadêmicos e dos estoicos (século I a.C.) chegam bem perto, mas pouco contêm a respeito dos primórdios da filosofia grega. Cícero, *De natura deorum* I.25-41, contém muita informação doxográfica a respeito de nosso assunto, sendo testemunha do uso da literatura das *Vetusta placita* por Epicuro.

³¹ Por exemplo: Platão, *Parm.* 127b, 128a; Aristóteles, *Met.* I.4 985b4-5, I.5 986b22.

pitagóricos por *italikoí* (*Met.* I.5 987a10, I.6 987a31). Os três se preocupam com a cronologia relativa de seus predecessores, em especial Teofrasto, nos fragmentos de sua *Física* a respeito dos princípios.[32] Muito provavelmente, dispunha-se de algum tipo de informação acerca desses assuntos.

O que desempenha importante papel, além de ser objeto de desejo de algumas "seitas" tardias, é encontrar para si um venerável ancestral. Os estoicos queriam derivar de Heráclito sua filosofia, oferecendo para tanto uma interpretação estoicizante (e bastante influente) de Heráclito.[33] Os neopirrônicos (em certa medida seguindo o pirrônico Timão, do século III a.C.) procuravam precursores, ou ao menos precursores parciais, tão distantes como Xenófanes e os demais eleatas. Também incluíam Demócrito, oferecendo interpretações pirrônicas desses pensadores originários ou, ao menos, enfatizando aspectos de seu pensamento compatíveis com uma interpretação criativa.[34] Epicuro alegava ser um autodidata e nada ter aprendido dos primeiros atomistas, mas os autores das *Diadokhaí* incluíam-no, de qualquer modo, a ele e a seus seguidores nessas listas.

Da filosofia em si há sucessões que abarcam o campo como um todo, desde Tales e Pitágoras até o período helenístico. Temos a linha jônica, que começa com Tales e inclui os jônios e os "socráticos", o que por sua vez inclui os assim chamados socráticos menores, a Academia, o Perípato, os Cínicos e a *Stoá*; a linha italiota, que começa com Pitágoras, inclui os eleatas, os atomistas, os primeiros pirrônicos e os epicuristas; podemos ainda encontrar uma terceira linha, dita eleata, que se inicia com Xenófanes

---

[32] Por exemplo: Platão, *Soph.* 242d; Aristóteles, *Met.* I.3 984a11-13, I.4 985b22, I.6 987a29. Para a cronologia relativa dos primeiros filósofos gregos, o muito execrado Apolodoro ainda é nossa melhor fonte: cf. Mosshammer [71], Mansfeld [395] e J. Mansfeld, "Apollodorus on Democritus", *Hermes* 111 (1983) 253-258, reimpr. em Mansfeld [32]. Note-se que as notícias cronográficas de Eusébio em DK são citadas a partir da obsoleta edição Schöne de 1866-1875, não de R. Helm (ed.) *Eusebius: Werke Bd. 7:Die Chronik des Hieronymus* (Berlin, 1913-1926; reimpr. 1984³ com prefácio de U. Treu) e J. Karsten (ed.) *Eusebius: Werke Bd. 5: Die Chronik des Eusebius aus dem Armenischen übersetz* (Leipzig, 1911).

[33] Cf. Long [251].

[34] Cf. F. Decleva Caizzi, "Il libro IX delle 'Vite' di Diogene Laerzio", *ANRW* 36.6 (1992) 4238-4301.

e contém os atomistas, os pirrônicos e os epicuristas. Considerava-se que alguns filósofos ficavam de fora de qualquer uma dessas linhas (DL VIII.91-IX.20). Há inclusive referências ocasionais a sucessões nas *Placita* de Aécio (por exemplo, pseudo-Plutarco I.3.1-9, jônios e italiotas) que Diels ou bem ignora ou, então, declara serem acréscimos posteriores. Hipólito, presumivelmente seguindo exemplos médio-platônicos, apresenta-nos uma bizarra sucessão pitagórica, a qual inclui Empédocles, Heráclito, Platão, Aristóteles e os estoicos.[35]

A obra de Diógenes Laércio, embora seja em sua maior parte uma abordagem das seitas, é estruturada segundo as linhas de sucessão, a jônica nos livros II-VII e a italiota nos livros VIII-X. Assim, encontramos a linhagem dos primeiros filósofos jônios iniciando-se com Anaximandro (dito ser pupilo de Tales, estando assim ligado ao livro I) no início do livro II, e a linhagem dos italiotas-e-eleatas juntamente a Heráclito e Xenófanes (que contam como "independentes") nos livros VIII a IX.1-49. Protágoras é adicionado em IX.50-56 porque, julgava-se, teria sido pupilo de Demócrito; Diógenes de Apolônia é adicionado em IX.57 por nenhuma razão visível.[36] O tratamento oferecido aos filósofos por parte de Diógenes Laércio é bastante desigual. Os primeiros jônios ganham apenas breves capítulos, e as seções acerca dos primeiros eleatas são relativamente curtas. Pitágoras e o pitagorismo são discutidos à larga, embora não ainda do modo mistagógico de um Porfírio ou de um Jâmblico. Empédocles (incluído entre os pitagóricos), Heráclito e Demócrito são apresentados em seções consideravelmente extensas.[37]

Pareceria que Diógenes Laércio reflete aqui as preferências de sua própria época ou dos séculos imediatamente precedentes. Antes de Fílon de Alexandria, o interesse por Heráclito e Empédocles (interpretados de maneira

---

[35] Aristóteles, *Met.* I.6 987a30-31 lista os *italikoí* entre aqueles que influenciam Platão, mas logo a seguir menciona Crátilo e o heracliticismo e, evidentemente, Sócrates. A sucessão padrão na linha jônia é Arquelau-Sócrates-Platão e, depois, os estoicos. Para Hipólito, cf. Mansfeld [51].

[36] Liga-se, aqui, a Anaxímenes, como já Aristóteles o ligava (*Met.* I.3 984a5-6).

[37] Cf., ainda, Mejer [62] 3590-3599, B. Centrone, "L'VIII libro delle 'Vite' di Diogene Laerzio", *ANRW* II.36.6 (1992) 4183-4217 e Decleva Caizzi (cf. a n. 34 acima).

platonizante e pitagorizante) já era bastante forte nos círculos médio-platônicos.[38] Sexto Empírico afirma por diversas vezes que o primeiro neopirrônico, Enesidemo (primeira metade do século I a.C.), filosofava "segundo Heráclito". Embora não seja totalmente claro o que isso quer dizer, deve envolver algum tipo de interpretação criativa de Heráclito. O platônico pitagorizante Trasilo (inícios do século I d.C.) escreve uma *Introdução* a Demócrito que consiste de uma biografia e um catálogo de obras, este último citado por inteiro em DL IX.46-48.[39] O interesse pelos "antigos" também é notável em Plutarco, que é um médio-platônico. Suas citações parecem indicar que ele havia lido certa quantidade de textos originais, pelo menos de Parmênides, Empédocles e Heráclito, defendendo, em seu *Adversus Colotem*, as doutrinas de muitos dentre os primeiros filósofos gregos contra um ataque epicurista (escrito mais de 400 anos antes).[40] Parece, ainda, que ele não depende tanto assim das doxografias.

As doxografias em Diógenes Laércio a respeito de Pitágoras, Empédocles, Heráclito e Demócrito são precedidas por biografias consideravelmente extensas, ao passo que a informação biográfica a respeito de outros filósofos gregos é pequena ou mesmo, no caso de Leucipo, totalmente inexistente (embora ele seja parte da sucessão). Isso também mostra que Diógenes Laércio, ou a tradição que ele segue, atribui especial importância a essas figuras. A biografia de Heráclito é talvez a de maior interesse. Factualmente, pouco se conhecia, de modo que histórias a respeito de seu caráter, seu comportamento e sua morte são fabricadas a partir de declarações em seu livro, um interessante exemplo da ideia, proeminente em Diógenes Laércio, mas também bastante comum em muitíssimos outros autores, de que a vida e a obra de um filósofo devem concordar entre si.[41] O estudo da vida, das atividades e dos ditos de um filósofo era considerado uma indispensável preliminar ao

---

[38] Cf. Mansfeld [68], que desenvolve Burkert [201], e Manfeld [51] 208-242.

[39] Cf. Mansfeld [33] 97-104. Trasilo aparentemente considerava Demócrito um seguidor de Pitágoras.

[40] Cf. Westman [55]. Sobre Plutarco como fonte para os primeiros filósofos gregos individualmente tomados, cf. os numerosos artigos de Hershbell [56-60] e, além destes, Mansfeld [51] 278-295.

[41] Cf. Mansfeld [33] 179-191.

estudo de seus escritos e de suas doutrinas. Nos casos em que não há livros disponíveis, a própria "vida" do filósofo, o que inclui atos, apoftegmas e outros, é suficiente. Inversamente, se não há dados biográficos disponíveis, estes são inventados a partir do que havia escrito o filósofo ou do que se acreditava que outros haviam escrito a respeito. Essa práticas davam à antiga biografia, ou ao menos a parte dela, sua má fama.[42]

Biografia e doxografia; Hipólito

O gênero da doxografia, segundo a opinião de Diels, deveria ser nitidamente distinguido da biografia fantasiosa (na qual ele incluía a literatura das *Sucessões* e aquela *Sobre as seitas*). Há alguma verdade nessa distinção, mas, em geral, ela não se sustenta.[43]

Uma característica interessante das "vidas" (em especial no contexto de uma sucessão) é que várias versões alternativas das filiações, da instrução e da vida de um filósofo podem ser oferecidas. Aqui atua não só o interesse de antiquário, mas o desejo de não perder informações possivelmente relevantes. As alternativas são em geral interessantes: Parmênides é ora seguidor de Xenófanes, ora um pitagórico (DL IX.21). A escolha depende de que interpretação de sua filosofia se prefere, o que pode influenciar sua posição na sucessão. Deve-se caminhar com cuidado e não tentar, ao menos não sempre, romper ligações. Ao citar alternativas ou variedades que não sejam patentemente absurdas, um autor antigo certifica-se ao menos de não perder o que é útil. Em Diógenes Laércio, essa opção conservadora pelas alternativas

---

[42] Cf. F. Leo, *Die griechisch-römisch Biographie nach ihrer literarischen Form* (Leipzig, 1901; reimpr. Hildesheim, 1965) 104-108; A. Dihle, *Studien zur griechischen Biographie*, Abhandlungen der Akademie der Wissenschaften zu Göttingen. Philologisch-Historische Klasse 3.37, 2ª ed. (Göttingen, 1970) 104-107; G. Arrighetti, *Poeti, eruditi e biografi. Momenti della riflessione dei Greci sulla letteratura* (Pisa, 1987) 141-148 e 164-167; A. Momigliano, *The Development of Greek Biography*, ed. expandida (Cambridge, Mass., 1993) 70; M. R. Lefkowitz, *The Lives of the Greek Poets* (London, 1981).

[43] DL III.47 distingue o *bíos* ("vida") das *dóxai* ("doutrinas") de Platão; VII.38, o *bíos* de Zenão dos *dógmata* dos estoicos.

envolve oferecer referências explícitas a uma pluralidade de tradições ou a fontes mais ou menos rebuscadas de informação. Essa também é uma característica, por exemplo, da *Vida de Pitágoras* de Porfírio, que – a exemplo de numerosas vidas em Diógenes Laércio, incluindo a de Pitágoras – também contém *dóxai*. Quer estas sejam historicamente corretas ou não, esse não é o ponto (no que diz respeito a Pitágoras, a maioria são incorretas, em ambos os autores). As anedotas citadas nas vidas servem para retratar o caráter do filósofo em questão.[44]

Crê-se que grande quantidade de outras assim chamadas doxografias encontradas em Diógenes Laércio, Hipólito I e nas *Stromateis* do pseudo-Plutarco, segundo Diels, derivem, em última análise, de Teofrasto.[45] Embora seja impossível ater-nos aqui aos detalhes, devemos fazer algumas observações.

Em primeiro lugar, as correspondências com a literatura das *Placita* são inegáveis, mas acredita-se que as *Physikaì dóxai* de Teofrasto (como prefiro chamá-las) e as *Vetusta placita* tenham sido estruturadas por tópicos. De fato, a versão citada por Crisipo (cf. p. 78) *tem de* ter sido orientada por tópicos, visto que as correspondências com o capítulo acerca da parte dominante da alma em Aécio (pseudo-Plutarco IV.5) e outros, representativos da tradição das *Vetusta placita*, são notáveis.

Em segundo lugar, Diógenes Laércio, Hipólito e as *Stromateis* do pseudo--Plutarco não são orientadas segundo tópicos, mas segundo filósofos: todas as opiniões sustentadas por um filósofo individual que aí encontramos estão reunidas em parágrafos que lidam com esse filósofo. Assim, em algum momento, alguém, ou muito provavelmente diversas pessoas, passando por uma ou mais coletâneas de *placita* orientadas segundo tópicos, colige as opiniões e os rótulos individuais de nome dos diversos capítulos de tópicos. Os tratados perdidos de

---

[44] Sobre *gnômai*, anedotas e sua tradição, cf. Gutas [65] (também para a literatura pregressa), P. Nassen Poulos, "Form and function of the pronouncement story in Diogenes Laertius' *Lives*", em R. C. Tannehill (ed.) *Pronouncement Stories* (Missoula, 1981) e J. Glucker, "Pròs tòn eipónta: Sources and credibility of *De stoicorum repugnantiis* 8" *ICS* 13 (1988) 473-489.

[45] Para críticas ao fato de que Diels deriva Hipólito I de Teofrasto, cf. Mejer [61] 83-86; Osborne [52] 187-211; Mejer [62] 3591-3597; Mansfeld [51] 1-56 (crítica a Osborne); e Mueller [54] 4357-4371. Carece-se ainda de mais pesquisa, em especial sobre Diógenes Laércio e as *Stromateis* do pseudo-Plutarco.

Aristóteles e Teofrasto que lidavam com filósofos individuais podem ter aí alguma influência, mas não há evidências disso. Se se deve crer em Diógenes Laércio, e não vejo por que não se o deva fazer neste caso, as duas instâncias em que uma doxografia dupla é oferecida, uma geral e outra detalhada (de Heráclito, IX.7-12, e de Leucipo, IX.30-33), mostram que coletâneas tanto mais curtas como mais extensas de *placita* acerca de indivíduos encontravam-se em circulação. De acordo com isso, a relação desse material com os *Pareceres em física* de Teofrasto é tão tênue como a da própria literatura das *Placita* ou ainda mais.

A caracterização detalhada das *dóxai* de Heráclito inclui observações acerca da falta de informação a respeito do efésio em alguns pontos (DL IX.11), o que é semelhante ao que Teofrasto (*Sens.* 3-4) afirma a respeito de Parmênides. Contudo, essa semelhança não é de modo algum prova de que Diógenes Laércio aqui dependa, em última análise, de Teofrasto.[46] No que concerne às doxografias que desde Diels são atribuídas a Teofrasto, estudiosos bastante severos em outros casos, que aceitam como fragmentos apenas passagens em que o nome do filósofo e/ou o título de uma de suas obras é encontrado, tendem a ser mornos.[47]

No que diz respeito à *Refutação* de Hipólito, Diels veementemente condenava (como biográficos) os capítulos acerca de Empédocles e Heráclito no primeiro livro, rejeitando por completo o tratamento de ambos os filósofos nos livros posteriores, mesmo que aí se incluísse grande quantidade de importantes fragmentos *verbatim*, alguns dos quais não são encontrados alhures.[48] Ademais, nesses livros posteriores, o ponto de vista interpretativo é o mesmo que no primeiro. A origem intermediária

---

[46] A observação *explicitamente* atribuída a Teofrasto em DL IX.6 (fr. 233 FHSG) a respeito "do caráter incompleto e das inconsistências" do livro de Heráclito se aplica ao sumário da detalhada doxografia em Diógenes Laércio.

[47] Isso vale até mesmo para Mejer [62] 3593, que aceita a detalhada doxografia heraclítica em Diógenes Laércio como remontando a Teofrasto.

[48] Diels inclui apenas Hipólito I em seus *Doxographi graeci*, muito embora os fragmentos citados *verbatim* nos últimos livros sejam incluídos em DK. Para o texto de Hipólito, cf. Osborne [52] (cuja obra é excessivamente louvada por Barnes [72] e criticada por Müller [53] e Mansfeld (cf., acima, n. 45). Sobre Hipólito em geral, cf. Müller [54], que, em minha opinião, se excede ao acreditar que alguns gnósticos usassem os primeiros filósofos gregos de maneira semelhante a Hipólito.

desses fragmentos é disputada. Penso que Hipólito, para quem Empédocles e Heráclito pertencem a uma sucessão pitagórica, depende aqui de uma tradição médio-platônica-e-pitagórica (cf. a nota 37). Os dois filósofos são aqui apresentados sob uma luz peculiar, mas o modo como são aproximados não é completamente diferente do modo como são ligados por Platão (*Soph.* 242d).

Outras fontes

Encontra-se informação de interesse, inclusive um grande número de citações *verbatim* de, entre outros, Heráclito e Demócrito, nas obras do filósofo e médico neopirrônico Sexto Empírico (provavelmente século II d.C.). Muitas dessas referências dizem respeito a questões em epistemologia, e por certo devemos a transmissão do proêmio do poema de Parmênides a Sexto.[49] Porém, devemos notar que o objetivo de Sexto não é contar em que acreditavam certas figuras históricas, mas em que, em geral, acreditam os dogmáticos para, a seguir, mostrar as fraquezas do dogmatismo. Ele também cita os primeiros filósofos gregos (inclusive alguns fragmentos *verbatim*) que julga próximos do neopirronismo.

Plotino (205-270 d.C.), por outro lado, inclina-se a oferecer uma caracterização positiva, embora neoplatonicamente matizada, dos primeiros filósofos gregos que julga importantes precursores de um Platão dogmático. Sua seleção restringe-se a indivíduos que figuram nos diálogos de Platão e, embora em débito para com seus precursores médio-platônicos, algumas de suas (esparsas) citações podem apontar para uma leitura dos originais.[50]

O erudito cristão Clemente de Alexandria (fins do século II d.C.), cuja atitude positiva geral para com a filosofia grega deve-se a Fílon de Alexandria, lida com informações importantes nos oito livros remanescentes de

---

[49] A abordagem de Parmênides por Sexto Empírico e as citações daquele neste parecem depender da mesma tradição intermediária que Diógenes Laércio: cf. Rocca-Serra [63].

[50] Cf. Gelzer [64] e Mansfeld [51] 300-307.

suas *Stromateis (Colchas de retalhos)*.⁵¹ Os fragmentos que preserva incluem passagens de Parmênides, Heráclito e Empédocles (o que revela um pano de fundo médio-platônico, do qual as interpretações estoicizantes haviam se tornado parte integral), mas essas passagens são quase sempre integradas em uma colcha de retalhos de citações com um texto exegético a conectá-las.⁵² Diversos outros autores cristãos que se referem aos primeiros filósofos gregos fazem-no apenas para explorar as contradições em suas opiniões, assim expondo os erros dos gregos. No entanto, provam ao menos haver entendido a estrutura e os objetivos da literatura das *Placita* tardias, que exploram com um novo objetivo em vista: provar que o cristianismo tem razão.

À antologia de João Estobeu, devemos não apenas porções de Aécio não atestadas alhures, mas também fragmentos (e pseudofragmentos) *verbatim* de Filolau (o que é reflexo do interesse pelo neopitagorismo na antiguidade tardia) e grande quantidade de *gnômai* indubitavelmente extraídas de uma antologia então existente dos escritos éticos de Demócrito. Parece que Trasilo, cujo catálogo se inicia com os tratados éticos, exerce alguma influência sobre a tradição antiga (cf. n. 39)

Os comentadores, em especial Simplício

Comentadores filosóficos explicam textos e, se esses textos contêm observações sobre outros filósofos ou argumentos de outros filósofos, têm de explicar essas observações. Vez por outra, citam evidências para esclarecer o texto ou para corroborar a interpretação que adotam. Por exemplo, o comentário do neoplatônico Proclo ao *Parmênides* de Platão preserva diversos importantes fragmentos (ou partes de fragmentos) *verbatim* de Parmênides

---

[51] Para Clemente, cf. Méhat [70] e A. le Boulluec, "Clément d'Alexandrie", em Goulet [151], vol. 2, 426-431; para Fílon, D. T. Runia, *Philo in Early Christian Literature: A Survey* (Assen/Minneapolis, 1993) 132-156. O próprio Fílon é importante como fonte para diversos filósofos (cf., acima, a n. 38), mas há dúvidas quanto a se ele ou Clemente consultavam os originais.

[52] Por exemplo, Mansfeld [51] 307-312.

que não sobrevivem alhures.[53] Proclo teve indubitável acesso a uma cópia do texto de Parmênides. Mas de muito maior importância para o estudo da filosofia grega em seus primórdios são os comentários à *Física* e ao *De caelo* de Aristóteles de outro autor neoplatônico, Simplício.[54] O comentário ao *De caelo* é anterior. Segundo a hipótese de Tardieu,[55] ambos os comentários são compostos depois de 532 d.C., quando Simplício, depois do fechamento da escola neoplatônica em Atenas e depois da assinatura do tratado de paz com a Pérsia, tratado esse que contém uma cláusula relativa à proteção dos filósofos, ter-se-ia estabelecido em Carrhae, na Síria, perto da fronteira persa. Mas não se pode estar certo disso.

Simplício cita muitos dos primeiros filósofos gregos, em escala sem precedentes. Presume-se que o motivo para tal seja que as obras desses filósofos viessem tornando-se raras.[56] A cultura grega pagã, em especial a filosofia, era perseguida pelas autoridades cristãs, como Simplício o experimentara na carne, e ele aparentemente faz o que está a seu alcance para garantir a sobrevivência dessa cultura. Ao citar nessa escala, pode ter-se inspirado em autores cristãos como Eusébio, que, em sua *Preparação evangélica*, copia passagens de muitos filósofos pagãos (a maioria de sua própria época, para mostrar quão errados estavam). Como quer que seja, devemos ser gratos a Simplício, porque ele é nossa *única* fonte dos fragmentos *verbatim* remanescentes de Zenão e Melisso, de quase todos os fragmentos *verbatim* de Anaxágoras e Diógenes de Apolônia, dos mais importantes fragmentos de Parmênides e de grande quantidade dos fragmentos do poema físico de Empédocles. Nem todos esses textos eram apropriados a uma interpretação neoplatônica, embora

---

[53] Nenhum texto supera V. Cousin (ed.) *Procli philosophi platonici opera inedita. T. III: Procli commentarium in Platonis Parmenidem* (Paris, 1864; reimpr. Hildesheim, 1961). Uma edição crítica sob os cuidados de C. Steel está em preparação para a série Budé.

[54] Editado por Diels, *Simplicii in Aristotelis Physica commentaria* (Berlin, 1882-1895) e J. L. Heilberg, *Simplicii in Aristotelis De Caelo commentaria* (Berlin, 1894). Os comentários de Simplício à *Metafísica* e às *Meteorológicas* de Aristóteles foram perdidos.

[55] M. Tardieu, *Routes et haltes syriennes d'Isidore à Simplicius*, Bibliothèque de l'École des Hautes Études, Section des Sciences Religieuses 44 (Louvain/Paris, 1990).

[56] Como ele afirma a respeito de Parmênides, *In phys.* 144.28. Nota, ainda, que possui apenas uma das diversas obras que alega terem sido escritas por Diógenes de Apolônia, *ibid.* 151.24-29. Para o método neoplatônico de citação, cf. Wildberg [81].

grande quantidade de passagens em Parmênides e Empédocles certamente o fossem.

Em muitos casos, esses filósofos (não fosse por Simplício) seriam hoje pouco mais do que nomes, e nossa compreensão da difícil ontologia de Parmênides e da difícil física de Empédocles seria bastante deficiente. A cosmologia de Parmênides não o interessava tanto, de modo que não dispomos de suficiente informação a respeito. Mas outras obras dos primeiros filósofos gregos aparentemente já não eram acessíveis a Simplício. O nome de Heráclito ocorre em 32 passagens nas obras remanescentes de Simplício, mas mesmo referências *semelhantes* a citações *verbatim* são extremamente raras e de segunda mão. Por que citar extensamente Diógenes de Apolônia e Anaxágoras e esquivar-se de citar Heráclito? O mesmo vale para Demócrito, cujo nome ocorre 163 vezes, e Leucipo, com 26 menções, frequentemente discutidos por Aristóteles. Suas obras não são citadas por Simplício. Estivessem disponíveis, teríamos uma concepção diferente ou, no mínimo, mais completa de Heráclito ou dos atomistas.

As citações de Simplício permitem-nos ver que o longo texto contínuo de Parmênides citado por Sexto Empírico em *AM* VII.111 é, na verdade, uma colcha de retalhos, combinando passagens de diferentes seções do poema e omitindo versos cruciais.[57] Isso deve servir de aviso: mesmo quando dispomos de longos fragmentos *verbatim*, nem sempre podemos estar certos de que o texto sobrevivente é o texto correto ou que oferece uma impressão correta da obra a partir da qual foi citado ou compilado.

---

[57] A passagem foi publicada como um único fragmento nas edições anteriores de DK. Sobre a transmissão do poema, cf. O'Brien [76].

3 Os princípios da cosmologia

Keimpe Algra

Introdução: mito e cosmologia

A cosmologia filosófica grega não se origina completamente do nada. Os primeiros cosmólogos filósofos – a quem geralmente se refere como os cosmólogos jônios ou milésios, visto terem atuado em Mileto, na Jônia – poderiam estar reagindo a, ou mesmo elaborando, concepções populares que existiam já há tempos no mundo grego.[1] Algumas dessas concepções populares podem ser vislumbradas na poesia de Homero e Hesíodo (século VIII a.C.). Em Homero, o cosmos é concebido como uma terra plana cercada pelo oceano (o rio *Okeanós*) e coberta por um céu hemisférico dotado de sol, lua e estrelas. No século VIII a.C., o curso anual do sol e o nascente e o poente de algumas constelações haviam sido integrados a um primitivo calendário sazonal. As lunações eram usadas para propósitos de pequena escala ("o vigésimo sétimo dia do mês é melhor para abrir uma jarra de vinho": Hesíodo, *Os trabalhos e os dias* 814) e, em algum momento – embora não haja disso quaisquer traços em Homero ou Hesíodo –, alguma forma de calendário lunissolar é estabelecida.[2]

Tradicionalmente, protagonistas cósmicos, como a terra, o sol e a lua, eram pensados e adorados como deuses, ainda que seu culto na Grécia não pareça ter adquirido o *status* do culto dos deuses olímpicos, bem conhecido do mito e da poesia.[3] Mas mesmo em Homero, quando Zeus convoca

---

[1] Para uma abordagem detalhada de como Homero e Hesíodo dão forma à cultura habitada pelos primeiros filósofos gregos, cf. Most, neste volume, p. 424-425.
[2] Sobre os calendários e a cronologia antigos, cf. Bickerman [83] 27-34.
[3] Cf. Burkert [85] 174-176.

uma reunião dos deuses (*Ilíada* XX.1-18), compareçem também os rios, à exceção de O̱keanós, e as ninfas. Era possível dirigir-se ao sol, à terra, ao céu, aos rios e aos ventos em orações e invocá-los como testemunhas de juramentos. Alguns olímpicos também estavam imbricados em – e, em alguns contextos, identificados com – fenômenos cósmicos particulares (Zeus enquanto aquele que reúne as nuvens e deus do céu, Posêidon como deus do mar etc.).

Além disso, tanto no mundo grego como nas culturas suas vizinhas no oriente próximo, circulavam histórias míticas a respeito da *origem* do mundo, concebido este como o nascimento sucessivo de divindades cósmicas.[4] Em tal contexto, falar do cosmos significa falar dos deuses, e teorias a respeito da origem do cosmos (cosmogonias) são, na verdade, histórias que relatam a genealogia dos deuses (teogonias). O exemplo clássico desta categoria no mundo grego arcaico é a *Teogonia* de Hesíodo (segunda metade do século VIII a.C.).[5] Na obra, os primeiros estágios da história do cosmos são retratados como segue (*Theog.* 116-133):

> Primeiro de todos surgiu o Caos, depois a Terra (*Gaîa*) de seios largos, para sempre firme assento de tudo, e o Tártaro sombrio, no fundo da terra de caminhos amplos, e Eros, o mais belo dos deuses imortais, ele que torna lânguidos nossos membros, que subjuga a mente e o conselho prudente de homens e deuses. Do Caos, surgem o Érebo e a negra Noite; da Noite, o Éter e o Dia, que concebeu e deu à luz depois de combinar-se amorosamente com o Érebo. Terra primeiro gerou Urano, igual a si mesma, que a cobriria de todos os lados, para sempre firme assento dos bem-aventurados deuses. Também gerou grandes montanhas, belo lar das divinas ninfas que habitam as montanhas cobertas de árvores. Também gerou o mar, Ponto, sem ato de desfrute amoroso. Depois dormiu com Urano e gerou O̱keanós dos profundos turbilhões [...].

---

[4] Alguns dos principais textos encontram-se convenientemente coligidos e traduzidos em Pritchard [125].

[5] Para os fragmentos supérstites de outras cosmologias arcaicas atribuídas a Orfeu e Museu, cf. DK 1 e 2; apreciação em KRS 21-33.

Do modo paratático característico do politeísmo grego, essa história retrata o cosmos como uma pluralidade de entidades divinas distintas: cada deus tem sua província própria. Os familiares deuses olímpios surgem depois na história e são ainda mais plenamente antropomorfos quanto ao caráter, mas também as divindades mais "abstratas" desses primeiros estágios, como a Noite e a Terra, que desempenham seus papéis logo após os primeiros princípios desde o Caos primevo, comportam-se de maneira antropomórfica: fazem amor e geram descendência.

Isso pode ser atraente enquanto história *(mýthos)*, mas não passa de uma explicação parcial. Por que precisamente a divindade A faz amor com a divindade B permanece tão obscuro como os descaminhos do amor no mundo mortal. Leitores ou ouvintes podem aceitar esses elementos da história como verdadeiros, mas em um sentido relevante eles não *entendem* o que está acontecendo. Ademais, o mecanismo explicativo dos deuses que, ao fazer amor, geram outros deuses aparentemente permite exceções. O mar, por exemplo, é gerado pela Terra sem qualquer ato amoroso. Nem fica claro em todos os casos por que o deus Y nasce do deus X: os diversos estágios da história não são ligados de modo muito perspícuo. É verdade que em muitos casos pode-se identificar uma espécie de lógica por trás do fato de que esta divindade nasce daquela, mas isso fica sempre aberto a *interpretações*, de modo que a conexão que uma e outra interpretações têm a oferecer pode ser bastante diversa. Diz-se, por exemplo, que a Noite gera o Dia, e podemos supor que é porque o Dia se segue à Noite. Mas alhures a Noite é dita mãe da Morte (212), provavelmente porque a Noite e a Morte compartilham características negativas. Ainda se diz (224) que a Noite é mãe do Engodo, e alguns intérpretes sugerem que assim o é porque a maior parte dos engodos ocorre de noite.[6] Mas essas ligações são, na melhor das hipóteses, associativas e vagas, e nada acrescentam a uma caracterização clara e coerente.

É iluminador comparar isso tudo à primeira cosmogonia filosófica cujas linhas fundamentais são mais ou menos claras, a qual foi proposta por Anaximandro, pelo menos um século depois de Hesíodo. Suas linhas fundamentais têm de ser reconstruídas a partir de evidências indiretas (em particular o

---

[6] Mais exemplos dessas interpretações em West [135] 35-36.

pseudo-Plutarco e Hipólito, DK 12 A10 e 11), sendo que as opiniões divergem no que diz respeito à boa quantidade de detalhes nessa reconstrução. Contudo, as principais características da caracterização a seguir não estão sujeitas à controvérsia.

Segundo Anaximandro (DK 12 A10), o cosmos tal como o conhecemos surgiu de um princípio eterno, e eternamente em movimento, quantitativa e qualitativamente indefinido, o "ilimitado" *(ápeiron)*, por meio de um processo de estágios sucessivos. No primeiro estágio, um germe *(gónimon)*[7] finito se separa do ilimitado. Diz-se "produzir o quente e o frio" presumivelmente porque, em certo sentido, esses opostos estão já contidos nele. No segundo estágio, o quente (aparentemente, a chama quente) e o frio (aparentemente, algum tipo de umidade ou névoa) são realmente separados e a chama cresce até atingir as dimensões de um córtex ígneo em volta do núcleo úmido, parte do qual se seca e se torna terra. No terceiro estágio, a tensão entre os "elementos" opostos se torna tão forte que toda a estrutura explode. O córtex ígneo se arrebenta e suas partes são arremessadas para fora e formam anéis ígneos a várias distâncias do centro, que ainda consiste de terra e névoa (a partir daqui seguimos DK 12 A11). Algo da névoa é arremessado junto e envolve os círculos ígneos celestes, deixando abertos apenas alguns furos através dos quais brilha o fogo. O resultado é a estrutura básica do cosmos familiar: água, terra e ar (três manifestações do "frio") no centro, e "rodas" (Aécio II.20.1) de fogo envoltas em névoa a diferentes distâncias. O fogo que passa pelos buracos é o que percebemos como corpos celestes. Nos anéis dos corpos celestes a batalha entre o fogo e a névoa continua a desempenhar seu papel: em alguns momentos os buracos são total ou parcialmente fechados pela névoa; em outros, o fogo "reconquista-os" – o que caracteriza diversos fenômenos astronômicos, como as fases da lua e os eclipses tanto do sol como da lua.

No decurso do processo de ressecamento da terra, seres vivos são gerados espontaneamente da lama ou do limo. Como peixes ou criaturas piscóides,

---

[7] A ideia é certamente de Anaximandro, muito embora não saibamos se ele realmente usava o termo *gónimon*. Para o termo *ápeiron* ("sem limites") e o espectro de seus usos nos primórdios do pensamento grego, cf. McKirahan, neste volume, p. 199.

nascem nas partes úmidas e são envolvidos por córtices espinhosos. Quando alcançam as partes secas, os córtices arrebentam e as criaturas vivem agora por um tempo em terra. Tem-se, afinal, uma pitoresca caracterização da geração dos primeiros seres humanos. Crianças humanas não poderiam ter nascido da mesma maneira que as demais criaturas, pois são notoriamente indefesas durante os primeiros anos de sua existência. Assim, conta-se, principiam como fetos em peixes grandes, emergindo apenas quando fortes o suficiente para nutrirem-se a si próprios (cf. os textos em DK 12 A30).

Em comparação com a descrição em Hesíodo, muito mudou. Em vez da enorme gama de fatores cósmicos independentes em Hesíodo, encontramos agora uma *abordagem redutiva*: vários estágios da cosmogonia, inclusive a descrição da geração dos seres vivos (zoogonia), assim como alguns fenômenos do mundo tal como ele é hoje, são explicados por meio de referências à interação de apenas dois fatores (o quente e o frio), destacados logo no início da origem ilimitada de tudo. Além disso, esses fatores explicativos básicos não são deuses mais ou menos antropomórficos. Em lugar destes, a gênese do cosmos é explicada em termos de elementos reconhecíveis na natureza, em outras palavras, a abordagem é *naturalista*. Ademais, podemos agora entender a maneira como se ligam os diversos estágios do processo. Sabemos como o frio (sob a forma aquosa) e o quente interagem e tendem a destruir-se mutuamente. Também a adição de *analogias* aumenta a inteligibilidade da história.[8] O "germe" que o ilimitado produz logo no início, do qual procede o mundo, é apresentado como uma massa espermiforme e, no segundo estágio, o fogo é dito cercar o cerne úmido como uma espécie de córtex. Há, com efeito, notáveis semelhanças entre as descrições do "nascimento" do cosmos e as da geração dos seres vivos (e dos humanos que são, a princípio, "envolvidos" por peixes). Talvez não seja por demais arriscado falar em uma aplicação de um rudimentar modelo biológico de geração.

Há, ainda, outra diferença entre as cosmogonias míticas e suas contrapartes filosóficas – uma diferença antes de contexto que de conteúdo – frequentemente subestimada. A *Teogonia* de Hesíodo apresenta-se como um

---

[8] Sobre o uso da analogia, cf. Lloyd [108].

hino.⁹ Os conteúdos dos hinos não são, em geral, originais. Tendem, antes, a articular e encarnar o que é oferecido pela tradição.¹⁰ Daí serem particularmente adequados à recitação e a importantes eventos sociais e rituais.¹¹ O mesmo aplica-se às teogonias, cuja principal função é conectar o panteão existente a uma suposta origem do cosmos, donde serem frequentemente vinculadas a um ritual e um culto.¹² Essas conexões com a tradição e um ritual não são atestadas (pelo menos plausivelmente não o são) no que diz respeito aos primeiros cosmólogos jônios. Estes parecem engajar-se na atividade teórica por si mesma, sentem-se livres para especular à vontade e, como veremos, não têm quaisquer escrúpulos de propor teorias radicalmente diferentes (em aspectos cruciais) daquelas de seus predecessores.

Tales e os princípios da cosmologia grega

O primeiro dos três cosmólogos de Mileto foi Tales. Na Antiguidade, ele era considerado o *homem universal* arquetípico: bem versado tanto em engenharia como em matemática e astronomia, além de engajado na política de seu tempo. Em razão de tudo isso, não escreve provavelmente nada, sendo uma figura obscura já nos tempos de Platão e Aristóteles. Suas atividades em geometria parecem ter sido de natureza amplamente prática e sua obra astronômica – mais celebremente, sua previsão supostamente correta de um eclipse solar¹³ – parece ter sido antes uma questão de descrição e mensuração, sem conexões claras com suas opiniões mais gerais em cosmologia.

---

9   Cf. *Theog*.11; 33; 37; 51; e *Os trabalhos e os dias* 654-659, que pode referir-se à *Teogonia*.
10 É provavelmente à luz desse pano de fundo que se deve interpretar a tese de Heródoto (II.53) de que Homero e Hesíodo basicamente "dão aos deuses seus títulos e esclarecem suas províncias *(timás te kaì tékhnas dielóntes)* e seus diversos tipos *(eídea autôn semênantes)*."
11 Hesíodo pode ter recitado sua *Teogonia* nos jogos fúnebres de Anfidamas em Cálcis. Cf. West [135] 43-46; J. P. Barron e P. E. Easterling, "Hesiod", em Easterling & Knox [95] 52-54.
12 Para exemplos, cf. Pritchard [125] (sobre um mito de criação egípcio); 60-61 e 332 (sobre o *Enuma Elish* babilônio e sua recitação). Para uma abordagem criteriosa das diversas concepções a respeito da conexão entre mito e ritual, cf. Kirk [106] 8-31.
13 Uma questão controversa: Dicks [170] é extremamente cético a respeito dos avanços astronômicos dos milésios. Para uma apreciação clara e equilibrada das evidências a respeito de Tales e do eclipse, cf. Panchenko [180].

A dificuldade de determinar quais eram essas opiniões torna-se saliente quando examinamos nossa primeira e mais importante evidência, uma passagem da *Metafísica* de Aristóteles (I.3 983b6-984a4; DK 11 A12):

(1) A maioria dos primeiros filósofos pensavam que os princípios em forma de matéria *(hýle)* fossem os únicos princípios de tudo. Pois aquilo de que tudo surge e de que tudo provém em última análise e a que tudo se reduz no final – ao passo que a substância persiste, as qualidades mudam –, isso, dizem eles, é o elemento e o primeiro princípio de tudo. E é por isso que eles afirmam que nada vem a ser e nada perece, visto que tal natureza é sempre preservada. [...] Pois tem de existir alguma substância natural, uma ou mais de uma, de que tudo provém e que é ela mesma preservada.

(2) Contudo, eles não concordam no que diz respeito ao número e à forma desses princípios, antes Tales, o pai fundador desse tipo de filosofia, alega que é a água – pela qual razão ele declara, ademais, que a terra está sobre água –, possivelmente derivando essa opinião da observação do fato de que a nutrição de todas as coisas é úmida e que mesmo o calor disso provém e graças a isso vive; e o de que provêm as coisas é seu princípio. É, pois, por isso que ele desenvolveu essa opinião, bem como porque observou que as sementes de todas as coisas têm natureza úmida, e que a água é o princípio natural das coisas úmidas.

(3) Há quem pense que até mesmo os primeiríssimos autores que, muito antes de nossa presente geração, foram os primeiros a escrever a respeito dos deuses *(theologésantes)* tinham essa opinião acerca da natureza. Pois fizeram de Oceano e Tétis os pais da geração [cf. Homero, *Ilíada* XIV.201, 246], alegando que aquilo em nome de que os deuses juram é a água [cf. *Ilíada* II.755, XIV.271], a saber, o que os poetas chamam de rio Estige. Pois o que é mais antigo é mais honorável, jurando-se em nome do que é mais honorável. Mas pode ser considerado incerto se essa opinião acerca da natureza é antiga e honorável. Diz-se, porém, que Tales declara explicitamente sua posição a respeito da causa primeira.

Essa passagem é parte de um contexto mais vasto em que Aristóteles investiga se, e em que medida, os primeiros pensadores anteciparam a teoria aristotélica dos fatores (ou "causas", como ele as chama) que determinam a natureza dos corpos físicos e a maneira como mudam. Aqui ele está lidando com a "matéria" (*hýlē* ou *hypokeímenon*), a qual alega ser o único fator explicativo aduzido pelos primeiros pensadores. Em (1) ele atribui a essa categoria de filósofos as principais características de sua própria concepção de matéria, segundo a qual o princípio material da coisa x não é apenas o de que provém x, mas também o que persiste ao longo do processo de mudança de x, assim constituindo seu "material básico". Em outras palavras, o princípio material é tanto aquilo *a partir de que* como aquilo *de que* algo é feito.

Se fôssemos mapear esse esquema geral sobre a opinião atribuída a Tales em (2), a saber, de que o princípio material de todas as coisas é a água, concluiríamos que Tales alegava não só que todas as coisas são feitas *a partir de* água, mas também que em algum sentido relevante elas ainda *são* água. Porém, se observarmos mais de perto o que exatamente Aristóteles atribui a Tales em (2) e (3), isto é, nas passagens especificamente dedicadas a ele, obteremos um resultado um pouco diferente. Aqui não se fala em água como um material básico persistente (nem em água como aquilo a que tudo se reduz). Antes, o foco incide sobre a água enquanto *origem* de tudo. Segundo Aristóteles, Tales pode ter inferido as causas análogas da nutrição e da semente, e estas são ambas o *a partir de que* algo é dito desenvolver-se. Além disso, a ligação explícita entre a ideia de que a terra está sobre água e a tese de que a água é o princípio (*arkhḗ*) de tudo só faz sentido quando se pensa que a água é o *a partir de que* coisas tais como a terra podem ter surgido – a terra, sendo oriunda da água, é naturalmente representada repousando sobre ela. Porém, *não* faz sentido se se pressupõe que a terra ainda *é* água. Ademais, sabemos que a comparação (a que em (3) se faz alusão) entre a opinião de Tales e as opiniões míticas encontradas em alguns poetas foi feita na verdade pelo sofista Hípias. A obra de Hípias é provavelmente a fonte de Aristóteles, obra essa em que o sofista reunia opiniões tanto de filósofos como de poetas com base em sua similaridade (DK 86B6).[14] Ora, os exemplos particulares dos poetas que Aristóteles aqui oferece falam, com efeito, da *origem* das coisas: Oceano e Tétis são descritos como *pais*, e o ponto de se fazer um juramento em nome do Estige era,

---

[14] Sobre Hípias como fonte de Aristóteles, cf. Snell [183] e Mansfeld [29].

presumivelmente, o de que ele fosse o mais antigo, isto é, o primeiro dos seres.

É, portanto, mais seguro assumir que Tales defendia apenas que a água era a *origem* de tudo, não que todas as coisas *fossem* água. Que isso seja suficiente para que Aristóteles o inclua na classe dos primeiros filósofos que anteciparam sua teoria sobre a matéria não é tão estranho como pode parecer. Aristóteles está disposto alhures a sugerir que os primeiros pensadores concebiam as causas aristotélicas de modo vago e pouco claro,[15] sendo que, afinal de contas, Tales é aqui dito o "pai fundador" desse tipo de abordagem. Assim, ele bem pode ter antecipado apenas um aspecto da concepção aristotélica de matéria.[16] Sua tese sobre a água, nesse caso, era antes cosmogônica que cosmológica.

Duas observações complementares acerca de nosso texto. Em primeiro lugar, o problema da estabilidade da terra, que, afirma-se, Tales resolve por meio da suposição de que a terra repousa sobre água, é um problema recorrente nos primórdios da cosmologia grega. Não importa quão inadequada possamos julgar a solução de Tales (porque suscita a seguinte questão: sobre o que, então, repousa a água?), podemos caritativamente alegar que revela um grau rudimentar de sistematização, na medida em que constitui uma ligação entre sua cosmologia e sua cosmogonia. A estratégia redutiva de usar um fator explicativo para dar conta de diferentes *explananda* pode ser considerada um precursor do que encontraremos no sistema mais elaborado de Anaximandro.

Em segundo lugar, a parte (3) indica que Aristóteles não estava disposto a seguir aqueles que, como Hípias, alegavam que Tales e poetas como Homero estavam falando basicamente sobre as mesmas coisas. Ele argumenta que não é claro que a opinião de Tales sobre a natureza seja tão antiga quanto a de Homero e outros poetas. O que quer que eles possam ter *pretendido* dizer, eles não *dizem* a mesma coisa que Tales. Eles falavam sobre entidades mitológicas (Oceano, Tétis e o Estige), não sobre a natureza. Para serem justapostas às de Tales, suas palavras teriam de ser *interpretadas*. Tales, porém, é dito ter explicitamente declarado *(apophḗnasthai)*

---

[15] Cf. *Met.* I.4 985a11-15 a respeito de Anaxágoras e Empédocles.
[16] Cf. Mansfeld [32] 143.

sua opinião quanto a ser a água a primeira causa da natureza. Opinião semelhante é expressa por Teofrasto (*apud* Simplício *In phys.* 23, 29), pupilo de Aristóteles que alega ter sido Tales realmente o primeiro "a revelar a investigação da natureza *(physiología)* aos gregos e, embora tenha tido muitos predecessores, foi tão superior que os ofuscou a todos". De acordo com isso, a coletânea de *Pareceres em física* de Teofrasto, que está na base de muitas de nossas fontes acerca do pensamento grego em seus primórdios, não inclui os pareceres dos poetas. Eudemo, outro discípulo de Aristóteles, tratava a história das opiniões "teológicas" dos primeiros poetas em um tratado à parte, enquanto assunto isolado, distinto da história da filosofia em si (Eudemo fr. 150 Wehrli).

Isso basta quanto à cosmogonia de Tales. A informação preservada a respeito de sua concepção do mundo em seu presente estado, isto é, sua cosmologia, é igualmente escassa, e mais uma vez nossa principal evidência é fornecida por Aristóteles (*De an.* I 411a7; DK 11A22):

> Alguns afirmam que ela [i.e., a alma] está entremesclada com o universo. Talvez por isso Tales pensasse que tudo está cheio de deuses.

A fonte de Aristóteles, provavelmente Hípias de novo, asseverava que Tales havia dito que tudo está cheio de deuses, e ele conjectura que isso provavelmente significava que tudo é, de certo modo, animado. Em outra passagem, ele também conjectura o que "animado" pode ter significado para Tales (*De an.* I 405a19; DK 11 A22):

> A partir do que as pessoas dizem a respeito dele, parece que Tales supunha que a alma é um tipo de princípio motor – isto é, se ele afirma que a pedra [magnética] tem alma porque move o ferro.

Aristóteles aparentemente não estava certo do que exatamente Tales havia dito ou pensado, mas, se a maneira como ele reconstrói as opiniões daquele nessas duas passagens, com base no que havia encontrado em sua fonte, é correta, podemos, então, assumir que Tales alegava existir algum princípio de movimento no todo do mundo físico, mesmo em objetos aparentemente inanimados, sendo possível chamá-lo "alma" ou mesmo "deus" ou "deuses". Alguma noção do divino, portanto, subsiste na cosmologia de Tales. O mesmo vale para a teoria de Anaximandro, que é dito ter descrito o "ilimitado" como imortal e indestrutível. Esses epítetos eram tradicionalmente associados ao divino (cf. Aristóteles, *Phys.* III 203b13-15). Também Anaxímenes, o terceiro milésio na sequência, chamava *seu* material básico de ar divino (cf. os textos em DK 13A10). Mesmo que isso mostre que a visão de mundo dos primeiros milésios não fosse totalmente "secularizada", deve-se observar que, em lugar das divindades cósmicas de Hesíodo, concebidas de modo mais ou menos antropomórfico, temos agora uma concepção mais despersonalizada ou "fisicizada" da divindade, que não permite prontamente uma descrição em termos totalmente teístas.[17]

Do fato de que os milésios consideravam seu primeiro princípio – quer seja água, ar ou o ilimitado – como divino, podemos inferir que eles o concebiam como, de certo modo, vivo. Como vimos, a evidência sugere que eles também consideravam o cosmos, enquanto progênie desse primeiro princípio, como de certo modo vivo. Essa concepção do cosmos foi rotulada "hilozoísmo" (de *hýle* = matéria e *zoé* = vida). O termo é em si anacrônico: foi proposto pela primeira vez por Ralph Cudworth no século XVII[18] e, em termos estritos, os milésios não dispunham de uma concepção de matéria enquanto tal.[19] Não obstante, enquanto rótulo descritivo, captura de

---

[17] Cf. Babut [164] 22. Sobre essa nova concepção de divindade, cf. Broadie, neste volume, p. 271-274. É possível (isto é, pode-se inferir de Aristóteles, *Phys.* III.4 203b7) que Anaximandro alegasse que o *ápeiron* na verdade "dirige" *(kybernân)* tudo. Porém, *pace* Solmsen [184] e Babut [164], não há razão para ler a passagem senão como alegando que o *ápeiron* está de algum modo à base de todo o processo cosmogônico.

[18] R. Cudworth, *The True Intellectual System of the Universe*, publicado em 1678, em especial o livro I, cap. III. Nessa obra, Cudworth argumenta que o ateísmo pode ser reduzido a duas formas principais, o "ateísmo atômico" e o "ateísmo hilozoico", contra as quais Cudworth se posiciona.

[19] Burnet [6] 12 nota 3 usa-o como argumento contra a aplicação do termo "hilozoísmo". Objeto que, para podermos usar o termo, basta que as teorias dos milésios sejam "materialistas" no sentido alargado reconhecido por Aristóteles, isto é, no sentido de que, ao explicar o mundo físico, não invocam quaisquer outras causas (quer formas incorpóreas ou qualquer outro tipo de causa motor separada) que não entidades corpóreas.

modo útil uma característica da física milésia que a distingue tanto da física aristotélica (para a qual a matéria sem forma é incapaz de produzir mudança) e das cosmologias da geração imediatamente posterior a Parmênides, a saber, os atomistas e pluralistas. Estes assumiam a tese eleata de que o Ser (transformado, no caso deles, nos átomos de Demócrito, nos elementos de Empédocles e nas sementes de Anaxágoras) é em si imutável, rejeitando, portanto, que a matéria contenha um princípio de mudança interno. Assim, Anaxágoras e Empédocles introduzem o que Aristóteles chama de "causas motoras" externas (Mente, ou Amor e Ódio), ao passo que Demócrito reduz toda mudança substancial e qualitativa ao rearranjo de átomos eternamente móveis (mas não vivos) e intrinsecamente imutáveis. Contrariamente a essas posições, os milésios parecem ter assumido que a matéria dispunha de um princípio intrínseco de mudança.

Por tudo isso, o hilozoísmo era provavelmente antes uma pressuposição tácita do que uma tese explicitamente defendida, e pode ser por essa razão que se manifeste sob diversas aparências.[20] De qualquer modo, não era reconhecido como posição *sui generis* por Aristóteles. Como temos notado, Aristóteles alega que Tales e seus sucessores haviam aceito apenas as causas materiais, mas Aristóteles aparentemente não é capaz de compreender a matéria a não ser como algo inerte.[21] É por isso que objeta contra os milésios que "a madeira não faz uma cama, nem o bronze, uma estátua, mas outra coisa é a causa da mudança" (*Met.* I 984a23-26). Na opinião dele, as primeiras teorias materialistas revelavam claramente suas próprias deficiências a respeito, de modo que

---

[20] Cf. KRS 98. O tipo de materialismo postulado parece não ser muito estrito. O mundo material, ou sua *arkhé*, por vezes, são ditos *eles mesmos* vivos ou divinos, por vezes são ditos *conter* alma ou deus (Tales). Ambiguidade semelhante caracteriza a concepção mítica do mundo, segundo a qual os deuses podem ora *ser identificados com* os elementos do mundo, ora *residir* neles.

[21] Note-se que, quando tenta elucidar o papel que a matéria tem em seu sistema, ele geralmente recorre à analogia da produção de artefatos a partir da matéria inanimada. Nesses casos, é óbvio que a matéria não pode dar início ao processo requerido de mudança. É notável que, por contraste, os milésios pareçam preferir o uso de analogias *biológicas*.

"as próprias circunstâncias do caso instigaram e compeliram as pessoas a investigar mais além" (984a18-20) e a descobrir o que Aristóteles chama de causa motriz.[22] Em outras palavras, Aristóteles não tem qualquer paciência com a ideia de que água, ar ou o ilimitado podem por conta própria transformar-se em cosmos. Apesar disso, parece ter sido precisamente isso o que os cosmólogos jônios acreditavam ser o caso. Enquanto pressuposição irrefletida, esse hilozoísmo era provavelmente um resquício da concepção de mundo mítica, segundo a qual os elementos do cosmos são criaturas vivas e divinas. Afinal de contas, não é concebível transformar da noite para o dia uma visão de mundo em um mecanicismo completamente materialista, em que o cosmos é constituído pura e simplesmente de matéria cega e inerte.

As cosmologias de Anaximandro, Anaxímenes e Xenófanes

Examinamos agora alguns detalhes adicionais das cosmologias dos sucessores de Tales. Como Tales, cuja concepção de uma terra plana sustentada por água provavelmente se devia a anteriores concepções míticas do mundo, Anaximandro manteve o conceito de uma terra plana, a qual ele julgava ter o formato de um tambor, com um diâmetro que fosse o triplo de sua altura (DK 12 A10). Todavia, sua caracterização do formato e da posição da terra era crucialmente diferente. Em primeiro lugar, ele abandonava a ideia de que a terra precisava de um suporte. Esta é a informação fornecida por Aristóteles (*De caelo* II 295b10-16; DK 12 A26):

> Há alguns que alegam ser seu equilíbrio a causa de permanecer em repouso – entre os antigos, é o caso de Anaximandro. Argumentam que o que está situado no centro e equidistante dos extremos não tem qualquer impulso para

---

[22] Interessantemente, Cudworth, que deixa espaço para o hilozoísmo como uma posição *sui generis*, segue a caracterização aristotélica dos milésios neste ponto em particular, alegando (*op. cit.*, 113) que eles reconhecem apenas "a matéria insensível e estúpida, privada de todo entendimento e vida". Segundo Cudworth (*ibid.*), o primeiro hilozoísta foi Estratão de Lâmpsaco, pupilo de Teofrasto e sucessor deste como diretor do Perípato.

se mover em uma direção – seja para cima, para baixo ou para os lados – mais do que em outra; e, visto que é impossível mover-se em direções opostas ao mesmo tempo, deve permanecer em repouso.

Já se alegou que, ainda que nada soubéssemos a respeito de Anaximandro, apenas sua teoria já lhe asseguraria um lugar entre os criadores de uma ciência racional do mundo.[23] Afinal de contas, creditam-se a ele duas importantes inovações: a introdução (implícita) do Princípio de Razão Suficiente e a aplicação de argumentos matemáticos a uma questão cosmológica. A primeira tese é, sem sombra de dúvidas, correta: a terra permanece em sua posição porque não tem uma razão suficiente para se mover em uma ou outra direção. Mas a segunda parece carecer de uma qualificação. É verdade que nosso texto se refere a um argumento acerca do "equilíbrio", mas não fica claro por que devemos conceber esse equilíbrio em termos puramente matemáticos. Com efeito, alhures na cosmologia de Anaximandro o equilíbrio parece ser uma questão de forças ou elementos opostos (o quente e o úmido), sendo plausível assumir que aqui também se trata de um equilíbrio físico. Pode-se pensar, por exemplo, na mútua repulsão de opostos em guerra, o que pode explicar a tendência que a terra tem de se manter tão distante do fogo como possível, por conseguinte no centro dos anéis ígneos dos corpos celestes.

Pode ser que uma concepção similar do equilíbrio físico estivesse à base da desconcertante tese de Anaximandro de que o anel do sol está mais distante da terra e de que os anéis das estrelas (que podem ou não incluir os planetas) estão mais próximos, com o anel da lua no meio (DK 12 A11). Afinal de contas, o anel do sol obviamente contém a maior massa de fogo e, dada a oposição entre fogo e terra, não é implausível que, no decurso do processo de cosmogonia, uma massa de fogo se afaste o máximo do centro.[24] Também é possível que essa parte da história de Anaximandro simplesmente seja introduzida para dar conta do fato aparente de que os anéis mais baixos não obscurecem os mais remotos. Ele pode, em outras

---

[23] Cf. Kahn [162] 77.
[24] Esse ponto é sugerido por Mansfeld [12], vol. 1, 59.

palavras, ter argumentado que a luz mais brilhante dos anéis mais exteriores simplesmente brilha através da quantidade comparativamente modesta de névoa que cerca os anéis de fogo mais baixos. Ao passo que a sequência mais comum, com as estrelas a uma distância maior, tê-lo-ia conduzido à objeção de que o anel do sol eclipsaria parte do anel das estrelas naqueles lugares em que eles se intersectam quando vistos da terra.[25] Na primeira interpretação, temos de assumir que Anaximandro estaria disposto a ignorar as aparências (segundo as quais a lua está mais próxima do que as estrelas) em prol do sistema global de sua cosmologia; na segunda, ele ofereceria uma caracterização alternativa para esses fenômenos. De qualquer modo, a sequência particular que ele apoia parece ligar-se de perto a suas concepções idiossincráticas dos corpos celestes como anéis de fogo concêntricos envolvidos em névoa. Essa concepção não foi assumida por nenhum outro cosmólogo grego.

A tentativa, por parte de Anaximandro, de especificar as distâncias relativas dos anéis cósmicos (DK 12 A11 e 18) foi proclamada a primeira tentativa de descrever a (ou parte da) estrutura ordenada do cosmos em termos matemáticos. Contudo, os detalhes são muito controversos e um pouco de ceticismo é apropriado.[26] O que é mais importante, não sabemos quais os argumentos de Anaximandro para escolher os números que propõe, e não há indicações do fato de que medições empíricas desempenhem algum papel.

É ponto passível de controvérsia saber se a estrutura ordenada da cosmologia de Anaximandro compreende ou não seu ser inerentemente *estável*. O contexto em Simplício (derivando de Teofrasto) em que o único fragmento literal foi preservado permite diferentes interpretações. Afirma que Anaximandro defendia que

---

[25] Essa interpretação é defendida por Bodnár [165], que segue uma sugestão de von Fritz a que Kahn [162] 90 nota 5 faz alusão. Para outras sugestões, cf. Guthrie [15] 95 com a nota 1.

[26] Na verdade, não é certo se Anaximandro especificava o tamanho (e, pois, a distância) de qualquer anel que não o do sol: o texto de Hipólito (DK 12 A11) é corrupto no ponto crucial. Cf. Kahn [162] 94-97; KRS 134-137.

> ... a fonte do vir-a-ser das coisas que existem é aquilo que está sujeito a destruição "por necessidade, pois pagam uma à outra a pena e a retribuição por sua injustiça sob o arbítrio do tempo", como ele descreve em termos consideravelmente poéticos (Simplício, *In phys.* 24, 17; DK 12 A9, B1).

O que provavelmente é uma citação *verbatim* – colocada aqui entre aspas – descreve o que ocorre em termos "poéticos" e antropomórficos. Não obstante, a ideia de que o tempo preside como um juiz sobre opostos em guerra que pagam penas e retribuições por suas injustiças pode ser plausivelmente tomada como referência à sequência ordenada do que são basicamente processos físicos. A passagem parece afirmar, então, que processos de mudança física, como a gradual destruição (secagem) da umidade por fogo, são reversíveis e serão, com efeito, revertidos. Em princípio, isso pode significar tão somente que a predominância de um dos elementos é seguida pela predominância do outro, e que esse processo segue *ad infinitum*.

Porém, Anaximandro pode ter também acreditado que seu cosmos em algum momento reverteria ao ilimitado, e pode-se conceber o texto acima citado como se fizesse referência a alguma espécie de ciclo cósmico: assim que o fogo "vence" e seca o cosmos inteiro, extingue-se por falta de alimento.[27] Essa concepção quadra bem com a concepção de que o cosmos é um ser vivo gerado, pois tal ser normalmente morreria e desapareceria. Por outro lado, permanece obscuro como devemos conceber os detalhes desse processo. Assim, indaga-se como o cosmos em seu estado final (quer como fogo, quer como umidade) era suposto ser absorvido pelo *ápeiron* desprovido de qualidades.

Segundo a tradição biográfica grega, o conterrâneo de Anaximandro, Anaxímenes, foi seu discípulo. É assim que a caracterização de Teofrasto, preservada por Simplício (*In phys.* 24, 26-30; DK 13 A5), apresenta-no-lo:

> Anaxímenes, filho de Eurístrato, de Mileto, associado de Anaximandro, sustenta como ele que a natureza subjacente é una e infinita, mas não indefinida

---

[27] Cf., por exemplo, Mansfeld [12], vol. 1, 62.

como afirmava Anaximandro, pois a identifica com o ar; e este se diferencia quanto à natureza substancial por rarefação e condensação. Tornando-se mais rarefeito, torna-se fogo; tornando mais denso torna-se vento, depois nuvem, depois (quando ainda mais encorpado) água, depois terra, depois pedra; e o resto vem a ser a partir desses. Também ele concebe o movimento como eterno e afirma que a mudança vem a ser por meio dele.

Nesse relato, a "natureza subjacente" é um termo aristotélico, equivalente à "causa material". Nossa discussão até agora permitiu-nos compreender que a aplicação desse termo por Aristóteles ou Teofrasto à água de Tales ou ao ilimitado de Anaximandro é enganadora, visto que estes cobrem apenas um aspecto da causa material aristotélica: a água e o ilimitado são o *a partir de que* surgem as coisas, *não o de que* consistem. No caso de Anaxímenes, a aplicação é mais apropriada, pois não apenas o cosmos para ele se origina *a partir do* ar (o que é testemunhado alhures, DK 13 A6) como ele também alega que tudo em nosso mundo ainda *é* ar.

Quanto ao mais, há semelhanças óbvias com Anaximandro: o material básico é uno e infinito (ou quantitativamente ilimitado) e divino (DK 13 A10). Além disso, de todos os "elementos" físicos então conhecidos, o ar é o que chega mais perto da indefinição qualitativa do *ápeiron* de Anaximandro. É um palpite plausível que as séries particulares de formas rarefeitas e condensadas de ar de que fala o texto sejam baseadas em um padrão grosseiro de experiência comum: vemos o ar tornar-se fogo ou vento, o vento tornar-se nuvens, as nuvens tornarem-se água, a água tornar-se lama (terra) e a lama tornar-se pedra.[28] Contudo, não vemos uma pedra, ou mesmo a água, tornar-se uma planta. Nesses casos, presume-se, requer-se algum tipo de mistura (as fontes silenciam quanto aos detalhes do mecanismo em ação) dos elementos primários (por exemplo, terra e água). Não é necessário assumir que Teofrasto esteja aqui projetando sobre os sistemas de Anaxímenes certas

---

[28] À luz do fato de que não estamos lidando apenas com ar, terra e água, é improvável que essa seja apenas uma reformulação filosófica da primazia de Urano, Gaia e Oceano nas cosmogonias míticas, como sugere Guthrie [15] 123.

concepções posteriores dos elementos (aquelas de Empédocles ou Aristóteles).[29] Ao contrário, podemos assinalar que o modelo básico em questão aqui pode ser remetido a Anaximandro, cujo sistema implica que *nada* em nosso cosmos provém *diretamente* do ilimitado originário, antes todas as entidades cósmicas são os resultados de atividades conjuntas dos opostos que, por sua vez, provêm do *ápeiron*.

Algumas observações adicionais quanto à aplicação, por parte de Anaximandro, de condensação e rarefação como mecanismos explicativos. Na medida em que estamos lidando com um material básico cujas mudanças quantitativas são ditas responsáveis por alterações que são (ou parecem ser) qualitativas, podemos dar a Anaxímenes o crédito pela brilhante intuição de que diferenças qualitativas podem ser reduzidas a fatores quantitativos. Devemos ainda notar que o material básico em questão não é desprovido de qualidades (como o são, por exemplo, os átomos de Demócrito, que diferem apenas em formato, tamanho e posição), antes é ar. O que, porém, torna a física quantitativa posterior tão bem-sucedida é a aplicação da matemática para especificar e explicar os elementos quantitativos da teoria, e não há quaisquer traços disso em Anaxímenes.

Já se notou anteriormente que Anaximandro usava um elemento da experiência comum – o modo como interagem água e fogo – como base de suas explicações cosmogônicas e cosmológicas. Anaxímenes segue na mesma trilha e dá suporte a sua tese de que diferenças qualitativas podem ser reduzidas ao processo quantitativo de condensação e rarefação – e, portanto, que o ar pode transformar-se em outros elementos quando condensado ou rarefeito – por referência ao fato de que nosso sopro se resfria quando comprimido por nossos lábios e se aquece quando abrimos nossa boca (DK 13 B1). Anaxímenes também se assemelha a Anaximandro em seu uso da analogia para escorar as principais características de sua cosmologia. Pois ele parece ter argumentado que assim como o ar sob a forma da alma-sopro *(pneûma)* nos mantém vivos, de igual maneira o ar envolve e governa *(periékhei)* o cosmos (B2; todavia, a autenticidade desse "fragmento" é posta em dúvida por alguns estudiosos).

---

[29] Os "elementos" de Anaxímenes não são apenas o quarteto "água, terra, fogo e ar", familiar a Empédocles e Aristóteles, nem são estes imutáveis, como em Empédocles.

Como Tales e Ananximandro, Anaxímenes encara o problema da estabilidade da terra: ela flutua no ar como uma folha ao vento (A20).[30] O mesmo vale para os corpos celestes, que são ígneos, porém suportados por ar (A7). Suas revoluções são explicadas por referência às correntes de ar condensado e oposto (A15). Ao abandonar a concepção dos corpos celestes como anéis, característica de Anaximandro, Anaxímenes retorna à tradicional concepção hemisférica do (cosmos e do) céu, o qual compara a um chapéu de feltro girando sobre nossa cabeça. De acordo com o símile, ele rejeita a ideia de que o sol e outros corpos celestes se movem por baixo da terra. Em vez disso, alega que contornam a terra, sendo obscurecidos parte do tempo pelas partes mais elevadas do norte da terra (A7).

Não podemos lidar aqui a contento com as diversas explicações detalhadas dos fenômenos meteorológicos ou com as bases dos mecanismos de evaporação e condensação que nossas fontes atribuem tanto a Anaximandro como a Anaxímenes. Basta dizer que as opiniões em questão tiveram posteridade na tradição meteorológica grega: muitas delas são recorrentes, por exemplo, na *Carta a Pítocles* de Epicuro. As linhas mais gerais dos primórdios da cosmologia jônica não têm um impacto tão duradouro. A curto prazo, porém, parece terem influenciado a Heráclito de Éfeso, cujas opiniões são discutidas a contento alhures neste livro, assim como parece terem influenciado o enigmático poeta-filósofo Xenófanes, que deixa sua cidade natal Cólofon, na Jônia, em 546 a.C., na juventude, quando capturada pelos medas, para estabelecer-se no sul da Itália.

É, com efeito, mais que provável que a crítica deste último à tradicional concepção antropomórfica dos deuses gregos (DK 21 B5, 14, 15, 16) seja em parte favorecida pela desmitologização do mundo físico promovida pelos milésios. Além disso, como apontado acima, os milésios não abandonam por completo a noção de divindade, antes introduzem uma concepção reformada e "fisicizada" da mesma. É concebível, e mesmo plausível, que isso tenha ajudado Xenófanes a conceber seu "deus único", naquilo que se pode chamar de termos panteístas, como entidade cósmica (isso parece ser sugerido por

---

[30] Sobre o gosto dos cosmólogos milésios por esses símiles, cf. Most, neste volume, p. 434-435.

Aristóteles, *Met.* I 986b21-24; DK 21 A30).³¹ Finalmente, o que é mais importante para os propósitos deste capítulo, os antigos testemunhos da cosmologia geral de Xenófanes mostram que ele estava em muitos detalhes em débito para com a tradição jônica. Como os milésios, ele definia que o *a partir de que* tudo provém é terra e água (B29 e 33). Como Anaxímenes, alegava que as nuvens são exalações do mar, sendo os corpos celestes nuvens em combustão (B30 e 32; A32 e 40). Concebia o mar e a terra como opostos, engajados em um processo cíclico de estiagens e enchentes (A33), ideia que remete a Anaximandro. Defendia essa tese apontando a existência de fósseis em pedras de Siracusa, Malta e Paros, notável exemplo de uso da evidência empírica para dar suporte a uma tese cosmológica.

A COSMOLOGIA MILÉSIA E A HISTÓRIA DA FILOSOFIA E DA CIÊNCIA

O quadro que emerge das seções anteriores mostra que, apesar da inegável dívida para com a tradição da cosmologia e da cosmogonia míticas, os milésios introduzem um modo de explicar o mundo físico que era novo em importantes aspectos. Não obstante, sua contribuição é apreciada em termos os mais diferentes. Como notamos, Aristóteles julga que a cosmologia e a cosmogonia materialistas dos milésios fossem o princípio da física, a qual ele considerava parte integrante da filosofia. Essa opinião ainda é endossada pela maioria dos estudiosos modernos, mas teve seus críticos.

Hegel não atribuía importância ao caráter físico ou científico dessas teorias, alegando que sua principal contribuição era de caráter filosófico mais geral.³² Por outro lado, argumenta-se, mais recentemente, que, embora

---

[31] Esse ponto é controverso. Para uma escrupulosa defesa da concepção que aqui sigo, cf. Barnes [14] 94-99. Para uma concepção mais cética, cf. Broadie, neste volume, p. e KRS 171-172.

[32] Cf. Hegel [22] 178: "a proposição de Tales de que a água é o Absoluto... é o princípio da Filosofia, pois com essa proposição se chega à consciência de que o um é a essência, A verdade, a única coisa que é em si mesma e para si mesma". Porém, Hegel [22] 187-188 julga os detalhes da cosmologia de Anaximandro "mera sucessão temporal" que não contém "necessidade alguma, nem pensamento, nem ideia", sendo, portanto, insignificante do ponto de vista filosófico.

possamos estar lidando com os princípios da ciência da física, não podemos mais falar em um princípio da *filosofia* pela simples razão de que, hoje, a cosmologia e a física não mais pertencem à filosofia.[33] Contudo, pode-se indagar se essa aplicação exclusiva do termo "filosofia" no sentido estrito que adquire no século XX quadra bem com a própria historicidade do conceito de filosofia, por um lado, e, por outro, com a concepção da história da filosofia enquanto disciplina *sui generis*. Pode-se, com efeito, argumentar que seria uma recaída na prática fundamentalmente a-histórica – familiar, por exemplo, a Aristóteles – de estudar os filósofos do passado apenas do ponto de vista das opiniões filosóficas que se possa ter (ou, de modo mais amplo, das opiniões da tradição ou da época a que se possa pertencer) e na medida estreita do que lhe seja interessante. Os historiadores da filosofia, ao contrário, devem ser capazes de pôr entre parênteses suas próprias opiniões filosóficas quando devido. No caso presente, isso significaria usar o termo "filosofia" não em sentido específico, mas em sentido alargado o bastante para cobrir o que, em diferentes épocas, as pessoas (Aristóteles, por exemplo) estavam dispostas a considerar como filosofia.[34]

O rótulo "ciência" também foi por vezes negado a essas primeiras cosmologias, por supostamente se encontrar ainda em enorme débito para com a tradição mítica[35] ou por serem muito pouco amparadas em dados observacionais. Este último ponto é importante por suscitar a questão do *método* aplicado pelos primeiros pensadores gregos. Se nos filiarmos ao que é geralmente chamado de concepção "baconiana" de ciência – a ideia de que a ciência deve ter seu princípio apenas após uma série de observações controladas –, as teorias dos milésios mal podem ser chamadas de científicas, pois estes não praticavam a observação detalhada e sistemática. Ao mesmo tempo, deve-se reconhecer que as questões por eles abordadas

---

[33] Essa posição é defendida por Mansfeld [116].
[34] O fato de que os milésios não se chamem *a si mesmos* filósofos não tem relevância nesse contexto. Tampouco se chamavam "cientistas" e, uma vez cunhado o termo "filosofia", outros usaram-no para descrever as atividades dos milésios.
[35] Essa posição parece ser exagerada por Cornford [88], [90] e Jaeger [481]. Sobre esse ponto, cf. Vlastos [187].

eram, na maioria das vezes, muito gerais, por exemplo: como veio a ser o cosmos? É difícil imaginar como poderiam ter respondido a essas questões em termos baconianos, isto é, sem recurso a grandes especulações. Ademais, mesmo suas teorias mais específicas se ocupavam antes do que Epicuro mais tarde chamaria de *ádela* ("coisas não evidentes"), a saber, objetos que não podem ser observados clara e diretamente, como (a natureza de) corpos celestes. Assim, suas teorias eram altamente especulativas, assim como as dos físicos gregos posteriores.

No século XX, a teoria baconiana da ciência foi veementemente atacada por Karl Popper, que alegava que, em geral, a ciência não procede por meio de processos indutivos simples como esses e que, além disso, a questão acerca de como as teorias científicas se originam não tem importância alguma. A ciência, em sua opinião, é uma questão de hipóteses ousadas e interessantes que devem ser julgadas por seu poder explicativo e, o que é mais importante, pelo fato de serem ou não capazes de resistir a críticas e testes. Popper via os primeiros filósofos gregos, em particular Tales e Anaximandro, como os pais fundadores desse tipo de abordagem científica. De acordo com isso, apresentava os primórdios da cosmologia grega como uma tradição crítica para a qual cada filósofo faz sua contribuição, ao testar as teorias dos predecessores e propor hipóteses alternativas. Tales, sugere ele, "fundou a nova tradição da liberdade, [...] a tradição de que se devem tolerar críticas".[36]

Mas essa concepção "popperiana" dos primórdios da cosmologia grega é tão difícil de defender como sua contraparte baconiana, e, por esta razão, nada sabemos a respeito da suposta tolerância dos milésios, ao passo que a evidência acerca de seus sucessores imediatos (cf. Xenófanes DK 21 B7 a respeito de Pitágoras, Heráclito DK 22 B40 a respeito de Pitágoras e Xenófanes) sugere uma atitude conscientemente detratora e desdenhosa do trabalho dos demais, bastante distante da crítica cavalheiresca e construtiva proposta por Popper. E, o que é mais importante, precisamente porque as teorias dos filósofos milésios se ocupavam principalmente de questões gerais e objetos que não eram clara e diretamente observáveis, e visto que os dados

---

[36] Popper [122] 150.

observacionais disponíveis eram de tipo grosseiro e genérico, mal podemos falar em hipóteses que podiam ser *testadas* e *falsificadas* por qualquer tipo de evidência observacional.[37]

Onde, então, isso tudo nos deixa, no que diz respeito ao "método" dos primeiros cosmólogos? Podemos reconhecer que eles fazem *algum* uso de dados observacionais para respaldar suas teorias (por exemplo, os fósseis em Xenófanes) e que eles geralmente lançam mão de fenômenos familiares ou processos observáveis como analogia e, portanto, como modelo explicativo. É verdade que isso não conta como um uso sistemático e metódico da observação, bem como é verdade que os dados observacionais em questão nas analogias têm o mesmo caráter geral que as teorias.[38] Mas a introdução de características observacionais enquanto tais não deve ser menosprezada ou desmerecida. Era algo novo, ajudou a tornar as teorias mais inteligíveis e, enquanto tal, contribuiu para o desenvolvimento de uma concepção de mundo mais "racional".

Talvez possamos concluir como segue. Assim como as atividade dos milésios não podem ser rotuladas como "filosóficas" em nenhum sentido especificamente *moderno* da palavra, tampouco devem ser chamadas de "científicas" em um sentido especificamente baconiano ou popperiano. Apesar disso, para fazer justiça ao que iniciaram e a sua posição na história intelectual da Grécia, podemos considerá-los proto-cientistas nos limiares da história daquela parte da filosofia antiga a que se chamava "física".

---

[37] Esse ponto já havia sido assinalado por Vlastos [187] antes de Popper publicar suas concepções a respeito dos pré-socráticos. De certo modo, o ponto é também assinalado pelo autor do tratado hipocrático *Sobre a antiga medicina* no século V a.C., que alega que, no que diz respeito aos assuntos estudados pela cosmologia, "não seria claro nem para quem se pronuncia a respeito nem para sua plateia se o que se afirma é ou não verdadeiro, visto não haver critério a que se possa referir para a obtenção de um conhecimento claro a respeito", cf. Lloyd [124] 113.

[38] Assim, a ideia de Anaximandro de que o cosmos surge de uma substância espermatoide, como se de organismo vivo se tratasse, pressupõe apenas uma observação bastante grosseira de como são gerados os seres vivos. O fato de que a analogia não seja muito detalhada acarreta que o processo cósmico está descrito e explicado apenas em suas linhas mais gerais.

4 A tradição pitagórica

Carl A. Huffman

No mundo moderno, Pitágoras é o mais famoso dos primeiros filósofos gregos. O mesmo era verdade também no século IV a.C., quando Platão escreveu sua *República*, cerca de 150 anos depois de Pitágoras deixar Samos por volta de 530 a.C. e migrar para Crotona, no sul da Itália, onde floresceria o pitagorismo. Platão retrata Sócrates dizendo que Pitágoras era "amado de maneira especial como líder da educação na esfera privada" e que seus seguidores

> amavam-no por seus ensinamentos e transmitiram à posteridade certo estilo de vida (...) e seus seguidores tardios até hoje parecem destacar-se das demais pessoas por esse estilo de vida ao qual chamam pitagórico (*Resp.* X 600a9-b5).

Todavia, a começar pelos sucessores de Platão na Academia, a reputação de Pitágoras foi-se tornando cada vez mais exagerada até que, por volta do século IV d.C., na tradição neoplatônica, ele se tornaria o maior de todos os filósofos, de quem tanto Platão como Aristóteles haviam tomado emprestadas suas ideias centrais.

Infelizmente, a distorcida reputação pós-platônica de Pitágoras impede uma apreciação acurada de suas realizações genuínas e das de outros dos primeiros pitagóricos, Filolau de Crotona em particular. Além disso, apesar da fama de Pitágoras, o pitagorismo é pouco integrado aos estudos mais recentes dos primórdios da filosofia grega. Isso parece significar ou pouco, ou demais ou é totalmente impossível afirmar o que quer que seja a seu respeito, ou Pitágoras antecipou toda a metafísica platônica. Ademais, os estudos clássicos na área se dividem entre os eruditos que ainda defendem os gregos como modelo de pesquisa racional e os que enfatizam o elemento irracional na cultura grega. Pitágoras, como esperado, torna-se ou bem o primeiro a reconhecer o papel das matemáticas na descrição da ordem da natureza ou, então, um xamã milagreiro.[1]

A questão pitagórica, isto é, o problema de determinar as crenças e atividades do Pitágoras histórico, surge, em primeiro lugar, porque Pitágoras jamais escreveu o que quer que fosse.[2] É um problema ainda mais difícil que a paralela questão socrática, porque nenhum contemporâneo mais jovem escreve sobre Pitágoras tal como o fazem Platão e Xenofonte a respeito de Sócrates. Os primeiros relatos detalhados a respeito de Pitágoras, tratados de Aristóteles e de pupilos deste que sobrevivem apenas em fragmentos, datam do fim do século IV a.C. Os primeiros relatos mais completos de que dispomos a respeito de sua vida e de suas crenças são dos séculos III e IV d.C.: as obras de Diógenes Laércio e dos neoplatônicos Porfírio e Jâmblico. Essas últimas obras surgem em um ambiente intelectual em que havia a necessidade de se identificar um homem divino a quem toda verdade havia sido revelada pelos deuses.[3] Pitágoras, cuja fama era grande, mas que não havia deixado qualquer escrito que contradissesse o que a tradição posterior lhe atribuía, prestava-se admiravelmente a esse papel. Jâmblico chama-o de "o divino Pitágoras" (*Sobre a vida pitagórica* 1) e Porfírio informa que "a respeito de mais ninguém se acredita em tão grandes e extraordinárias coisas" (*Vida de Pitágoras* 12.28). Essa opinião a respeito de Pitágoras é transmitida por Proclo à Idade Média e à Renascença, quando o neoplatonismo exerce grande influência.[4]

Pode-se remeter a hagiografia de Pitágoras a um movimento conhecido como neopitagorismo, que tem início no século I a.C. em Roma e Alexandria e floresce na obra de Moderato de Gades no século I d.C. e de Nicômaco de Gerasa no século seguinte.[5] Nicômaco nos apresenta o Pitágoras comum à imaginação popular: o grande matemático, fundador do *quadrivium* aritmética, geometria, astronomia, música (*Introdução à aritmética* 1-3). O

---

[1] Para Pitágoras como pioneiro em matemática, cf. A. N. Whitehead, *Science and the Modern World* (New York, 1925) 41. Para Pitágoras como xamã, cf. Dodds [94] 143-145.
[2] Burkert [201] 129ss., 218-220.
[3] Cf. P. Brown, *The Making of Late Antiquity* (Cambridge, Mass., 1978) 54-80.
[4] O'Meara [224].
[5] J. Dillon, *The Middle Platonists* (London, 1977).

Pitágoras de Nicômaco também teria dado origem à distinção entre os mundos sensível e inteligível, e Nicômaco cita o *Timeu* de Platão para ilustrar a filosofia pitagórica. Esse Pitágoras tem, na verdade, sua origem muito antes disso, em fins do século IV a.c., entre os sucessores imediatos de Platão na Academia.[6] Paradoxalmente, nesse momento em que, de acordo com Aristoxeno, pupilo de Aristóteles, viveram os últimos discípulos de Pitágoras (D.L. VIII.46), o próprio Pitágoras renascia em ainda melhor forma.

Uma análise detalhada dessa tradição posterior está fora do escopo deste capítulo, mas uma noção de seus pressupostos é crucial para se entender a verdadeira realização de Pitágoras. Frequentemente, o neopitagorismo sobrevive em estudos do primeiro pitagorismo. Em geral, não se distingue Pitágoras de seus primeiros seguidores, com o resultado de que o pitagorismo, do florescimento do próprio Pitágoras (530-490 a.C.) até Aristóteles (quase 200 anos depois), é tratado como um todo indistinto. Pitágoras se torna, assim, o fundador divino a quem o pitagorismo é entregue já em sua forma acabada.[7] Além disso, enquanto a influência pitagórica claramente subjaz a diálogos platônicos, como o *Fédon* e o *Timeu*, passagens de Platão são muitas vezes citadas acriticamente como evidências do pensamento de Pitágoras.[8] Finalmente, dado que a tradição posterior tem de preservar algo do material anterior, a identificação do que é anterior geralmente procede sem critérios outros que não o que é comensurável com a concepção que algum estudioso em particular tenha da grandeza de Pitágoras.[9]

Essa abordagem neopitagórica modificada de Pitágoras foi recentemente solapada pela análise precisa da tradição posterior por Walter Burkert.[10] Ele distingue duas tradições primárias a respeito do pitagorismo no século IV a.C. Uma é representada por Aristóteles; a outra se inicia entre os sucessores de Platão na Academia, Espeusipo e Xenócrates. Aristóteles (1) discorre sobre os pitagóricos do século V a.C., nunca sobre o próprio Pitágoras, quando discute

---

[6] Burkert [201] 53-83.
[7] A bela caracterização do pitagorismo em Guthrie [15] ocupa 180 páginas com elucidações desse pitagorismo unificado e apenas 15 páginas com pitagóricos individuais.
[8] Guthrie [15] 206ss.; Kahn [218] é mais cuidadoso.
[9] Guthrie [15] 181.
[10] Burkert [201] 28-83.

metafísica e cosmologia (*Met.* I 4 985b23); (2) refere-se a esses pitagóricos como "os assim chamados pitagóricos", indicando que esse era o nome de uso comum, mas questionando a conexão entre o pensamento deles e o de Pitágoras; (3) discute as ideias do próprio Pitágoras em fragmentos de suas obras especializadas, mas retrata-o tão somente como um líder religioso operador de milagres (por exemplo, Aristóteles fr. 191 Rose); (4) simplesmente distingue o pitagorismo da separação platônica entre os reinos inteligível e sensível e da introdução do um e da díada indefinida como princípios últimos. Os pitagóricos de Aristóteles reconhecem apenas o reino dos sensíveis e parecem identificar números e objetos sensíveis (*Met.* I 6 987b29ss.).[11]

Por outro lado, a tradição acadêmica (1) faz de Pitágoras a figura central, em vez dos pitagóricos; (2) remete muito da filosofia platônica a Pitágoras, aí incluídos o emprego do um e da díada indefinida como princípios últimos e a cosmologia do *Timeu*. É essa tradição que domina as abordagens posteriores do pitagorismo. A caracterização do pitagorismo em Aristóteles trata esse sistema como contemporâneo dos atomistas, mas simplesmente não é tão interessante como a tradição que faz de Pitágoras a origem da metafísica platônica e, simultaneamente, confere ao sistema de Platão a autoridade de uma sabedoria ancestral. Um dos frutos da tradição acadêmica é o grande número de tratados produzidos sob o nome dos primeiros pitagóricos, os *pseudepigrapha* pitagóricos, que parecem originar-se em larga medida nos séculos II e I a.C.[12] Esses documentos são os "originais" pitagóricos de onde se supunha que Platão e Aristóteles haviam derivado seus principais conceitos filosóficos.

Assim, a apresentação do pitagorismo por Aristóteles, embora careça de correções, permite-nos apreciar melhor do que a tradição acadêmica as verdadeiras

---

[11] Outras passagens (por exemplo, *Met.* VII 11 1036b8) foram mal interpretadas como evidência de uma derivação pitagórica do mundo sensível a partir dos princípios matemáticos ulteriores por meio da sequência derivativa um = ponto, dois = linha, três = superfície e quatro = sólido, com os corpos físicos surgindo então dos sólidos geométricos. Todavia, isto pertence à antiga Academia (Burkert [201] 67). Assim, vinte páginas ([15] 256-276) da caracterização do pitagorismo em Guthrie são postas em xeque. Essa sequência reaparece nas *Memórias pitagóricas* (DL VIII.24-33) citadas por Alexandre Polihistor (século I a.C.). Seu valor enquanto fonte é muito duvidoso (Burkert [201] 53 e Festugière [210]), mas Guthrie as usa à larga. Cf. Kahn [218].

[12] Burkert [201]; Thesleff [202] e [199].

contribuições de Pitágoras e dos pitagóricos do século V a.C. Como uma das principais balisas para o desenvolvimento de uma caracterização precisa do primeiro pitagorismo, a apresentação de Aristóteles põe em xeque o pressuposto de que o que a tradição posterior frequentemente atribui a Pitágoras deve conter um núcleo de verdade. O pitagorismo da antiguidade tardia não era motivado pela evidência documental, mas pelo estatuto de Pitágoras como sábio ultimado. Embora a tradição posterior possa preservar alguma informação confiável a seu respeito, o testemunho que nos oferece não pode ser aceito, a menos que concorde com fontes anteriores à canonização de Pitágoras pela Academia.

Um resultado final da revolucionária obra de Burkert é a atordoante novidade de que podemos, afinal de contas, dispor de alguns textos primários a respeito do primeiro pitagorismo. Um grupo de fragmentos atribuídos a Filolau de Crotona não se encaixa no molde das *pseudepigrapha* pitagóricas, mas concorda com a caracterização aristotélica do pitagorismo do século V a.C. Em vez de fazer dos mais de 150 anos do primeiro pitagorismo um sistema unificado, nossa melhor evidência distingue entre Pitágoras e o pitagorismo do século V a.C., mostrando que há mais evidências precisas a respeito de Filolau do que a respeito de Pitágoras.

Pitágoras

Embora a abordagem de Burkert pareça diminuir a importância de Pitágoras, a evidência ainda revela que não houve figura mais importante nos primórdios do pensamento grego. A grandeza de Pitágoras reside em sua introdução (1) de uma concepção nova e robusta do destino da alma humana após a morte, a doutrina da metempsicose; e (2) de um modo de vida estritamente regulado por um código moral e religioso que tomara de assalto o sul da Itália e ainda produzia seguidores mais de cem anos após a sua morte.[13] Porém, se há suficientes evidências confiáveis para o traçado das linhas mestras de suas realizações, detalhes acerca de seus ensinamentos

---

[13] Cf. Burkert [201] 126, 133; West [136] 62; Kahn [217] 166. A metempsicose pode ter adentrado o orfismo por intermédio de Pitágoras (Burkert [201] 126, 133). Fontes tardias atribuem-na a Ferécides (West [136] 25).

são frequentemente impossíveis de serem recuperados. Uma passagem incomumente cautelosa em Porfírio (*Vida de Pitágoras* 19 – derivada de Dicearco, pupilo de Aristóteles) reflete consideravelmente bem a evidência anterior. A respeito da chegada de Pitágoras em Crotona, diz-se:

> grande reputação formou-se a seu redor, e ele ganhou muitos cidadãos como seguidores, não apenas homens, mas também mulheres... Mas ninguém consegue descrever de modo confiável o conteúdo dos ensinamentos transmitidos a seus associados... As doutrinas, porém, que se tornaram mais conhecidas do público foram, primeiro, de que a alma é imortal e, a seguir, de que migra para outras espécies de animais

Nossa primeira evidência associa Pitágoras à transmigração das almas, a metempsicose. Xenófanes, contemporâneo de Pitágoras, conta em tom de galhofa a história de que Pitágoras certa feita instou um homem a que parasse de agredir um animal dizendo: "é a alma de um amigo: reconheci-o quando falou" (DK 21 B7). A religião grega tradicional, assim como refletida nos poemas homéricos, enfatizava a brevidade da vida humana em contraste com a dos deuses imortais. Após a morte, a alma vai para o Hades, onde tem a mais tênue existência, tão apagada que o herói Aquiles declara que preferiria "ser na terra um escravo, mesmo de um homem pobre, a ser rei dentre os mortos todos" (*Od.* XI.489). Pitágoras oferece mais do que pedira Aquiles, o renascimento na terra, e, por meio de um ciclo de renascimentos, uma aproximação àquela imortalidade anteriormente reservada apenas aos deuses. Pitágoras pode ter criado por si só a doutrina ou pode tê-la buscado ao Egito (Heródoto II.123) ou à Índia (o que é mais provável), mas a introdução dessa doutrina no mundo grego tem um impacto de grandes proporções, particularmente no sul da Itália e na Sicília, onde tem lugar a atividade de Pitágoras.[14] Píndaro, em uma ode escrita em 476 a.C. a Terão de Ácragas (na Sicília), afirma que aqueles que se abstêm de injustiças em três vidas passam a uma maravilhosa existência nas Ilhas dos Bem-Aventurados (*Olímpica* II.68ss.).

---

[14] Cf. a nota anterior.

Os detalhes da versão de Pitágoras para a metempsicose e a concepção de alma que a acompanha são impossíveis de se recuperar. Elementos comuns em versões posteriores encontradas em Píndaro, Empédocles e Platão oferecem possibilidades, mas não certezas.[15] Todos renascem ou apenas alguns poucos seletos? Renascemos apenas em vidas humanas e animais ou também como plantas? Há um número definido de renascimentos ou trata-se de um ciclo infinito? Platão e Empédocles concebem uma queda de um estado original de bem-aventurança seguida por um período de encarnações após o qual é possível retornar a nossa condição original. Heródoto fala em renascer em todas as formas animais antes de renascer como homem (II.123).

A alma que transmigra é a mesma alma pessoal unificada responsável por nossa consciência e nossa atividade nesta vida? Esse é o caso em Platão, mas em Empédocles o que transmigra é chamado *daímon*, não *psykhḗ*, e Píndaro (fr. 131 Schroeder) chama-a uma imagem (*eídolon*) da vida, que dorme quando vigiamos e quando nossa alma está ativa. É mais provável que a opinião de Pitágoras sobre a alma tenha sido mais parecida com a de Empédocles do que com a de Platão. Não obstante, a doutrina da transmigração inevitavelmente suscita a questão da relação entre a nossa consciência presente e a parte de nós que renasce, sendo, portanto, de enorme influência no desenvolvimento da concepção platônica da alma, mesmo que seja improvável que Pitágoras defendesse tal concepção.[16]

Outra das principais ênfases que a evidência mais antiga nos apresenta diz respeito ao vasto conhecimento de Pitágoras. Este se revela em sua autoridade em assuntos religiosos, sua habilidade de fazer milagres, seu amplo apelo como mestre de um modo de vida rigorosamente estruturado, que não era senão uma combinação de tabus *quasi*-mágicos e preceitos morais. A autoridade religiosa de Pitágoras funda-se em sua ligação com a antiga sabedoria egípcia. Ritos na Grécia que proibiam o enterro de mortos envoltos em lã são erroneamente conhecidos como órficos e báquicos, sendo, na verdade, egípcios e pitagóricos (Heródoto II. 81); Isócrates afirma que Pitágoras trouxe

---

[15] Burkert [201] 133ss.
[16] Cf. Laks, neste volume, p. 322-323; Burkert [201] 134 n. 78; Claus [486] 4-5, 111-121; Huffman [198] 330-331. Outros textos ressaltam os conhecimentos de Pitágoras acerca da alma (Heródoto IV.95, Empédocles DK 31 B129, Íon em DL I.120).

o conhecimento egípcio para a Grécia e que ele "mostrava, mais do que outros, evidente zelo pelo que dizia respeito ao sacrifício e à santidade nos templos" (*Busíris* 28).

Essas pressuposições de conhecimento e autoridade inevitavelmente levam a reações brutalmente diferentes diante de Pitágoras. Já vimos que Xenófanes zomba da doutrina da metempsicose, mas a crítica mais contundente provém de Heráclito. Ele chama Pitágoras de "o chefe dos embusteiros" (DK 22 B1) e afirma que ele "investigava mais que os demais homens e, a partir de suas leituras, forjou uma sabedoria toda sua, uma erudição, um malévolo embuste" (B129). Sua crítica mais célebre encontra-se no fragmento B40: "Muita erudição não ensina a compreender, senão teria ensinado a Hesíodo e Pitágoras, a Xenófanes e Hecateu". Por outro lado, Empédocles se pronuncia acerca da erudição de Pitágoras em termos profundamente respeitosos:

> Houve entre eles um homem que sabia de coisas beatíficas,
> que possuía a mais extensa riqueza da inteligência,
> em especial ultimado em toda sorte de atos de sabedoria.
> Pois, quando quer que o desejasse com toda a inteligência,
> facilmente contemplava cada coisa
> em dez ou mesmo vinte gerações de homens (DK 31 B129).[17]

Esses atos de sabedoria podem ter sido uma das principais fontes de controvérsia. Empédocles está referindo-se provavelmente ao tipo de milagres que dizia ser ele mesmo, Empédocles, capaz de fazer, a habilidade de controlar os ventos e a chuva e de ressuscitar os mortos (B111). Os fragmentos dos escritos de Aristóteles sobre Pitágoras confirmam essa sugestão ao pôr a ênfase sobre uma série de características e proezas miraculosas, como a bilocação, sua coxa dourada (provavelmente um signo de iniciação religiosa) e o fato de matar uma serpente venenosa ao mordê-la (fr. 191 Rose). A pressuposição de habilidades extraordinárias como essas e a reputação de ser dententor de um

---

[17] O historiador Timeu informa que esses versos se referem a Pitágoras. Diógenes Laércio (VIII.55) afirma haver quem pense que se referem a Parmênides. As "gerações" e os "atos de sabedoria" quadram melhor com Pitágoras.

conhecimento vasto trazido de longe podem bem ter parecido um "embuste malévolo" a *outsiders* como Heráclito.

No século IV a.C., tanto Platão, na passagem citada no início deste capítulo, como Isócrates, seu rival como educador, enfatizam o impacto de Pitágoras como mestre de um modo de vida. Isócrates afirma que

> Ele ultrapassava em tão grande medida os demais [mestres] no que dizia respeito a sua reputação que todos os jovens queriam ser seus pupilos, e os mais velhos ficavam mais felizes em ver seus filhos associados a ele do que cuidando da economia da casa. E não é possível deixar de crer nisso, pois ainda hoje as pessoas se maravilham mais com aqueles que se fazem pupilos dele por meio de seu silêncio do que com aqueles que granjeiam para si grande reputação como oradores (*Busíris* 29).

Qual era o conteúdo do ensinamento? O modo de vida deve ter sido concebido pelo menos em parte para assegurar a melhor sequência possível de renascimentos. O *corpus* mais extenso de evidências a respeito de suas regras são os fragmentos da obra de Aristóteles sobre Pitágoras. Juntamente aos milagres, o que tem maior peso na descrição feita por Aristóteles é um conjunto de máximas transmitidas oralmente e conhecidas como *akoúsmata* ("coisas que foram ouvidas") ou *sýmbola* ("signos", que distinguiam Pitágoras dos demais). Esses *akoúsmata* revelam uma vida estruturada mui rigorosamente. Há uma série de tabus quanto à alimentação, como a famosa proibição contra as favas; quanto à vestimenta (os deuses devem ser adorados vestindo-se branco); e injunções que governam quase todos os aspectos da vida, inclusive as ações mais triviais (por exemplo, "não apanhe migalhas caídas ao chão", fr. 195 Rose).

Não surpreende que alguns devotos possam julgar atraente uma vida assim restrita, mas o apelo sugerido pelas passagens em Platão e Isócrates exige explicações. A amplitude do apelo é indicada ainda pelo fato de que alguns líderes em Crotona e outras cidades do sul da Itália fossem seguidores desse modo de vida, de modo que os pitagóricos tivessem grande impacto sobre a política (Políbio II.39). Eles não constituíam um partido político no sentido moderno do termo, antes talvez o análogo de agremiações com propósitos morais como a Maçonaria. Era possível exercer diversas profissões (general, médico, líder político) e ser, ainda assim, pitagórico; contudo, seu regime regrado de conduta, as reuniões e a devoção fanática a outros pitagóricos (por exemplo, a história, derivada de Aristoxeno, dos amigos pitagóricos Dâmon e Fíntias em Jâmblico, *Sobre a vida pitagórica* 233) geravam suspeita e inveja. Os pitagóricos foram objeto de violentos ataques, um durante a vida de Pitágoras, em c. 510 a.C., e outro em meados do século V a.C., que levou ao incêndio da loja em Crotona e ao declínio da influência pitagórica no sul da Itália.[18]

Parte do apelo do modo de vida pitagórico baseava-se no carisma do próprio Pitágoras. Burkert aceita o modelo que faz de Pitágoras um xamã, tipo de líder religioso estudado pela primeira vez nas tribos da Sibéria. A autoridade do xamã é baseada na habilidade de entrar em êxtase e viajar para o além.[19] Essas jornadas podem ser o germe da ideia da transmigração das almas, mas não há evidências de transmigração no xamanismo. O xamanismo pode explicar os milagres de Pitágoras, mas não dá conta do modo de vida pitagórico. Visto que o modo de vida permanece longo tempo após a morte de Pitágoras, seu apelo deve basear-se em mais do que sua autoridade pessoal. Eu sugeriria que sua atração, além das esperanças relativas à alma em uma próxima vida, reside na imposição de uma disciplina moral. A passagem há pouco citada de Isócrates estabelece um contraste entre a eloquência exibida pelos pupilos da educação tipicamente retórica grega e o silêncio pitagórico. Pode ser uma referência a doutrinas secretas. Sociedades exclusivas costumam ter doutrinas secretas (Aristóteles fr. 192 Rose), ainda que muito do segredo do pitagorismo seja exagero e, como mostra o testemunho de Aristóteles, muito do pitagorismo seja de conhecimento partilhado. A doutrina da metempsicose torna-se amplamente conhecida de Xenófanes em diante. As observações de Isócrates têm mais força retórica se ele se refere antes a uma autodisciplina pitagórica geral de silêncio, atestada na tradição (um período de silêncio de cinco anos para os iniciados, DL VIII.10), do que à habilidade dos pitagóricos de manter algumas doutrinas em segredo.

---

[18] Minar [221].
[19] Burkert [201] 162ss.

A autodisciplina, representada pelo silêncio pitagórico e pela adesão a uma multidão de tabus, fundamenta-se em uma crença mais basilar de que nossas ações estão submetidas a um constante escrutínio por parte dos poderes divinos. Assim, afirma-se que os pitagóricos surpreendiam-se caso alguém alegasse jamais ter-se deparado com uma divindade (Aristóteles fr. 193 Rose). Além disso, a estrutura do mundo está relacionada a um sistema de recompensas e punições. Os planetas são os cães vingadores de Perséfone (Porfírio, *Vida de Pitágoras* 41), rainha do mundo subterrâneo; o trovão é um aviso às almas no Tártaro (Aristóteles, *An. post.* II.11 94b33); e o sol e a lua são as Ilhas dos Bem-Aventurados, para onde os bons esperam ir (Jâmblico, *Sobre a vida pitagórica* 82). Há notáveis paralelos com os mitos cosmológicos que Platão inclui ao final de diversos diálogos, cuja função é, em parte, mostrar um ordenamento divino do cosmos, segundo o qual estamos sujeitos a julgamento divino por nossas ações. Como nos mitos de Platão, o simbolismo dos números também desempenha importante papel na visão de mundo pitagórica. Um dos *akoúsmata* afirma que o número é o que há de mais sábio, e é possível que os pitagóricos jurassem em nome de Pitágoras como "aquele que nos deu a *tetraktýs*" (Sexto Empírico, *AM* VII.94), os primeiros quatro números cujo total é dez, que é o número perfeito dos primeiros pitagóricos. Já que outro *ákousma* chama a *tetraktýs* de "harmonia em que cantam as Sirenas" (Jâmblico, *Sobre a vida pitagórica* 82), pode bem ser que os primeiros quatro números também fossem valorizados por estarem envolvidos nas razões de números inteiros correspondentes aos intervalos musicais da oitava (2/1), da quinta (3/2) e da quarta (4/3). Todavia, nenhuma das narrativas posteriores que atribui a descoberta dessas correspondências a Pitágoras é cientificamente possível. A harmonia em que cantam as Sirenas pode ainda fazer alusão à influente ideia de que os céus fazem música ao mover-se, a célebre "harmonia das esferas".

Assumindo-se que Pitágoras teve mais impacto sobre a sociedade de seu tempo que qualquer outro dentre os primeiros filósofos gregos, em que sentido é legítimo chamá-lo de filósofo? A metempsicose exerce importante influência sobre a filosofia grega através de sua adoção por Empédocles e, o que é mais importante, em decorrência de sua proeminência em Platão. Porém, o modo de vida pitagórico parece distante da vida "examinada" a que insta Sócrates. O pitagorismo não tem lugar para o exame livre de ideias e argumentos filosóficos, antes é baseado na autoridade do fundador. A tradição posterior reporta que os pitagóricos não sentiam a necessidade de argumentar em prol de suas posições, contentando-se com a asserção de que "ele mesmo o disse" (DL VIII.46). Não obstante, o objetivo primário de toda a filosofia grega, de Sócrates em diante, é não apenas a argumentação racional, mas o bem viver. Pode-se com justeza alegar ter sido Pitágoras o primeiro pensador a propor um plano abrangente do que é o bem viver, um plano de vida baseado em uma visão de mundo que, se não influenciou o *élenkhos* socrático, influenciou ao menos os mitos de Platão.[20]

Empédocles

Outro modo de abordar Pitágoras é por intermédio de seus sucessores, e aqui Empédocles tem particular importância. Visto que Empédocles introduz um esquema cosmológico racional em resposta a Parmênides, sendo, ademais, um sábio milagreiro, geralmente se pensa que ele mostra que também Pitágoras podia combinar essas características. Estudos recentes mostram de modo convincente que Empédocles esforça-se por formar uma unidade dessas duas veredas do pensamento e questionam a opinião tradicional de que ele teria escrito dois poemas separados, um sobre a natureza e outro religioso, conhecido como *Purificações*.[21] Contudo, ainda que o exemplo de Empédocles mostre que um pensador pode tentar combinar as duas veredas,

---

[20] Há quem faça de Pitágoras algo mais próximo de um filósofo natural do que faço aqui. Minha interpretação baseia-se em uma leitura rigorosa das evidências antigas e parece ser a interpretação de Aristóteles. Guthrie [15] 166-167 baseia-se tão somente no livro VII da *República* como evidência para a "face científica" do pitagorismo. No entanto, os pitagóricos aí retratados são os pitagóricos do século IV a.C. (Huffman [216]). A referência de Heráclito à prática da *historía* por parte de Pitágoras é por demais geral para ser conclusiva, e o conceito heraclítico de *harmonía*, se fizer alusão a Pitágoras, pode de maneira igualmente fácil referir-se ao Pitágoras que aqui descrevo como cosmólogo de filiação jônia.

[21] Inwood [357]; Osborne [364]. Para a interação entre aspectos cosmogônicos e transcendentes da divindade no pensamento de Empédocles, cf. Broadie, neste volume, p. 234-285.

ainda não dispomos de evidências que provem que Pitágoras tenha feito o mesmo. De fato, o exame da evidência relativa a Empédocles sugere que Pitágoras tinha pouco a dizer sobre filosofia natural.

Empédocles é geralmente tratado como pitagórico pela tradição posterior. Diógenes Laércio, em sua *Vida dos filósofos*, inclui Empédocles entre os pitagóricos (VIII.51), e alguns chegam até mesmo a fazer dele um discípulo de Pitágoras, embora Empédocles tenha nascido por volta da data de morte de Pitágoras (490 a.C.). Porém, nem Platão nem Aristóteles consideram-no um pitagórico, e poucos estudiosos modernos o fazem. Parece provável, no entanto, que Empédocles tenha sido influenciado por Pitágoras, já que Empédocles se refere a Pitágoras com tanta reverência (cf. p.122) e, duas gerações antes, próximo à casa de Empédocles, em Ácragas, na Sicília, Pitágoras pregava a metempsicose que aparece na poesia de Empédocles.

Todavia, a tradição antiga estabelecia poucas conexões entre a teoria física de Empédocles e o pitagorismo, e não há razões convincentes para fazê-lo. Empédocles propôs, pela primeira vez, a influente teoria dos quatro elementos (água, terra, fogo e ar). Introduziu o Amor e o Conflito como princípios cósmicos, cujo conflito leva às combinações dos elementos que produzem o mundo fenomênico enquanto fase entre a mistura completamente homogênea dos elementos em uma esfera sob ação do Amor e a completa separação dos mesmos sob ação do Conflito. Não há, provavelmente, antecedentes pitagóricos dessa teoria. Os quatro elementos têm sua origem na especulação jônica; o Conflito é elemento proeminente em Heráclito; o Amor parece ser inovação de Empédocles; e a esfera tem conexões com Parmênides. É verdade que o Amor está ligado à harmonia, que é importante no pitagorismo (sendo também heraclítica). Por sua vez, a harmonia é representada por Empédocles (B96) como a combinação de elementos segundo razões para formar os ossos (quatro partes de fogo, duas de terra e duas de água). Essa referência ao número como o que governa a estrutura das coisas é o principal aspecto da cosmologia de Empédocles identificado como pitagórico pela tradição posterior, e pode bem ser que Empédocles esteja aqui dando os primeiros passos na adaptação do simbolismo numérico pitagórico à cosmologia racional, sendo essa ideia desenvolvida por completo na próxima geração, com Filolau. Porém, o uso de padrões numéricos na ordenação do cosmos também remonta a Anaximandro, nos princípios da tradição jônica.

Quanto à alma e seu destino, as coisas são diferentes. Visto que Pitágoras nada escreveu, os escritos de Empédocles acabaram sendo tratados como textos pitagóricos básicos nessas áreas. Sexto Empírico (*AM* IX.126-130) afirma que "os seguidores de Pitágoras e Empédocles... afirmam que temos algum tipo de comunhão não apenas um com o outro e com os deuses, mas também com os animais irracionais", e prossegue com a citação de dois fragmentos de Empédocles:

> Não heis de parar com o assassínio calamitoso? Não vos vedes a devorar-vos
> uns aos outros por descuido do intelecto? (B136)
> O pai assassina o filho dileto em forma mudada,
> elevando-o em oração em sua enorme sandice... (B137)

Sexto conclui: "Isso, então, é o que os pitagóricos recomendavam". Não é acidental surgirem histórias a respeito de Empédocles ter sido o primeiro a romper as proibições pitagóricas de falar sobre esses assuntos e, portanto, ter sido expulso da ordem (DL VIII.54-55). Com efeito, os fragmentos de Empédocles a respeito do ciclo de reencarnação têm uma vitalidade e uma especificidade contagiantes:

> Há um oráculo de necessidade...
> se alguém macula seus membros em assassinato ímpio...
> *daímones* que têm por quinhão uma vida longa,
> trinta mil anos afastar-se-á ele dos bem-aventurados,
> nascendo como criatura mortal de todas as formas,
> trocando por todo o tempo
> um rumo de vida turbulento por outro,
> pois a força do éter persegue-o até o mar,
> o mar cospe-o no pó da terra e a terra, nos raios
> do sol brilhante que o arremessara nas correntes do éter.
> Um o recebe do outro e todos o odeiam.
> Destes eu ora sou um, exilado dos deuses e andarilho,
> confiante no Conflito insano (B115).

Mesmo em matéria de religião, Empédocles de modo algum simplesmente papagueia a doutrina pitagórica. A evidência em Aristóteles (fr. 4 Rose) sugere que Pitágoras pode ter ensinado tão somente a abstenção de certos tipos de carne, tendo sido Empédocles quem advoga em prol do vegetarianismo estrito e apresenta a horrífica visão de um pai comendo o próprio filho renascido em forma animal. Além disso, Empédocles tenta integrar a discussão acerca da reencarnação em sua teoria física. O *daímōn* passa por cada um dos quatro elementos em suas reencarnações e é dito confiar no Conflito. A mistura homogênea dos elementos sob ação do Amor pode ser o estado de bem-aventurança dos *daímones* antes da queda.[22] Seria surpreendente que Empédocles tivesse construído uma teoria física apenas para fundamentar a metempsicose, caso Pitágoras já houvesse apresentado uma cosmologia detalhada como pano de fundo da transmigração das almas. Apesar do elogio de Pitágoras em Empédocles, este transfigura a influência pitagórica em uma criação toda própria.

Não obstante, seria errado ver Empédocles como o gênio que dá forma ao pitagorismo primitivo. Há uma importante diferença de ênfase entre Pitágoras e Empédocles. Ambos granjearam enorme autoridade carismática para si próprios, e as linhas de abertura do poema de Empédocles nos trazem à mente as descrições posteriores da chegada de Pitágoras em Crotona:

> Quando quer que eu chegue a uma cidade próspera,
> sou reverenciado por homens e mulheres, seguem-me
> miríades de pessoas perguntando onde está a senda do ganho.
> Alguns pedem oráculos, outros buscam ouvir
> uma palavra de cura para toda espécie de doença... (B112)[23]

---

[22] Há dificuldades (por exemplo: como o *daímōn* em transmigração relaciona-se com a inteligência física que Empédocles identifica como a mistura dos quatro elementos que forma o sangue ao redor do coração?) que Empédocles não aborda diretamente, e os estudiosos contemporâneos divergem quanto às respostas: Long [366]; Inwood [357]; Wright [358]; Kahn [365].

[23] Para o texto completo desse fragmento e discussão da alegação de divindade de Empédocles, cf. Most, neste volume, p. 439.

Todavia, não há evidências de que a filosofia de Empédocles tenha algo da dimensão social do pitagorismo. Empédocles pode ter tomado parte em política, mas não havia associações de seguidores de Empédocles granjeando influência política, nem um modo de vida característico que permanecesse gerações após sua morte.

Filolau

É apenas na geração posterior a Empédocles, pouco antes dos atomistas, que Aristóteles situa os princípios da filosofia natural por parte dos "assim chamados pitagóricos" (*Met.* I.5 985b23). Nenhum nome é mencionado, mas os pitagóricos proeminentes no período eram Hípaso, Lísis, Êurito e, em especial, Filolau. Por vezes, no século V a.C., houve rachas no pitagorismo. Os *akousmatikoí*, que alegavam seguir os ensinamentos originais *(akoúsmata)* de Pitágoras, atacavam o outro grupo, os *mathematikoí*, como seguidores, na verdade, de Hípaso (Jâmblico, *Comm. math.* 76.19 – que deriva de Aristóteles). Os "assim chamados pitagóricos" de Aristóteles, que "por primeiro se ocuparam da matemática, fazendo-a avançar" (*Met.* I.5 985b24), parecem ser este último grupo. Hípaso (fl. 470 a.C.?), seu fundador, é consistentemente retratado como um rebelde, de qualquer modo um democrata a desafiar a liderança pitagórica aristocrática em Crotona, sendo mais comumente apresentado como o fundador do estudo pitagórico da matemática e da ciência natural. Diz a lenda que ele se afoga no mar, punido por seu trabalho matemático sobre o dodecaedro. Seu método de demonstração das relações entre razões de números inteiros e intervalos musicais, em contraste com os métodos atribuídos a Pitágoras, é baseado na física do som. Aristóteles informa que, como Heráclito, ele faz do fogo o princípio básico. Infelizmente, é improvável que tenha escrito algo (DL VIII.84).[24]

Filolau (c. 470-385 a.C.) foi o primeiro pitagórico a escrever um livro (DL VIII.84-85), cujos fragmentos, depois de anos no limbo devido a questões de

---

[24] Von Fritz [212] argumenta que ele é o descobridor da incomensurabilidade entre os lados e a diagonal do quadrado. Nenhuma fonte antiga, porém, atribui essa descoberta a Hípaso. Sobre Hípaso, cf. Burkert [201] 206-208, 377, 457ss.

autenticidade, agora emergem como textos primários cruciais para o estudo dos primórdios do pitagorismo. Alguns fragmentos encaixam-se no padrão dos *pseudepigrapha*, que atribuem ideias platônicas e aristotélicas a Filolau, sendo, portanto, espúrios. No entanto, há um núcleo de fragmentos (DK 44 B1-7, 13, 17) que faz uso precisamente dos conceitos que Aristóteles atribui ao pitagorismo do século V a.C., sendo, portanto, genuínos e indicando que Filolau é a fonte primária de Aristóteles.[25] Esses fragmentos revelam Filolau como um importante pensador na tradição da filosofia natural grega em seus primórdios.[26]

Filolau inicia seu livro com uma declaração concisa de sua tese central:

> A natureza, na ordem do mundo, foi constituída tanto de ilimitados como de limitantes, tanto a ordem do mundo como um todo como cada uma das coisas dentro dela (B1).

Os conceitos aqui empregues ("natureza" = *phýsis*, "ordem do mundo" = *kósmos*) têm importante papel nos primórdios do pensamento grego. Ademais, embora os pitagóricos sejam frequentes vezes considerados como pensadores *sui generis* e, a começar por Aristóteles, primariamente ligados a Platão, os princípios básicos de Filolau, os limitantes e o ilimitado, são uma resposta à tradição em filosofia natural. Para Anaximandro, o mundo surgia do ilimitado *(ápeiron)*; Anaxímenes chamava seu material básico, o ar, de ilimitado (DK 13 A1 e 6); e, na geração imediatamente anterior a Filolau, Anaxágoras inicia seu livro com a asserção de que, no princípio, todas as coisas eram "ilimitadas tanto em quantidade como em pequenez" (DK 59 B1). Seus opostos parecem-se com o quente e o frio, o seco e o úmido, que provêm do ilimitado de Anaximandro e são ditos "ilimitados" por Anaxágoras juntamente a materiais como o ar e o éter. Esses "materiais" ilimitados (isto é, tanto os opostos como os elementos) dominavam a filosofia grega da natureza em seus primórdios. Todavia, também o limite teve seu campeão em Parmênides, que destacava que "o que é" se circunscreve a limites, comparando-o a uma esfera (DK 28 B8.26, 42).

---

[25] Huffman [198] 17-35.
[26] Para a caracterização subsequente de Filolau, cf. Huffman [198]. Cf. também Burkert [201]; Kahn [217]; Barnes [14]; KRS.

Filolau filia-se a ambas as tradições, mas é especialmente enfático em sua rejeição da corrente principal, que tornava todos os princípios ilimitados, defendendo, antes, que estes incidem sob uma de três classes:

> É necessário que as coisas que são sejam ou limitantes ou ilimitadas, ou tanto limitantes como ilimitadas, não só ilimitadas (DK 44 B2).

E prossegue argumentando que a ordem do mundo manifestamente tem elementos que são limites, por exemplo, formas e estruturas, e que o conceito de ordem necessariamente envolve a limitação do ilimitado. A introdução, por parte de Filolau, dos limitantes como constituintes básicos da realidade juntamente aos ilimitados leva-o a redefinir a natureza essencial desses materiais. O que os torna uma classe una não são suas características qualitativas, como o quente e o frio, mas o fato de que, por si mesmos, não são determinados por qualquer quantidade. Eles delimitam um *continuum* de quantidades possíveis que é, então, estruturado por limitantes. O *continuum* de altura é estruturado por notas limitantes que definem uma escala; *continua* como água ou terra e se tornam lagos ou rochas quando limitados por formas. Temos, aqui, um passo decisivo rumo à distinção entre matéria e forma, embora Filolau não ofereça quaisquer indícios de que esses dois tipos de elementos existam de maneiras distintas, parecendo tratá-los ambos como componentes físicos do mundo.

Em B6, Filolau faz outra declaração crucial a respeito dos princípios básicos:

> o ser das coisas, que é eterno, e a própria natureza admitem conhecimento divino, mas não humano, à exceção do fato de que seria impossível que qualquer coisa que é e é por nós conhecida tivesse vindo a ser, caso não preexistisse o ser das coisas de que provêm a ordem do mundo, tanto os limitantes como os ilimitados.

Ele está argumentando que não podemos especificar como ser eterno nenhum conjunto particular de ilimitados (por exemplo, água, terra, fogo e ar), assim como nenhum conjunto particular de limitantes, mas podemos estar certos de que algum conjunto de limitantes e algum conjunto de ilimitados preexistia, visto que, em caso contrário, o mundo como o conhecemos não teria vindo a ser. Em B2 e B6, Filolau está aceitando um axioma do pensamento grego anterior levado ao paroxismo por Parmênides, o de que nada pode provir do nada. Se o mundo tem características tanto limitantes como ilimitadas em si, essas características não podem ter surgido apenas do limitante ou apenas do ilimitado. O ponto de Filolau não é que os filósofos gregos anteriores não concebam o mundo como um lugar ordenado, mas que eles não assumem princípios limitantes e tentam, erroneamente, gerar um mundo ordenado de princípios básicos que são, por sua própria natureza, ilimitados.

Filolau refere-se aos limitantes e ilimitados como *arkhaí*, "princípios". Diferentes conjuntos de *arkhaí* aparecem em outros fragmentos e, aparentemente, o método seguido em B6, no que diz respeito ao cosmos como um todo, é empregue em cada um dos diferentes assuntos que Filolau discute. Ele começa identificando um conjunto mínimo de princípios *(arkhaí)* sem os quais é impossível explicar os fenômenos. No caso das doenças, ele especifica a bile, o sangue e a fleuma como *arkhaí* (A27); na estrutura física dos seres humanos, o cérebro, o coração, o umbigo e os genitais (B13).[27] Quando se trata de ciências, a geometria é o princípio a partir do qual se desenvolvem as demais (A7a). Muito desse método permanece obscuro, mas Filolau está buscando uma metodologia aplicável em geral, semelhante à axiomatização das ciências matemáticas.

Em B6, argumenta que ainda um terceiro princípio é necessário para explicar o mundo. Visto que limitantes e ilimitados são dessemelhantes, devem ser unidos por algum tipo de ligação que determine a maneira específica de se combinarem para formar o mundo ordenado que vemos. Filolau chama essa ligação de "arranjo" *(harmonía)*, o que envolve o último conceito central de seu sistema, o número. Ele usa a escala diatônica como exemplo primário de seu sistema de princípios. Um ilimitado (o *continuum* do som) é combinado com limitantes (pontos desse mesmo *continuum*). Todavia, essa combinação é governada segundo razões de números inteiros (1:2, 2:3, 3:4) que definem

---

[27] Para a psicologia de Filolau, cf. Huffman [198]; Laks, neste volume, p. 324; Sedley [228].

as consonâncias musicais centrais da oitava, da quinta e da quarta, respectivamente, de modo que o resultado não é um conjunto arbitrário de notas, mas a escala diatônica.

Filolau também tem algo de importante a dizer a respeito de questões epistemológicas. O fragmento B6 pertence à tradição grega de ceticismo quanto ao conhecimento humano (cf. Xenófanes DK 21 B34). Porém, é original em sua tese quase kantiana de que, uma vez que o conhecimento da "natureza em si" não é acessível aos mortais, o melhor que eles podem fazer é postular como princípios o que for necessário para explicar o mundo como o conhecemos, a saber, limitantes, ilimitados e *harmonía*. Além do mais, a função do número no sistema de Filolau é resolver problemas relativos a nosso conhecimento do mundo, talvez em resposta a Parmênides, como mostra B4:

> E, com efeito, todas as coisas conhecidas têm número. Pois não é possível compreender ou conhecer o que quer que seja sem número.

O número é tomado como protótipo do que é conhecido. Nada é mais determinado e certo que uma relação numérica como $2 + 2 = 4$. Filolau pensa que o cosmos se mantém por meio dessas relações numéricas e que Parmênides estava certo ao objetar que o ilimitado por si só não é base suficiente para o conhecimento humano. Em B3, Filolau argumenta que "não se conhecerá nada, se tudo for ilimitado". Esse argumento de que o conhecimento requer um ato de limitação tem particular força contra Anaxágoras, que não apenas pressupunha princípios básicos completamente ilimitados como também defendia a existência de um conhecedor cósmico, o *noûs*. Filolau pode ainda estar respondendo a Parmênides, argumentando que mesmo o ilimitado, pode ser conhecido na medida em que for determinado pelo número ou estiver envolvido em relações numéricas, na medida em que um mundo plural estruturado por essas relações puder ser conhecido.

Tanto os pontos fortes como os fracos da caracterização aristotélica de Filolau e dos primórdios do pitagorismo ficam agora evidentes. A famosa asserção aristotélica de que para os pitagóricos as coisas "são números" faz sentido enquanto interpretação de Filolau. Visto que o que é cognoscível é, para Filolau, numérico, e, para Aristóteles, o que é cognoscível nas coisas é sua essência, é um passo fácil para Aristóteles afirmar que, para os pitagóricos, os números são a essência das coisas. Ao mesmo tempo, Aristóteles distorce gravemente a situação ao criticar os pitagóricos por construir coisas físicas a partir de números. Filolau não pensa que as coisas sejam construídas a partir de números, mas a partir de limitantes e ilimitados (B1), princípios mencionados em Aristóteles, mas que aparecem aí sem qualquer motivação. Aristóteles, porém, acerta ao não projetar esse sistema de princípios sobre Pitágoras. Se o contraste entre limitantes e ilimitados não é impossível ao tempo de Pitágoras, esses princípios, bem como a forte tonalidade epistemológica, fazem maior sentido depois das reflexões de Parmênides sobre as condições do conhecimento e de sua insistência sobre o fato de que "o que é" deva ser limitado.

A cosmogonia de Filolau foi igualmente distorcida sob a influência de Aristóteles. A concepção comum é a de que a primeira coisa criada é uma mônada ou um ponto. Todavia, os fragmentos de Filolau revelam que sua cosmogonia começava com o fogo central, a "fornalha" do cosmos, exemplo arquetípico de combinação de um ilimitado (o fogo) com um limitante (o centro): "a primeira coisa a arranjar-se, o um, no centro da esfera, é chamada de fornalha" (B7). A seguir, o fogo central produz os ilimitados sopro, tempo e vazio (Aristóteles fr. 201 Rose). Filolau traça um paralelo explícito entre o advento do cosmos e o nascimento de um bebê humano que, embora não por sua própria natureza (como o fogo central), respira um sopro refrescante após o nascimento (A27). A analogia biológica não é uma característica arcaica que remonta a Pitágoras, como sustentaram alguns, antes encontra paralelos na cosmologia dos atomistas, na qual um passo crucial era a formação de uma "membrana" ao redor do universo em estado embrionário (DL IX.31).[28]

O sistema astronômico de Filolau é famoso por ser o primeiro a remover a terra do centro do cosmos e fazer dela um planeta. Apesar disso, a terra não

---

[28] Kahn [217] 183-185. A "respiração" do vazio não significa que este se confunde com o sopro, como Kahn *loc. cit.* e Furley [99] 119 sustentam. O mesmo argumento igualmente sugeriria que também o tempo se confunde com o sopro.

orbita em torno do sol, mas do fogo central, juntamente com o sol, a lua, cinco planetas, estrelas fixas e uma contraterra. Copérnico via Filolau como um importante predecessor, mas os estudiosos consideram que seu sistema solar mostra que ele não era um filósofo, mas um místico numérico.[29] Certos princípios *a priori* desempenham importante papel no sistema de Filolau: a contraterra é introduzida para que se chegue a dez, o número perfeito, e o fogo é posto no centro porque o elemento mais valorizado pertence ao lugar mais valorizado. Mas essas considerações não fazem do sistema uma mera fantasia. Princípios *a priori* desempenham papel proeminente na maioria dos esquemas astronômicos gregos. Uma astronomia racional deve incluir uma combinação de princípios *a priori* e informação *a posteriori* de modo a produzir um sistema aberto a questionamentos decorrentes do apelo aos fenômenos. O sistema de Filolau de fato enfrenta uma série de questionamentos desse tipo: encara problemas relativos a como explicar o dia e a noite e dificuldades com a paralaxe resultante do movimento da terra (Aristóteles fr. 204 Rose, *De caelo* II.13 293b25ss.). Mesmo a explicação de por que jamais vemos a contraterra ou o fogo central, a saber, porque nosso lado está sempre oposto ao centro do cosmos, reconhece a importância dos fenômenos. Além do mais, o sistema filolaico é o primeiro a incluir os cinco planetas conhecidos dos antigos gregos na ordem correta. Filolau pode ter especulado acerca dos habitantes da lua (A20), mas também o fazem racionalistas sóbrios como Anaxágoras (DK 59 A77). De fato, os testemunhos acerca dos sistemas astronômicos tanto de Anaxágoras como dos atomistas mostram que o sistema filolaico é comparativamente mais sofisticado.[30] A filosofia natural de Filolau pode ter suas origens na ênfase de Pitágoras sobre a relevância dos números, mas é, em primeiro lugar, uma resposta distintivamente filolaica para problemas propostos por figuras como Anaxágoras e Parmênides. Filolau foi um pitagórico por viver a vida prescrita por Pitágoras, não por suas opiniões em filosofia natural. No mundo moderno, podemos dizer que alguém é católico sem que seja de modo algum claro que esse alguém crê em toda uma gama de doutrinas filosóficas. Um pitagórico podia tornar-se um filósofo típico dos

---

[29] Burkert [201] 240, 267, 337-350.
[30] Contra Furley [99] 57-58. Kingsley [105] 172ss. tem coisas interessantes a dizer a respeito de por que Filolau introduz o fogo central.

primórdios do pensamento grego (um *physikós*), um matemático, um médico ou mesmo um general, mas nenhuma dessas ocupações era dele exigida enquanto pitagórico. Filolau era um filósofo da natureza a quem calhou de ser, ao mesmo tempo, pitagórico.

Nem Lísis, conhecido sobretudo como mestre do general tebano Epaminondas, nem Êurito, pupilo de Filolau, escreveram o que quer que fosse. Êurito ilustrava a identidade de um homem ou um cavalo a um número específico fazendo desenhos destes (Teofrasto, *Met.* 11). Árquitas, o último grande nome dos primórdios do pitagorismo, era contemporâneo de Platão, não sendo, portanto, em sentido estrito um dos primeiros filósofos gregos. Não obstante, por causa de sua sofisticada solução tridimensional do problema da duplicação do cubo e de sua obra em teoria musical, ele se encaixa, melhor do que qualquer outro na tradição anterior, na concepção popular do pitagórico como um matemático ultimado.

Talvez o legado mais duradouro da tradição pitagórica seja sua influência sobre Platão. É possível que, quando Platão vá pela primeira vez à Itália em inícios da década de 380 a.C., encontre um Filolau idoso. Filolau é mencionado no *Fédon* (61d), talvez em reconhecimento do débito de Platão para com o pitagorismo no tocante às opiniões acerca da alma.[31] Ademais, uma adaptação platônica do sistema metafísico dos limitantes e ilimitados de Filolau ocupa posição central no *Filebo*.[32] Embora Árquitas jamais seja mencionado pelo nome nos diálogos, as cartas de Platão mostram que este teve grande contato com aquele, a ele devendo seu resgate final das mãos de Dionísio II de Siracusa em 361 a.C. De fato, Platão cita um dos três fragmentos genuínos de Árquitas (DK 47 B1) em *República* VII 530d8, em que se refere à música e à astronomia como "ciências irmãs".[33] O currículo matemático da *República* bem pode dever sua inspiração a Árquitas (B1),

---

[31] Sedley [228].
[32] Platão está antes simplesmente evocando o patrono de todas as *tékhnai* do que se referindo a Pitágoras quando fala de um "Prometeu" (*Filebo* 16c) por intermédio de quem os deuses delegam o sistema. Cf. C. Huffman "Limite et Illimité chez les premiers philosophes grecs" em M. Dixsaut (ed.) *Études sur le Philèbe de Platon*, vol. 2 (Paris, 2000) 11-31 e C. Huffman "The Philolaic Method: The Pythagoreanism behind the *Philebus*" em A. Preus (ed.) *Before Plato: Essays in Greek Philosophy*, vol. 6 (Binghamton, 2001) 67-85.
[33] Huffman [216]. Sobre Árquitas e Platão, cf. Lloyd [219].

sendo que o próprio Árquitas, que foi eleito sete vezes consecutivas em Tarento e jamais sofreu sequer uma derrota em uma batalha, pode bem ser um modelo do rei-filósofo. As funções específicas da matemática na filosofia de Platão (por exemplo, converter a alma ao mundo das Formas) são em ampla medida criação própria, sendo o *Timeu* criação platônica, não pitagórica. Todavia, a convicção de que a matemática pode ajudar a enquadrar importantes problemas filosóficos, convicção que surge com Filolau e é compartilhada por Árquitas, e a concepção, que remonta a Pitágoras, do cosmos mítico, em que a alma transmigrante está sujeita a um julgamento por suas ações, dão ao platonismo um conteúdo inegavelmente pitagórico dos diálogos médios em diante.[34]

---

[34] G. Vlastos, "Elenchus and Mathematics", cap. 4 de seu *Socrates: Ironist and Moral Philosopher* (Ithaca, 1991) 107-131.

5 Heráclito

Edward Hussey

A ABORDAGEM DE HERÁCLITO

Heráclito de Éfeso deve ter estado em atividade por volta de 500 a.C. Nada se conhece dos eventos externos de sua vida; as informações biográficas posteriores são fictícias. Do livro de Heráclito, cerca de cem fragmentos sobrevivem. Esse livro aparentemente consistia em uma série de sentenças aforísticas sem ligação formal. O estilo é único.[1] A variegada prosa de Heráclito, artística e cuidadosamente estilizada, vai de sentenças factuais em linguagem comum a enunciados oraculares com efeitos poéticos especiais em vocabulário, ritmo e arranjo de palavras. Muitas sentenças jogam com paradoxos ou se aventuram de modo provocador no limiar da autocontradição. Parece que muitas são pretendidas como aforismos pungentemente memoráveis (as traduções deste capítulo tentam capturar algo dessas ambiguidades, onde for razoavelmente possível).

O significado e o propósito do livro de Heráclito foi desde sempre julgado problemático, mesmo por aqueles que o liam por inteiro. O peripatético Teofrasto (DL IX.6) diagnostica Heráclito como "melancólico" (maníaco-depressivo) com base no fato de que ele deixava alguns empreendimentos a meio e se contradizia a si mesmo. Os gregos posteriores chamam-no "o obscuro". Certamente Heráclito nem sempre buscava a ordem expositiva e a clareza como se as costuma almejar. O que sobrevive mostra que ele era frequentes vezes pouco claro. Como um enigma ou um oráciuo, praticava um deliberado semivelamento de suas intenções, estimulando o leitor a entrar em um jogo de esconde-esconde.

---

[1] Cf. Most, neste volume, p. 442.

O conteúdo explícito das observações de Heráclito vai da política interna de sua cidade natal à natureza e à composição da alma e do cosmos. Ele é repetidas vezes polêmico, rejeita com desdém as opiniões do "vulgo" e a autoridade daqueles que o vulgo segue, em especial os poetas.[2] Outros, menos populares, mas com pretensão de sabedoria ou conhecimento (Xenófanes, Hecateu e Pitágoras, DK 22 B40), são igualmente atacados.[3] Em certa passagem, Heráclito explicitamente alega ter feito avanços no sentido de entender *todas* as autoridades anteriores conhecidas (B108). Apenas uma pessoa é louvada por sua sabedoria, o obscuro sábio Bias de Priene (B39).

Essas polêmicas implicam que Heráclito se dirige a todos os que o leem e que tem doutrinas positivas próprias, fundamentadas na rejeição das autoridades tradicionais e alegando ter um melhor acesso à verdade, nos mesmos assuntos que os outros teriam abordado. De fato, os fragmentos contêm muitas declarações positivas, bem como claros sinais de um pensamento sistemático.

Desde Aristóteles, Heráclito é geralmente classificado junto aos "filósofos naturais" *(physiológoi)* jônios.[4] Isso é pelo menos em parte correto. Heráclito preocupava-se com processos cósmicos e com a "natureza" das coisas: ele descreve-se como alguém que "demarca cada coisa segundo sua natureza, exprimindo como ela é" (B1). Pode ser relevante o fato de que ele não ataca nenhum dos milésios pelo nome.[5]

Ainda assim, a gama de assuntos abordados sugere que ele seja mais do que um filósofo natural. Este capítulo apresenta evidências para conceber Heráclito como alguém que persegue um amplo projeto reconhecidamente *filosófico*: uma crítica radical e uma reformulação da cosmologia, e mesmo de todo o conhecimento, a partir de novas e mais seguras fundações. No

---

[2] Polêmica explícita e implícita contra: Homero (DK 22 B42; Aristóteles, *Ethica eudemia* VII.1 1235a25-28 = A22; B94); Hesíodo (B40, 57, 67); Arquíloco (B17, 42); "bardos populares" (B104). Contra opiniões populares e tradicionais B2, 17, 20(?), 27, 28, 29, 47, 56, 70, 74, 86, 104, 110, 121, 127(?), 128(?).

[3] Cf., neste volume, Long, p. 51-52, e Most, p. 420.

[4] Aristóteles, *Met.* I.3 984a5-8, mas tanto Aristóteles (*Met.* IV.7 1012a24-26) como Platão (*Soph.* 242c-e) estão cientes de outros aspectos (lógicos, ontológicos) de Heráclito.

[5] Tales é mencionado (B38); Anaximandro, implicitamente corrigido (B80).

decurso do processo, ele tenta sobrepujar os problemas sistemáticos que espreitavam o empreendimento milésio: aqueles relativos ao monismo e ao pluralismo e às fundações do conhecimento.

Experiência, interpretação, racionalidade

Com que autoridade Heráclito alega saber melhor que o vulgo e os poetas? Em primeiro lugar, ele faz apelo ao conhecimento adquirido pela experiência em primeira mão:

> Tudo aquilo cujo conhecimento é ver e ouvir:
> isso é o que mais valorizo (B55).
> Aqueles que buscam conhecimento devem investigar
> muitas coisas (B35).

Aqui, Heráclito alinha-se com o empirismo de dois contemporâneos, Xenófanes e Hecateu de Mileto. A prática da investigação de primeira mão (*historíe*) e a crítica da tradição e do mito com base na experiência comum eram parte do programa deles. O empirismo parcimonioso de Xenófanes recusava-se, no âmbito da natureza, a postular entidades não observáveis, contradizer ou ir além do âmbito da experiência comum em suas explicações. Implicitamente, desmitologizava o mundo natural, como Hecateu de Mileto o faz de modo explícito. Essas mesmas atitudes epistêmicas podem ser observadas (cf. seções 4 e 5) na cosmologia e na psicologia de Heráclito.[6]

Apesar disso, Heráclito destaca a ambos por nome e os critica, alinhando-os a dois outros de quem eram grandes críticos:

> Muita erudição não ensina a mente; em caso contrário, teria ensinado a
> Hesíodo e Pitágoras, a Xenófanes e Hecateu (B40).

---

[6] Sobre o empirismo de Xenófanes e Hecateu, cf. Fränkel [97] 325-349; Hussey [246] 17-28; Lesher [189] 149-186. Sobre a epistemologia de Heráclito, cf. Hussey [245] 33-42; Lesher [250] e, neste volume, p. 301-302.

Embora "muita erudição" seja necessária, não é suficiente para "ensinar a mente", isto é, para produzir genuíno conhecimento. Esse ponto assinala o segundo estágio da construção, por parte de Heráclito, das novas fundações. A mente deve ser "ensinada" de modo apropriado, ou, de modo equivalente, a alma deve "falar a linguagem correta": de outro modo, a evidência apresentada aos sentidos, de que tudo o mais depende, não apenas não será compreendida como será, ainda, erroneamente transmitida *pelos próprios sentidos*:

> Más testemunhas são os olhos e os ouvidos do vulgo, quando estes têm almas que não falam a linguagem correta (B107).

Heráclito tem consciência de que o testemunho dos sentidos é desde logo moldado por nossas preconcepções. Isso torna mais fácil explicar como as pessoas, de modo paradoxal, podem deixar de ver o que está diante de seus olhos e de ouvir o que preenche seus ouvidos, como julga Heráclito que constantemente o fazem:

> Os tolos ouvem, mas são como surdos; como diz o ditado, estão ausentes mesmo quando presentes (B34).
> Eles não sabem ouvir, nem falar (B19).

A analogia com a linguagem é onipresente em Heráclito, que explora todos os recursos da língua grega em seu esforço de representar as coisas como são.[7] A possibilidade de compreensão é correlata à existência de um significado. Isso implica que há a necessidade de uma *interpretação* do que é oferecido pela experiência, como se se tratasse de um enigma ou de um oráculo:

> O senhor cujo oráculo se encontra em Delfos nem fala nem oculta: assinala (B93).

---

[7] Sobre os artifícios linguísticos de Heráclito e seu propósito, cf., por exemplo, Hölscher [153] 136-141 = Mourelatos [155] 229-234; Kahn [232] 87-95; Hussey [245] 52-57.

As pessoas enganam-se quanto ao conhecimento do que é manifesto, assim como Homero (embora fosse o mais sábio dos gregos); também ele foi enganado por garotos que matavam piolhos, quando diziam: "aqueles que apanhamos, esses deixamos para trás; aqueles que não apanhamos, esses carregamos conosco" (B56).

Se mensagens importantes vêm sob a forma de enigmas ou oráculos, as implicações parecem desencorajadoras: a verdadeira realidade das coisas deve estar oculta e não deve haver nenhum sistema de regras fixas para encontrá-la – ainda que, quando descoberta, revele-se algo que, em certo sentido, sempre se soube. Deve-se estar aberto a qualquer indicação.

> A estrutura latente *(harmoníê)* é mestre da estrutura visível (B54).
> A natureza *(phýsis)* ama esconder-se (B123).
> Se não se tiver esperança, não se encontrará o inesperado, pois não se pode investigá-lo ou palmilhá-lo (B18).

A descoberta da "estrutura latente", da "natureza"[8] das coisas, é a solução do enigma. Heráclito alega ter-se deparado com os enigmas do mundo e da existência humana. Ele pede à audiência que ouça sua solução. Mais uma vez, revela-se a questão da autoridade: que garantia ele pode oferecer de que adivinhou certo? Heráclito, que tão brutalmente dispensa o pretenso saber das autoridades tradicionais, não se pode furtar a essa demanda.

> Quando alguém ouve, não comigo, mas com o *lógos*, é sábio concordar *(homologeîn)* que tudo é um (B50).

Lógos, que aparece aqui e alhures em contextos importantes da filosofia de Heráclito, é uma palavra grega de uso muito comum. Significa basicamente "o que é dito", isto é, "palavra" ou "relato"; mesmo no grego cotidiano, porém, tem ricas ramificações de significado. Adquire

---

[8] *Phýsis*, em seu uso primário, está intimamente ligada ao verbo *eînai* ("ser") e significa "o que algo realmente é": cf. Holwerda, *Commentatio de Vocis quae est* φύσις *Vi atque Usu paesertim in Graecitate Aristotele anteriore* (Groningen, 1955).

os sentidos secundários de "razão matemática" e, de modo mais geral, "proporção", "medida" ou "cálculo"; estendendo ainda mais além esses mesmos significados, aparece em compostos, por volta da época de Heráclito, com o significado de "estimativa correta" ou "proporção arrazoada".[9]

De modo característico, Heráclito tanto se deleita na multiplicidade dos sentidos como quer uni-los em um. Para ele, o *lógos* tem um significado especial, segundo o qual a cada um de seus usos comuns se permite alguma ressonância, sendo explorado conforme a ocasião. No nível mais básico, o *lógos* de Heráclito coincide com o que Heráclito afirma: é seu relato de como as coisas são. Apesar disso, como na observação que acabamos de citar (B50), deve ser distinguido das palavras de Heráclito: não é *enquanto* "relato" de Heráclito que demanda assentimento, mas porque mostra o que é *sábio* pensar (é, ainda assim, algo que fala, e que se pode ouvir; ainda é o relato de algo ou alguém, com a linguagem como seu veículo). Heráclito não está alegando ter tido acesso a alguma revelação privada ou dispor de alguma autoridade puramente pessoal.[10]

Que tipo de autoridade ele reivindica para o *lógos*?

> Embora o *lógos* seja compartilhado, o vulgo vive como se dispusessem de uma fonte privada de entendimento. (B2)
> Aqueles que falam com juízo devem ratificar o que dizem por meio daquilo que é compartilhado por todos – como faz o estado com uma lei, e mais veementemente (B114, parte).

O *lógos* é algo "compartilhado por todos": publicamente acessível, não é o produto de uma fantasia privada. Sua autoridade, derivada dessas propriedades, torna "fortes" aqueles que o usam em suas afirmações, como a lei torna uma cidade forte por ser impessoal, universal e imparcial (sobre a

---

[9] Sobre os usos primários do termo *lógos*, cf. Guthrie [15] 420-424 (uma apreciação significativa, mas que negligencia a evidência de termos derivados); Verdenius [264].
[10] Sobre *lógos* em Heráclito: Kirk [233] 32-71; Verdenius [264]; Kahn [232] 92-95; Dilcher [239] 27-52. Concepção minimalista em West [136] 124-129.

justiça "cósmica", cf. a seção 6). As oposições entre essas propriedades e as ilusões e incompreensões privadas do "vulgo" são elaboradas na declaração programática do que era o princípio do livro:

> Desse *lógos* sempre existente as pessoas provam não ter qualquer entendimento atento nem antes de ouvi-lo nem depois de o haverem feito. Pois embora todas as coisas venham a ser de acordo com esse *lógos*, <as pessoas> como que não têm experiência dele, embora tenham experiência das palavras e ações que apresento, demarcando cada coisa de acordo com sua natureza e apontando como é. Mas as demais pessoas não se apercebem do que fazem quando acordadas – como não se apercebem das coisas que esquecem quando dormem (B1).

O oblívio do mundo público, compartilhado durante o sono, é mostrado pela substituição deste por sonhos privados, não compartilhados e ilusórios (uma suposta "fonte privada de entendimento"), e confirmado por uma paráfrase posterior: "Heráclito afirma que há um mundo compartilhado por aqueles que estão despertos, mas cada pessoa, ao dormir, volta-se para um mundo privado" (B89).[11]

Qual, então, é a autoridade de que desfruta o *logos*, caracterizada de modo agudo, ainda que oblíquo, nessas sentenças? Não pode ser outra coisa que o tipo impessoal de autoridade intrínseco à *razão* ou à *racionalidade*. Nada que não seja isso se encaixa no que é exigido do *lógos*, o qual, como já assinalado, adquiria nesse mesmo momento as conotações de "arrazoamento" e "proporção adequada". O mesmo é também consoante com a analogia do enigma e do oráculo: quando a solução de um belo enigma é encontrada, não há dúvida de que *é* a solução, porque tudo se encaixa, tudo faz sentido, embora de modo inesperado.

---

[11] Meras opiniões são descritas como "o que (meramente) parece" (B28), como produtos de conjectura (B47), como histórias contadas a crianças (B74), como brinquedos para crianças (B70) e (?) como o latido de cães a estranhos (B97).

Heráclito, então, alega que seu modo de ver as coisas é a única maneira *racional* de o fazer. Fica por ver o que ele será capaz de oferecer para dar suporte detalhado a essa tese. Isso mostra ao menos que ele está comprometido com o reconhecimento de que há um sistema, embora oculto, nas coisas; de que há um jeito sistemático de pensar a respeito destas, uma vez que a chave, a "estrutura latente", houver sido encontrada. Para Heráclito, a chave consiste no padrão estrutural que pode ser convenientemente chamado de "unidade nos opostos". Isso é o que dá substância à sua tese de que "tudo é um".

Unidade nos opostos

Entre as sentenças remanescentes de Heráclito, um grupo se destaca como possuidor de um padrão comum proposital, tanto verbal como conceptualmente. Esse é o padrão a que é conveniente referir-se como "unidade nos opostos".[12]

A unidade nos opostos aparece em Heráclito de três maneiras distintas: (1) ele apresenta, em linguagem apropriadamente direta, na maioria das vezes sem comentários, *exemplos* de padrões extraídos à experiência cotidiana; (2) ele *generaliza,* a partir desses exemplos, em sentenças nas quais a linguagem limita com o abstrato, aparentemente na tentiva de exprimir em si o mesmo padrão; (3) ele *aplica* o padrão na construção de teorias, em particular à cosmologia (seção 4) e à teoria acerca da alma (seção 5).

Em primeiro lugar, os exemplos da vida cotidiana. Estes são visivelmente bifrontes. São (onde se preserva a expressão original) arranjados, na maioria das vezes, de modo a que a primeira palavra especifique, com ênfase, aquela coisa única em que ambos os opostos se manifestam. Esse padrão verbal recorrente ajuda a despertar a atenção dos opostos paradoxalmente relacionados para a "unidade" em que coexistem.

---

[12] Sobre a unidade nos opostos em Heráclito, diversas opiniões podem ser encontradas em: Kirk [233] 166-201; Emlyn-Jones [240]; Kahn [232] 185-204; Mackenzie [254].

Um caminho: subida, descida, um e o mesmo (B60).
São o mesmo o princípio e o fim em uma circunferência (B103).
O percurso dos rolos de cardar é reto e tortuoso (B59).
Os mesmos rios: àqueles que os adentram diferentes águas afluem (B12).
A poção de cevada decanta quando (não) agitada (B125).
A doença faz da saúde algo aprazível e bom, torna a fome em saciedade e o cansaço, em descanso (B111).
Os médicos cortam e queimam seus pacientes e ainda exigem pagamento (B58).
Um jumento preferiria refugo a ouro (B9).
[...] "aqueles que apanhamos, esses deixamos para trás; aqueles que não apanhamos, esses carregamos conosco" (B56, parte).

Todas essas observações podem ser material para enigmas, como foi a última (cf. a seção 2.2). Em trocadilhos ou em filosofia, são exemplos de algo fascinante, desconcertante e mesmo confuso: que os opostos por meio dos quais estruturamos e compreendemos muito de nossas experiências não são pura e simplesmente opostos e distintos. Não devem ser pensados, como nos mitos de Homero e Hesíodo, como pares de indivíduos distintos que simplesmente se odeiam e evitam mutuamente. Ao contrário, encontramos os mesmos opostos copresentes na vida cotidiana, interdependentes, passíveis de mudarem-se um no outro, em cooperação tácita. Se não houvesse doenças, não só não se julgaria a saúde como algo aprazível como nem mesmo existiria a saúde. Não existiriam subidas se estas não fossem, ao mesmo tempo, descidas. Os rios não permanecem os mesmos a não ser por meio de uma constante mudança de águas. O comportamento paradoxal dos médicos, que esperam ser pagos por fazerem coisas desagradáveis às pessoas, e das mulas, que preferem o lixo, sem valor para os humanos, ao ouro, valioso para os humanos, mostra que a mesma coisa pode ser ao mesmo tempo valorizada e rejeitada pelas mesmas qualidades.

Compreende-se, muitas vezes, que essas observações acarretam (1) que as oposições em questão são irreais, porque os opostos são ou ilusórios ou, na verdade, idênticos; ou (2) que esses opostos são meramente relativos a um ponto de vista ou a um contexto.

(A) A leitura segundo a qual os opostos são *irreais* não encontra suporte algum nas palavras de Heráclito. Quando ele alega que noite e dia "são um" (B57), ele não quer dizer que são *idênticos*, antes, como B67 deixa claro, que são um por serem o mesmo substrato em diferentes estados.[13] De fato, como se verá a seguir, o pensamento de Heráclito pressupõe tanto a realidade como a oposição real dos opostos.

(B) A leitura segundo a qual os opostos são sempre *relativos* é igualmente incapaz de dar conta do peso teórico que Heráclito quer, em última análise, dar aos opostos. É verdade que alguns exemplos mostram como Heráclito explora fenômenos explicados de modo natural pela relatividade: as diferentes preferências de mulas e seres humanos, ou as de vacas, porcos, aves e macacos (B4, 13, 37, 82) em comparação com as dos seres humanos. O mesmo no que diz respeito à saúde e à doença, e assim por diante: basta apontar a relatividade de nossas apreciações do que é agradável e bom. Uma leitura pode ainda relativizar outros exemplos: o fato de a estrada ser subida ou descida é relativo à direção da viagem; o fato de o rio ser o mesmo ou diferente é relativo a ser o mesmo rio considerado como um rio uno e único ou como uma massa de água.

O que está aqui em questão é se Heráclito quer ou não distinguir a maneira como os opostos são percebidos da maneira como eles realmente são. Seu interesse por estruturas latentes, suas objeções aos hábitos mentais do vulgo e à falta de inteligência destes sugerem que a distinção é importante para ele. Ainda um comentário "em linguagem comum" é relevante aqui:

> O mar: a mais pura e a mais poluída água, potável e vital para os peixes, não potável e letal para os humanos (B61).

---

[13] Igualmente Aristóteles (*Tópicos* VIII.5 159b30-33), que oferece "bom e mau são o mesmo" como tese de Heráclito, interpreta que seu significado é que a mesma *coisa* é ao mesmo tempo boa e má.

Aqui, os efeitos manifestos da água do mar são relativos a quem bebe. Porém, Heráclito infere explicitamente desse fato que o mar é, simultaneamente e sem qualificação, tanto "o mais puro" como "o mais poluído". Isso dá sustento a uma leitura em que as relatividades observáveis da "percepção" e da "avaliação" são usadas por Heráclito como evidência de uma copresença *não relativa* dos opostos.[14] Ainda falta compreender o que isso quer dizer e se isso não colapsa em autocontradição.

A seguir, a generalização. Ao listar exemplos do cotidiano, como vimos, Heráclito chama a atenção para o padrão da unidade nos opostos. Um sábio poderia deixar as coisas assim, legando à audiência as conclusões. Heráclito cumpre com o que estabelecera para si próprio com seu apelo à força da razão: oferece uma posição explícita, em termos gerais, do que julga ser essencial no padrão observado:

> Eles não entendem como o divergente concorda consigo mesmo: uma estrutura que se volta sobre si mesma [*palíntropos harmoníe*], tal como do arco e da lira (B51).

A evidência coligida até agora sugere três teses:

(1) *A unidade é mais fundamental que os opostos*. A asserção programática, em conexão com o *lógos* (cf. p. 143), de que "tudo é um" (B50) já sugere que Heráclito alimenta ambições monistas. Ao propor a descrição última do padrão como *harmoníe* ou "estrutura unificada"[15] e ao apresentar o arco e a lira como exemplos cotidianos dessa estrutura, Heráclito foca a atenção sobre a unidade subjacente e o modo como esta incorpora e manifesta os opostos.

---

[14] Sobre B102, que, se genuíno, é relevante, cf. nota 29.
[15] O verbo *harmózein* ("ajustar") implica um ajuste mutuamente propositalde componentes com vistas a produzir uma unidade. O substantivo *harmoníe*, derivado desse verbo, denota o resultado de um processo. Tem também um sentido musical específico, que provavelmente está em jogo em B51. Não deve ser traduzido como "harmonia" (as associações são equivocadas e o sentido musical é diferente).

(2) *Os opostos são características essenciais da unidade.* De qualquer maneira que os opostos estejam presentes na unidade, o que importa é que a presença deles faz parte da essência da unidade. A unidade não poderia ser o que é sem eles. Tanto a palavra *harmoníē* como o arco e a lira apontam para a noção de algo constituído por uma unidade *funcional*. O funcionamento demanda que essa unidade "se volte sobre si mesma" de algum modo. Esse voltar-se sobre si mesmo e, portanto, os opostos manifestos nesse voltar-se sobre si mesmo são características essenciais (no caso do arco, esse voltar-se sobre si mesmo reside no movimento das partes, tanto relativas uma à outra como a seus movimentos prévios quando o arco é usado; no caso da lira, o voltar-se sobre si mesmo pode ser o da corda que vibra, os agudos e graves da melodia, ou ambos).

(3) *A manifestação dos opostos envolve um processo em que a unidade desempenha sua função essencial.* Isso vale para os exemplos do arco e da lira. Em geral, as expressões "divergente" e "voltar-se sobre si mesmo" implicam ao menos o movimento,[16] ao passo que *harmoníē* sugere uma teleologia embutida (cf. a nota 13).

Várias objeções podem ser feitas a tal leitura. Em primeiro lugar, deve-se admitir que os sentidos em que a unidade é "mais fundamental" do que os opostos e os opostos são "essenciais" à unidade permanecem indeterminados. Heráclito não dispõe de um aparato e de um vocabulário lógico prontos de antemão. No tipo de leitura aqui proposta, ele entrevê a necessidade de algo como as noções de *essência* e *prioridade ontológica*, respondendo a essa necessidade ao fornecer (a) exemplos cotidianos do que queria dizer e (b) palavras extraídas ao vocabulário comum, embora transfiguradas em termos técnicos pelo uso que faz delas. O intérprete de Heráclito deve tentar inferir, no máximo grau possível a partir das palavras remanescentes, as intenções do pensador, tornando-as compreensíveis em terminologia moderna, sem impôr à interpretação pressupostos e problemas ausentes do pensamento de Heráclito.

---

[16] A variante *palíntonos* ("curvada sobre si mesma") implica uma tensão estática, não um processo dinâmico, no cerne da concepção heraclítica do mundo, mas é menos bem-atestada, além de menos afinada com a evidência total.

Em seguida à objeção de indeterminação, temos a objeção de incoerência ou autocontradição. Como os opostos podem ser características essenciais da unidade sem estar nela copresentes de modo autocontraditório? Para voltar ao exemplo da água do mar: dizer que ao mesmo tempo o mar é "o que há de mais puro" e "o que há de mais poluído" é contradizer-se a si mesmo, visto que opostos genuínos são mutuamente excludentes. Com base nisso, Aristóteles (*Met.* IV.7 1012a24-26) conclui que Heráclito suspende o Princípio de Não Contradição, colapsando, destarte, em incoerência.

A objeção aristotélica é central. Uma maneira de responder a ela é mostrada pela sentença a respeito da água do mar, que deixa isto, ao menos, claro: que Heráclito não pretende dizer que a presença da pureza signifique que o mar seja puro em seus efeitos manifestos para todos os animais por todo o tempo. Nem que a presença da poluição signifique que o mar seja poluído em seus efeitos manifestos para todos os animais por todo o tempo. É, pois, necessário distinguir entre a *presença* dos opostos em uma unidade e a *manifestação* daqueles nesta. Fomos preparados para uma distinção pela observação acerca da importância da estrutura latente.

A presença de opostos em uma unidade é, portanto, tomada de empréstimo à terminologia aristotélica, uma questão de *potencialidade*. Pertence à essência da água do mar, por exemplo, ter tanto a potência de ser vital como a potência de ser letal. Assim, o ser de uma coisa pode requerer em si a coexistência de potencialidades diametralmente opostas, uma "ambivalência da essência".

Esse raciocínio oferece uma solução para o debate entre monismo e pluralismo, a saber, que a unidade nos opostos mostra que a dicotomia não é exaustiva. Que isso era parte do pensamento de Heráclito é confirmado por uma passagem-chave em Platão (*Soph.* 242d7-e4):

> [Heráclito e Empédocles] perceberam que é mais seguro conjugar [monismo e pluralismo] e dizer que "o que é" é um e muitos, sendo sustentado pela inimizade e pela amizade, pois "divergente é sempre convergente" [diz Heráclito], mas [Empédocles] relaxa a demanda de que assim deva ser (...)

Se Heráclito pensava mesmo desse modo, esperamos que ele diga algo a mais a respeito da maneira como as potencialidades se manifestam. O ponto (3) da presente interpretação defende que isso é feito por intermédio de um processo que se distende no tempo. Pode-se objetar que muitas das observações de jaez cotidiano que apresenta não dizem respeito a nenhum processo no tempo, embora os opostos ainda assim se manifestem. Por exemplo, podemos ver de uma só visada que uma só estrada seja ao mesmo tempo subida e descida. Apesar disso, nem sua "subididade" nem sua "descididade" se manifestam de modo pleno até que alguém ande por essa estrada. Ambas podem manifestar-se de modo simultâneo a diferentes viajantes ou de modo sucessivo ao mesmo viajante; em qualquer caso, há dois processos distintos [a própria palavra *hodós*, "estrada", também significa "viagem"; muitas outras palavras usadas por Heráclito exibem duplicidade de sentido análoga (cf. a seção 4)].[17]

O papel central dos processos torna-se ainda mais óbvio quando Heráclito aplica a unidade nos opostos à cosmologia e à psicologia. Aqui os opostos claramente não são potencialidades, mas poderes em contenda. O "funcionamento" da unidade igualmente se torna mais do que mero esquematismo: vemos que a unidade une, controla e dá sentido aos opostos.

O COSMOS ENQUANTO PROCESSO

A cosmologia de Heráclito não pode ser compreendida em separado do restante de seu pensamento. Ela depende da unidade nos opostos e leva, por sua vez, à psicologia e à teologia.

> Nenhum deus, nenhum ser humano fez este cosmos, antes este sempre foi, é e será um fogo sempre vivo, inflamando-se a espaços e extinguindo-se a espaços (B30).

---

[17] Platão (*Soph.* 242c-e) ocupa-se apenas dos fundamentos ontológicos. É, pois, compreensível que nada diga a respeito dos processos.

É natural pensar o "fogo sempre vivo" como um processo. Se é assim, então também os constituintes cósmicos – as "massas do mundo" familiares: terra, mar, ar e fogo celestial – serão estágios do processo, pois são "mudanças do fogo" (B31). "Mudanças", como outras palavras em Heráclito, é ambíguo entre processo e produto. Tem-se a mesma ambiguidade em "troca":

> Tudo são trocas por fogo, e fogo por tudo, assim como ouro por bens e bens por ouro (B90).

Essa primazia do processo no mundo observável é compatível com o testemunho posterior a respeito de uma teoria do "fluxo". Tanto Platão (*Crat.* 402a4-11, *Tht.* 152d2-e9) como Aristóteles (*Tópicos* I.11 104b21-22, *De caelo* III.1 298b29-33) informam que Heráclito sustentava que "todo o universo se encontra em fluxo, como um rio", ou que "tudo se encontra em fluxo", "em progressão" ou "em mudança". Embutida nesse testemunho encontra-se uma história a respeito do pretenso "heraclítico" Crátilo. Filósofo de fins do século V a.C., Crátilo negava a possibilidade de qualquer tipo de identidade ao longo do tempo e, para assegurar o ponto, modificara a declaração de Heráclito de que "não se pode entrar duas vezes no mesmo rio" (B91a); aparentemente, transformara-a na tese de que não se pode entrar nem mesmo *uma única vez* no mesmo rio (Aristóteles, *Met.* IV.5 1010a10-15).

A versão de Crátilo para a sentença a respeito do rio tem de ser rejeitada como não heraclítica. O restante do testemunho de Platão e Aristóteles pode ser aceito: estes não atribuem a Heráclito as opiniões extremas de Crátilo,[18] antes mostram que, para Heráclito, o processo é forma básica de existência no mundo *observável*, embora algo não diretamente observável persista ao longo do processo:

---

[18] Enquanto, em *Crátilo*, Platão parece confundir as concepções de Crátilo e Heráclito, o exame completo das doutrinas extremadas do fluxo (*Tht.*, em especial 151d-160e, 179c-183c) associa-as a Heráclito apenas em termos vagos.

[Heráclito afirma] que, enquanto as demais coisas estão em processo de vir-a-ser e em fluxo, nenhuma delas existindo de modo bem definido, uma coisa persite enquanto substrato, da qual todas estas [demais] coisas são remodelamentos naturais (*De caelo* III.1 298b29-32).[19]

Não "o mundo é tudo o que é o caso", mas "o mundo observável é tudo que está em vias de vir a ser o caso", esse pode ter sido o *slogan* de Heráclito. O espaço disponível não permite uma discussão da cosmologia de Heráclito. O que segue é o sumário de uma concepção possível.[20] O processo cósmico geral, "fogo", é subdividido nos episódios opostos de "inflamar-se" e "extinguir-se". Estes, por sua vez, são subdivididos em dois subprocessos: um, o de "esquentar" e "secar", e o outro, de "resfriar" e "umedecer". Isso abre espaço para os quatro opostos cósmicos clássicos (quente e frio, úmido e seco) e para as quatro massas do mundo, constituídas de pares de opostos (terra = fria e seca, mar = frio e úmido etc.). Todos os processos se repetem com periodicidade múltipla, respondendo pelo ciclo de alternância entre dia e noite, o ciclo anual e um ou dois ciclos com períodos mais longos. Em algum ponto no ciclo mais longo, o universo inteiro se encontra em fase ígnea (nos extremos do quente e do seco).

Além da unidade nos opostos, outro princípio estrutural se faz evidente. Heráclito insiste na preservação de "medidas" ou "proporções" fixas nos processos.

> (...) inflamando-se a espaços e extinguindo-se a espaços (B30, parte).
> Tudo são trocas por fogo, e fogo por tudo, como bens por ouro e ouro por bens (B90).
> (...) [o mar] é medido pela mesma proporção que antes (B31, parte).

O uso do ouro como meio de troca depende da existência de uma taxa de câmbio (mais ou menos) fixa. Isso implica uma proporção constante entre quantidades de ouro e quantidades de bens na troca. Assim, vale um "princípio

---

[19] Cf. Platão, *Crat.* 412d2-8. Em um sentido diferente, a unidade subjacente também pode ser dita estar "em fluxo": Aristóteles, *De an.* I.2 405a25-27, cf. Platão, *Tht.* 153a7-10.

[20] Sobre a cosmologia de Heráclito: Reinhardt [258] 41-71; Kirk [233] 306-361; Kahn [232] 132-159; Wiggins [266] 1-32; Dilcher [239] 53-66.

de conservação" ao longo de todas as trocas cósmicas: certa quantidade de "equivalente em fogo" é preservada. Esse é um primeiro exemplo, em Heráclito, de um princípio de obediência a leis (cf. a seção 6) como constante no decurso de processos cósmicos.

A teoria a respeito do cosmos observável como até aqui se a reconstruiu obedece aos princípios do empirismo de Xenófanes. Não introduz no mundo observável qualquer entidade que não seja observável: os processos e ciclos mencionados são todos familiares ou dedutíveis da experiência comum. Confere total relevância às aparências sensíveis: o sol é, de fato, "do tamanho de um pé humano" (B3). E exclui especulações a respeito do que esteja além da experiência humana: a questão sobre o que pode estar além de nosso cosmos não é sequer proposta.

Apesar disso, na medida em que se mantém ligada ao mundo observável, a teoria não pode ser um exemplo completo da unidade nos opostos. A estrutura subjacente deve ser, pelo menos em parte, latente, não um processo em si. Assim, o "fogo sempre vivo" não pode ser a unidade última a assegurar que "tudo é um". Tem de ser a manifestação, a atividade de algo além.

> Deus: dia-noite, inverno-verão, guerra-paz, saciedade-fome; mas ele se altera, como <o fogo> ao se misturar com o incenso e receber o nome de cada um dos cheiros (B67).

Aqui, Heráclito corrige a errônea concepção de Hesíodo (B57). Dia e noite são "um", não duas coisas separadas. A analogia do fogo do altar, centro do processo ritual, em que diferentes tipos de incenso são sucessivamente queimados, mostra que o nome comum das coisas é enganador. Ao sentir o cheiro da fumaça, os circunstantes dizem, por exemplo, "é olíbano". Deveriam, antes, dizer "é fogo misturado com olíbano". De igual maneira dever-se-ia falar, *stricto sensu*, não em "dia" e "noite", mas em "deus em estado diurno" e "deus em estado noturno" (os opostos "guerra-paz" e "saciedade-fome" referem-se, provavelmente, a ciclos cósmicos mais longos). Dada a importância que Heráclito atribui à linguagem, não surpreende que ele julgue os modos comuns de falar carentes de reforma.

Mas quem, ou o que, é esse "deus" *(theós)*? Como implica a palavra, algo vivo (sua atividade é o fogo sempre vivo), inteligente, com propósitos e no controle: "o relâmpago a tudo governa" (B64). O testemunho de Platão e Aristóteles (citado na seção 4.1) aponta na mesma direção. A introdução de um ser vivo inteligente como unidade latente adiciona um grau a mais de complexidade. Leva-se agora em consideração a teoria a respeito da alma em Heráclito.

A TEORIA A RESPEITO DA ALMA

Heráclito opera com uma concepção nada tradicional de alma (*psykhê*).[21] Em Homero, a alma não tem importância durante a vida. Ela abandona o corpo após a morte, carregando consigo o que resta da individualidade de uma pessoa para uma existência sombria no Hades. Para Heráclito, é claro que a alma é, durante a vida, a portadora da identidade pessoal e do caráter de um indivíduo, bem como o centro organizador da inteligência e da ação. É o que uma pessoa realmente é. A teoria a respeito da alma é a teoria a respeito da natureza humana.

Não surpreende que a alma seja identificada como a unidade subjacente em uma complexa estrutura de unidade nos opostos. Assim, ela deve manifestar-se em processos: presumivelmente, no de viver e, no processo contrário, o de morrer. Devem existir constituintes físicos como fases desses processos, correspondentes à terra, à água etc. Devem ainda existir subprocessos, correspondentes às duas dimensões físicas, quente-frio e seco-úmido. A evidência confirma algumas dessas teses:

> Seco brilho diurno é a alma em seu estado mais sábio e melhor (B118).
> É morte para as almas tornar-se úmidas (B77).[22]

A dimensão seco-úmido diz respeito à inteligência e a seu oposto: a falta de discernimento e consciência de um homem ébrio se deve ao fato que "sua alma está úmida" (B117). A habilidade de agir de modo efetivo

---

[21] Sobre a alma, segundo Heráclito: Kirk [248]; Nussbaum [256]; Kahn [232] 241-260; Robb [259]; Hussey [247]; Schofield [261]; Laks, neste volume, cap. 12.

[22] Versões alternativas (B36, 76) dessa observação integram a alma a uma sequência de mudanças físicas, mas essa parece uma reconstrução tardia, de estirpe estoicizante.

está ligada à secura nessa observação, e "a alma em seu estado melhor *(arístē)*" sugere uma alma *em ação* (caso *arístē* seja compreendida segundo suas associações tradicionais de excelência masculina ativa). Já no que diz respeito à dimensão quente-frio das almas, a própria palavra *psykhḗ* sugere algo não quente (o termo tem relação com o verbo *psýkhein*, "resfriar", "respirar"). Além disso, um "seco brilho diurno" é presumivelmente mais luminoso quando nem quente nem frio. Para confirmar este ponto, o calor é associado a uma qualidade ruim:

> Mais do que o fogo, é a arrogância que precisa ser debelada (B43).

Morrer é o processo natural oposto a estar vivo. A palavra *thánatos* ("morte") refere-se mais amiúde não ao estar morto, mas ao processo ou evento de morrer. Por essa razão, Heráclito pode identificar a morte ao "tornar-se úmido". Para uma alma, isso significa um funcionamento cada vez pior no que diz respeito à mente e à capacidade de ação. Mas não há um estado permanente de morte: estar morto é apenas uma fase momentânea em um ponto extremo do ciclo.

> É o mesmo que está presente como vivo e como morto, em vigília e dormindo, jovem e velho, pois estes por mudança de estado tornam-se aqueles, e aqueles, por mudança de estado, estes (B88).

Esse "estar vivo" e "morrer" alternado das almas pode corresponder apenas em parte ao estar vivo e morrer em sentido comum (o ciclo secundário de vigília e sono, com sonhos, introduz complicações adicionais). Para Heráclito, a decrepitude natural de mente e corpo depois do primor da vida conta já como morte. Por contraste, uma morte violenta no primor da idade não conta de modo algum como morte. A alma, embora separada do corpo, estará em seu melhor estado. Há evidências que sugerem, de modo críptico, que em particular a morte em batalha é recompensada com um prêmio de honra para a alma fora do corpo, talvez uma estrela.[23] Em todo caso, o simples cadáver de um ser humano (o corpo sem a alma) não tem valor:

---

[23] B24 (cf. B136?) e B25. Informações doxográficas posteriores em A15 e 17.

> Cadáveres são mais apropriados para o despejo do que estrume (B96).

Se as almas por natureza vivem e morrem, nos novos sentidos, alternadamente, podem então ser descritas tanto como "mortais", estando sempre sujeitas à morte, como "imortais", sempre podendo retornar à vida. Isso dá a Heráclito um novo caso de unidade nos opostos:

> Imortais são mortais, mortais são imortais, vivendo a morte de uns, morrendo a vida dos outros (B62).

Essa é uma primeira sugestão (cf. a seção 6) de que a diferença entre os deuses e a humanidade, tradicionalmente quase insuperável, não é essencial para Heráclito. As almas são, por sua própria natureza, tanto mortais como imortais. Existir em forma manifesta como seres humanos ou como algo semelhante aos deuses tradicionais pode bem ser questão de acaso e de sua posição momentânea no ciclo da vida e da morte (as observações de Heráclito sobre a religião grega tradicional são, como era de se esperar, cripticamente ambivalentes). Outras formas degradadas de vida, como o Hades tradicional, podem ocorrer a almas em mau estado. A declaração críptica de que "as almas têm olfato no Hades" (B98) pode indicar algum tipo de mínima existência sensória.

Se a alma em seu melhor estado é inteligente e racional, por que a maior parte das pessoas não são sequer capazes de entender as coisas? Suas almas não estão em seu melhor estado possível ou não conseguem fazer uso de suas capacidades? Um elemento de escolha, ao menos, intervém no modo como a alma se comporta nesta vida.

> Os melhores escolhem uma só coisa em detrimento de todo o resto: inconstante renome entre os mortais; mas o vulgo... como gado (B29).
> O caráter [*éthos*] é o *daímon* das pessoas (B119).

A palavra *éthos* tem etimologicamente a sugestão de "hábito" e descritivamente assinala o que é *característico*. Não deve ser identificado à *phýsis* ("natureza" ou "essência"). Encontra-se o pensamento de que os hábitos e o caráter de uma pessoa moldam-se reciprocamente (Teógnis 31-36). Isso torna supérflua a crença popular fatalista de que a qualidade de uma vida é determinada pelo *daímon* individual. Antes, o aspecto divino de cada pessoa se manifesta em seu, e como o seu, caráter.[24]

Visto que as escolhas individuais aristotelicamente tanto deles procedem como determinam o caráter e o estado da alma, pode-se oferecer uma explicação para a deficiência geral da inteligência humana.

> O caráter *[éthos]* humano não tem entendimento, mas o caráter divino tem (B78).
> Um homem é chamado "infante" [*népios:* literalmente, "sem palavra"] por um *daímon*, assim como uma criança o é por um homem (B79).

Mais uma vez, não é preciso ler aqui um abismo intransponível entre as *naturezas* divina e humana. É questão de caráter, não de natureza, e a analogia entre o homem e a criança implica que um homem pode "crescer" e se tornar um *daímon*. Que a natureza humana é perfeitamente capaz de atingir o entendimento real é mostrado não apenas pelo que Heráclito afirma acerca de seu próprio pensamento, mas também por declarações explícitas:

> Todos compartilham a capacidade de entender (B113).
> Todos os seres humanos compartilham a capacidade de se conhecer a si mesmos e de se pôr em seu são juízo (B116).

Por que, então, os seres humanos são tão propensos a formar maus hábitos de pensamento e vida e a fazer escolhas ruins? Não há indicações diretas da resposta de Heráclito, mas a luta entre o bem e o mal em

---

[24] Devo este ponto (e, na p. 158, o ponto sobre Heráclito e a religião grega) às observações e a um texto não publicado de Mantas Adomenas.

qualquer indivíduo deve presumivelmente estar ligada, e ser isomórfica, a sua contraparte cósmica.[25]

A alma inteligente quererá entender tudo, inclusive a si mesma. Heráclito no-lo diz: "Perquiri-me a mim mesmo" (B101). Isso sugere introspecção, no que a mente tem acesso privilegiado e direto a si mesma. Quaisquer que sejam os métodos preferidos de Heráclito para procurar-se a si mesmo, ele está cônscio da natureza paradoxal e enganadora dessa busca.

> Não encontrarás os limites da alma por aí, mesmo que viajes por todas as vias, tão profundo é seu *lógos* (B45).
> À alma pertence um *lógos* que se aumenta a si mesmo (B115).

Os "limites" são espaciais apenas na metáfora da "viagem". São limites *lógicos*, que "distinguem" a natureza da alma daquela de todas as demais coisas. Correspondentemente, o *lógos* da alma é a caracterização verdadeira e racional da alma, mas pode ser entendido como a caracterização correta fornecida *pela* alma. Isso aponta para o paradoxo de que a alma está aqui falando sobre si mesma. O regresso da reflexividade intervém. A alma deve falar de si mesma e, portanto, de sua própria fala sobre si mesma, e assim por diante. A história da alma aumenta a si mesma de modo ilimitado.

Questões finais

A unidade nos opostos dá a Heráclito uma teoria do cosmos e uma acerca da alma. Mas ele pretende a unidade e o fechamento teóricos?[26] (1) A alma individual é não apenas análoga a, mas também o mesmo que,

---

[25] Há indicações de uma abordagem em termos físicos das paixões e das patologias da alma: a arrogância como "incêndio", B43; o autoengano, B46; o poder do desejo *(thymós)*, B85; a autoindugência sensual, que deixa a alma úmida, B77, cf. B117.

[26] Sobre as questões discutidas nessa seção: Kahn [232] 204-211, 276-287; Hussey [245] 42-52.

unidade latente, deus ou fogo cósmico sempiterno? (2) A unidade nos opostos pretende estender-se a todos os opostos de alguma importância? (3) Há algum outro princípio tão fundamental como a unidade nos opostos ou algo mais básico que a unidade cósmica?

Quanto à questão (1), há indícios (embora ambíguos e sem base em qualquer declaração direta) de que as almas individuais sejam, com efeito, fragmentos da unidade cósmica.[27] Isso seria uma equação teoricamente satisfatória. A natureza, o propósito e o destino de um ser humano podem, assim, ser entendidos em termos cósmicos.

Quanto às demais questões, certeza é praticamente impossível. A declaração-manifesto de Heráclito de que "tudo é um" (B50) justifica o pressuposto de que ele pretende a máxima unidade teórica, mas, no que diz respeito a como atingi-la, a evidência é incompleta. Esta seção oferece uma revisão de evidências adicionais, na medida em que há tais questões finais, e algumas consequentes sugestões, acerca da forma geral do sistema de Heráclito.

A unidade nos opostos é uma concepção unificada que suplanta as oposições aparentemente insuperáveis entre monismo e pluralismo. É, portanto, um exemplo de si mesma. Heráclito parece estar cônscio desse curioso estado de coisas:

> Compreensões: inteiras e não inteiras; em uníssono e não em uníssono; de todas as coisas um e de um todas as coisas (B10).[28]

Essa observação emprega o padrão da unidade nos opostos para falar das compreensões *(syllápsies)*, com a corrente ambiguidade entre processo e produto: os produtos ou processos tanto de "tomar em conjunto" como de "entender". Esses devem ser casos de unidade nos opostos, os quais, considerados abstratamente, exemplificam o mesmo padrão.

---

[27] O testemunho explícito de maior peso é Aristóteles, *De an.* I.2 405a25-26.
[28] Há incertezas a respeito do texto. A primeira palavra pode ser "ajustando-se umas às outras" *(synápsies)*; não é certo que as demais frases pertençam à mesma citação.

Essa leitura sugere por que a unidade nos opostos é fundamental e central. Primeiro, é um fenômeno tão amplo que abarca até mesmo a si proprio. Em seguida, é necessariamente o padrão que estrutura o pensamento e a linguagem, porque é o padrão do entendimento. Toda sentença contém diferentes palavras com funções sintáticas "movendo-se de diferentes maneiras", mas com um único sentido, tornando-a una. O *lógos*, o que quer que seja, é exprimível apenas em linguagem, e inteligível apenas por ser exprimível. A estrutura da linguagem e do pensamento é necessariamente também a estrutura da linguagem: essa é a conclusão para a qual Heráclito parece apontar.

A unidade nos opostos, assim como se mostra no cosmos e na alma, exemplifica uma outra oposição de mais alto nível: aquela entre conflito e lei.

Se opostos como quente e frio são forças genuinamente opostas, deve haver conflito real entre eles:

> Heráclito critica o poeta [Homero] que disse: "Quem dera perecesse o conflito dentre os homens!", pois não haveria harmonia *(harmonía)* se não houvesse tons altos e baixos, nem animais sem os opostos macho e fêmea (Aristóteles, *Ethica eudemia* VII.1 1235a25-29).
> A guerra é pai de tudo, rei de tudo: a alguns assinala como deuses, a outros, como homens; a alguns torna escravos, a outros, livres (B53).

Mas se os processos devem ser inteligíveis, devem ademais ser regrados (cf. a seção 2.4 para a analogia do *lógos* com a lei em uma cidade). Heráclito não apenas enfatiza ambos os aspectos opostos como ademais proclama que constituem uma unidade.

> O Sol *não* ultrapassará as medidas: em caso contrário, as Fúrias *[Erinýes]*, ajudantes da justiça, o encontrarão (B94).
> Deve-se, porém, saber que a guerra é a mesma para todos *[xynón]*, que a justiça é conflito e que tudo vem a ser segundo conflito e necessidade (B80).

Como, então, podem os processos cósmicos serem conflito e justiça ao mesmo tempo? Talvez a solução heraclítica esteja preservada em uma observação incomumente enigmática:[29]

> O Sempiterno *[Aión]* é uma criança que brinca, jogando damas:[30] a uma criança pertence o reino (B52).

A criança é um menino jogando um jogo de tabuleiro para dois jogadores. Nenhum oponente é mencionado; assume-se, então, que está jogando pelos dois jogadores. Esse jogo pode ainda ser um conflito livre e genuíno, em que a habilidade se exercita e refina. É regrado em seus procedimentos: as regras (que são livremente aceitas pelos jogadores, não impostas de fora) definem o jogo e são imparciais quanto a ambos os lados. É regrado em seus resultados porque, se cada lado jogar igualmente bem, ganhará igual número de partidas que o outro a longo prazo, embora o resultado de cada jogo não seja previsível. A curto prazo, há (como bem o sabem os apostadores) os efeitos da sorte de um lado e de outro. Fiel a seus hábitos de pensamento, Heráclito tenta mostrar, por meio de um modelo extraído à experiência cotidiana, que o conflito e a justiça podem coexistir de modo interdependente sem se desnaturar.[31]

Parece vislumbrarmos aqui onde Heráclito localiza o significado da vida para o indivíduo: na participação na luta interior e cósmica.

Pode-se objetar à analogia do jogo de tabuleiro que o menino que joga de ambos os lados tem dois planos em sua cabeça, não um só plano unificado. Não é suficiente que a unidade subjacente se manifeste alternadamente em opostos. Deve ainda haver uma unidade subjacente de propósito,

---

[29] Se pudermos deixar de lado a solução oferecida por B102:
Para Deus todas as coisas são boas e justas, mas os homens supõem que algumas são injustas e outras, justas.
Há bases filológicas para dúvidas quanto à autenticidade desse texto, que, ademais, não se coaduna nada bem com o tratamento dos opostos por Heráclito (cf. p. 146-152).
[30] A tradução "damas" é convencional; o jogo de tabuleiro em questão *(pessoí)* é mais próximo do gamão.
[31] B124 (sobre a interdependência de ordem em grande escala e caos em pequena escala?) pode ser relevante aqui.

sugerida pelas menções a "direção" e plano. Juntamente a esses, Heráclito se pronuncia de modo críptico acerca do que é o "sábio":

> Uma só coisa é sábia, hábil em seu plano, que dirige todas as coisas em tudo (B41).
> De todos os discursos que ouvi, não houve um que reconhecesse que o que é sábio se distingue de tudo o mais (B108).
> O único sábio quer e não quer ser chamado pelo nome *Zén* (B32).

O que é sábio *(tò sophón)*, adjetivo neutro usado como substantivo, pode ser tomado abstratamente como "a sabedoria" ou, concretamente, como "a (única) coisa sábia". A palavra *sophós* não é, nessa época, aplicada de modo exclusivamente intelectual, antes sendo usada para designar todo aquele com alguma habilidade especializada. Em B41, o aspecto de habilidade (*know-how*, "saber como") é proeminente, na arte de dirigir o cosmos e no verbo *epístasthai* ("entender", "ser *expert* em"). O aspecto intelectual ou estratégico (saber que/por que) aparece na menção a um "plano" ou "conhecimento parcial" *(gnóme)*. A função do que é sábio é entender o plano cósmico e fazer com que ele se ponha em ação.

Não se pode identificar diretamente o que é sábio com o deus cósmico. Não é simplesmente o mesmo que *Zén* (forma de *Zeús*, assinalando sua etimologia a partir de *zên*, "viver"). É "distinto de tudo o mais" e único. Consiste, ao mesmo tempo, em entendimento, saber como e saber que, e aparentemente pode ser adquirido até mesmo por mentes humanas.

Devemos, então, tomar o que é sábio como algo que se situa acima e além tanto dos opostos cósmicos como da unidade cósmica, embora se manifeste tanto no deus cósmico como nas almas individuais. "Ter entendimento é característico de um deus" – mas não é parte de sua *natureza*. A habilidade técnica tem de ser aprendida e mantida pela e na prática, sendo anterior ao técnico.

Conclusão: O passado e o futuro de Heráclito

As respostas a Heráclito sempre foram mistas. Enquanto pioneiro filosófico, cujos *insights* superam seu equipamento técnico, sofre o destino previsível de ser incompreendido. A perda de seu livro no fim do mundo antigo causa um longo eclipse, o qual é agravado pelo longo predomínio dos textos e pressupostos platônicos e aristotélicos na história da filosofia antiga (tanto Platão como Aristóteles deviam mais a Heráclito do que assumiam; ambos tratavam-no com ares superiores). Contrariamente a esses obstáculos, a canonização de Heráclito pelos estoicos e alguns dos primeiros escritores cristãos ajuda bem pouco.[32] Garanta a sobrevivência de informações preciosas, mas mergulha-as em obscuridade, acrescentando uma camada extra de incompreensão.

A revivescência de uma apreciação mais fiel se ressente de uma compreensão histórica e filosófica melhorada. Esta tem seu início na Alemanha, no fim do século XVIII: Schleiermacher é o pai (e Hegel, o avô) dos estudos modernos sobre Heráclito.[33] Desde então, tem havido progresso real, ainda que intermitente, no *front* erudito. Além disso, Heráclito se torna amplamente conhecido e apreciado, ainda que, como sempre, sua influência seja esquiva.

Quais são os prospectos para Heráclito no terceiro milênio? Muito do trabalho básico ainda está por ser feito. Por exemplo, o estudo da recepção de Heráclito na antiguidade tardia até agora conheceu avanços apenas limitados.[34] Acima de tudo, carece-se ainda da aplicação sistemática de conhecimento textual, linguístico, literário e doxográfico especializado aos fragmentos e testemunhos.[35]

---

[32] "Quem vive segundo o *Lógos* é cristão, muito embora seja considerado ateu, como o foram, entre os gregos, Sócrates, Heráclito e outros como eles" (São Justino Mártir, *Apologia* 46.3).

[33] Schleiermacher [260]; Hegel [22] (col. 1, 279: "não há proposição de Heráclito que eu não adote em minha *Lógica*"). São também substanciais as contribuições subsequentes de Jakob Bernays (1848-1854 = Bernays [237] 1-106) e a monografia de 1858 de Ferdinand Lassalle (Lassalle [249]).

[34] Ainda não há, por exemplo, nenhum estudo abrangente da relação entre Heráclito e os estoicos (cf., porém, Long [251]; Dilcher [239] 177-200). Sobre Heráclito no escritor cristão Hipólito (importante fonte de estudo), cf., em especial, Mansfeld [51]; Müller [53] (resenha, e correção, de Osborne [52]).

[35] Sobre as novas evidências aduzidas pelo papiro descoberto em Derveni em 1962, cf. Sider [262] e Tsantsanoglou [263], que contém a melhor leitura disponível da parte relevante do texto.

Ainda que os estudos eruditos em sentido estrito avancem, permanecem questões perenes de interpretação. Heráclito é, reconhecidamente, uma mente filosoficamente ativa. Será sempre incompreendido por aqueles surdos ao chamado da filosofia, ao passo que os filósofos sempre quererão anexá-lo a suas preocupações particulares.

O presente capítulo pretendeu (1) levá-lo a sério enquanto filósofo pioneiro e (2) tratar a cada parte de seu pensamento como parte de um todo, não isoladamente (o intérprete tem de reconstruir Heráclito como uma unidade nos opostos heraclítica, com o sistemático e o aporético como aspectos opostos). Uma terceira tarefa, que consiste em situá-lo no contexto intelectual de seu próprio tempo, é por demais especializada para aqui nos aplicarmos a ela, embora se a requeira em qualquer caracterização completa de Heráclito.[36]

Heráclito é figura de permanente interesse para filósofos por ser um pioneiro dos pensamentos filosófico e científico e dos expedientes lógicos. E por trás do que ele verdadeiramente exprime parecem encontrar-se ideias que determinam seu pensamento, entre as quais: a realidade deve ser algo que pode ser vivido e compreendido por dentro; e a estrutura da linguagem é a estrutura do pensamento e, portanto, da realidade que o pensamento descreve. Que Heráclito seja capaz de formular essas ideias nesses termos é incerto. O que o tom e a maestria de sua obra fragmentária evidenciam para além de qualquer dúvida é que ele foi, como o disse Ryle, um filósofo semovente.[37]

---

[36] Esse contexto, além de Homero, Hesíodo e os filósofos naturais jônios, bem pode incluir o antigo Oriente Próximo, o judaísmo do período do exílio e os primórdios do zoroastrismo.

[37] Estou em débito para com todos aqueles que ao longo dos anos me ajudaram a entender Heráclito, em particular Mantas Adomenas, Roman Dilcher e David Wiggins.

6 Parmênides e Melisso

DAVID SEDLEY

Na Antiguidade, Parmênides e Melisso eram associados como os dois grandes expoentes da cosmovisão eleata, que negava a mudança e a pluralidade.[1] Nos tempos modernos, seu tratamento tem sido curiosamente desigual. Muito se escreveu a respeito de Parmênides – dos dois, o pensador mais vigoroso – e pouco a respeito de Melisso. Muito se dissertou sobre o uso do verbo "ser" por parte de Parmênides e pouco a respeito de seus detalhados argumentos acerca das características individuais d'o-que-é. Todavia, nem essas nem outras anomalias devem escamotear a imensa riqueza dos estudos que promoveram o avanço da reconstrução do eleatismo.

PARMÊNIDES

Cerca de 150 versos do poema em hexâmetros de Parmênides, escrito entre início e meados do século V a.C., foram recuperados, sendo a maioria pertencentes à primeira parte. Sua dicção altamente metafórica está repleta de ecos homéricos e apresenta a dificuldade adicional de ter de usar a mesma linguagem da mudança e da pluralidade que pretende, em última análise, proscrever. Esses são alguns dos muitos aspectos a que será impossível fazer justiça no presente capítulo.

O poema inicia-se com uma descrição alegórica da jornada de Parmênides à Mansão da Noite, mitologicamente localizada onde as vias do dia e

---

[1] Muitas das interpretações propostas neste capítulo podem ser encontradas também em meus dois artigos, "Melissus" e "Parmenides", em Craig [145].

da noite se encontram,[2] o que simboliza a jornada intelectual de Parmênides distanciando-se do mundo fenomênico em que (como explicará a segunda metade de seu poema) a luz e a noite se alternam para produzir a ilusão de pluralidade e mudança.[3]

Ali se dirige a ele uma deusa, que promete expor "a mente inabalável da verdade redonda" e as nada confiáveis "opiniões dos mortais", correspondentes às duas metades do poema, respectivamente a "Via da Verdade" e a "Via do Parecer". A exposição filosófica é inteira feita pela deusa. Pode-se considerar que ela representa a perspectiva do olho divino sobre o ser que os argumentos de Parmênides tentam alcançar por si próprios. Não se questiona se o discurso dela é mera revelação divina: cada passo rumo à verdade é a muito custo conquistado por argumentos.

A Via da Verdade

"Vem, dir-te-ei (e presta atenção à história que escutarás) quais as únicas vias de perquirição em que se pode pensar" (DK 28 B2.1-2). O argumento da deusa é como segue:

(1) Ela oferece uma escolha entre duas vias: "necessariamente é" e "necessariamente não é" (B2.3-5).

(2) Ela argumenta contra a segunda e, portanto, indiretamente em favor da primeira.

(3) Ela alerta Parmênides contra uma terceira via (B6.4-9), um "voltar atrás", que representa a comum aceitação humana de um mundo variável – a via dos mortais "bifrontes" que nada conhecem e, de algum modo, confundem ser e não ser.

---

[2] Sobre a abertura do poema de Parmênides, cf. Most, neste volume, p. 437-438.
[3] Para uma abordagem mais alentada da introdução do poema, cf. Lesher, neste volume, p.307.

Se pretendemos entender de que se trata tudo isso, devem-se antes esclarecer alguns pontos preliminares. Primeiro, "é" corresponde ao verbo grego *esti*. Como o português, o grego não requer que o sujeito seja sempre expresso, donde que *esti* funcione como uma sentença gramaticalmente completa. Quanto a por quê nenhum sujeito é explicitado, a resposta mais segura é que, nesse estágio, ainda estamos investigando o comportamento lógico do verbo "ser". Apenas à luz dessa investigação poderemos responder à questão: "O que pode ser sujeito do verbo 'ser'?". Assim, identificar o sujeito próprio do verbo "ser" é o objetivo final da Via da Verdade; não devemos, pois, concebê-lo de antemão.

Segundo, o que "é" significa aqui? Tradicionalmente, oferece-se uma escolha entre pelo menos as seguintes opções: um sentido existencial ou completo: "... existe"; um sentido copulativo ou incompleto: "... é ..." ("... está ..."); um sentido verídico: "... é o caso" ou, talvez, "... em verdade é ..."; e um sentido fundido, que combine alguns ou todos os sentidos acima. O principal argumento a seguir pode parecer depender do sentido existencial, mas a terceira via, dos mortais bifrontes que confundem ser e não ser, representa a aceitação de um mundo variável e, portanto, deve incluir predicados empíricos comuns em seu escopo, por exemplo, de que o céu *é* azul e *não é* cinza, de que este animal *está* vivo em um dia e *não está* no outro, os quais são usos incompletos do verbo.

O que segue, porém, pode ser um caminho mais seguro. É amplamente reconhecido que o significado fundamental do verbo "ser" em grego é incompleto, ser *algo*. Frequentes vezes esse algo é explicitado: Fido é um cão, o cão está ali, está com fome etc. Em outras ocasiões, é deixado sem mais especificações: Fido é. Leitores modernos podem querer aqui atribuir ao verbo "ser" um significado diferente, equivalente a "existir", mas o ouvido grego aí reconhece apenas um uso não específico do significado fundamental. Dizer, existencialmente, "Fido é" é apenas dizer que ele é *algo* (não especificado).

Ao ler o poema de Parmênides, devemos ater-nos a esse significado fundamental do verbo "ser". Pessoas comuns julgam que as mesmas coisas são e não são, porque, por exemplo, o céu lhes parece ser azul e não ser cinza. Por que Parmênides objetaria? Porque ele se compromete com um princípio assim expresso logo a seguir: "A escolha entre essas coisas repousa sobre o que segue: é ou não é" (B8.15-16). É o que chamo de Primeira Lei de Parmênides:

Primeira Lei: Não há meias-verdades. Nenhuma proposição é verdadeira e falsa. A nenhuma pergunta se pode coerentemente responder "sim e não".

Indagado se acaso o céu *é*, um mortal bifronte compromete-se com a resposta "sim e não" de que tanto é (por exemplo, azul) como não é (por exemplo, cinza). Todas as crenças humanas comuns acerca da mudança e da pluralidade implicam, caso examinadas, idêntica ambivalência no que diz respeito ao ser de uma coisa.

Para Parmênides, a razão de seu uso primário do verbo "ser" na Via da Verdade parecer existencial é simplesmente que, segundo a Primeira Lei, pode apenas contemplar o ser total ou o total não ser. Especificar *o que* uma coisa é, como o fazem os mortais, é implicitamente especificar igualmente o que a mesma coisa não é, infringindo, assim, a Primeira Lei. É provavelmente inofensivo glosar o "ser" de Parmênides como existencial (o que, por conveniência, faço), desde que não nos esqueçamos de que esse uso provém de uma sanitarização lógica do significado comum do verbo grego "ser", a saber, ser *algo*.

É provavelmente essa sanitarização que Parmênides tem em mente ao apresentar as duas vias como "necessariamente é" e "necessariamente não é". O ponto de vista humano atribui o ser contingente e instavelmente às coisas, de modo que o-que-é pode igualmente não ser. À luz da Primeira Lei, essa concepção humana não é nem mesmo uma possibilidade formal, donde que a deusa sequer a liste entre as vias concebíveis, as quais se limitam a proposições acerca de ser e não ser *necessários*. Posteriormente, ela adiciona a terceira via, a da contingência, não porque seja uma possibilidade formal, mas porque, apesar de sua inelimável incoerência, é aquilo em que os mortais realmente acreditam.

Podemos agora passar à refutação, por parte da deusa, da via do "... não é". Seu primeiro argumento é: "não podes *conhecer* o-que-não-é (não é possível fazê-lo), nem *falar* sobre ele" (B2.7-8). Como isso funciona? Podemos assumir que rejeitar o "... não é" é o mesmo que mostrar que o verbo negado jamais pode receber um sujeito. E como um verbo recebe um sujeito? Ou (i) pensando-se nesse sujeito ou (ii) nomeando-o. Porém, (i) para pensar em algo, deve-se, no mínimo, *conhecer o que esse algo é*, mas o que for capaz de ser o sujeito de "... não é" não é absolutamente nada (dada a Primeira Lei); nesse caso, não podemos conhecê-lo. Segundo o mesmo argumento, (ii) visto que o item em questão é um não existente, fica difícil imaginar como se o poderia *nomear*: simplesmente não há nada a que se possa referir.

O segundo argumento é ainda mais condensado: "(1) o que se fala e pensa deve ser; (2) pois pode ser, (3) ao passo que um nada não pode ser" (B6.1-2). Tipicamente, Parmênides argumenta do fim para o início do raciocínio: (1) é o fundamento imediato de sua conclusão, a proscrição de "... não é", se se quiser suprir "não é" com um sujeito, deve-se ou bem falar desse sujeito ou, então, pensar nele. Contudo, ele será instantaneamente desqualificado como sujeito de "... não é", visto que o que se fala e pensa *deve ser*. Fundamentam o último ponto: (2) o que se fala e pensa pelo menos *pode* ser (no sentido de que seja concebível?); mas (3) um não existente ("um nada") *não pode* ser (é inconcebível que não existentes existam); portanto, o que se pode falar ou pensar não pode ser um não existente; em outras palavras, ele deve existir.

Há muita carne a se pôr em tão esquelético argumento. Mas a deusa acrescenta: "Peço que penses nisso" (B6.2), reconhecendo que seu argumento precisa de *alguma* carne. Ela acabou de estabelecer o que chamo de Segunda Lei:

> Segunda Lei: Nenhuma proposição é verdadeira se implica que, para qualquer x, "x não é" é, foi ou será verdadeira.

A Primeira e a Segunda Leis atuarão como base dos argumentos subsequentes.

Ela dá continuidade (B6.3-9) à ridicularização da inapelavelmente confusa via dos mortais, cujo erro remonta à confiança nos sentidos. A abordagem alternativa que advoga envolve o abandono dos sentidos em favor da pura razão (B7).

Nesse ponto, ela propõe a caracterização positiva d'o-que-é (B8.1-49). Tomado literalmente, o-que-é será uma esfera perene, indiferenciada e sem movimento. Como devemos entendê-lo? Se o mundo sensível é uma ilusão, ela está descrevendo a realidade que, na verdade, ocupa o lugar que o mundo sensível apenas parece ocupar? Ou ela está descrevendo uma realidade não espacial e não temporal como, por exemplo, a dos números? Posto de outro modo, até que ponto devemos desliteralizar a descrição d'o-que-é? Ofereço a seguinte razão para reter uma leitura desavergonhadamente espacial. Essa parte final da Via da Verdade está cheia de argumentos. A maioria dos comentadores passa desapontadoramente silente por sua estrutura e seu conteúdo. Apenas se os considerarmos em termos literalmente espaciais, proponho, provam-se bons argumentos.

Se tenho razão, o objetivo de Parmênides é rejeitar a concepção lamentavelmente perspectívica do mundo e redescrever *a mesmíssima esfera* como uma unidade perfeitamente indiferenciada. Uma objeção familiar a uma leitura tão literalmente espacial é que, se o-que-é fosse uma esfera finita, estaria cercado pel'o-que-não-é, a saber, o vazio, infringindo a Segunda Lei. Essa objeção ilegitimamente assume a infinitude do espaço. Um século depois, Árquitas ainda terá de argumentar em prol da infinitude do espaço[4] e Aristóteles, no que o seguirá uma longa tradição, negará haver algo, mesmo o vazio, para além de nosso mundo. Uma doutrina do espaço infinito poderia receber suporte pitagórico à época de Parmênides, sendo certamente corrente na filosofia do oriente jônio, mas, no ocidente, um filósofo tão comprometido com o pensamento parmenídico como Empédocles pode postular um mundo finito com (aparentemente) nenhum vazio além. A ideia do espaço como uma entidade que existe independentemente do corpo que o ocupa demora a emergir no pensamento grego[5] e, sem ela, a expectativa de que o espaço continue para além dos limites de seus ocupantes não se apresentaria como algo irresistível. Dado que a esfera de Parmênides é imaginada a partir de seu interior, como a esfera de nosso mundo fenomênico, não de fora, como uma bola de futebol, a necessidade de um espaço vazio além não lhe pode ser imposta.

---

[4] Árquitas DK 47 A24.
[5] Note-se que, se Parmênides (cf. B8.36-8) explicitamente rejeita o tempo como uma entidade autossubsistente, aparentemente não tem necessidade de fazer o mesmo com o espaço. Em Sedley [409], argumento que nem mesmo o atomismo antigo desenvolve uma concepção de um espaço autossubsistente, seu "vazio" sendo algo que ocupa um espaço.

A descrição d'o-que-é feita pela deusa começa com uma lista de seus predicados (B8.2-4): é (a) não gerado e imperecível, (b) um todo único, (c) imóvel, (d) perfeito *(téleion)*, limitado *(telestón)* ou balanceado *(atálanton)*.[6] No que segue, essas quatro características parecem ser provadas em sequência. Primeiramente, porém, acrescenta-se uma observação acerca do tempo, a qual mais facilmente se pode tomar como parentética, visto que, muito embora encontre suporte no que segue, não recebe prova em separado: "nem *foi*, nem *será*, visto que é agora tudo junto, um, contínuo" (B8.5-6). Essa observação talvez pretenda justificar o uso exclusivo do tempo verbal presente na descrição do que "é" a esfera: não há nada a ser dito do que ela foi ou será, porque assim que percebermos que ela é uma unidade imutável apreciaremos que seu passado e seu futuro não podem ser distinguidos de seu presente. Se isso torna o ser atemporal ou simplesmente abole a *passagem* do tempo é controverso,[7] mas a retenção do "agora" pode favorecer a segunda opção.

A prova do predicado duplo (a), "não gerado e imperecível" inicia como segue. Os dois argumentos contra a geração instantânea d'o-que-é são: (i) significaria que o "... não é" seria anteriormente verdadeiro, contrariamente à Segunda Lei (B8.6-9); e (ii) tendo vindo a ser do nada, não haveria razão para vir a ser no momento em que vem a ser em vez de antes ou depois disso (9-10) – uma célebre aplicação do Princípio de Razão Suficiente. Segue-se um argumento em separado contra a geração *paulatina* d'o-que-é: (iii) "igualmente, deve ser totalmente ou em absoluto não ser,[8] e a força dessa crença jamais permitirá que algo venha a ser do nada de modo a que a isso se adicione" (11-13). Assim, a geração mesmo de uma parte desafia a Segunda Lei tão efetivamente como a geração instantânea.

"Portanto, a Justiça não afrouxa seus grilhões de modo a permitir que venha a ser ou pereça, antes os mantém firmes" (13-15). Essa é a primeira menção ao perecer no argumento, e a "Justiça" pode representar a paridade

---

[6] A depender da emenda adotada para o possível *atéleston*, "sem limites": de minha parte, prefiro "equilibrado".
[7] Cf., entre outras discussões, Owen [313]; Sorabji [129] cap. 8.
[8] Coloco uma vírgula no final do verso 11, não um ponto, como é usual.

de raciocínio: os mesmos argumentos que eliminam a geração são efetivos também contra o perecer. Estritamente, porém, o argumento (ii) não pode ser aplicado ao perecer: n'o-que-é pode haver, em vista de tudo o que sabemos até esse estágio, amplas razões para sua eventual destruição, por exemplo, uma doença terminal. Contudo, os argumentos (i) e (iii) são facilmente adaptados ao perecer, o qual, quer se dê instantânea, quer paulatinamente, acarretaria que "... não é" se torna verdadeiro.

A deusa agora passa ao predicado (b), "um todo único". O-que-é mostra-se "indiviso" ou, quiçá, "indivisível" (22-25). É perfeitamente contínuo, sem partes distintas. Visto não haver graus de ser – mesmo o não ser limitado infringiria a Primeira e a Segunda Leis –, não há nada de verdadeiro a seu respeito em um ponto que não seja igualmente verdadeiro alhures. Em outras palavras, é "todo igual a si", de modo a que nele não se possam encontrar intervalos ou distinções.

O predicado (c), "imóvel", é o próximo (26-33). O-que-é é imóvel na medida em que "nem dá início nem chega a termo", "visto que a geração e o perecer foram banidos" (início e termo sendo, respectivamente, a geração e o perecer do movimento). E fica exatamente onde está porque "a poderosa necessidade segura-o na estreiteza de um limite que o encarcera de todo lado" – em outras palavras, preenchendo-se todo espaço disponível até esse limite, não há espaço para o movimento. O fundamento para a atribuição desse limite é o que segue: "Pois não é próprio d'o-que-é ser inacabado: se o fosse, de tudo careceria". A ausência de um limite seria uma forma de incompletude e, portanto, uma falta; visto que, segundo a Primeira Lei, não pode tanto ser falto como não ser falto, seria totalmente falto e, portanto, não existente.

"Imóvel" é aqui frequentemente interpretado como "imutável", tomando-se o limite como símbolo de "invariância". O perigo que uma desliteralização encara é diluir o argumento na trivialidade "não muda porque não muda". Na leitura espacial a que sua linguagem mais naturalmente invita, Parmênides tem um argumento substancial. Se tem, ademais, um argumento contra a mudança em geral, é aquele contra a geração paulatina (11-13), que bem pode incluir a geração de novas propriedades.

Particularmente enigmáticos são os versos 34-41 de B8. Parecem sustar o fluxo do argumento, ao separar a prova do predicado (c) da prova do predicado (d), que se encontra em 42-49. Há quem considere esses versos como parte da prova final, outros julgaram-nos deslocados de sua correta posição, outros, ainda, que fossem um sumário dos resultados até agora obtidos e, afinal, outros tomaram-nos como uma digressão contra o empirismo. Minha preferência está em vê-los como o lugar em que Parmênides corrobora o monismo, a tese que a tradição posterior mais comumente associa a seu nome. Antes de embarcar na prova final, do formato d'o-que-é, a deusa deve fazer uma pausa para demonstrar sua *singularidade*. Já mostrara que não é dividido. Há, no entanto, ainda três candidatos a ser: (1) o pensamento, (2) o tempo e (3) a pluralidade dos comuns objetos empíricos. Cada qual é considerado em sequência.

(1) "O pensamento é idêntico àquilo de que se ocupa o pensamento": o pensamento é idêntico a seu objeto, o-que-é. "Pois no que foi dito" – isto é, nos argumentos até agora apresentados pela deusa – "não encontrarás o pensamento separado do ser"(34-36). Houve muita resistência, entre os estudiosos de língua inglesa, à atribuição a Parmênides de uma identificação entre ser e pensamento. Ainda assim, é a única leitura natural de B3 (de localização incerta): "Pois é o mesmo pensar e ser".[9] Além disso, o preço de *não* identificar pensamento e ser é solapar o monismo, ao separar o sujeito pensante do objeto de pensamento, o-que-é. Parmênides não nega que o pensamento ocorra, mas, visto que o ser é tudo o que há, deve negar que o pensamento seja diferente do ser. Assim, devemos considerar que ele sustenta que o que pensa é e que o que é pensa. Pode ser por isso que, no proêmio (B1.29), a deusa promete ensinar a Parmênides "a *mente* inabalável da verdade redonda".[10] A confusão não é surpreendente no contexto da filosofia grega em seus primórdios. Anaximandro, Anaxímenes e Heráclito tratam o existente primário, o material básico do universo, como divino. Melisso, discípulo de Parmênides, como veremos, igualmente fala a respeito de seu Um como se fosse um ser vivo.

---

[9] Quem resiste à identidade entre pensamento e ser é forçado a traduzir essa passagem como, por exemplo, "pois é o mesmo o que há para pensar (isto é, como objeto de pensamento) e para ser (isto é, como sujeito do verbo "ser")" – uma sintaxe bastante tortuosa. Para uma detalhada defesa da identidade entre pensamento e ser, cf. Long [305].

[10] Agradeço a Tony Long essa observação.

(2) "Nem há ou haverá tempo[11] para além d'o-que-é, visto que o Destino o agrilhoou de modo a ser todo e imóvel" (37-38). Sugiro que esse ser todo (= "o todo"?) e, portanto, espacialmente todo-includente, significa que não pode haver mudança externa que forneça uma medida do tempo, com o ser imóvel eliminando igualmente qualquer medida interna do tempo.

(3) "Portanto, <o-que-é>[12] foi chamado de todas as coisas que os mortais postularam, julgando que fossem reais – vir-a-ser e perecer, ser e não ser, mudar de lugar e alterar a cor brilhante" (38-41). Parmênides aqui mostra por que não precisa sentir-se embaraçado diante da premissa anterior de que o que se pode falar ou pensar deve existir (B6.1). Essa premissa parece povoar seu mundo com uma vasta pluralidade de itens – caldeiras, porcos, arcos-íris e até mesmo bichos-papões. Porém, que todos esses nomes apenas refletem as ineptas tentativas humanas de se falar sobre uma só coisa, a saber, o-que-é, visto não haver nada mais sobre o que se falar.

Resguarda-se, assim, o monismo. Estamos agora prontos para a descrição final, o predicado (d): o-que-é é esférico. "Visto, porém, que há um limite exterior, é completo de todos os lados, como a massa de uma bola – igualmente balanceado de todos os lados em relação ao centro" (42-44). Isso certamente *soa* como uma descrição geométrica literal de seu formato. Gramaticalmente, "igualmente balanceado em relação ao centro" é dito d'o-que-é, não da bola com a qual é comparado. Daí que pareça pouco promissor o recurso comumente adotado de se tomar a passagem como uma comparação a uma esfera meramente em termos de perfeição ou uniformidade. Torna-se ainda menos promissor se examinarmos o argumento que segue (44-49):

> Pois não deve ser maior aqui do que ali ou menor. Pois (1) nem há o-que-não-é, que poderia impedi-lo de alcançar a mesma distância; (2) nem há a

---

[11] Essa leitura, *oudè khrónos estin è éstai* no verso 36, é defendida por Coxon [270] com base na transmissão do texto por Simplício.

[12] Ler "o-que-é" como sujeito de *onomásthai* é a proposta de M. Burnyeat, "Idealism and Greek philosophy", *PR* 91 (1982) 19 n. 22, adotada por KRS, 252.

possibilidade de o-que-é ser mais o-que-é aqui que ali, visto ser imune a espoliações: pois, igual a si mesmo de todos os lados, tem igual ser no interior de seus limites.

A menos que se possa encontrar uma explicação metafórica plausível para "maior" e "menor",[13] que contemple Parmênides com um argumento real, não temos outra escolha a não ser interpretá-los em sentido espacial literal. O-que-é não pode ser maior em uma direção do que em outra, isto é, ser assimétrico, o que tornaria um raio maior do que outro: (1) não há não ser que encurte o raio; (2) não há esmorecimento que crie desbalanceamento, uma vez que, visto ser igual dentro de seus limites, nada falta a si. Em resumo, não pode haver explicação para assimetria, isto é, para qualquer formato que não uma esfera.

Assim termina a Via da Verdade. Contudo, o-que-é pode ser realmente geometricamente esférico, sem sacrifício de sua ausência de partes? Seguramente uma esfera tem partes distintas – segmentos, hemisférios etc. A resposta, julgo, não é que divisões não *possam* ser impostas (testemunha disso é a maneira como os mortais fragmentam a realidade), mas que compreendemos de modo errôneo a realidade se as impomos. Nesse caso, a importância de sua esfericidade é que a esfera seja a única forma que se *pode* conceber como um todo único sem distinção de partes: qualquer forma assimétrica poderá ser apreendida apenas se se distinguirem cantos, faces, arestas etc. As instruções que recebemos da deusa (B4, de localização incerta, mas presumivelmente pouco posteriores ao proêmio) foram as de não tentarmos impor distinções espaciais:

> Olha em pensamento igualmente[14] para as coisas ausentes como firmemente presentes, pois o pensamento não impedirá o-que-é de ligar-se a o-que-é, quer espalhado por todo lugar de todo modo pelo mundo, quer reunido.

---

[13] *Meîzon* e *baióteron* (44-5) significam "maior" e "menor", não "mais" e "menos" como sugerido por algumas traduções modernas de Parmênides.
[14] Lendo *homôs* em lugar de *hómos* no primeiro verso.

Antes de deixarmos a Via da Verdade, devemos considerar sua estrutura argumentativa. Uma vez que a escolha das vias estava completa, a deusa nos conduziu por uma série de provas em larga medida independentes que demonstravam cada predicado d'o-que-é. Só depois é que a conclusão de uma prova serviu como premissa de outra, quando (B8.27-28) (a) a rejeição da geração e do perecer foi invocada como fundamento para (c) a negação do movimento. À exceção desse ponto, cada prova se restringia a si própria, suas premissas sendo apresentadas ou como autoevidentes ou, então, como dependentes de uma Lei ou de ambas. Isso contrasta nitidamente com a metodologia de Melisso.

Todavia, em um enigmático fragmento a deusa observa: "É-me absolutamente o mesmo onde começo, pois retornarei para lá" (B5). Retornar ao lugar de onde se parte deveria ser a marca distintiva da via dos mortais, o "voltar atrás", sendo difícil imaginar que argumentos da Via da Verdade possam ter essa estrutura. Em particular, ela dificilmente poderia ter começado de outro modo que com a proscrição do "... não é", não sendo esse o ponto ao qual retorna. Alguns supõem, por essa razão, que esse fragmento pertence à Via do Parecer, mas sua fonte, Proclo, segue em direção oposta. Melhor palpite é, talvez, que, no contexto, "lá" se refira não ao ponto de partida arbitrariamente escolhido, mas a o-que-é. Assim, ela tenciona afirmar que todos os argumentos, de onde quer que partam, remontam de novo ao ser, já que, em última análise, ele é o único sujeito possível de discurso racional.[15]

Minha caracterização não está completamente de acordo com as apreciações recentes de Parmênides.[16] Se estudiosos de língua inglesa como Burnet e Cornford fazem dele o cosmólogo radical que igualmente alego que é, uma tradição germânica, a que em especial Heidegger dá combustível no século XX, recria-o puramente como um metafísico e G. E. L. Owen, em seu seminal artigo "Eleatic questions", de 1960, sente a obrigação de inocentá-lo da pecha de "cosmólogo", a fim de autorizá-lo como filósofo. O presente capítulo, embora em débito para com esses estudos, recusa uma escolha assim

---

[15] Para uma interpretação idêntica, cf. Bodnár [282].
[16] Para caracterizações divergentes neste volume, cf. Graham p. 227-228; Lesher, p. 312-313; e McKirahan, p.198 n. 15.

absoluta. A Via da Verdade de Parmênides não é, com certeza, um tratado de física. Ainda assim, permanece como uma contribuição ao debate cosmológico tradicional, em razão do fato de que sua metodologia abre caminho para as disciplinas recém-criadas da metafísica e da lógica. Mesmo em suas teses metafísicas mais ultramundanas, a identificação do pensamento com o ser encontra, como argumentei, um lugar de respeito na antiga tradição cosmológica.

A Via do Parecer

Podemos agora nos voltar para as "opiniões dos mortais". A deusa apresenta, sem argumentar, uma análise do mundo fenomênico em termos de duas "formas" ou elementos opostos, chamados "luz" e "noite", sendo o primeiro brilhante, rarefeito e ígneo, e o segundo obscuro, denso e frio. A sequência (hoje perdida) incluía uma cosmologia com uma deusa criadora, uma descrição detalhada dos céus como um conjunto de faixas concêntricas, uma embriologia e uma fisiologia da cognição humana.

Contudo, por que ensinar tudo isso a Parmênides? Desde o início ela declara que a Via do Parecer não é confiável (B1.30) e agora, ao embarcar nela, a deusa a descreve como "enganosa", se "plausível" (B8.52, 60). Apesar disso, Parmênides deve aprendê-la "para que nenhuma opinião de mortal possa deixá-lo para trás" (51). Diante disso, ela pode apenas querer dizer que a cosmologia será a melhor de seu gênero, um competidor bem-sucedido em face das teorias cosmológicas então oferecidas. De fato, a sequência era competitiva: chegava a conter duas descobertas astronômicas de grande monta, a de que a Estrela da Manhã e a Estrela da Tarde são idênticas e a de que a lua é iluminada pelo sol. Se, porém, a Via da Verdade é verdadeira, a cosmologia deve ser falsa. Por que, então, entrar no jogo?

A resposta tem algo a ver com a aritmética. Aqueles de maior porte entre os predecessores de Parmênides haviam sido monistas materialistas, que reduziam a realidade a manifestações de uma só matéria. A cosmologia de Parmênides é igualmente claramente dualista. Assim, não é acidental que passe de *uma* entidade na Via da Verdade a *duas* na Via do Parecer (B8.53-4):

Pois eles [os mortais] decidiram nomear duas formas, das quais não se deveria nomear uma, donde seu erro.

Apesar de uma longa controvérsia a respeito do significado dessa passagem, parece mais provável afirmar que dois, muito embora seja o mínimo em cosmologia, ainda assim é demais. Aristóteles plausivelmente suspeita de que os dois elementos de algum modo correspondam àquilo que na Via da Verdade são chamados o-que-é e o-que-não-é. O dualismo elementar, portanto, é a contraparte física da combinação, por parte dos mortais, do ser com o não ser.

Podemos dizer se o ilícito segundo elemento, correspondente ao não ser, é a luz ou a noite? Aristóteles e Teofrasto consideraram fosse a noite. A suposição, no entanto, pode ter sido condicionada pelo familiar simbolismo, segundo o qual a luz representa a verdade e a realidade. Os estudiosos modernos[17] mostraram que esse não é o uso da imagem da luz em Parmênides. Com efeito, a jornada alegórica no proêmio passa da luz à Mansão da Noite. Isso dá credibilidade adicional à proposta de Karl Popper de que a luz – o elemento que por excelência informa os sentidos – é o intruso.[18] Parmênides sabia, e foi talvez o primeiro a reconhecê-lo, que a lua é, na verdade, uma esfera sólida, suas aparentes mudanças de formato uma ilusão gerada pelo jogo de luz. Isso, Popper sugere, pode ter inspirado uma caracterização análoga para como o universo, na realidade uma esfera indiferenciada, foi dotado de uma aparente variabilidade no espaço e no tempo em razão da intrusão de um segundo elemento luminóide.

Como, então, a cosmologia complementa a Via da Verdade? Acima de tudo, por mostrar como transpor o abismo entre verdade e aparência cósmica. Todo o espectro dos fenômenos cósmicos pode ser gerado pela intrusão de apenas um item adicional – por iniciarmos com dois em vez de um. Isso lança luz sobre o fato frequentes vezes assinalado de que as detalhadas descrições do cosmos imitam a linguagem da Via da Verdade. Por exemplo, em B10 o "céu circundante" é "agrilhoado pela Necessidade de segurar os limites

---

[17] Furley [293].
[18] Popper [316].

das estrelas", imediatamente ecoando a descrição d'o-que-é como agrilhoado e imóvel pela necessidade na estreiteza de seus limites (B8.30-31). Isso tende a confirmar que a mesmíssima esfera seja primeiramente descrita do modo correto e, então, na cosmologia, redescrita de maneira incorreta.

Nessa interpretação, a Via do Parecer não legitima os fenômenos, antes dirige-se ao problema mais fulgurante a defrontar quem esteja prestes a aceitar as conclusões de Parmênides: como pode a experiência humana ter errado tão catastroficamente em sua apreciação das coisas? Na verdade, diz-nos a deusa, o passo da aparência à realidade é surpreendentemente pequeno, um erro numérico de apenas uma unidade.

É fato que isso nem de longe resvala no problema de responder pelo erro humano. Segundo Parmênides, contudo, não há sujeitos pensantes separados. Tudo o que pensa é o-que-é pensando-se a si mesmo. Como poderia ele conceber-se a si mesmo de maneira errônea? Essa é uma questão que Parmênides lega a seus intérpretes.[19]

Melisso

Podemos situar Melisso em meados ou fins do século V a.C. Em grandes linhas, seu tratado argumentava que o que existe é (i) omnitemporal; (ii) infinito em extensão; (iii) uno; (iv) homogêneo; (v) imutável, isto é, sem (a) reordenamento, (b) dor, (c) pesar ou (d) movimento; (vi) indivisível; e (vii) incorpóreo.

Essa defesa metódica de uma versão do monismo eleata foi escrita em prosa jônica, sem adornos, a anos-luz de distância das exageradas obscuridades poéticas de Parmênides. Graças a sua relativa simplicidade, suas formulações refletem antes as antigas formulações do eleatismo que as de Parmênides. As conclusões são em larga medida parmenídicas, mas os argumentos não o são. Há poucos sinais da premissa mais fundamental de Parmênides, a rejeição de "... não é". Além disso, se Parmênides, como vimos, em geral

---

[19] Para uma discussão mais alentada sobre como Parmênides lida com o erro e a cognição humanos, cf. Lesher e Laks, neste volume, p. 310-311 e 328.

inferia d'o-que-é cada predicado por meio de um argumento independente, praticamente todos os argumentos de Melisso formam uma única cadeia, cada predicado sendo inferido do predicado imediatamente pecedente.

Melisso não está interessado no modo de investigação altamente refinado de Parmênides, segundo a lógica do ser e da negação. Ele escreve, sugiro, como um físico jônio dirigindo-se a uma audiência afim e expõe o Um eleata com argumentos apropriados à cosmologia jônica. O título de seu tratado (provavelmente autêntico, apesar da hesitação de alguns estudiosos), *Perì phýseos è perì toû óntos* (*Sobre a natureza ou sobre o-que-é*), rotula sua caracterização como uma *Física* eleata. Seu afastamento de Parmênides, ao permitir-se uma linguagem temporal comum e ao postular um ser espacialmente infinito, é mais sintomático desse projeto do que de uma independência intelectual.

Temos o texto completo dos dois primeiros argumentos do livro. Porém, acredito que os estudiosos erram ao localizar no ponto em que a localizam a divisão entre o argumento (i), acerca da infinitude temporal, e o argumento (ii), acerca da infinitude espacial.[20]

> (i) "Omnitemporal"
> (DK 30 B1) Sempre foi o que foi e sempre será. Pois, se veio a ser, é necessário que antes de vir a ser não fosse (ou "existisse") nada. Se, pois, nada era (ou "existia"), nada pode vir a ser do nada. (B2, início) Visto, pois, que não veio a ser, é, sempre foi e sempre será.

---

[20] Argumento (i): (B1) *aeì ên hó ti ên kaì aeì éstai. ei gàr egéneto, anagkaîón esti prìn genésthai eînai medèn ei toínyn medèn ên, oudamà àn génoito oudèn ek medenós.* (B2, início) *hóte toínyn ouk egéneto, ésti te kaì aeì ên kaì aeì éstai.* Argumento (ii): (restante de B2) *kaì arkhèn ouk ékhei oudè teleutèn, all' ápeirón estin. ei mèn gàr egéneto, arkhèn àn eîkhen (érxato gàr án pote ginómenon) kaì teleutèn (eteleútese gàr án pote ginómenon). hóte dè méte érxato méte eteleútesen, aeí te ên kaì aeì éstai, ouk ékhei arkhèn oudè teleutén.* No fr. 2, não há necessidade de adicionar <*kaì*> antes de *ouk ékhei arkhèn*, com Diels-Kranz e outros: basta tomar o *te* imediatamente precedente como "e" em lugar de "tanto" (correlato de um *kaì*, "como", logo a seguir). Que o argumento (ii) se dirija contra a infinitude espacial (cf., em especial, Reale [277]) não tem sido em geral apreciado na literatura sobre Melisso em língua inglesa; cf., porém, KRS, 393-395 para uma honrosa exceção.

Se Parmênides parte de uma premissa altamente paradoxal, a rejeição de "... não é", a premissa inicial de Melisso, a tese causal de que "nada pode vir a ser do nada", dificilmente causaria espécie entre sua audiência. Um princípio ou pressuposto está à raiz do postulado, ubíquo entre os primeiros filósofos gregos, de uma perene matéria primeva do universo. O princípio, raras vezes, se alguma, contestado na Antiguidade, era, em geral, considerado indubitável (como Parmênides, Melisso nos lega a tarefa de formular o princípio converso, de que "nada pode perecer reduzindo-se a nada", como base da indestrutibilidade futura).

Surpreende também, sobretudo em um contexto grego oriental,[21] a expressão, por parte de Melisso, dessa permanência em termos omnitemporais, já que Parmênides havia optado por colapsar o passado e o futuro no presente. Não que necessariamente represente uma grave discordância filosófica. Melisso pode simplesmente estar expondo o pensamento de Parmênides no idioma filosófico que sua audiência compreende.

(ii) "Infinito em extensão"
(B2, continuação) E não tem princípio ou fim [espaciais], antes é infinito. Pois, caso tivesse vindo a ser, teria um princípio [espacial] (pois teria dado início ao processo de vir a ser em algum momento) e um fim [espacial] (pois teria dado cabo do processo de vir a ser em algum momento). Visto, porém, que [o processo] não tem nem princípio nem fim, antes sempre foi e sempre será, não tem princípio ou fim [espaciais].

Desde Aristóteles, os críticos detectam aí uma inferência falaciosa: "se p, q; mas não p; portanto, não q". Isso, no entanto, é provavelmente injusto. Se os argumentos de Parmênides se dirigiam a uma audiência acostumada ao conceito de um universo finito, Melisso assume o oposto – como também nós deveríamos fazer – que o universo será infinito a menos que se possa provar o contrário. Isso reflete o pano de fundo de sua audiência, a física jônica, na qual a infinitude do universo, prefigurada

---

[21] Cf. Heráclito DK 22 B30.

desde Anaximandro, era, no tempo de Melisso, um traço da cosmologia de Anaxágoras e estava a caminho de se tornar uma doutrina cardinal do atomismo.

A pergunta de Melisso é: o que poderia estabelecer limites a o-que-é? Se nada, então é infinito. A única coisa que poderia torná-lo infinito é um processo de geração, o qual, sendo temporalmente limitado, poderia produzir apenas um ser espacialmente finito. Não se pode *criar* uma entidade infinitamente grande, não mais do que se pode construir uma estrada infinitamente longa, dado que um processo em algum momento deve ter início (e, portanto, em algum lugar) e deve ter fim em algum outro momento (e, portanto, em algum outro lugar). Visto, pois, que o argumento (i) demonstrara que ele nunca veio a ser, nada há que o limite espacialmente, tornando-se, pois, infinito à revelia.

Melisso acrescenta, um tanto obscuramente, a maneira como a infinitude espacial do argumento (ii) é inferencialmente dependente da, e paralela à, infinitude temporal do argumento (i). B2-B4 podem ser contínuos, como abaixo:

> (B2, fim) Pois o que não é *tudo* não pode ser *sempre*. (B3) Porém, assim como é sempre, igualmente deve ser infinito em magnitude. (B4) Nada é omnitemporal ou infinito se tem um princípio e um fim.[22]

O próximo movimento de Melisso é de (ii), a infinitude espacial, a (iii), a unidade: "pois, caso houvesse dois, não poderiam ser infinitos, antes teriam confins partilhados" (B6). Esse predicado dá à entidade de Melisso seu nome, o "Um". E de (iii), a unidade, ele infere (iv), a homogeneidade (é "sempre o mesmo, em todo lugar"), com base no fato de que o heterogêneo seria uma pluralidade (*MXG* 974a12-14).[23]

---

[22] (fim de B2) *ou gàr aeì eînai anystón, hó ti mḕ pân ésti.* (B3) *all' hósper éstin aeí, hoútō kaì tò mégethos ápeiron aeì khrḕ eînai.* (B4) *arkhḗn te kaì télos ékhon oudèn oúte aídion oúte ápeirón estin.*

[23] A citação é da paráfrase de Melisso no tratado pseudoaristotélico *De Melisso, Xenophane, Gorgia*.

O significado superficial dessas duas inferências sucessivas é em larga medida evidente – o que o distancia de Parmênides. O que permanece em aberto é o debate acerca da qualidade do argumento. O peripatético Eudemo foi talvez injusto ao observar que a passagem de (ii) a (iii) funciona apenas para coisas infinitas em todas as direções, visto que Melisso claramente tem esse tipo de infinitude em mente em (ii). Por outro lado, o único tipo de unidade que a inferência pode plausivelmente acarretar é a unicidade, e a mera unicidade não é incompatível com ser uma pluralidade heterogênea (a maioria de nós, por exemplo, acredita que o universo possui ambas as propriedades).

Depois de um breve sumário dos resultados atingidos até agora (B7.1), segue-se um argumento genérico em prol do próximo predicado.

(v) "Imutável"
Tampouco perderia algo, tornar-se-ia maior, rearranjar-se-ia, padeceria dor ou pesar. Pois, se cada uma dessas coisas lhe acontecesse, não mais seria uno. Pois, caso mude, é necessário que o-que-é não seja o mesmo, antes o-que-era previamente deve perecer e o-que-não-era deve vir a ser. Se, pois, devesse mudar um só fio de cabelo em dez mil anos, pereceria inteiro no todo do tempo.

Formalmente, dada a estrutura concatenada do raciocínio, o que vai acima pretende ser uma nova inferência com base em (iv), a homogeneidade, embora a conexão inferencial seja, na melhor das hipóteses, fraca. A suposição da mudança realmente impediria que ele fosse "o mesmo" e, portanto, "uno" nos sentidos em que esses predicados foram usados nos argumentos (iv) e (iii), respectivamente? Muito mais interessante é o fundamento subsequente para a imutabilidade, que a deriva do predicado (i), "omnitemporal": qualquer mudança envolve em alguma medida um perecimento e, se as partes de uma coisa são perecíveis, igualmente o todo perecerá, em um tempo infinito. Se as partes de uma coisa são perecíveis, é-lhes *possível* perecer juntas, e (uma antecipação implícita do Princípio de Plenitude?) o que é possível não pode permanecer inatualizado para sempre.

Seguem-se quatro argumentos contra quatro tipos específicos de mudança (B7.3-10). Os três primeiros, contra (a) reordenamento,

(b) dor e (c) pesar, são, em larga medida, uma reaplicação do argume genérico de que a mudança negaria os predicados estabelecidos (i) "omnitemporal" e (iv) "homogêneo". Sob (b), porém, Melisso acrescenta a consideração de que o Um sentir dor seria uma diminuição de seu "poder". Essa observação é exterior à cadeia inferencial, mas exprime a importante tese de que o Um está sendo assimilado a uma divindade.[24] A equação do primeiro existente com deus é, mais uma vez, suficientemente familiar para uma audiência já familiarizada com a obra de Anaximandro, Anaxímenes e Heráclito, a ponto de ser assumida sem qualquer argumento. Todavia, também estabelece uma ligação com Parmênides, que vimos conformar-se à mesma tradição ao identificar pensamento e ser.

O argumento mais importante contra uma forma específica de mudança é aquele contra o movimento (B7.7-10), o qual pode ser dividido como segue:[25]

> (v) (d) "Imóvel"
> 1. Não há vazio. Pois o vazio não é nada. Assim, o que não é nada não pode existir.
> 2. Nem se move. Pois não pode dar lugar a nada, antes é pleno. Pois, caso houvesse o vazio, daria lugar ao vazio; visto, porém, que não há vazio, não tem como dar lugar a nada. (Não poderia haver denso e rarefeito. Pois o rarefeito não pode ser pleno como o denso, antes o que é rarefeito é mais vazio do que o denso. Esse é o critério para distinguir entre pleno e não pleno. Daí que, se algo dá lugar ou absorve, não é pleno; se, porém, nem dá lugar nem absorve, é pleno.)
> 3. [sumário] Portanto, (1) deve ser pleno, se não há vazio; e, portanto, (2) se é pleno, não se move.

Esse é o primeiro argumento de que se tem notícia que torna o movimento dependente do vazio (ainda que a ausência do vazio possa já estar

---

[24] Para testemunhos de que Melisso identificava o Um a deus, cf. DK 30 A13.
[25] Análise baseada em Sedley [409] 178-179.

implícita na refutação do movimento em Parmênides). A rejeição, por parte de Melisso, do vazio como um nada e, portanto, não existente, é o mais perto que ele chega do modo parmenídico de argumentar por meio da lógica do ser e da negação. Ele não nega um vazio *externo* para o qual o Um poderia mover-se. Isso não é necessário, visto que o Um é infinito em todas as direções. Ele nega uma *mistura* com o vazio que tornaria o Um menos do que totalmente denso e, pois, permitiria o movimento por compressão ou redistribuição: esse é o ponto da declaração parentética em (2).

Permanece ainda a inferência de (v) (d), "imóvel", a (vi), "indivisível". (B10): a divisão é considerada um processo que envolve o movimento de partes sendo separadas. Finalmente, chegamos a uma inferência, a saber, (B9), que é difícil de encaixar na cadeia de argumentos, sendo, na verdade, uma derivação adicional, com base no predicado (iii):

> (vii) "Incorpóreo"
> Sendo uno, não deve possuir (um?) corpo. Se possuísse massa, possuiria partes, não sendo, portanto, uno.

Causa estupor dever-se agora provar que o Um, que se provou ser totalmente denso e, portanto, imóvel, seja incorpóreo. Em princípio, parece mais provável que Melisso esteja aqui a negar que o Um tenha *um* corpo, com partes orgânicas, rejeitando, pois, uma concepção antropomórfica da divindade. Porém, a referência à "massa" sugere que o alvo é a corporeidade enquanto tal.

Assim como Parmênides criticara a confiança nos sentidos (B6), igualmente Melisso, aparentemente em uma seção separada de seu tratado, voltava suas conclusões ontológicas contra os sentidos (B8):

> Assim, esse argumento é a melhor evidência de que há apenas uma coisa. Não obstante, há outras evidências:
> Se houvesse muitas coisas, devem ser como digo ser o Um. Pois se há terra, água, ar, fogo, ferro, ouro, criaturas vivas e mortas, branco, preto e as demais coisas que as pessoas dizem ser reais, se há essas coisas e vemos e ouvimos corretamente, devem ser como a princípio se nos pareceram, sem que se mudem ou alterem: cada qual deve permanecer tal qual.

Ora, dizemos que vemos, ouvimos e compreendemos corretamente. Parece-nos, porém, que o quente se torna frio e o frio se torna quente; que o duro se torna macio e o macio se torna duro; que o vivente morre e do não vivente vem a ser; que todas essas coisas se alteram e o que era antes e o que é agora não são semelhantes; que o ferro, sendo duro, desgasta-se por contato com o dedo, o que também sucede ao ouro, à pedra e a tudo o mais que parece duro; e que da água vêm a ser terra e pedra.

Ora, essas coisas são inconsistentes. Dizemos haver muitas coisas perenes que têm formas e vigor, mas todas nos parecem alterar-se e mudar do estado em que as vemos a cada momento. É, pois, evidente que não vemos corretamente e que a aparência de existência dessa pluralidade de coisas é incorreta. Pois não mudariam, caso fossem verdadeiras, antes cada qual *seria* tal como aparece. Pois nada é mais verdadeiro do que o real, ao passo que, se se muda, o-que-é perece e o-que-não-é vem a ser.

Assim, pois, caso houvesse muitas coisas, teriam de ser como o Um.

O que existe tem de ser imutável (predicado [v]). Se os objetos dos sentidos existissem, teriam de ser imutáveis. Os próprios sentidos, porém, reportam-nos a mudança. Portanto, os objetos dos sentidos são ilusórios.

Retrospecto

As primeiras tradições em cosmologia investigaram a composição do universo por meios empíricos, tentando identificar um material privilegiado no ciclo de transformações elementares e tentando dar conta das regularidades de seu comportamento, assimilando-o a modelos biológicos, mecânicos ou políticos, mais familiares. Nem Parmênides nem Melisso intentam afastar-se dessa disciplina cosmológica. Permanecendo no interior de seus limites, põem em xeque o uso de critérios empíricos, com os quais geralmente advêm respostas rivais em número por demais grandiosos para inspirar confiança. Assim, ambos aconselham um novo início, um apelo a princípios *a priori*, a fim de se ver até que ponto se podem restringir as respostas possíveis às questões dos cosmólogos. O resultado é notável: em virtude de sua perfeita homogeneidade ao longo do tempo e do espaço, o universo não pode possuir nenhum dos traços diferenciais que os cosmólogos de até então tomavam como seus *explananda*.

Até aqui, não há diferença entre Parmênides e Melisso, a não ser no que diga respeito às diferenças estilísticas que tipicamente separam a prosa do verso. Ademais, compartilham um vigoroso interesse – corolário natural de sua abordagem *a priori* – pelo método inferencial, embora Melisso vá ainda mais além ao impor uma arquitetura geral mais clara a seu argumento. Mesmo o tipo de premissas *a priori* a que fazem apelo pode ser em certa medida compartilhado – por exemplo, considerações acerca de como o espaço disponível pode condicionar o movimento. Apesar disso, é aqui que suas maiores diferenças podem ser localizadas. Os pontos de partida de Parmênides extrapolam a tradição física: os princípios de referência e negação, as condições do pensamento e o comportamento lógico do verbo "ser". Os princípios *a priori* de Melisso – a impossibilidade da geração *ex nihilo*, a infinitude do espaço e do tempo – são do tipo com o qual sua audiência, afinada com as investigações cosmológicas de então, sentir-se-ia à vontade. Melisso pode, assim, ser comparado a Zenão. Cada um a seu modo, ambos pretendem, perante uma audiência que não se deixaria convencer facilmente, defender a cosmovisão parmenídica, traduzindo-a nos termos dessa mesma audiência. Zenão o faz por meio de um apelo dialético a pressupostos de senso comum acerca do espaço e do tempo. Melisso aborda a mesma tarefa sob o prisma do apelo de um físico a princípios do pensamento científico de então.

7 Zenão

RICHARD D. MCKIRAHAN JR.

Muito de nossa escassa informação a respeito da vida de Zenão provém do prólogo do *Parmênides* de Platão. Muitos estudiosos aceitam que, quando Sócrates era "muito jovem" (embora já avançado o suficiente em anos para engajar-se em um debate filosófico), Zenão tinha quarenta anos e Parmênides, sessenta e cinco (*Parm.* 127a-b). O diálogo se passa durante as quadrienais Grandes Ateneias, sendo suas datas dramáticas mais prováveis o ano de 454 a.C., quando Sócrates contava quinze anos, ou o ano de 450 a.C., quando Sócrates contava dezenove anos.[1] Ademais, Platão declara que "Zenão era bem-proporcionado e belo de se ver; circulava o boato de que fosse o amado de Parmênides" (127b), o que é perfeitamente possível, mas não é atestado em quaisquer outras fontes. Ainda que as datas dramáticas sejam historicamente plausíveis,[2] é notoriamente impossível confiar nas informações sobre os primeiros filósofos que encontramos em Platão, o que faz com que não seja muito sábio aceitar sem mais o que ele afirma. A conversação no *Parmênides* certamente jamais ocorreu, e podemos mesmo duvidar que Sócrates alguma vez tenha-se encontrado com os eleatas. Além disso, Platão indica que o tratado de Zenão era desconhecido em Atenas antes da data dramática do diálogo (127c), mas também dá a entender que havia sido escrito muitos anos antes e que circulava (aparentemente desde pouco depois

---

[1] Para uma posição cética no tocante a essas indicações cronológicas, cf. Mansfeld [32] 64-68.

[2] Não podemos, porém, saber por certo se Zenão alguma vez visitou Atenas. Diógenes Laércio (IX.28) afirma que ele jamais deixou Eleia. No entanto, Plutarco informa que Zenão instruiu Péricles (*Péricles* 4.3) e Platão (*Primeiro Alcibíades* 119a) afirma que Zenão ganhou um bom dinheiro ensinando em Atenas, o que sugere pelo menos uma visita longa.

de escrito) sem a autorização de Zenão (128d) – teses que, muito embora não sejam contraditórias, são difíceis de ser conciliadas.³

Platão declara que o livro procurava defender Parmênides contra aqueles que apontavam consequências absurdas em sua concepção de que há apenas uma coisa. O livro continha argumentos que mostravam que absurdos maiores decorrem da hipótese desses oponentes – "se há muitas coisas" – do que da concepção sob ataque (128c-d). Devemos, porém, usar de cautela. Tudo o que sabemos a respeito de Zenão confirma que o tratado continha diversos argumentos. É possível que o livro não se pronunciasse quanto ao propósito dos argumentos. Sócrates infere seu propósito depois de ouvi-lo (128a-b). Se é assim, as asserções de Platão são uma interpretação que exige um exame detalhado.

A interpretação de Platão está aberta a diversas questões. Primeiramente, a mais óbvia, muito embora o propósito da obra de Zenão fosse, segundo Platão, "argumentar, contra tudo o que se diz, que as coisas não são muitas... cada um de seus argumentos prova esse ponto" (127e), é que muitos desses argumentos atacam não a pluralidade, mas o movimento, e outros têm ainda outros alvos. Além disso, a conexão filosófica que se afirma existir entre Parmênides e Zenão, segundo a qual Zenão defende sua posição argumentando contra o pluralismo, enquanto Parmênides argumenta positivamente em prol de um monismo radical (128c-d), tem sido negada. Ainda pior, alguns têm defendido que alguns dos argumentos de Zenão na verdade depõem contra Parmênides, dando suporte a muitos de seus oponentes. A interpretação de Platão fica fatalmente comprometida caso essas acusações sejam verdadeiras, e tudo o que sobrevive de Zenão é um conjunto de argumentos de mérito variado, cada um dos quais digno por conta própria de escrutínio, mas que, juntos, não constituem um todo.⁴

---

3   Quantos livros Zenão escreveu? Platão menciona apenas um, e o faz de uma maneira que nos desencoraja a pensar que possa haver outros. A *Suda* lista quatro títulos, mas inspira pouca confiança; é ainda menos clara no que diz respeito à qual desses quatro é aquele descrito por Platão. Cf. Lee [324] 8.
4   Para essa leitura de Zenão, cf. Barnes [14] 234-235.

No que segue, resistirei a essa corrente de interpretação. Assumindo-se que a importância de Zenão reside sobretudo em seus argumentos tomados individualmente e que a ligação entre Zenão e Parmênides requer investigação mais profunda, ainda há boas razões para se defender a tese de Platão de que o propósito de Zenão era o de fazer quem ridicularizava a filosofia eleata provar do próprio remédio.

O primeiro paradoxo de Zenão

O livro de Zenão mencionado por Platão continha quarenta argumentos contra a pluralidade.[5] Nem sempre é claro o que conta como um único argumento zenoniano, mas em uma conta plausível aproximadamente uma dúzia nos foi transmitida,[6] dos quais apenas metade atacam diretamente a pluralidade.

Segundo Platão, o primeiro argumento era coberto pela seguinte descrição: "Se são muitas as coisas que são, devem ser tanto semelhantes como dessemelhantes; ora, isso é impossível, pois coisas dessemelhantes não podem ser semelhantes e coisas semelhantes não podem ser dessemelhantes" (*Parm.* 127e). Platão interpreta o argumento de Zenão como o de que, se as coisas fossem muitas, teriam atributos impossíveis; portanto, as coisas não são muitas. Interpreta-o, ainda, como dando suporte ao monismo parmenídico.

Abordo essas questões em ordem reversa. Primeiramente, quanto ao monismo, alguns sustentam que Parmênides não seria de fato um monista,[7] de modo que a interpretação de Zenão que Platão nos oferece estaria inapelavelmente errada. Discordo dessa interpretação de Parmênides, mas, como o espaço aqui não o permite, não argumento em prol

---

[5] Proclo, *In parm.* 694.23-5; Elias, *In cat.* 109.17-30.
[6] Essa conta inclui os dois argumentos (que não estão em DK) que Proclo atribui a Zenão em seu *Comentário ao Parmênides de Platão*, 769.22ss. e 862.25ss., traduzidos e discutidos em Dillon [327] e Dillon [326], respectivamente.
[7] Barnes [14] 207.

de minha leitura.⁸ Também já foi observado que monismo e pluralismo não são as únicas concepções possíveis: rejeitar uma não implica aceitar a outra. Um terceira concepção possível, a de que nada existe, foi proposta no século V a.C. por Górgias.⁹ Julgo essa consideração logicamente sã, mas não convence. A questão não é se há outras possibilidades formais, mas quais ideias eram correntes à época e quais eram os alvos de Zenão. Cronologicamente falando, Górgias dificilmente poderia haver proposto sua teoria antes de Zenão haver escrito seu livro, e não há razão para supor que, quando Zenão o escreve, o niilismo fosse a ordem do dia. Além disso, se os oponentes de Zenão fossem "advogados da pluralidade" (128d), seria uma estratégia sã provar que suas concepções são insustentáveis. Tendo-o feito, seria mais receptivo com os argumentos positivos de Parmênides em prol do monismo. Na verdade, Platão esclarece que os argumentos de Zenão não constituem uma prova do monismo: quando Sócrates sugere que constituem, Zenão responde que não, apenas atacam o pluralismo (128b-d).

Em segundo lugar, Platão revela que o argumento de Zenão é formalmente incompleto. Zenão afirma que (a) as coisas são muitas e (b) são tanto semelhantes como dessemelhantes; ora, (b) é impossível. É Sócrates, não Zenão, quem infere que a impossibilidade de (b) acarreta a falsidade de (a). Esse passo final é característico de argumentos conhecidos como *reductio ad absurdum* e *reductio ad impossibile*. Para provar que X é falso, provo que X implica Y e que Y é absurdo ou impossível; segue-se, pois, que X é falso. Visto que todos os argumentos supérstites mostram que algo absurdo ou impossível se segue da hipótese, mas nenhum deles contém o passo característico, alega-se que Zenão "não usa a *reductio ad absurdum* como técnica de prova negativa".¹⁰ Também essa tese, embora logicamente correta, não consegue ser persuasiva. Platão torna abundantemente claro que o argumento pretende provar que (a) é falsa. Se Zenão não chega a extrair a conclusão de que (a) é impossível, o contexto deixa claro que essa é a conclusão a ser extraída – o

---

⁸ Cf. McKirahan [10] 169.
⁹ Barnes [14] 235.
¹⁰ Barnes [14] 236.

que mais poderia estar em jogo no argumento? – e, assim que percebermos que (b) é impossível, Zenão espera que sejamos capazes de chegar a essa conclusão por conta própria. Retoricamente, se não formalmente, o argumento é uma *reductio*.

Em terceiro lugar, Platão não afirma como Zenão passa de (a) "se as coisas são muitas" a (b) "devem ser tanto semelhantes como dessemelhantes". Tampouco há maneira de sabermos precisamente o que ele quer dizer com "semelhante" e "dessemelhante". Ademais, a razão pela qual (b) é julgada ser impossível, a saber, (c) "coisas dessemelhantes não podem ser semelhantes e coisas semelhantes não podem ser dessemelhantes" pode ser entendida de mais de uma maneira. O estado das evidências torna impossível reconstruir o argumento com segurança. Uma reconstrução é a seguinte: se há muitas coisas, há pelo menos duas delas; tomem-se duas delas, A e B; A é dessemelhante de B porque A difere de B em pelo menos um aspecto (por exemplo, que A seja diferente de B, mas B não seja diferente de B); semelhantemente, B é dessemelhante de A; ora, A é semelhante a A (porque A não difere de A de maneira alguma) e B é semelhante a B; portanto, A e B são ao mesmo tempo semelhantes e dessemelhantes. Se esse é o raciocínio de Zenão, o argumento falha, porque A e B podem muito bem ser semelhantes e dessemelhantes da maneira indicada. A suposta impossibilidade surge apenas se as mesmas coisas são ao mesmo tempo semelhantes a, e dessemelhantes de, uma mesma coisa quanto ao mesmo aspecto.[11] Zenão pode chegar a essa conclusão de maneira válida, mas não dispomos de qualquer indicação de que o faça.

Em quarto lugar, o argumento é uma antinomia. Nessa forma particular de *reductio ad impossibile*, a impossibilidade inferida da premissa é uma contradição lógica da forma "*p* e não *p*". Esse tipo de argumento é tipicamente zenoniano. Sabemos de outros argumentos que mostram que as mesmas coisas são uma e muitas e que estão em movimento e em repouso (Platão, *Fedro* 261d). Um argumento supérstite argumenta que, se há muitas coisas, as mesmas coisas são limitadas *(peperasménon)* e

---

[11] Essa é essencialmente a reconstrução de Cornford [285] 68. Para outras reconstruções, todas contendo falácias, cf. Barnes [14] 237-238, McKirahan [10] 182-183.

ilimitadas *(ápeiron)* (DK 29 B3). Outro conclui que cada um dos muitos é tanto pequeno como grande (parte desse argumento está em B1-2). Os argumentos a respeito do movimento também podem ser reconstruídos como antinomias.

Outro paradoxo a respeito da pluralidade

"Zenão afirma que, se alguém lhe esclarecer o que é o um, poderá falar do que é" (Eudemo, *Phys.* fr. 7, citado por Simplício, *In phys.* 97.12-13). Este era o desafio de Zenão aos pluralistas: "Dai-me uma caracterização coerente do que é ser uma de vossas muitas coisas e conceder-vos-ei o pluralismo". Passa, então, a demonstrar as impossibilidades resultantes das diversas concepções pluralistas.[12]

Um desses argumentos, aparentemente contra a concepção de que há corpos tridimensionais, envolve a antinomia de que, se as coisas são muitas, serão tanto grandes como pequenas, especificamente (a) tão pequenas que não terão tamanho e (b) tão grandes que serão ilimitadas *(ápeiron)*. Zenão sustenta não apenas que (a) e (b) são mutuamente inconsistentes, como também que cada qual de *per se* já apresenta sérias dificuldades.

O raciocínio para (a) foi preservado, mas incompleto. Sabemos apenas que Zenão argumentava que cada um dos muitos é "o mesmo que ele mesmo e uno", disso concluindo que não tem tamanho. Argumentava, então, que "tudo o que não tem tamanho, espessura ou volume não existe", como segue:

> Pois, se fosse adicionado a outro, não o tornaria em nada maior, já que, não tendo tamanho, ao ser adicionado a ele não o aumentaria em tamanho, donde se segue que o adicionado não é nada; e se em nada o diminui quando subtraído nem o aumenta quando adicionado, é evidente que não são nada o subtraído e o adicionado. (B2)

---

[12] Sigo Owen [338] 46 nessa interpretação do testemunho de Eudemo. Outros veem nele uma rejeição do monismo parmenídico.

Argumentava, então, em prol de (b):

> Ora, se existe [ou: se elas [as muitas coisas] existem], é necessário que cada coisa tenha algum tamanho e alguma espessura, cada uma de suas partes guardando certa distância em relação às demais. O mesmo raciocínio vale para a parte frontal, pois a parte frontal terá algum tamanho e parte dela estará à frente. Ora, são a mesma coisa dizê-lo uma vez e dizê-lo sempre, pois não haverá parte alguma que seja a última, nem parte que não tenha relações com as demais partes. Portanto, se há muitas coisas, é necessário que sejam tanto pequenas como grandes: pequenas a ponto de não ter tamanho e grandes de modo a ser ilimitadas. (B1)

Se há muitas coisas, segundo B2, cada uma delas tem o seu tamanho. Considere-se qualquer uma delas. Poderemos nela distinguir do resto uma parte (digamos, a parte dianteira). Essa parte tem tamanho (se assim não fosse, segundo B2 ela não existiria), de modo que poderemos *nela* distinguir do resto uma parte. Também essa parte tem tamanho e assim por diante: jamais chegamos a uma *última* subparte.

Zenão conclui: "Se há muitas coisas, é necessário que sejam... grandes de modo a ser ilimitadas". Defende-se comumente que o argumento mostra que tudo o que tem um tamanho positivo (finito) tem um número infinito de partes, cada qual com um tamanho positivo, e que Zenão errava ao pensar que a soma de um número infinito de magnitudes positivas deve ser infinita.[13] Contudo, o argumento não aponta nessa direção, e a conclusão pode ser tomada de outro modo. O problema não é como, uma vez dividida em um número infinito de partes, reconstruir a coisa original, mas como completar a divisão. Se as divisões param em algum lugar, chegamos, em algum ponto, a seus elementos mínimos, dos quais a coisa original é composta, bloqueando-se o regresso; *esses* elementos mínimos são o de que se compõe

---

[13] Simplício reporta que Zenão argumentava que eles são "ilimitados *em tamanho*", isto é, são infinitamente grandes (*In phys.* 140.34). Porém, a citação direta de Zenão não diz "em tamanho". Se nos prendermos ao texto citado, podemos reconstruir o argumento de modo a evitar a falácia.

nosso todo. Zenão, porém, mostra que não há boas razões para que a divisão pare em algum ponto. Tudo o que se distende no espaço pode ser dividido em partes que, por sua vez, se distendem no espaço, de modo que, em princípio, jamais poderemos completar a divisão. Zenão conclui que cada uma das muitas coisas será tão grande que terá um número ilimitado de partes – sem se comprometer com qualquer concepção a respeito de se algo com um número ilimitado de partes pode ter um tamanho limitado.

É importante notar que o argumento não requer *matéria* para a divisão infinita. Evidentemente, se há unidades materiais ínfimas (como, por exemplo, no atomismo antigo), a divisão *física* chega a seu fim em certo ponto. O argumento, no entanto, aplica-se até mesmo aos átomos individuais. Podemos distinguir mentalmente a metade direita e a metade esquerda de um átomo, assim como podemos distinguir a metade direita dessa metade direita e a metade esquerda dessa metade direita, sem que esse processo de divisão mental ou "teórica" jamais chegue a um fim.[14] Tudo o que o argumento requer é o pressuposto de que a extensão espacial é contínua.[15]

---

[14] Esse argumento é visto como fundamental nas origens do atomismo do século V a.C. Sobre esse ponto, cf. Furley [400] cap. 6 e Taylor, neste volume, p. 246-247. Para a tese de Epicuro de que os átomos têm partes mínimas teoricamente indivisíveis, cf. Epicuro, *Carta a Heródoto* 56-59 e Furley [400] cap. 1 e 8.

[15] Alguns defendem que esse argumento depõe igualmente contra o monismo de Parmênides, provando que o Um pode ser dividido e, assim, não sendo realmente Um. Essa conclusão se segue apenas se Parmênides conceber o Um como espacialmente distendido, o que será uma boa razão para adotar uma interpretação de Parmênides, segundo a qual o Um não se distende no espaço. Cf. McKirahan [10] 172-173; Sedley, neste volume, p.176-177, opta pela interpretação contrária.

ÁPEIRON E INFINITUDE

O emprego de *ápeiron* e noções correlatas por Zenão no argumento que acabamos de discutir e em certos paradoxos a respeito do movimento deu origem a muito da celeuma gerada em torno dos paradoxos, em especial no século XX.[16] Em certos contextos, *ápeiron* pode ser traduzido como "infinito", e muitos argumentos de Zenão envolvem regressões ao infinito. Ademais, certos argumentos, em especial a Dicotomia, o Aquiles e a Flecha, suscitam questões que não podiam ser abordadas a contento antes do desenvolvimento da teoria do infinito matemático, no século XIX. Diversas obras buscaram interpretar os paradoxos de Zenão nos termos dessa teoria e de suas possíveis aplicações físicas. Retorno a esse assunto mais adiante, mas por ora gostaria de apontar que essa empreitada é, em um sentido muito importante, anacrônica e equivocada.

Uma coisa é indagar o que Zenão ou qualquer outro filósofo quer dizer com aquilo que afirma; outra, bem diferente, é indagar o que as palavras desse filósofo significam para nós. De maneira semelhante, o que conta para Zenão como problema ou solução pode não ser o mesmo que conta como tal para nós. O filósofo que leva os paradoxos de Zenão a sério e encara os problemas suscitados por eles está fazendo algo diferente do historiador da filosofia que pretende entender o que Zenão quer dizer com os paradoxos e quais soluções contariam para ele como satisfatórias. Desde pelo menos a época de Aristóteles, os filósofos consideram os paradoxos como desafios que exigem soluções, sendo estas sempre envoltas por teorias, conceitos e distinções que Zenão ignorava. É notável que Zenão possa formular desafios que atingem o cerne de nossas concepções de espaço, tempo e movimento: essa é uma boa razão para examiná-los à luz de nossas teorias. Porém, deve-se

---

[16] A bibliografia é imensa. Para uma amostra das reações dos filósofos a Zenão, cf., em especial, Russell [339] e [340]; Ryle [341]; Grünbaum [334]; e Salmon [328], assim como a enxurrada de notas publicadas na *Analysis* entre 1951 e 1954 (cf., neste volume, os itens [348] a [355] da bibliografia). Barnes [14] estabelece o padrão para a dissecção lógica cuidadosa dos argumentos.

ter igualmente em mente que as distinções acima elaboradas fazem com que Zenão seja um grande incompreendido.

No que diz respeito à palavra-chave *ápeiron*, é seguro dizer que não significava "infinito" à época de Zenão. É um composto de *a-*, que significa "não", e também o substantivo *péras* ("limite", "fronteira"), significando, assim, "ilimitado", "sem limite", "indefinido", ou, então, a raiz *per-* ("por meio de", "além", "adiante"), significando "impossível de atravessar" ou "o que não pode ser percorrido de um extremo a outro". Zenão contrasta *ápeiron* e *peperasménon* ("limitado") (B3): em Aristóteles, essas palavras têm os significados respectivos de "infinito" e "finito". Aristóteles elabora uma teoria do infinito em seus detalhes técnicos e lança mão dessa teoria contra Zenão, mas o século V a.C. é inocente desses significados técnicos. Nesse período, algo que fosse *ápeiron* seria "inexaurível", "vasto", "sem fim", como "o ar elevado sem limites" (Eurípides, fr. 941) e "uma planície que se estende sem limites até onde o olho pode ver" (Heródoto, I.204). Em particular, *por definição,* qualquer coisa que seja *ápeiron* não tem limite *algum*. Assim, o que é *ápeiron* para Zenão é crucialmente diferente do que nós consideramos infinito, em particular certas sequências infinitas. Estamos acostumados a pensar que a sequência infinita 1/2, 1/4, 1/8... não tem um termo último, mas tem limite 0, e que a sequência infinita 1/2, 3/4, 7/8... também não tem um termo último, mas tem um limite finito, 1. Para Zenão, enquadrar pensamentos como esses como *ápeiron* seria algo autocontraditório. Zenão alega que é impossível realizar uma sequência *ápeiron* de tarefas, cuja definição não tem limites. Afirmar que os matemáticos provam que isso é possível por meio da definição da soma da sequência infinita original como limite das somas parciais merece uma resposta atravessada: "estipular uma definição não torna nada possível, especialmente quando a definição é contraditória; o que é *ápeiron* não tem limite, e simplesmente declarar que algumas coisas que são *ápeira* têm limites não faz com que elas os tenham".

Essa não é a última palavra a respeito – evidentemente –, mas mostra que, visto que a concepção de *ápeiron* em Zenão não é idêntica a nossa noção de infinito, reformular os paradoxos em termos de nosso infinito e oferecer-lhes uma solução nesses termos é formular e resolver paradoxos diferentes. Isso não é o mesmo que alegar que não haja espaço para tal abordagem, é apenas chamar a atenção para o que estamos fazendo ao abordar paradoxos antigos com ferramentas modernas. A moderna noção de infinito é superior à concepção zenoniana de *ápeiron*: aquela, por exemplo, diferentemente desta, distingue entre diferentes tamanhos de infinitudes, permitindo-nos operar matematicamente com quantidades infinitas, comparar quantidades infinitas de maneira precisa e especificar diferentes aspectos em que uma coisa pode ser infinita. Se Zenão bruscamente declarava ser impossível realizar uma sequência *ápeiron* de tarefas, sabemos hoje que algumas sequências infinitas de tarefas podem ser completadas, muito embora outras não o possam, e sabemos explicar por quê. Como essas observações se aplicam aos paradoxos a respeito do movimento se tornará evidente no que segue.

Os argumentos contra o movimento

"Quatro são os argumentos de Zenão a respeito do movimento que apresentam dificuldades para quem os tenta resolver", afirma Aristóteles (*Phys.* VI.9 239b9-11), reportando o quarteto de paradoxos que causa dificuldades até hoje e dá sinais de que continuará a fazê-lo. Se esses argumentos se encontravam entre os quarenta contra a pluralidade é disputado. Se não se encontravam, nem todos os paradoxos de Zenão estavam no livro que Platão menciona; se estavam, a tese de Platão de que todos os paradoxos do livro atacavam o pluralismo torna-se duvidosa – muito embora não tão duvidosa como alguns pensam, visto que o movimento envolve uma pluralidade de lugares e tempos. Ademais, vimos que um dos paradoxos, certamente dirigido contra o pluralismo, repousa sobre pressuposições a respeito do espaço.

Tipicamente, Aristóteles concebe os paradoxos como problemas que precisam ser resolvidos, sem pretender entendê-los nos termos de Zenão. Ele os apresenta de maneira sumária e propõe suas próprias soluções, muitas das quais são baseadas em conceitos que ele mesmo desenvolve e não eram disponíveis a Zenão. Discuto aqui três dos quatro paradoxos,[17] começando com a Dicotomia e o Aquiles, que, segundo Aristóteles, redundam no mesmo.

---

[17] Não discuto aqui o quarto paradoxo, conhecido como "o Estádio" ou "as Colunas em Movimento" e sujeito às mais variadas interpretações. Segundo uma delas, o paradoxo é um argumento válido contra uma concepção atômica do tempo (cf. Tannery [131]; Lee [324]; Kirk & Raven [4] (1ª ed.); e Owen [338]). Segundo outra, nada tem a ver com tal concepção do tempo, cometendo um grave erro lógico (cf. Furley [400], KRS e Barnes [14]).

A Dicotomia

Não há movimento, porque o que está em movimento deve atingir o ponto médio antes do fim (*Phys.* VI.9 239b11-13). É sempre necessário atravessar metade da distância; ora, essa metade é infinita *(ápeiron)*; é impossível percorrer coisas infinitas (*Phys.* VIII.8 263a5).

O Aquiles

> O mais lento nunca será alcançado pelo mais rápido, pois o perseguidor deve primeiro atingir o ponto de onde partiu o perseguido, de modo que, necessariamente, sempre o mais lento terá alguma vantagem (*Phys.* VI.9 239b14-18).

Como Aristóteles o concebe, o Aquiles "é o mesmo argumento que a Dicotomia, mas difere dela ao não dividir pela metade a magnitude dada" (*Phys.* VI.9 239b180-20). Aristóteles soluciona ambos por meio de uma distinção entre infinito em extensão ou quantidade e infinito em divisibilidade:

> Não é possível ter contato com coisas infinitas em quantidade em um tempo finito, mas é possível fazê-lo com coisas infinitas em divisibilidade, sendo o tempo infinito dessa maneira [isto é, infinito em divisibilidade]. Portanto, percorre o infinito em um tempo infinito, não finito, e toma contato com coisas infinitas em tempos infinitos, não finitos *(Phys.* VI.2 233a26-31).

Embora os paradoxos possam ser assim abordados, mesmo os sumários que Aristóteles deles nos apresenta são diferentes em importantes aspectos. A Dicotomia explicitamente repousa sobre uma suposta propriedade do infinito, ao passo que o Aquiles não menciona o infinito, antes repousa sobre os termos "sempre" e "nunca". Da maneira como os conhecemos, sujeitam-se a análises diferentes. Abordo-os em separado.

A Dicotomia

Segue uma leitura expandida da Dicotomia:

> Não há movimento. O movimento envolve ir de um lugar a outro. Considere, por exemplo, o movimento em um estádio. Para irmos da linha de largada (A) à linha de chegada (B), devemos primeiro atingir A_1, ponto médio do intervalo AB. Porém, para irmos de A_1 a B, devemos primeiro atingir A_2, ponto médio do intervalo A_1B. E assim por diante. A cada vez que atingirmos o ponto médio de um intervalo ainda teremos de percorrer um outro intervalo que tem, por sua vez, um ponto médio. Há um número infinito de intervalos a serem percorridos. Ora, é impossível percorrer um número infinito de intervalos. Portanto, não poderemos atingir a linha de chegada.

Em uma leitura alternativa, Zenão argumenta que, para atingirmos A, devemos primeiro atingir o ponto médio do intervalo AA_1 e assim por diante. A diferença entre ambas as interpretações pode ser expressa, com eficácia retórica, como segue: na primeira leitura, não é possível *completar* o movimento; na segunda, não é possível *iniciar* o movimento. De qualquer maneira, o ponto é: o movimento é provado impossível porque qualquer movimento envolve uma sequência sem fim de submovimentos.

Zenão ataca a concepção de que há movimento. Podemos imaginar que a Dicotomia constituísse parte da antinomia: (a) se há movimento, o movimento de A a B exige um número limitado de passos (essa é nossa concepção comum: por exemplo, podemos cobrir 100m em 100 passos de 1m cada); (b) se há movimento, o movimento de A a B exige um número ilimitado de passos (isso se segue da descrição do movimento apresentada pela Dicotomia).[18]

---

[18] Não há evidência de que a Dicotomia fosse a metade de uma antinomia – nem de que isso seja decisivo. O interesse particular de Aristóteles nesse paradoxo, segundo essa interpretação, leva-o a desconsiderar o outro membro.

Quer essa reconstrução imaginária seja correta ou não, a Dicotomia argumenta que uma crença contrária às concepções de Parmênides, a saber, de que o que é não se move, envolve uma impossibilidade lógica. Quem quer que acredite que há movimento compromete-se com a crença de que é possível chegar ao fim de uma série sem fim de submovimentos (em outras palavras, de que é possível completar uma série incompletável ou chegar ao limite de uma série ilimitada). Isso, porém, é francamente impossível. Se a série é infinita (ou incompletável ou, ainda, ilimitada), não tem fim (limite etc.) – e, portanto, não há como chegar ao fim.

Para se resistir à conclusão de Zenão, deve-se mostrar que o movimento não envolve uma impossibilidade. Uma resposta é aquela de Antístenes, o Cínico, que, "visto não conseguir contradizer os argumentos de Zenão contra o movimento, levantou-se e deu um passo, julgando que a demonstração por óbvio é mais forte que qualquer oposição por argumentos" (Elias, *In cat.* 109.20-22) – refutação comicamente inadequada, visto que Zenão não nega que nossos sentidos nos mostram que há movimento (consequentemente, os eleatas rejeitam os sentidos como indignos de confiança). Oferecer simplesmente mais uma instância de movimento aparente, cuja realidade Zenão negaria, significa que Antístenes ou bem entendeu de maneira completamente errada o ponto de Zenão ou, então, sentiu a necessidade de provar (para si mesmo, se não para Zenão) que ainda se podia mover.

Outra maneira de evitar a conclusão que Zenão extrai é mostrar que ele descreve a situação de maneira errada. O paradoxo não vem à tona se não for verdade que devemos atingir o ponto médio antes de chegar ao fim e que a cada vez que atingimos um ponto médio o que ainda devemos percorrer é um intervalo com um ponto médio que deve ser atingido antes de percorrermos o intervalo remanescente. Sua descrição, porém, não está sujeita a objeções: para percorrermos uma distância inteira, devemos percorrer metade dessa distância, três quartos dela etc. Na medida em que o espaço for contínuo, como nós (e os oponentes de Zenão, como é de se supor) intuitivamente pensamos ser sem que nos contradiga a física moderna, não há fim para a sequência.

Uma terceira maneira de evitar a conclusão é mostrar que, muito embora Zenão não descreva a situação da maneira errada, sua descrição não é de grande ajuda; uma descrição mais interessante seria esta: para se atingir a linha de chegada, devemos dar um número finito de passos – tarefa que conseguimos cumprir sem dificuldade. A ideia por trás dessa objeção é que o movimento será possível se houver pelo menos uma descrição que não envolva uma impossibilidade. Essa abordagem, contudo, é injusta para com Zenão. Zenão não precisa alegar que toda descrição correta do movimento leva a uma contradição, apenas que pelo menos uma descrição possível o faz.

Ademais, se apontarmos que o movimento pode ser corretamente descrito sem contradição, acabamos prestando auxílio à causa de Zenão. Ele pode agora alegar que a existência do movimento acarreta a antinomia mencionada acima, de que é tanto possível (como nós apontamos) como impossível (como a Dicotomia prova) percorrer qualquer distância – contradição que refuta a premissa de que há movimento.

De qualquer maneira, Zenão pode aceitar essa descrição alternativa. Se são necessários 100 passos para atingir a linha de chegada, devemos primeiro dar 50 passos, depois 25, daí 12,5 etc. O oponente objetará: frações de um passo não são permitidas nessa descrição. Mas Zenão pode concordar que uma fração de um passo não é um passo (12,5 passos não são 12 passos inteiros e 1 passo pequeno) e ainda assim sustentar que dar um passo é mover o pé de A a B e, ao fazê-lo, o pé se move primeiro até o ponto médio entre A e B etc., de modo que o regresso ainda nos espreita. O desafio de Zenão aos pluralistas, oferecer uma caracterização coerente do que se deve fazer com suas muitas coisas, aplica-se igualmente aqui. Não basta dizer que o movimento pode ser descrito como 100 passos, sendo o passo a unidade de movimento. Zenão pode facilmente reformular o ponto contra essa unidade e, ao fazê-lo, a oposição colapsa.

Outra estratégia é aceitar que haja um número ilimitado de intervalos a ser percorrido de A a B, mas objetar que Zenão errava ao assumir que é necessária uma quantidade ilimitada de tempo para percorrê-los. Podemos aqui substituir "infinito" por "ilimitado" sem afetar o argumento. Evidentemente, caso tome o mesmo tempo percorrer cada um de um número infinito de intervalos, o tempo total será infinito. É assim que Aristóteles interpreta esse paradoxo – e soluciona-o distinguindo entre infinito em divisibilidade e infinito em extensão. A Dicotomia repousa sobre a infinita divisibilidade da distância e do movimento, mas não implica que a distância total seja infinita em extensão. Não há razão para supor que o tempo seja infinito em extensão. Como a distância e o movimento, o tempo é infinito em divisibilidade. Se leva meio minuto para percorrer metade da distância, levará um quarto de minuto para percorrer um quarto da distância, e assim por diante. Assim como a distância total é finita, o tempo total também é finito. Todavia, a Dicotomia nada afirma a respeito de se cobrir a distância em uma extensão infinita de *tempo*. Repousa, antes, apenas sobre a suposta impossibilidade de se percorrer um número infinito de coisas, não de percorrê-las em um tempo finito. Como resultado, a objeção de Aristóteles (assim como sua solução) erra o alvo, visto atribuir a Zenão um erro de que não há razão para se supor que ele cometa.

Com essas objeções fora do caminho, examinemos o argumento de Zenão. Como reportado por Aristóteles, o argumento tem três premissas:

1. É sempre necessário cobrir metade da distância.
2. Essas coisas [a saber, as meias-distâncias] são infinitas.
3. É impossível percorrer coisas infinitas em número.

Portanto:

4. É impossível percorrer a distância inteira.

A leitura expandida no início desta seção formula as premissas de modo que a conclusão (4) se siga de modo válido. Como antes, assumo que os oponentes de Zenão concordarão com as premissas (1) e (2). Mas e a premissa (3)?

Neste ponto, será útil recorrer à noção de infinito matemático, pois a descrição zenoniana da situação, longe de envolver alguma impossibilidade lógica, revela algumas características do infinito – características que nos podem parecer estranhas e contraintuitivas e que são falsas para coleções finitas, mas são consequências inevitáveis da descrição do intervalo finito AB como composto de um número infinito de subintervalos.

Há um número infinito de números naturais: 1, 2, 3... Na Dicotomia, a sequência de intervalos que é necessário percorrer pode ser posta em correspondência biunívoca com a sequência dos números naturais. O primeiro intervalo, AA_1 (a metade da distância de A a B) corresponde ao número 1; o segundo, A_1A_2 (a metade da distância de A_1 a B), ao número 2; etc. Há um número natural para cada intervalo e um intervalo para cada número natural. Ora, não importa até onde contamos os números naturais, sempre haverá mais; semelhantemente, não importa quantos intervalos já percorremos, sempre haverá mais. Não há nem o maior número natural nem o último intervalo. Se dizer "um", "dois" etc. é um ato de contagem, não há um último ato de contagem capaz de exaurir os números naturais; semelhantemente, não há ato de percorrer um intervalo que seja o último ato ao se percorrer AB. Não podemos percorrer nenhuma dessas sequências percorrendo seus membros um a um.

Ademais, em certos casos, a soma de uma sequência infinita de números é finita. Em particular, considere-se a sequência espelhada pela Dicotomia: 1/2, 1/4, 1/8... Chame-se essa sequência de "sequência T". Trata-se de uma sequência infinita, por ter um número infinito de membros. Esses membros correspondem à extensão dos intervalos que têm de ser percorridos ao se cruzar o estádio. Chame-se a soma dos primeiros n membros de T a soma parcial n-ésima de T e designe-se a soma parcial n-ésima de T como S_n. Assim, $S_1 = 1/2$, $S_2 = 3/4$ etc. Seja S a sequência S_1, S_2, S_3... Os membros de S correspondem à distância total percorrida depois de cada movimento: meio estádio depois do primeiro movimento, 3/4 depois do segundo etc. Não há um último membro de T ou (portanto) de S. Visto que os membros de T são todos maiores que zero, conforme n cresce, S_n cresce. Porém, visto que cada membro de T tem apenas metade do tamanho do membro anterior, a cada vez S_n cresce apenas metade do que crescera da vez anterior. Na verdade, todas as somas parciais são menores que 1. Essa é precisamente a situação que Zenão descreve. Por mais intervalos que percorramos, ainda não atingimos a linha de chegada (isto é, para qualquer n, $S_n < 1$). Além disso, conforme n cresce, S_n chega mais perto de 1 (no preciso sentido de que, para qualquer x, não importa quão pequeno, sempre haverá um y tal que $1 - x < S_y$). Nessas circunstâncias, os matemáticos definem o limite de S_n como 1 com n tendendo ao infinito. Isso significa precisamente que, conforme n se torna cada vez maior (ou: com n tendendo ao infinito), S_n aproxima-se cada vez mais de 1. Isso não significa que n atinge o infinito ou que S_n atinge 1; assim, não nos obriga a falar em realizar um número infinito de movimentos.

Ora, essa descrição aplica-se diretamente ao movimento ao longo do estádio: não importa quantos intervalos tenhamos percorrido, ainda não cruzamos a linha de chegada. Porém, visto que a soma parcial corresponde à distância total percorrida depois de se percorrer cada intervalo sucessivo, o limite das somas parciais corresponde à distância total a ser percorrida, isto é, a extensão total do estádio. Quanto mais intervalos percorrermos, mais perto estaremos da linha de chegada. Podemos chegar perto da linha de chegada no sentido de que, para qualquer distância até a linha de chegada, não importa quão pequena, há um número definido de intervalos, de tal sorte que, uma vez que os tenhamos percorrido, estaremos a menos do que essa distância da linha de chegada, muito embora não haja um intervalo tal que, quando percorrido, atingimos a linha de chegada.

Podemos agora retornar à premissa (3). A tese de Zenão de que é impossível percorrer coisas infinitas em número é correta, pois não podemos percorrê-las se as percorrermos uma a uma. Não há um último intervalo na sequência infinita de intervalos; portanto, não há um último intervalo a ser percorrido. Em outras palavras, não há, na sequência infinita, intervalo tal que, percorrendo-o, atravessamos, enfim, o estádio. Porém, isso não acarreta que não podemos atravessar o estádio. A ilusão de que acarreta provém de nossa tendência a pensar em termos finitos. Se são necessários 100 passos para atravessar o estádio, atravessar o estádio requer que completemos todos os 100 passos. A tarefa de atravessar o estádio se completa quando damos o último passo. Assim, esperaremos acabar de atravessar o estádio quando percorrermos o último intervalo, visto que atravessar o estádio envolve percorrer uma sequência de intervalos. Visto, porém, não haver um último intervalo, aparentemente daí se segue que não poderemos jamais atravessar o estádio. Semelhantemente, completamos um passeio de 100 passos quando damos o centésimo passo, de modo que esperaremos completar um passeio por uma sequência infinita de intervalos ao percorrer o infinitésimo intervalo. Porém, visto não podermos realizar um número infinito de tarefas uma depois da outra, aparentemente daí se segue que não poderemos completar o passeio.

Contudo, esses resultados não se seguem. No caso em questão, atravessamos o estádio com 100 passos de 1m cada. Visto que o estádio pode ser descrito como uma sequência infinita de intervalos, atravessar o estádio envolve percorrê-los todos. Essa é simplesmente uma consequência da descrição zenoniana do movimento, mas não implica que temos de percorrer o (inexistente) último intervalo.

Uma maneira de exprimir o ponto é: para realizar uma sequência quer finita, quer infinita de movimentos, devemos realizá-los todos (quando atingirmos a linha de chegada, teremos dado todos os 100 passos e teremos percorrido toda a sequência infinita de intervalos). Todavia, se percorrer uma sequência finita exige executar um último movimento (o centésimo passo), percorrer uma sequência infinita não o exige. Isso significa que não há como percorrer uma sequência infinita de movimentos um a um. Porém, se há outro modo de percorrê-los, pode ser possível percorrê-los todos. Isso é o mesmo que dizer que a premissa (3) é válida para casos em que percorremos as "coisas infinitas" uma a uma, mas que não é necessariamente válida em outros casos. Na presente situação, percorrermos a sequência infinita de intervalos é o resultado de darmos 100 passos de 1m cada, de modo que a premissa (3) não se aplica.

A Dicotomia falha. Ela tentava mostrar que nossas crenças comuns a respeito do movimento conduzem a uma contradição: acreditamos que podemos atravessar o estádio, mas as premissas (1), (2) e (3) acarretam que não podemos. Nossas crenças comuns nos comprometem com (1) e (2), mas a plausibilidade de (3) depende de uma maneira particular de lidar com sequências infinitas de ações. Se há maneiras alternativas e, em particular, se há uma maneira alternativa acarretada pelo fato de que se atravessa o estádio com um número finito de passos de tamanho finito, não precisamos conceder o ponto de Zenão. Podemos aceitar sua redescrição do movimento (premissas (1) e (2)) e mostrar que, longe de provar a não existência do movimento, é inteiramente compatível com a existência dele (e esse é o resultado obtido). Ao atravessar o estádio em 100 passos, percorreremos o primeiro intervalo zenoniano em 50 passos; mais 25 e percorreremos o segundo intervalo zenoniano; ao darmos mais 13 passos, teremos já percorrido o terceiro intervalo (teremos percorrido 88m, e o terceiro intervalo tem seu fim na marca de 87,5m). Semelhantemente, teremos percorrido o quarto, o quinto e o sexto intervalos quando tivermos dado um total de 94, 97 e 99 passos, respectivamente. Quando tivermos dado 100 passos, teremos acabado de percorrer todos os intervalos remanescentes – um número infinito de intervalos. *É* possível percorrer coisas infinitas dessa maneira, e isso é precisamente aquilo de que precisamos para refutar a Dicotomia. E, diferentemente das demais tentativas apresentadas, que eram injustas para com Zenão, a presente solução não busca simplesmente apresentar uma descrição alternativa do movimento que não envolva impossibilidades. Em vez disso, mostra que a redescrição zenoniana do movimento não apenas não acarreta nenhuma impossibilidade como, antes, tem consequências consistentes com a existência do movimento – consequências que causariam sérias dificuldades se *não* se seguissem das duas primeiras premissas de Zenão.

O Aquiles

Segue uma leitura expandida do Aquiles:

> Aquiles jamais alcançará a tartaruga, ainda que corra mais rápido do que ela. Quando atingir o ponto de partida da tartaruga (A), a tartaruga já terá percorrido certa distância, por pequena que seja, até um novo ponto (A_1). Quando Aquiles atingir A_1, a tartaruga terá atingido um outro ponto (A_2) etc. A cada vez que Aquiles atinge o ponto em que a tartaruga se encontrava, a tartaruga não está mais lá. A tartaruga está sempre à frente, e Aquiles nunca a alcança.

Como vimos, esse paradoxo repousa sobre "nunca" e "sempre", não sobre propriedades de sequências infinitas, muito embora a descrição de Zenão para a corrida consista de uma sequência infinita de estágios ou subtarefas. O paradoxo é formulado do ponto de vista de Aquiles, conforme ele corre. Aquiles jamais cumprirá todas as subtarefas necessárias para cumprir a tarefa original, no sentido de que, por mais tarefas que ele possa haver completado em certo momento, sempre haverá tarefas por cumprir. Nessas circunstâncias, não é de grande ajuda apontar que ele chega perto da tartaruga (no sentido definido acima, p. 202) ou que alcançará a tartaruga depois de percorrer uma distância igual a XY/(Y-Z) e depois de correr por um tempo igual a X/(Y-Z), onde X é o ponto de partida original, Y é a velocidade de Aquiles e Z é a velocidade da tartaruga. O problema não é que não haja um tempo ou um ponto no qual ele alcança a tartaruga, mas que atingir esse ponto (e esse tempo) requer que se faça algo impossível.

Uma maneira natural de reconstruir "sempre" e "nunca" é: "a tartaruga está sempre à frente" significa "em todo tempo a tartaruga está à frente" e

"Aquiles nunca alcança a tartaruga" significa "não há tempo em que Aquiles alcance a tartaruga". Todavia, o paradoxo não tem por objeto *essas* teses, antes requer que tomemos as duas sentenças de maneira diferente, a saber: "a tartaruga está sempre à frente" significando "em todo tempo durante a corrida (isto é, enquanto Aquiles está empenhado em cumprir seu objetivo), a tartaruga está à frente" e "Aquiles nunca alcança a tartaruga" significando "não há tempo durante a corrida em que Aquiles alcance a tartaruga". Evidentemente, "a tartaruga está sempre à frente enquanto Aquiles está empenhado em cumprir seu objetivo" não implica que a tartaruga esteja sempre à frente. Não obstante, a primeira e inofensiva tese é tudo o que o paradoxo prova, ao tentar provar a segunda, sendo a segunda, não a primeira, que contradiz nossas concepções comuns sobre o que é o movimento. Seria bizarro saber que Aquiles jamais alcança a tartaruga, mas não é nada surpreendente e é praticamente tautológico saber que ele não alcança a tartaruga antes de a corrida terminar, isto é, enquanto a tartaruga estiver à frente.

O Aquiles falha porque repousa sobre uma ambiguidade. Além disso, estabelece uma sequência infinita de tarefas que se sujeita à mesma análise que a sequência de intervalos na Dicotomia. A sequência não tem um elemento final e não pode ser completada cumprindo-se as tarefas uma a uma (como o paradoxo pretende que Aquiles o faça). Porém, assim como, na discussão anterior, o centésimo passo (que, como todos, tem uma medida constante) que damos ao atravessar o estádio nos deixa em condições de ter percorrido toda a sequência infinita de intervalos que, segundo a Dicotomia, devemos percorrer, quando Aquiles der o último passo (que, como todos, tem uma medida constante), terá completado a sequência infinita de tarefas que, segundo o paradoxo, deve cumprir. Mais uma vez, trata-se de uma situação que antes dá suporte a nossas crenças comuns a respeito do movimento do que as solapa.

A Flecha

> Se tudo está sempre em repouso quando ocupa um lugar idêntico a si mesmo e se o que está em movimento está sempre "em um agora", uma flecha em movimento não se move (Aristóteles, *Phys.* VI.9 239b5-7)

Esse argumento pode ser analisado como segue:

1. Se algo ocupa um espaço idêntico a si mesmo em um tempo t, está em repouso em t.
2. A cada instante ("agora") de seu movimento, a flecha ocupa um espaço idêntico a si mesma.
3. A cada instante ("agora") de seu movimento, a flecha está em repouso (de (1) e (2)).
4. O que se move está sempre "em um agora", isto é, a duração de seu movimento consiste de instantes.
5. Durante seu movimento, a flecha está em repouso (de (3) e (4)).

Algumas dessas teses carecem de elucidação. O propósito de (1) é enunciar condições suficientes para algo estar em repouso, mas é difícil imaginar uma concepção correspondente de movimento. (1) implica que, se algo não está em repouso, isto é, se está em movimento, não ocupa um espaço idêntico a si mesmo; presume-se, ocupa um lugar maior do que si mesmo.[19] Se tomamos o tempo t como um instante, Zenão está alegando que coisas em movimento *esticam*, de modo que o propósito de (1) será eliminar a possibilidade de que as coisas se movam como um elástico que se estende primeiro de A a B, depois de A a D e volta a seu tamanho original, agora estendendo-se de C a D (sendo a distância de A a B a mesma que a distância de C a D e menor que a distância de A a D). Se, em um instante t, o elástico se estende de A a D, está em movimento em t no sentido de que está em processo de deixar de ocupar o intervalo AB e passar a ocupar o intervalo CD. Nessa interpretação, (3) segue-se logicamente de (1) e (2), mas não é claro por que Zenão pensa que o movimento deve necessariamente envolver um estiramento.

Outra possibilidade é: o tempo em questão, t, é um intervalo, e Zenão sustenta que, se X, que permanece do mesmo tamanho, muda, ao longo do intervalo t, deixando de ocupar o intervalo AB e passando a ocupar o intervalo

---

[19] O fato de que na mecânica relativista um objeto em movimento se encolhe é evidentemente irrelevante para uma interpretação histórica do argumento de Zenão.

CD, X ocupa, ao longo do intervalo t tomado como um todo, todo o intervalo AD, que é maior do que o espaço idêntico a X (isto é, AB ou CD). Isso não é o mesmo que dizer que, em qualquer instante do intervalo t, X ocupa todo o intervalo AD ou, então, algum espaço que não seja idêntico a si mesmo. Nessa interpretação (que é reconhecidamente difícil de se extrair do texto), temos uma caracterização mais plausível do que acontece durante o movimento, e durante o repouso: a tese de que, se X ocupa AB ao longo de t, X está em repouso é evidentemente verdadeira. Contudo, a inferência de (3) através de (2) fica agora invalidada, já que (2) e (3) dizem respeito ao movimento em um instante, não em um intervalo.

Acrescento, é fato, (2) e (3), que não estão no texto de Aristóteles. São, no entanto, a maneira mais plausível de fazer o argumento avançar,[20] pois, para se ter uma chance de inferir (5) de (4), precisamos de uma premissa adicional em termos de instantes (não de intervalos). Em (4), a expressão traduzida como "em um agora" é geralmente traduzida como "no agora"; significa: "em um instante".

Esse paradoxo suscita problemas graves a respeito da natureza do movimento. Discuto aqui dois. Primeiro, um ponto que diz respeito à premissa (1). Zenão assume que algo pode estar em repouso em um instante, conceito que Aristóteles mostra ser problemático. Aristóteles argumenta que não pode ocorrer movimento em um instante: o movimento ocorre ao longo de um intervalo de tempo. Além disso, visto que o repouso é a ausência de movimento, também o repouso ocorre ao longo de um intervalo de tempo. Não é mais possível estar em repouso em um instante do que estar em movimento em um instante (*Phys.* VI.3 234a24-b9). Porém (como estabelecido no século XIX, quando os fundamentos do cálculo foram postos em bases seguras), Aristóteles está errado: nós falamos, sim, em movimento e repouso em um instante ("precisamente 3 minutos e 12 segundos depois das 8h da noite eu estava a 100 km/h, seu guarda; também fiquei preso em um engarrafamento das 8h10 às 8h20, de modo que, 15 minutos e π segundos depois das 8h, o carro estava parado") sem que isso deixe de fazer sentido. Ainda

---

[20] Para uma reconstrução alternativa do argumento, que não usa essas premissas, cf. Vlastos [344] 3-18.

que o sentido primário de movimento (e de repouso) envolva um intervalo de tempo, há um sentido secundário ou derivativo perfeitamente em ordem, segundo o qual podemos falar que algo está *em movimento* ou *em repouso* em um instante – não que algo *percorra uma distância* em um instante, mas que tenha uma velocidade em um instante, visto que tudo aquilo cuja velocidade é zero está em repouso e tudo aquilo cuja velocidade é diferente de zero está em movimento. A velocidade ao longo de um intervalo de tempo é definida como a razão da distância coberta naquele intervalo de tempo pela extensão desse intervalo de tempo:

$$v(t_1 t_2) = \frac{d(t_2) - d(t_1)}{t_2 - t_1}$$

Correspondentemente, a velocidade em um instante t é igual ao limite (semelhante ao sentido acima, p. 207-208) da razão da distância coberta em intervalos de tempo contendo t pela extensão desses intervalos, com a extensão desses intervalos tendendo a zero. Se t_1 é anterior a t_2 e o intervalo $t_1 t_2$ contém t, a velocidade em t é o limite, com $t_2 - t_1$ tendendo a zero, da razão entre a distância coberta entre t_1 e t_2 e a extensão do intervalo entre t_1 e t_2:[21]

$$v(t) = \lim_{t_2 - t_1 \to 0} \frac{d(t_2) - d(t_1)}{t_2 - t_1}$$

Segundo, um ponto que diz respeito à premissa (4). Ainda que Zenão conceda o ponto acima, há um problema remanescente. Em diferentes instantes, a flecha está em diferentes pontos de sua trajetória; mas como ela passa de um ponto a outro? Aristóteles afirma que a conclusão de Zenão "segue-se do pressuposto de que o tempo é composto de 'agoras'; se não se concede esse ponto, a dedução não se completa" (*Phys.* VI.9 239b31-33). O problema que Aristóteles vislumbra é o seguinte. Se o tempo é atômico, há instantes adjacentes. Se algo está em movimento, ocupa diferentes lugares

---

[21] Muito embora a definição matemática comum requeira que t seja um dos extremos do intervalo, a fórmula que propomos é equivalente.

no espaço em diferentes instantes. Se t_1 e t_2 são instantes sucessivos, algo que esteja em movimento ao longo do intervalo t_1t_2 ocupa diferentes lugares no espaço, $d(t_1)$ e $d(t_2)$, nesses instantes. Mas e quando passa de $d(t_1)$ a $d(t_2)$? Não há resposta, visto que não há tempo algum, não há nenhum instante entre t_1 e t_2 em que o movimento se dê.

Aristóteles soluciona o paradoxo negando que o tempo seja composto de "agoras". Visto que o tempo é contínuo, não há instantes adjacentes. Para quaisquer dois instantes t_1 e t_2, há um outro instante, t_3, entre eles. Visto que também o movimento é contínuo, há uma correspondência biunívoca entre os instantes em que a flecha está em movimento e as posições que ocupa durante o movimento. A flecha passa de $d(t_1)$ a $d(t_2)$ durante o intervalo entre t_1 e t_2; para qualquer posição $d(t_3)$ entre $d(t_1)$ e $d(t_2)$, há um tempo t_3, entre t_1 e t_2, em que a flecha está em $d(t_3)$ e, para todo tempo t_3 entre t_1 e t_2, há uma posição $d(t_3)$ ocupada pela flecha em t_3 em seu movimento de $d(t_1)$ a $d(t_2)$. Assim, o movimento não envolve saltos instantâneos de lugar no espaço a lugar no espaço ou de tempo a tempo.

Essa resposta é elucidativa, mas apenas até certo ponto. Se o espaço, o tempo e o movimento são contínuos, não são compostos de unidades mínimas de tamanho definido, como B1 (p. 197) demonstra. Tampouco são compostos de unidades de tamanho zero, segundo B2 (p. 196). Segundo Aristóteles, são compostos de intervalos, não de pontos. Como vimos, para Aristóteles o movimento envolve percorrer certo intervalo de distância em certo intervalo de tempo. A solução do problema anterior, no entanto, segundo a qual em certo sentido pode haver movimento em um instante, implica que, em certo sentido, tempo, espaço e movimento *são* compostos de (um *continuum* de) pontos. Podemos falar coerentemente não apenas em uma velocidade em um instante t como também em um movimento ao longo do intervalo de tempo de t_1 a t_2 como sendo a soma dos movimentos em todos os instantes de t_1 a t_2. Se sabemos qual a velocidade em cada ponto, podemos determinar o movimento no intervalo de t_1 a t_2 fazendo a integral definida da velocidade no intervalo de t_1 a t_2.

Aqui, porém, algo como o problema original nos espreita. Visto que o movimento envolve estar em diferentes lugares no espaço em diferentes tempos, ainda há o problema remanescente de como a flecha passa de um lugar no espaço a outro (ou de um tempo a outro). Não se trata de saltar de um lugar no espaço (ou de um tempo) para o seguinte, pois em um *continuum* nenhum ponto é o "seguinte" em relação a um outro. Trata-se, no entanto, de passar de $d(t_1)$ a $d(t_2)$ passando por todas as posições intermediárias e de passar de t_1 a t_2 passando por todos os tempos intermediários.

A resposta é: a flecha passa de $d(t_1)$ a $d(t_2)$ *estando* em todas as posições intermediárias e passa de t_1 a t_2 *estando* em todos os tempos intermediários. Passar continuamente de $d(t_1)$ a $d(t_2)$ ao longo do intervalo de t_1 a t_2 é questão de ocupar diferentes posições de $d(t_1)$ a $d(t_2)$ em todos os diferentes tempos ao longo do intervalo de t_1 a t_2 continuamente, sem repouso e sem mudar a direção do movimento. Semelhantemente, mover-se ao longo do intervalo de t_1 a t_2 é questão de se mover durante todos os diferentes tempos ao longo do intervalo de t_1 a t_2. Visto que o movimento ocorre, em sentido estrito, em intervalos espaciais e temporais e apenas derivativamente em pontos e instantes, segue-se que, se a flecha se move continuamente ao longo do intervalo espacial de $d(t_1)$ a $d(t_2)$, passa por todas as posições intermediárias. Semelhantemente, se ela se move continuamente durante o intervalo temporal de t_1 a t_2, passa por todos os tempos intermediários.

No nível dos pontos e instantes individuais, a resposta é: a flecha estar em movimento (ter uma velocidade diferente de zero) quando ocupa uma posição $d(t)$ é estar em movimento ao longo de um intervalo espacial que inclui $d(t)$. Semelhantemente, a flecha estar em movimento (ter uma velocidade diferente de zero) em um instante t é estar em movimento ao longo de um intervalo temporal que inclui $d(t)$. Mais uma vez, a solução do problema de como a flecha passa de uma posição a outra ou de um tempo a outro durante seu voo reside em apontar que isso é precisamente o que significa a flecha estar em movimento.

Os paradoxos: conclusão

Selecionei alguns desses paradoxos por sua importância histórica e filosófica e outros por exibir traços característicos do pensamento de Zenão. Há ainda outros paradoxos, cada qual com suas artimanhas peculiares. Por ora, temos material suficiente à disposição para dar uma conclusão a este esboço.

Os argumentos que aqui abordamos atacam a pluralidade e o movimento. Outro argumento ataca a confiabilidade do sentido do olfato e outro, a crença de que as coisas ocupam lugar no espaço. Visto que as pessoas comuns (por oposição, talvez, a certos filósofos) acreditam na pluralidade e no movimento, confiam (pelo menos até certo ponto) nos sentidos e pensam que as coisas ocupam lugar no espaço, há razão para se pensar que Zenão dirija seus paradoxos contra as concepções comuns a respeito do mundo, como procurei apresentar os paradoxos neste texto. A tese de Platão de que o livro de Zenão "é uma defesa do argumento de Parmênides contra aqueles que dele mofam, afirmando que, se há o Um, o argumento tem diversas consequências ridículas e contraditórias" (*Parm.* 128c-d) não conflita com essa concepção. Pessoas comuns, sem qualquer pendor para a filosofia, que ouçam o poema de Parmênides muito provavelmente o julgarão ridículo precisamente por essas razões.

Houve um tempo em que se acreditava que Zenão havia composto seus paradoxos com certos filósofos e matemáticos particulares em mente, principalmente pitagóricos. Já outros argumentaram que Zenão procurava refutar todas as teorias possíveis acerca do espaço, do tempo e do movimento: ele procurava não só refutar as concepções das pessoas comuns ou de matemáticos e filósofos particulares, mas bloquear todas as teorias possíveis acerca da natureza do espaço, do tempo e do movimento. Por exemplo: a Dicotomia e o Aquiles atacariam teorias segundo as quais o espaço e o tempo são infinitamente divisíveis e a Flecha atacaria teorias segundo as quais o espaço e o tempo são finitamente divisíveis.[22] Todavia, a evidência dessas concepções beira o não existente, e elas não estão mais em voga. O que permanece é o fato de que Zenão ataca o senso comum, o que não é prerrogativa exclusiva dos filósofos.

O testemunho de Platão a respeito de Zenão permanece sendo uma interpretação viável. Não temos boas razões para duvidar do fato de que o propósito de Zenão seja dar suporte às teses de Parmênides da maneira

---

[22] Para a história dessas interpretações de Zenão, cf., em especial, Tannery [131]; Cornford [285]; Raven [226]; Owen [338]; e as críticas contidas nas obras mencionadas em Barnes [14] 617 n. 5 e 618 n. 6.

discutida acima (p. 191-195, 203 e n. 12). Muito embora Platão afirme que todos os argumentos de Zenão atacam a pluralidade, isso não precisa significar que Platão não tenha conhecimento de alguns paradoxos supérstites, aqui incluídos os paradoxos contra o movimento. Julgo plausível que Platão use o *slogan* "tudo é um" como emblemático do eleatismo como um todo. Afirmar que Zenão argumenta contra os advogados da pluralidade torna-se, então, simplesmente um modo de exprimir o que é verdadeiro – que Zenão argumenta contra concepções que contradizem quaisquer dos princípios do eleatismo. Se é assim, todos os paradoxos supérstites bem podem provir do livro que Platão menciona.[23]

---

[23] Apresentei versões deste capítulo na Universidade Estadual da Califórnia em San Francisco e na Universidade do Texas em Austin. A versão final beneficiou-se das vivas discussões que em ambas as ocasiões se seguiram à conferência, assim como dos comentários de Jim Bogen e Sandy Grabiner, a qual foi de incalculável auxílio em assuntos matemáticos.

8 Empédocles e Anaxágoras: Respostas a Parmênides

Daniel W. Graham

Não há dúvida de que o poema de Parmênides seja um divisor de águas na história dos primórdios da filosofia grega. Nenhum pensador sério pode ignorar a obra desse filósofo, que parece propor problemas insuperáveis para a cosmologia e a investigação científica. A primeira geração depois de Parmênides inclui pensadores que pretendem dar sequência à tradição jônica de especulação. Como, porém, confrontar Parmênides? Que efeito têm os argumentos desse filósofo sobre a obra dos pósteros? Os primeiros assim chamados neojônios[1] são Empédocles e Anaxágoras.[2] Apesar de algumas salientes diferenças entre si, ambos têm muito em comum em sua abordagem. São contemporâneos próximos[3] e, como veremos, abordam a especulação científica de maneiras semelhantes. Examinemos, pois, em primeiro lugar os sistemas de Empédocles e Anaxágoras e, a seguir, discutamos suas respostas a Parmênides.

---

[1] O termo provém de Barnes [14] cap. 15, que sublinha a continuidade entre seu projeto e o dos primeiros filósofos jônios. O termo prontamente permite a classificação de filósofos da Itália e da Sicília, como Filolau e Empédocles, juntamente a filósofos jônios como Anaxágoras.

[2] Esses dois filósofos aparentemente estavam em atividade uma geração antes de Filolau, Arquelau, Diógenes de Apolônia e Leucipo, e duas gerações antes de Demócrito.

[3] A leitura mais direta de Aristóteles, *Met.* I.3 984a11, reza: "Anaxágoras precede Empédocles, mas a ele sucede em obras". No entanto, "sucede" pode aí designar não apenas a publicação cronologicamente posterior das obras de Anaxágoras, mas também a publicação de obras inferiores ou conceitualmente mais modernas. Quem publica suas obras antes é matéria de controvérsia, e as semelhanças parecem indicar tão somente que um está reagindo ao outro (O'Brien [375]). Cf. tb. a detalhada reconstrução da cronologia de Anaxágoras em Mansfeld [395]. De qualquer modo, os dois são contemporâneos próximos e reagem ambos a Parmênides.

Empédocles e Anaxágoras

Depois de nos admoestar a buscar um equilíbrio em nossa avaliação da evidência sensória (DK 31 B3), Empédocles identifica os constituintes básicos do universo e desenvolve uma cosmologia baseada nesses constituintes. Há quatro "raízes" *(rizómata)*: água, terra, fogo e ar (B6), que se combinam em proporções de números naturais para formar compostos. Exemplo: ossos consistem de duas partes de terra, quatro partes de fogo e duas partes de água (B96); sangue, de iguais porções das quatro raízes (B98). As raízes existem por conta própria, mas nem sempre nos são aparentes em virtude de estarem por vezes misturadas umas às outras. Com efeito, as quatro raízes são materiais imutáveis que se tornariam conhecidos na Antiguidade como os quatro elementos. Em um símile notável, Empédocles compara a natureza aos pintores:

> Como quando os pintores adornam oferendas,
> homens bem treinados pela razão em suas habilidades,
> que, quando tomam com suas mãos substâncias químicas coloridas,
> combinando-as harmonicamente, de umas mais, menos de outras,
> dão forma, a partir delas, a todas as coisas,
> criando árvores, homens, mulheres,
> feras, pássaros, peixes nutridos por água
> e deuses de longa vida poderosos em honras (B23.1-8).

Assim como um pintor pode, com poucas cores, representar diversas formas das mais diferentes coisas, igualmente a natureza, com poucos elementos, pode criar todas as substâncias naturais.

Em uma discussão acerca dessas realidades, Empédocles introduz duas forças personificadas, o Amor e a Contenda, aquele unindo os elementos e esta separando-os (B17.19ss.). Empédocles descreve o Amor e a Contenda como espacialmente distendidos, mas invisíveis. Há alguma controvérsia a respeito de como agem, mas evidentemente o Amor une elementos distintos e a Contenda os separa. Não parece ser necessária uma força para combinar terra a terra, por exemplo, mas para combinar terra a água, ar ou fogo. O Amor e a Contenda interagem para moldar o mundo. O Amor combina elementos em um arranjo harmonioso, unindo todas as coisas em uma mistura perfeitamente homogênea em uma Esfera *(Sphaîros)* cósmica. Eventualmente, porém, a Contenda adentra a Esfera, estilhaça sua unidade e precipita a dissociação dos elementos. Das partes separadas da Esfera surge um cosmos em que as diferentes massas de água, terra, fogo e ar aparecem e as plantas e os animais se desenvolvem. Há, nesse ponto, uma controvérsia a respeito do que ocorre. Em uma caracterização, a Contenda continua a separar os elementos até que água, terra, fogo e ar estejam completamente dissociados um do outro e estratificados em camadas concêntricas, não permitindo a existência de compostos e seres vivos; nesse ponto, o Amor começa a se expandir a partir do centro da Esfera cósmica e novamente forma compostos, aí incluídos os seres vivos.[4] O fragmento B35 parece sugerir essa concepção:

> ... quando a Contenda alcança o fundo mais interior
> do vórtice e o Amor surge no meio do círculo,
> todas essas coisas convergem para se tornar uma só,
> não súbito, antes voluntariamente se unindo, oriundas esta daqui, aquela dali.
> Ao se misturar, fazem jorrar uma miríade de raças de feras;
> no entanto, muitas coisas sem mescla se mantêm separadas das combinadas,
> aquelas que a Contenda mantém em suspenso, pois não se afasta por completo
> e de modo irrepreensível rumo aos limites últimos do círculo,
> antes alguns membros permanecem fixos, outros hão sido destacados.
> Contudo, conforme os deixa para trás,
> o impulso imortal, irrepreensível e bem-intencionado do Amor produz compreensão (B35. 3-13).

---

[4] Sobre as posições do Amor e do Ódio, cf. Guthrie [16] 179, O'Brien [359] 116-117, Graham [363] 308 n. 39, O'Brien [369] 418-421.

O Amor, ao ocupar o campo de batalha e fazer com que a Contenda bata em retirada rumo à periferia do cosmos, faz com que a composição se dê. Em uma caracterização alternativa, jamais ocorre uma separação completa dos elementos, apenas uma luta contínua entre a Contenda e o Amor com a eventual vitória do Amor e a formação da Esfera em um processo cíclico infinito.[5]

Segundo a primeira concepção, há duas criações separadas de plantas e animais, uma durante o estágio em que a Contenda está desenvolvendo-se, a outra durante o estágio em que o Amor está desenvolvendo-se. Durante o desenvolvimento da Contenda, "formas todas naturadas" emergem da terra conforme se dá a separação dos elementos. Essas formas são gradualmente diferenciadas, dando origem, ao menos em alguns casos, a criaturas vivas viáveis. Posteriormente, essa criação perece, quando a Contenda separá-las ao nível elementar. Quando, porém, o Amor começa a se afirmar, primeiramente forma membros separados a partir dos elementos. Esses membros depois se juntam em combinações aleatórias para formar monstros, como "a progênie de bois de face humana" e "a progênie de homens de face bovina". Incapazes de sobreviver, esses monstros perecem. Quando, porém, os membros se juntam em combinações viáveis, as bestas resultantes sobrevivem e se reproduzem. Em sua caracterização da geração dos membros, Empédocles nos oferece uma espécie de precursor das modernas teorias biológicas. Muito embora não enuncie uma teoria evolutiva gradual, sua teoria pressupõe um princípio de seleção natural para explicar as espécies ora existentes. Aristóteles

---

[5] Aqueles que rejeitam a separação completa dos elementos incluem Bollack [356] vol. 1; Hölscher [360]; Solmsen [361]; Long [362]; Schofield em KRS 288 n. 1, 299-305; Osborne [364]. Aqueles que defendem a separação completa incluem O'Brien [359] e [369]; Barnes [14] 308-11; Wright [358]; Graham [363]; Inwood [357]. Se há uma separação completa dos elementos, deve haver dois períodos na criação dos animais e das plantas, um anterior e um posterior à separação; se não há uma separação completa, um período basta. Muito do debate foca a atenção sobre como os diversos estágios da criação identificados nos fragmentos devem ser localizados no ciclo cósmico. Para a concepção de que apenas o Amor é responsável pela zoogonia, cf. Broadie, neste volume, p. 284.

(*Phys.* II.8) critica Empédocles por atribuir ao acaso um papel tão grande na produção de tipos naturais, mas nesse ponto Empédocles está mais próximo da ciência moderna do que Aristóteles.

Muitos detalhes do ciclo cósmico de Empédocles permanecem obscuros, mas é evidente que seu tema principal é a alternância incessante entre os processos de união e divisão, que de muitos produzem um e de um, muitos:

> E essas coisas jamais deixam de continuamente se alterar,
> ora todas convergindo em um por obra do Amor,
> ora sendo divididas por obra da inimizade da Contenda.
> Assim, na medida em que se acostumam de muitas
> a se tornar um
> e, gerado o um, muitas eclodem,
> vêm a ser e não lhes é facultado tempo irrestrito;
> e, na medida em que jamais deixam de continuamente
> se alterar,
> concede-se-lhes imobilidade em um ciclo (B17.6-13).

Empédocles reconhece a simetria dos processos contrários de unificação e divisão ao equilibrar versos antitéticos. Reconhece a continuidade do processo ao reiterar sua descrição. Em seu ciclo, um e muitos têm, ambos, seu lugar. E há um tipo de imutabilidade manifesto nas repetições do ciclo, como o verso 13 explicita. Assim, Empédocles postula um e muitos, movimento e repouso, como características de sua concepção dinâmica do mundo.

Em sua psicologia, Empédocles introduz o que parecem ser fatores sobrenaturais. Os seres humanos têm uma alma imortal, exilada de sua morada em razão de seus pecados. Vagando de lugar em lugar, habita diferentes corpos até fazer o que é certo, de modo a que se possa subtrair ao ciclo de renascimentos. Essa doutrina religiosa, talvez influenciada por ensinamentos pitagóricos,[6] distingue a filosofia de Empédocles da filosofia dos demais neojônios. É matéria de debate se suas concepções psicológico-religiosas e sua filosofia natural podem ser conciliadas. Em seu estilo, assim como em

---

[6] Sobre os ensinamentos pitagóricos a respeito do renascimento, cf. Huffman, neste volume, p. 119-122. Para influências pitagóricas sobre Empédocles, cf. Kingsley [105].

sua filosofia, há elementos tomados de empréstimo ao âmbito religioso, pois apresenta tanto sua teoria natural como sua teoria psicológica em versos hexamétricos, tomando-os de empréstimo à tradição épica como já antes Parmênides o fizera, ecoando a linguagem deste e, ao mesmo tempo, servindo-se de um estilo mais ornado, cheio de personificações, metáforas e motivos mitológicos.[7]

Por contraste, Anaxágoras escreve em uma prosa jônica sóbria ao desenvolver uma cosmogonia mais tradicional. Segundo sua célebre introdução, "todas as coisas estavam juntas, ilimitadas em quantidade e pequenez" (DK 59 B1). Da mistura primordial provém o cosmos, quando a Mente *(Noûs)* cósmica dá início a um movimento rotatório que separa umas das outras as diferentes coisas. Conforme os materiais pesados e úmidos se juntam no centro e os materiais leves e secos dirigem-se à periferia da circunferência, começa a emergir o delineamento do mundo. Alguns objetos pesados são arrastados pelo turbilhão e incendeiam-se por fricção, formando os corpos celestes. O vórtice continua a se expandir ao longo do universo ilimitado, mas não há uma alternância cíclica de formação e destruição do cosmos como em Empédocles, apenas uma contínua expansão.

Como se pode depreender dos ínfimos detalhes supérstites, Anaxágoras admitia um número infinito de diferentes substâncias como elementos básicos de seu cosmos. Ele menciona o ar, o éter (o ar superior, ígneo) e a terra como exemplos (B1, B4). Fontes posteriores adicionam tecidos biológicos e substâncias como sangue, carne e osso. Anaxágoras menciona também qualidades contrárias como quente e frio, seco e úmido, luminoso e escuro no mesmo contexto que as substâncias (B4). Alguns intérpretes modernos procuraram entender substâncias, como carne e sangue, como combinações desses contrários, de maneira análoga às combinações de elementos em Empédocles – isto é, procuraram compreender a carne como uma combinação de quente e frio, seco e úmido, luminoso e escuro etc. em certa proporção.[8] No entanto, não há evidência textual para tal redução, sendo pelo menos consistente com o que Anaxágoras afirma que

---

[7] Sobre a poesia de Empédocles, cf. Most, neste volume, p. 440.
[8] A começar com Tannery [131] e Burnet [6], seguidos, por exemplo, por Cornford [384] e Vlastos [392].

os contrários devam ser concebidos como substâncias, como a terra e o ar. Assim, ele parece postular tantos elementos quantas são as espécies materiais, quiçá quantas são as espécies qualitativamente determinadas de seres. Ele reitera o princípio de que tudo está misturado com tudo – presumivelmente pretendendo com isso que todos os elementos estejam misturados entre si, com apenas uma exceção: a Mente *(Noûs)* é distinta de todas as demais coisas, sendo encontrada apenas em algumas, presumivelmente nos objetos animados, sem jamais se misturar com eles (B12). A Mente entende e governa todas as coisas.

Cinco postulados são identificados como característicos da teoria física de Anaxágoras:[9]

> (1) Segundo o Postulado de Negação do Vir-a-Ser e do Perecer, nenhuma substância jamais vem a ser ou perece.
> (2) O Postulado da Mistura Universal sustenta que tudo está em tudo.
> (3) Segundo o Postulado da Divisibilidade Infinita, a matéria pode ser dividida *ad infinitum*.
> (4) O Postulado da Predominância assevera que a substância em maior quantidade na mistura tem as qualidades predominantes no composto resultante.
> (5) Segundo o Postulado da Homeomeria, cada substância é composta de porções, cada uma das quais tem exatamente o mesmo caráter, isto é, toda substância é inteiramente homogênea.

Há evidências nos fragmentos para cada um desses postulados, à exceção do último. Geralmente se considera que os elementos de Anaxágoras são completamente homogêneos porque Aristóteles os chama *homoiomerê* ("aquilo que tem partes idênticas ao todo"). Os *homoiomerê* de Aristóteles são materiais (ele está particularmente interessado em tecidos de seres vivos) que podem ser divididos em partes do mesmo material, como uma quantidade de sangue pode ser dividida em quantidades menores de sangue. Não

---

[9] A lista de cinco deriva de Kerferd [390]. Diversos estudos anteriores identificam vários desses postulados.

fica claro, porém, se Aristóteles está explicando os elementos de Anaxágoras como homogêneos ou se os está simplesmente identificando como aquelas coisas que no sistema de Aristóteles, mas não necessariamente em Anaxágoras, são homogêneas, por exemplo, carne e sangue. A única coisa que Anaxágoras explicitamente identifica como homogênea é a Mente, a qual ele contrasta com a variabilidade dos elementos (B12, fim).[10] Assim, o último postulado permanece sendo matéria de controvérsia.[11] Claramente, porém, Anaxágoras defende os demais postulados, e pode-se mostrar que nenhum deles é inconsistente com os demais.[12] Anaxágoras desenvolve uma teoria em que há uma intensa mistura de todas as coisas, a qual se parece estender ininterruptamente até ao nível microscópico. Os componentes dessa mistura são elementos perpétuos que se manifestam quando predominam quantitativamente em uma mistura específica. As quantidades de elementos variam de ponto a ponto, mas em todo lugar há traços de todos os elementos.

Muito embora diversos detalhes permaneçam obscuros nos sistemas de Empédocles e Anaxágoras, podemos perceber semelhanças importantes em suas teorias físicas. Ambos postulam substâncias elementares como constituintes básicos de seus universos. Os primeiros sistemas jônicos, por contraste, parecem postular substâncias básicas que se transformam umas nas outras, por exemplo, o ar de Anaxímenes se torna forgo quando rarefeito, e vento, nuvem, água, terra e pedra sucessivamente quando condensado.[13] Ademais, os jônios frequentemente tratam as forças que causam a mudança

---

[10] Infelizmente, não fica claro se Anaxágoras pretende que nenhum pedaço de um material seja idêntico a outro pedaço do mesmo material ou se nenhum objeto fenomênico é idêntico a outro.

[11] Para o desenvolvimento de uma alternativa à homeomeria, cf. Graham [387].

[12] Kerferd [390]; Barnes [14] cap. 16; Graham [387].

[13] Barnes [14] cap. 3 revive a concepção aristotélica de que alguns dos primeiros cosmólogos jônios, aí incluído Anaxímenes, foram "monistas materialistas", isto é, postularam alguma substância básica (o ar, no caso de Anaxímenes) que mudava suas qualidades para produzir os fenômenos de substâncias diferentes dela, a qual, porém, permanecia presente como princípio subjacente. Essa concepção parece basear-se em uma leitura errônea da evidência antiga. Cf. Heidel [388]; Cherniss [34] 362ss., em especial 371; Stokes [130] cap. 2; Graham [242] e o apêndice a este capítulo. Para a leitura contrária, cf. Sedley, neste volume, p. 179.

como internas à substância básica, por exemplo, julga-se que o ar de Anaxímenes e o fogo de Heráclito têm motivações próprias.[14] Por contraste, Empédocles e Anaxágoras identificam forças externas que agem sobre os elementos: o Amor e o Ódio no caso do primeiro; a Mente, no do segundo. Assim, reconhecem uma distinção entre os elementos relativamente inertes e as forças ativas que os governam. Por certo, essas forças não são abstraídas da matéria por completo: são identificadas a atributos espirituais, mas ocupam espaço como corpos físicos.[15] Constituem-se como um tipo único de ser físico-espiritual, mas ainda não como um tipo de entidade categorialmente distinto.

Empédocles e Anaxágoras fazem ainda apelo a um modelo de mistura para caracterizar o modo como os elementos interagem uns com os outros. De algum modo, a interação entre os elementos é, digamos, como o que ocorre quando líquidos como água e vinho se misturam. Vários ingredientes tomam parte na mistura, culminando na emergência de um material distinto. Enquanto os primeiros jônios vislumbravam uma única substância dinâmica que se muda em outras substâncias em um ciclo de transformações, Empédocles e Anaxágoras postulam uma pluralidade de substâncias com naturezas fixas que interagem em diferentes proporções para produzir substâncias mistas. Segundo ambos, podem-se distinguir ao menos teoricamente os constituintes básicos e as misturas resultantes, os elementos e o composto, a substância pura e a substância fenomênica.

A INFLUÊNCIA DE PARMÊNIDES

Devemos agora voltar-nos para Parmênides e sua influência sobre Empédocles e Anaxágoras. Parmênides havia sustentado que se pode pensar em duas vias de perquirição, a afirmativa e a negativa. A segunda, porém, é impossível, porque inefável e incognoscível, de modo que apenas a primeira é

---

[14] Para Anaxímenes: Cícero, *De natura deorum* I.10.26, Aécio I.7.13; Heráclito DK 22 B30, 64, 67.
[15] Cf. Vegetti, neste volume, p. 347-348.

aceitável: o vir-a-ser é impossível porque pressupõe a passagem do que não se é ao que se é, pressupondo, destarte, o não ser; a diferenciação é eliminada porque envolve um contraste entre o que se é e o que não se é; o movimento é impossível porque pressupõe o vir-a-ser; o que é não pode ser incompleto porque a incompletude pressupõe o que não é. Parmênides desenvolve, então, uma cosmologia enganadora que critica logo de início como falaciosa (B8.50-2). Se essa cosmologia, que é a melhor que se pode vislumbrar, falha, *(a fortiori)* toda cosmologia falha.

O argumento de Parmênides contra a mudança é implacável, mas suas implicações estão longe de ser evidentes. Como compreender suas teses? E, o que é mais importante, como Empédocles e Anaxágoras as compreendem? Temos um registro de impressões antigas sobre Parmênides. Platão e Aristóteles assumem que Parmênides e seus discípulos, os assim chamados "eleatas",[16] são monistas, isto é, sustentam que há apenas uma realidade, a saber, o Ser. No debate antigo a respeito do movimento, Parmênides e seus discípulos argumentariam contra Heráclito e seus seguidores, que sustentam que tudo está antes em movimento do que em repouso.[17] Para salvar as aparências, Empédocles, Anaxágoras e os atomistas postulam uma pluralidade de seres que podem interagir uns com os outros.[18]

Essa concepção, porém, não está isenta de problemas. Em primeiro lugar, Parmênides não argumenta expressamente em prol do monismo.[19] É verdade que, segundo certa leitura, o monismo é consequência de sua teoria: se tudo o que há é "o que é" e "o que é" é algo determinado, há apenas uma

---

[16] A concepção segundo a qual ele funda uma escola é provavelmente anacrônica, mas por conveniência faço referência a um grupo de filósofos de inclinação semelhante pelo termo tradicional, "escola".

[17] Platão, *Tht.* 180d-e, *Sofista* 242c-d; Aristóteles, *Phys.* II.1, *Met.* I.5 986b18-25.

[18] Platão, *Sofista* 242d-243a; Aristóteles, *Phys.* I.1 184b18-22.

[19] Sobre esse ponto, cf. Mourelatos [309] 130-133; Barnes [14]; Curd [287], [290]. O termo "um" aparece com possíveis implicações monistas apenas em B8.6 e B8.54. Em ambos os casos, a implicação parece, na melhor das hipóteses, tênue. Cf., porém, Sedley, neste volume, p. 176.

coisa. Todavia, Parmênides argumenta antes contra o dualismo (na segunda parte de seu poema) do que em prol do monismo.[20] Ademais, é difícil localizar uma teoria contra a qual Parmênides esteja reagindo.[21] De qualquer modo, as fontes antigas não apreciam plenamente o papel de Parmênides como reestruturador dos termos do debate antigo, não sendo, pois, plenamente confiáveis como informantes a respeito do que realmente estava acontecendo. Elas parecem retratar o antigo conflito antes como um debate em termos fixos entre diversas escolas dogmáticas do que como uma interação dinâmica.

É um avanço da historiografia filosófica do século XX compreender que Parmênides muda a maneira de se conceber as coisas. Segundo a concepção predominante, Parmênides argumenta contra o movimento e a mudança, atacando os fundamentos da filosofia natural jônica. Em uma tentativa desesperada de resgatar a cosmologia, Empédocles e Anaxágoras concedem que o vir-a-ser e o perecer são impossíveis, mas permitem o arranjo e o rearranjo de elementos que têm as propriedades eleatas de ser perenes e imutáveis em suas naturezas. Infelizmente, incorrem em uma petição de princípio, pois jamais estabelecem a possibilidade teórica dos tipos limitados de mudança que permitem. Os atomistas são frequentemente elogiados por sua disposição a enfrentar o problema de frente, admitindo que "o que não é" existe sob a forma de um vazio no qual se dá o movimento. Teriam, pois, sucesso em estabelecer a possibilidade teórica da mudança em que Empédocles e Anaxágoras falham.

---

[20] Cf., por exemplo, Mourelatos [309].
[21] A tradição antiga atribui a muitos dos primeiros filósofos gregos a concepção de que o movimento é eterno. Todavia, nenhum fragmento expressa essa concepção, a não ser os de Heráclito, e parece provável que o princípio derive da inferência de Aristóteles, segundo a qual o movimento eterno seria pressuposto pelas concepções desses filósofos. Heráclito, por outro lado, parece sublinhar a eternidade do processo e pode fornecer pressuposto o panorama dialético para a reação de Parmênides. Já se pensou (Tanney [131] 232-247, seguido por Burnet [6] 183ss., 31405, Cornford [285] cap. 1 e Raven [226]) que Parmênides estaria reagindo a concepções pitagóricas, das quais, porém, nenhum traço foi encontrado (Vlastos [229] 376-377).

Essa concepção, embora ainda disseminada e corrente,[22] incorre em sérios problemas. Considere-se como Empédocles e Anaxágoras respondem a Parmênides:

(...) Não há origem *(phýsis)* de nada entre as coisas
mortais, nem um fim com morte arrasadora,
antes apenas a mistura e a separação do que se misturou
existem, sendo "origem" o nome que lhe dão os homens
(Empédocles, DK 31 B8).

Quando vêm ao éter as coisas misturadas em forma de pessoas,
de progênie de feras selvagens, de arbustos
ou de pássaros, chamam-no "vir-a-ser"
e, quando são separadas, chamam-no "mísera destruição";
não o chamam pelo nome próprio, mas, via de regra,
chamo-o eu (B9).

Tolos! pois seus pensamentos não vão longe,
quem espera vir a ser o que antes não era
ou que algo pereça e seja de todo destruído (B11).

Do que absolutamente não é é impossível vir-a-ser,
sendo impossível e inaudito destruir-se o que é,
pois sempre estará onde alguém o assentar (B12).

Os gregos não compreendem corretamente o vir-a-ser e o perecer, pois nada vem a ser ou perece, antes com base no que desde logo é efetuam-se a mistura e a separação. Assim, chamar-se-á corretamente ao vir-a-ser "mistura" e ao perecer, "separação" (Anaxágoras, DK 59 B17).

---

[22] Para o pluralismo como resposta à crítica radical de Parmênides, cf. KRS 351; Barnes [14] 313-317. Sobre o suposto sucesso da resposta atomista, cf. KRS 433 (praticamente sem mudança desde a primeira edição). Sobre a falha do projeto pluralista como um todo, cf. Barnes [14] 441-442.

Tanto Empédocles como Anaxágoras endossam com toda lisura a rejeição parmenídica do vir-a-ser e do perecer, sem qualificação e sem críticas implícitas. Nenhum deles jamais argumenta contra Parmênides em qualquer assunto que seja nos fragmentos de que dispomos.[23] Tampouco encontramos evidências nas fontes antigas (que têm acentuado interesse por debates entre escolas rivais) de que porventura criticassem Parmênides.[24] Por que não? Onde está a evidência de que eles estavam tentando salvar a cosmologia do ataque implacável de Parmênides? Os intérpretes modernos assumem (1) que Parmênides argumenta contra toda mudança; (2) que Empédocles e Anaxágoras leem os argumentos de Parmênides como argumentos contra toda mudança; e (3) que Empédocles e Anaxágoras se opõem a Parmênides. Não há, porém, evidências de (2) e, se (2) for falsa, (3) não se segue. Uma possibilidade é que (1) e (2) sejam ambas verdadeiras, mas, como quaisquer bons cientistas, Empédocles e Anaxágoras simplesmente desprezam os argumentos de Parmênides como mui abstratamente filosóficos e dão sequência ao projeto de explicar o cosmos.[25] A dicotomia entre ciência e filosofia, contudo, parece anacrônica e, ademais, o fato de que aceitam a rejeição parmenídica do vir-a-ser e do perecer desacredita a tese de que desprezam os argumentos de Parmênides como mui abstratamente filosóficos. Se explicitamente aceitam parte da teoria de Parmênides, devem-nos uma rejeição arrazoada da parte de rejeitam.

---

[23] Raven (KRS 358-359) argumenta que Anaxágoras B1 assinala uma rejeição do monismo, da atemporalidade e da indivisibilidade parmenídicos. Essa interpretação, contudo, depende crucialmente do modo como Anaxágoras lê Parmênides, problema que discutimos mais adiante.

[24] Aristóteles retrata o atomismo de Leucipo como uma reação aos eleatas: *GC* I.8 325a2ss. Porém, como KRS 409 n. 4 nota, as posições a que se diz que Leucipo reage são as de Melisso, não as de Parmênides. Em *GC* I.2 316a13ss., Aristóteles faz Demócrito chegar a seus princípios por meio de uma rejeição arrazoada das posições zenonianas. Essas interpretações sugerem que o atomismo seja uma resposta à segunda geração de eleatas. E se Zenão e Melisso forçam a que se repensem os princípios neojônicos, pode bem ser porque sejam responsáveis pela concepção de Parmênides como um monista em sentido estrito, que permite a existência de apenas uma entidade.

[25] Cf., por exemplo, Mourelatos [118] 128-130.

Empédocles e Anaxágoras concordam com Parmênides, sem que dele explicitamente discordem. Segundo a concepção padrão, deveríamos esperar alguma discordância. Segundo a concepção de que Empédocles e Anaxágoras meramente dão sequência a um programa científico, não deveríamos esperar concordância alguma. Podemos justificar a atitude que encontramos expressa nos fragmentos? Acredito que sim. Devemos simplesmente rejeitar (2). Como, porém, fazê-lo? Devemos notar que o poema de Parmênides é de difícil interpretação, não menos em sua própria época do que em nossa. Muito embora tenhamos até agora assumido que há uma única leitura do texto, os intérpretes modernos divergem quanto às abordagens adotadas. Uma leitura possível é que, ao rejeitar o que não é, Parmênides desenvolve uma cosmologia radical, na qual há apenas uma substância, o que é, e não existe mudança. Essa interpretação parece estar implícita na concepção antiga de Parmênides como um monista. Também é possível que Parmênides critique as crenças na mudança e na diferenciação sem substituí-las por um novo tipo de substância última no mundo. O que quer que seja o que é, deve conformar-se aos cânones do ser eleata: deve ser perpétuo, uniforme, imutável e completo. Segundo essa leitura, Parmênides é antes o primeiro metafísico do que o último cosmólogo: ele estaria estabelecendo o que algo deve ser para que possa ser um princípio explanatório. Essa interpretação pode soar por demais kantiana em seu objetivo de encontrar os pressupostos da explicação científica, mas faz sentido enquanto caracterização do que pode significar a bizarra tese de que não há nem mudança nem diferenciação.

Ademais, essa interpretação nos permite compreender a segunda parte do poema de Parmênides, na qual desenvolve uma cosmologia particular. Reconhecidamente, Parmênides faz uma concessão ao introduzir essa cosmologia (DK 28 B8.50-2). Oferece, então, um diagnóstico (53-54), mas não fica claro nem precisamente em que consiste esse diagnóstico nem se está opondo-se a toda e qualquer cosmologia ou apenas à inadequada ontologia em que os mortais baseiam suas cosmologias.[26] Segundo uma leitura, Parmênides afirmaria: "[os mortais] se decidiram por dar nome a duas formas, das

---

[26] Sobre leituras diferentes de B8.53-54, cf. Mourelatos [309] 80-85. A passagem resiste a quaisquer interpretações fáceis, mesmo com as melhores ferramentas que a filologia pode prover.

quais não se deve nomear uma – no que se desencaminharam". Poderia ser a razão de não se dever nomear uma forma contrária o fato de que essa forma será então concebida como derivada da forma a que é contrária? Se o fogo, isto é, o princípio quente, seco e luminoso, é básico para Heráclito, o que é frio, úmido ou escuro não terá existência própria. Poder-se-ia indagar como isso existe, se tudo o que é consiste no que é quente, seco e luminoso, nada mais. Talvez, então, o erro que os mortais cometam seja produzir uma cosmologia dependente de princípios contrários, tomando-os como contrários interdependentes. Se, contudo, tomarmos esses contrários como realidades independentes e "iguais", como Parmênides faz em B9, podemos produzir uma caracterização satisfatória da natureza. Quando Parmênides caracteriza sua própria cosmologia como melhor do que qualquer outra (B8.60-1), pode-se entender que está, com isso, endossando sua própria filosofia natural ou, no mínimo, seu próprio método de investigação.

Aqui como alhures, os hexâmetros de Parmênides apresentam um argumento antes sugestivo e cheio de ambiguidades e leituras alternativas do que demonstrativo e claro. Um estudioso dos primórdios da filosofia grega tão refinado como Aristóteles pôde ler a cosmologia de Parmênides como uma caracterização a sério da realidade.[27] Pode-se, pois, ler a segunda parte do poema de Parmênides não como apresentando uma cosmologia enganadora, mas como delineando um programa a ser cumprido pelo tipo correto de cosmologia. Não estou argumentando que certa leitura seja correta, apenas que é plausível e, ademais, que é historicamente plausível atribuí-la a Empédocles e Anaxágoras.[28]

---

[27] *Met.* I.5 986b31ss.
[28] Para uma leitura que, segundo me parece, mais se aproxima das intenções de Parmênides, cf. Long [304]. Para a posição geral de que os pluralistas estão tentando seguir a senda parmenídica aberta na Via da Opinião, cf. agora Curd [290] e A. Finkelberg "Xenophanes' physics, Parmenides' doxa and Empedocles' theory of cosmogonical mixture", *Hermes* 125 (1997) 1-16. Curd assevera a concepção mais robusta, segundo a qual os pluralistas estão certos em sua leitura de Parmênides. Finkelberg faz o dualismo da cosmologia de Parmênides remontar a Xenófanes.

O MODELO PARMENÍDICO DE EXPLICAÇÃO

Na primeira parte do poema de Parmênides, aprenderíamos, então, que o que é deve ser (1) perpétuo; (2) uniforme; (3) imutável em sua natureza; e (4) completo. Na segunda metade, vê-se que o que é (5) configura um dualismo (6) que instancia uma contrariedade (7) de entidades independentes (8) iguais umas às outras. A crítica de Parmênides às cosmologias mortais pode ser lida como um ataque à (5) tese em que Parmênides critica os mortais por tomar o não ser como um de dois contrários.[29] Se, pois, rejeitarmos o dualismo entre ser e não ser, permanece aberta a opção de um pluralismo de entidades iguais e independentes. O pluralismo passa, então, a ser o legítimo sucessor de um dualismo problemático.

O único desafio sério à interpretação pluralista é como tomar a propriedade de ser uniforme (isto é, (2)) de modo a que as entidades supostamente distintas não colapsem em uma unidade. Na discussão mais explícita desse ponto, B8.22-5, Parmênides afirma que "o que é" é uniforme porque dele não há mais ou menos em um lugar do que em outro, antes tudo está cheio d' "o que é". Se tomarmos a expressão "o que é" como denotando alguma realidade definida, o sujeito indefinido de nossa discussão será tanto quantitativa como qualitativamente uniforme e, portanto, segundo a Lei de Leibniz, quaisquer suas partes serão indistinguíveis das demais, e todas as partes do ser colapsarão em um só ser. Se, porém, tomarmos a expressão "o que é" como não denotando realidade definida alguma, nem o Ser (o que quer que seja o Ser), antes apenas como fazendo referência ao que quer que determinemos ser real, não se segue que o mundo consista de uma substância uniforme. Basta que "o que é", o que quer que seja "o que é", seja internamente uniforme, isto é, esteja quantitativamente distribuído de maneira uniforme. Nada, porém, impede que possa haver diversos tipos de realidade, cada uma das quais sendo internamente uniforme. Se a última leitura não é a mais óbvia em Parmênides, não é, porém, imediatamente falsa, e há pelo menos um sentido em que pode ser vista como a mais sofisticada e generosa a se assumir.[30]

---

[29] Como Aristóteles lê a passagem, Met. I.5 986b33-987a2.
[30] Mourelatos [309], em especial 134-135, defende uma leitura desse tipo.

Segundo essa leitura, uma cosmologia pluralista não será uma alternativa desesperada ao monismo cósmico de Parmênides, mas um desenvolvimento inteligente do programa estabelecido pelo próprio Parmênides. Não se faz necessária nenhuma resposta crítica a Parmênides, visto que a cosmologia pluralista não é rival de Parmênides, antes segue atentamente a sua teoria e pratica fielmente seu método. Parmênides conclui a introdução de seu poema com as palavras:

(...) Deves aprender tudo,
tanto o coração inabalável da verdade persuasiva [ou:
redonda]
como as opiniões dos mortais, nas quais não há confiabilidade veraz.
Não obstante, aprendê-las-ás também a elas, como as aparências
devem aceitavelmente ser, todas presentes em tudo (B1.28-32).

Segundo uma leitura possível da segunda parte do poema, podemos ler as observações acima como seguem: devem-se aprender tanto os princípios imutáveis da natureza como as maneiras segundo as quais a interação desses princípios produz os fenômenos mutáveis da natureza. Muito embora esse último estudo não resulte em certezas, pode resultar em um entendimento apropriado. Deve-se distinguir formalmente (por primeira vez) entre metafísica e física. Na segunda parte do poema, Parmênides daria espaço aos fenômenos do vir-a-ser como *explananda* (B11) e, fiéis a seus princípios, o mesmo fariam seus seguidores.

Ora, os elementos de Empédocles e Anaxágoras conformam-se a esses princípios que se podem extrair de Parmênides. Esses elementos são (1) perpétuos; (2) uniformes; (3) imutáveis em suas naturezas; e (4) completos (no sentido de que não requerem algo que os realize). Deflagram não (5) um dualismo, mas (5') um pluralismo que (6) incorpora (mas não consiste de) contrariedades. Além disso, os elementos são (7) mutuamente independentes e (8) iguais uns aos outros. Parece, pois, que as teorias de Empédocles e Anaxágoras podem ser lidas como a encarnação de sugestões encontradas já em Parmênides.

O modelo predominante de explicação em Empédocles e Anaxágoras é a mistura: os elementos se misturam para produzir os objetos fenomênicos. Os ingredientes preexistem à mistura e continuarão a existir depois que a mistura deixar de existir, sendo a mistura um estado temporário de interação de constituintes eles mesmos perenes. Em um nível extremo de descrição, a mistura não existe, existem apenas os elementos imutáveis. Em outro nível, a interação destes produz os eventos mutáveis. Podemos distinguir um mundo eleata de elementos e um mundo mutável de eventos. Esses eventos são derivados e, portanto, em certo sentido não são reais – isto é, não são princípios últimos de explicação. Tampouco, porém, são meras ilusões. São estados derivados dos princípios últimos. O modelo oferece uma distinção entre o último e o derivado, o real e o fenomênico. Para Empédocles e Anaxágoras, o engano consiste não em se inventar um mundo ilusório, mas em se pensar que as propriedades dos objetos fenomênicos são as propriedades últimas das coisas, por exemplo, seria errôneo pensar que as realidades últimas vêm a ser e perecem porque as plantas e os animais, as mesas e as cadeiras, vêm a ser e perecem.

Dos primeiros filósofos jônios aos pluralistas ocorre uma grande mudança. O modelo jônico original vislumbra uma única coisa sendo transformada em muitas substâncias diferentes. O ar de Anaxímenes se torna fogo quando rarefeito, e vento, nuvem, água, terra e pedra quando condensado em grau adequado.[31] Parece haver um sentido genuíno em que o ar de Anaxímenes e o fogo de Heráclito vêm a ser e perecem e em que as demais substâncias se tornam completas ao se tornar ar ou fogo. Em virtude do fato de que a substância original se transforma em todas as coisas, nada pode ser permanentemente. O pluralista assume uma posição contrária à concepção jônica original, ao insistir que há certas leis eleatas que governam o real. Essas leis eliminam a possibilidade de que os princípios últimos estejam sujeitos à mudança, de que venham a ser e pereçam, de que se transformem em outras coisas ou de que cheguem a um estado completo.

---

[31] Cf. o apêndice neste capítulo, p. 242.

Ademais, ao identificar os materiais últimos como seres imutáveis, os pluralistas dão um grande passo no sentido de distinguir entre agente e paciente, mente e matéria, alma e corpo. Se os primeiros filósofos jônios tendiam a atribuir ação e poder à substância última que postulavam, os pluralistas separam, de um lado, a ação e, de outro, as substâncias. Empédocles postula o Amor e a Contenda; Anaxágoras, a Mente cósmica. Empédocles também reconhece uma alma imortal para além dos elementos materiais. Muito embora nem a Empédocles nem a Anaxágoras se possa creditar (a culpa por) produzir um dualismo estrito entre agente e paciente ou entre mente e corpo (a Mente de Anaxágoras tem propriedades físicas como a homogeneidade e a localização espacial), ambos se movem na direção dessas distinções. Ainda não há uma distinção estrita entre as substâncias e suas propriedades, o que se pode entrever na maneira como Anaxágoras parece confundir materiais e propriedades. Porém, tanto Anaxágoras como Empédocles exibem uma consciência crescente da diferença tanto entre entidades materiais e entidades mentais como entre motores e movidos. A distinção entre a coisa e seus atributos não aparecerá na literatura filosófica senão com Platão; e a distinção categorial entre as substâncias e suas propriedades, senão com Aristóteles.[32] Aristóteles finalmente cooptará uma palavra com o significando original de "madeira" ou "material de construção", *hýlē*, atribuindo-lhe o significado de "matéria" – conceito com o qual os primeiros filósofos gregos lidam constantemente sem se referir a ele em abstrato.[33]

OBJEÇÕES ELEATAS

Os avanços conceptuais de Empédocles e Anaxágoras são inspirados por considerações de estirpe parmenídica. As realidades que postulam são mais substanciais que as dos primeiros filósofos jônios: são seres perpétuos com naturezas e propriedades fixas. Muito embora essas substâncias básicas não mudem em si mesmas, mudam suas relações para com as demais substâncias

---

[32] Platão, *Eutífron* 11a; Aristóteles, *Categorias* capseudo 2, 4, 5.
[33] Cf. D. W. Graham, "Aristotle's discovery of matter", *AGP* 66 (1984) 37-51.

básicas. É aqui que os primeiros pluralistas ficam mais expostos às objeções eleatas: como pode haver qualquer mudança nas relações entre as substâncias básicas? Para que essas coisas possam mudar em suas relações, devem, de alguma maneira, mudar em suas configurações. No mínimo, terão de mudar em sua localização espacial de modo a que se possam misturar em diferentes proporções, as quais, por sua vez, redundarão na aparência de diferentes propriedades fenomênicas. Se, porém, se elimina a possibilidade de movimento local, impede-se a solução pluralista para o problema da mudança. Ademais, podem-se apresentar objeções ao estatuto de uma nova relação, uma nova situação que não existia antes, o que viola o Princípio de Negação do Vir-a-Ser e do Perecer reconhecido tanto por Empédocles como por Anaxágoras.

Ambos os problemas surgem na segunda geração de eleatas. Zenão de Eleia tem diversos argumentos que parecem focar a atenção sobre a impossibilidade do movimento. Melisso objeta explicitamente que a aparência de uma nova configuração viola as restrições parmenídicas contra o vir-a-ser.[34] Não é clara qual a relação cronológica entre os pluralistas e a segunda geração de eleatas, mas podemos indagar quão vulneráveis são as teorias de Empédocles e Anaxágoras às novas objeções eleatas, quer haja de fato um confronto historicamente atestado entre ambas, quer não. Parece que nem Empédocles nem Anaxágoras têm muito a dizer em resposta a objeções a respeito da impossibilidade do movimento. Objeções contra o movimento parecem figurar no segundo argumento do fragmento B8 de Parmênides, não sendo, pois, algo de novo, por mais novos que possam parecer os paradoxos de Zenão. Pode-se, porém, vislumbrar em Empédocles e Anaxágoras uma tendência a sublinhar não a locomoção, mas a onipresença dos elementos: Empédocles retrata os elementos como raízes e sustenta que eles "perpassam todas as coisas",[35] como se o composto se tratasse de uma trança de fios entrelaçados. Anaxágoras sublinha o fato de que tudo está em tudo, isto é, de que, para qualquer elemento que se considere, não há substância que dele esteja privada. Essas observações deslocam a atenção do problema da locomoção

---

[34] Sobre a relação entre os argumentos de Zenão e a doutrina de Parmênides, cf. McKirahan, neste volume, p. 191-218; para Melisso, cf. Sedley, p. 188-189.
[35] B17.34, 21.13, 26.3.

para alhures, mas não o resolvem, pois ambos os filósofos pressupõem que a concentração de um determinado elemento na mistura esteja sujeita a mudar, o que, por sua vez, pressupõe que porções dos elementos possam mudar de lugar.[36]

Quanto à aparência de uma nova configuração, Empédocles deve claramente admiti-la: quando os elementos se arranjam em novas proporções, novos compostos são criados. Empédocles parece desconsiderar a importância dessa situação ao ressaltar o fato de que o que há de real não são os compostos que vêm e vão, mas os elementos permanentes. Ainda que não pretenda com isso dizer que os compostos sejam meras ilusões, tenta deixar claro que eles não podem ser os verdadeiros constituintes do mundo. Empédocles defende uma ontologia eleata que resulta em um mundo não-eleata de fenômenos.

Anaxágoras, por sua vez, permite proporções mutantes de elementos, mas não admite a aparência de quaisquer novas configurações: a substância fenomênica de que temos experiência é apenas o conjunto de elementos (cujo número é infinito). Não emergem, porém, quaisquer novas propriedades ou configurações de substâncias. Toda propriedade fenomênica de que temos experiência já está presente no conjunto das realidades últimas, como o pode mostrar a apreciação completa destas. As propriedades fenomênicas não *emergem*, antes *tornam-se manifestas* quando os elementos que as possuem adquirem preponderância na mistura. Assim, Anaxágoras minimiza o escopo da novidade no mundo, ao preço, porém, de se ver às voltas com um número indefinidamente grande de elementos. Ganha, em troca, uma sólida defesa contra a acusação de que novas configurações venham a ser. Melisso indubitavelmente objetaria que mesmo a manifestação de uma característica já existente envolve uma mudança que a razão deve eliminar. Anaxágoras, contudo, pode apontar que postula as mudanças minimamente necessárias para sustentar o mundo da experiência. De qualquer modo, não fica claro que a manifestação de uma propriedade seja um caso de vir-a-ser no sentido descartado por Parmênides, pois nenhuma *coisa* vem a ser. Anaxágoras faz do caos primordial um reservatório que contém em estado latente todas as

---

[36] Cf. Aristóteles, *Phys.* VIII.9 265b17ss.

substâncias que podem vir a se manifestar.[37] A única novidade a ser encontrada no mundo será não a criação de algo novo, mas a manifestação de algo latente, a "separação" de algo na mistura. Ademais, toda mudança no cosmos constitui, em princípio, o mesmo tipo de mudança: alguma substância latente na mistura se torna manifesta. Por exemplo: quando a água evapora, o ar que estava latente na água se separa. Nesse mundo há mudança, mas não há mudança de substâncias, nem mesmo a mudança dos elementos que constituem o composto (como há em Empédocles): há apenas a separação que para Anaxágoras é sempre uma separação parcial de um elemento em relação aos demais. Assim, as concentrações relativas dos elementos mudam, o que pressupõe algum traslado espacial, mas não há nenhum outro tipo de mudança ao nível básico da descrição ontológica.

Empédocles e Anaxágoras obtêm sucesso em sua empreitada? Ambos apresentam construções engenhosas e vigorosas nos moldes delineados por Parmênides: ambos postulam entidades com naturezas fixas que, conformemente à Via da Opinião, instanciam diversas propriedades. A química de Empédocles é econômica e elegante, capaz de dar conta de inumeráveis substâncias ao fazer apelo às configurações variáveis de apenas quatro materiais de construção. A química de Anaxágoras, por contraste, não é econômica, mas é impassivelmente eleata, listando entre seus produtos precisamente as mesmas substâncias que são seus ingredientes. Não há simplicidade explanatória, mas não há quaisquer propriedades supervenientes a serem explicadas.

Essas teorias resistem às críticas de Zenão e Melisso? Ante os problemas suscitados por Zenão quanto à divisibilidade da matéria, Anaxágoras adota uma alternativa defensiva: a matéria é toda ela divisível. Nem Empédocles nem Anaxágoras parecem ter uma resposta para os problemas suscitados por

---

[37] Uma questão crucial que se impõe nesse contexto é: o que são as sementes de Anaxágoras? Furley [385] 72-75 argumenta que são sementes biológicas a partir de que se desenvolvem os seres vivos. Se esse for o caso, até mesmo as plantas e os animais estarão latentes no caos primordial. Há, porém, interpretações alternativas, e a atenção de Anaxágoras a suas formas (?) *(idéai)*, a suas cores e a seus sabores (B4) tende no mínimo a sugerir que ele nelas tem interesse antes como substratos de qualidades fenomênicas do que como fontes da geração biológica. De qualquer modo, pelo menos todos os materiais estão presentes na mistura original e, se Furley estiver certo, até mesmo as espécies biológicas estarão presentes em latência.

Zenão no que diz respeito ao movimento local. Eles minimizam a importância de tal movimento, mas, visto que, em última análise, pressupõem-no, não se conseguem furtar aos problemas daí advindos. Contra a objeção de Melisso de que novas configurações não podem emergir, Empédocles não tem resposta a oferecer, mas Anaxágoras pode ao menos apontar que não há novas substâncias, antes todas as propriedades fenomênicas encontram-se desde logo latentes na mistura: novas configurações são meras mudanças fenomênicas sem resultados fenomênicos. Essa resposta não resolve o problema, mas é o máximo a que o filósofo natural pode permitir-se ir sem fazer apelo a uma estrutura lógica ou metafísica – isto é, sem deixar de ser um filósofo natural.

Talvez haja uma ironia na situação da filosofia em meados do século V a.C. Se o pluralista entender que Parmênides estabelece as condições metafísicas da possibilidade de uma filosofia natural, pode ser um filósofo natural sem fazer metafísica. Se entender que Parmênides apresenta uma nova filosofia natural com o Ser em seu centro, terá de responder a ela criticamente, tornando-se, então, um metafísico. Os argumentos de Parmênides trazem a filosofia natural às raias da lógica e da metafísica ao testar os limites da substância natural. Se, porém, for possível interpretar que Parmênides apresenta um manual para a construção de uma filosofia natural responsável, como argumento ser possível fazer, pode-se antes construir a partir das fundações delineadas pelo próprio Parmênides do que buscar novas fundações. A abordagem de Empédocles e Anaxágoras sugere que eles optam por essa última alternativa.

Se isso for correto, a história dos meados do século V a.C. não é um conto de pluralistas desesperados defendendo a retaguarda de sua teoria contra o agressivo assédio dos eleatas. É, antes, a disputa entre duas escolas rivais pela última palavra a respeito da tradição herdada: os neojônios tentando construir uma filosofia natural adequada a partir das fundações delineadas pelo próprio Parmênides e os neoeleatas tentando mostrar que Parmênides havia afastado a possibilidade dessas mesmas fundações. A disputa dizia respeito menos a se poder salvar a filosofia natural do que a como se ler Parmênides. Era uma disputa entre dois pretendentes a herdeiros de Parmênides. Os neoeleatas acabaram, afinal de contas, por vencer a disputa de maneira tão cabal que a evidência mesma dessa contenda praticamente desaparece. A ausência, porém, de qualquer hostilidade em relação a Parmênides por parte de

Empédocles e Anaxágoras revela de que lado ambos se posicionam. Os primeiros neojônios, longe de se opor a Parmênides, devem ser vistos como se viam a si mesmos: como pluralistas eleatas.[38]

Apêndice

Anaxímenes é por vezes interpretado à luz da leitura que Aristóteles e Teofrasto dele fazem: o ar é um substrato ou, então, uma substância subjacente às demais substâncias (cf., por exemplo, Barnes [14] capítulo 3). Isso, porém, não é senão aplicar a teoria aristotélica a respeito do substrato e da forma a um filósofo inocente dessas distinções. Anaxímenes faz do ar o primeiro princípio *(arkhé)*, mas isso significa, para ele, não que o ar esteja sempre presente como uma causa material aristotélica, mas que, em certo tempo, tudo foi ar no universo, que toda substância provém do ar, que o ar de certa forma controla todas as coisas. Em contraste com o que diria um pós-parmenídico, Anaxímenes sustenta que "o ar ilimitado é o princípio de que *vêm a ser* todas as coisas que vêm a ser, vieram a ser e virão a ser, mais os deuses e as coisas divinas" (Hipólito, *Refutação de todas as heresias* I.7.1). Teofrasto explica que o ar, "quando rarefeito, *torna-se* fogo; quando condensado, vento, nuvem, água, terra, pedra" (Simplício, *In phys.* 24, 29-30). Nenhum pluralista afirmaria que qualquer de suas realidades primeiras *vem a ser* ou *se torna* o que quer que seja. Aristóteles e seu discípulo Teofrasto não se importam em particular com essa expressão porque Aristóteles novamente converte os quatro elementos em substâncias que vêm a ser e perecem (*GC* II). Pode ser, porém, que esse tipo de caracterização, segundo o qual uma

---

[38] O termo "pluralismo eleata" é aplicado aos primeiros pluralistas por R. B. B. Wardy, "Eleatic pluralism", *AGP* 70 (1988) 125-146. Gostaria de aplicá-lo em especial a Empédocles e Anaxágoras, reservando a possibilidades de que os atomistas, por razões que Wardy não leva em consideração, possam ser, em importantes aspectos, antieleatas, por exemplo, na tese democrítica de que "o ser não mais é do que o não ser" (DK 68 B156). Certamente os atomistas são, em algum sentido, pluralistas eleatas, mas não necessariamente tão meticulosa, imperturbável e talvez engenhosamente como seus predecessores, porque encaram as críticas dos membros tardios da escola eleata.

coisa se torna muitas outras, seja a causa de Parmênides se insurgir contra a mudança (cf. Graham [242]).

Ainda assim, como Aristóteles e Teofrasto podem interpretar tão erroneamente Anaxímenes e os jônios? Em parte, a razão é que Aristóteles pretende assinalar a eles, enquanto primeiros descobridores da causa material (a matéria enquanto substrato da mudança), o papel de seus predecessores (*Met.* I.3-4 *et passim*). Apesar de ser inegavelmente verdadeiro que os jônios pretendam identificar a substância material a partir de que o mundo vem a ser, não se segue daí que concebam o material básico como uma causa material em sentido aristotélico, isto é, como o substrato perene de mudança no qual as formas vêm a ser instanciadas. Em registro semelhante, Aristóteles declara que todos os seus predecessores indagavam: "O que é a substância?" (*Met.* VII.1). Em certo sentido, isso é verdadeiro – a saber, se tomarmos "substância" como termo que designa a realidade última, qualquer que seja ela. Em outro sentido, é falso e pernicioso: os predecessores de Aristóteles não tinham em mente a concepção *aristotélica* de substância. O que esses casos mostram é que, ao tentar ajustar seus predecessores a suas categorias prévias, Aristóteles por vezes borra a distinção entre que preocupações se pode razoavelmente afirmar que seus predecessores tivessem e que preocupações se pode razoavelmente afirmar que apenas um filósofo aristotélico ou pós-aristotélico teria.

Em geral, sustento ser falso que Anaxímenes ou qualquer outro entre os primeiros cosmólogos jônios fossem "monistas materialistas", isto é, que o único princípio deles fosse uma causa material no sentido aristotélico estrito daquilo que permanece ao longo de todas as mudanças como sujeito de todas essas mudanças. Que sejam em algum sentido materialistas é verdadeiro, assim como é verdadeiro que sejam em algum sentido monistas – no sentido de que, para eles, há um único princípio do qual vêm a ser todas as demais substâncias, o qual é em algum sentido mais perfeito do que elas e as controla –, mas não é verdadeiro que sejam monistas materialistas em sentido aristotélico. A teoria do monismo materialista que Aristóteles projeta sobre os primeiros cosmólogos jônios pressupõe os princípios metafísicos de forma e matéria, potência e ato, sujeito e predicado, os quais simplesmente não fazem parte da ontologia jônica e são sofisticados demais para que os primeiros cosmólogos jônios os tenham em mente.

9 Os atomistas[1]

C. C. W. Taylor

O atomismo foi criação de dois pensadores do século V a.C., Leucipo e Demócrito. O primeiro, atestado por Aristóteles, nossa fonte primária enquanto fundador da teoria, era uma figura nebulosa já na antiguidade, em tal medida eclipsado por seu mais célebre sucessor, Demócrito, que a teoria passa a ser considerada obra exclusiva desse último. Epicuro, que desenvolve e populariza o atomismo entre fins do século IV e inícios do século III a.C. (seguindo a tradição de figuras como Nausífanes e Anaxarco, hoje pouco mais do que nomes), chega a negar que Leucipo tenha existido. Pouco mais se conhece a respeito de Demócrito (cf. p. 25). A precisa relação entre Leucipo e Demócrito não é clara. Platão jamais menciona qualquer um dos dois pelo nome. Aristóteles e seus seguidores tratam Leucipo como o fundador da teoria, mas atribuem os princípios básicos dela tanto a Leucipo como a Demócrito. Fontes posteriores tendem a tratar a teoria como obra exclusiva de Demócrito. Sendo claro que a teoria tem suas origens em Leucipo, é possível que ambos tenham em certa medida colaborado, sendo ademais quase certo que Demócrito tenha desenvolvido a teoria em diversas áreas, alargando-a, por exemplo, de modo a incluir uma psicologia materialista, uma epistemologia sofisticada e uma caracterização do desenvolvimento da sociedade humana que dá especial ênfase à capacidade humana de aprender com a experiência.[2]

---

[1] Uma versão deste capítulo já foi publicada como parte do capítulo "Anaxagoras and the Atomists" em C. C. W. Taylor (ed.) *Routledge History of Philosophy*, vol. 1, *From the Beginnings to Plato* (Londres, 1997), e parte do material aqui constante aparece em C. C. W. Taylor, *The Atomists* (Toronto, 1999). Agradecemos a permissão dos editores no tocante à reprodução desse material.

[2] Para a poética de Demócrito, que transcende o escopo deste capítulo, cf. Most, neste volume, p. 421.

Princípios físicos

Segundo Aristóteles (*GC* I.7-8 324a35-325a31), os atomistas tentam reconciliar os dados observáveis da pluralidade, do movimento e da mudança com a negação eleata da possibilidade do vir-a-ser ou do perecer. Como Anaxágoras e Empédocles, postulam coisas primárias imutáveis e explicam a geração e a corrupção aparentes por meio do agrupamento e da separação dessas coisas. Suas concepções das coisas primárias e dos processos, contudo, diferem radicalmente das de Anaxágoras e Empédocles. Para Anaxágoras, as coisas primárias são materiais e propriedades observáveis; para Empédocles, os elementos: água, terra, fogo e ar. Para ambos, os processos primários são a mistura e a separação dessas coisas primárias. Para os atomistas, por contraste, as coisas primárias não são propriedades ou coisas, mas indivíduos físicos, e os processos primários não são a mistura e a separação, mas a formação e a dissolução de agregados desses indivíduos. Os indivíduos básicos são inobserváveis, em contraste com os materiais de Anaxágoras e os elementos de Empédocles, ambos observáveis. Consequentemente, suas propriedades não podem ser observadas: têm, antes, de ser atribuídas a esses indivíduos por meio da teoria.

Visto que a teoria tem de dar conta de uma reconhecida infinidade de fenômenos, assume-se um número infinito de indivíduos básicos e postulam-se tão poucas propriedades explanatórias quanto possível, em especial o formato, o tamanho, a ordem espacial e a orientação em uma dada ordem.[3] Todos os corpos observáveis são agregados de indivíduos básicos, que devem, portanto, ser pequenos demais para serem percebidos.[4] Esses corpúsculos básicos são fisicamente indivisíveis (*átomon*, literalmente "não cortável"), não

---

[3] Adaptando o exemplo de Aristóteles (*Met.* I.4 985b18-19), AN difere de NA quanto à ordem e AN de AZ quanto à orientação em uma certa ordem.

[4] Enquanto muitas fontes antigas concordam que os átomos são pequenos demais para ser percebidos, fontes posteriores indicam que alguns átomos são muito grandes (em certa descrição, são "grandes como um mundo"). Parece-me mais provável que os atomistas sustentem que, ainda que haja átomos de todos os tamanhos possíveis (pela mesma razão pela qual há átomos de todos os formatos possíveis), todos os átomos em nosso mundo são pequenos demais para ser percebidos. Cf. Barnes [14] cap. 17 (b).

apenas de fato, mas em princípio. Aristóteles reporta (*GC* I.2 316a14-b7) um (infundado) argumento atomista que tem algumas afinidades com um dos argumentos de Zenão contra a pluralidade (DK 29 B2): se (como, por exemplo, Anaxágoras sustenta) fosse teoricamente possível dividir uma coisa material *ad infinitum*, a divisão deveria reduzir a coisa a nada. Esse argumento recebia suporte de outro com a mesma conclusão: os átomos são teoricamente indivisíveis porque não contêm vazio algum. Segundo essa concepção, os corpos podem ser divididos apenas em seus interstícios; portanto, não é possível haver divisão onde não há interstícios, como em um átomo (o mesmo princípio provavelmente respondia pela imunidade dos átomos a outros tipos de mudança, tais como mudança de formato, compressão e expansão: assume-se, provavelmente, que todos esses tipos de mudança requerem o deslocamento de matéria em um átomo, o que é impossível sem lacunas que possam receber a matéria deslocada). É tentador ligar o pressuposto de que os corpos podem ser divididos apenas em seus interstícios ao Princípio de Razão Suficiente, ao qual os atomistas fazem apelo como princípio fundamental de explicação – argumentando, por exemplo, que o número de formas atômicas deve ser infinito, porque não há mais razão para um átomo ter antes uma forma do que outra (Simplício, *In phys.* 28.9-10).[5] Dada a total homogeneidade de um átomo, pode-se pensar, não pode haver razão para que ele deva se dividir antes em um ponto do que em outro ou antes em uma direção do que em outra. Portanto, segundo o Princípio de Razão Suficiente, ele não pode ser dividido.

O programa de reconciliação dos dados da percepção com as exigências da teoria eleata leva os atomistas a postular um vazio (a) que separa um átomo de outro e (b) no qual se movem os átomos. Parmênides argumentara (DK 28 B8.22-25) que não poderia haver muitas coisas se não houvesse um vazio que as separasse, e Melisso argumentara (DK 30 B7) que não poderia haver movimento sem um vazio em que se movessem os objetos móveis. Aristóteles atesta que os atomistas aceitam ambas as teses (*Phys.* IV.5 213a32-34, *GC* I.8 325a27-28). Às questões "o que separa os átomos um do outro"

---

[5] Para uma discussão completa do uso desse princípio pelos atomistas, cf. S. Makin, *Indifference arguments* (Oxford & Cambridge, MA, 1993).

e "em que eles se movem", a resposta que oferecem é simplesmente: "nada", "o que não é" ou "o vazio", termos que aparentemente tratam como intercambiáveis. Não recusam, porém, a conclusão de que o que é não é mais do que o que não é (Aristóteles, *Met.* I.4 985b8; Plutarco, *Adv. Col.* 1108f).[6] No entanto, a asserção de que o que separa objetos distintos não é nada leva diretamente à incoerência: ou não há nada que separe esses objetos (e, nesse caso, eles não estão separados uns dos outros) ou há algo que os separa (e, nesse caso, "nada" é o nome de algo).

Não sabemos se alguma vez os atomistas se depararam com essa dificuldade – nem, caso isso tenha acontecido, como lidaram com ela. O máximo que podemos oferecer é a seguinte sugestão de uma defesa apropriada. Há algo que separa dois átomos não adjacentes, a saber, um intervalo. Um intervalo, porém, não é um tipo de *coisa*: é apenas uma lacuna, uma ausência de algo. Há, portanto, lacunas entre os átomos, mas lacunas não são nada. Quando um átomo se move, move-se em uma lacuna. Esse, porém, não pode ser o argumento, pois a noção de um intervalo ou uma lacuna entre objetos pressupõe uma dimensão contínua em que os objetos e os átomos entre eles estejam igualmente situados, isto é, a concepção atomista do vazio não pode ser apenas a do não ser de um objeto físico. Deve ser pelo menos a de uma lacuna no espaço, sendo o espaço concebido, a princípio, como uma dimensão contínua. Os atomistas também alegam que o vazio é infinito em extensão, usando a expressão "o infinito" como designação alternativa, o que é mais naturalmente interpretado como a tese de que o espaço vazio é infinito em extensão. Acreditam, portanto, que o universo consiste de uma coleção infinitamente grande de objetos físicos indivisíveis (os átomos) movendo-se no espaço infinito, sendo o espaço concebido como um *continuum* tridimensional cujas partes podem estar ocupadas ou desocupadas.[7]

---

[6] Plutarco dá expressão a esta máxima, naquela que é presumivelmente a própria terminologia atomista: "a coisa não mais é do que a não coisa", em que "coisa" representa a palavra *dén*, artificialmente cunhada para contrastar com *medén*, "nada", etimolgicamente equivalente a *med' hén*, "nenhum(a) (coisa)".

[7] Para uma discussão mais à larga, cf. Sedley [409].

Nesse espaço vazio, os átomos encontram-se em um estado de movimento perpétuo. Esse movimento não é produto de um projeto, antes é determinado pela série infinita das interações atômicas pregressas[8] (donde duas das principais críticas de Aristóteles a Demócrito, de que ele elimina a causalidade final (*GA* V.8 789b2-3) e de que ele torna todo movimento atômico "não natural" (*De caelo* III.2 300b8-16)[9]). O papel teórico do vazio (dar conta da separação mútua dos átomos) tem uma interessante implicação reportada por Filópono (*In Phys.* 494.19-25; *In GC* 158.26-159.7). Visto que os átomos são separados um do outro pelo vazio, eles nunca poderão, em sentido estrito, entrar em contato um com o outro, pois, caso o fizessem, ainda que momentaneamente, nada os separaria um do outro. Fosse esse o caso, eles seriam tão inseparáveis um do outro quanto as partes inseparáveis de um mesmo átomo, cuja indivisibilidade é atribuída à ausência em si de vazio (cf. acima). Assim, os dois átomos anteriores seriam agora partes de um único átomo maior. No entanto, sustentam os atomistas, é impossível que duas coisas se tornem uma só. Considerando a fusão atômica teoricamente impossível e afirmando que todo caso de contato entre átomos é um caso de fusão (visto que apenas o vazio intermédio impede a fusão), os atomistas provavelmente extraem a conclusão de que o próprio contato é impossível.[10] Daí que o que pareça ser um impacto seja, na verdade, uma ação a uma distância extremamente pequena. Em vez de realmente chocarem-se uns com os outros, deve-se conceber que os átomos

---

[8] Sobre a natureza dos quais, cf. p. 253.

[9] No sistema aristotélico, o movimento natural é o movimento intrínseco à natureza de uma coisa de certo tipo, por exemplo, é natural que uma pedra se desloque para baixo, isto é, que caia ao chão quando não tiver apoio. Pode-se fazer com que as coisas, por meio do exercício de uma força externa, se movam de maneiras contrárias a seus movimentos naturais, por exemplo, uma pedra pode ser arremessada para o alto. A tese atomista de que todo movimento atômico é o produto de interações atômicas anteriores é, assim, nos termos de Aristóteles, equivalente à tese de que todo movimento atômico é antinatural, tese que se pode sustentar ser incoerente (visto que o conceito de movimento antinatural pressupõe o de movimento natural).

[10] Cf. Kline & Matheson [403] e Godfrey [404]. I. M. Bodnár, "Atomic Independence and Indivisibility", *Oxford Studies in Ancient Philosophy* 16 (1998) 35-61 argumenta (em 49-53) que, em vez de oferecer evidências das concepções atomistas, os textos de Filopono são meras conjecturas ensejadas por sua interpretação dos textos aristotélicos que está comentando.

repelem-se uns aos outros em decorrência de algum tipo de força transmitida através do vazio. Ainda que nenhuma fonte o ateste, o entrelaçamento dos átomos, que é o princípio fundamental da formação de agregados, não é, em sentido estrito, um entrelaçamento, visto que o princípio de que não há contato entre os átomos proíbe tanto o entrelaçamento como o impacto. Assim como o impacto tem de ser concebido como algo semelhante à repulsão magnética, igualmente o entrelaçamento tem de ser concebido como uma atração *quasi*-magnética. Se essa sugestão é correta (e vale notar que nenhuma fonte antiga que não Filópono dá suporte a ela), é notável que, enquanto a filosofia corpuscular pós-renascentista, que se desenvolve com base no atomismo grego, tende a tomar a impossibilidade de ação a distância como um axioma, a forma original da teoria contém a tese *a priori* de que toda ação é ação a distância. Consequentemente, o impacto, em vez de nos oferecer a concepção mais fundamental de interação física, é uma mera aparência que desaparece do mundo quando a descrição da realidade é buscada com rigor máximo.[11]

Acaso e necessidade

Enquanto as linhas gerais das concepções atomistas nesses tópicos podem ser reconstruídas bastante prontamente, há muita obscuridade no que diz respeito aos detalhes. O universo atomista é desprovido de propósito, é mecânico e determinista. Todo evento tem uma causa e as causas necessitam de seus efeitos.[12] Em termos gerais, o processo é mecânico. Em última análise, tudo no mundo acontece como resultado da interação atômica. O processo

---

[11] Restrições de espaço impedem a discussão de diversas questões relativas à natureza dos átomos que ocupam muito do debate entre especialistas a respeito do atomismo antigo. A intrincada questão a respeito de se os átomos têm peso é discutido por diversos autores, mais a contento por O'Brien [407], com críticas convincentes de Furley [408]. Quanto às questões a respeito de se, e em que sentido, se pode dizer que os átomos têm partes, cf., por exemplo, Barnes [14] cap. 17 (c) e Furley [400] cap. 6 e [99] cap. 9.3-4. Discuto esses assuntos em meu comentário aos atomistas (Toronto, 1999) pela *Phoenix Presocratic Series*.

[12] Sobre a ausência de evidência explícita para a reflexão dos primeiros filósofos gregos a respeito da explicação causal, cf. Vegetti, neste volume, cap. 13.

de interação atômica não tem nem princípio nem fim, qualquer estágio particular desse processo é causalmente necessitado pelo estágio precedente. Exatamente como os atomistas concebem esse processo, no entanto, é obscuro. Essa obscuridade pode ser em larga medida atribuída à natureza fragmentária da evidência que possuímos, mas talvez a expressão da teoria não esteja totalmente livre de obscuridades.

O texto fundamental é o único fragmento de Leucipo (DK 67 B1): "nada ocorre de modo fortuito, mas tudo por uma razão e segundo necessidade". A negação de que algo ocorra "de modo fortuito" *(máten)* pode ser tomada isoladamente como a asserção de que todos os eventos são propositados, visto que o advérbio e seus cognatos frequentemente têm o sentido de "em vão" (isto é, não segundo o propósito de alguém) ou "despropositadamente". Se esse fosse o sentido de não *máten*, "por uma razão" *(ek lógou)* seria naturalmente compreendido como "por um propósito". Tais leituras, porém, são pouco prováveis. A maioria das fontes segue Aristóteles (*GA* V.8 789b2-3) e assere que Demócrito nega a existência de um propósito no mundo natural e explica tudo por meio de uma "necessidade" mecânica. Uma leitura de Leucipo que o faça asserir não apenas (*contra* Demócrito) que alguns – mas todos – os eventos naturais são propositados postula um desarranjo de tal magnitude entre as concepções de ambos que seria de se esperar dele alguns traços na tradição posterior. Ademais, a atribuição de todos os eventos à necessidade, característica central da visão de mundo de Demócrito, é atestada no fragmento de Leucipo. Devemos, portanto, buscar uma interpretação do fragmento que o permita ser consistente com a negação da causalidade final em Demócrito.

Tal interpretação está disponível sem que seja necessário forçar os textos. Por vezes (por exemplo, em Heródoto VII.103.2 ou em Platão *Tht.* 189d), *máten* deve ser lido não como "sem propósito", mas como "sem razão" ("em vão" e "vacuamente" têm espectro de aplicação semelhante). Dada essa leitura de *máten*, "por uma razão" deve ser lido de tal modo que a concepção de razão aí expressa seja ligada a uma explicação racional. A primeira parte do fragmento ("nada ocorre de modo fortuito, mas tudo por uma razão"), portanto, assere não o propósito universal na natureza, mas um princípio que já vimos ter grande alcance no atomismo, o Princípio de Razão Suficiente. Em lugar de uma radical descontinuidade entre Leucipo e Demócrito, o fragmento, assim compreendido, atesta o compromisso com um princípio básico do atomismo.

A segunda metade ("e segundo necessidade") é uma tese mais forte, que liga a noção de explicação racional às de necessidade e causa. A tese mais forte é: tudo o que acontece *tem* de acontecer, não pode senão acontecer. Isso redunda em uma especificação da razão cuja existência é asserida na primeira metade da sentença: nada acontece sem uma razão e, no caso de tudo o que acontece, a razão pela qual acontece é que tem de acontecer.[13]

Não há, portanto, eventos fortuitos, isto é, eventos que simplesmente acontecem. Por outro lado, temos evidência de que os atomistas atribuem algum papel ao acaso na causação de eventos, embora não seja fácil determinar precisamente qual. Aristóteles (*Phys*. II.4 196a24-28), Simplício (*In phys*. 327.24-26, 330.14-20) e Temístio (*In phys*. 49.13-16) afirmam todos que Demócrito atribui a formação de todo turbilhão cósmico primordial[14] ao acaso (Aristóteles chega a encontrar um especial absurdo na teoria: enquanto os eventos em um cosmos ocorrem em sequências causais regulares, o próprio cosmos vem a ser puramente por acaso). Pode-se pensar que isso se confirma pela declaração no sumário da cosmologia de Demócrito em Diógenes Laércio de que ele identifica o turbilhão cósmico à necessidade (IX.45). Nessa interpretação, a tese de que tudo ocorre por necessidade se restringe a eventos em um cosmos e sustenta que todos os eventos desse tipo são determinados pelos movimentos atômicos que constituem o turbilhão. O próprio turbilhão, porém, não é determinado por nada: ele apenas acontece. Nessa concepção, a necessidade governa uma ordem do mundo a que, no entanto, está confinada, ordem essa que surge por acaso de um estado pré-cósmico em que não há necessidade.

O reconhecimento do puro acaso, contudo, é inconsistente com o Princípio de Razão Suficiente, o qual sabemos que os atomistas aceitam. A reconciliação é sugerida por uma passagem em Aécio (I.29.7): "Demócrito e os estoicos afirmam que ele, isto é, o acaso, é uma causa que não é clara para a razão

---

[13] A melhor discussão sobre esse fragmento é aquela em Barnes [399], que, apesar de optar, enfim, por uma posição agnóstica, é mais simpático à concepção de que Leucipo pode ter aceito a teleologia universal. A interpretação não teleológica que proponho é também defendida por McKirahan [10] 321-322.

[14] Segundo o atomismo, uma ordem cósmica começa a se formar quando parte da massa infinita de átomos que se entrechocam ao sabor do acaso forma um turbilhão ou um torvelinho circular.

humana", o que pode ser lido como a asserção de que a atribuição de eventos ao acaso é uma confissão de ignorância de suas causas, não uma negação de que tenham causas. Outras evidências dão suporte a essa sugestão. O sumário da cosmologia de Leucipo em Diógenes Laércio (IX.30-33) conclui com a sentença: "assim como o vir-a-ser dos mundos, igualmente seu desenvolvimento, sua decadência e sua destruição ocorrem segundo uma certa necessidade, cuja natureza ele não explica". Na mesma linha de sua célebre máxima, Leucipo sustenta que todos os eventos, incluindo a formação dos mundos, ocorrem segundo necessidade, sendo, porém incapaz de dizer o que necessita os eventos cósmicos. É, pois, plausível que ou ele ou Demócrito afirmem que de tais eventos *se possa dizer* que ocorram por acaso, no sentido de que nós (quer de fato ou em princípio) ignoramos suas causas. Explicações de tipos específicos de eventos e de eventos particulares são governadas pelo princípio de que não há eventos fortuitos, mas não se tenta oferecer explicações dos processos cósmicos fundamentais. Isso não precisa implicar que sejam literalmente incausados, apenas que podem ser tratados como tais, visto que suas reais causas possuem um grau de complexidade que ultrapassa os poderes da mente humana.

Para os atomistas, portanto, tudo ocorre segundo necessidade. A identificação da necessidade com as forças mecânicas de impacto e de movimento pode dever-se a Demócrito. Qual é exatamente a concepção de Demócrito a respeito? Aécio reporta que ele identifica a necessidade com "o impacto, o movimento e um golpe de matéria" (I.26.2). O impacto e o movimento recebem aqui igual estatuto nessa identificação ou simplesmente se assume sem mais que o movimento é sempre causado por um impacto anterior? Segundo a primeira leitura, algum movimento pode ser ou bem incausado ou, então, atribuível a uma causa que não o impacto. A evidência em Aristóteles (*Phys.* VIII.1 252a32-b2) de que Demócrito defende que não se deve perguntar pela causa do que é sempre o caso favorece a primeira alternativa. Demócrito pode, então, ter afirmado que os átomos simplesmente estão sempre em movimento. Ao passo, todavia, que esse princípio permite excluir a questão "o que causa o movimento dos átomos?", o Princípio de Razão Suficiente requer que a questão "por que um átomo particular se move segundo um movimento particular?" tenha uma resposta, podendo parecer inevitável que essa resposta deva se referir a uma colisão atômica anterior, como atestado em várias fontes (Simplício, *In phys.* 42.10-11; Alexandre de Afrodísia, *In met.* 36.21-25).

Devemos, porém, recordar a evidência em Filópono de que os átomos jamais colidem ou entram em contato realmente, com a implicação de que as forças físicas básicas são a atração e a repulsão. Segundo essa concepção, a maior parte dos movimentos atômicos são explicadas pelo análogo do impacto, a saber, a repulsão, ao passo que a imobilidade dos átomos um em relação ao outro é explicada pela atração, visto que a relativa estabilidade dos átomos em um agregado tem de ser explicada não por seu entrelaçamento literal, mas pelo fato de que são mantidos juntos *como se* entrelaçados por uma força atrativa operando sobre minúsculas lacunas entre os átomos no agregado. Acresce que alguma forma de atração pode igualmente explicar alguns movimentos atômicos. Sexto Empírico cita Demócrito (*AM* VII.116-118), que afirma que coisas de um mesmo tipo tendem a se congregar, ilustrando essa tese com exemplos do comportamento de seres animados (pássaros formando bandos) e inanimados (grãos de diferentes tipos sendo separados pela ação de um crivo, seixos de diferentes formatos sendo agrupados pela ação das ondas em uma praia).

Que esse princípio seja aplicado aos átomos parece ser o caso na caracterização da cosmologia de Leucipo em Diógenes Laércio, em que átomos de todos os formatos formam uma massa em turbilhão de onde são então separados "semelhante por semelhante". A separação de átomos de diferentes *tamanhos* pode ser bem caracterizada pela forte tendência centrípeta dos maiores, em função de sua maior massa. O contexto em Diógenes Laércio, no entanto, em que os átomos são descritos como de todos os formatos, sem menção até o momento a seu tamanho, sugere que "semelhante por semelhante" deve ser aqui entendido como "semelhante em formato por semelhante em formato". A descrição de Aécio da caracterização do som por Demócrito (IV.19.3) afirma que os átomos de tamanho semelhante se congregam, contendo os mesmos exemplos ilustrativos que a passagem em Sexto Empírico. É plausível, embora não seja explicitamente asserido, que esse mesmo princípio caracterize a formação de agregados de átomos esféricos, por exemplo, chamas.

Temos, assim, alguma evidência de que a dinâmica de Demócrito postula três forças fundamentais, uma força repulsiva que desempenha o papel do impacto em uma teoria corpuscular convencional e dois tipos de forças atrativas, uma que atrai átomos de mesmo formato e outra que mantém unidos átomos de diferentes tamanhos em um agregado atômico. É plausível que ele aplique o termo "necessidade" às três, considerando-as igualmente irresistíveis.

Deve-se, porém, reconhecer, em primeiro lugar, que a evidência dessa teoria é extremamente fragmentária e, em segundo lugar, que, ainda que seja aceita, não temos ideia de *se* ou *como* Demócrito unifica essas forças em uma teoria unificada. Assim expressa, a teoria encontra dificuldades óbvias, por exemplo, se dois átomos de mesmo formato colidem, eles ricocheteiam ou ficam juntos? Se todos os átomos têm tanto uma força atrativa como uma força repulsiva, deve haver princípios ainda mais básicos determinando que força ou combinação de forças determina seu movimento. Nossas fontes não esclarecem se Demócrito alguma vez leva em consideração tais questões.

Epistemologia

Se, por um lado, não dispomos de qualquer indício que sugira que Leucipo se ocupe de questões epistemológicas, há, por outro, abundantes evidências da importância dessas questões para Demócrito. É bastante provável que os interesses epistemológicos desse último tenham sido estimulados pelo menos em parte por Protágoras, seu concidadão e contemporâneo mais velho (cf. p. 378-381). Nossa evidência é altamente problemática, visto oferecer suporte para a atribuição a Demócrito de duas posições diametralmente opostas quanto à confiabilidade dos sentidos. Dispomos de diversas passagens, inclusive algumas citações diretas, em que ele parece rejeitar os sentidos como em nada dignos de confiança, mas outras tantas atribuem-lhe a doutrina de que todas as aparências são verdadeiras, o que o alinha com o subjetivismo protagórico, posição que, segundo se informa, ele explicitamente rejeita (Plutarco, *Adv. Col.* 1108f). A primeira interpretação tem o suporte principalmente da evidência em Sexto Empírico; a segunda, principalmente da evidência em Aristóteles e seus comentadores. Não podemos, no entanto, resolver a questão simplesmente deixando de lado um *corpus* de evidências em prol de outro, visto que (a) Aristóteles, em algumas linhas (*Met.* IV.5 1009b7-17), informa que Demócrito tanto afirma que ou nada é verdadeiro ou, então, não nos é claro como assere que o que aparece na percepção é necessariamente verdadeiro; e (b) Sexto Empírico (*AM* VII.136) atribui parte da condenação dos sentidos por Demócrito a uma obra em que ele "pretendera dar aos sentidos o controle sobre a crença".

À primeira vista, portanto, a evidência sugere que ambas as interpretações refletem aspectos do pensamento de Demócrito. Esse pensamento, porém, era totalmente consistente? A aparência de contradição sistemática pode ser eliminada ou, no mínimo, mitigada?

A primeira interpretação é baseada na caracterização atomista das qualidades secundárias, cuja dependência de um observador Demócrito parece ter sido o primeiro filósofo a reconhecer. Nossos sentidos nos apresentam o mundo como consistindo de imagens caracterizadas por cor, som, gosto, cheiro etc. Na realidade, contudo, o mundo consiste de átomos movendo-se no vazio, e nem os átomos nem o vazio são caracterizados por alguma qualidade secundária. Temos, pois, uma dicotomia entre como as coisas nos parecem e como são na realidade, expressa no célebre *slogan* (DK 68 B9): "por convenção o doce, por convenção o amargo; por convenção o quente, por convenção o frio; por convenção a cor – mas, na realidade, átomos e o vazio". Ademais, a distinção entre a realidade das coisas e as aparências que essa realidade apresenta tem de ser suplementada por uma caracterização dos processos causais por meio dos quais recebemos essas aparências. Os agregados atômicos nos afetam por meio da emissão de fluxos contínuos de camadas de átomos de suas superfícies que chegam a nossos órgãos sensórios, e os estados perceptuais resultantes são uma função da interação entre essas camadas e a estrutura atômica dos órgãos. Por exemplo: ser vermelho é, para um objeto, emitir constantemente camadas de átomos de tal natureza que, quando essas camadas colidem com um percipiente adequadamente situado, o objeto parecerá vermelho para esse percipiente.

Portanto, estamos duplamente distantes da realidade: não apenas fenomenologicamente, pelo fato das coisas aparecerem diferentes de como são, mas também causalmente, pelo fato de percebermos agregados atômicos por meio da intervenção física de outros agregados (a saber, as camadas atômicas) e da ação desses últimos sobre os nossos órgãos sensórios. Diversos fragmentos sublinham o abismo cognitivo que nos separa da realidade: (B6) "por esse princípio o homem deve conhecer que está afastado da realidade"; (B8) "claro está que é impossível conhecer como cada coisa é na realidade"; (B10) "foi diversas vezes mostrado que na realidade não conhecemos como cada coisa é ou não é"; e (B117) "na realidade nada conhecemos, pois a verdade está nas profundezas".

Essa evidência imediatamente apresenta um grande problema de interpretação. Por um lado, B9 e passagens associadas sublinham o abismo entre aparência e realidade, alegando que os sentidos não são dignos de confiança, por representarem a realidade de maneira nada fidedigna. Essa tese dogmática pressupõe que temos alguma forma de acesso à realidade que nos permite julgar a representação sensória como infiel ao modo como as coisas de fato são. Por outro lado, B6, 8, 10 e 117 fazem a alegação muito mais radical de que a realidade é totalmente inacessível, solapando a tese de que há um abismo entre aparência e realidade. B7, "também este argumento mostra que na realidade não conhecemos nada de nada, antes a opinião de cada qual flui",[15] e a segunda metade de B9, "na realidade, nada conhecemos de firme, mas o que muda segundo a condição de nosso corpo, segundo o que o adentra e segundo o que vem a seu encontro", tentam a todo custo manter-se em cima do muro entre as duas posições, visto extraírem a conclusão cética radical de uma premissa sobre mecanismo da percepção a qual, por sua vez, pressupõe

---

[15] O original grego da última frase é *epirysmíe̱ hekástoisin he̱ dóxis*. Traduzo *epirysmíe̱* como adjetivo, qualificando *dóxis* ("opinião"), com o sentido de "fluir" (do verbo *epirrhéo̱*). Esse é o sentido da palavra (encontrada apenas nessa passagem (citada por Sexto Empírico, *AM* VII.137)), atestada no léxico de Hesíquio (século V d.C.). Por outro lado, *rhysmós* (forma jônica de *rhythmós*) era um termo técnico do atomismo para "formato" (Aristóteles, *Met.* I.4 985b15-16), e um título preservado na lista das obras de Demócrito em Diógenes Laércio (IX.47) é *Perì ameipsirysmiô̱n, Sobre as mudanças de formato*, em que *ameipsirysmíe̱* é um substantivo. Além disso, muito embora o substantivo *ameipsirysmíe̱* jamais seja atestado, o verbo *epirrhythmízein* ocorre (muito raramente) com o sentido de "alterar". Assim, alguns estudiosos (incluindo Guthrie [16] e Barnes [14]) aqui interpretam a palavra como um substantivo, variante da forma *episirysmíe̱*, dando à frase o sentido "opinião é reconfiguração" (H. de Ley, "*Dóxis episirysmíe̱*: A critical note on Democritus fr. 7", *Hermes* 97 (1969) 497-498 chega a propor que se emende o texto de Sexto Empírico de modo a que se leia *ameipsirysmíe̱*). O ponto desse fragmento é o mesmo em qualquer interpretação, a saber, nossas opiniões a respeito do mundo são determinadas pelo impacto sobre nossos mecanismos receptivos do fluxo de átomos que partem de objetos a nosso redor. Esse impacto, produzido pelo influxo constante de átomos, produz a alteração constante (isto é, a reconfiguração) desses mecanismos. A interpretação alternativa reconhece diferentes estágios no processo causal: visto que uma caracterização da opinião e de suas relações com a realidade das coisas requer o processo como um todo, nada de substancial decorre da escolha desta ou daquela interpretação.

o acesso a uma verdade acerca desse mesmo mecanismo. Podemos concluir que Demócrito simplesmente não distingue entre a tese dogmática de que os sentidos representam mal a realidade e a tese cética de que nada conhecemos acerca da realidade. Uma estratégia alternativa é procurar um modo de interpretar a evidência que tenda a fazer com que as duas teses cheguem a uma consonância.

Podemos aproximar as duas teses se interpretarmos que os fragmentos "céticos" fazem referência não a estados cognitivos em geral, mas, em específico, a estados de cognição sensória. Os fragmentos, então, simplesmente reiterarão a tese de que nada conhecemos acerca da realidade *por meio dos sentidos*, tese essa que é consistente com o *slogan* da primeira metade de B9 e que dissolve a aparente tensão interna a B7 e à segunda metade de B9. O devido suporte para essa sugestão provém da consideração do contexto em que Sexto Empírico cita B6-10, a saber, a crítica de Demócrito aos sentidos, sobre a qual Sexto observa: "nessas passagens ele mais ou menos abole todo tipo de apreensão, ainda que os sentidos sejam a única coisa que ele ataque em específico". Aparentemente, Sexto compreende que Demócrito se refere, nesses fragmentos, apenas aos sentidos, muito embora, na concepção de Sexto, a crítica aí dirigida aos sentidos aplique-se, de fato, a todas as formas de apreensão. Isso é confirmado pela distinção que Sexto atribui a Demócrito entre o conhecimento "bastardo" fornecido pelos sentidos e o conhecimento "genuíno" fornecido pelo intelecto (B11). Diz-se do último que se ocupa especificamente das coisas que se encontram dentro dos limites da discriminação sensória, de modo a que se suponha, portanto, que a teoria atômica deva ser considerada como instância dessa última forma de conhecimento. Isso encontra apoio nas passagens (*AM* VIII.6-7, 56) em que Sexto associa a posição de Demócrito à de Platão: ambos rejeitam os sentidos como fonte de conhecimento e sustentam que apenas coisas inteligíveis são reais. Para Platão, é claro, essas "coisas inteligíveis" são as Formas, ao passo que, para Demócrito, são os átomos, que são inacessíveis à percepção e, consequentemente, são tais que suas propriedades são determináveis apenas por uma teoria.

Nessa interpretação, a posição expressa nos fragmentos citados por Sexto não é o ceticismo geral, mas o que podemos chamar de "realismo teórico". O caráter do mundo físico nem é revelado pela percepção nem nos é inacessível: é revelado por uma teoria que, partindo de dados perceptuais explica esses mesmos dados como aparências geradas pela interação de um mundo de átomos físicos imperceptíveis com mecanismos sensórios também compostos de átomos. Todavia, como Sexto assinala (*AM* VIII.56) e o próprio Demócrito reconhece (na célebre "Acusação dos Sentidos" – (B125), o ceticismo continua rondando como ameaça porque a teoria tem de tomar os dados perceptuais como ponto de partida. Resulta que, se os sentidos não são confiáveis, não há dados confiáveis em que se possa basear a teoria, de modo que, como dizem os sentidos à mente em B125, "nossa queda é a tua ruína".

Comentadores que leem B125 como expressão de um compromisso com o ceticismo por parte de Demócrito[16] naturalmente rejeitam a interpretação unitária acima. Segundo essa concepção, B117 e B6-10 não se restringem à cognição sensória, mas expressam uma rejeição total de qualquer forma de conhecimento, rejeição essa que, deve-se conceber, suplanta a distinção entre aparência e realidade delineada em B9 (primeira parte) e B11 e a alegação de "conhecimento genuíno" presente neste último fragmento. Não obstante, Sexto apresenta B6-11 em um único contexto (*AM* VII.135-140), sem qualquer sugestão de conflito na coletânea de excertos. Além disso, em *PH* I.213-214, Sexto assinala que, embora os céticos se assemelhem a Demócrito ao fazer apelo aos fenômenos das aparências conflitantes, como o mel que sabe doce ao são e amargo ao doente, Demócrito na verdade usa esses fenômenos para sustentar não a posição cética de que é impossível afirmar como o mel de fato é, mas a posição dogmática de que o mel não é em si nem doce nem amargo (interpreto essa última tese como a asserção de que a doçura e o amargor não são atributos intrínsecos da estrutura de átomos que é o mel. Cf. p. 256). Em resumo, Sexto concebe Demócrito não como um cético, mas como um dogmático. Com efeito, Sexto não cita B125, sendo possível que nem mesmo conheça o texto de onde B125 provém. *AM* VIII.56 mostra que ele tinha consciência do problema dramatizado no fragmento, mas claramente enxergava-o antes como uma dificuldade para Demócrito do que como sinal da rejeição, por parte de Demócrito, das bases de sua própria teoria.

---

[16] Por exemplo, Barnes [14], cap. 24.

Neste ponto, devemos considerar em que sentido a teoria atomista toma os dados dos sentidos como seu ponto de partida e se esse papel é de fato ameaçado pelo abismo entre aparência e realidade sobre o qual B9 insiste. Segundo Aristóteles (*GC* I.2 315b6-15, I.6 325a24-26), a teoria parte de dados sensíveis no sentido de que seu papel é salvar as aparências, isto é, explicar todos os dados sensíveis como aparências em um mundo objetivo. Tanto Aristóteles como Filópono (*In GC* 23.1-16) mencionam as aparências conflitantes entre os dados a serem salvos: a teoria tem de explicar tanto o fato de que o mel é doce ao são como o fato de que é amargo ao doente, nenhuma aparência tendo a pretensão de representar mais fielmente que a outra como as coisas são na realidade. Todas as aparências contribuem igualmente para a teoria. Essa é uma posição que o atomismo compartilha com Protágoras, mas este último garante o *status* igual das aparências por meio do abandono da objetividade: no mundo protagórico, a realidade não passa da totalidade das aparências equipolentes. Para Demócrito, por contraste, a reconciliação da equipolência das aparências com a objetividade do mundo físico requer uma lacuna entre aparência e realidade. Sem essa lacuna, um mundo de aparências equipolentes é inconsistente e, portanto, não é objetivo. Não há, no entanto, fundamento para a negação da equipolência: enquanto aparência, toda aparência é tão boa quanto qualquer outra. Portanto, a tarefa da teoria é chegar à melhor descrição de um mundo físico que satisfaça o requerimento de mostrar como se dão todas as aparências conflitantes.[17]

Em vez, portanto, de ameaçar os fundamentos da teoria, o abismo entre aparência e realidade é essencial a ela. Nesse caso, qual é o ponto da acusação dos sentidos em B125? Esse texto não oferece evidências conclusivas de que Demócrito acredite que o abismo entre aparência e realidade comprometa a teoria, constituindo, pois, evidência conclusiva (assumindo-se que ele compreende a própria teoria) contra a interpretação que estou propondo? Penso que não, pela simples razão de que não dispomos do contexto de onde provém a citação. O ponto da acusação não precisa (e, dada a natureza da teoria de Demócrito, certamente não deve) ser o reconhecimento de que a teoria se refuta a si própria. É no mínimo igualmente provável que seja um aviso contra a interpretação errônea de

---

[17] Para uma concepção semelhante, cf. McKim [417].

que o abismo entre aparência e realidade requer o abandono da evidência sensória. Podemos imaginar um oponente antiempirista (Platão, digamos) fazendo apelo ao abismo para sustentar a tese de que os sentidos não são em nada confiáveis, devendo, pois, ser abandonados. Em resposta, Demócrito apontaria que o próprio ataque aos sentidos repousa sobre evidência sensória. Sexto alinha Demócrito e Platão nesse aspecto (*AM* VIII.56). Defendo, porém, que, quando situamos a evidência aristotélica da aceitação, por parte dos atomistas, das aparências como ponto de partida de sua teoria junto com todas as demais evidências, incluídos aí os fragmentos, temos de concluir que a imagem de Demócrito como um platônico falhado representa uma compreensão errônea desse filósofo. A distinção feita pelos atomistas entre aparência e realidade não envolve "eliminar os sensíveis". Ao contrário, as aparências são fundamentais para a teoria, primeiro porque fornecem os dados que a teoria tem de explicar e segundo porque representam a aplicação primária de uma terminologia baseada na observação usada para descrever a natureza e o comportamento das entidades postuladas pela teoria.[18]

Uma objeção final, contudo, provém de Aristóteles, que afirma que Demócrito conclui, a partir das aparências conflitantes, "que ou nada é verdadeiro ou não nos é claro" (*Met.* IV.5 1009b11-12). Essa passagem cria muitos embaraços, por diversas razões. Aristóteles está aí explicando por que muitos seguem Protágoras e creem que o que quer que lhes pareça ser o caso o é, e, no contexto imediato (1009a38ss.), cita o fenômeno das aparências conflitantes e a falta de um critério decisivo para escolher entre elas como conducente à crença que têm. Em 1009b9, entretanto, ele passa do pensamento de que as aparências conflitantes levam à concepção de que todas as aparências são verdadeiras para a caracterização cética desses fenômenos, a saber, que não é claro qual aparência é verdadeira e qual é falsa, "pois esta não é mais verdadeira que aquela, antes são idênticas <em valor-de-verdade>". É por isso (a saber, por causa da crença de que nenhuma aparência é mais verdadeira que a outra), afirma Aristóteles, que Demócrito afirma que ou bem nada é verdadeiro ou, então, não nos é claro. Assim, Aristóteles defende que

[18] Cf. Taylor [423].

Demócrito propõe uma escolha: ou adotar a posição dogmática de que nenhuma aparência é verdadeira ou adotar a posição cética de que não é claro (qual é verdadeira). Não obstante, Aristóteles afirma, na frase seguinte, que, visto que Demócrito e outros assimilam o pensamento à percepção, sustentam que o que aparece na percepção é necessariamente verdadeiro (cf. *GC* I 315b9: "eles [a saber, Leucipo e Demócrito] julgavam que a verdade estava na aparência"). Assim, a menos que Aristóteles esteja radicalmente confuso, a disjunção "ou nenhuma aparência é verdadeira ou não nos é claro" deve ser consistente com a tese de que todas as percepções são verdadeiras. Se "não nos é claro" for lido como "não nos é claro qual é verdadeira", as teses são inconsistentes.

Sugiro, contudo, que Demócrito afirma que ou nada é verdadeiro ou a verdade não é clara. A primeira alternativa ele rejeita explicitamente, defendendo, pois, a segunda. E é precisamente isso que ele sustenta em B117: a verdade (acerca dos átomos e do vazio) está nas profundezas, isto é, não é aparente para a percepção – não é clara *(ádelon)* no sentido de que não é patente à vista. Que ele usa o termo *ádelon* aplicado aos átomos e ao vazio é atestado por Sexto Empírico (*AM* VII.140), que cita Diotimo como evidência de que Demócrito sustenta que as aparências são o critério das coisas que não são claras, aprovando, assim, o *slogan* de Anaxágoras: "as aparências são a visão das coisas que não são claras". A verdade, portanto, isto é, a natureza real das coisas, não é clara (ou seja, não é evidente), mas todas as percepções são verdadeiras no sentido de que são todas equipolentes e indispensáveis à teoria.

Se isso é o que Demócrito sustenta, pode ser razoável afirmar que "verdadeiro" é a palavra errada para caracterizar o papel das aparências em sua teoria. "Todas as aparências são equipolentes" é igualmente compatível com "todas as aparências são falsas" e, em vista de sua insistência no caráter não evidente da verdade, ser-lhe-ia menos embaraçoso defender a segunda tese. Embora haja aqui algumas dificuldades, não argumento em prol da tese de Demócrito de que todas as aparências são verdadeiras. Aceito, entretanto, que ele realmente sustente essa tese e tenha tentado explicar por que o faz e como a sustenta em conjunto (a) com a sua rejeição do subjetivismo protagórico e (b) com as concepções expressas nos fragmentos citados por Sexto Empírico.

A caracterização das aparências pelos atomistas depende de toda a teoria da percepção de que é parte, e essa, por sua vez, depende de sua teoria acerca da natureza humana e, em última análise, de sua teoria acerca do mundo natural como um todo. A teoria é inteiramente especulativa, visto postular como entidades explanatórias estruturas microscópicas de cujas existência e natureza não pode haver confirmação experimental. Desenvolvimentos em ciência tais como a neurofisiologia revisaram as nossas concepções das estruturas subjacentes aos fenômenos perceptuais a tal ponto que as caracterizações modernas seriam irreconhecíveis para um Leucipo ou um Demócrito; contudo, as intuições básicas do atomismo antigo, de que as aparências devem ser explicadas no nível da estrutura interna do percipiente e do objeto percebido e de que o ideal da ciência é incorporar a descrição dessas estruturas no escopo de uma teoria unificada sobre a natureza da matéria, resistem ao teste do tempo.

Psicologia

O materialismo intransigente de Demócrito se estende à sua psicologia. Embora haja algum conflito entre as fontes, a melhor evidência é de que ele não faz distinção entre a alma racional ou mente e a alma não racional ou princípio vital, oferecendo uma só caracterização de ambas como estrutura física de átomos esféricos permeando todo o corpo. Essa teoria da identidade entre alma e mente se estende da identidade da estrutura física para a identidade da função, visto que Demócrito explica o pensamento, a atividade da alma racional, pelo mesmo processo pelo qual explica a percepção sensível, uma das atividades da alma sensitiva ou não racional. Ambos são produzidos pelo impacto na alma de camadas extremamente finas e rápidas de átomos (*eídola*), constantemente emitidas em fluxos contínuos pelas superfícies das coisas ao nosso redor. Essa teoria combina uma caracterização causal tanto da percepção como do pensamento com uma concepção pictórica grosseira do pensamento. O caso paradigmático da percepção é a visão: ver algo e pensar em algo consiste em representar pictoricamente a coisa vista ou pensada e representar pictoricamente consiste em ter uma série de figuras físicas reais da coisa impingidas à alma. Se essa assimilação do pensamento à experiência tem algumas afinidades com o empirismo clássico, dele difere, porém, pelo fato de que, enquanto a doutrina básica do empirismo é a de que o pensamento deriva da experiência, para Demócrito ele é uma forma de experiência ou, mais precisamente, as categorias do pensamento e da experiência são insuficientemente diferenciadas, não permitindo que um seja caracterizado como mais fundamental que o outro. Entre outras dificuldades, a teoria se depara com o problema de dar conta da distinção, central à epistemologia de Demócrito, entre a percepção das propriedades observáveis dos agregados atômicos e o pensamento da estrutura inobservável desses mesmos agregados. Não temos conhecimento de como Demócrito pretendia lidar com esse problema, se é que o fazia.[19]

Ética e política

As evidências para as concepções éticas de Demócrito diferem radicalmente das evidências para as áreas que discutimos até agora, visto que, se a doxografia ética é escassa, nossas fontes preservam um grande *corpus* de supostas citações sobre tópicos em ética. A esmagadora maioria provém de duas coletâneas, a de Estobeu (século V d.C.) e uma coletânea intitulada *Os ditos de Demócrates*. Se a maior parte desse material remonta a Demócrito, as citações supérstites representam um longo processo de extração de excertos e confecção de paráfrases, dificultando a tarefa de determinar quão próximo qualquer dito particular se encontra das palavras de Demócrito. Diversas características do estilo e do conteúdo sugerem que a coletânea de máximas de Estobeu contém uma proporção maior de material autenticamente atribuído a Demócrito do que a coletânea que o faz passar sob o nome de "Demócrates".[20]

---

[19] Para uma discussão mais à larga da psicologia de Demócrito, cf. Laks, neste volume, cap. 12.

[20] Para detalhes, cf. o meu comentário a respeito.

Submetidos às limitações impostas pela natureza desse material, podemos extrair algumas conclusões acerca das concepções éticas de Demócrito. Ele se engajava nos debates contemporâneos sobre ética individual e social de que encontramos evidência em Platão e outras fontes. Sobre aquela que Sócrates apresenta como a questão fundamental em ética, "como se deve viver?" (Platão, *Gorg.* 500c, *Resp.* I 352d), Demócrito é o primeiro pensador de que se tem notícia a ter postulado um bem ou objetivo supremo, que chama de "alegria" ou "bem-estar" e parece ter identificado ao imperturbado fruir da vida. É razoável supor que ele compartilhasse a presunção da primazia do interesse próprio, comum tanto ao Sócrates de Platão como a Cálicles e Trasímaco, seus oponentes imoralistas. Tendo identificado o interesse humano último com a alegria, os testemunhos e fragmentos evidenciam que ele pensava dever-se atingir esse bem pela moderação, incluída aí a moderação na persecução dos prazeres, por meio da discriminação entre prazeres úteis e danosos e da conformação à moralidade convencional. O resultado é a recomendação de uma vida de um hedonismo moderado e iluminado, que guarda afinidades com a vida recomendada por Sócrates (quer em sua própria pessoa, quer como representante de concepções ilustradas comuns) no *Protágoras* de Platão e, mais obviamente, com o ideal epicurista de que Demócrito é o precursor.[21]

Uma característica interessante dos fragmentos é a frequente ênfase sobre a consciência individual ou senso de vergonha.[22] Alguns fragmentos sublinham os prazeres da boa consciência e os tormentos da má consciência (B174, 215), ao passo que outros recomendam que se deva ser motivado antes pelo senso interno de vergonha do que pela preocupação com a opinião alheia (B244, 264, 84). Esse tema pode refletir o interesse, discernível nos

---

[21] Para uma discussão mais completa, cf. Kahn [416]. Esse valioso estudo identifica diversas áreas, como, por exemplo, o conflito entre a razão e o desejo, em que o pensamento de Demócrito exibe semelhanças e contrastes significativos com as teses de juventude de Platão.

[22] Ainda que a relação entre os conceitos de consciência e de vergonha suscite questões filosóficas intrincadas, não pretendo diferenciá-los, visto que o conceito básico de autocensura encontrado nos fragmentos é comum aos dois.

debates contemporâneos, pelo que mais tarde será conhecido como a questão das sanções da moralidade. Um tema recorrente nas críticas à moralidade convencional era que, visto que a força da moralidade repousa sobre convenções, alguém que possa escapar às sanções convencionais, por exemplo, praticando o mal em segredo, não tem razão para conformar-se às exigências morais.[23] Um defensor da moralidade convencional que, como Demócrito e Platão, aceita a primazia do interesse próprio tem, pois, de mostrar, de um modo ou de outro, que o interesse próprio é melhor promovido pela observância dos preceitos morais convencionais. Demócrito parece tê-lo tentado por meio de um apelo tanto a sanções divinas (não *post mortem*, visto que, para os atomistas, os átomos da alma se dispersam após a morte do corpo, mas sob a forma de infortúnios que lhe ocorram durante a vida, B175) como à "sanção interna" da consciência. Demócrito parece ter sido o primeiro pensador a tornar essa última ponto central em sua tentativa de derivar a moralidade do interesse próprio, inaugurando, assim, uma via seguida inclusive por Butler e Stuart Mill.

Essa tentativa de fundar a moralidade sobre o interesse próprio envolve a rejeição da antítese entre lei ou convenção *(nómos)* e natureza *(phýsis)* que subjaz a muitas críticas à moralidade nos séculos V e IV a.C. Para Antifonte, Cálicles, Trasímaco e Glauco, a natureza estimula as pessoas a ir empós de seu interesse próprio, enquanto a lei e a convenção pretendem, com maior ou menor sucesso, inibi-las. Se, porém, o interesse de longo prazo de alguém é uma vida prazerosa e as consequências naturais das más ações, o que inclui saúde ruim, insegurança e dores de consciência, são uma vida nada prazerosa, ao passo que a consequência natural das boas ações é uma vida prazerosa, a natureza e a convenção apontam, portanto, para a mesma direção, não em direções opostas como os críticos da moralidade sugerem (não dispomos de evidência para afirmar que Demócrito levava em consideração as objeções de que a consciência é produto das convenções e de que exortar as pessoas a desenvolver sua consciência assume que a consciência seja produto das convenções). Muito

---

[23] Cf. Antifonte DK 87 B44; Crítias DK 88 B25; a história a respeito do anel de Giges, contada por Glauco na *República* de Platão, 359b-360d; e Decleva Caizzi, neste volume, cap. 15. O texto de Crítias está traduzido neste volume à p. 291.

embora os textos não contenham qualquer menção expressa ao contraste entre *nómos* e *phýsis*, muitos deles se referem à lei de um modo que sugere a rejeição da antítese. B248 assere que o propósito da lei é beneficiar as pessoas, contradizendo, assim, a tese de Glauco (Platão, *Resp.* II 359c) de que a lei constrange as pessoas a agir contrariamente à sua inclinação natural. B248 é suplementado e explicado por B245: as leis interferem no modo como as pessoas pretendem viver suas vidas apenas para impedi-las de fazer mal umas às outras, a que são estimuladas pela inveja. Assim, a lei livra as pessoas da agressão alheia, beneficiando-as ao lhes dar a oportunidade de seguir os estímulos da natureza em vantagem própria. A melhor expressão dessa integração de *nómos* e *phýsis* é encontrada em B252: a cidade ser bem gerida é o maior bem – se isso é preservado, tudo o mais é preservado; se isso é destruído, tudo o mais é destruído. Em outras palavras, uma comunidade estável é necessária para a realização do bem-estar que é o objetivo da natureza para conosco. Essa citação capta o ponto central da defesa do *nómos* (enfatizada no mito de Protágoras – Platão, *Prot.* 322a-323a), no sentido de que a lei e a civilização não são contrárias à natureza, antes são requeridas pela natureza humana para florescer. Esse ponto é central também à caracterização epicurista do desenvolvimento da civilização (cf., em especial, Lucrécio V).[24]

Conclusão

O atomismo pode, então, ser concebido como um fenômeno multifacetado, ligado de diversas maneiras a várias doutrinas, precedentes, contemporâneas e posteriores. A física atomista é uma das muitas tentativas de acomodar a tradição jônica em filosofia natural às exigências da lógica eleata. A epistemologia atomista assume o desafio do subjetivismo protagórico, inova em sua abordagem da relação entre aparência e realidade e constitui uma tentativa pioneira de encarar o desafio do ceticismo. A ética atomista nos leva ao mundo dos sofistas e do primeiro Platão em sua abordagem dos temas do

---

[24] Para uma discussão mais completa, cf. Procopé [420] e, para a teologia de Demócrito, cf. Broadie, neste volume, p. 289.

propósito da vida, das relações entre o interesse próprio e a moralidade e das relações entre *nómos* e *phýsis*. O atomismo de Leucipo e Demócrito exerce permanente influência ao longo dos séculos subsequentes, quer como desafio a ser enfrentado, notadamente por Aristóteles, quer como precursor, em todos os seus aspectos, do epicurismo e, portanto, do ressurgimento da física atomista na Filosofia Corpuscular dos séculos XVI e XVII.

Apêndice

Concluo com uma breve discussão da intrincada questão das conexões (ou da falta delas) entre a ética e a teoria física de Demócrito. Em discussão prévia (Taylor [423], endossada por argumentos adicionais em Gosling e Taylor [414]), argumentei contra a tese de Vlastos (Vlastos [424]) de que há conexões significativas entre os conteúdos de ambas as áreas do pensamento de Demócrito. A posição de Vlastos tem seus defensores (nos quais minhas concepções têm seus críticos), notadamente Sassi [421] e Farrar [96]. Essas discussões parecem-me exigir um reexame da questão.

É, julgo, ponto pacífico que, ao compor seus escritos éticos, Demócrito não abandona sua teoria física e, portanto, no mínimo não inclui nos primeiros nada que seja inconsistente com a última. Minha tese é: ele assume em seus escritos éticos a concepção atomista da alma como uma substância física que perpassa o corpo. Contudo, a tese de que há uma conexão mais íntima entre física e ética não me convence. Em particular, não vejo qualquer indicação de que quaisquer conclusões éticas (por exemplo, de que o bem seja a "alegria") devam supostamente ser derivadas de sua teoria física ou de que sua teoria física forneça caracterizações da natureza de qualquer estado psicológico significativo. Em outras palavras, não vejo evidências de que Demócrito acredite em identidades tipo-tipo entre estados éticos tais como a alegria e estados físicos tais como ter os átomos da alma em "equilíbrio dinâmico" (Vlastos [424] 584, Farrar [96] 229). Mantenho ainda minhas críticas pregressas a essas teses.

Há, porém, um ponto particular a respeito do qual penso, agora, haver levado o ceticismo longe demais. Trata-se de minha rejeição da interpretação de Vlastos para B33, segundo a qual o ensino cria uma nova natureza ao alterar a configuração dos átomos da alma. Minha razão para o ceticismo era: *rhythmós* é um termo técnico do atomismo para o formato de um átomo individual, não para a configuração de um agregado atômico, para a qual o termo técnico é *diathigé*. Daí que, no fragmento, *metarhythmízein* (ou *metarysmoí*) não possa significar "reconfigurar" no sentido de "produzir uma nova configuração". No entanto, como Vlastos aponta, o catálogo de títulos das obras de Demócrito inclui um *Perì ameipsirysmiôn, Sobre as mudanças de formato* (DL IX.47), que não pode se referir a mudanças nos formatos do átomos individuais (visto serem estes imutáveis com respeito à forma), devendo-se referir a mudanças no formato dos agregados atômicos. Ademais, Hesíquio glosa *ameipsirysmeîn* como "mudar a constituição *(sýgkrisin)* ou ser transformado" e, muito embora não atribua a palavra a qualquer autor em particular, é no mínimo provável que Demócrito a tenha usado nesse sentido, visto que nem o verbo nem seus cognatos são atestados em outros autores. Portanto, parece-me agora que a leitura de Vlastos para o fragmento é provavelmente a mais correta. Para Demócrito, o ensino, assim como o pensamento e a percepção, é um processo físico que envolve o impacto de *eídola* sobre a alma, com o consequente rearranjo do agregado que é a alma (cf. B197: "os ignaros são configurados *(rysmoûntai)* pelos dons da fortuna..." e a n. 15). Aceitar essa imagem causal não implica, evidentemente, endossar identidades psicológicas tipo-tipo.

Deixada de lado a identidade psicofísica, talvez possam ser discernidas algumas conexões mais vagas entre a ética de Demócrito e outras áreas de seu pensamento. Em Taylor [423], argumentei em prol de um paralelo estrutural entre a ética e a epistemologia, sugestão que ainda me parece plausível. Outra dessas conexões vagas é com a cosmologia. Não é irracional supor que Demócrito conceba pelo menos uma analogia entre a formação de mundos *(kósmoi)* a partir do caos atômico primitivo por meio da agregação de átomos sob o poder da necessidade e a formação de comunidades (também chamadas *kósmoi*: B258, 259) por indivíduos, dada a necessidade de combinar-se para sobreviver. Também é possível (como sugerido, por exemplo, por Müller [496]) que a agregação de indivíduos semelhantes atestada como operante na formação de mundos (DK 67 A1.31), tenha alguma contraparte na esfera social.

10 Teologia racional

Sarah Broadie

Introdução

A filosofia grega antiga surge em uma cultura cujo universo sempre abundara em divindades. "Tudo está cheio de deuses", disse Tales (Aristóteles, *De An.* I.5 411a8), e as primeiras "teorias acerca de tudo" eram panoramas mitológicos tais como a *Teogonia* de Hesíodo, em que a genealogia dos deuses é igualmente uma história acerca do desenvolvimento do universo. Daí que, quando certos gregos passam a pensar a respeito do mundo físico de maneira filosófica, ocupem-se de assuntos a que mui naturalmente se aplicaria o termo "divinos", mesmo no contexto de uma abordagem científica. Por causa disso, não é inteiramente óbvio o que distingue a teologia dos primeiros filósofos gregos de seus demais empreendimentos. No entanto, classificar como "teológica" toda e qualquer asserção ou concepção que empregue conceitos de divindade não ajuda em nada a esclarecer a situação. Não se constitui um discurso teológico simplesmente usando termos ligados à esfera do divino de maneira não incidental. Trata-se, antes, de refletir, por exemplo, sobre a natureza divina, fazer um argumento ou uma explicação repousar sobre a natureza divina, discutir a questão da existência dos deuses ou especular sobre as bases e as causas da crença em um deus.

Segundo esses critérios, a *Teogonia* de Hesíodo não é uma obra de teologia. Nem, portanto, as teorias físicas de Anaximandro, Anaxágoras e Diógenes de Apolônia, que aplicam a seu princípio fundamental epítetos que designam a divindade.[1] O Infinito de Anaximandro, nas palavras de Aristóteles:

---

[1] Anaxímenes é provavelmente outro exemplo. Cf. Cícero, *De natura deorum* I.10.26 e DK 13 B2, mais a discussão em KRS [4] 158-161.

(...) não tem uma *arkhḗ*, antes parece ser a *arkhḗ* de tudo o mais, conter tudo e reger tudo, como declaram todos os que não postulam outras causas além do Infinito,... sendo ele divino,[2] visto ser imortal e indestrutível, como dizem Anaximandro e a maioria dos filósofos naturais (*Phys*. III 203b10-15).[3]

Diógenes de Apolônia, cerca de um século e meio depois, pronuncia-se de maneira similar a respeito de seu primeiro princípio, o Ar Inteligente (DK 64 B2-8). Aparentemente, porém, nem se discute nem se pretende explicar em nenhuma teoria a divindade da *arkhḗ*. O Infinito de Anaximandro não é dito ser o primeiro princípio por ser divino, antes é dito ser divino por ser o primeiro princípio físico. Diógenes iguala seu princípio à inteligência não porque isso seja pressuposto em seu ser divino, mas porque a ordem do cosmos só pode ser explicada como obra de uma inteligência. Ambas as teorias podem ser convertidas em provas da existência de um ser divino, mas nada poderia estar mais distante do que pretendem seus autores do que a imperiosidade de tal prova. A pergunta que fazem não é "deus existe?" ou "o que é a natureza divina?", mas "qual é o princípio básico do cosmos?". Como membros de uma certa tradição filosófica, assumem que tal princípio existe; como produtos de sua cultura, chamam de "divino" tudo o que seja fundamental ao cosmos. O mesmo vale para a Mente cósmica que Anaxágoras postula: "a nada misturada, mas sozinha, por sua própria conta" (DK 59 B12). Não porque seja divina – como se a separabilidade necessariamente conviesse à divindade –, mas porque apenas enquanto separada pode realizar a sua função de dividir as coisas. Anaxágoras é um caso interessante, visto haver razões para crer que em nenhum ponto de seu livro *Sobre a natureza* ele trate a Mente cósmica como "divina", ainda que use uma linguagem ("capaz de conhecer todas as coisas", "capaz de controlar todas as coisas" etc.) que tradicionalmente implica o caráter divino daquilo a que se refere. É possível

---

[2] Aristóteles pode aqui estar parafraseando, não citando. O resto de seu texto, porém, não deixa dúvidas de que Anaxímenes considera a *arkhḗ* divina, e não há razão (como há no caso de Anaxágoras) para supor que Anaxímenes evite o uso da palavra.

[3] Para uma discussão a respeito de Anaximandro, cf. Algra, neste volume, p. 101.

– ainda que, ao longo da argumentação, partilhe da atitude cultural geral – que exclua de sua cosmologia a menção explícita do termo por julgar que isso nada acrescenta à teoria.

Apesar disso, não há dúvida de que a identidade, em algum nível da descrição, entre a realidade divina e o objeto da ciência natural molda o desenvolvimento da filosofia grega de maneira fundamental, o que será verdadeiro ainda que o nível de identificação fique aquém do horizonte da busca filosófica por uma explicação especificamente *física*, como nos casos mencionados acima. Não podemos eliminar a identidade entre o divino e a *arkhé* como uma característica alheia ao pensamento desses filósofos – peso morto herdado do passado ou uma forma oca. Tal atitude não consegue dar conta da profunda solenidade com que expõem a natureza do princípio básico – o caráter, deliberadamente construído, de hino que sua prosa possui. E, se Anaximandro carrega trastes arcaicos em seus ombros, isso não explica porque um fardo idêntico ainda estorva Diógenes no final do século V a.C. Assistimos à continuidade da tradição, mas apenas porque praticada com afinco. Melhor teoria é aquela que defende que a identidade entre deuses e princípios naturais jamais pôde declinar em razão de ajudar a dar sentido ao profundo comprometimento dos filósofos com a empreitada de perquirição científica, empreitada essa nem sempre apreciada nos círculos mais amplos da cultura.

A perspectiva teísta afeta não apenas a linguagem filosófica como também o pensamento filosófico. É natural, ao buscar as causas dos fenômenos físicos, assumir, a princípio, que não importa qual seja a causa identificada, ela não carece de explicação. No entanto, algo, digamos S, que em certo contexto figura como explicação de P, pode, em uma perquirição ulterior, ter "vida própria", a saber, propriedades adicionais além daquelas que lançam luz sobre P. Surgem, assim, as questões: "que natureza subjacente explica a combinação de todas essas propriedades em S?" e "por que essa combinação ora dá origem a P, ora não?". O que inicialmente parecia ser uma causa incausada acaba, afinal, tendo raízes causais. A aceitação de que a explicação não precisa chegar a um fim é uma atitude recente, que deve sua existência ao fato de que a ciência ganha, nos tempos modernos, independência frente à religião. Onde, porém, as forças da natureza são sentidas como divinas, qualquer teoria que identifique a *arkhé* à divindade se apresenta como explicação *última*, visto que, presumivelmente, nada que seja redutível a termos que lhe transcendam pode ser divino. Segue-se, ao menos no que diz respeito aos primeiros filósofos gregos, que (como hoje em dia o exprimimos) a diferença entre a investigação metafísica e a investigação empírica não é reconhecida. O primeiro princípio de Diógenes, por exemplo, é igualmente algo que respiramos e algo de misterioso e sublime: parte e fundamento da natureza.[4]

Até aqui, mencionamos filósofos cuja obra não é teológica no sentido indicado no primeiro parágrafo, ainda que seja de evidente interesse para uma história da teologia. Nem sempre, contudo, é fácil distinguir uma filosofia acerca de deus de uma filosofia acerca da natureza que parta de um ponto de vista teísta. Uma investigação do segundo tipo naturalmente gera questões para a primeira e, quando o mesmo filósofo se engaja em ambas (o melhor exemplo é Empédocles), os dois níveis podem se combinar em uma só teoria. A passagem para a reflexão teológica é inerentemente plausível, visto que a religião teísta engendra, muito naturalmente, preocupações com as formas de discurso. No que diz respeito a isso, a reverência para com deus acarreta uma rejeição meticulosa de modos de expressão possivelmente ímpios. Essa atitude se estende para o objeto da filosofia natural. Assim, quando a teologia crítica tem início, teorias científicas acerca do divino são propostas como frutos de uma busca por um discurso *piamente apropriado* (sendo comumente acompanhadas de uma denúncia acerca das concepções contrárias). É essa preocupação com o discurso que dá a Xenófanes de Cólofon o lugar de primeiro teólogo a se opor às concepções populares do divino na história da filosofia ocidental. Sua concepção de deus, embora profunda, carece da riqueza teórica das conclusões a que chega Heráclito e, posteriormente, Empédocles, que respondem a pressões precipuamente filosóficas, aí incluídas as de Xenófanes. Empédocles é uma figura complicada, visto que, segundo a caracterização aqui oferecida, sua teoria acerca do universo se desenvolve a partir de um combate que visa a integrar o que para ele são as exigências da piedade e as mui distintas exigências da explicação cosmológica.

O próprio Empédocles, contudo, não reconheceria essa descrição como uma descrição acurada de sua empreitada. Ele herda uma tradição intelectual em que a verdade acerca das realidades últimas é um tipo único de verdade

---

[4] O absurdo potencial é maravilhosamente explorado nas *Nuvens* de Aristófanes.

precisamente porque, em razão de seu objeto, é a verdade acerca do divino. Se o campo da cosmologia é, enquanto tal, um domínio consagrado, os métodos cosmológicos devem considerar não só os requerimentos de coerência e consistência como também as exigências da piedade. Uma consequência, aparente em Empédocles (e em Parmênides antes deste, muito embora a cosmologia não seja a preocupação primária de Parmênides) é a dependência metodológica de uma ajuda divina. Os preâmbulos que introduzem a Musa de Empédocles e as deusas tutelares de Parmênides (DK 31 B3 e B131; DK 28 B1) merecem atenção filosófica e literária. Ambos os filósofos-poetas remontam à invocação de Hesíodo às Musas na *Teogonia*: as filhas cantoras de Zeus que, por sua vez, é audiência e tema da canção que entoam. Quando cantor e audiência mudam, tornando-se, respectivamente, Hesíodo e seus ouvintes humanos, o tema permanece o mesmo, mas apenas porque as Musas agora inspiram o cantor – caso isso não ocorresse, ele deveria tratar de um tema pertencente a seu próprio plano de existência. A piedade acarreta a aceitação de que apenas deus pode, sem ajuda, adequadamente celebrar deus. E os pensadores gregos partilham ainda outra intuição, que nos é familiar a partir da Bíblia: a piedade requer mãos e corações moralmente limpos e puros. No contexto grego antigo, isso dá origem à curiosa doutrina, que teria uma longa história adiante de si, de que quem galga as alturas intelectuais deve ser um paradigma em ética.

XENÓFANES

Xenófanes pensa de modo sistemático sobre a natureza e sobre deus, mas não é possível senão imaginar como se dá, para ele, a conexão entre esses tópicos. Seu interesse pelo mundo físico é de pendor distintivamente empírico. Ele especula acerca dos materiais fundamentais das coisas – água e terra, segundo ele (DK 21 B29; B33) – e explica um vasto espectro de fenômenos em termos das nuvens, que provêm da água.[5] Apesar disso, aparentemente nunca em seu solene estilo metafísico ele fala das

---

[5] Cf. Lesher [189] 132-137, para uma apreciação da evidência, e Algra, neste volume, p. 110.

substâncias básicas como todo-abrangentes ou como se esgotassem todas as coisas (cf. Empédocles, DK 31 B17.32-34). A relação entre sua teologia e sua ciência pode consistir no pressuposto de que se, como a filosofia milésia correntemente demonstrava, o uso da razão pode iluminar as obras da natureza, pode também produzir conclusões melhores acerca do tópico (distinto) dos deuses – isto é, melhores do que as concepções então à disposição: noções populares impressas na cultura pelas práticas de culto, pela poesia e pelas obras de arte. Além disso, a ciência pode servir à causa da teologia racional ao fornecer explicações naturalistas de, por exemplo, eclipses (geralmente considerados como portentos), do fogo de Santelmo e do arco-íris (geralmente considerados presenças divinas: cf. DK 21 A35, A39, B32).

Escrevendo em verso no gênero posteriormente conhecido como *síllos*, veículo do moralismo cáustico, Xenófanes declara:

> Se bois, cavalos e leões tivessem mãos
> e com suas mãos pudessem desenhar e fazer as demais
> coisas que os homens fazem,
> os cavalos desenhariam as formas dos deuses como
> cavalos;
> os bois, como bois; e cada qual faria
> com que os corpos dos deuses tivessem a mesma forma que cada qual tem
> (B15).

Xenófanes também apresentava o argumento em termos das diferentes raças de homens:

> os deuses dos etíopes são negros e têm nariz achatado, os deuses dos trácios têm cabelos ruivos e olhos azuis (B16; cf. B14).

Entretanto, o erro antropomórfico vai mais além e, em vez de ser apenas ridículo, torna-se moralmente corruptor e ímpio. Muito antes de Platão pregar a mesma lição (*Resp.* II 377d ss.), Xenófanes já condenava as histórias de Homero e Hesíodo, que

atribuem aos deuses todas as ações
que entre os homens são malditas e objeto de reprimenda:
roubo, adultério e engodo (B11).[6]

E, em um poema convivial, denuncia os simposiastas que, depois das libações costumeiras aos deuses, recontam as "ficções dos homens de antanho" acerca das batalhas entre divindades selvagens (B1). Na concepção de Xenófanes,

> Deus é um, o maior entre deuses e homens,[7]
> em nada como os mortais, em corpo ou em pensamento... (B23)

> Todo ele vê, todo ele pensa, todo ele escuta... (B24).

> Ele agita sem esforço todas as coisas com o pensamento de sua mente (B25).

Xenófanes ainda declara não ser menos ímpio dizer que os deuses imortais nascem do que dizer que morrem (Aristóteles, *Rhet.* II.23 1399b6-9). E afirma:

> Permanece sempre no mesmo estado, não se move,
> nem é cabível que vá de um lugar a outro (B26).

Um monoteísmo preciso não está entre as inovações de Xenófanes, embora a doutrina lhe seja comumente impingida. Como sua linguagem mostra, a questão não é, para ele, a unicidade numérica do divino, mas sua harmonia consigo mesmo. Quer digamos "deus" ou "deuses" (e Xenófanes diz ambos), o que importa é que o divino não pode conflitar com o divino; não pode ser

---

[6] Cf. Most, neste volume, p. 418.
[7] Ou: "um deus é o maior entre deuses e homens".

forçado à sujeição, nem mesmo pelo divino (cf. pseudo-Aristóteles, *MXG* 977a31); nem pode ser dividido em diferentes funções cognitivas que possam oferecer informações conflitantes. Todavia, Xenófanes dá um passo adiante ao declarar que a piedade requer de nós que não pensemos que os deuses vêm a ser. Isso estabelece um padrão de rigor teológico ímpar, mesmo se comparado a Platão, que, no *Timeu* (34b), fala do universo criado como "um deus bem-aventurado". Atribuir consciência à divindade seria outra notável inovação se, como não parece ser o caso, Xenófanes o fizesse ao teorizar sobre o *princípio fundamental da natureza*. A ideia de que a mente é o melhor candidato para esse papel teórico colocá-lo-ia muito à frente dos filósofos naturais de seu tempo. Parece, no entanto, mais provável que Xenófanes esteja aí invocando a noção pré-científica do "maior *deus*" como consciente de tudo. Tal pensamento remonta a Homero e Hesíodo (*Od.* XX.75; *Il.* VIII.51-52; *Os trabalhos e os dias* 267), muito embora esses poetas dificilmente concebessem Zeus como algo que não uma consciência que a tudo controla, como provavelmente o faz Xenófanes. Tal concepção decerto não comprometeria Xenófanes com a noção de uma divindade incorpórea, e B23 ("em nada como os mortais, em corpo ou em pensamento") definitivamente implica o contrário. Aparentemente, Xenófanes tampouco julga estranho sustentar que o mesmo ser (a) é corpóreo; (b) "agita todas as coisas"; e (c), apesar disso, é totalmente imóvel (B25 com B26). Ao combinar (b) e (c), Xenófanes parece se aproximar do conceito aristotélico do motor imóvel. Para Xenófanes, o ponto importante seria não a imobilidade da divindade, mas o fato de que a divindade age em todos os lugares sem mediação ou esforço.

Xenófanes considerava prestar um grande serviço a seus contemporâneos ao exercer o que chama de "nosso [tipo de] sabedoria [ou: talento *(sophíe)*]", o que, segundo ele, contribui para a prosperidade e para o triunfo da lei. Vitórias nos jogos olímpicos não trazem benefícios quejandos à *pólis*; contudo, os vencedores nos jogos olímpicos recebem honras cívicas, "não sendo delas dignos como eu sou, pois o *nosso* talento é melhor do que a força de homens e cavalos" (B2, seguindo Lesher). Qualquer que seja o significado de *sophíe* em Xenófanes – de que já vimos amostras –, ele a compara favoravelmente à excelência física. Acaso Xenófanes nota a correspondência entre as características mais importantes dele próprio e de seu deus, a saber, a mente? Se sim, será que ele constrói a sua concepção de deus segundo aquilo a que ele mais dá valor em si próprio ou será que ele mais dá valor em si próprio àquilo segundo o que ele constrói a sua concepção de deus? É difícil acreditar que tal afinidade não desempenhe papel algum em sua orgulhosa alegação de que merece honras mais elevadas que as olímpicas. Por outro lado, ele também sustenta que todas as coisas provêm da terra e a ela, por fim, retornam (B27). O escopo de "todas as coisas" não é claro: não pode incluir deus, mas pode incluir a mente humana? Uma passagem que troça da crença pitagórica na transmigração das almas (B7) sugere uma resposta afirmativa. O mesmo sugere a notícia, transmitida por Aristóteles, de que, quando perguntado pelos cidadãos de Eleia se devem oferecer sacrifícios a uma certa ninfa marinha ou, em vez disso, lamentá-la, Xenófanes responde que não devem nem lamentá-la se a consideram uma divindade nem oferecer sacrifícios a ela se a consideram humana (*Rhet.* II.23 1400b5). Que não haja confusão entre a raça dos adoradores e a raça daqueles que são adorados.

Essa é a voz da piedade tradicional, que igualmente pode ser ouvida nestes versos:

Nenhum homem jamais viu, ninguém jamais saberá
a verdade acerca dos deuses e das coisas de que falo...
sucede a [mera] crença a todas as coisas [ou: a todas as pessoas] (B34).

Aqui, Xenófanes responde a qualquer dúvida que possamos ter acerca do propósito de sua rejeição do antropomorfismo. A distinção entre conhecimento e mera crença, a segunda melhor alternativa aberta aos humanos, corrobora sua descrição do "maior deus": "em nada como os mortais, em corpo ou *em pensamento*". A nova caracterização de Xenófanes para o divino jamais pretendeu oferecer a verdade acerca de deus como deus a veria. Alguém que o pudesse compreender não careceria de *sílloi* ranhetas que visam especificamente àqueles seres que são capazes de melhoramento (cf. B18), inclusive de sua maneira de pensar o divino.

Seria, porém, errôneo sugerir que a "piedade tradicional" é o fator determinante da estrita separação entre humano e divino efetuada por Xenófanes. Devemos igualmente levar em consideração a sua decisão de não tratar o "maior deus" como princípio da física teórica. Dados a época em que vive, o pano de fundo que herda e os interesses que tem, pode-se dizer que Xenófanes certamente conhece a obra dos filósofos milésios, sendo plausível que a concepção de uma *arkhé* física única exposta por esses filósofos ajude a inspirar a concepção do "maior deus" em Xenófanes. O objetivo de Xenófanes, porém, não é expor uma teoria acerca dos fundamentos físicos, mas, como matéria de liderança moral e cívica, afastar seu público de tudo o que há de degradante e irracional nas noções tradicionais dos deuses. Seu propósito seria frustrado se as discussões fossem colocadas sob a forma esotérica de um tratado físico. Por isso, a teologia de Xenófanes exibe poucos traços do panteísmo implícito na filosofia milésia e prestes a ser elaborado por Heráclito.

Heráclito, Parmênides, Empédocles

Heráclito

Heráclito é figura importante na história dos primórdios da teologia grega, mas, visto que o capítulo 5 deste livro é dedicado a ele, será abordado aqui de maneira breve, apenas em comparação com Xenófanes.

Heráclito investe contra Hesíodo, Pitágoras, Xenófanes e Hecateu, agrupando-os como "eruditos sem *insight*" (DK 22 B40). O fator comum pode ter sido o interesse por assuntos divinos: a abordagem mitológica de Hesíodo por contraste com as abordagens supostamente superiores dos outros três. Pitágoras pregava a reencarnação e o ascetismo religioso; os escritos de Hecateu incluíam uma obra de caráter genealógico aparentemente composta em espírito desmitologizante; e já conhecemos Xenófanes. Podemos supor que Heráclito concebesse a si mesmo como um teólogo melhor do que os outros. Podemos apenas especular se coletivamente os descartava por não enxergarem a verdade como ele a vislumbrava ou se tinha queixas específicas contra cada um. De qualquer modo, podemos perceber pontos fundamentais de contraste entre Xenófanes e Heráclito.

Xenófanes declarara ser sacrílego associar os deuses à rixa e ao engodo. Para Heráclito, contudo, ser conhecido diretamente não pertence à natureza divina (B33; cf. B92, B123). Xenófanes fala como se *houvesse* uma verdade evidente acerca dos deuses, verdade de que os mortais não poderiam ter conhecimento. Para Heráclito, nenhuma verdade é evidente. Segundo Aristóteles *(Ethica eudemia* VII.1 1235a25), Heráclito, por assumir que não haveria harmonia se não houvesse contrariedade, reprova Homero por assim se pronunciar: "quem dera a rixa entre homens e deuses se desvanecesse!". Assim, da perspectiva de Heráclito, Xenófanes é tão cego como Homero, a quem fustiga. Para ele, Xenófanes e Homero assumem como pressuposto que a discórdia é má. E se Xenófanes excluía da natureza divina o movimento e a mudança, afirmando que deus não pode ter nem início nem fim, Heráclito afirma:

> Deus: dia e noite, inverno e verão, guerra e paz, saciedade e fome. Altera-se como, quando misturado com perfumes, é nomeado conforme o prazer (*hedoné*, que também significa "fragrância") de cada qual (B67).

e:

> Mortais imortais, imortais mortais, vivendo a morte de uns, morrendo a vida dos outros (B62).

Não poderia haver negação mais agressiva da crença convencional, inquestionada em Xenófanes, em um abismo intransponível entre homens e deuses. Muito embora Xenófanes não alegasse *conhecer* os valores de deus, não poderia sancionar sequer a mera opinião de que "para deus todas as coisas são belas, boas e justas, mas os humanos supuseram que umas são injustas e outras, justas" (B102).[8] Indubitavelmente, Heráclito pensa que os seres humanos, ao agir de maneira humana, devem insistir em suas humanas distinções entre o justo e o injusto (cf. B33; B44). Porém, pode-se argumentar em prol de Xenófanes que, *quando* os seres humanos aplicam essas distinções, isto é, quando operam de modo prático, não sobre-humano, não deve haver qualquer insinuação (como a filosofia heraclítica julga haver) de que as

---

[8] Essas não são as palavras de Heráclito, e alguns especialistas questionam se se trata sequer de uma paráfrase. Contudo, o pensamento expresso na primeira frase é claramente implicado, por exemplo, por B90, que iguala Conflito e Justiça e afirma que tudo vem a ser mediante Conflito.

coisas assim se passam com deus. Em outras palavras, no contexto prático, que é onde Xenófanes assenta seu discurso, devemos agir como se Xenófanes tivesse razão acerca dos limites da cognição humana.

Parmênides

Na antiguidade, o "maior deus" de Xenófanes foi identificado ao Ser de Parmênides. Xenófanes era retratado como um monista eleata; Parmênides, como um teólogo metafísico. A distorção de Xenófanes foi pior que a de Parmênides, mas também esta existiu. Quem aceita a ligação espúria entre os dois filósofos naturalmente assume que o Ser de Parmênides é deus. Afinal de contas, a Via da Verdade atribui ao Ser muitos atributos da divindade: é não gerado, imperecível, imutável, total, todo-inclusivo e eternamente presente. Apesar disso, Parmênides aparentemente jamais chama "divino" ao Ser. Se se aceita a identidade com o deus de Xenófanes, conclui-se que Parmênides passava silente sobre esse ponto porque assumia como pressuposto que o Ser é divino e esperava que sua audiência fizesse o mesmo. Temos, no entanto, a liberdade de nos indagar se Parmênides não tinha alguma razão para esse silêncio. A solenidade da Via da Verdade e o fato de que todo o discurso é apresentado como uma revelação fazem com que seja improvável que seja acidental o fato de que o Ser jamais seja descrito como deus ou divino. A razão para tal, pode-se presumir, é que Parmênides assinala que a Via da Verdade é uma empreitada bem diferente de qualquer outra que tradicionalmente trate das coisas divinas. Em particular, a audiência não a confundirá com a cosmologia. Chamar a seu tópico "deus" sugeriria que esse tópico é a origem ou o princípio do cosmos. Nesse caso, sua caracterização deveria respeitar os requerimentos da explicação física. Em vez disso, Parmênides propõe aqui uma metafísica pura, com um método próprio de lógica pura, independente de pressuposições de ordem física. Apenas na Via da Opinião Mortal uma divindade figura explicitamente:[9] uma divindade cósmica, como convém à cosmológica Via da Opinião (DK 28 B12.3).

---

[9] Embora a equação Justiça (personificada em DK 28 B1.14) = Necessidade = Destino seja mencionada em ambas as Vias, ocorre antes como parte do contexto do que como tópico.

O que dizer, porém, da divindade sem nome que é fonte de revelação das duas Vias (B1.22ss.; B8.50ss.)? Parmênides depende da iluminação divina para introduzir o material não tradicional da Via da Verdade (e para rebaixar a Via cosmológica até o nível da Opinião Mortal). Será que ele faz apelo à autoridade divina em razão de a lógica autoevidente da Via da Verdade parecer garantia insuficiente de veracidade? Seria uma posição estranha. Não há sinal de que Parmênides se coloque em um estado de dúvida cartesiana com relação às verdades eternas. E, nesse estado, refugiar-se em uma autoridade divina sem apresentar (como Descartes tenta fazer) razões para acreditar que deus existe seria ingênuo a ponto de raiar o absurdo. A divindade de Parmênides significa, antes, que não podemos buscar a verdade por meio da Via da Verdade, isto é, apenas por meio da razão, sem nos colocarmos nas mãos dos deuses. A Via da Verdade "está distante dos palmilhados caminhos humanos" (B1.27). É uma verdade que não é crível sem mais para mortais ainda presos a outros pontos de vista mortais. Parmênides deve abandonar a sua própria perspectiva humana *antes* de chegar ao pórtico onde a deusa hierofante o recebe e de onde aponta a Via da Verdade. Ele deve ser transportado *até* o pórtico e passar por ele em uma carruagem dirigida por divindades subsidiárias, as "filhas do sol" (B1.8). Suponha-se que, ainda não distante das crenças comuns, ele subitamente se deparasse com as premissas logicamente autoevidentes da Via da Verdade. Suponha-se, então, que daí extraísse consequências, passo lógico a passo lógico. Ele chegaria a conclusões acerca da realidade: conclusões intoleráveis para mentes mortais. Teria, então, de rejeitar algo que logicamente se impõe: um princípio ou um passo. Poderia também subscrever tais princípios e passos irrefutáveis enquanto uma compulsão diferente, a força do "hábito, nascido da muita experiência" (B7.3), fizesse com que rejeitasse a conclusão, afirmando, assim, que o necessariamente verdadeiro acarreta o falso ou o sem-sentido. De qualquer maneira, Parmênides desacataria a razão e dessacralizaria o "coração imóvel da verdade redonda" (B1.29). A Via da Verdade não pode ser usada para *refutar* quem defende o senso comum, pois a verdade que é evidente em sua inteireza racional à razão não é evidente àqueles a quem a razão não controla por completo. Como podem os mortais atingir o nível em que a opinião mortal perde seu poder e o *insight* racional se impõe? Certamente, não por meio de seu próprio *insight* racional! Daí ser representada de maneira tão antiolimpicamente passiva a figura de Parmênides em seu passeio de carruagem (cf., em especial, B1.4: "por essa via eu era conduzido, por essa via éguas sapientíssimas conduziam-me").

Empédocles

As fantásticas teorias de Empédocles são ricas em material para o historiador da teologia. A presente reconstrução focará a atenção sobre a interação entre os aspectos cosmogônicos e transcendentes de deus na filosofia natural de Empédocles.[10]

Cada ciclo cósmico do universo de Empédocles tem início com a ruptura de uma totalidade original, a unidade da Esfera. Sob a pressão do Ódio (ou: da Contenda), uma das duas forças primordiais, as quatro "raízes" se separam de modo a constituir as regiões que conhecemos como terra, mar, ar e éter ígneo. As raízes são chamadas por seus nomes divinos (DK 31 B6). O Amor, a outra força primordial, é identificado com a deusa Afrodite (também conhecida como Cípris: cf., por exemplo, B17.24; B22.5; B73). O Ódio é um deus, e é tão fundamental quanto o Amor. Empédocles sublinha que as quatro raízes e as duas forças são "iguais e coevas" (B17.19-20, B17.27, por exemplo). A seguir, o Amor dá início a um processo zoogônico de diversas fases que culmina na emergência de criaturas viáveis capazes de se reproduzir segundo seu gênero. Assim, o Amor, quando começa a agir, não pretende explicitamente desfazer a separação perpetrada pelo Ódio. Em vez disso, *explora* a natureza distinta dos elementos ao criar, a partir deles, por meio de uma mistura, um conjunto de novos seres, os seres vivos. Até aqui, o Amor

---

[10] A presente caracterização foca a atenção sobre a cosmologia de Empédocles, com apenas um olhar de soslaio para as *Purificações* (aqui assumidas como distintas do poema *Sobre a natureza*, muito embora essa questão pouco afete as conclusões). Também assume a correção geral da interpretação da cosmologia proposta por Solmsen [361]. Do presente ponto de vista, sua descoberta mais importante é que há uma zoogonia do Amor, mas não da Contenda (do Ódio). Para uma discussão do pensamento religioso de Empédocles, cf. Huffman, neste volume, p. 126. Para uma interpretação diferente da cosmologia de Empédocles, cf. Graham, neste volume, p. 222.

se manifesta de duas maneiras diferentes: na produção de inúmeros seres compostos no cosmos e, como caso limite, na unidade pré-cósmica da Esfera (o caso limite recorre quando o Amor, em cada ciclo cósmico, prevalece até que tudo acabe novamente por emergir na Esfera).

Afirma Empédocles a respeito da Esfera: "ramos gêmeos não partem de suas costas, não tem pés, nem joelhos lépidos, nem genitais... era uma esfera". Chama-a de "deus" e descreve-a como "sustentada pela estrita obscuridade da Harmonia, uma Esfera cíclica comprazendo-se em sua feliz [ou: circular] solidão [ou: descanso]" (B 29, B31, B27). Essa última passagem chama a atenção para um atributo divino tradicional, que não esperaríamos encontrar em um contexto puramente cosmológico: a condição da bem-aventurança. A solidão (ou imobilidade) da Esfera e sua consequente felicidade apartam-na das divindades cosmogônicas, do Amor, do Ódio e das raízes. O cosmos de Empédocles está cheio de divindades, mas não de bem-aventurança. É verdade que o Amor cosmogônico é chamado de "alegria" pelos mortais (B17.24), mas a natureza é também domínio do Ódio. A alegria experimentada pelos mortais em virtude do Amor cosmogônico é um mero prazer passageiro. A felicidade isolada da Esfera significa transcendência divina, conceito indisponível a Empédocles a não ser por meio de um simbolismo imaginativo. Não apenas a Esfera não faz parte da ordem natural. Isso é óbvio, dada a sua função como *fonte* do cosmos. A felicidade da Esfera mostra que há mais. A felicidade não deriva de sua função como fonte, mas da perfeição solitária que tem de ser estilhaçada para que esse papel seja desempenhado, como ocorre quando chega o momento em que "o poderoso Ódio lança mão de suas prerrogativas" e "um a um os membros de deus começam a trepidar" (B30, B31).

Aristóteles se queixa de que Empédocles não explica a ruptura (*Met.* III.4 1000b12ss.). Do ponto de vista científico de Aristóteles, a queixa se justifica. Empédocles, porém, deve saber que se expunha a uma incoerência mais grave ao se pronunciar a respeito dos "membros trepidantes" de uma Esfera sem braços ou pernas. O problema não é apenas que a noção da Esfera seja fraca demais para explicar como o cosmos surge (fraqueza que mal se esconde sob o "ensejo" e as "prerrogativas" do Ódio). Se a noção da Esfera falha do ponto de vista da cosmogonia racional, isso se deve a uma causa positiva, a saber, o fato de Empédocles insistir em que a fonte do cosmos seja divinamente transcendente e o fato de conceitualizar a transcendência como uma bem-aventurança autossuficiente. O cosmos existe em decorrência de uma queda. A cosmologia de Empédocles aponta para uma direção seguida em detalhe mítico, pessoal e religioso nas *Purificações*. A história de um demônio exilado do céu em razão de seus pecados e condenado a um ciclo de reencarnações de trinta mil anos tem sua semente nas mortais "pretensões de imortalidade". Talvez o assaz científico Empédocles considere a nossa propensão a tais pretensões como um fato natural a nosso respeito, não menos indicativo de algo fundamental acerca de nosso mundo do que os fatos da respiração, da sensação e da reprodução – obras do Amor que ele tenta explicar em detalhe (cf., por exemplo, B65, 67, 84, 100).

Diversas passagens sugerem uma hipótese adicional: a dimensão transcendente da Esfera pretende resguardar a santidade divina. Em um preâmbulo a sua cosmologia, Empédocles ora:

> Afastai de minha língua, ó deuses, a sandice desses homens e deixai fluir de lábios bentos uma corrente pura. Peço-te, virgem Musa dos brancos braços, de larga memória, envia o que é justo para os mortais escutar, dirigindo a carruagem de boas rédeas desde o local de reverência (B3).

Alhures, provavelmente também no poema cosmológico, pede à Musa que o ajude a revelar uma "boa caracterização dos bem-aventurados deuses" (B131, cf. B132).[11] A intensidade dessa prece por sanidade religiosa não supreende se considerarmos os poderes duais, Amor e Ódio. São, de fato, Bem e Mal. De maneira completamente diferente da Guerra criativa de Heráclito, Guerra essa que é soberana inconteste de tudo (DK 22 B53), o Ódio de Empédocles é "amaldiçoado" (DK 31 B17.19) e "mau" (B20.4); seus produtos são "profundamente sombrios na gestação de contendas, porque concebidos em ira" (B22.9). Apesar disso, tal terrível poder é *divino*. Empédocles não suaviza o problema apresentando o Ódio como uma força neutra de separação. Presumivelmente, teria de aceitar como

---

[11] Para as razões para situar B131 no poema *Sobre a natureza*, cf. Kahn [365] 429-430 n. 8.

corolário, sem o poder fazer, a neutralização do "irrepreensível" Amor (cf. B35.13). Ao declarar, porém, o Ódio tão fundamental ao cosmos a ponto de sempre destruir a Esfera e pôr fim ao triunfo do Amor, Empédocles se encontra no limite da blasfêmia. Afirma que a existência do cosmos prova a perene presença, como de um deus entre deuses, de um ser que deve ser *anatematizado*. "Uma boa caracterização dos bem-aventurados deuses" deve ser veraz (B17.26) e piedosa, mas como será possível uma boa caracterização se os deuses são apenas princípios cosmogônicos, o mal coordenado ao bem? A solução de Empédocles, aparentemente, consiste em postular uma dimensão não cosmogônica para a Esfera cosmogônica e atribuir-lhe o fardo da santidade divina.

A descrição da Esfera em B29 (citada acima) é ecoada em outra passagem:

> Não dispõe de cabeça humana sobre o tronco, ramos gêmeos não partem de suas costas, não tem pés, nem joelhos lépidos, nem genitais hirsutos, antes é apenas mente, sacra e além de toda descrição, distendendo-se por todo o cosmos com pensamentos velozes (B134).

Essa divindade, porém, não é retratada como esférica, mas como uma mente que coexiste com o mundo. Presumivelmente, esse ser é diferente da Esfera de cuja destruição advém o cosmos. No entanto, o novo deus é também ele uma perfeita unidade, mas em modo cognitivo: uma intuição única da realidade do cosmos. Como a "felicidade na solidão/no descanso" da Esfera, essa divindade não tem função cosmogônica discernível, visto que sua relação com o cosmos é o que mais tarde se chamaria de "teórica": o cosmos já existe.[12]

Apesar de sua natureza mental, Empédocles pode ter atribuído a esse ser um fundamento físico que se realiza por meio da ação do Amor. Ele julga o pensamento humano uma atividade do sangue, o composto mais perfeitamente

---

[12] Sobre situar B134 na cosmologia, cf. Kahn, *loc. cit.* É bem verdade que, se o seu conhecimento do cosmos fosse um *plano* (ou, melhor ainda, um *sonho*, arruinado pelo Ódio), a divindade de B134 talvez pudesse ser a Esfera cosmogônica; mas "distendendo-se" *(kata ssousa)* tende a sugerir um objeto real.

mente combinado (B105, B98; cf., a seguir, p. 343). Se o mesmo é verdadeiro do pensamento divino, temos outro exemplo da habilidade do Amor em explorar os efeitos do Ódio. Além de engendrar as criaturas físicas, o Amor torna possível uma inteligência divina cuja atividade pressupõe o Ódio de duas maneiras: seu fundamento físico é uma perfeita fusão dos elementos separados pelo Ódio e seu objeto é o cosmos por inteiro, que depende do Ódio para existir.

Quer se baseie na realidade física ou não, essa divindade intelectual indica uma direção de aproximação. Empédocles pensa que a mente humana tem uma natureza que floresce ou aborta dependendo dos pensamentos que a ocupam. A maioria das pessoas confunde suas restritas experiências com o todo da vida e deixam suas mentes ser enganadas pelas inúmeras "misérias que eclodem, embotando o pensamento" (B2; cf. B110). Não estando propriamente em casa em uma mente humana, esses ocupantes a seguir se afastam dos cantos do mundo a que pertenceram, deixando os estabelecimentos vazios. Contudo, temas como aqueles do poema *Sobre a natureza* de Empédocles, "caso contemplados com o espírito certo, com exercícios puros de atenção", permanecerão plantados e germinarão com novos pensamentos do mesmo gênero (B110). Afirmar, como o faz essa passagem, que os pensamentos acerca do cosmos como um todo são os cidadãos legítimos da mente humana é o mesmo que dizer que o próprio cosmos como um todo é o complemento da mente *qua* pensamento (enquanto distinta do sangue que pensa). O Amor opera biologicamente para promover essa *aproximação* entre mente e cosmos ao manter o equilíbrio do sangue pensante. Unicamente no reino animal, porém, o Amor persegue seu propósito unificador por meio da escolha deliberada, efetuada pela mente, de viver uma vida filosófica. E um exemplo ainda mais completo, porque mais universal, da obra do Amor é a vida de um filósofo como Empédocles, que abre a trilha da verdadeira filosofia para os demais. Tais figuras, afirma ele, "resplandecem como deuses poderosos em honras", superiores até mesmo aos "profetas, bardos, médicos e líderes de homens". (B146). Alhures, Empédocles chama-lhes "deuses de vida longa" (B21.12; B23.8) e, nas *Purificações*, ousa proclamar-se um deles:

> Amigos, que vivei na grande cidade do amarelo [rio] Ácragas... saúdo-vos. Um deus imortal, não mais um mortal, perambulo por entre todos honrado como convém (B112).

Para Empédocles, não se trata de um delírio blasfemo, mas de uma conclusão amparada pelo raciocínio cosmológico preocupado com a piedade.

A expressão "não mais um mortal" (que, em conjunto com os "deuses de vida longa", deve ter feito Xenófanes se revirar na tumba) ecoa os "mortais imortais" de Heráclito, mas o pensamento é muito diferente. Heráclito assinalava que o vir-a-ser e o perecer das coisas mortais contribui para a vida do cosmos, ao passo que o filósofo *imortalizado* de Empédocles se coloca perante o cosmos como o cognoscente ante o conhecido. Podemos dar sentido a essa imortalidade se pensarmos que a divindade do filósofo de Empédocles e a divindade de suas raízes e forças cósmicas pertencem a categorias diferentes. As raízes e forças não podem realizar as tarefas cosmogônicas que as qualificam como divinas sem permanecer em existência ao longo de um ciclo cósmico, mas o gênio filosófico não carece de uma imortalidade cronológica para atingir a qualidade de vida que o situa em meio aos deuses.

O atomismo do século V a.C. e além

A emergência do atomismo de Leucipo e Demócrito assinala um ponto crucial no desenvolvimento do pensamento teológico. Enquanto os fundamentos do cosmos eram concebidos como agentes ou poderes agindo em razão de suas naturezas, como presenças indefinidas em vez de objetos circunscritos, não seria absurdo, embora fossem impessoais, considerá-los divinos. Nem, inversamente, pensar os deuses como princípios físicos. Essas atitudes, contudo, não têm lugar no atomismo antigo, teoria cujos últimos elementos físicos são (1) partículas sólidas e localizadas que eternamente colidem sem propósito algum, tão diminutas que não têm qualquer importância individual; e (2) o vazio, também conhecido como "o nada" (DK 68 A37), que, fazendo jus a seu nome, nada faz além de fornecer as condições do movimento atômico. Embora entenda-se que essas entidades sejam não geradas, imperecíveis e últimas, seria ridículo chamar o mundo de "imortal" ou os átomos individuais de deuses. Trata-se de um mundo natural verdadeiramente naturalizado.

No que diz respeito à teologia, essa árida e nova perspectiva cria um novo conjunto de alternativas para aqueles que a levam a sério. Ou (i) não há deus; ou (ii) deus está além da natureza e não tem qualquer relação para com ela; ou (iii) deus, assim chamado, é um fenômeno não fundamental no mundo; ou (iv) a tradição anterior tinha razão em considerar as origens da natureza divinas, mas errava ao não compreender que a própria natureza é matéria desprovida de divindade – donde se segue que a essência e a atividade do princípio divino devem ser inteiramente não físicas. Uma posição deste último tipo seria adotada por Platão no *Timeu*, em que uma inteligência extramundana institui entidades semelhantes aos átomos como constituintes primários do cosmos. Inclui-se aqui a segunda alternativa meramente em virtude de sua possibilidade lógica: torna-se uma opção apenas em um período muito posterior. A terceira, que muitos têm dificuldade em distinguir do ateísmo da primeira, era a posição assumida por Demócrito.

Antes, porém, de nos voltarmos para a teologia de Demócrito, deve-se observar que essas quatro alternativas, corriqueiras para a mente moderna, devem ter parecido estranhas e chocantes mesmo para os mais ilustrados dentre os contemporâneos de Demócrito, tão profundamente enraizada em sua cultura estava a atitude mitopoética para com a natureza. Assim, não surpreende que a filosofia natural, ao menos por um tempo, continuasse a ser praticada em seu estilo tradicional, como exemplifica Diógenes de Apolônia, que aplicava o termo "deus" à sua única substância, o Ar Inteligente. Diógenes pode ter conhecido a obra de Leucipo, mas, aparentemente, não via razão para argumentar em contrário. Nesse período, o ônus da prova estava com os atomistas, e Demócrito sabia que não poderia desfazer-se dele a menos que o atomismo fosse suplementado por uma teoria que explicasse a crença humana nos deuses. Diversas teorias desse jaez foram propostas à época, e Demócrito desenvolve mais de uma, sem que saibamos se se trata de invenção sua ou de empréstimo. Ele sugere que os "deuses" são fenômenos físicos, imagens grandiosas que aparecem perante a humanidade e, por vezes, parecem até mesmo falar (B166; A74). Ele sugere que a crença nos deuses surge em razão do terror que os homens de antanho sentiam diante de eclipses, trovões e quejandos (A75). Sustenta que a mente humana e animal consiste de partículas ígneas e parece ter inferido que aquilo que os homens chamam de "deus" é um grande conglomerado externo de tais partículas (talvez o sintam não apenas como brilhante ou ígneo, mas como uma vasta mente que se lhe assemelha) (A74).

Em seus escritos éticos, Demócrito se pronuncia a respeito dos deuses como distribuidores de bens, não de males, e afirma que eles amam apenas quem odeia a injustiça (B175, B217). Pode com isso exprimir uma aprovação pragmática das crenças comuns, enviando, ao mesmo tempo, mensagens de teor puramente humanista para quem estivesse a par: por exemplo, que o ódio à injustiça é essencial à verdadeira felicidade. Não há dúvida de que a crença em divindades exteriores é inevitável, e mesmo apropriada, para pessoas ignorantes cuja resposta a um trovão é antes uma tentativa de aplacar o Atroador do que a especulação a respeito de sua causa. De igual maneira, tal crença pode ser necessária a anões éticos que se abstêm de malfeitos apenas por medo da punição, não porque concebam a moralidade como a raiz da felicidade.

Esse ponto ético recebe um novo giro em um fragmento de um drama contemporâneo, o *Sísifo*, atribuído ora a Eurípides, ora a Crítias, primo mais velho de Platão. Diz-se aqui que deus é fruto da imaginação de um gênio humano, que elabora essa ficção com o fito de curvar a maldade de seus congêneres humanos:

> (...) quando as leis vetavam aos homens os atos abertos de violência, que, no entanto, continuavam a ser praticados às escondidas, creio que um homem de mente aguda e sutil inventou para os mortais o medo dos deuses, de modo a que houvesse algo que assustasse os perversos mesmo quando agissem, falassem ou pensassem às escondidas... Há, diz ele, um espírito que goza de vida eterna, que ouve e vê com sua mente, extraordinariamente sábio, observador atento de tudo, portador de uma natureza divina... Se em silêncio maquinas o mal, não o escondes dos deuses, tão lestos são eles... Como habitação, deu-lhes o lugar cuja menção mais poderosamente impressiona os homens... a abóbada superior, onde são percebidos os relâmpagos, os terríveis ribombares do trovão e a face do céu ornada de estrelas, belo adorno criado pelo Tempo, sábio arquiteto... Assim, penso, alguém persuadiu os homens a acreditar que existe uma raça dos deuses. (DK 88 B25).

No que diz respeito à noção de que a religião se funda sobre uma "nobre mentira" (cf. *Resp.* III 414b ss.), pode-se praticamente auscultar o murmúrio platônico de que a alma supostamente mortal do secreto benfeitor da humanidade deve ter neles abrigado algo mais do que um simples toque de divindade para que inventassem *ex nihilo* uma infinidade de deuses e espalhassem essa ilusão ao redor do mundo desde tempos imemoriais. Além disso, se não existem deuses, a ordem dos céus (para não falar na dos reinos vegetal e animal) tem de ser um acidente. Para Platão, isso é algo incrível, como de fato parece ser para a personagem do *Sísifo*, que não consegue deixar de se pronunciar a respeito da "face do céu ornada de estrelas, belo adorno criado pelo Tempo, sábio arquiteto", quando deveria defender a doutrina de que o tempo infinito meramente permite a eventual e casual emergência de um sistema como os nossos céus. Afirmá-lo, porém, é o mesmo que afirmar que a ordem de uma sociedade humana bem governada "ocorre" antes por acaso que em razão de os homens aplicarem sua inteligência à administração da sociedade, como vemos no caso do legislador e do engenhoso criador de nobres mentiras.

Talvez o que a personagem do *Sísifo* realmente esteja dizendo seja não que deus é um mito, se por "deus" se entende a fonte de ordem no universo, mas que a crença em um ser mais elevado que nós *e moralmente preocupado conosco* é a crença em uma forja. Platão responderia que a ordem da natureza dá testemunho de uma inteligência ordenadora que *valoriza* a ordem mesmo nos mais ínfimos detalhes. Como pode ser indiferente para esse deus se os seres humanos conduzem suas vidas de maneira justa e ordenada ou não (cf. *Filebo* 28c-29a; *Leis* X 888a-903b)? Vemos aqui Platão respondendo a seu modo, como a seu modo Empédocles o fizera, a um problema teológico proposto pela cultura comum a ambos: como conceber deus como mais do que simplesmente a origem da natureza, onde "mais" significa o que mais seja requerido para dar sentido a essa origem enquanto objeto de adoração para seres como nós, animais éticos que, embora partes da natureza, sabem o que é serem levados a tentar entender-se a si mesmos e ao todo.[13]

---

[13] A autora agradece a Charles Kahn, James Lesher e Tony Long por seus valiosos comentários, muito embora este capítulo não reflita as opiniões desses senhores.

11 Os primórdios do interesse pelo conhecimento

J. H. Lesher

Pessimismo poético e otimismo filosófico

Os filósofos gregos não foram os primeiros a refletir sobre a natureza e os limites do conhecimento humano: essa honra cabe aos poetas da Grécia arcaica. No livro XVIII da *Odisseia*, por exemplo, a incapacidade, mostrada pelos pretendentes de Penélope, de perceber o desastre que os aguarda inspira célebres observações, por parte do disfarçado Odisseu, acerca das capacidades mentais da espécie humana:

> Nada mais fraco nutre a terra do que o homem
> dentre todas as coisas que respiram e se movem sobre a terra,
> pois julga que jamais padecerá dano no porvir
> enquanto os deuses granjearem-lhe excelência e joelhos lépidos.
> Quando, porém, os bem-aventurados deuses decretam-lhe desgraça,
> contrafeito suporta-a com espírito aguerrido,
> tal a mente *(nóos)* dos homens sobre a terra,
> como o dia que o pai de homens e deuses lhes prepara. (130-137)

Aqui como alhures nos poemas homéricos,[1] os pensamentos dos mortais refletem apenas suas experiências presentes. Os eventos no porvir estão além de seus poderes de compreensão. Conversamente, quando os deuses escolhem dotar um indivíduo com poderes sobre-humanos de compreensão, seu conhecimento se distingue por seu vasto alcance:

---

[1] Cf. *Il.* I.343-344: "nem [Agamêmnon] pensa o que tem diante de si ou o que ficou para trás, de modo que os aqueus podem combater junto a suas naus"; semelhantemente *Il.* III.107-110; XVIII.250; *Od.* XX.350ss.; XXI.85; e XIV.452.

Calcas, filho de Testor, melhor dos adivinhos,
que conhece passado, presente e futuro (*Il.* I.69-70).

Muito mais típicos da espécie são os "tolos, pensadores de um dia" – Aquiles, Agamêmnon e os pretendentes – que não conseguem "pensar o antes e o depois" nem julgam carecer dos sábios conselhos de quem consegue. O mesmo tema perpassa grande parte da poesia grega arcaica: os mortais "pensam aquilo com que se deparam" e não conseguem apreender o esquema mais vasto das coisas:

> De tal sorte, Glauco, é a consciência *(thymós)* dos homens mortais, o que quer que lhes ofereça Zeus para o dia, pois pensa tais coisas apenas quando se lhes depara. (Arquíloco, fr. 70)
> Não há mente *(noûs)* entre os homens, antes vivemos cada dia como o gado que pasta, sem saber *(oudèn eidótes)* como deus os porá fim a cada um. (Semônides, fr. 1.) [2]

Em tais circunstâncias, a "sabedoria humana" consiste em reconhecer as limitações inerentes à nossa existência mortal e "não esperar demais". Como Epicarmo recomenda: "os mortais devem se preocupar com coisas mortais, não com coisas imortais" (DK 23 B20).

Traços desse "pessimismo poético" podem ser vistos nos ensinamentos dos primeiros filósofos. Duas fontes antigas (Ário Dídimo e Varrão em DK 21 A24) reportam que Xenófanes sustentava que "pertence a deus conhecer a verdade; aos homens, opinar". Na mesma linha, Alcmeão, contemporâneo próximo de Xenófanes, alerta que:

> Os deuses têm clareza *(saphéneia)* acerca das coisas não evidentes;
> aos homens, [toca] conjecturar a partir de sinais *(tekmaíresthai)* (DK 24 B1).[3]

---

[2] Cf. Teógnis, 141-142; Sólon, frs. 1, 13, 16; Píndaro, *Olímpica* VII.25-26; *Nemeia* VI.6-7; VII.23-24; XI.43-47.

[3] O texto é incerto. DL reza *perì tôn aphanéon, perì tôn thnetôn saphéneian mèn theoì ékhonti, hos dè anthrópois tekmaíresthai* mas outros omitem a expressão *perì tôn thnetôn* ('a respeito das coisas mortais'). Sigo LSJ ao inserir *dédotai* ('toca'). Heráclito (DK 22 B78) e Filolau (DK 44 B6a) também contrastam conhecimento humano e conhecimento divino.

Heráclito (DK 22 B104), Parmênides (DK 28 B6.4-7) e Empédocles (DK 31 B2.1-8), todos lançam idêntica acusação contra o *noûs* dos mortais comuns.

Em outros pontos, porém, os ensinamentos e as atividades dos primeiros filósofos gregos refletem uma perspectiva mais otimista. Segundo Aristóteles, Tales foi o primeiro de uma série de investigadores que procuram dar conta de todos os fenômenos naturais referindo-os a uma substância ou princípio material básico (*Met.* I.3 983b20). Se aceitarmos a caracterização aristotélica como no mínimo aproximativamente correta, devemos pensar que Tales – e seus sucessores Anaximandro e Anaxímenes – assumem que as causas e os princípios básicos da natureza são acessíveis às descobertas humanas. Visto que as caracterizações propostas pelos milésios evidenciam um refinamento crescente, julga-se que suas investigações representam o início de uma "tradição de racionalidade crítica" no Ocidente.[4] Assim, embora não disponhamos de observações explícitas sobre o conhecimento por parte de qualquer um dos primeiros filósofos-cientistas, parece perfeitamente razoável atribuir-lhes algum grau de "otimismo epistemológico".

Diversos pensadores exibem igual interesse pelo(s) método(s) de aquisição, alheia ou própria, de conhecimento. Os filósofos jônios são geralmente lembrados pelos escritores posteriores como especialistas "naquela parte da sabedoria a que chamam *perquirição* acerca da natureza" *(taútes tês sophías hèn dè kaloûsi perì phýseos historían).*[5] Em DK 21 B18, Xenófanes parece dar seu apoio à investigação ou "busca", por oposição à confiança cega em "revelações" divinas:

---

[4] Cf. Burnet [20] 3; Guthrie [15] 29; Barnes [14] 5; Lloyd [111] 49; McKirahan [10] 73-5; Cohen, Curd & Reeve [7] viii e outros

[5] Platão, *Fédon* 96a 7-8. Para Anaximandro e *historíe*, cf. Eliano *Varia historia* III.17 e Diógenes Laércio II.1. Para Xenófanes, cf. Hipólito em DK 21 A33.

Não é verdade que desde o início os deuses revelam todas as coisas aos homens,
antes com o tempo, buscando-as *(zetoûntes)*, os homens as descobrem.

No *Filebo*, Platão faz referência a um método de investigação "por meio do qual vem à luz toda descoberta na esfera das artes e ciências", atribuindo a descoberta desse método "a Prometeu ou a alguém como ele":

> Tudo o que sempre se disse ser, reza a tradição, consiste de um e muitos, sua natureza possuindo, em conjunto, limite e ilimitado. Assim sendo a ordem das coisas, devemos postular a cada vez uma única ideia... depois duas, se for o caso, senão três ou quantas mais. (16c)

Algumas doutrinas atribuídas a Pitágoras e seus seguidores refletem o método que Platão parece aqui ter em mente: entender a natureza de uma entidade por meio da enumeração de seus componentes.[6] Em algum ponto na segunda metade do século V a.C., o pitagórico Filolau de Crotona apresenta, nessa linha, diversas caracterizações dos fenômenos naturais, identificando "Limitantes" e "Ilimitados" como os dois componentes "do universo como um todo e de todas as coisas nele" (B1 e B2) e afirmando que nada pode ser conhecido sem número (B4). A deusa que aparece no poema de Parmênides igualmente promove uma "perquirição", muito embora se trate de uma perquirição diferente, quando insta seu ouvinte a que afaste os pensamentos da via das experiências familiares e preste atenção em seu *élenkhos* – seu "teste", sua "apreciação crítica" – das vias possíveis de perquirição e pensamento acerca d'"o que é". Ao menos nessas ocasiões, os filósofos pretendem não apenas convencer suas audiências da verdade de suas novas doutrinas como também descrever um processo por meio do qual qualquer um possa descobrir a verdade.

---

[6] Entre os quais: harmonias musicais (como em Filolau DK 44 B6a, A24), sólidos geométricos (cf. Aristóteles, *Met.* XIV.3 1091a15), os poderes n'alma (Filolau B13) ou o cosmos como um todo (cf. Aristóteles, *Met.* I.5 986a).

Por último, praticamente todo pensador de que possuímos quantidade relevante de informação abraça o que pode ser chamado de pressuposto básico do otimismo epistemológico: a tese de que os eventos que ocorrem na natureza ocorrem segundo um conjunto de princípios gerais fixos e, portanto, passíveis de serem descobertos. A ideia de um processo regular de mudança pode estar apenas implícita na concepção de Tales de que a água é a substância de que vêm a ser e a que retornam todas as coisas. Todavia, quando Anaximandro afirma que as coisas "se dão segundo necessidade, pois eles [presumivelmente os opostos] pagam um ao outro sanção e retribuição por sua injustiça segundo a disposição do Tempo" (DK 12 A9), estamos diante de uma clara expressão da concepção de que a natureza está sujeita a princípios ordenadores internos.[7] As forças gêmeas de condensação e rarefação em Anaxímenes, a Justiça e a Necessidade de Heráclito, o Amor e a Contenda de Empédocles, o poder harmonizador de Filolau, a mente cósmica ordenadora de Anaxágoras e a Necessidade de Demócrito representam variações sobre um mesmo tema milésio originário: a natureza opera de maneira regular e, portanto, inteligível.

Quatro pensadores em particular – Xenófanes, Heráclito, Parmênides e Empédocles – exploram as condições sob as quais o conhecimento – mais especialmente sob a forma de uma vasta compreensão da natureza das coisas – pode ser atingido pelos seres humanos. Essas reflexões não esgotam os primórdios do interesse por questões epistemológicas,[8] mas introduzem muitas ideias que figuram de maneira mais proeminente nas caracterizações posteriores do conhecimento.

---

[7] Cf. ainda Cherniss [87] 10, Vlastos [186] 82 e G. Vlastos *Plato's Universe* (Seattle, 1975).

[8] Cf., por exemplo, neste volume, a caracterização de Filolau por Huffman, p. 134, e a discussão das questões epistemológicas suscitadas por Protágoras e Demócrito por Taylor, p. 255-263. Sobre a importância assinalada à veracidade por Homero e Hesíodo, cf. Most, neste volume, p. 278.

Xenófanes

Como já foi notado, as observações de Xenófanes a respeito do conhecimento são melhor compreendidas à luz de seu interesse por assuntos religiosos: os poderes da mente humana, assim como as demais capacidades e realizações do homem, devem ser comparados aos extraordinários poderes cognitivos de uma deidade suprema.[9] Em DK 21 B23, por exemplo, ele afirma que:

> Um deus é soberano entre deuses e homens,
> em nada semelhante aos mortais, em corpo ou pensamento.

O sentido da frase "em nada semelhante aos mortais, em corpo ou pensamento" emerge da descrição de um ser divino capaz de apreender as coisas como um todo (isto é, sem os órgãos de percepção sensível) e de "agitar tudo" graças ao poder de seu pensamento:

> (...) inteiro ele vê, inteiro pensa, inteiro ouve... (B24)
> (...) sempre assiste no mesmo lugar, não se move,
> nem é cabível que transite de um lado a outro (B26)
> (...) antes sem esforço agita tudo com o pensamento de sua mente (B25)

Em B34, Xenófanes parece extrair a conclusão apropriada a criaturas carentes em capacidades cognitivas:

> Homem algum jamais conheceu ou conhecerá a verdade clara e certa *(tò saphés)*
> acerca dos deuses e do que afirmo a respeito de todas as coisas,
> pois, ainda que fosse máxime *(tà málista)* perfeito ao expressá-la,
> ainda assim não a conheceria *(ouk oîde)*: todos estão submetidos à opinião *(dókos)*.

---

[9] Cf. a p. 294 e Broadie, neste volume, p. 278.

Tanto a expressão como o conteúdo desse fragmento são matéria de controvérsia.[10] Segundo muitos autores antigos (cf. A1.20, A25, 32, 33 e 35), Xenófanes é um pioneiro do ceticismo, ainda que de modo inconstante. Mesmo que suas teses teológicas sejam desconcertantemente dogmáticas, em B34 ele parece antecipar a conclusão cética de que não há critério capaz, quando aplicado, de converter a mera conjectura em uma verdade evidente e plenamente confiável. Porém, já Diógenes Laércio (A1.20) questionava essa leitura; e diversas autoridades contemporâneas rejeitam-na como anacrônica. A referência de Xenófanes aos "deuses" e a "todas as coisas" (v. 2) sugere que "todas as coisas" não quer dizer "todos os assuntos possíveis" (fosse esse o caso, não haveria razão para mencionar igualmente os deuses). Provavelmente, "todas as coisas" quer dizer "todos os constituintes do reino natural" (cf. B27: "todas as coisas <provêm> da terra..."). B34, portanto, não deve ser lido como expressão de um ceticismo universal.

As semelhanças entre a concepção de Xenófanes de um ser supremo como "uno" e "imóvel" e a concepção de Parmênides de que "o que é" é "eterno, contínuo, sem movimento e sem mudança" levaram alguns autores posteriores a conceber Xenófanes como o fundador da filosofia eleata. Assumia-se, ainda, que ele havia abraçado uma concepção precipuamente racionalista do conhecimento, isto é, que "negligenciara os sentidos em favor da razão" (cf. as caracterizações de sua posição por Arístocles e Aécio em A49). A opinião acadêmica permanece dividida entre haver ou não existido o Xenófanes eleata, mas muitos suspeitam que a associação entre Xenófanes e Parmênides baseia-se, antes, em duas observações bastante vagas de Platão (*Soph.* 242d) e Aristóteles (*Met.* I.5 986b21).

Muitas características da poesia de Xenófanes, juntamente a algumas concepções que lhe são atribuídas pelos autores antigos, quadram mal com a imagem de um filósofo que desqualificava a experiência sensível. No poema

---

[10] Diels-Kranz, seguindo H. Fränkel (*Hermes* 60 (1925) 185ss.), opta antes pelo *íden* em Sexto do que pelo *géneto* em Plutarco. Esta última leitura, contudo, foi recentemente defendida por Hussey [246] e oferece um novo grau de unidade aos comentários de Xenófanes. Nessa leitura, Xenófanes se ocuparia de negar a existência de qualquer indivíduo dotado de um conhecimento privilegiado das verdades mais profundas. As diversas interpretações de B34 são avaliadas em Lesher [189].

simpótico em B1, por exemplo, ele nos oferece uma descrição detalhada de um banquete que farta igualmente os sentidos:

> No meio, o incenso exala seu odor sacro,
> há água fresca, suave e pura.
> Fatias de louro pão jazem à mão e a mesa nobre
> está repleta de queijo e rico mel.
> No centro, um altar está coberto de flores
> e o canto e o espírito festivo tomam a casa.

Em B28, Xenófanes menciona que "o limite superior da terra é visto *(horâtai)* aqui, aos nossos pés"; em B31, descreve o sol como "... passando por sobre a terra e aquecendo-a".

Outros fragmentos reportam o interesse de Xenófanes por fenômenos em localidades distantes: a presença de água em cavernas subterrâneas; "eclipses" com duração de um mês (o desaparecimento anual do sol em altas latitudes ao norte?); erupções vulcânicas na Sicília; o fogo de Santelmo; concepções divergentes acerca dos deuses, da Trácia à Etiópia; costumes sociais diferentes, da Lídia ao Egito.

Em um dístico particularmente revelador, Xenófanes contrasta a concepção popular de Íris – o arco-íris, a deusa mensageira da religião grega tradicional – ao fenômeno meteorológico que jaz "à vista de todos":

> E a assim chamada Íris, também ela por natureza é vista
> como uma névoa púrpura, escarlate e verde-amarelada (B32).

Assim como em suas descrições desmitologizadas do mar (B30) e do sol (B31), Xenófanes aqui pretende que seja descrito e entendido o arco-íris não em termos de seu nome tradicional e sua significação mítica, mas como "uma névoa púrpura, escarlate e verde-amarelada". Nesses fragmentos, Xenófanes parece não apenas aceitar o testemunho dos sentidos como fonte legítima de conhecimento como também encorajar sua audiência a empregar seus poderes de observação para aprender mais a respeito do mundo a seu redor.

O principal ponto das observações de Xenófanes em B34, defendo, é que nenhum ser humano jamais apreendeu ou apreenderá a verdade acerca das grandes questões – os atributos dos deuses e os poderes que governam o reino natural. A lógica por trás dessa tese não parece ser oferecida em nosso texto, mas duas considerações parecem especialmente relevantes: (1) dado o contraste que Xenófanes estabelece alhures entre capacidades mortais e divinas, podemos nos assegurar de que nenhum mortal pode possuir a visão sinóptica divina de "todas as coisas"; e (2) dada a associação comum entre *saphéneia* e acesso direto a eventos e estados de coisas,[11] nossa incapacidade de observar as coisas em primeira mão impossibilita o conhecimento da verdade clara e certa *(tò saphés)* a respeito. O argumento hipotético nos versos 2 a 4 reforça essa conclusão. Ademais, a ninguém se deve atribuir uma tal visão sinóptica simplesmente por haver descrito, ou mesmo por haver predito com sucesso, eventos individuais.

Nesses ensinamentos, Xenófanes tenta estabelecer um limite superior para a busca da verdade, alertando sua audiência para o fato de que as limitações inerentes à nossa natureza humana sempre nos impedem de conhecer as verdades mais importantes. Apesar disso, em B18 e B32, ele parece encorajar a investigação de fenômenos naturais e expressar sua preferência antes pela "busca" individual do que pela confiança em revelações divinas. Devemos, pois, considerar Xenófanes não como o fundador da filosofia eleata, mas como ao mesmo tempo advogado e crítico sagaz da ciência jônica.

Heráclito

Diógenes Laércio não nos informa o título do pequeno livro que Heráclito deposita no templo de Ártemis, mas, dado o assunto de muitos fragmentos supérstites, "A verdade – e como conhecê-la" seria uma escolha apropriada. Que verdade Heráclito pretendia comunicar? Como, julgava

---

[11] Cf. Heródoto II.44, onde o conhecimento *saphés* anda de mãos dadas com a observação direta, e o contraste entre *saphéneia* e *tekmaíresthai* em Alcmeão DK 24B1.

ele, deve-se descobri-la? Até que ponto suas concepções desses tópicos representam uma nova concepção da natureza e das fontes do conhecimento humano?[12]

Evidentemente, um elemento central em sua mensagem é que "todas as coisas" estão ligadas de uma maneira importante: "sábio é, ouvindo não a mim, mas ao *lógos*, concordar que tudo é um" (DK 22 B50).

Ainda que *lógos* aqui possa ser entendido como a caracterização ou a descrição do mundo oferecida por Heráclito ("ouvindo não a mim, Heráclito, mas à caracterização que tenho para oferecer"), o fato de que *lógos* seja descrito como "comum" em B2 sugere que o termo se refere à "natureza real" ou à "estrutura profunda" das próprias coisas (cf. a referência em B45 à profundidade do *lógos* da alma).

Também parece claro que a unidade das coisas consiste, em algum sentido, na relação de tensão, contenda ou conflito entre qualidades ou entidades opostas:

> o que opõe une, e a melhor harmonia deriva de coisas que seguem em direções opostas... (B8)
> há que se perceber que a guerra é comum, que a justiça é contenda e que todas as coisas vêm a ser por meio da contenda (B80).

As maneiras pelas quais os opostos oferecem suporte um ao outro, requerem um ao outro, ou passam de um a outro com o tempo estão ligadas à atividade de uma substância específica – o fogo –, que funciona tanto como fonte a partir de que as demais coisas vêm a ser quanto como força reguladora que estabelece limites ou medidas para os processos de mudança:

---

[12] Os estudiosos oferecem respostas em larga medida divergentes a essas questões. A caracterização que apresento foca a atenção sobre as observações de Heráclito a respeito da natureza como um cosmos ativado e governado pela força do fogo/de Zeus/da contenda/da oposição. Pouco afirmo a respeito da concepção clássica de Heráclito como proponente da teoria da mudança constante, em primeiro lugar porque a considero uma distorção, introduzida por Platão e Aristóteles, das ideias de Heráclito. Para uma discussão dessa questão, cf. Kirk [233].

A totalidade das coisas é uma troca por fogo, sendo o fogo, por sua vez, uma troca por todas as coisas, da mesma maneira que os bens são uma troca por ouro e o ouro, por bens (B90).

O mundo ordenado *(kósmos)*, idêntico para todos, não foi feito por deus ou homem, antes sempre foi, é e será um fogo sempre vivo, inflamando-se segundo uma medida e extinguindo-se segundo uma medida (B30).

Duas formas de fogo especialmente visíveis e poderosas, o sol e o relâmpago, recebem o crédito por dirigir e controlar todas as mudanças naturais:

O Relâmpago dirige tudo (B64).
O sol... divide com o deus chefe e primevo a tarefa de impor limites... às mudanças e estações que trazem todas as coisas (B100).

Assim, a tese de Heráclito, ao menos em parte, é que o mundo natural deve ser visto como um *kósmos*, um âmbito ordenado em que todas as mudanças naturais são supervisionadas e dirigidas por uma inteligência cósmica nimiamente poderosa. Esse poder cósmico, o fogo (ou talvez, em termos mais modernos, a energia), se mostra como o relâmpago e a luz do sol, mas existe também na tensão abscôndita ou no conflito que une todos os opostos (cf. B65: "Heráclito chama-lhe [isto é, ao fogo] 'carência e saciedade'").

Não surpreende que o poder símil a Zeus que impõe limites a todos os processos e transformações naturais seja dito ser nimiamente sábio: "uma coisa, a única coisa sábia, quer e não quer ser chamada pelo nome de Zeus" (B32). E a sabedoria (presumivelmente, a sabedoria em nós) consiste em entender como esse poder opera: "sabedoria é uma só coisa: conhecer a inteligência <que dirige> tudo em tudo" (B41).[13]

E, na medida em que "... a alma seca é um lampejo de luz, nimiamente sábia e excelente" (B118), devemos reconhecer que a nossa alma tem alguma relação com esse poder cósmico e devemos tentar alinhar a ele os nossos pensamentos e as nossas ações.

---

[13] Assumindo-se, seguindo Marcovich [234], que *gnómen* ('inteligência') se refere antes a um ser inteligente existente do que a uma "opinião" ou a um "juízo" naquele que conhece.

Segundo Heráclito, jamais se poderia obter um *insight* tão profundo na natureza das coisas a partir dos ensinamentos das autoridades e dos *experts* reconhecidos – quer sejam de estirpe poética ou filosófica:

> O ensinamento de muitas coisas não ensina sabedoria *(nóos)*; se o fizesse, teria ensinado a Hesíodo e Pitágoras, a Xenófanes e Hecateu (B40).
> Mestre de muitos é Hesíodo – ele, asseguram-se, sabe tudo, ele que não conhecia o dia e a noite, que são um. (B57)
> Que sabedoria *(nóos)* ou inteligência *(phrḗn)* têm eles? Confiam em bardos populares e tomam a turbamulta por mestre, sem saber que 'a multidão é má e poucos são os bons' (B104).

A referência (em B50) a "ouvindo não a mim, mas ao *lógos*" sugere que devemos entender a admoestação de Heráclito em sentido universal: não se adquire uma concepção digna do nome "conhecimento" simplesmente ao se reconhecer a autoridade dos mestres, nem mesmo quando o mestre for Heráclito.

A inclusão de Xenófanes e Hecateu – pioneiros da prática de viagens de observação e coleta de evidências – na lista daqueles que provam que "o ensinamento de muitas coisas não ensina sabedoria" sugere que a investigação de tipo jônico jamais nos levará a um entendimento, em sentido próprio, do cosmos. Os fragmentos B45 ("jamais serão encontrados os limites da alma em uma viagem, ainda que se batessem todas as estradas, tão profundo é seu *lógos*") e B101 ("perquiri-me a mim mesmo") sugerem que Heráclito opta por uma "investigação" diferente daquela advogada e praticada por seus predecessores.[14]

---

[14] Essa tese é controversa. Muitos leem B35, "os homens [que são 'amantes da sabedoria'] devem investigar *(hístoras [...] eînai)* muitas coisas", como uma declaração em prol da perquirição. Porém, (1) *hístoras* significava, como nota Marcovich ([234] 26), "familiarizado com", "versado em", "conhecedor" e não designava em específico a viagem de observação e coleta de evidências dos filósofos-cientistas jônios; (2) não há fragmento ou informação antiga que sugira que Heráclito tenha jamais conduzido uma "investigação de busca de evidências"; e (3), visto que o *lógos* é comum a todas as coisas, pode ser descoberto nas situações mais corriqueiras.

Menos claros, porém, são o valor ou a importância que ele assinala à informação adquirida por meio da percepção sensível. O fragmento B55 – "prefiro as coisas de que há visão, audição, aprendizado" – é visto como testemunho do valor da experiência sensível (apesar de essa leitura ser melindrada pela inclusão do termo mais genérico "aprendizado"). Para essa leitura, o ponto da observação é: não importa o que mais seja preciso fazer para adquirir conhecimento do *lógos*, devemos buscar informação a respeito da natureza das coisas a partir das faculdades sensórias. Apesar disso, em termos estritos, o que se prefere em B55 são "*as coisas* de que" *(hóson)* há visão, audição etc., presumivelmente pessoas, lugares e objetos que povoam o âmbito natural. Preferir essas *coisas* (o que talvez se oponha a confiar na opinião dos *experts* reconhecidos) não é precisamente um testemunho do valor da experiência sensível.

Diversos fragmentos comentam quão pouco apta a uma apreensão sensível confiável é a natureza das coisas:

Olhos e ouvidos são más testemunhas para quem tem a alma bárbara (B10).
Sem compreender, ouvindo, são como surdos; testemunha-o o dito "ausentes enquanto presentes" (B34).
O pensamento é a doença sagrada, e a visão mente (B46).

Outros fragmentos, por sua vez, tornam claro que a verdade que buscamos não é uma característica perceptível no mundo:

A harmonia abscôndita é mais forte (ou: melhor) do que a óbvia (B54).
A natureza ama esconder-se (B123).

O fragmento B51 guia-nos ao longo da aquisição do conhecimento almejado:

Não entendem como, diferindo de si, concorda consigo: harmonia de contrários, como do arco e da lira.

Apreender a natureza da "harmonia de contrários" no caso do arco e da lira presumivelmente envolve entender como cada uma das partes componentes (corda e armação de madeira) contribui para que o todo opere: deve-se puxar a corda esticada contra a armação de madeira para que o arco e a lira desempenhem sua função – sem tensão antes não há resultado depois. Devemos passar pelo mesmo processo de análise se quisermos descobrir o significado pleno da realidade mais vasta. Devemos descobrir como cada uma das características contrastantes no mundo natural contribui para que o todo opere. "Entender a concordância dos opostos" requer desenvolver uma apreciação de como o mesmo fenômeno pode ter qualidades opostas segundo diferentes pontos de vista (B4, 9, 13, 37, 82, 83); como pode ter qualidades opostas para o mesmo observador segundo diferentes aspectos (B12, 49a, 58-60, 91, 103); como os opostos podem representar estágios sucessivos de um mesmo processo (B57, 88, 126); ou como essencialmente dependem um do outro (B23, 111).

A frequência com que Heráclito combina qualidades opostas em suas observações paradoxais sugere que ele elabora seu *logos* pessoal de modo a refletir nele o *logos* mais amplo, a complexa natureza abscôndita do cosmos. As referências à "voz da Sibila" (B92) e ao "deus cujo oráculo fica em Delfos" (B93) apontam para uma mesma direção: apenas aqueles capazes de, e dispostos a, pensar de maneira inteligente acerca do que veem e ouvem, que conseguem analisar um complexo nos aspectos opostos que o compõem e, a seguir, conectá-los em uma única operação, apenas esses podem ter alguma esperança de interpretar quer o *logos* de Heráclito, quer o *logos* comum a todas as coisas.

Por meio de suas notáveis observações sobre o *logos* e a *phýsis* abscôndita das coisas e sobre como ambos devem ser descobertos, Heráclito altera o foco do interesse filosófico pelo conhecimento: de uma visão convencional de sabedoria, tal como incrustada nos ensinamentos dos poetas mais célebres e de *experts* autoproclamados, de uma consciência superficial das características do mundo, disponível por meio da percepção sensível, a um entendimento teórico do cosmos tal como disponível por meio da reflexão a respeito de sua natureza, complexa e oculta.[15]

---

[15] Pode-se argumentar que uma distinção entre o que parece ser o caso e o que realmente está acontecendo deveria ser óbvia a muitos dos primeiros pensadores, mas Heráclito é ainda o primeiro pensador de que temos notícia a traçar uma distinção entre estar familiarizado com as qualidades perceptíveis de um objeto e entender a sua verdadeira natureza.

Parmênides

Em algum momento nas primeiras décadas do século V a.C., Parmênides compôs um poema cuja forma e cujo conteúdo alteraram fundamentalmente o decurso do pensamento filosófico grego. Apesar de enormes dificuldades interpretativas em praticamente todos os fragmentos supérstites da obra, podem-se identificar pelo menos três características que a distinguem das discussões filosóficas pregressas: (1) o elevado nível de abstração com o qual Parmênides discute a natureza d'"o que é" ou d'"o existente" *(tò eón)*; (2) a maneira ordenada pela qual se distingue e avalia cada modo possível de pensar "o que é"; e (3) o grau de rigor com o qual Parmênides estabelece cada atributo d'"o que é".

Parmênides escolheu prefaciar a caracterização principal com um proêmio (DK 28 B1), cujas qualidades são de grande importância para o entendimento do significado da caracterização exposta nos fragmentos subsequentes.[16] A deusa torna claro no proêmio que a educação do jovem se efetuará segundo duas partes distintas. Ele aprenderá

> tanto o coração inabalável da mui persuasiva verdade
> como as crenças mortais em que não há verdadeira confiabilidade
> (B1.29-30).

As ideias intimamente ligadas de persuasão e confiabilidade aparecerão em diversas ocasiões ao longo da caracterização principal: a via "afirmativa" de pensar "o que é" é identificada como "a via da persuasão" (B2.4); a "força da confiabilidade" não permitirá que nada venha a ser a partir d'"o que é" (B8.12); o vir-a-ser e o perecer são afastados por "confiabilidade veraz" (B8.27-28); e "aqui encerro a minha confiável caracterização acerca da verdade" (B8.50). O "coração inabalável" prometido ao jovem em B1 corresponde

---

[16] Praticamente nenhum aspecto do poema de Parmênides está isento de controvérsias textuais ou interpretativas. A caracterização aqui apresentada tenta tornar o proêmio e as seções sobre a *dóxa* consistentes com as doutrinas apresentadas em B2-8. Diversas abordagens de Parmênides são apresentadas e criticadas em Tarán [276]; Mourelatos [309]; KRS; Gallop [272]; e Coxon [270].

igualmente ao caráter inabalável d'"o que é" tal como se revelará ser (B8.4). Ademais, a região a que se alça o jovem é tão remota de qualquer região do mundo conhecido que se encontra além até mesmo das distinções comuns: "eis os portões das vias da Noite e do Dia... e os próprios portões etéreos abundam em grandes portas" (B1.11,13). Visto que Noite e Dia são subsequentemente identificados aos fundamentos de todas as distinções efetuadas pelos mortais (B8.53-59, 9.1-4), essa característica do proêmio parece antecipar a caracterização parmenídica d'"o que é" como uma única unidade indiferenciada. Em resumo, a "mui persuasiva verdade" prometida pela deusa pode tão somente ser a caracterização parmenídica d'"o que é" como um todo eterno, indivisível, imóvel e imutável.

Não obstante, duas características óbvias do mundo fenomênico – a luz e a escuridão – figuram de modo igualmente proeminente no proêmio. Fala-se das Helíades ou "Filhas do Sol", que escoltam o jovem em sua jornada, e de uma jornada da Mansão da Noite até a luz. Esses detalhes são frequentemente lidos como representações simbólicas do fato de que o jovem está prestes a passar por uma experiência intelectual iluminadora – uma transição da escuridão filosófica à luz. Porém, tanto a gramática como o sentido da expressão "à luz" ligam-na antes às Filhas do Sol, que acabaram de deixar a Mansão da Noite, do que ao jovem.

Tais referências à luz do sol são naturalmente lidas como antecipações do papel central desempenhado pelo sol na caracterização cosmológica apresentada em B8.56, 9.1-3, 10.2-3 e 12.1-2.[17] Por exemplo, ao concluir suas observações preliminares, a deusa prediz:

> Não obstante, deves aprender também essas coisas, como devem certificadamente ser as coisas que se pensa ser, tudo permeando tudo (B1.31-32).

---

[17] Segundo Teofrasto (*Sens.* 1ss.), Parmênides também tenta dar conta da sensação e do pensamento em termos de uma mistura do quente (ligado ao sol) e do frio. B16 afirma que "assim como todos têm uma mistura dos mui divagantes membros, de igual maneira o *nóos* lhes é presente..." Para uma discussão, cf. Vlastos [321] e Laks, neste volume, p. 328.

Em B9.3-4, afirma-se que o "todo" deve ser entendido em termos dos poderes da luz e da noite, permeando-se uns aos outros por completo:

> Tudo está cheio igualmente de luz e de noite invisível,
> de ambos por igual, pois nada deixa de tomar parte nelas.

Em resumo, diversos traços do proêmio sugerem que ao jovem se ensinará a "mui persuasiva" caracterização d'"o que é" junto a uma caracterização do mundo natural "em que não há confiabilidade veraz".[18]

Parmênides jamais explica a contento em que precisamente consiste o conhecimento ou por que o conhecimento mortal existente não está à altura dos elevados padrões que estabelece, mas alguns fragmentos fornecem dicas possivelmente úteis.

Como vimos, a descoberta do modo correto de se falar *(légein)* e pensar *(noeîn)*[19] a respeito d'"o que é" está associada à aquisição de completa convicção ou persuasão. Preencher essa condição é algo ligado aos diversos argumentos apresentados em B8 para estabelecer que "o que é" não pode vir a ser, perecer, admitir divisão ou submeter-se a mudança ou desenvolvimento, argumentos esses que Parmênides trata como "muitos sinais" *(sḗmata)*:

> (...) ainda falta a caracterização
> de que é; e nessa via há muitos sinais

---

[18] Isso é especialmente verdadeiro se (como proposto por Bicknell [484]), atribuirmos B10, com suas muitas referências ao sol, à lua, às estrelas e ao éter, antes ao proêmio do que à caracterização principal.

[19] Sugere-se, por vezes, que *nóos* e *noeîn* devem ser entendidos, no poema de Parmênides, como uma forma intuitiva de consciência muito mais próxima do conhecimento, do reconhecimento e da familiaridade do que com qualquer processo de pensamento discursivo (Coxon [270] 174; Mourelatos [309] 68-70; e outros). Em B2.2, contudo, Parmênides se refere às "rotas de investigação que há (ou: que estão disponíveis) para *noêsai*" e, visto que uma das duas vias – a via negativa – é descrita como "além de todo conhecimento", jamais poderia "estar disponível para o *conhecimento*". Ademais, o *nóos* pode errar, como fica claro em B6.4-6. Com efeito, sem a mínima possibilidade de um *nóos* ou de uma *nóesis* errôneos, seria difícil entender por que a deusa avisaria o jovem em B7.2 a afastar seu *nóema* da via negativa de investigação. Aquela que julgo ser a concepção correta é defendida por Tarán [276] 80-81 e Barnes [14] 158-159.

de que "o que é" é não gerado e imperecível,
inteiriço, constante e completo... (B8.1-4)

Por contraste, não se pode nem conhecer "o que não é" *(tò m è eón)* nem torná-lo conhecido a outros:

A outra (via) – de que não é, e com propriedade não é –
que exprimo (phrázo) é uma senda além de todo conhecimento,
pois não podes nem conhecer (ouk àn gnoíes) o que não é, por impossível,
nem o exprimir (phrásais) (B2.5-8).

A justificativa por trás dessas alegações aparentemente decorre da impossibilidade de qualquer conjunto paralelo de *sémata* para "o que não é". Já que "o que não é" em nenhum sentido pode ser dito ser (cf. B7.1: "isto jamais deve ser o caso: que seja o que não é"), carece de características identificáveis ou ensináveis que possam definir a sua natureza e permitir a aquisição e a transmissão de conhecimento a seu respeito.[20] Ademais, B7 sustenta que o jovem deve descobrir a verdade a respeito d'"o que é" resistindo ao testemunho dos olhos, dos ouvidos e da língua (isto é, da fala), baseando seu pensamento antes no "teste mui disputado" *(polýderin élenkhon)* das vias possíveis de pensamento a respeito d'"o que é" apresentadas pela deusa:

Tu, refreia teu pensamento nessa via de perquirição
e impede que o hábito te force, nessa via de muita experiência,
a aplicar olho sem foco, ouvido ecoante
e língua, antes julga pelo discurso (lógoi) o teste mui disputado
que te reporto (B7.2-6).

Enquanto o *lógos* em que o jovem deve basear sua decisão é mais provavelmente o "discurso" da deusa – a série de argumentos apresentados em B8

---

[20] Cf. a discussão à larga desse ponto em Mourelatos [309].

– do que uma "faculdade racional",[21] alçar-se à cognição d'"o que é" é, de qualquer modo, questão de resistir ao empuxo das experiências costumeiras e examinar os argumentos (apresentados em B8) contra o vir-a-ser, o perecer, a divisibilidade, o movimento, a mudança e o desenvolvimento.

Em resumo: a via "afirmativa" de pensar e falar a respeito d'"o que é" representa o conhecimento prometido ao jovem pela deusa na medida em que mostra que "é" é a única via verdadeira, verdadeiramente digna de crédito e, portanto, completamente persuasiva de pensar e falar a respeito d'"o que é". Sob certos aspectos, essa maneira de pensar acerca do conhecimento não causaria espécie àqueles que ouvissem os versos de Parmênides, como se se tratasse de uma ideia completamente peculiar: os mesmos elementos em um processo de testes, a fala veraz, os sinais identificadores e a obtenção de uma convicção plena já figuravam de modo proeminente nos mais célebres momentos de descoberta da literatura grega[22] (seria mesmo difícil imaginar um jeito melhor de demonstrar que o jovem adquire conhecimento a respeito d'"o que é" do que mostrar que sua apreensão da natureza do ser exibe todas as marcas distintivas do conhecimento). Quando, porém, a deusa alega que ele deve adquirir conhecimento d'"o que é" por meio de um processo de investigação, sem fazer uso da informação fornecida pelos sentidos, lança mão de uma recompensa nova e extremamente influente para o argumento racional e a reflexão.[23]

Estando agora completa sua caracterização de como se deve pensar "o que é", a deusa anuncia:

> Aqui encerro meu discurso digno de crédito (pistòn lógon) e o pensamento acerca da verdade. Aprende doravante as opiniões mortais (dóxas broteías) dando ouvidos à enganadora ordem (kósmon apatelón) de minhas palavras (B8.50-52).

---

[21] Guthrie [15] 419-424 argumenta que a primeira ocorrência de *lógos* com o significado inconteste de "razão" não se dá senão um século depois de Parmênides.
[22] As cenas na *Odisseia* (XXIII.107ss. e XXIV.324ss.) em que Odisseu é reconhecido, primeiro por Penélope, depois por Laerte. Os diversos pontos de correspondência são discutidos em Lesher [494].
[23] Mais notavelmente em Platão (cf. *Fédon* 66, *Resp.* VI 490 e VII 533-534).

Ela passa imediatamente a explicar que os mortais erram ao distinguir fogo (ou luz) e noite escura como opostos completamente separados e independentes (B8.53-59). A opinião erudita permanece profundamente dividida acerca do significado a se atribuir a essa instrução da deusa na "seção da *dóxa*". Segundo alguns, a teoria proposta nesse fragmento não é parmenídica, mas um compósito de concepções então defendidas por outros filósofos. Outros, porém, julgam que a *dóxa* representa as próprias concepções de Parmênides, mas apenas enquanto segunda melhor explicação para a caracterização recém-apresentada. Outros, ainda, creem que Parmênides fornece a seus discípulos uma caracterização cosmológica que julga completamente falsa, talvez como maneira de predispô-los contra o apelo de tais discursos, como B8.60-61 sugere:

> Todo este arranjo anuncio-te como plausível
> para que a opinião mortal não te seduza.

Quando, no entanto, a deusa caracteriza "todo este arranjo" como "plausível" *(eoikóta)*, não pode estar se referindo às recém-mencionadas concepções errôneas dos mortais – pois a concepção deles não é de modo algum plausível (cf. B8.54: "eis onde eles se desencaminham"). O "arranjo plausível" só pode ser a cosmologia baseada na combinação de luz e noite a ser apresentada em B9-12, 14 e 15. Aqui, penso, é difícil supor que Parmênides não se comprometa de algum modo com a verdade e a cognoscibilidade das concepções que descreve. Em B10, por exemplo, a deusa descreve o exercício de instrução cosmológica em termos que inequivocamente conotam *conhecimento*:

> Deves conhecer (eísei) não só a natureza (phýsin) do éter como também
> todos os sinais (sémata) no éter...
> Deves aprender (peúsei) os notáveis feitos da lua de olho redondo,
> assim como a sua natureza (phýsin)... (B10.1-2, 4-5).

Além disso, quando a deusa explica (em B9) que "tudo está cheio igualmente de luz e de noite invisível... pois nada deixa de tomar parte nelas", fala como quem conhece plenamente as lições acerca d'"o que é" apresentadas em B2-8. Há, pois, razão para se conceber a caracterização proposta como uma cosmologia crível, purgada dos erros que infectam o pensamento mortal pregresso, uma cosmologia totalmente consistente com a concepção d'"o que é" desenvolvida nos fragmentos B2-8.[24]

Evidentemente, não haveria implicação de falsidade em sua caracterização do "arranjo" como *eoikóta* ("provável" ou "plausível"). Formas dessa expressão são usadas pelos filósofos, de Xenofonte a Platão, para se referir a uma caracterização proposta como verdadeira ainda que não se a possa conhecer com plena certeza.[25] E muito embora "desprovido de verdadeira confiabilidade" seja rotineiramente equacionado com "falso",[26] "desprovido de verdadeira confiabilidade" em B1.30 contrasta apenas com uma caracterização que exibe "o coração da verdade mui persuasiva". Evidentemente, é possível considerar uma asserção como verdadeira e menos do que "mui persuasiva". Nem mesmo o caráter enganoso do arranjo das palavras da deusa *(kósmon emôn epéon apatelón)* deve ser tomado como declaração de sua falsidade (com efeito, uma caracterização patentemente falsa do cosmos dificilmente enganaria alguém).[27] Em vez disso, "enganoso" aqui em B8 é o correlato de "desprovido de verdadeira confiabilidade" em B1.30: ambos significam que nenhuma caracterização do cosmos, nem mesmo aquela ora proposta por Parmênides, é digna de total confiança – como, por outro lado, o é a caracterização recém-apresentada d'"o que é", aquela em que a "verdadeira confiabilidade" afasta o vir-a-ser e o perecer (B8.28-

---

[24] Para uma abordagem em larga medida semelhante à cosmologia de Parmênides, cf. Graham, neste volume, p. 232. Para uma interpretação diferente, cf. Sedley, neste volume, p. 179.

[25] Cf. Xenófanes B35: "sejam essas coisas aceitas como semelhantes *(eoikóta)* às realidades"; e o uso que Platão faz da expressão *eikóta mýthon* ("história plausível") em *Timeu* 29d, 49c e alhures.

[26] Por KRS, Barnes [14] e Long [304], entre outros.

[27] *Apatelós* não significa "falso", mas "enganoso" ou "enganador". Como Simplício explica, "(...) ele chama essa caracterização de 'plausível' *(doxastón)* e 'enganosa' *(apatelón)*, querendo com isso dizer não que seja simplesmente falsa *(pseudê haplôs)*, mas que o perceptível está fora da verdade inteligível, incidindo sob a aparência e a opinião" (A34).

30). Temos alguma garantia, portanto, para considerar a distinção entre as duas fases de instrução da deusa, com a correspondente distinção entre "verdadeira confiabilidade" e mera "plausibilidade", como uma tentativa de demarcar duas formas distintas de conhecimento. Visto que a primeira delas diz respeito a um conjunto de proposições cuja verdade pode ser provada por meio do uso da argumentação lógica, ao passo que a segunda foca a natureza das coisas com que nos deparamos por meio das experiências sensíveis, a caracterização de Parmênides pode ser descrita em termos mais modernos como uma tentativa pioneira de se distinguir entre conhecimento *a priori* e conhecimento empírico.

Empédocles

Na geração seguinte à de Parmênides, Empédocles compôs um poema[28] em que convida sua "mui lembrada Musa" a "vir dirigindo sua bem estribada carruagem desde o lugar de reverência" (DK 31 B3) e "mostrar-se como um bom *lógos* dos bem-aventurados deuses" (B131). Se esses versos ainda não identificam o poema de Empédocles como uma resposta direta a Parmênides, B17.26 elimina quaisquer dúvidas: "tu, escuta a jornada de uma caracterização não enganadora" *(lógou stólon ouk apatēlón)*. Se Parmênides negava a possibilidade de uma convicção inabalável no que diz respeito à natureza das coisas no âmbito físico, Empédocles dá a seu discípulo Pausânias a ordem de "conhecer *(ísthi)* estas coisas com clareza *(torôs* – 'penetrantemente'), tendo ouvido o relato de um deus" (B23.11). Central para a filosofia de Empédocles é a concepção de que o cosmos consiste de quatro elementos indestrutíveis e incriados (água, terra, fogo e ar) mais duas forças alternantes (Amor e Contenda), com

---

[28] Considero o *Perì phýseōs* ou *Sobre a natureza* obra distinta dos *Katharmoí* ou *Purificações*. A concepção de que são dois poemas distintos é defendida por Wright [358] e Kingsley [105], entre outros. Osborne [364], Inwood [357] e McKirahan [10] argumentam, segundo me parece, de maneira inconclusiva, que ambos os poemas fazem parte de uma só obra.

tudo o mais resultando da combinação e da separação desses elementos em proporções variadas. Assim, se não há vir-a-ser ou perecer em sentido absoluto (por razões muito semelhantes àquelas apresentadas por Parmênides), pode-se, no entanto, entender como os corpos individuais (compostos) podem ser criados ou destruídos, mover-se ou passar por mudança qualitativa.

Empédocles também se exprime em termos parmenídicos padrão quando insta seus discípulos a

> conhecer (gnôthi) os itens confiáveis (pistómata) a que a nossa Musa admoesta, dividindo o discurso (lógoio) em suas junturas (B4.2-3)

e a meditar "fundamente em seus órgãos de pensamento":

> pois se, empurrando-as [minhas palavras/ideias] fundamente em teus lotados órgãos de pensamento, observá-las de maneira gentil, com meditações puras, absolutamente todas ser-te-ão presentes ao longo de tua vida (B110.1-3).

Isso suscita uma questão óbvia: como pode Empédocles supor que sua caracterização de um cosmos físico complexo e em mudança ofereceria a Pausânias um entendimento confiável se Parmênides negara a possibilidade de se atingir uma caracterização completamente confiável de tais objetos?

A resposta, penso, reside na asserção de Parmênides (em DK 28 B16) de que o *nóos* dos mortais varia segundo a mistura *(krâsis)* ou a condição física de seus "membros" ou órgãos sensórios divagantes (cf. p. 327). Já que, segundo a caracterização de Empédocles, todos os corpos emitem e recebem "eflúvios" *(apórroiai)* (cf. DK 31 B89 e 90), nossa constituição física parece determinada em grau considerável pela(s) natureza(s) das coisas que existem ao nosso redor. Assim, se Parmênides tem razão em ligar o pensamento às condições somáticas (e, como vimos, tanto os poetas como os filósofos afirmam que os mortais "pensam aquilo com que se deparam"), podemos concluir com igual justeza que o nosso pensamento é determinado pelas coisas que nos são "presentes":

(...) a inteligência (mêtis) se desenvolve conforme o que está presente aos homens (B106).

na mesma medida em que se tornam diferentes em natureza, igualmente sempre se lhes apresentam diferentes coisas em pensamento (B108).[29]

E precisamente porque o pensamento é moldado pelas circunstâncias, devemos exercitar o bom juízo com respeito às coisas particulares "com que nos deparamos", incluídas aí as mensagens que os demais possam querer nos transmitir:

> estratagemas estreitos se espalham por seus membros,
> mas muitas coisas ruins intervêm e distorcem suas meditações... (B2.1-2).

> a partir dessas [palavras/ideias] adquirirás muitas outras, pois elas crescerão
> para formar o caráter, segundo a natureza *(phýsis)* de cada qual.
> Se, porém, buscares algo diferente, tal como a miríade
> de coisas ruins que distorcem as meditações dos homens,
> essas [palavras/ideias] abandonar-te-ão rapidamente... (B110.4-8).

Para Empédocles, portanto, a excelência no pensamento – o grau em que os indivíduos podem adquirir "riqueza em seus órgãos de pensamento" – depende da medida em que a "mistura de ideias" corresponde às próprias realidades (mais precisamente, à "razão" ou *lógos* particular de mistura no composto, que define a natureza específica desse algo).[30]

---

[29] Como Teofrasto explica (*Sens.* 10, A86), a identificação entre o pensamento e o sangue efetuada por Empédocles (B105) pode ser entendida desta maneira: "é por isso que pensamos especialmente bem com o sangue, pois nele todos os elementos estão especialmente bem misturados".

[30] Para a identificação entre a natureza de uma coisa e o *lógos* da mistura de seus elementos efetuada por Empédocles, cf. Aristóteles, *De an.* I.4 408a13-23 e *Met.* I.9 993a15-24 (A78).

Além disso, como Teofrasto o exprime, Empédocles faz da percepção sensível "um resultado do semelhante":

> Pela terra vemos a terra, pela água, a água;
> pelo éter, o éter luminoso; pelo fogo, o fogo chamejante;
> o amor pelo amor e a contenda pela nociva contenda (B109).

Talvez como consequência da identidade de material, há uma simetria entre os eflúvios e os poros nos órgãos de sentido que os recebem (o que explica por que uma faculdade sensível é incapaz de perceber as qualidades detectadas pelas outras).[31] A agudeza de percepção, como a agudeza de pensamento, é caracterizada em termos da correspondência entre as misturas nas coisas e as misturas no percipiente (Teofrasto, *Sens.* 11). Em resumo, Empédocles caracteriza a percepção sensível e o pensamento ligando ambos os processos à estrutura racional *(lógos)* e à natureza *(phýsis)* das próprias coisas. Quando combinadas à concepção comum de que os nossos pensamentos são moldados pelas condições físicas, tais considerações fornecem a Empédocles excelentes razões para oferecer o prospecto de um conhecimento completamente confiável do mundo natural.

Três traços da caracterização da cognição em Empédocles têm especial importância para o pensamento grego posterior a respeito do conhecimento. Primeira, enquanto muitos dos primeiros pensadores parecem assumir que em algum sentido "o semelhante conhece o semelhante", Empédocles assere esse mesmo princípio em termos de um isomorfismo entre a mente cognoscente e seu objeto, ideia que ganha relevo nas teorias apresentadas por Platão[32] e Aristóteles.[33]

---

[31] Teofrasto, *Sens.* 1 (A86). Para uma discussão detalhada das caracterizações do pensamento e da percepção sensível em Empédocles, cf. Verdenius [498], Long [366] e Wright [358].
[32] Cf. *Fédon* 79d; *Timeu* 47b, 90a-e; *Resp.* VI 510c.
[33] Cf. *De an.* III.5 429a; *EN* VI.1 1139a.

Segunda, para Empédocles, assim como, em alguma medida, para Heráclito e Parmênides antes dele, o conhecimento consiste da apreensão da natureza *(phýsis)* e da estrutura racional *(lógos)* de uma coisa.³⁴ O conceito de *phýsis* desempenha papel-chave na transição do mundo da antiga crença comum para a filosofia e a ciência.³⁵ Quando usada em conexão com fenômenos individuais, *phýsis* designa

> (...) o bloco de características estáveis por meio de que podemos reconhecer aquela coisa e antecipar os limites no interior dos quais pode atuar sobre outras coisas e receber a ação delas.³⁶

Quando, porém, usada em conexão com o cosmos como um todo, *phýsis* permite aos primeiros filósofos gregos pensar a respeito do mundo físico em sua inteireza, quer como uma substância primordial de que originalmente vêm a ser todas as coisas existentes, quer como um elemento ou conjunto de elementos básicos que representa, em última análise, o que todas as coisas realmente são.

O conceito de "natureza", "natureza essencial" ou "o que é" de uma coisa desempenha papel fundamental nas caracterizações clássicas do conhecimento. Em diversas ocasiões nos diálogos de juventude de Platão, Sócrates afirmará como princípio geral que primeiro devemos descobrir a natureza essencial de uma coisa seu *tí estin* ou "o que é" para então tentar determinar que outras características ela pode possuir.³⁷ Tanto Platão

---

³⁴ Cf. *katà phýsin* em Heráclito DK 22 B1.4-5 e *phýsis* em Parmênides DK 28 B10. Parmênides jamais assere que "o que é" *(tò eón)* tem uma *phýsis* – quase certamente porque, como B8.10 o assere, "o que é" jamais poderá "brotar" *(ph n)*. Porém, ele claramente pensa que "o que é" tem uma natureza fixa e definível (cf. B8.4: "todo, de um só tipo, inabalável e completo"). Empédocles evidentemente concorda com Parmênides quando, em DK 31 B8, considera *phýsis* um mero nome dado pelos homens às coisas, mas, em B110, descreve o processo de aprendizagem como a formação "do caráter, segundo a *phýsis* em cada qual".

³⁵ Vlastos, *Plato's Universe* (cf. a n. 7) 19.

³⁶ Vlastos, *ibid.*

³⁷ Cf. Platão, *Górg.* 501a; *Laques* 190d; *Cármides* 176b; *Prot.* 360-361; *Mênon* 71b, 80d e 100b-c; *Lísis* 223b; *Hípias maior* 304d8-e2; e *Resp.* I 354a-b.

como Aristóteles caracterizarão o conhecimento no sentido mais básico do termo como um jeito de apreender em pensamento a natureza essencial ou *tí estin* de uma coisa.[38] Essa ênfase na apreensão da natureza de algo também explica a frequência com que "oferecer um *lógos* ou uma caracterização" figura em diversas definições propostas de conhecimento,[39] visto que ser capaz de explicar "o que algo é" é mui plausivelmente considerado condição necessária para ser dito conhecer o que esse algo é.

Terceira, como fica claro a partir da instrução a Pausânias em B3, Empédocles aceita a possibilidade de uma apreensão completamente confiável da verdade a partir de uma variegada gama de fontes diferentes:

Considera de toda maneira como cada coisa é clara,
nem considerando que qualquer visão tem mais confiabilidade *(pístei)* que a audição,
ou que os ecos da audição têm mais confiabilidade que as clarezas da língua,
nem reprimindo a confiabilidade dos demais membros, que oferecem
uma passagem *(póros)* para o pensamento *(noêsai)*: considera, antes, cada coisa
[da maneira como é clara. (B3.4-8)

De fato, cada concepção do conhecimento defendida pelos primeiros pensadores encontra lugar na caracterização oferecida por Empédocles: como os pesquisadores jônios, Empédocles propõe-se a investigar as causas e princípios das coisas cuja existência descobrimos por meio da percepção sensível; como Heráclito, Empédocles considera o conhecimento como a apreensão em pensamento do *lógos* e da *phýsis* das coisas;

---

[38] Cf. Platão, *Banquete* 211c; *Resp.* VII 520c; *Tht.* 175e; *Crat.* 440a. Quanto a Aristóteles, cf. *Met.* VII.1 1028a36-37: "julgamos que conhecemos cada coisa mais plenamente antes quando conhecemos o que <ela> é *(tí estin)*, por exemplo, o que o homem é, o que o fogo é, do que quando conhecemos uma sua qualidade, sua quantidade ou seu lugar".

[39] Cf. Platão, *Mênon* 98a; *Resp.* VI 510c; *Tht.* 201d ss.; Aristóteles, *An. post.* II.8-10.

como Parmênides, sustenta que a pura meditação e a análise reflexiva do *lógos* permitem a aquisição de indicadores completamente confiáveis de verdade. Ao articular a ideia de uma pluralidade de fontes de conhecimento, Empédocles igualmente antecipa a concepção altamente pluralista de conhecimento apresentada por Aristóteles em *Met.* I, *An. post.* II.19 e *Ethica nicomachea* VI.

12 Alma, sensação e pensamento

André Laks

Alma, sensação e pensamento: a cada um desses temas poderia ser devotado um capítulo em separado. No entanto, à parte considerações de espaço, há uma razão para explorá-los juntos, pois essas três noções são em algum sentido correlatas. É em certos aspectos dessa correlação que me concentro. A primeira parte deste capítulo é dedicada à alma e à relação desta com os outros dois termos. A segunda parte volta-se especificamente para a relação entre o pensamento e os sentidos. Visto que importantes aspectos dessa última questão tangenciam a epistemologia, é inevitável que coincidam com a contribuição de J. H. Lesher a este volume (capítulo 11). Tento, porém, chamar atenção para problemas antes "fisiológicos" do que epistemológicos. Essa ênfase pode não ser por demais artificial porque, como veremos, indaga-se se o interesse dos primeiros filósofos gregos pela relação entre o pensamento e os sentidos não é antes primariamente fisiológico do que epistemológico, em um sentido do termo "fisiológico" ainda por ser expresso.

A ALMA

Aristóteles, criticando a tripartição platônica da alma *(psykhé)* na *República*, mas seguindo algumas indicações presentes no *Timeu*,[1] distingue quatro funções psíquicas: nutritiva, sensória, locomotora e intelectual (*De an.* II.2 413a21ss.). Que a alma faça a digestão e mesmo que seja fonte de movimento soa estranho para nós, mas estamos familiarizados com a concepção de que perceba e pense. Essas funções encontram-se ainda na caracterização

---

[1] Como mostrado por Solmsen [497] 160-164.

cartesiana da alma.² Para os primeiros pensadores gregos, por outro lado, tal ideia estava longe de ser óbvia. Eles podiam falar em faculdades cognitivas sem fazer referência à alma. O poema físico de Empédocles é um notável exemplo disso. Embora contenha um dos mais elaborados tratamentos dos mecanismos perceptuais e dos processos de pensamento encontrados nos primórdios do pensamento grego, Empédocles não faz referência à *psykhḗ*. Pode ser que esse termo, na medida em que soava muito ligado à "respiração" (isto é, à "respiração vivificante"),³ não fosse especialmente adequado às concepções de Empédocles: em contraste com muitos autores, Empédocles referia a forma mais bem-acabada de vida intelectual não à secura, mas a um certo tipo de umidade, a saber, o sangue (DK 31 B105).⁴ A alma é marginalizada também em Anaxágoras. Embora este autor eleve o "intelecto" *(noûs)* ao *status* de princípio mais elevado, emprega *psykhḗ* no sentido homérico tradicional de "vida": em B12, "tudo o que tem *psykhḗ*" significa apenas "todos os seres vivos". O mesmo é o caso para a única ocorrência da palavra em Empédocles, no poema religioso *Katharmoí* ('Purificações'): B138, no contexto de um sacrifício ritual, fala em "extrair a vida *(psykhḗ)* com bronze".

Esse estado de coisas é mais provavelmente o traço, com certo grau de sofisticação filosófica, da dissociação original entre a alma, concebida como princípio vital, e toda a gama de funções que estamos acostumados a chamar de psicológicas, tais como sentimentos, paixões e processos cognitivos. Embora o ser humano homérico possa possuir mais unidade do que a célebre teoria de B. Snell permitiria,⁵ ainda é verdade que *psykhḗ* não era para Homero o princípio dessa unidade, mas um de seus elementos constitutivos, o elemento vital.

---

2   Descartes, *Segunda Meditação*: "O que é uma coisa que pensa? Uma coisa que duvida, conhece, afirma, nega, quer, não quer, imagina e tem percepções sensórias" *("Qu'est-ce qu'une chose qui pense? C'est-à-dire une chose qui doute, qui conçoit, qui affirme, qui nie, qui veut, qui ne veut pas, qui imagine aussi, et qui sent")*.
3   Para os aspectos semânticos da história da palavra *psykhḗ*, cf. Jouanna [493].
4   Cf. a seguir, p. 335.
5   Cf. Snell [128], com críticas de T. Jahn, *Zum Wortfeld 'Seele-Geist' in der Sprache Homers* (München, 1987).

Ao longo do século V a.C., contudo, alma, sensação e pensamento associam-se cada vez mais intimamente. Pode-se mesmo dizer que a história dessa tríade, ao longo do período, é a história de sua constituição, a qual conduz, em última análise, a uma teoria unificada da vida psicológica.[6]

Essa unificação é o resultado de um processo complicado, no qual três campos interagem. Parece óbvio que a tradição poética, em especial a poesia lírica, aí desempenha importante papel. É nela que, pela primeira vez, a alma aparece como o principal órgão da vida emocional.[7] Além disso, os movimentos religiosos certamente contribuem em grande medida para a conceitualização de uma entidade psíquica pessoal. Pode-se dizer que o dualismo alma-corpo remonta a Homero, já que, se *psykhḗ* é vida, *sôma*, enquanto tal, é o cadáver. No entanto, o significado da oposição muda segundo a difusão da crença na transmigração das almas, cuja importância para os séculos VI e V a.C. está além de qualquer dúvida.[8] A assimilação, nos círculos órficos, do corpo comparado ao sepulcro da alma virá de cabeça para baixo os valores homéricos. A alma, longe de padecer uma privação absoluta ao deixar o corpo, apenas então dá início à sua vida verdadeira. É difícil saber se *psykhḗ* é usada para se referir ao "si-mesmo" imortal nos círculos pitagóricos,[9] mas é significativo que Empédocles evite usar o termos nesse sentido não apenas em seu poema físico, mas também em suas *Purificações*, apesar do *background* órfico e pitagórico de sua obra.[10] *Psykhḗ*, nesse poema, não significa mais do que vida, como vimos. A noção de um si-mesmo é expressa por meio do termo *daímon* (literalmente, "divindade"). Assim, quando Demócrito identifica a alma com o *hábitat* do bom ou mau *daímon* de alguém (DK 68 B171), parece invocar uma versão secular da extraordinária promoção espiritual do velho "sopro vital" nos albores das considerações religiosas dos cultos de salvação.

---

[6] Claus [486], a quem devo o título desta seção.
[7] Jarcho [492].
[8] Burkert [201] 120-165. Cf. Huffman, neste volume, p.120.
[9] Huffman [198] 330.
[10] Cf. Riedweg [367].

A filosofia por certo desempenha igualmente um papel nessa evolução, papel esse que, contudo, é difícil de avaliar.[11] Aristóteles reporta que Tales atribuía alma ao ímã, que move o ferro,[12] e Anaxímenes provavelmente identifica a alma a seu primeiro princípio, o ar, podendo destarte alegar que a alma governa o universo da mesma maneira que nos governa (DK 13 B2).[13] Há diversas indicações de que os desenvolvimentos posteriores do conceito de alma são moldados por duas exigências que vão em direções potencialmente opostas. De um lado, a tarefa de unir funções psíquicas; de outro, a de diferenciá-las. Se Filolau B13 é genuíno,[14] reflete algum tipo de estágio intermediário: a alma, localizada no coração, é reconhecida como o órgão sensório, sendo que a inteligência é mantida à parte e localizada no cérebro. Todavia, uma geração depois, em Diógenes de Apolônia e Demócrito, a integração chega a seu estágio final. O ar, para Diógenes, e os átomos esféricos, para Demócrito, são tanto o material que constitui a alma e o centro sensório e intelectivo de cognição.[15] A expressão cuidadosa de Teofrasto em sua apresentação da doutrina de Diógenes (*Sens.* 39) sugere que essa abrangência é proposital: "Diógenes liga *também* as sensações ao ar, como igualmente o faz com a vida e o pensamento". Anaxímenes identificara a *psykhé*, no sentido homérico de vida, com o ar, e o ar era provavelmente responsável pelo que chamamos de pensamento, visto governar o universo de Anaxímenes. Agora o ar é responsável também pelas sensações. A próxima questão certamente será como diferenciar sensação e pensamento. Diógenes invoca a qualidade do ar (apenas o ar seco e puro pode pensar), Demócrito invoca a localização (o cérebro pensa).[16] Esse tipo de critério não convence Aristóteles de que a diferença esteja estabelecida.

---

[11] Cf. Furley [489].
[12] *De an.* I.2 405a19-21 = DK 11 A22. A assimilação de "tudo está cheio de deuses" a "existe alma em tudo" é explicitamente apresentada por Aristóteles como uma conjectura (*De an.* I.5 411a7).
[13] O fragmento é por vezes considerado inautêntico, traindo influências posteriores (Diógenes de Apolônia ou os estoicos). Para uma discussão, cf. Wöhrle [188] 63-64.
[14] Como Huffman [198] 307-314 o sugere.
[15] Aécio IV.3.5 (= DK 68 A102) e IV.8 (cf. IV.2), cf. Aristóteles *De an.* I.2 404a5.
[16] A informação a respeito de Diógenes encontra-se em Teofrasto (*Sens.* 44), que, no entanto, não é de grande ajuda no que diz respeito a Demócrito (58); cf., a seguir, p. 332s. Sobre a função do cérebro para Demócrito, cf. Sassi [421] 73ss. contra Bicknell [410].

O novo *status* de órgão central de vida, emoção e processos cognitivos conferido à alma redimensiona as concepções correntes a respeito da relação entre alma e corpo. Dois textos são aqui importantes. O autor do tratado médico *Sobre a dieta*, ao tratar dos sonhos, enfatiza a autonomia da alma em exercício de suas funções corpóreas:

> Quando o corpo está desperto, a alma é sua serva, nunca sua própria senhora, antes divide sua atenção entre muitas coisas, dedicando uma parte de si a cada faculdade do corpo – audição, visão, toque, deambulação, atividades de todo o corpo... Mas quando o corpo está em descanso, a alma, posta em movimento e desperta, habita como seu próprio lar as partes do corpo e por si só realiza todas as atividades dele. Pois o corpo, quando adormecido, não tem percepção, mas a alma, quando desperta, tem conhecimento de todas as coisas – vê o que é visível, ouve o que é audível, anda, toca sente dor, pondera (IV.86).

Essa autonomia fisiológica encontra sua contraparte moral em Demócrito, que considera a alma responsável pelo estado do corpo:

> Se o corpo levar a alma a juízo, acusando-a de toda dor e de todo sofrimento que teve em vida, e ele [Demócrito] for o juiz do caso, com prazer julgará a alma culpada dos crimes de arruinar o corpo por negligência, dissolvê-lo com a embriaguez, corrompê-lo e destruí-lo por indulgência com os prazeres, assim como quem usa uma ferramenta ou um equipamento em más condições é considerado responsável por seu uso imprudente (DK 68 B159).[17]

Ainda que seja impossível decidir se a comparação acima pertence ao autor da citação (Plutarco) ou a Demócrito, é óbvio que estamos aqui muito próximos da doutrina socrática e que o abrangente conceito de alma que encontramos em Platão e Aristóteles já está em larga medida disponível.

---

[17] Como traduzido por Kahn [416].

Que papel tem Heráclito nesse desenvolvimento? Ocorrências do termo *psykhé* são notavelmente frequentes em seus fragmentos,[18] fato que obviamente revela seu agudo interesse pela alma. Em pelo menos alguns casos, a alma aparece como um órgão de controle, como em B117 ("um homem quando bêbado é conduzido por um jovem ainda impúbere, tropeça e não sabe aonde vai, pois tem sua alma úmida"), ou é a fonte da vida psicológica, em pelo menos uma leitura (o texto é disputado) de B85 ("é difícil lutar contra o ódio *(thymós)*, pois sua compra é efetuada ao preço de uma alma").

Devemos, contudo, precaver-nos. Assim como no que diz respeito a diversos outros fenômenos, a ênfase de Heráclito parece repousar menos sobre o governo da alma do que sobre sua paradoxal identidade. Seu interesse *específico* pela alma é melhor explicado, sugiro, pelo fato de que a *psykhé* – a nossa *psykhé* – tem o privilégio de *sentir* a tensão universal entre opostos nos muitos fenômenos que a exibem. Segundo B77, para a alma seca (a vida, isto é) o prazer psíquico consiste em tornar-se úmida, experimentando assim a própria morte, visto que a umidade destrói a secura ("para a alma é prazer ou morte tornar-se úmida"). Seja como for, as declarações de Heráclito a respeito da alma parecem antes *pressupor* que ela exerça algum tipo de função controladora do que contribuir para estabelecer uma tal concepção. Pode ser significativo que Heráclito não ofereça nenhuma teoria fisiológica a respeito dos mecanismos cognitivos e outras funções vitais.[19] Apesar disso, o processo duplo de diferenciação e unificação por que passa a alma nesse período dificilmente ocorreria sem a emergência de teorias fisiológicas. É interessante contrastar Heráclito e Diógenes de Apolônia. A teoria de Diógenes repousa sobre a mesma oposição que encontramos em Heráclito entre seco e úmido. Para ele, porém, isso significa oferecer uma caracterização extremamente

---

[18] DK 22 B12, 36, 45, 67a, 77, 85, 98, 107, 115, 117, 118, bem como todo um conjunto de fragmentos em que o termo parece implicado com diversos graus de probabilidade (B26, 88, 136, A16). Cf. Nussbaum [256].

[19] Cf. as críticas de Claus [486] e Schofield [261] às interpretações cosmo-fisiológicas dos fragmentos a respeito de *psykhé*, representadas, por exemplo, por Mansfeld [255]. Para discussão adicional da caracterização de *psykhé* em Heráclito, cf. Hussey, neste volume, p. 156.

detalhada de como o ar seco e os fluidos vitais (o sangue em primeiro lugar) são responsáveis pela totalidade das funções fisiológicas – não apenas os sentidos e o pensamento, mas também a nutrição, o sono, a respiração e a digestão. Nada do tipo é encontrado em Heráclito. Essa é provavelmente a razão pela qual o *De Sensibus* (*Sobre os sentidos*) de Teofrasto, que inclui uma caracterização detalhada da teoria de Diógenes (43-45) não tem nada a dizer sobre Heráclito.

A questão acerca do papel de Heráclito no desenvolvimento de uma psicologia unificada suscita a questão do *tipo* de interesse que os primeiros filósofos gregos tinham pelas diversas funções psicológicas, quer cognitivas, quer vitais. Essa questão é crucial para a discussão das primeiras concepções a respeito do pensamento e dos sentidos.

Distinguindo entre sentidos e mente

Em seu tratado *Sobre a alma*, Aristóteles alega que os antigos *(hoì arkhaîoi)* consideravam a sensação e o pensamento idênticos (*De an.* III.3 427a21-22). Uma versão contextualizada do mesmo veredito aparece em *Met.* IV.5 1009b12-15: "Visto assumirem que sensação é pensamento e que a primeira consiste em uma alteração, alegam que a aparência sensória é necessariamente verdadeira". Na sentença seguinte, Aristóteles nomeia Empédocles, Demócrito e, "por assim dizer, todos" antes de aduzir evidências – quer da premissa, quer da conclusão – de Empédocles, de Parmênides, de Anaxágoras e de um conjunto anônimo de pensadores que partem de um verso de Homero para dar suporte a suas concepções. Vale a pena dar uma olhada nessas evidências.[20]

(a) "Um apoftegma de Anaxágoras lembra a alguns de seus amigos que as coisas são para eles como por eles são supostas ser." Aristóteles

---

[20] Tomo-os na ordem inversa da apresentação que deles faz Aristóteles, deixando de lado o grupo de pensadores anônimos, que suscita problemas por demais intrincados para serem abordados aqui. Para um estudo completo (incluindo a questão da ordem), cf. Mansfeld [40].

baseia-se aqui antes na tradição oral do que no tratado de Anaxágoras. O apoftegma não menciona os sentidos e a anedota diz respeito a'"o que aparece *aos amigos de Anaxágoras*" – o que, por certo, não implica que Anaxágoras tome o que parece ser verdadeiro como se fosse realmente verdadeiro, antes ao contrário. Todos esses traços sugerem que Aristóteles não encontra nos escritos de Anaxágoras nada que dê suporte à concepção que quer atribuir a ele.

(b) Deve-se ser igualmente prudente ao interpretar Parmênides e Empédocles. Parmênides B16 sustenta:

> Assim como em cada momento sucede à composição dos mui errantes membros, de igual modo a mente está presente aos homens, pois é-lhes, a todos e a cada qual, o mesmo o que pensa e a substância de seus membros: aquilo de que mais há é o pensamento.[21]

O fragmento não se refere aos sentidos, antes, como Teofrasto assinala (*Sens*. 3), à cognição em geral *(gnôsis)*; diz respeito aos pensamentos dos mortais *(nóos, nóema, phroneîn)*, caracterizados por sua instabilidade. Os versos, que provavelmente provêm da segunda parte do poema, não representam as concepções de Parmênides acerca do correto pensar, o que é, no mínimo, tão importante para as concepções de alguém a respeito do pensar como para as concepções desse mesmo alguém a respeito do (errôneo) pensamento cotidiano. No que tange a Empédocles, veremos que Aristóteles pode ter razões melhores para atribuir-lhe, mais do que a Parmênides,[22] a concepção de que a percepção sensível e o pensamento são idênticos, ainda que as passagens a que se refira, B106 e B108, basicamente descrevam como o pensamento humano varia (deve-se apontar que ao menos em B106 essa variação é positiva, não negativa):

---

[21] O texto e o significado do fragmento são muito disputados. Para referências e uma tentativa de entender *tò pléon* no último verso como "o que há de pleno" (não "o que há de mais" ou "o que prevalece"), cf. Laks [301].

[22] Cf. a seguir, p. 338, 341s.

Na medida em que eles [=os elementos] mudam em sua natureza, nessa mesma medida os pensamentos *(tò phroneîn)* se lhes apresentam mudados (DK 31 B108).
Pois a inteligência *(mêtis)* se desenvolve segundo o que está presente (B106).

A complexa estratégia de Aristóteles em *Met.* IV, assim como em todo o restante do livro, tem suas raízes no *Teeteto* de Platão ("conhecimento é sensação" é a primeira tese a ser analisada no diálogo). Isso não pode ser analisado aqui, mas deve ser óbvio que o valor histórico dessas observações não pode ser depreendido imediatamente do texto, o que é confirmado pela abordagem do mesmo tópico por Teofrasto em seu tratado *Sobre os sentidos*. É verdade que, em certa medida, Teofrasto dá suporte às alegações de Aristóteles. É, porém, notavelmente mais cuidadoso que seu mestre: não atribui a tese de identidade aos "antigos" em geral, mas apenas a Parmênides e Empédocles. Além disso, sua abordagem desses autores é mais nuançada que a de Aristóteles. A nuance pode ser sutil no caso de Parmênides: em *Sens.* 4, a frase "pois ele [Parmênides] fala a respeito de sensação e pensamento como se fossem idênticos", seguindo a citação de B16, é introduzida como justificativa para o fato de que Parmênides fale a respeito do pensamento em termos de sua instabilidade (em vez de algo que *não* varia, como deve ser pressuposto do ponto de vista peripatético). A frase não assere, *stricto sensu*, que Parmênides toma a cognição intelectual como idêntica à sensação. Sua referência a Empédocles é ainda mais reveladora: "o pensamento ocorre em virtude do semelhante; a ignorância, em virtude do diferente – e ele [Empédocles] dá a entender que o pensamento é idêntico ou muito semelhante à sensação" (*Sens.* 10). Primeiro, o pensamento é oposto à ignorância, referindo-se, pois, ao pensamento verdadeiro ou conhecimento, não ao pensamento em geral, o que incluiria o pensamento falso. Segundo, a razão aduzida para se assumir que conhecimento e sensação são o mesmo torna claro que o que é idêntico não são o conhecimento e a sensação, mas o princípio de explicação de cada qual. A ideia é que sensação e pensamento ocorrem ambos em virtude do que é semelhante *(hómoion)* e a ausência de cada qual, em virtude do que é diferente/contrário.²³ Terceiro, o "idêntico" de Aristóteles é corrigido pela adição de "ou muito semelhante", fórmula que permite certa diferenciação. Por fim, Teofrasto também deixa claro que a sentença aristotélica deve ser lida como algo que decorre do que afirma Empédocles, não como algo que Empédocles afirme textualmente.²⁴ Assim, embora a frase de Teofrasto lembre a frase de Aristóteles, as implicações de cada qual são diferentes.

Isso é importante. Não apenas Teofrasto não incorre em generalizações, ele também está sempre disposto, ao longo de todo o seu tratado, a chamar a atenção para a presença de uma distinção explícita entre sensação e conhecimento nos autores de que trata. Assim, tipicamente devota uma seção especial ao "pensamento", como nos casos de Empédocles (10), Diógenes de Apolônia (44) e Demócrito (58). Elogia Alcmeão por oferecer um critério que torna possível distinguir animais que possuem apenas sensação e seres humanos, que possuem sensação e entendimento (25). Temos também a preciosa indicação, embora indireta, de que Clidemo alegava que, entre os sentidos, "apenas os ouvidos não distinguem por si mesmos, antes transmitem à mente" (38). Parece óbvio que o discípulo mais fiel de Aristóteles deva ter pensado que Aristóteles tenha no mínimo exagerado. A doxografia de Teofrasto mostra que os "antigos" efetuavam o tipo de distinção que Aristóteles previamente lhes negara (cf. p. 327).

Fragmentos e testemunhos de outras fontes confirmam esse fato. Filolau B13 (cf. p. 324), Xenófanes B34 e diversos fragmentos de Heráclito (DK 28 B1, 17, 34, 56, 72) tomam a consideração intelectual como possuidora de características distintivas. Demócrito notoriamente opõe dois tipos de cognição *(gnóme)*, uma que consiste em "ver, ouvir, cheirar, provar o gosto e tocar" e outra "distinta dessa" (DK 68 B11). Em uma célebre

---

²³ Sedley [378] 26-31 pensa que o princípio "semelhante conhece semelhante" em Empédocles aplica-se apenas ao pensamento (cf. DK 31 B109). Muito embora *Sobre os sentidos* faça um uso escolástico dos tradicionais dois princípios ("semelhante por semelhante"/"diferente por diferente") (para os quais cf. Müller [496]), não julgo que Teofrasto aqui represente erroneamente a doutrina de Empédocles.

²⁴ Contrastar o uso de *hôs* com *phâsi* por Teofrasto na passagem do *De anima* e de *hypolambánein* na passagem da *Metafísica*.

passagem em que emprega a prosopopeia, faz os sentidos desafiarem a mente: "Mente *(phrḗn)* desgraçada, tomas de nós as certezas e nos derrubas? Nossa derrocada é tua ruína" (B125).²⁵ Assim, há um sentido em que a distinção entre sensação e pensamento é certa. Com efeito, é de se indagar como poderia ser de outro modo. Afinal de contas, parte do programa filosófico dos primeiros filósofos gregos consistia em ir além das evidências dos sentidos. O próprio Aristóteles se mostra muito confiante, em outras passagens, em que a distinção seja fundamental ao menos para alguns desses primeiros filósofos, sobretudo Parmênides, pois afirma, na *Metafísica*, que, além de admitir um princípio único "segundo a razão", Parmênides reconhece dois princípios "segundo a sensação" (I.5 986b27) e, no tratado *De generatione et corruptione*, referindo-se claramente aos eleatas, escreve que "alguns dos filósofos mais antigos... foram levados a transcender a percepção sensível e a desconsiderá-la com base no princípio de que se deve seguir a razão" (I.8 325a13).²⁶

Por que Aristóteles sustenta duas posições diferentes acerca de Parmênides e se estaria preparado para encontrar semelhante dualidade entre sensação e pensamento em outros pensadores são questões que vão além do escopo deste capítulo. Apesar disso, assumindo a existência de uma distinção entre sensação e pensamento, devemos nos indagar em que consiste essa distinção.

Já destaquei o interesse de Teofrasto em apontar a distinção nas obras que lê, mas suas indicações acerca da natureza dessa distinção são, na melhor das hipóteses, esboços e, em alguns casos, não menos enganadoras que a concepção universalizante de Aristóteles, mais pelo que Teofrasto omite do que pelo que afirma.

Algumas diferenças funcionais devem ser indicadas. Alcmeão usa o termo para "entendimento" *(syníemi)*, o que sugere algum tipo de distinção funcional entre a percepção (que é partilhada por todos os animais) e o *insight* intelectual, distintivamente humano. (*Sens*.25). Em Empédocles

---

²⁵ Sobre Xenófanes e Heráclito, cf. Lesher, neste volume, p. 298-306 e Lesher [494] 13, 20-23. Sobre Demócrito, cf. Taylor, neste volume, p. 263-264.
²⁶ Encontramos o mesmo tipo de abordagem em Teofrasto, fr. 227 FHSG.

a oposição é entre o *insight* fragmentário da percepção sensível e o *insight* sintético por meio do pensamento, que por vezes é sinestético.[27] O argumento de Diógenes é interessantemente ambíguo. O pensamento é distinguido da percepção sensível, mas, em primeiro lugar, a distinção é antes material que funcional. Diógenes afirma que pensamos "graças ao puro ar", quando a distribuição desse ar pelo corpo todo não é impedida por diversos fatores bloqueadores (44). Ademais, o testemunho de Teofrasto fortemente sugere que Diógenes pensa o *noûs* como o órgão último de percepção, já que, com vistas a provar que o "ar interno" é o órgão de percepção, aduz evidências do fato de que "frequentemente, quando o *noûs* se dirige a esses objetos (quando pensamos em algo), nem vemos nem temos qualquer sensação" (43). Se estou certo, Diógenes estende para a audição, se não para todos os sentidos, o esquema visual de Clidemo (Xenófanes já afirmara que o *noûs* divino vê e ouve, DK 21 B24). Se é assim, a distinção entre percepção sensível e pensamento em Diógenes corre o risco de evaporar-se, embora de algum modo se possa considerar que Diógenes faça um avanço real, pois antecipa a distinção, formulada no *Teeteto* de Platão, entre os órgãos sensíveis *por meio de que* percebemos e o centro da sensação, que percebe (184c). A diferença, é claro, é que Diógenes não hesita em chamar esse centro de *noûs*, ao passo que Platão o chama de *psykhé*, deixando espaço para o *noûs* enquanto faculdade distinta.

Em outros casos, porém, o testemunho de Teofrasto, ou antes a falta de, é desconcertante. Já notamos que Teofrasto partilha da estratégia aristotélica de ater-se à segunda (e "falsa") parte do poema de Parmênides e omitir toda menção às observações desse autor sobre o pensamento e a cognição na primeira (e "verdadeira") parte. Seu procedimento ao lidar com Demócrito é igualmente estranho, pois a única sentença devotada à explicação do pensamento por Demócrito, embora difícil, mostra que Teofrasto não pretende oferecer uma caracterização funcional do que é o pensamento, como provavelmente poderia (e, assim sendo, deveria) fazer: "sobre o tópico do

---

[27] Cf. DK 31 B3, p. 337 a seguir.

pensamento, <Demócrito> nada afirma a não ser que o pensamento ocorre quando a alma atinge o equilíbrio após o movimento;[28] mas se a pessoa se esquenta muito ou muito se resfria, ele afirma que muda" (58). Ainda mais desconcertante é a sua atitude frente a Anaxágoras. Anaxágoras é *o* filósofo que postula a pureza do intelecto *(noûs)*, e Teofrasto deve ter conhecido a teoria de Anaxágoras de que "por causa da fraqueza dos nossos sentidos não podemos julgar a verdade" (DK 59 B21).

Assim, em razão de todos os seus escrúpulos e de toda a sua precisão, o tratado de Teofrasto não nos dá a impressão de lidar adequadamente com as diferenças entre os sentidos e o pensamento. Pode-se argumentar que, visto que estava escrevendo uma obra *Sobre os sentidos*, a distinção entre os sentidos e o pensamento não era senão incidental a seus propósitos. Ainda assim, dado que está à cata de evidências dessa distinção entre os primeiros filósofos gregos, o quadro resultante parece estranhamente distorcido. Isso se deve *apenas* às falhas de Teofrasto? Não poderia ser o caso, embora a distinção lhes fosse vital, de que os primeiros filósofos gregos *não* delimitassem com clareza uma linha separadora entre um e outro – clareza, isto é, segundo os critérios parmenídicos, para não mencionar os nossos?

Neste ponto parece apropriado recorrer ao que é conhecido como a "concepção desenvolvimentista" das teorias cognitivas e da terminologia cognitiva nos primórdios da filosofia grega. Há, *grosso modo*, dois grandes componentes dessa concepção:

(a) O conhecimento, em Homero, é em seu todo "perceptivo" e, em última análise, intuitivo.

(b) Apesar da crescente importância do *noûs* como meio de acessar a "verdade" ou de ir além das aparências, as concepções dos primeiros filósofos gregos acerca do pensamento (e do conhecimento) têm pesadas dívidas para com o modelo homérico de conhecimento intuitivo e, por assim dizer, permanecem sob seus encantos.

---

[28] Para uma defesa do texto transmitido *(metà tèn kínesin)*, cf. Sassi [421] 187ss. Com a correção usual *(katà tèn krâsin)*, o texto reza: "Quando a alma atinge o equilíbrio em sua mistura".

Embora essa concepção não alegue que o conhecimento é equivalente à percepção (ou antes porque não o faça), apenas que é em última análise pensado segundo o modelo da percepção, pode ser vista como o equivalente moderno da velha tese peripatética da identidade entre pensamento e percepção sensível na filosofia pregressa. Haveria algo mais?

A concepção desenvolvimentista foi recentemente submetida a cuidadosas críticas por parte de J. H. Lesher.[29] Segundo Lesher, não apenas os primeiros filósofos gregos não identificavam pensamento e percepção sensível (a tese aristotélica) como também não concebiam o pensamento segundo o modelo da percepção sensível (a concepção desenvolvimentista). Em vez disso, julgavam que o pensamento era fundamentalmente *reflexivo*, propriedade que não é partilhada pela percepção sensível.

A melhor evidência de uma tal concepção é oferecida por Parmênides B8, em que o processo de "pensar o que é" se resume a uma série de processos inferenciais que Lesher compara ao reconhecimento de Odisseu por Penélope em Homero (cf. p. 311). Identificar o que é Odisseu e reconhecê-lo pelo que ele é não são questões de percepção ou *quasi*-percepção sensível, mas de um teste meticuloso dos sinais e de seguir o curso de um argumento.

É mais difícil de lidar com outros textos citados por Lesher (como Heráclito B93 e B101), mas é possível esboçar, de maneira geral, as bases de uma concepção não intuitiva do conhecimento e do pensamento a partir da função cósmica ou universal que as entidades intelectuais desempenham nos primórdios do pensamento grego. A "mente sagrada" de Empédocles, que se distende pelo universo (DK 31 B134.4), o "intelecto" de Xenófanes, Anaxágoras e Diógenes de Apolônia, assim como a "razão" *(lógos)* de Heráclito são melhor pensados como poderes deliberativos, organizadores e estruturadores do que como capacidades intuitivas. Deve-se, porém, usar de precaução aqui. Não se deve cometer um erro simétrico ao de Aristóteles, generalizando a partir de um *corpus* relativamente pequeno de evidências. Mesmo os testemunhos mais sugestivos em favor da concepção reflexiva ou *dianoética* do pensamento são, em sua maioria, implícitos.

---

[29] Lesher [494].

Extrair de partes de um argumento (como no caso de Parmênides B8) ou do papel explicitamente atribuído ao pensamento (como no caso do "intelecto" de Anaxágoras) conclusões a respeito das concepções do que é o pensamento segundo certo autor é muito diferente de interpretar declarações explícitas acerca do que é o pensamento. Ademais, há razões para duvidar se a *atividade* do pensamento era objeto de preocupação: é significativo, por exemplo, que, quando Empédocles afirma que o pensamento é sangue, identifique o pensamento à sua *localização*,[30] como se o "em que consistisse o pensamento" fosse pressuposto. Assim, pode ser o caso que aparentes bons candidatos para uma concepção "dianoética" dos processos de pensamento coexistam com o, ou acabem mesmo se encaixando no, molde "intuitivo" ou "noético". Afinal de contas, a diferença entre *diánoia* e *noûs* não é articulada antes de Platão.

A questão específica sobre como os primeiros filósofos gregos concebem a relação entre sensação e pensamento suscita o mesmo tipo de dificuldade que a questão acerca da natureza do pensamento. Mais uma vez a evidência explícita é escassa. Que pelo menos um filósofo tenha explorado essa relação é certo, pois Platão, no *Fédon*, se refere a tais teorias como típicas do interesse desses primeiros pensadores:

> Será que é com o sangue que pensamos, com o ar ou com o fogo? Ou com nenhum desses, mas com o cérebro, que provê os sentidos da audição, da visão e do olfato, que dá origem à memória, à opinião e, quando a memória e a opinião adquirem estabilidade, ao conhecimento? (96a-b)

É curioso, no entanto, que a nossa principal evidência direta neste tópico seja negativa, visto provir de Parmênides e Heráclito,[31] o que, contudo, não é o mesmo que dizer que não seja interessante. Ao contrário, tais testemunhos

---

[30] Cf. Long [366] 268.
[31] Lesher argumenta convincentemente em prol do compromisso de Xenófanes com a observação empírica (cf. p. 300, neste volume), mas isso é questão de reconstrução, e a questão do empirismo vai muito além da questão da relação entre sensação e pensamento (muito embora ambas as questões estejam obviamente relacionadas).

nos dão base para pensar que até mesmo pensadores antiempíricos podem "salvar os sentidos" de um modo que os torna muito mais importantes do que se suporia de início.

Tome-se, primeiro, Parmênides B7.3-6:

> Não deixa nem o costume de muita experiência forçar-te a seguir esta via
> nem o olho despropositado, o ouvido ecoante
> ou a língua, antes julga pelo discurso o teste muito disputado
> por mim exposto.[32]

Apesar das aparências, penso que é um erro afirmar (como é muitas vezes o caso) que Parmênides *rejeite* os sentidos. É verdade que os sentidos não podem contribuir para o conhecimento da verdade, mas o que a deusa de Parmênides promete é o ensino das opiniões mortais juntamente com o conhecimento da verdade (B1, B10). Ora, isso certamente implica o exercício correto de certa percepção sensível. Deve-se destacar que B7 menciona a percepção sensível.[33] Muito embora os dois termos *akoé* e *glôssa* impliquem entendimento e fala, em vez de sensação, a ligação de *akoé* a *ómma* deve fazer referência à visão e à audição. Contudo, o que fazer com os epítetos *áskopon* e *ekhéessan*? A maioria dos intérpretes assume que sua função é definicional. Segundo essa concepção, os olhos e os ouvidos são por natureza "despropositados" e "ocos" (literalmente, "ecoantes"); mas algo pode ser dito em prol de uma interpretação mais restritiva. Parmênides aqui não está simplesmente rejeitando o uso dos sentidos, antes o faz apenas na medida em que são "despropositados" e "ocos", isto é, apenas na medida em que contribuem para o hábito profundamente entranhado ligado ao conhecimento por experiência (*éthos... polýpeiron*).[34]

Tendo dito isso, podemos estar certos de que Parmênides não explica o que é o uso positivo, "focado", do olho (como olhar, por exemplo, de modo

---

[32] Trad. por Lesher [494] 24.
[33] Para dúvidas a respeito, cf. Mansfeld [40].
[34] Essa interpretação pode receber apoio se se ler *lógoi* não como "razão", mas simplesmente como "argumento" (Lesher [494] 24 n. 46 e, neste volume, p. 310ss.).

adequado para as errâncias da lua), ou o que é o "pleno" uso dos ouvidos (como ouvir racionalmente o discurso humano). Nesse ponto, está muito próximo de Heráclito B107 ("más testemunhas são os olhos e ouvidos dos homens, se têm almas bárbaras")[35] ou B55 ("tudo o de que a vista e os ouvidos são aprendizado é o que prefiro").[36] Ambos os fragmentos implicam que, sob certas condições (de sabedoria ou introspecção), os sentidos podem ser "boas testemunhas". Empédocles pensava o mesmo, pois insta seu discípulo Pausânias a exercer a percepção sensível de modo pleno, a única maneira de os sentidos transcenderem sua condição fragmentária e ajudarem a alcançar a apreensão sintética que Empédocles faz ser a marca distintiva do pensamento:

> Observa com toda faculdade de que modo cada coisa é clara, sem considerar que qualquer visão tem mais confiabilidade que a audição ou que os ecos da audição têm mais confiabilidade que as sutilezas da língua e sem reprimir a confiabilidade das demais partes do corpo, através das quais há um canal para o entendimento: entende, antes, cada coisa do modo como é clara (DK 31 B3).

A FISIOLOGIA DA SENSAÇÃO E DO PENSAMENTO

Grosso modo, pode-se dizer que, em contraste com as questões epistemológicas que abordamos, estamos consideravelmente bem informados, graças principalmente ao tratado *Sobre os sentidos* de Teofrasto, sobre como a sensação e o pensamento funcionam fisiologicamente. Há uma tendência a se opor um interesse puramente fisiológico a outro mais nobre, mais filosófico, que presumivelmente se ocuparia daquelas

---

[35] Como a palavra *bárbaros* em grego significa "aquele que não fala grego", a palavra "bárbaro" no fragmento de Heráclito é comumente lida como se implicasse que as almas em questão "não entendem a linguagem dos sentidos". Isso parece duvidoso, mas cf. Hussey, neste volume, p. 141ss.

[36] Adotando a leitura da sentença proposta por Mansfeld [12], vol. 1, 254, que deve ser a correta.

mesmas questões epistemológicas tão esquivas na evidência supérstite. Esse desequilíbrio em nossas fontes entre considerações epistemológicas e fisiológicas pode ser em parte devido aos percalços da transmissão; inclino-me, no entanto, a pensar que há algo de autêntico nele, visto que, seguindo o uso da palavra *physiológoi* por Platão e Aristóteles, redefinimos o que o termo "fisiologia" significa quando aplicado aos primeiros filósofos gregos.

Com base na detalhada apresentação de Teofrasto, pode-se ver que, pelo menos a partir de Empédocles, doutrinas a respeito da percepção sensível tendem a opor-se em terreno comum. Em razão de suas diferenças, operam com um conjunto relativamente fechado de dados, crenças e questões. Isso é especialmente claro no caso da visão, a qual, como era de se esperar, chama muita atenção: no que diz respeito à cognição, é o sentido mais importante (junto com a audição), sendo o olho uma das partes estética e emocionalmente mais valiosas do corpo. Praticamente todas as teorias têm algo a dizer acerca da função das substâncias aquosas na superfície do olho (Teofrasto, *Sens.* 7, 26, 50) ou acerca da imagem do objeto refletida na pupila (Teofrasto, *Sens.* 36, 40, 50). Há um padrão típico notável na apresentação geral das teorias. Teofrasto informa que, em Empédocles, Anaxágoras e Diógenes de Apolônia, a explicação de como atuam os diferentes sentidos é seguida por uma seção dedicada às diferenças de cada qual em acuidade, tanto na espécie humana como nas demais espécies, incluída aí a humana (8, 11, 29, 40, 50, 56). Por que certos indivíduos, ou certas espécies animais, veem melhor à noite do que durante o dia também faz parte do *menu* (8, 27, 42), assim como o faz o tópico da relação entre a percepção, de um lado, e o prazer e a dor, de outro.[37]

Apesar das profundas discordâncias entre as explicações, os *tipos* de explicação também revelam um conjunto de preocupações relativamente homogêneas.

A sensação em si jamais é tomada como um problema. É, antes, algo como uma capacidade dada, quer seja atribuída aos princípios elementares (como em Empédocles e Diógenes), quer a um órgão em específico (como

---

[37] Há razões para pensar que é Empédocles quem estabelece essa agenda.

em Demócrito). O que deve ser explicado, em primeiro lugar, é a maneira como o objeto percebido chega ao órgão percipiente. Daí a dupla ênfase no que pode ser chamado de "topologia": as primeiras doutrinas gregas acerca dos sentidos são, em larga medida, histórias a respeito de viagens, travessias e chegadas.

O próprio objeto não penetra os órgãos, antes os atinge apenas por delegação. Correspondentemente, o esquema clássico é o das "emanações" de Empédocles, talvez antevistas já em Parmênides.[38] É significativo que as *imagens* de Demócrito, comumente chamadas de *eídola*, podem ser igualmente chamadas de emanações (cf., em especial, 50, 51). Uma particularidade da teoria de Demócrito em que Teofrasto insiste (50-53) é que não são as próprias imagens que atingem o olho. O que chega aos olhos são "impressões" *(týpoi)* que as imagens provenientes do objeto, assim como as nossas próprias emanações, imprimem no ar intermédio (51). A razão para se adotar um esquema assim intrincado deve ser facilitar a explicação de deformações perceptuais, assim como, quiçá, da percepção de distâncias. Segundo o célebre testemunho de Aristóteles acerca da teoria da visão em Demócrito, se o céu estivesse vazio de ar, veríamos uma formiga no domo celeste (*De an.* II.7 419a15-17).[39] No que diz respeito ao transporte, é mais difícil compreender quais eram as concepções de Anaxágoras e Diógenes de Apolônia, mas o ponto de Anaxágoras ao adotar a concepção comum segundo a qual a imagem do objeto se reflete na pupila (27, cf. 36) pode ser uma instância particular do princípio de que "o que aparece é visão do invisível" (DK 59 B21a). Nesse caso, algum tipo de transporte deve ter ocorrido, visto que a imagem no olho está lá. E quando Diógenes alega, muito estranhamente, que a imagem no olho deve "misturar-se" ao ar interno para que a percepção ocorra (4), quer com isso dizer que a própria imagem deve atingir o olho.

---

[38] Essa é pelo menos uma explicação possível para porque a cognição requer alguma *symmetría* (Teofrasto, *Sens.* 3, passagem a ser comparada com as críticas à teoria de Empédocles em 15).

[39] A caracterização da visão por Demócrito é muito discutida. Cf. K. von Fritz, "Demokrits Theorie des Sehens" em seus *Grundprobleme der Geschichte der antiken Wissenschaft* (Berlim, 1971) 594-622 e O'Brien [419].

A contraparte desse interesse por emanações é a atenção dispensada às "passagens" (chamadas *póroi* por Empédocles). Há muitas delas. Em primeiro lugar, há passagens constitutivas dos órgãos dos sentidos – sendo as orelhas e as narinas suas instâncias mais óbvias. Como, porém, o olho é penetrado? Empédocles descreve como "passagens" de terra e fogo se alternam na superfície do olho, de modo a que ele possa receber o que é brilhante e o que é escuro (Teofrasto, *Sens.* 7). Demócrito invoca a "plenitude" e a "vacuidade" para explicar como a "imagem" penetra o olho (50, 54). Alcmeão (talvez) e Clidemo (certamente) mencionam a sua natureza "diáfana" (26, 38). Além do olho, a passagem deve estar livre e o canal deve estar cavado em linha reta, sem matéria grudenta ou sangue (Demócrito, 50, cf. 55, 56; Diógenes, 40). Se a língua, em Diógenes, é o órgão mais sensitivo ao gosto e ao prazer (em grego, são a mesma palavra: h*edon*ḗ), é porque constitui o ponto para o qual confluem os vasos provenientes de todo o restante do corpo (43). Por outro lado, se os peixes e as crianças pequenas são estúpidos, isso se deve ao fato de o ar não conseguir se disseminar: no caso dos peixes, porque sua pele é muito compacta; no das crianças, porque ainda há muito da umidade original bloqueando os canais (44, 45). As passagens podem ser diminutas, até mesmo invisíveis. Empédocles sustenta que respiramos através da pele (DK 31 B100); Demócrito defende que os sons penetram por todo o corpo, não apenas pelos ouvidos (55).

A função-chave das passagens para as primeiras teorias gregas acerca da percepção pode explicar o estatuto paradoxal do toque. Aristóteles assinala no tratado *De sensu* que os primeiros pensadores gregos, proeminentemente representados por Demócrito, promoveram o tato a princípio de explicação dos demais sentidos (442a29). Teofrasto concorda no caso de Demócrito (*Sens.* 55) e afirma, a respeito de Empédocles, que a adaptação às passagens é um tipo de toque (15, cf. 7). Não há dúvidas de que essa análise reflete em parte a doutrina peripatética de que toda sensação, inclusive o tato, opera por intermédio de um *meio*.[40] Por outro lado, o tato é notavelmente negligenciado nas primeiras teorias gregas. Anaxágoras é a exceção. Teofrasto pensa que vale a pena reportar a opinião dele, visto desempenhar um papel no

---

[40] Cherniss [34] 314-316.

estabelecimento, contrariamente a muitos outros pensadores, do princípio de que a sensação ocorre por intermédio de opostos (28, cf. 2),[41] mas insiste que os outros pensadores não têm quase nada a dizer a respeito do tato. Esse silêncio é extremamente revelador. Se o tato não requer, via de regra, considerações independentes, é porque não implica nenhum tipo de travessia. Nesse sentido, a observação de Aristóteles se justifica. O toque, ao menos potencialmente, é antes um *explanans* do que um *explanandum*.

Não surpreende, pois, que o interesse pelos sentidos específicos decresça proporcionalmente à sua proximidade com o tato. O tato requer atenção apenas se a distância for reintroduzida por meio da admissão de um órgão central e, portanto, de uma distribuição interna, como em Alcmeão (25) e Diógenes de Apolônia (43). Por outro lado, Empédocles (9), Anaxágoras (28) e Demócrito (72) não têm nada de distintivo a dizer a respeito. Já quanto ao olfato, esse sentido pressupõe uma distância, a qual, porém, é suprimida pela respiração. A isso se resume a explicação padrão ao se afirmar que o olfato se dá "junto com a respiração" (Empédocles, 9, 22; Alcmeão, 25). Se isso é verdade, podemos nos sentir tentados a concluir que, se a visão e a audição são os sentidos mais interessantes, não é apenas porque sejam epistemologicamente ricos e fisiologicamente complexos, mas também porque é necessário mais trabalho para explicar como o contato é possível nesses casos.

Entrar em mais detalhes nos levaria muito longe. O ponto com o qual gostaria de concluir é de natureza mais geral. Explicações topológicas certamente refletem um grande interesse fisiológico. A fisiologia, como sempre ocorre nos primórdios da filosofia grega, tem interesse filosófico, visto não poder ser separada de um conjunto de princípios gerais que são, em última análise, ontológicos em seu escopo. Empédocles e Anaxágoras, que, em certo sentido, por encarnarem a oposição entre dois tipos ideais de explicações da cognição (por meio do semelhante, por meio do oposto), são as duas figuras centrais do tratado de Teofrasto, são igualmente paradigmáticos.

---

[41] A classificação das teorias anteriores a respeito da percepção sensível proposta por Teofrasto repousa sobre uma oposição entre aqueles que explicam a sensação em termos de uma "semelhança" entre percipiente e objeto percebido e aqueles que assumem alguma "dessemelhança" ou "oposição". Sobre esse ponto, cf. Mansfeld, neste volume, p. 76.

Como qualquer outra parte da teoria de Anaxágoras, sua explicação da percepção sensível conta uma história de diferença, dominação e mesmo violência. É bem sabido que, segundo Anaxágoras, a neve, que parece ser branca, é negra, visto que feita de água (DK 59 A97). A discriminação dos sentidos é sempre unilateral, apenas revela o que predomina em um objeto. O poder discriminatório da percepção, porém, seria impossível se *nós* não fôssemos diferentes daquilo que percebemos. Essa é, por assim dizer, a expressão material da fraqueza dos sentidos, que operam na, e graças à, mistura que apenas o *noûs*, enquanto única entidade sem mistura (B12), consegue separar.[42] Se podemos distinguir o doce, é por contraste com o azedo que há em nós. As percepções serão tão mais precisas quanto mais agudo for o contraste. O que está em jogo na percepção sensível é uma certa correlação de forças (27, 37). Isso explica o papel crucial desempenhado pelo tamanho dos órgãos percipientes e, mais geralmente, dos animais na teoria de Anaxágoras. Também explica que, segundo Anaxágoras, não haja sensação que não seja dolorosa. Ainda que não o notemos em condições normais, as percepções excessivas e a necessidade de dormir mostram o dano acumulado pelo exercício dos sentidos.

Esse conjunto de características é melhor compreendido à luz da teoria de Empédocles, cuja história é em larga medida teleológica (na medida em que o Amor, na pessoa de Afrodite, age como demiurgo) e mesmo escatológica. Para Empédocles, a percepção e o pensamento são ocasiões de excelência: permitem distinções e hierarquias. Essa é a razão pela qual a seção de seu poema dedicada ao pensamento leva a uma abordagem dos dotes intelectuais e do conhecimento de habilidades[43] que parece não ter paralelo em outros pensadores. O principal tema que organiza sua análise das capacidades cognitivas, contudo, é o da fragmentação e da síntese. A travessia não é necessária apenas para o contato e, portanto, para que a percepção sensível ocorra. Ao contrário: a percepção é a única maneira de os elementos se agruparem. No processo perceptual, o encontro dos elementos é apenas temporário. Quando a água encontra a água (nisso consiste a percepção de objetos escuros)

---

[42] Sobre esse ponto, cf. Laks [394].
[43] Essa é a implicação da informação em Teofrasto, *Sens.* 10-11.

ou quando o fogo encontra o fogo (percepção de objetos claros), ar e terra são deixados de lado.⁴⁴ Desse ponto de vista, o pensamento, no qual todos os quatro elementos cooperam (pois o sangue é uma mistura harmoniosa dos quatro elementos), apenas intensifica um movimento de unificação já discernível na percepção sensível. Quer sensação, quer pensamento, todo ato cognitivo é a antecipação, dentro dos limites da vida humana, da fusão última dos elementos na unidade da Esfera divina. São atos de amor e, portanto, estão ligados ao prazer.⁴⁵

A bela correlação entre as concepções sobre o pensamento e os sentidos em Anaxágoras e Empédocles, por um lado, e a cosmovisão filosófica de ambos, por outro, são encontradas, ou pelo menos intuídas, em outros pensadores, como Diógenes de Apolônia⁴⁶ ou Demócrito, ainda que, no caso deste último, o ponto focal de seu interesse sistemático resida antes nos sensíveis (as formas atômicas) do que nos sentidos.⁴⁷ Isso é menos verdadeiro de outros pensadores em razão ou do estado das informações de que dispomos ou do tipo de filosofia que praticavam (Alcmeão, por exemplo, embora físico, deve ter tido interesses médicos).⁴⁸ O equilíbrio entre o programa científico e o interesse sistemático, mesmo nos pensadores mais preparados, é delicado. Pode-se mesmo argumentar que há, em qualquer autor, e de um autor a outro, certa tensão entre o seu projeto sistemático e a obrigação de agir de acordo com algum programa científico implícito no conjunto relativamente fechado de dados e questões a que fiz alusão acima.⁴⁹ No todo, porém, pode-se dizer que os primeiros filósofos gregos obtêm não menos sucesso na integração dos processos cognitivos à sua abordagem fisiológica do que na integração dos fenômenos cosmológicos à mesma abordagem. Isso pode ter se dado ao custo de uma consciência epistemológica mais compatível com interesses pós-socráticos ou, mais precisamente, pós-platônicos.

---

⁴⁴ Teofrasto, *Sens.* 10-11.
⁴⁵ Cf. Bollack [356], vol. 1, 263-264.
⁴⁶ Sobre o qual, cf. Laks [425].
⁴⁷ Esse aspecto do problema é aqui omitido. O leitor pode recorrer à segunda parte do tratado de Teofrasto.
⁴⁸ O problema a respeito do perfil intelectual de Alcmeão é abordado em Mansfeld [495].
⁴⁹ Isso, evidentemente, diz respeito não menos à cosmologia do que à fisiologia no sentido estrito do termo.

13 Culpabilidade, responsabilidade e causa: Filosofia, historiografia e medicina no século V a.C.

Mario Vegetti

"A ideia de que a natureza implica um nexo universal de causa e efeito torna-se *explícita* ao longo do desenvolvimento da filosofia pré-socrática": G. E. R. Lloyd.[1] "O conceito de *causa* é extraído da linguagem da medicina, como demonstra o uso que faz Tucídides do termo *próphasis*": W. Jaeger.[2] "O termo *aítion* é, desde os escritos hipocráticos, um termo padrão para 'causa', e seu correlato *aitía*... designa uma 'queixa' ou 'acusação', podendo significar, no entanto, simplesmente 'causa' ou 'explicação' desde a época de publicação do livro de Heródoto": B. Williams.[3]

Esses três notáveis estudiosos, embora distantes um do outro em suas orientações intelectuais, parecem concordar no que diz respeito ao fato de uma precisa e bem-definida noção de causalidade estar presente na filosofia, na história e na medicina do século V a.C. Essa posição é amplamente partilhada, mas precisa ser corrigida ou, pelo menos, esclarecida e formulada segundo duas perspectivas diferentes, mas complementares.

Primeiramente, como veremos, investigações lexicais sobre a noção de causalidade (*aitía*, *aítios*, *tò aítion*, *próphasis*) mostram que a reflexão teórica explícita sobre conexões causais e formas de explicação baseadas em conexões

---

[1] Lloyd [110] 49. Ele afirma claramente, no entanto (53-55), que o desenvolvimento de uma "ideia de causalidade" *enquanto tal* deve ser buscado aos historiadores e aos médicos, e enfatiza a importância moral primária (ligada à culpabilidade) de termos como *aitía/aítios*. Cf. tb. Lloyd [108] 230ss. e, sobre as origens jurídicas das discussões a respeito da responsabilidade, G. E. R. Lloyd, *Adversaries and Authorities: Investigations into Ancient Greek and Chinese Science* (Cambridge/New York, 1996) 100ss.

[2] Jaeger [102], vol. 1, 393. Jaeger insiste sobre a importância causal de *próphasis* por estar naturalmente familiarizado com o sentido jurídico/moral de *aitía*, *ibid*. 161.

[3] Williams [138] 58.

causais emerge de modo apenas gradual, e mediante considerável grau de incerteza, da imprecisão da linguagem moral, política e judicial para dar conta da culpabilidade, da responsabilidade e da imputabilidade por eventos e ações. É interessante que essa conceitualização da causalidade se desenvolva em contextos médicos, não filosóficos (considerando-se os fragmentos supérstites e descartando-se as formulações causais oferecidas por Aristóteles e doxógrafos peripatéticos).

Em segundo lugar, deve-se esclarecer que relação existe entre o desenvolvimento de uma reflexão teórica sobre a causalidade e o tipo de conexão causal que essa reflexão descreve. Por exemplo, a abordagem da noção de "causa" proposta por Aristóteles no livro II de sua *Física* não inclui uma concepção humeana da conexão causal segundo a qual uma causa é o antecedente necessário de seu efeito. Nisso ele é fiel à complexidade do pensamento do século V a.C.: tende a reproduzir, ainda que no contexto de uma teoria rigorosa, as diversificadas dimensões da causalidade que começavam a emergir de maneira mais ou menos vaga. Por outro lado, uma concepção de causa como o que é necessário e suficiente para produzir o efeito é encontrada em parte dos testemunhos médicos, prefigurando, nesse sentido, antes o estoicismo do que o aristotelismo.

O pensamento do século V a.C. carecia tanto de uma reflexão teórica explícita sobre o problema da causalidade como de uma concepção "estrita", no sentido humeano, das conexões causais. Era, porém, capaz de conceber (mais ou menos espontaneamente) certas relações entre coisas e eventos que a teoria posterior incluiria no contexto geral da causalidade. O que precisamos reconhecer é que essas relações foram descritas em termos que não os da linguagem da causalidade que analisarei neste capítulo.

Há, por exemplo, fenômenos que ocorrem "por natureza" *(phýsei)*, que dependem da regularidade da ordem natural do mundo. Essa dependência é na maioria das vezes descrita, tanto na filosofia como na medicina, como "necessidade" *(anágke)*. Por vezes, essa necessidade pode ser ligada não à regularidade natural, mas a decretos do destino e das divindades, como na famosa fala de Agamêmnon: "Não sou eu o culpado *(aítios)*, mas Zeus, a Moira e as Erínias" *(Il.* XIX.86). A necessária dependência dos eventos no plano geral do destino ocorre com frequência em Heródoto, com a expressão "tinha de ter acontecido" *(édei)*. Se a regularidade de que dependem os eventos não é nem divina nem natural, mas humana, expressa-se sempre, em especial em contextos políticos e judiciais, uma conexão com o termo mais fraco *eikós* ("plausível", "provável").

Apesar disso, essas conexões de dependência entre coisas, eventos e formas de ordem só podem ser lidas em um contexto de causalidade e de explicação causal se anacronicamente empregarmos padrões posteriores de pensamento. Para demonstrar esse ponto, examinemos alguns claros exemplos provenientes dos primórdios da filosofia grega, começando com o famoso fragmento de Anaximandro reportado por Simplício (DK 12 B1):

> Princípio das coisas que são é aquilo em razão de que lhes sucede serem destruídas, como deve ser, pois pagam sanção e retribuição *(díken kaì tísin)* umas às outras por sua injustiça conforme a tributação do tempo.

A conexão necessária e universal que une as coisas no ciclo cósmico é aqui evidentemente concebida em termos jurídicos e/ou morais de culpa e punição, não em termos de uma explicação causal.

Nos sucessores imediatos de Anaximandro, encontramos a difundida ideia de que as coisas e os processos dependem do "poder" de um princípio originativo *(arkhḗ)*. Parmênides assim o exprime (DK 28 B12): "o *daímon* que a tudo preside *(árkhei)*". Compareçam, especialmente em Empédocles e Anaxágoras, princípios que posteriormente serão interpretados como prefigurações de uma causalidade (eficiente): no caso de Empédocles, Amor e Contenda (*philía* e *neîkos*); no caso de Anaxágoras, a Inteligência *(noûs)*. Esses princípios exercem sua atividade sobre outros princípios originativos de tipo biológico, tais como as "raízes" *(rizṓmata)* de Empédocles e as "sementes" *(spérmata)* de Anaxágoras.

No texto de Empédocles (cf., por exemplo, DK 31 B26), Amor e Contenda parecem ser metáforas antropomórficas da agregação e da separação dos elementos cósmicos, não sendo algo separado dos elementos. De qualquer modo, sua ação é expressa na linguagem política do poder (por exemplo, DK 31 B17.28: "exercem seu poder *(kratéousi)* no decurso do tempo"). Diferentemente de Empédocles, o *Noûs* de Anaxágoras é explicitamente concebido como separado das coisas sobre as quais exerce a sua atividade. É provavelmente por isso que Platão, em uma conhecida passagem do *Fédon* (97b ss.), refere-se a Anaxágoras como o introdutor da ideia de causalidade final. Apesar disso, o modo como Anaxágoras expressa a separação do *Noûs* e sua ação no mundo é mais uma vez a linguagem do poder político e militar: o *Noûs* impera *(autokratés)*, exerce poder e força *(krateîn, iskhýei)* e detém a primazia *(arkhḗ)* de iniciar a rotação do mundo (DK 59 B12). Graças ao poder que tem, o *Noûs* impôs a ordem a todas as coisas *(pánta diekósmese)*. Essa concepção de uma atividade reguladora provavelmente influencia o modo como Platão, no *Timeu*, pensa a ação do Demiurgo no mundo espaço-temporal. Parece claro que essa forma embriônica de pensamento causal está ainda completamente revestida de uma linguagem metafórica derivada da esfera política. A necessidade de explicar os princípios da ordem cósmica não implica uma reflexão teórica sobre o conceito de causa, antes é obrigada a se exprimir em termos do poder que os deuses exercem no mundo ou que os homens exercem na sociedade, assim como em Anaximandro a linguagem se mantém jurídica e moral.

Nada se pode acrescentar às palavras de Michael Frede no que diz respeito a como tem início o pensamento causal:

> Quando o uso de *"aítion"* se estende de tal maneira que podemos indagar "qual o *aítion*" de uma coisa qualquer, a extensão do uso do termo deve se basear no pressuposto de que a explicação de cada coisa requer algo que desempenhe, em relação a essa coisa, um papel análogo àquele que a pessoa responsável desempenha em relação ao que ocorre de errado. Em outras palavras, a extensão do uso de *"aítion"* só é inteligível tomando-se por base o pressuposto de que em cada coisa há algo que, por fazer isto ou aquilo, é responsável por ela.[4]

Meu objetivo neste capítulo é precisamente verificar, corrigindo aquelas opiniões amplamente difundidas mencionadas de início, quando e como se dá essa extensão, conceitualização e generalização do pensamento causal. Em outras palavras, quando se dá a transição de uma linguagem pessoal de

---

[4] Frede [504] 132. Seu artigo ocupa-se primariamente da concepção estoica de causalidade.

culpabilidade e responsabilidade moral, política e legal para uma linguagem abstrata e "neutra" de causalidade (o que não necessariamente implica, como veremos, a substituição de formas tais como *aitía* ou *aítios* pelo substantivo neutro *tò aítion*)? Ocupar-nos-emos de um processo longo e complexo que se distende por todo o pensamento do século V a.C. e deixa uma profunda influência até mesmo sobre as teorizações mais desenvolvidas de Platão e Aristóteles.

Os filósofos

O surpreendente resultado da investigação lexical da noção de causalidade entre os primeiros filósofos gregos é uma ausência quase total de qualquer reflexão sobre o problema da explicação causal. Isso é surpreendente porque as evidências incluem abundantes referências à linguagem da causalidade. Apesar disso, da perspectiva que adotamos neste capítulo, essa evidência não tem valor algum, visto depender por completo da interpretação aristotélica, encontrada no livro I de sua *Metafísica* e no livro II de sua *Física*. Nesses pontos, Aristóteles concebe esses pensadores como predecessores imperfeitos da investigação sobre a causalidade levada a efeito por ele. Quando, no entanto, observamos apenas os fragmentos que, em certa medida, refletem apenas a linguagem original dos primeiros filósofos gregos, a terminologia da causalidade em sentido estrito está praticamente ausente. O que encontramos é uma terminologia que plenamente se conforma às tradicionais conotações morais e jurídicas.

Aitía ocorre apenas uma vez em Demócrito (DK 68 B83), significando "razão" ou "motivo". *Próphasis* tem o significado de "pretexto" ou "justificativa" (DK 68 B119), normal entre historiadores e médicos.[5] Em Górgias, *aitía* ocorre no *Encômio de Helena* e na *Apologia de Palamedes* (DK 82 B11, 11a) e, naturalmente, retém o significado de "culpabilidade" ou "responsabilidade",

---

[5] Cf. DK 68 B222. DK 68 B118 (um testemunho tardio de Dionísio, bispo de Alexandria, por Eusébio) contém a palavra *aitiología*, mas o contexto deixa claro que a passagem não é uma citação textual de Demócrito: "o próprio Demócrito, segundo dizem, dizia preferir encontrar uma única explicação causal *(aitiología)* a tornar-se rei dos persas". Para uma abordagem muito mais sanguínea do interesse de Demócrito pela causalidade, cf. Taylor, neste volume, p. 252s.

canônico no discurso moral e jurídico. O termo é usado de maneira idêntica por Antifonte em suas *Tetralogias*. Esses exercícios retóricos, que pretendem preparar as pessoas para a apresentação perante as cortes de justiça, engendram uma conexão estreita entre a responsabilidade e a culpabilidade legal e a poluição religiosa *(míasma)*.[6]

Na segunda *Tetralogia*, a questão em debate é a responsabilidade de um jovem que, no decurso de seu treinamento, arremessou um dardo e matou um colega que inadvertidamente adentrara o ginásio. Esse tipo de problema lembra uma anedota contada por Plutarco, referente a Protágoras e Péricles (DK 80 A10). Eles haviam dispendido um dia inteiro discutindo quem eram os responsáveis *(aítioi)* pela morte involuntária de um certo Epitimo, em circunstâncias similares àquelas tratadas por Antifonte. Evidentemente, era uma questão legal exemplar: quem ou o que era o responsável, o dardo, o arremessador ou os oficiais do ginásio?

Nesses casos, não estamos lidando com "especulações sobre causa e efeito", como Adkins sugere no tocante a Górgias, tratando-as como um dos principais temas dos sofistas contemporâneos.[7] As evidências apontam, antes, para um debate de questões atinentes à responsabilidade e à culpabilidade em contextos morais e religiosos – debate esse que atinge um de seus pontos mais altos no *Édipo em Colono* de Sófocles, quando a personagem Édipo se declara moral e legalmente inocente *(katharós)* em razão de seus crimes terem sido involuntários (versos 546-548; cf. também 266-272) – e, na esfera legal, com Górgias, Antifonte e a anedota envolvendo Protágoras.[8] A mesma questão, como veremos na próxima seção, ocupa posição central no pensamento historiográfico concernente a ações políticas.

---

[6] Sobre essa passagem, cf. Said [519] 186ss. Para usos de *aitía/aítios* em Antifonte, cf. III.2.9; II.2.3, 6; II.4.10.

[7] Adkins [82] 126. Todavia, essa obra é fundamental para os assuntos discutidos neste capítulo.

[8] A lei ateniense, desde o código draconiano, introduziu uma distinção radical entre homicídio voluntário e involuntário, mas a moralidade, com base nos conceitos religiosos de culpabilidade e poluição, resistiu a essa mudança. O pronunciamento definitivo a respeito é provavelmente o tratamento da responsabilidade oferecido por Aristóteles em *EN* III.1-7. Para os aspectos legais da questão no século V a.C., cf. Jones [103] e E. Cantarella, *Studi sull'omicidio in diritto greco e romano* (Milão, 1976).

Parece certo, portanto, que os primeiros filósofos gregos não se ocupavam nem na física nem nos debates sofísticos com uma teorização acerca da linguagem e dos conceitos da causalidade em geral. Para descobrir os primeiros traços de uma tal reflexão, devemos ampliar a nossa investigação de modo a abranger também os campos da historiografia e, em especial, da medicina.

Os historiadores

A história de Heródoto se inicia com uma discussão da *aitía* das guerras entre gregos e bárbaros. Estão em discussão aqui as razões ou os motivos da guerra, que consistem em uma disputa recíproca, uma troca de acusações quanto à responsabilidade por crimes cometidos e por atos de retaliação. Aos olhos do gregos, os fenícios são *aítioi*, culpados pelas injustiças *(adikḗmata)* cometidas contra os gregos (I.1). Os gregos, por sua vez, são culpados de uma *adikía* contra os bárbaros, sendo, no fim, considerados "enormemente culpados" *(megálos aítioi*, I.4.1) pela agressão contra Troia. Em toda a obra de Heródoto, o significado normal de *aitía* é ainda o de "acusação por um crime cometido" e, pois, da "culpabilidade" que é motivo da punição (cf. I.137.1).

Esse uso de *aitía* (e de seu correlato *aítios*) constitui uma clara extensão da linguagem judicial no contexto das disputas políticas. Em alguns casos (por exemplo, IV.167.3), a acusação é apenas um "pretexto" *(próskhēma)* adotado para justificar um ato violento. A associação dessa palavra com *aitía* é interessante porque, em certo ponto (IV.133.1), *próskhēma* aparece ligado a *próphasis*, termo que, em Heródoto, tem exatamente seus significados normais de "justificativa" ou "pretexto" (cf. IV.145.1). Ora, se *aitía* em parte se sobrepõe a *próphasis*, certamente não se trata de uma tendência rumo à linguagem causal, mas de uma indicação de que estamos lidando com uma troca de acusações, imputações e pretextos típicos de disputas legais e políticas. *Próphasis* pode ainda assumir o significado – consistente com o de "pretexto", mas ligeiramente diferente deste – de "circunstância" por meio de que algo predestinado ocorre. Assim introduz Heródoto a história da ruína do rei, citando Ciles: "visto que estava predestinado *(édei)* que as coisas correriam mal para ele, essa era a ocasião para tal" (*egéneto apò prophásios toiêsde*, IV.79.1). Assim, *próphasis* também designa o aspecto visível de um destino abscôndito.

Até aqui, como vimos, a linguagem de Heródoto não se afasta dos usos tradicionais nos contextos de justiça, ética, política e religião. Todavia, podem ser encontrados alguns vagos sinais de mudança rumo a uma embrionária transferência do domínio da responsabilidade para o da causalidade. Ao discutir a razão das enchentes do Nilo, Heródoto reporta a opinião de que os ventos etésios são responsáveis *(aítioi)* por elas, refutando-a com base no fato de que as enchentes ocorrem mesmo quando os ventos não estão presentes (II.20.2-3). Pode-se ler a passagem como se atribuísse culpa aos ventos, mas o texto certamente preenche um requisito do pensamento causal, a saber, a presença de uma causa em conexão com seus efeitos. Na mesma passagem, Heródoto declara que, em sua concepção, o sol é responsável *(aítios)* igualmente pelas enchentes e pelo ar seco do Egito (II.25.5-26.1). Também aqui encontramos um vago indício de transição da linguagem da imputabilidade para a da causalidade.

Outras passagens, todas elas hesitantes e negativas e com o adjetivo substantivado *tò aítion*, admitem interpretação semelhante. Por exemplo, VII.125: "hesito quanto ao motivo *(tò aítion)* que compeliu *(tò anagkázon)* os leões a poupar os demais animais e atacar os camelos, criaturas que jamais haviam visto ou de que tivessem qualquer experiência". O tom da passagem confere-lhe o seguinte sentido: "não consigo encontrar uma explicação para esse evento". Claro está que, assim como na discussão das enchentes do Nilo, estamos presenciando uma transição, ainda que vaga e desarticulada, rumo a um pensamento causal.

O início da *História* de Tucídides é composto à maneira de Heródoto: descreve as acusações e querelas (I.23.5: *aitíai/diaphoraí*), isto é, os motivos *(aitías)* publicamente reconhecidos para a deflagração da guerra entre atenienses e espartanos (cf. I.146). O sentido que Tucídides geralmente confere a *aitía* no que diz respeito a controvérsias políticas é uma extensão do uso do termo para designar a responsabilidade e a culpabilidade em contextos jurídicos ou éticos. Daí que seja frequentemente associado a *hamártema* ("erro" ou "transgressão") e *adikeîn* ("cometer injustiça") (por exemplo, II.60.4-7, I.39.3, IV.114.5). No debate entre os coríntios e os espartanos (I.69.6), *aitía*, uma "queixa" contra amigos que cometem enganos – termo, portanto, isento de hostilidade – é contrastada a *kategoría*, uma "acusação" dirigida a inimigos. Contudo, essa nuance psicológica, mesmo que se origine da linguagem jurídica, não é consistentemente adotada por Tucídides, que frequentemente usa *aitia* ao se referir a antagonistas.

Um passo em direção decisivamente causal é muitas vezes vislumbrado na célebre passagem (I.23.6) em que Tucídides, depois de apresentar as queixas e acusações trocadas por atenienses e espartanos, acrescenta que "a *próphasis* mais verdadeira, embora menos manifesta *(aphanestáte)* nos debates" era o fato de que os espartanos foram forçados *(anagkásai)* à guerra em razão do medo que tinham do crescente poder ateniense. Deve-se enfatizar que *próphasis* aqui não significa "causa última", distinta dos pretextos declarados *(aitíai)*. A palavra *próphasis* (derivada não de *phemí*, mas de *phaíno*, como Irigoin demonstrou) significa "mostrar", "trazer à luz".[9] Tucídides contrasta essa *próphasis* com os discursos dos combatentes, que não revelam as verdadeiras razões da guerra. Assim, ele afirma que "a razão mais verdadeira a ser exibida, muito embora não tenha sido declarada em público", era a inevitável situação, psicológica e política, em que os espartanos se encontravam.[10] Mais uma vez estamos nas vizinhanças não do pensamento causal, mas da corte de justiça – a descoberta de uma motivação oculta.[11]

Mais importante e mais difícil de interpretar é uma passagem sobre a peste em Atenas (II.48.3) em que o termo crucial é não *próphasis*, mas *aitía*. Tucídides escreve: "quanto à peste, que cada um, médico ou leigo, declare,

---

[9] Cf. Irigoin [505] 173-180.

[10] Sigo a interpretação de K. Weidauer, *Thukydides und die Hippokratischen Schriften: der Einfluss der Medizin auf Zielsetzung und Darstellungsweise des Geschichtwerks* (Heidelberg, 1954) 8-20. Cf. tb. Deichgräber [500] 209-224 e Rawlings [518].

[11] Para outros usos de *próphasis*, com o significado de "base de acusação", "razão aduzida", "pretexto", cf. III.13, VI.105.2. Que a palavra não possa significar "causa" é confirmado pela análise da praga que acomete Atenas em Tucídides II.49.2: "quem já antes tivesse alguma doença acabava vítima da praga; outros, porém, sem qualquer *próphasis*", isto é, sem qualquer condição prévia ou razão clara que a explicasse. Para um interessante paralelo, cf. *Epidemias* III.3, texto em que o autor, assim como Tucídides, escreve que alguns eram afetados pela doença "de maneira explicável *(metà prophásios)*, mas outros, não". Sobre a noção de causalidade nas *Epidemias*, cf. Diller [502] e di Benedetto [499], em especial 317.

na medida de seu conhecimento, de que fonte é provável *(eikós)* tenha se originado e que causas *(aitías)* julga *(nomízei)* suficientes para ter o poder *(dýnamis)* de produzir essa catástrofe". A ocorrência de termos como *eikós* e *nomízein* pode sugerir que estamos mais uma vez em um contexto de imputação de responsabilidade e de culpa (como em Heródoto II.25.5, acima). Apesar disso, a conexão entre *aitía* e *dýnamis* no sentido de "capacidade de produzir efeitos" indubitavelmente confere a essa passagem um sentido distintivamente causal e aproxima-a de textos médicos tais como *Sobre a medicina antiga*, que avançam ainda mais pronunciadamente nessa direção. Devemos notar que nesse texto, como na passagem de Tucídides ora sob análise, a expressão causal é *aitía*, nem *próphasis* nem a forma neutra *tò aítion*.

Esse último termo, que Tucídides não usa muito frequentemente, significa, na maioria das vezes, "motivo" em sentido bastante geral.[12] Há, porém, uma interessante ocorrência dele em uma passagem muito similar à que citamos de Heródoto. Ao falar sobre uma onda de proporções incomuns, Tucídides dá a sua opinião sobre a causa (*[tò] aítion*, III.89.5): "um terremoto sem o qual não me parece que tal evento pudesse ter ocorrido". Observa-se aqui não apenas a extensão do conceito de responsabilidade para qualquer fenômeno (o que Frede afirmava acerca da gênese do pensamento causal), mas também uma formulação, como em Heródoto, da necessária presença da causa em conexão com seu efeito. Também aqui podemos vislumbrar o começo de uma transição rumo a uma forma de pensamento causal, embora ainda vaga e desprovida de generalidade conceitual. É entre os escritores médicos que observamos um passo mais decisivo nessa direção.

A medicina

O material médico que pode ser discutido para os nossos propósitos neste capítulo, ainda que se restrinja aos escritos do século V a.C., é por demais extenso para ser aqui objeto de investigação completa. Assim, limito-me, em vez disso, a considerar alguns textos de crucial importância que

---

[12] Cf., por exemplo, I.11.1, II.65.8, III.82.8.

fornecem as coordenadas de um mapa do pensamento médico relevante para o tópico em questão. No que diz respeito às datas relativas dos tratados, sabemos muito pouco para nos orientar cronologicamente e, de qualquer modo, veremos que posições divergentes são adotadas em textos hipocráticos provavelmente contemporâneos. Não podemos falar em um progresso unívoco do pensamento médico ao longo do século V a.C., quer em nosso tópico ou alhures. Em um extremo, encontramos obras em que a linguagem da explicação causal está completamente ausente ou é irrelevante. Assim, as palavras *aitía* e *próphasis* nunca ocorrem em *De locis in homine*, considerada uma das mais antigas obras do *corpus* hipocrático (440-430?) e, de acordo com alguns pontos de vista, uma das mais autorizadas.[13]

Termos para causa e responsabilidade estão praticamente ausentes igualmente de obras importantes como os *Prognósticos*, e deve-se esclarecer um equívoco muito difundido na história da interpretação dessa obra. Por longo tempo se supôs (com base em um preconceito inconscientemente positivista) que as funções prognósticas dos "sinais" hipocráticos se baseavam em seu caráter de "causas": assim, um sinal *(semeîon)* permitiria previsões porque constituiria a causa dos efeitos que se seguem ao longo da duração da doença. Isso, porém, carece por completo de fundamentos.[14] O sinal hipocrático (que guarda certas afinidades com as predições proféticas de que se originara e contra as quais competia) permite previsões porque representa o aspecto visível de uma constelação de fenômenos aos quais está ligado com uma regularidade arquivada pela memória do médico e pelo registro dos manuais de prognósticos. Quanto a isso, basta citar uma passagem dos *Prognósticos* (seção 4):

> No que diz respeito ao movimento das mãos, conheço os seguintes fatos: em febres agudas, pneumonia, frenite e cefaleia, se se movem diante do rosto, rebuscam no vazio, pegam fiapos, arrancam o mosquiteiro da cama e descascam as paredes, todos esses sinais são maus e mortais.

---

[13] É provavelmente próximo do grupo de Anaxágoras. Cf. Vegetti [522].
[14] Desde Littré (1839), vol. 1, 453, a interpretação causal de "signo" é corrente. Cf., em especial, Lonie [512] 79ss.; Perrilli [517]; Marzullo [514], obra fundamental. Sobre o outro lado da questão, cf. Vegetti [523] 76ss.

Os movimentos das mãos certamente não podem ser "causas" de morte, antes, visto estarem regularmente associados ao término fatal da doença, representam o nível visível de uma progressão de outro modo invisível: são uma abertura por meio de que o invisível *(aphanés)* se torna evidente *(phanerón)* e, portanto, previsível. Nem *De locis in homine* nem os *Prognósticos*, pois, apresentam qualquer pendor no sentido da formação do pensamento causal.

Uma posição intermediária em nosso mapa é ocupada por três tratados: dois deles, *Sobre a doença sagrada* e *Águas, ares e regiões*, são bastante semelhantes e relativamente antigos, ao passo que o terceiro *(Sobre a natureza humana)*, que provavelmente pertence ao início do século IV a.C. e desempenha importante papel na consolidação do pensamento hipocrático, era bem conhecido, de Aristóteles a Galeno. Comecemos com o tratado *Sobre a doença sagrada*, em cujas linhas de abertura (na edição Littré) muitos (desde Jaeger) viram a declaração inaugural de uma teoria madura da causalidade natural. Na recente edição de Grensemann, lê-se: "no que diz respeito à assim chamada doença sagrada [=epilepsia], a situação é a seguinte. Não é, em minha opinião, nem mais divina nem mais sagrada do que as demais doenças, antes tem, como as demais, uma natureza de que se origina e uma *próphasis*".[15]

A doença sagrada tem uma origem natural (não divina) e, portanto, uma *próphasis* – uma explicação, uma razão claramente aduzível, como tem a guerra no prólogo de Tucídides. A tarefa do tratado hipocrático consistirá em especificar essa explicação "pública" da epilepsia. Por contraste, os oponentes do autor, isto é, "magos, purificadores, vagabundos e fanfarrões", atribuem a doença à esfera divina para que, caso o paciente morra, "tenham à mão a desculpa *(próphasis)* de que não eles, mas os deuses são culpados *(aítioi)*" (I.20). Aqui, como em Tucídides, a linguagem de *próphasis/aítios* desliza claramente na direção jurídica da culpa e da justificativa, indicando notável vagueza conceitual. O mesmo recorre na passagem em que se inicia a parte "positiva" do texto: "o cérebro é o responsável *(aítios)* por essa enfermidade, como em todas as demais doenças sérias; de que modo e por que razão *(próphasis)* ocorre,

---

[15] O texto de Jones (1923), *phýsin mèn ékhei kaì próphasin*, justifica a tradução "tem uma causa natural".

direi de modo claro" (seção 6). Essa linguagem, por um lado, traz à mente o discurso nas cortes de justiça: o culpado está sendo desmascarado, os métodos e motivos estão sendo revelados. Por outro lado, *próphasis* (que, no uso do autor, refere-se à ação dos ares quentes sobre o cérebro, de que se origina a enfermidade) vai além desse contexto, na direção de uma explicação causal.

O mesmo ponto crítico emerge de maneira ainda mais visível em *Ares, águas e regiões*. Nessa obra (que era bem conhecida de Platão), encontramos frequentes instâncias do uso adverbial de *anágke* para designar a necessária dependência que as características psicossomáticas das pessoas têm para com a geografia e o clima.[16] Esse contexto determinista influencia o significado atribuído aos termos *aitía/aítios* e *próphasis*.

Em alguns casos, não estamos longe dos usos de Heródoto, como, por exemplo, na distinção entre *próphasis* e *aítios* (seção 4): "muitos abscessos ocorrem por qualquer razão *(próphasis)*; a tensão do estômago e a dureza do intestino são responsáveis *(aítioi)* por isso". Mais complexo é o texto da seção 16: são responsáveis *(aítioi)* pelas diferenças de caráter entre asiáticos e europeus as estações, que na Ásia não produzem grandes variações de temperatura. Por essas razões *(propháseis)* "e", o autor acrescenta, "também por causa de suas leis", que os tornam súditos de monarcas, os asiáticos são mais fracos. É muito difícil distinguir aqui entre responsabilidade e causa, de um lado, e, de outro, entre explicação e causa em sentido estrito. Essa dificuldade se deve a mais de um fator – a oscilação no uso dos termos e a adoção, por parte do autor, de uma perspectiva duplamente determinista (ambiental e política), visível em expressões tais como "e também", que enfraquecem a linha de causalidade.

Ainda mais interessante é a estrutura conceitual da seção 22, em que o tópico são as razões da impotência predominante entre os citas, que "atribuem aos deuses a culpa *(aitía)* por isso". Segundo o autor, esse mal se deve ao hábito cita de cavalgar, aos decorrentes inchaços nas juntas e à prática de cura comum entre eles, de cortar as veias atrás das orelhas. Sua impotência se deve a essa cadeia de razões *(propháseis)* "e também" porque o hábito de usar calças

---

[16] Sobre a conexão entre *Ares, águas e regiões* e o *Fedro*, cf. Mansfeld [513]. Para a influência da mesma obra do *corpus* hipocrático sobre a *República*, Vegetti [524].

e cavalgar impede-os de se masturbar, de modo que acabam esquecendo o desejo sexual. Claro está que a pletora de razões adotada pelo autor não pode constituir um único nexo causal, mas um sistema de explicações (introduzidas por *apó/diá*) que serve para invalidar a imputação da responsabilidade pela enfermidade à esfera divina, trazendo-a para o nível natural da evidência demonstrável (serve ao mesmo propósito o argumento, apresentado pelo autor, de que a impotência afeta apenas os citas mais ricos, que têm condições de cavalgar, o que não aconteceria se a enfermidade tivesse origem divina, porque essas pessoas poderiam alcançar os favores dos deuses por meio do oferecimento de numerosos sacrifícios).

Em vez de uma causa, podemos falar aqui (como quando a propósito do determinismo duplo, ambiental e político) da convergência de uma pluralidade de circunstâncias ou razões que atendem às necessidades da explicação racional. Pode-se compreender a vagueza conceitual que circunda a noção de causalidade como uma riqueza nas formas de explicação, a qual ainda encontraria eco no pensamento aristotélico.

Em *Sobre a natureza humana*, encontramos uma linguagem similar, embora menos complicada. Quando defrontados com doenças de caráter epidêmico, é-nos dito (seção 9) "que é preciso imputar a responsabilidade" *(aitía)* àquilo que é comum a todos, a saber, o ar inspirado. Em casos, porém, em que a patologia é algo de diferente, o regime dietético individual será responsável *(aitía)*, devendo, pois, a terapia atacar a razão *(próphasis)* da enfermidade. A possibilidade de determinar as razões da doença aparece ligada, muito interessantemente, à habilidade de dar uma descrição pública de seu desenvolvimento (seção 13). Aqui a linguagem de *próphasis* não está longe da declaração de Tucídides acerca das razões para a guerra do Peloponeso, mas, ao mesmo tempo, a passagem exibe uma transição decisiva no sentido de apresentar a causa. A transição se torna ainda mais evidente em certos textos que refletem a influência sofística sobre os escritos médicos, textos como *Sobre a respiração* e *Sobre a arte médica*, datáveis do fim do século V a.C. ou do início do século IV a.C.

Sobre a respiração se inicia com o estilo de uma investigação jurídica: "Todas as doenças têm uma só forma e causa *(idéa/aitía)*; tento dizer que forma e causa são essas no discurso que segue" (seção 2). Nessa passagem, o autor usa o termo *aitía* como equivalente exato da forma neutra *tò aítion*. Como que concluindo um discurso perante o júri, escreve:

Claro está, portanto, que os ares são o fator mais ativo em todas as doenças. Todas as demais coisas são causas concomitantes e secundárias *(synaítia/metaítia)*. Mostrei, contudo, que essa é a causa *(aítion)* das doenças. Prometi apontar a causa das doenças; mostrei que o *pneûma* [=o ar inspirado] tem enorme poder tanto sobre as demais coisas como sobre o corpo dos seres vivos. Erigi meu discurso sobre as doenças mais conhecidas, em que a hipótese se mostrou correta (seção 15).

Essa passagem é um extraordinário exemplo de um desenvolvimento conceitual formulado com a ajuda de uma linguagem em larga medida tradicional. O estilo é aquele que um contemporâneo associaria ao *lógos* de um sofista ou de um advogado. Inicia-se uma investigação; uma hipótese acusatória é formulada; no fim, mostrou-se ao público e à corte que a hipótese é verdadeira, que o suspeito é culpado e que os demais acusados são, no máximo, cúmplices *(synaítion* e *metaítion* têm frequentemente esse sentido nas tragédias).[17] Por outro lado, temos aqui o delineamento de uma perquirição causal bastante precisa e sólida, capaz de especificar com exatidão o principal fator causal *(tò aítion)*, distinguindo-o de causas meramente concomitantes e acessórias. Nesse sentido, e também no que diga respeito a recorrer a hipóteses que aguardam confirmação, o texto de *Sobre a respiração* antecipa a célebre passagem do *Fédon* de Platão (99a ss.) que é corretamente considerada a primeira reflexão filosófica sobre a causalidade. Também ali encontramos a distinção entre o *aítion* verdadeiro e as condições concomitantes (99b2-4) e o recurso a uma hipótese (100a3-4).

É altamente provável (ainda que incerto no que diz respeito à cronologia) que o extremo reducionismo causal de *Sobre a respiração* seja um dos alvos de *Sobre a medicina antiga* (I.1), em que são criticados aqueles "que introduzem uma ou duas hipóteses" e "têm uma concepção reduzida do princípio causal".[18] Teremos mais a dizer a respeito. Em *Sobre a arte médica*, o uso de *aitía/aítios*

---

[17] Para *metaítios* com o sentido de "cúmplice" ou "corresponsável", cf. Ésquilo, *Agamêmnon* 811, *Coéforas* 100, *Eumênides* 199, 465; Eurípides, *Suplicantes* 26. Para *synaítios* em referência a uma dupla responsabilidade, humana e divina, cf. *Agamêmnon* 1116 e Said [519] 177ss.

[18] Sobre a questão da cronologia, cf. Lloyd [154] 49-69.

ainda preserva um sentido estritamente judicial ou sofístico. Ao criticar quem injustamente acusa os médicos da morte de um paciente, o autor, como um perfeito advogado de defesa, exclama (seção 7): "eles atribuem culpa *(aitía)* a quem de modo algum é culpado *(aítios)*, permitindo, assim, que os culpados permaneçam livres". Na esfera, porém, da epistemologia, esse tratado representa um importante desenvolvimento conceitual. O autor escreve (seção 6) que não há "curas" espontâneas, visto que, no contexto do que é causalmente explicável *(diá ti)*, a espontaneidade *(autómaton)* desaparece, sendo precisamente esse o contexto da medicina, um contexto em que a causalidade *(diá ti)* governa os fenômenos, tornando-os, destarte, previsíveis.

Claro está, pois, que, no fim do século V a.C., no pensamento médico de teor sofístico, a estrutura causal das explicações em medicina chegara, pela primeira vez, a um nível de generalização conceitual apreciável. É no contexto médico que esse processo atinge seu refinamento final.

Sobre a medicina antiga

O tratado *Sobre a medicina antiga* se inicia com uma polêmica contra aqueles que "com base em uma ou duas hipóteses" simplificam a *arkhḕn tês aitíes* de modo por demais reducionista. Essa expressão pode certamente ser interpretada, de uma maneira tradicional, como o "ponto de partida culpado" pelo desencadeamento da doença (comparar, por exemplo, a antiga acusação *[palaià aitía]* que Édipo menciona ao referir-se ao assassinato do rei Laio: Sófocles, *Édipo rei,* 109). O contexto, porém, sugere uma interpretação diferente, a saber, o "ponto de partida do processo causal": na hipótese em questão, elementos ou qualidades de tipo físico, tais como o frio e o quente, são vistas como causa desencadeadora de todas as doenças, como os "ares" *(pneûmata/physai)* em contexto similar em *Sobre a respiração*.

A fronteira conceitual entre culpabilidade ou responsabilidade e causalidade parece ter sido cruzada de modo definitivo (no sentido indicado por Frede em nossa citação) em outra passagem crucial da obra: "devemos considerar que a causa *(aitía)* de cada achaque são aquelas coisas *(taûta)* cuja presença necessariamente produz um mal, mal esse que passa quando aquelas coisas são combinadas de outro modo" (19.3).[19] A interpretação dessa passagem foi objeto de controvérsia, mas não há dúvida de que aqui encontramos a ideia mais clara, geral e conceitualmente precisa de causalidade no pensamento do século V a.C. (assumindo-se, é claro, que *Sobre a antiga medicina* seja datado desse período).

Uma causa pode ser considerada como tal (1) quando produz um certo efeito; (2) quando esse efeito é necessariamente determinado de modo unívoco; e (3) quando a ausência ou alteração da causa determina o malogro do efeito. Tudo isso antecipa não apenas a discussão já mencionada a encontrar-se no *Fédon* de Platão como também a definição mais rigorosa de causa em Aristóteles (*Met.* V.2 1013a31-32) – uma causa é "o produtor daquilo que é produzido e o modificador daquilo que é modificado" – e mesmo em Sexto Empírico (*PH* III.14) "uma causa é aquilo por cuja atividade um efeito é produzido".[20]

Sobre a antiga medicina, portanto, parece inaugurar uma nova história do pensamento causal, incorporando e complementando o processo lento e incerto encontrado na filosofia, na historiografia e na medicina do século V a.C. Há um elemento de continuidade, mas o que é mais proeminente são as inovações e as rupturas ao nível do rigor e da capacidade de generalização conceitual. A novidade radical desse tratado não foi adequadamente apreciada

---

[19] *Taûta* é interpretada de maneira abstrata e geral pela maioria dos tradutores (Jones, Festugière, Eggers Lan, Lara Nava, Vegetti). No entanto, Jouanna [506] 201 n. 144, seguindo Müri [515], considera que a palavra se refere às palavras precedentes, "esses humores". Essa interpretação é invalidada pelo que segue, visto afirmar que não apenas os humores, mas também o quente e o frio são causas das doenças. *Taûta*, portanto, inclui não apenas os humores, mas também os estados de temperatura e, eventualmente, todas as causas das doenças. A importância dessa passagem, que antecipa Bacon e Mill, é assinalada por Lloyd [110] 54 n. 232.

[20] No que diz respeito a Platão, cf. *Fédon* 96a9-10: "achei maravilhoso conhecer as causas de cada coisa, por que vem a ser, por que perece e por que é" e *Antiga medicina* 20.2, texto em que à medicina se assinala a tarefa de descobrir "o que o homem é e por que causas vem a ser". Comparar também *Fédon* 96c7-8 ("por que um homem cresce... por meio do comer e do beber") com *Sobre a antiga medicina* 20.3 ("o que é o homem com relação ao que come e bebe"). O contexto das passagens em Platão é a análise das verdadeiras formas da causalidade em polêmica contra Anaxágoras.

até hoje por estarmos acostumados a impor uma interpretação por demais otimista da noção de causalidade aos vários aspectos da cultura do século V a.C., subestimando concepções intimamente ligadas à esfera ética e jurídica da culpabilidade, da responsabilidade e da imputação.

Pode-se entender por que, à luz das inovações radicais de *Sobre a antiga medicina*, alguns estudiosos aventaram a possibilidade de a obra ser completamente pós-platônica, datando-a dos últimos anos do século IV a.C.[21] Essa teoria se baseia em pressupostos históricos errôneos que podem ser facilmente solapados e em razões plausíveis mas inconclusivas, como a pressuposição de que um médico não poderia ser o desencadeador de um tal desenvolvimento conceitual, devendo, portanto, depender de um filósofo. Não obstante, é perfeitamente legítimo supor que muitos textos filosóficos sejam inspirados por teorias originadas da medicina, como Platão declara explicitamente no *Fedro*.[22] Assim, é legítimo pensar ser precisamente isso o que ocorre no que diz respeito à reflexão sobre a causalidade encontrada em *Sobre a antiga medicina* e no *Fédon*. Evidentemente, é verdadeiro que a datação tradicional do tratado (não posterior ao fim do século V a.C.) requer que assinalemos absoluta originalidade a ele, tornando-o único em seu tempo. Tal originalidade, porém, pertence não apenas à teoria acerca da causalidade e às críticas ao uso médico de "hipóteses" encontradas na obra. O texto também contém (20.1) a primeira ocorrência de que se tem notícia do termo *philosophía*.[23] O contexto é uma crítica a Empédocles, tomado como representante

---

[21] A hipótese foi formulada por Diller [501], muito embora ele não faça qualquer menção à concepção de causa presente na obra, antes insista sobre o ataque desta ao método de hipóteses de que trata o *Fédon*. A sugestão de Diller não encontrou favor entre os especialistas, tendo ele se retratado em parte. Cf. Diller [503], em que considera *Antiga medicina* uma obra composta na transição do pensamento sofístico à filosofia ateniense e afirma: "em *Antiga medicina*,... a medicina parece ser fundada sobre o conhecimento da conexão causal" (92-93). Nem Longrigg [510] nem Nickel [516] oferecem qualquer novidade significativa a respeito, muito embora ambos estudem *Antiga medicina* em conexão com o pensamento pré-platônico.

[22] Cf. *Fedro* 270c: "considera, então, o que Hipócrates e o discurso verdadeiro dizem a respeito da natureza" e, para discussão da passagem, Vegetti [522] 97ss. e Mansfeld [513].

[23] Essa não é tradicionalmente aceita como a primeira ocorrência de *philosophía* em razão da crença de que o termo seja de origem pitagórica, mas a ideia é contestada com boas razões por Burkert [205].

típico da perquirição acerca da natureza por sua teoria sobre as origens em termos dos elementos materiais. É das primeiras alusões doxográficas a ele, antecipando as críticas feitas por Platão e Aristóteles. Ademais (embora isso não possa ser discutido aqui), *Sobre a antiga medicina* oferece um panorama completo do desenvolvimento histórico do conhecimento médico tal como atingido ao longo do tempo, partindo de princípios próprios e seguindo um método particular.[24] Também esse panorama é algo excepcional no contexto do século V a.C. (e não apenas ali).

Não pretendo, ao fazer essas observações, reabrir o debate acerca das propostas de Diller quanto à datação de *Sobre a antiga medicina*, propostas essas de que o próprio Diller já abriu mão. Meu propósito é simplesmente apontar que essa obra constitui um ponto de virada radical do pensamento do século V a.C. à elaboração filosófica do século IV a.C., tanto no que diz respeito à causalidade como no que diz respeito a diversas questões epistemológicas.

Para concluir, meu estudo mostra que, ao contrário do que se propõe, a transição dos termos *aitía/aítios* para o adjetivo substantivado *tò aítion* não indica um desenvolvimento da generalização conceitual. A sugestão tradicional foi aventada provavelmente em razão da terminologia que os estoicos introduzem, mas, na realidade, *Sobre a antiga medicina*, Tucídides e Aristóteles – todos – usam o substantivo e o adjetivo substantivado sem qualquer diferença de significado.

Há ainda um ponto filosófico relevante. Aristóteles não segue por completo as rigorosas definições de causalidade em *Sobre a antiga medicina*.[25] Sua definição dos "tipos de causalidade" em *Física* II, *Metafísica* V e alhures remete às elaborações do século V a.C. e faz de suas incertezas um elemento rico e conceitualmente complexo. A resposta à pergunta "por quê?", segundo essa concepção, não deve se limitar a fornecer as causas produtiva e eficiente, em termos introduzidos pelos estoicos com base em usos encontrados em

---

[24] Cf. a seção 2: "há muito tem a medicina os meios que tem à disposição, tendo descoberto um princípio e um método graças aos quais as descobertas efetuadas durante um longo período são muitas e excelentes; e tudo o mais há de ser descoberto se formos capazes de fazê-lo, se conhecermos o já descoberto e se o tomarmos como ponto de partida da investigação".

[25] Sobre a causalidade em Aristóteles, cf. Sorabji [520].

*Sobre a antiga medicina.*²⁶ O uso que Aristóteles faz da ideia de "objetivo", "finalidade" ou "propósito" na explicação causal (como já Platão fazia no *Fédon*) restaura o contexto moral e político dos "motivos" e das "razões" próprio ao pensamento do século V a.C. e drasticamente abandonado como tolice por *Sobre a antiga medicina*.

---

26   Para a tendência estoica de reduzir a causalidade a uma única forma "eficiente", cf. Frede [504] e J. J. Duhot, *La conception stoïcienne de la causalité* (Paris, 1988) e A. Ioppolo, "Il concetto di causa nella filosofia ellenistica e romana", *ANRW* (1994) 4493-4545.

14 Retórica e relativismo: Protágoras e Górgias

Paul Woodruff

Protágoras e Górgias são os mais importantes entre os primeiros sofistas. Muito embora a filosofia como nós a entendemos não seja a sua principal ocupação, eles ensinavam concepções e métodos de argumentação que exercem grande fascínio sobre os filósofos posteriores. Em seu contexto, exibem o espírito do novo conteúdo de aprendizagem, a revolução cultural e intelectual do século V a.C. na Grécia. Essa revolução – ou, antes, a reação contra ela – é ilustrada nas *Nuvens* de Aristófanes por uma personagem que entra para uma escola sofística a fim de aprender o "argumento injusto", o qual, segundo havia ouvido, seria capaz de ganhar o favor de um júri em prol até mesmo do pior infrator. O currículo, ele vem a descobrir, envolve ciência e retórica, ambas ridicularizadas nessa sátira. O que não é ridículo é a animosidade popular contra a escola, o que leva à sua incineração (com pelo menos um estudante dentro), indício sinistro dos fortes sentimentos que posteriormente contribuiriam para a morte do homem cujo nome Aristófanes usa para designar o líder da escola sofística – Sócrates.

Os sofistas

Sócrates, como Platão se esforça por mostrar, não teria lugar em uma tal escola, pois não se ocupava da retórica forense ou da ciência natural, não ensinava por pagamento e não viajava. Os sofistas, por contraste, viajavam de cidade em cidade, ensinavam adultos e jovens e recebiam pagamentos consideráveis, em especial pelas lições sobre o poder das palavras. O termo *sophistḗs* em seus primeiros usos refere-se a homens sábios tais como os poetas, ainda ocorrendo no século IV a.C. como termo geral para oradores e filósofos. Sob a influência de Platão, contudo, a palavra adquire um escopo mais restrito e passa a ser associada em especial com a retórica e o relativismo. Isso é enganador, pois entre os assuntos ensinados pelos sofistas estavam a oratória, a ética, a teoria política, o direito, a história, a mnemônica, a literatura, a matemática e a astronomia. Alguns sofistas lidavam também com metafísica e epistemologia. Outros tinham interesse antropológico pelas origens da cultura humana, a qual (em contraste com as mitologias anteriores) atribuíam à invenção humana. A mensagem de que o progresso decorre dos desenvolvimentos tecnológicos e políticos promovia a tese, francamente proposta em proveito próprio, de que a educação é um dos maiores bens públicos.

Pouco sobrevive dos muitos livros e discursos produzidos pelos sofistas. Somos forçados a elaborar conclusões especulativas a respeito de pontos específicos de doutrinas de que possuímos escassa evidência. Muito do que julgamos saber acerca dos sofistas deriva de Platão, que critica muitos deles por se apresentarem como professores de assuntos de que, segundo julga Platão, não têm conhecimento. A obra de Platão é uma ficção histórica escrita 50 anos ou mais depois de Protágoras produzir ondas de choque em Atenas. O objetivo de Platão é antes filosófico que histórico, e devemos ter cuidado para não nos deixarmos seduzir por sua escrita vigorosa e tomá-la como um testemunho fiel da época.

Parte do objetivo de Platão é evidentemente distinguir Sócrates dos sofistas com os quais ele estava associado na imaginação popular, objetivo esse que ajuda a explicar por que Platão representa Sócrates como adversário de diversos sofistas, desafiando-os a defender sua pretensão a professores e negando veementemente que ele, Sócrates, seja um professor. Muito embora Platão trate Protágoras e Górgias com respeito, seu Sócrates refuta-os com facilidade. Platão é, em geral, duro com os sofistas. Em sua opinião, os sofistas substituem a realidade pela aparência e a verdade pela persuasão; usam falácias deliberadamente para desencaminhar uma audiência perplexa; e alegam ser capazes de vencer qualquer um pelo poder da retórica, mesmo em assuntos em que eles, os sofistas, sejam completamente ignorantes.

O retrato dos sofistas por Platão nos lega a aplicação do adjetivo "sofístico" a argumentações tortuosas e desonestas. Não obstante, seguindo indicações em Hegel, o estudioso novecentista George Grote apresenta uma notável defesa dos sofistas em sua *História da Grécia*, a partir do que muitos estudiosos recentes tentaram separar seu objeto da imagem negativa a ele associada. O lugar dos sofistas na história da filosofia grega é hoje amplamente reconhecido.

O primeiro e mais bem-sucedido autoproclamado sofista foi Protágoras. Sua profissão, como ele a definia, era a de melhorar seus estudantes transmitindo-lhes a virtude de bem deliberar *(euboulía)*, a qual, afirmava, torná-los-ia altamente capazes e poderosos na vida pública e na administração do próprio lar (Platão, *Prot.* 318e). Protágoras tinha amplos interesses pelo uso da linguagem, em especial pela oratória. Na história da filosofia, é melhor conhecido por sua máxima de que "o homem é a medida de todas as coisas" (DK 80 B1), o que, segundo a interpretação de Platão, é equivalente a relativizar a verdade à percepção e ao julgamento individual. Apenas um punhado das sentenças de Protágoras chegou até nós, além de algumas palavras, títulos ou *slogans*, de modo que a tarefa de reconstruir seu pensamento com base em tais pontos é, em larga medida, especulativa.

De Górgias temos dois discursos completos, um fragmento substancial de um terceiro e dois sumários diferentes de um texto filosófico de porte – uma ínfima porcentagem da lavra de uma vida longa e produtiva. Contemporâneo próximo de Protágoras, foi professor de oratória pública e, segundo Platão, não pretendia melhorar seus estudantes de quaisquer outras maneiras. Por que o deveria fazer, se acreditava no poder supremo da palavra? Górgias transpunha o método de argumentação empregue na oratória pública para a abordagem de profundas questões filosóficas. Enquanto Protágoras relativizava a realidade e afirmava o conhecimento individual, Górgias negava a realidade e o conhecimento. Essas duas doutrinas paradoxais são provavelmente respostas a desenvolvimentos da filosofia pregressa, ambas provocando respostas por parte dos filósofos posteriores.

O sucesso de Protágoras como professor e a fama de Górgias como orador abrem caminho para a geração seguinte de sofistas. Pródico era conhecido por fazer distinções precisas na definição de palavras. Hípias tinha um amplo espectro de interesses: diz-se que teria feito avanços em ciência (inventou a curva conhecida como quadratriz), sendo conhecido também por sua obra em astronomia. Temos evidências igualmente dos ensinamentos de Antifonte, Crítias, Eveno, Eutidemo, Trasímaco, Alcidamas e Licófrone. O Anônimo de Jâmblico (um escritor desconhecido citado por Jâmblico) e o autor dos *Dissoì Lógoi (Argumentos Duplos)* também são considerados sofistas. Concepções relacionadas a essas aparecem na *República* (358e-359b, sobre o contrato social) e no *Górgias* (483a-484c, sobre o conflito entre lei e natureza) de Platão. A influência dos sofistas também fica evidente na maestria da retórica, no realismo acerca da motivação humana e na reticência a respeito da religião e dos deuses presentes na *História da guerra do Peloponeso* de Tucídides.

Sócrates aparece como professor nas *Nuvens* de Aristófanes (versão supérstite, 420 a.C.), dando lições de ciência natural e do tipo de oratória pública ensinada pelos sofistas. Muito embora falso em diversos detalhes, o retrato de Sócrates por Aristófanes deve ter sido suficientemente veraz para causar impressão sobre uma audiência que conhecia Sócrates. À parte Antifonte e Tucídides, Sócrates é a única figura ateniense proeminente engajada nos novos ensinamentos, sua atuação tendo muito em comum com a dos sofistas. Ele compartilhava com os sofistas os interesses em ética e adotava algumas de suas ideias e alguns de seus métodos. Sua teoria da punição como educativa está próxima da que Platão atribui a Protágoras (*Prot.* 324b) e seu método de questionamento é uma variante de uma prática dos sofistas. Seu interesse pela definição de conceitos tais como o de justiça tem relações com as obras dos sofistas sobre a correção das palavras.

A RETÓRICA

A persuasão, afirma Górgias, "tem o mesmo poder, mas não o mesmo aspecto, que a compulsão", e o tem em virtude da habilidade adquirida (*tékhne*) do orador, quer o que diga seja verdadeiro, quer não (*Encômio de Helena* 13).[1] Górgias assenta essa tese sobre três exemplos: os astrônomos especulativos são persuasivos a respeito de objetos invisíveis com base na mera opinião; os filósofos triunfam em razão da perspicácia de seu raciocínio; e os oradores nas cortes de justiça vencem antes em decorrência da habilidade com que seus discursos são escritos do que em virtude de estarem certos.

Que a habilidade com as palavras possa passar por cima da verdade em uma corte de justiça não implica *per se* uma filosofia cética ou relativista. Essa concepção pode ser sustentada igualmente por alguém que respeite a verdade

---

[1] O *Encômio de Helena* encontra-se em DK 82 B11. Há traduções em Sprague [431] e Gagarin/Woodruff [429].

(como Górgias alega fazer no *Encômio de Helena*) ou por alguém que rejeite a possibilidade de se falar a verdade (como Górgias parece fazer em seu ensaio *Sobre o não ser*). Até mesmo Platão reconhece o poder de discursos apresentados a grandes grupos: por isso, apresenta Sócrates em ação em contextos em que a verdade tem melhor chance de ser persuasiva do que em uma corte de justiça. As cortes atenienses consistiam em júris grandes demais para que os jurados fossem subornados, mas facilmente se deixavam convencer por discursos. Sócrates, por contraste, faz apelo às convicções que seu interlocutor – e só ele – tem de mais arraigadas em si, devendo a verdade, e não a habilidade de cada contendor, ser relevante para a análise dessas convicções.

Os primeiros professores da arte das palavras foram Córax e Tísias, na Sicília. Não obstante, não são comumente listados como sofistas. O primeiro professor a ser chamado de sofista foi Górgias, que assomou a Atenas oriundo de Leontini em 427 a.C. e foi a influência maior sobre a próxima geração de oradores. O advento da democracia em Atenas e na Sicília ao longo do século V a.C. dá novos poderes a oradores habilidosos nas cortes de justiça e nas assembleias, mas a arte das palavras não é uma invenção recente. Os gregos tinham um fascínio por exibições de oratória pública já desde Homero, sempre honrando quem tivesse sucesso em tais disputas de discursos. Estadistas como Temístocles deviam seu sucesso à oratória muito antes de os sofistas entrarem em cena, sendo os discursos uma característica já das primeiras peças de teatro gregas. Em todas as cidades gregas, especialmente nas democracias, a oratória tinha lugar de destaque no entretenimento, nos órgãos deliberativos e nas cortes de justiça. Atenas oferecia a todo cidadão adulto do sexo masculino o direito de falar em assembleia, o que dava a desocupados intrometidos (conhecidos como demagogos) a oportunidade de influenciar a política por meio dos discursos públicos. Ao mesmo tempo, as cortes democráticas podiam arruinar ou salvar um homem, a depender (ao que parece) de quem, acusador ou acusado, fazia o melhor discurso. A retórica, no entanto, nem sempre triunfava na política ou oferecia segurança nas cortes de justiça. Péricles, o melhor orador de sua época, não teve sucesso em sua defesa legal, e o discurso de defesa de Antifonte, embora tenha granjeado sucesso entre os intelectuais, não o salvou da execução.

A tradição filosófica de considerar a retórica meramente como arte da persuasão deve-se em larga medida a Platão, que representa Górgias a ensinar a retórica como uma arte da persuasão que é neutra quanto a seus objetos, pode ser aprendida por si só e é poderosa o suficiente para derrotar até mesmo peritos em matéria de sua especialidade. Pensadores anteriores a Platão talvez não empregassem de maneira consciente um conceito assim estrito de retórica. A caracterização platônica é tendenciosa, já que muitos dos primeiros professores de oratória pública iam além de uma arte da persuasão neutra quanto a seus objetos.[2] Sabemos que, sob o rótulo de "arte das palavras", os sofistas abordavam tópicos tais como as características dos atos de fala (Aristóteles, *Poet.* 19 1456b15), o correto uso dos termos e os métodos de argumentação. Estes últimos tinham propósitos não apenas persuasórios, sendo também empregues em investigações sérias de todo tipo, da metafísica à antropologia. Notando que tais métodos não podem produzir conhecimento, Platão erroneamente infere que não têm valor que não o de persuasão.

"Correção das palavras"

Esse era o título dos ensinamentos de muitos sofistas, mas apenas em alguns casos sabemos o que significava. Protágoras argumentava que "ira" no primeiro verso da *Ilíada* (substantivo feminino também em grego) deveria ser tratado como pertencente ao gênero masculino. O mesmo Protágoras também pretendia corrigir poetas que aparentemente se contradiziam em seus versos.[3] Pródico argumentava em prol do uso preciso das palavras, fazendo distinções cuidadosas entre pares tais como "prazer" e "desfrute".[4] Ambos evidentemente almejavam precisão maior com as palavras do que permitia o uso convencional. Também Górgias faz apelo à correção das palavras (DK 82 B6), mas sua arte acrescenta aos discursos públicos o eufemismo e a metáfora (B5a, 15 e 16). As concepções filosóficas de sofistas célebres não

---

[2] É a principal tese de Cole [440], sobre a qual cf. a resenha de W. W. Fortenbaugh em *Gnomon* 65 (1993) 385-389.

[3] Evidências do interesse de Protágoras pela correção das palavras: Platão, *Crat.* 391c, *Fedro* 267c6, *Prot.* 338e-339a; Plutarco, *Péricles* 36.3; Aristóteles, *Soph. El.* 14 173b17.

[4] Imitado em Platão, *Prot.* 337a-c.

permitem um padrão fixo de correção. Daí que alguns estudiosos suponham que por "correção" fosse pretendido um uso efetivo da linguagem,[5] uso esse que fosse compatível com o relativismo em decorrência do fato de que a mesma linguagem pode afetar diferentes pessoas diferentemente. Contudo, não há dúvida de que o padrão de Protágoras independia da opinião pública, visto preferir gêneros naturais a gêneros convencionais.

Discursos opostos

A arte de apresentar discursos opostos – oferecer argumentos em prol de ambos os lados da questão – era ensinada por Protágoras e outros sofistas (DL IX.51). As obras de Protágoras estão hoje perdidas, mas temos exemplos supérstites nas *Tetralogias* de Antifonte e nos *Dissoì lógoi*, assim como na *História* de Tucídides e em peças de Eurípides e Aristófanes. Essa arte guarda relação com "tornar mais forte o argumento mais fraco",[6] fórmula que, dada a ambiguidade das palavras gregas, significava igualmente "fazer parecer correto o argumento errôneo". Os discursos supérstites de Górgias ilustram como argumentos astuciosos podem fortalecer um argumento fraco. Essa prática foi utilizada por muitos sofistas, sendo parte da acusação velada contra Sócrates (Platão, *Ap.* 18b). Argumentos opostos, assim como argumentos em defesa de uma posição fraca, tipicamente fazem uso do conceito de *eikós*, o que envolve certa relatividade.

Eikós e *euboulía*

Fazer apelo a uma expectativa razoável (*eikós*: provável ou plausível) é o esquema de argumentação mais comum ensinado pelos sofistas. Tinha amplo uso na retórica forense e em discursos deliberativos, tendo também função útil no que hoje chamaríamos de ciência social. Bons exemplos são

---

[5] Guthrie [17] 205.
[6] Atribuído por Aristóteles a Protágoras (*Rhet.* II.24 1402a23).

encontrados nos discursos supérstites de Górgias e na *Defesa* e nas *Tetralogias* de Antifonte. Um homem rico acusado de furtar uma túnica, por exemplo, poderia fazer apelo à expectativa de que um homem rico, que pode comprar uma túnica, não se arriscaria a furtá-la. Antifonte foi acusado como líder de um golpe oligárquico em 411 a.C. O fragmento supérstite de seu discurso de defesa depende por completo da noção de *eikós*, argumentando que a motivação provável de quem perturba um governo estabelecido não se aplica em seu caso: não seria *eikós* um orador desejar a oligarquia, visto haver menor mercado para discursos em tal regime político.

Tais apelos, frequentemente apresentados como perguntas retóricas, são fundamentais às estruturas argumentativas desenvolvidas pelos sofistas: discursos opostos (pelos quais Protágoras era conhecido) e hierarquias exaustivas de argumentos (desenvolvidas por Górgias). O *eikós* é empregue quando se carece de um testemunho visual, como no caso da reconstrução da história grega pregressa por Tucídides, guiando extrapolações a partir da escassa evidência disponível. Os oradores em Tucídides frequentes vezes fazem apelo ao *eikós* para embasar suas predições sobre o futuro, tanto no debate acerca das estratégias como na exortação à batalha.[7]

Platão erroneamente trata o *eikós* como um valor oferecido pelos sofistas em lugar da verdade (*Fedro* 267a). Em seu uso real, *eikós* é um método reconhecidamente arriscado de se explorar a verdade, quando a evidência disponível não dá suporte a conclusões determinadas. Como tal, o conceito de *eikós* depende do conceito de verdade. O que é *eikós*, afirma Aristóteles, é o que ocorre "na maioria das vezes" e, quanto mais frequentemente vemos que uma generalização é o caso, tão mais *eikós* ela é (*Rhet.* II.25.8-11). Isso, porém, não se aplica bem o bastante às questões abordadas pelos sofistas. O que tipicamente ameaça um julgamento baseado no que é *eikós* não é a falta de instâncias de sua regra geral (o que obviamente ocorre em casos normais), mas sim a existência de informações que excluiriam da incidência sob essa regra geral o caso em questão. Se, por exemplo, tudo o que sabemos é que o acusado era rico e o furto foi de apenas uma túnica, não esperaremos racionalmente que o acusado seja o ladrão. Todavia, a adição de certos detalhes (o

---

[7] Woodruff [448]. Cf. tb. Vegetti, neste volume, p. 353s.

frio daquela noite; a ausência de testemunhas; o descuido do acusado, que havia saído sem a sua túnica) tornam a acusação mais razoável. Discursos opostos nos sofistas e em Tucídides mostram que esses pensadores estavam cientes de que diferenças nas informações adicionais geram diferenças no que é *eikós* – que, portanto, é relativo às informações adicionais. Mude-se o pano de fundo de um caso e mudar-se-á o que é razoável acreditar a seu respeito. Quando pouco se sabe a respeito dos fatos, oradores opostos podem aduzir considerações em vista das quais conclusões contrárias parecerão igualmente razoáveis, como ocorre na primeira tetralogia de Antifonte: o acusador argumenta ser plausível que o rico acusado tenha cometido o crime com vistas a proteger suas riquezas do homem que é acusado de haver matado; o acusado contra-argumenta que cometer o crime poria suas riquezas sob um risco ainda maior e, portanto, é improvável que o tenha feito. O acusador chama, então, a atenção para um fato que o acusado omite: o acusado estava sob o risco de um processo por parte da vítima. Esse fato derrota a expectativa normal de que homens ricos não precisam recorrer ao crime.

Tais apelos às expectativas normais são o que os lógicos modernos chamam de *falíveis*: sustentam-se em condições normais e são derrotados por anormalidades inesperadas. O bom uso de tais raciocínios depende do sentido claro do que é normal em uma dada generalização, assim como de nosso conhecimento a respeito do que pode produzir a sua derrota. O raciocínio falível é, por vezes, o melhor que podemos oferecer (como na maior parte dos diagnósticos médicos). Sua desvantagem, porém, é depender pesadamente do bom juízo e da experiência de quem o usa, que deve ser capaz de fazer as perguntas certas e identificar as respostas relevantes. Todos os julgamentos do que é *eikós* são relativos a informações adicionais seletas. Aristóteles ignora-o e erroneamente supõe que uma conclusão pode ser *eikós* sem qualificação. Segundo Aristóteles, quando conclusões opostas parecem igualmente *eikós*, apenas uma delas será *eikós* sem qualificação (*Rhet*. II.24). Se, porém, pudéssemos julgar a conclusão sem qualificação, não haveria necessidade do *eikós*. Aristóteles teria razão se dissesse que apenas uma é verdadeira, mas esse é outro ponto. É importante contrastar os julgamentos do que é *eikós* e os resultados probabilísticos que encontramos na ciência moderna. Probabilidades são baseadas em induções a partir de observações, não sendo relativas a informações subjetivas. Para o *eikós*, no entanto, a questão não é se a generalização de que depende é verdadeira – visto que os adversários concordam que é –, mas se o caso incide ou não sob essa generalização. A virtude do bom julgamento do que é *eikós* não é a sua base empírica, mas a relevância da informação que o enquadra.

Aristóteles afirma, na passagem citada, que o uso de tais raciocínios por Protágoras incorria em ira pública, por parecer tornar mais forte o argumento mais fraco. Tal método suscitava o temor de que um bom orador poderia com sucesso defender um criminoso ou culpar um inocente. Na ausência de testemunhas que decidam a questão e no caso de o julgamento não conseguir decidir que informação é mais relevante para o caso, uma disputa de discursos que façam apelo ao *eikós* pode ser meramente uma disputa entre os poderes persuasórios de ambos os oradores. Em um tal caso, um orador pode argumentar tão bem em prol de uma parte quanto da outra, se for treinado para fazê-lo.

Para Platão, a possibilidade de argumentos igualmente críveis de ambos os lados é fatal para a integridade moral da oratória forense: pessoas sérias devem se ocupar de questões ultramundanas. Para aqueles, contudo, cujas preocupações são a prática política e o direito, como Protágoras, o perigo do raciocínio segundo o que é *eikós* aponta para a enorme importância da *euboulía* ("faculdade de bem deliberar") – uma virtude tida em alta conta pelos gregos. A faculdade de bem deliberar é responsável pela importantíssima diferença entre a retórica enganadora e uma investigação séria em áreas em que um conhecimento inabalável é impossível.

A retórica de Górgias

A retórica de Górgias exige especial tratamento, não apenas porque Górgias é o principal entre os primeiros oradores gregos, mas também porque dois discursos completos de sua lavra sobrevivem, o *Encômio de Helena* e a *Apologia de Palamedes* (DK 82 B11), assim como um fragmento substancial de um terceiro, a *Oração fúnebre* (B6). Todos eles pretendem exibir a arte da oratória pública por meio do uso de recursos que possam ser facilmente transpostos para outros discursos. Em estilo, organização e argumentação, representam padrões que aparecem na oratória posterior como resultado da ampla influência de Górgias como professor. Sua *Oração fúnebre* ecoa em diversos discursos, da oração fúnebre de Péricles à de Lincoln, e sua *Apologia de Palamedes* é imitada em organização e argumentação por ninguém menos que Platão em sua *Apologia de Sócrates* (mais comumente conhecida simplesmente como *Apologia*). Elementos do estilo de Górgias aparecem em diversos outros discursos de Platão, em especial o Encômio do Amor pronunciado por Agatão no *Banquete*. Na vida real, o ensinamento de Górgias tem grande influência sobre Hípias e, mais tarde, sobre Isócrates, contemporâneo de Platão.

O estilo de Górgias traz para a prosa algo do poder de mexer com os sentimentos da audiência associado por ele à poesia (*Helena* 9). O ritmo, o equilíbrio e as rimas internas têm o propósito de tornar certas passagens memoráveis (como em poesia) e os pensamentos são expressos por meio de uma linguagem ornamentada por metáforas (B5a) e expressões compostas (B15). O equilíbrio e o ritmo são atingidos por meio do uso de antíteses apenas parcialmente apreendidas pelas traduções: "se ela foi raptada por meio de violência, ilegalmente violentada e injustamente abusada, claramente o raptor cometeu injustiça ao cometer abuso e a raptada padeceu infortúnio ao padecer abuso" (*Helena* 7). Sabemos que a arte das palavras de Górgias depende do conceito de *kairós* – dizer a coisa certa no momento certo –, mas não sabemos exatamente o que é pretendido com isso (B13) e, nos discursos supérstites, Górgias não seleciona apenas o argumento certo para o momento, mas acumula argumento sobre argumento tentando fazer com que a audiência pense que ele cobre todas as possibilidades.

A *Apologia de Palamedes* é provavelmente composta como um discurso de defesa paradigmático perante uma corte de justiça, muito embora o caso seja extraído de mitos que se passam na época da Guerra de Troia. Célebre por sua inventividade, Palamedes é acusado por Odisseu de ter aceito suborno dos troianos para trair os gregos. A matéria repousa sobre o *eikós* porque não há evidências disponíveis (no entanto, no século IV a.C. Alcidamas escreve um discurso de acusação para o caso, evidentemente em resposta ao de Górgias, no qual Odisseu faz apelo a evidências não mais disponíveis – uma flecha que continha a mensagem de um troiano a Palamedes). A defesa de Górgias segue um padrão familiar a leitores da *Apologia* de Platão, do repúdio inicial da arte retórica (4) ao apelo final acompanhado de um aviso aos juízes (33-35). Os argumentos no discurso são organizados de um modo que é a marca registrada de Górgias: toda possibilidade é levada em consideração, mesmo as que apenas se seguem de possibilidades já rejeitadas. Como, por exemplo, poderia Palamedes se encontrar em segredo e em privado com os troianos se não têm uma língua comum? Suponham, contudo, que tenham se encontrado; como poderiam trocar promessas em segredo? E assim por diante, ao longo de uma enorme lista de perguntas retóricas ligadas por "conceda-se que *isso* aconteceu; mesmo que não tenha acontecido, como *isto* poderia acontecer?".[8]

O *Encômio de Helena* argumenta que Helena não deve ser culpada pela Guerra de Troia. Não é sua culpa que ela tenha sido raptada para Troia. Esse discurso também depende do que é *eikós*. Apenas quatro explicações possíveis para a ida de Helena a Troia são razoáveis, segundo Górgias: os deuses planejaram-na; Helena foi fisicamente forçada a ir; Helena foi compelida pelo poder de um discurso; ou foi afetada pelo amor. Górgias mostra, mais uma vez de maneira exaustiva, que em cada uma das possibilidades ela é inculpável. Seu argumento em prol do poder de um discurso celebra o poder de a linguagem afetar a mente comparando-o ao poder de uma droga afetar o corpo (*Helena* 14). Encontramos um tributo ao poder enganador da linguagem também em uma sentença supérstite a respeito do teatro: "a tragédia produz um engano tal que quem engana é mais justo do que quem não engana e quem se deixa enganar é mais sábio do que quem não se deixa enganar" (B23). Todavia, em seu ensaio *Sobre o não ser*, Górgias parece asserir que não podemos nos comunicar por meio da linguagem, o que cria um problema a que devemos retornar mais adiante. As últimas palavras do *Encômio de Helena* sustentam que esse discurso foi escrito para deleite do autor, não sendo possível estarmos certos de quão a sério Górgias tomava argumentos como esse que oferece. A jocosidade abunda nos primórdios da oratória grega. O uso de falácias absurdas, tais como as que tornaram Eutidemo famoso, tem antes a função de atordoar a audiência do que ludibriá-la ou persuadi-la contra a sua vontade. Em seu todo, porém, a arte das palavras tem propósitos sérios e cobra pagamentos.

---

[8] Para uma análise detalhada, cf. Long [464].

O RELATIVISMO

O relativismo, definido em sentido lato, é qualquer concepção que concede que juízos aparentemente conflitantes são iguais em algum aspecto para as pessoas que deles se ocupam – igualmente arbitrários, igualmente razoáveis, igualmente úteis ou igualmente verdadeiros. O relativismo extremo é qualquer concepção que nega a possibilidade de uma verdade absoluta insistindo que nada pode ser verdadeiro sem qualificação. Seu correlato moral insiste que nada pode ser bom sem qualificação. O relativismo extremo interessa aos filósofos porque torna a contradição (ou a contradição em tópicos morais) impossível, mas não pode ser atribuído a nenhum sofista, com a possível exceção de Protágoras.[9]

Os primeiros viajantes gregos prontamente chegam à ideia de que diferentes tradições morais descobertas por eles são *igualmente arbitrárias*, visto repousarem apenas sobre os costumes. O poder do costume *(nómos)* era reconhecido antes dos sofistas e celebrado no frequentemente citado verso de Píndaro, "o *nómos* é rei" (encontrado, por exemplo, no *Górgias* de Platão, 484b). Heródoto observa como as noções corriqueiras de certo e errado variam ao longo das fronteiras culturais (III.38) e, como professores-viajantes, alguns sofistas desenvolvem um interesse pela comparação de ideias éticas, políticas e religiosas em diversas culturas. Pesquisas desse tipo tendem a fazer com que os valores tradicionais pareçam arbitrários, e mesmo os defensores de tradições recentemente surgidas têm razão para se sentir ameaçados pelos novos ensinamentos de fins do século V a.C., que fazem apelo aos conservadores que criticavam os costumes da Atenas democrática. Tal pesquisa poderia levar ao relativismo extremo se não envolvesse um compromisso com valores naturais tais como a paixão pela natureza que guia Cálicles em seu ataque radical aos costumes (Platão, *Gorg.* 483a-484c).

Já vimos como concepções opostas podem ser tornadas *igualmente razoáveis* por meio da seleção de diferentes informações como relevantes por diferentes oradores para juízos do que é *eikós*. Embora perturbador, esse resultado não acarreta o relativismo extremo: concepções contrárias podem ser

---

[9] Bett [470], Fine [473]. Para Protágoras em relação a Demócrito, cf. Taylor, neste volume, p. 260.

igualmente razoáveis em um mundo de verdades inqualificadas, assim como pode ser igualmente provável que uma moeda dê cara ou coroa. Ademais, o relativismo extremo eliminaria o *eikós* ao rejeitar a verdade inqualificada, que é um parente conceitual próximo.

Concepções conflitantes podem ser *igualmente úteis* dependendo das circunstâncias. Como Heráclito, Protágoras provavelmente sustentava que a mesma coisa pode ser boa para uma espécie e ruim para outra (Platão, *Prot.* 334a-c, cf. DL 22 B61). Segundo essa concepção, opiniões conflitantes sobre ser um certo óleo saudável ou não dependem do fato de o óleo dever ser ministrado externa ou internamente. Tal relativismo pode promover em algumas mentes a ideia independente de que não há tal coisa como um bem ou um mal absolutos, mas não acarreta por si só o relativismo extremo.

A igualdade quanto à *verdade* é uma tese mais radical, sendo muito provavelmente o ensinamento de Protágoras: "o homem é a medida de tudo, do que é de que é, do que não é de que não é" (DK 80 B1). Segundo Platão, essa sentença (provavelmente oriunda de um livro intitulado *Verdade*) implica que os meus juízos são verdadeiros para mim e os seus, para você (*Tht.* 152a). Em seu contexto inicial, isso parece se aplicar apenas à percepção, mas Platão o estende para a opinião em geral. Segundo Platão, Protágoras tem em mente a tese de que nenhuma opinião é jamais falsa, sendo qualquer opinião sempre verdadeira para a pessoa que a sustenta. O relativismo quanto à verdade implica que concepções conflitantes são igualmente verdadeiras. Isso suscita um problema em lógica. Se as concepções conflitantes são contrárias, não podem ser ambas verdadeiras; isso é o que "contrário" significa. Se, porém, não são contrárias, em que sentido conflitam? Não pode ser um conflito verifuncional se não há verdade comum; e não pode ser um conflito quanto à ação se não há uma realidade comum em que se possa agir.

Protágoras e a verdade

Os filósofos antigos reconheciam as dificuldades do relativismo protagórico quanto à verdade. Quatro soluções foram aventadas na antiguidade, nenhuma delas completamente satisfatória. Não podemos ter qualquer certeza a respeito de qual, se alguma, corresponde à posição de Protágoras. Devemos ter em mente que o homem-medida chega até nós sem um contexto que nos permita uma interpretação definitiva. Quanto a se "homem" se refere ao indivíduo ou à espécie, os estudiosos em geral seguem a leitura individualista de Platão, mas com precaução. O testemunho de Platão não é autorizado, visto encontrar-se em um diálogo que pertence à obra filosófica de Platão. A evidência de autores posteriores como Aristóteles e, muito mais tarde, Sexto Empírico deriva de fontes acadêmicas contaminadas por Platão.[10] O que segue é um sumário das principais tentativas de reconstruir o ensinamento de Protágoras.

Em primeiro lugar, Aristóteles julgava que Protágoras pretendia eliminar o princípio de não contradição, insistindo que opiniões conflitantes são simplesmente verdadeiras, ainda que contraditórias. Ele afirma que a doutrina do homem-medida tanto se segue da seguinte posição como a acarreta, a saber, que o mesmo juízo pode ser ao mesmo tempo verdadeiro e falso (*Met.* IV.5 1009a6-15 e IV.4 1007b18-25). O custo, porém, de abrir mão desse princípio é alto, e Protágoras parece invocar esse mesmo princípio em outros contextos: *Protágoras* 339b mostra que Platão julgava que Protágoras objetava a contradições em poesia, e as tentativas de Platão de resolver esse problema não eliminam o princípio.

Em segundo, uma solução implicada pelo *Teeteto* de Platão (sem sua confusão com as posições de Heráclito): se "a brisa está quente" e "a brisa está fria" são contrários sem qualificação, são opostos o suficiente para ser conflitantes; se cada um é verdadeiro segundo uma qualificação ("para mim", "para você"), são iguais o suficiente quanto à verdade, embora nenhum seja simplesmente verdadeiro, e as qualificações ("para mim", "para você") eliminam o conflito. Se essa é a solução de Protágoras, ele deve negar que um orador possa realmente contradizer o outro, e também isso é atestado (Platão, *Euth.* 286a-b, DL IX.53). Cada falante deve se reportar a uma verdade privada, sem, portanto, que haja conflito entre eles. Também essa posição tem seus custos: é difícil entender o que podem significar essas verdades privadas,

---

[10] Para um elegante sumário das principais questões relativas à interpretação desse fragmento e o consenso dos especialistas a respeito, cf. Mansfeld [475] 43.

em especial porque os estudiosos concordam que Protágoras não pode ter sido um idealista e que ele não pretendia que o conteúdo em minha mente simplesmente constituísse a minha verdade privada.[11] É difícil, além disso, eliminar a ideia – fundamental para o pensamento de Protágoras – de que os falantes possam assumir posições contrárias. A solução de Platão, contudo, elimina não apenas o conflito lógico como também o conflito prático. Por exemplo: você, julgando a brisa fria, pode querer abrigo, ao passo que eu, julgando-a quente, posso querer ficar ao ar livre. Como, porém, não estamos falando da mesma brisa, não há conflito.

Em terceiro está a interpretação heraclítica encontrada igualmente no *Teeteto*. O Sócrates de Platão atribui a Protágoras, assim como a Heráclito, a ideia de que opostos sempre invadem e abandonam as coisas que percebemos (sendo que tudo o mais está igualmente em mudança). Esse é chamado o "ensinamento secreto" de Protágoras, dando a entender que não há evidências dessa interpretação, quer se trate de registro escrito ou de transmissões orais. Devemos supor que se trata de uma contribuição exclusiva de Platão, sem relevância direta para Protágoras, exceto em razão de devermos explicar por que Platão pensa que a hipótese da mudança explica o homem-medida. Sua solução para o problema da contradição é a seguinte: o que percebo é o caso somente no momento em que o percebo, e o mesmo vale para você (assumindo-se que nenhum de nós percebe o mesmo objeto no mesmo momento e que cada um de nós muda o objeto ao percebê-lo). Platão insiste que, nessa concepção, "é" tem de ser substituído por "torna-se". Se, contudo, o "é" é eliminado, são igualmente eliminados a verdade e o conhecimento tais como Platão os entende. Não obstante, as percepções mutantes de cada qual infalivelmente correspondem aos objetos mutantes com os quais ele ou ela está em contato perceptual, de modo que algo como a relatividade da verdade é preservado na doutrina secreta.

A quarta solução é a mais benigna. Suponha-se que há uma verdade para todos nós, a qual, porém, é complexa o suficiente para dar suporte a todas as nossas diferentes concepções a respeito. As coisas podem ser constituídas a partir de opostos, por exemplo, como os primeiros filósofos gregos acreditavam

---

[11] Burnyeat [471].

ser o caso; e se há tanto frio como calor na brisa, posso sentir mais do calor (devido a alguma característica peculiar de meu aparato perceptual) enquanto você sente mais do frio, mas cada um de nós sente algo que está verdadeiramente na brisa. A brisa é, na verdade, tanto fria como quente, e isso é logicamente possível se os opostos puderem ser copresentes, como o doce e o amargo podem estar misturados em uma mesma sopa. Isso deixa a lógica intacta, mas em que sentido permite o conflito entre as opiniões? As opiniões conflitam em decorrência do fato de que isolam opostos polares dentre as qualidades da brisa. Podem igualmente conflitar se recomendam cursos opostos de ação (ir para dentro, ficar ao ar livre), visto que se trata do mesmo vento para ambos. A única autoridade antiga para essa quarta concepção é Sexto Empírico (*PH* I.216), mas a sua caracterização pode ser derivada de uma leitura equivocada do *Teeteto* de Platão, que requer ou bem a segunda ou, então, a terceira interpretação.[12] O argumento em prol da quarta interpretação deve repousar sobre o *eikós*: é a concepção mais razoável em vista do que conhecemos a respeito de Protágoras e de seu tempo.[13] Nessa leitura, Protágoras não nega a verdade absoluta e não é um relativista extremado. Esse é um bom resultado, porque o relativismo extremo é incompatível com diversas teses propostas por Protágoras e outros sofistas.

A natureza e os novos ensinamentos

"O que vemos", diz Górgias, "tem uma natureza *(phýsis)*, não a que queremos, mas a que toca a cada coisa ter" (*Helena* 15). Apelos à(s) natureza(s) das coisas são endêmicos nos novos ensinamentos e eliminam o relativismo extremo e o ceticismo. A natureza é independente do que alguém a pensa ser, de modo que, se um pensador pretende atacar as concepções populares ou convencionais, o que pode ser mais natural ou apropriado do que fazer apelo

---

[12] Para a segunda, cf. Burnyeat [471]; para a terceira, Fine [473].
[13] Essa reconstrução, comumente chamada de interpretação objetiva, é favorecida por muitos estudiosos recentes: Kerferd [433] 87; Mansfeld [475] 43; e Schiappa [476] 130. Para uma resenha das opiniões dos especialistas, cf. Kerferd [433] 87 n. 3.

à própria natureza como testemunha contra a tradição? A natureza subjaz ao conhecimento do mesmo modo que a convenção (*nómos*) subjaz à opinião, e apelos à natureza tipicamente tentam opor o conhecimento do acusador à opinião comum. Visto que a natureza é a mesma para todos, o apelo à natureza desafia o relativismo e, visto que esse mesmo apelo pressupõe o conhecimento, elimina o ceticismo.

Segundo Platão, Hípias faz apelo à *phýsis* para defender sua tese do parentesco comum dos homens (ao menos dos sábios), que são divididos por meras convenções ou fronteiras de estado (*Prot.* 337d-338b). O Cálicles de Platão ataca a justiça convencional por tentar bloquear a lei natural de que os fortes devem ser livres para satisfazer seus maiores desejos (*Gorg.* 482c ss.). Górgias é por demais jocoso para termos certeza de que acredita no que afirma a respeito da natureza no *Encômio de Helena*, mas o ponto é claro no que diz respeito ao padrão protagórico de "correção das palavras". Esse padrão é aplicado contrariamente às convenções da linguagem, como se se tratasse de um apelo à natureza – a gêneros naturais, por exemplo.[14] Além disso, Platão faz seu Protágoras defender a justiça como universal nas sociedades humanas, pondo-a entre as necessidades da vida humana. Embora adquirida por aprendizado, a justiça é paralela às habilidades naturais dos animais, necessárias à sobrevivência (*Prot.* 322). Como ferramenta necessária à sobrevivência, a justiça não pode ser o que um certo grupo a diz ser. Não pode, por exemplo, ser a lei do olho por olho, dente por dente (que não promove a sobrevivência), devendo, pois, haver limites naturais para o que a justiça deve ser. Uma caracterização adequada do relativismo de Protágoras deve ser moderada por um reconhecimento dessa sua tendência ao naturalismo. A combinação não é tão estranha quanto parece: Nietzsche combina seu bem-conhecido relativismo perspectivista com um naturalismo psicológico. Para relativistas antigos e modernos, contudo, o naturalismo tem raízes não na metafísica, mas na experiência humana.[15] Em geral, o ataque dos novos ensinamentos à tradição funda-se não sobre o relativismo, mas sobre concepções

---

[14] Aristóteles, *Soph. El.* 14 173b17.

[15] Sobre o naturalismo e o perspectivismo de Nietzsche, cf. B. Leiter "Perspectivism on Nietzsche's Genealogy of Morals" em R. Schacht (ed.) *Nietzsche, Genealogy, Morality: Essays on Nietzsche's Genealogy of Morals* (Berkeley/Los Angeles, 1994) 334-357.

acerca das naturezas fixas das coisas. As concepções tradicionais de que os sofistas são relativistas[16] devem ser suplantadas pelo reconhecimento de que o que caracteriza os sofistas como um grupo é, antes, o seu compromisso com a natureza humana enquanto objeto de estudo. Devemos igualmente abandonar a ideia de que os sofistas sejam céticos.

Górgias e o ceticismo

As três teses de Górgias em seu ensaio *Sobre o não ser* são, para tudo o que se pode nomear: (1) que não é nada; (2) que, ainda que fosse algo, seria incognoscível; e (3) que, ainda que fosse cognoscível, não se o poderia tornar evidente a outrem.[17] Isso não é nem ceticismo nem relativismo: não é ceticismo porque um cético (no sentido antigo do termo) se abstém de toda crença, inclusive de crenças negativas tais como aquelas em prol de que argumenta aqui Górgias; e não é relativismo porque as teses de Górgias são globais e negativas ("é incognoscível para todos"), ao passo que um relativista como Protágoras sustenta teses positivas e locais ("minhas concepções são verdadeiras para mim"). Não é o relativismo extremo porque torna a falsidade impossível e, portanto, elimina a contradição e a refutação, e Górgias consistentemente defende que algumas posições são verdadeiras e outras, falsas.[18]

Górgias desenvolve seu argumento dialeticamente, usando formas de argumentação emprestada de filósofos dogmáticos aos quais se opõe – principalmente Zenão e Melisso. A obra é uma tentativa séria de refutar as concepções desses pensadores e de Parmênides sobre o ser. A tese é simplesmente negativa, de modo que não podemos estar certos quanto ao que Górgias

---

[16] Por exemplo, de Romilly [435] 95-103.
[17] O ensaio *Sobre o não ser* de Górgias sobrevive em duas paráfrases: uma, de Sexto Empírico (AM VII.65-87), foi evidentemente adaptada para servir aos propósitos céticos das fontes de Górgias; a outra, do autor do pseudoaristotélico *Sobre Melisso, Xenófanes e Górgias*, é preferida por muitos estudiosos e está traduzida em Gagarin/Woodruff [429]. A paráfrase de Sexto Empírico está traduzida em Sprague [431] como B3.
[18] Kerferd [433] 97.

poria, se é que poria algo, no lugar das concepções que refuta.[19] Parece mais provável que ele não tenha nenhuma teoria filosófica para propor em seu lugar – nenhuma caracterização alternativa do ser, do conhecimento e do significado –, apenas a prática (que ensinava) de influenciar os assuntos humanos por meio do uso efetivo das palavras. Em um contexto moderno, talvez ele se intitulasse behaviorista e pragmatista.

Muito embora o ceticismo e o relativismo sejam *stricto sensu* opostos, têm certas afinidades. A relatividade é um dos principais modos da argumentação cética na Antiguidade tardia, as fontes antigas identificando Enesidemo – o pensador que provavelmente fez o pirronismo renascer no século I a.C. – como um relativista. Embora uma das fontes de Sexto Empírico faça de Protágoras um dogmático (*PH* I.216), outra lista-o entre os pensadores que abolem qualquer critério por apelo ao relativismo (*AM* VII.60). Todavia, o caminho segue em ambas as direções: o ceticismo acerca do imperceptível leva ao relativismo.

Ceticismo acerca do imperceptível

"Acerca dos deuses", escreve Protágoras, "não estou em posição de saber se existem ou não, nem que aparência têm, pois muitas coisas impedem meu conhecimento – o assunto é obscuro *(ádēlon)* e a vida humana é curta" (DK 80 B4). Protágoras provavelmente quer dizer que não temos qualquer vislumbre claro dos deuses, como teríamos se vivêssemos o suficiente para testemunhar os eventos em que os deuses supostamente intervêm. A respeito desse e de outros assuntos, Protágoras afasta qualquer especulação que vá além da esfera humana.[20]

---

[19] Sobre a interpretação do ensaio *Sobre o não ser*, cf. Kerferd [433] 93-100; Mourelatos [465]; e Newiger [466]. Victor Caston argumenta, em um brilhante artigo publicado no *Festschrift* em homenagem a A. P. D. Mourelatos que o mesmo Victor Caston edita, que o oponente de Górgias no tratado não pode ser um eleata, e ele conjectura que seja Protágoras.

[20] Sobre as implicações de B4 sobre a interpretação do fragmento do homem-medida, cf. Mansfeld [475].

Em geral, Protágoras limita o que conhecemos ao que percebemos, o restante sendo *ádelon*. Há evidências que sugerem que Protágoras sustenta que o que se percebe em certo momento é tudo o que há.[21] Um empirismo robusto como esse conduz ao relativismo acerca da verdade (com problemas a serem discutidos nas seções seguintes), visto que diferentes pessoas podem perceber diferentes coisas em circunstâncias similares. É por tais razões que Demócrito rejeita a percepção como fonte de conhecimento de como as coisas são – e podemos ter certeza de que Protágoras evitaria pronunciar-se a respeito de entidades obscuras como os átomos de Demócrito. Protágoras e Demócrito são oriundos da mesma cidade e foram contemporâneos próximos (houve debates já na antiguidade a respeito de quem teria sido o mais velho). Temos evidências de que discordavam, de maneira confusa para seus seguidores antigos, quanto ao peso do relativismo perceptual. Demócrito contesta a posição de Protágoras de que "as coisas não são mais *(ou mâllon)* isto que aquilo", embora afirme algo bastante similar. Presumivelmente concordariam a respeito da existência de estruturas fixas abaixo do nível da percepção (DK 68 B156.14). Até mesmo Platão concorda com a relatividade do que é percebido: é por isso que se volta para o imperceptível. Protágoras, contudo, se afasta do imperceptível, comprometendo-se forçosamente com alguma forma de relativismo.

Ensino sem conhecimento

Platão pensa que a maioria dos sofistas dão maior valor à percepção do que à verdade. Acusa-os de se apresentarem como professores de moral

---

[21] Aristóteles, *Met.* IX.3 1047a4-7: "nada é perceptível [como F] a não ser que seja percebido [como F]", cf. DK 29 A29. Diz-se também de Protágoras que asseria que a circunferência e a tangente se encontram não em um ponto (como o afirmam os geômetras), mas, presumivelmente, como veremos, ao longo de uma distância (Aristóteles, *Met.* III.2 997b35-998a4). Um possível fragmento de Dídimo, o Cego, tem relação com isso (Woodruff [479]), como também o diálogo entre Zenão e Protágoras sobre o painço (DK 29 A29 = Simplício, *In phys.* 1108.18ss.). Para concepções relacionadas, cf. Antifonte 6 e 37 em Gagarin/Woodruff [429].

quando seu conhecimento se reduz (segundo Platão) a pouco mais do que a habilidade de papaguear os *experts*. Os padrões de Platão são elevados demais para que um ser humano normal se coloque à altura deles (como o próprio Platão reconheceria), mas não podemos salvar Protágoras e Górgias dessa acusação simplesmente ao aplicarmos um padrão menos rigoroso, visto termos razão para acreditar que ambos ensinam concepções que tornam impossível satisfazer qualquer padrão razoável de conhecimento. Como pode Protágoras ensinar algo se o relativismo significa que ele não sabe mais do que seus pupilos? Como pode Górgias ensinar se tem razão em seu ensaio *Sobre o não ser*? Para serem coerentes em pensamento e ação, devem crer que podem ser professores sem ter conhecimento.

Uma resposta à maneira de Górgias

Górgias alega ensinar apenas retórica e, se Platão tem razão a esse respeito, Górgias ensina a arte de falar em total abstração de qualquer assunto. *Sobre o não ser* suscita dificuldades para o conhecimento e a comunicação de como as coisas são, mas não implica nada diretamente relacionado à maestria e à transmissão de habilidades. Assim, por exemplo, Górgias ensina carpintaria, e concordamos que, se pode fazê-lo sem pretender conhecer ou dizer o que a madeira ou os móveis realmente são, está a salvo de seus próprios argumentos (se não dos de Sócrates). Górgias, no entanto, ensina retórica, o que é vulnerável como nada mais. O terceiro argumento do ensaio *Sobre o não ser* conclui: "se algo é cognoscível, ninguém o pode tornar evidente a um outro tanto porque as coisas não são palavras quanto porque ninguém tem em mente a mesma coisa que o outro".[22]

Se o objetivo da retórica fosse pôr nas mentes de uma audiência o que o orador pretende, a retórica eficaz seria impossível, segundo esse argumento. Não obstante, Górgias ensina retórica. Talvez ele assuma

---

[22] Gagarin/Woodruff [429] 209.

uma concepção diferente, segundo a qual um orador seja bem-sucedido se consegue os votos que pretende, sem se importar com o que ocorre nas mentes de sua audiência – isto é, se o seu objetivo for puramente comportamental. Se assim for, o argumento de Górgias não vai contra o poder das palavras, mas contra a compreensão de seus significados como referenciais ou ideacionais, e o seu argumento não constitui uma ameaça contra a sua carreira. O objetivo da retórica será o de influenciar a ação, nada mais.[23]

Uma resposta à maneira de Protágoras

O homem-medida de Protágoras implica que, já que meus juízos são verdadeiros para mim e os seus, para você, nenhum de nós tem nada a ganhar de um professor – não, ao menos, no que diga respeito à verdade (Platão, *Tht.* 161c-162c). Todos temos, graças a nossos recursos privados, o conhecimento que podemos ter, e ninguém pode conhecer mais do que qualquer outro qualquer assunto que seja.

Se o objetivo do ensino fosse a transmissão do conhecimento, o ensino seria impossível para Protágoras. Não obstante, Protágoras ensina. Talvez porque separe o ensino do conhecimento. O principal assunto que ele alega ensinar é a faculdade de bem deliberar em assuntos práticos, a *euboulía*, juntamente à habilidade de se pronunciar de ambos os lados de uma questão – habilidade essa que Aristóteles conecta ao uso de *eikós* (*Rhet.* II.24). A faculdade de bem deliberar na área das expectativas razoáveis depende não de se ter um conhecimento da verdade maior do que os demais, mas de se ter o bom senso de fazer questões pertinentes e reconhecer qual a informação mais relevante. O *eikós* é um parasita conceitual da verdade, mas o rumo até o *eikós* (diferentemente do rumo até a verdade) não requer um conhecimento especial do assunto em discussão, visto que ambos os lados em uma disputa acerca do que é *eikós* partem das mesmas informações. Portanto, para que Protágoras possa ser um professor, não há necessidade

[23] Mourelatos [465].

de mais informações ou informações melhor fundamentadas do que aquelas que seus pupilos detêm. Pode-se, em vez disso, ensinar com base apenas nesta vantagem: o bom juízo.

Górgias e Protágoras dariam respostas semelhantes porque ambos se afastam do fascínio dos primeiros filósofos pelo conhecimento da natureza abscôndita das coisas. Contudo, não eliminam a natureza. É a natureza que estabelece as condições da sobrevivência humana e torna previsíveis os efeitos das palavras e das paixões sobre as nossas ações. Não é, porém, essa a Natureza buscada por cientistas e metafísicos por baixo da superfície das aparências conflitantes. A natureza, para os sofistas, é a realidade complexa que demarca a experiência humana e nos capacita a ter expectativas razoáveis um em relação ao outro. Embora jamais seja estável o suficiente para ser objeto de um conhecimento de estirpe platônica, essa realidade é acessível à opinião de cada um através da honestidade e do bom juízo. E muito embora a arte das palavras não seja apropriada para provar uma opinião ou outra além de qualquer dúvida razoável, pode nos levar a ver quais as opiniões mais razoáveis que podemos sustentar em vista do que de fato conhecemos. Na arena da ação e da decisão humanas, em que o conhecimento não consegue se sustentar, ensinar a faculdade de bem deliberar e a arte das palavras assume o mais elevado valor prático. Esse é o principal ensinamento dos sofistas. Seu inesperado legado é o desafio perene que oferece aos filósofos.

15 Protágoras e Antifonte: Debates sofísticos acerca da justiça

Fernanda Decleva Caizzi

Introdução

A justiça era um dos grandes tópicos de debate em Atenas ao longo do período que vai das *Eumênides* de Ésquilo (456 a.C.), com sua celebração da inauguração da corte do Areópago, até o julgamento e a subsequente morte de Sócrates (399 a.C.), julgamento esse rememorado na *Apologia* de Platão.[1] Historiadores, dramaturgos, oradores e filósofos nos fornecem um grande espectro de perspectivas e evidências a respeito de uma das questões cruciais da época. Na literatura grega arcaica, a justiça humana estava muito intimamente associada à justiça e ao poder divinos, mas, no século V a.C., tempo dos tribunais e das assembleias populares, o que atrai sobremaneira a atenção é a justiça na esfera puramente humana. Suscitam-se questões a respeito de sua origem, sua conexão com a natureza e a verdade, sua performance, as condições que garantem seu desenvolvimento e as forças que geram seu oposto – o poder coercivo, a violência e a injustiça.

Se quisermos adquirir uma ideia geral dos termos em que essas questões são exploradas em fins do século V a.C., basta ler os discursos que Platão põe nos lábios de Glauco e Adimanto no início do livro II da *República*. Esses discursos são a melhor introdução ao nosso tema, visto exemplificarem o pano de fundo cultural contra o qual Platão desenvolve seu projeto no diálogo. Antes de passarmos aos detalhes, algumas palavras são necessárias no que diz respeito a algumas questões que decorrem do livro I da *República*.

No início da *República*, Sócrates aceita o convite para adentrar a casa do idoso Céfalo, pai do orador Lísias e de Polemarco. É Céfalo quem, no

---

[1] Para uma excelente abordagem das conexões entre a justiça e as origens da democracia, ver Ostwald [121].

decurso da conversa com Sócrates a respeito das vantagens e desvantagens da velhice e da riqueza, introduz o tema da justiça: quem está perto do fim da vida começa a levar a sério as histórias (que previamente ignorara ou ridicularizara) a respeito das punições assinaladas no Hades a quem cometeu injustiças. Do que Céfalo diz, emerge uma definição de justiça ("dizer a verdade e devolver o que se tomou emprestado") que deixa Sócrates em dúvida, sendo, porém, defendida por Polemarco, que busca apoio no poeta Simônides (331c-d), o qual considera a justiça "dar a cada um o que lhe é devido". No decurso da discussão que se segue, Sócrates refuta essa definição e suas implicações ("fazer o bem aos amigos e o mal aos inimigos"). Isso irrita Trasímaco que, depois de a muito custo se conter, intervém (336c), disposto a propor uma definição de justiça que julga incontestável: "a justiça nada mais é do que o interesse do mais forte".

Quando Sócrates o convida a elaborar essa definição, Trasímaco observa que a justiça é idêntica em todas as comunidades, como quer que sejam governadas, e coincide com o interesse dos poderes estabelecidos, quer a forma constitucional seja a tirania, a oligarquia ou a democracia.[2] Os estudiosos muito se ocuparam com a reconstrução dos precisos detalhes da posição de Trasímaco,[3] mas, para os nossos propósitos, basta apontar que, quando pressionado por Sócrates, ele afirma (343c-d):

> A justiça e o direito são, na verdade, o bem de outrem, o que convém a quem é superior e governa, mas a ruína de quem obedece e serve. A injustiça é o oposto, governando os simplórios e justos. Quem é governado faz o que convém a quem é superior, tornando-o feliz ao servi-lo, nada desse tipo fazendo, porém, para si próprios.

---

[2] Muito se tem escrito a respeito das possíveis conexões entre a definição de justiça oferecida por Trasímaco e a posição adotada por Cálicles no *Górgias* de Platão (482c-484c). A principal diferença é que Cálicles fundamenta suas concepções a respeito do direito de ter a primazia sobre distinções entre a natureza *(phýsis)* e a convenção *(nómos)*, ao passo que, para Trasímaco, o que importa é a posse de poder enquanto tal.

[3] Para uma avaliação recente do argumento de Trasímaco, cf. T. D. Chappell, "The virtues of Thrasymachus", *Phronesis* 38 (1993) 1-17.

Segundo Trasímaco, o comportamento justo e o comportamento vantajoso não coincidem na mesma pessoa. Quem respeita as leis e não causa males a seu semelhante, isto é, o homem justo abre caminho para quem se comporta de maneira oposta e sempre recebe em troca menos do que o homem injusto. Essa é uma regra geral, mas seus resultados são sobremaneira evidentes no caso da tirania. Aí a força e o poder permitem que um único indivíduo vá sistematicamente empós de seu interesse, o que só poderá ocorrer se cometer injustiças contra os demais indivíduos, os quais, a menos que, por sua vez, cometam-nas também contra os demais, permitam que o injusto alcance em máximo grau seus interesses. Não apenas não são punidos os malfeitos do tirano, sancionando, destarte, o princípio de que o interesse dos poderosos coincide com a justiça, como também têm o efeito adicional de dar-lhe, graças a seu sucesso em cometer males, a reputação de ser o mais feliz dos homens.[4] Portanto, pessoas que reprovam a injustiça fazem-no apenas por medo de que, caso cometam ações injustas, venham igualmente a sofrê-las. O comportamento justo de um indivíduo não coincide com seus interesses e, portanto, não o torna feliz, antes assegura o interesse e a felicidades de seus semelhantes, porque não os expõe ao risco de padecer injustiças. Isso é verdade tanto no que diz respeito a relações interpessoais como, particularmente, nas relações entre sujeito e governo, visto que o poder garante a impunidade ou estabelece leis úteis a quem nele se encontre.

Em sua resposta a Trasímaco, Sócrates declara que não acredita

> que a injustiça seja mais vantajosa que a justiça, ainda que alguém a ela se entregue e ela não o impeça de fazer o que quiser. Imaginemos... alguém injusto, capaz de cometer injustiças ou bem passando despercebido ou, então, recorrendo a conflito aberto. Ainda assim, não me dou por convencido de que isso seja mais vantajoso que a justiça. E talvez não apenas eu, mas outro dentre nós pense o mesmo (345a-b).

---

[4] Cf. *Górgias* 470d-471d.

Aqueles que não acreditam que a injustiça seja melhor que a justiça certamente incluem Glauco, que logo a seguir defende (347e) julgar a vida do homem justo mais vantajosa que a vida do homem injusto. Essa sentença, porém, é ambígua e carece de aclaramento: pode ser aceita por alguém que defenda que, embora o vantajoso e o justo não coincidam por completo, a justiça, em não sendo um bem, é um mal menor, sendo útil na medida em que evita maiores males. Aqui encontramos uma posição amplamente aceita que é, evidentemente, o exato oposto das convicções de Sócrates. Glauco repete esse ponto no início do livro II, quando expressa o desejo de ouvir Sócrates provar, de uma vez por todas, o que até então ninguém provara, que a justiça é em si mesma um bem para o seu possessor, não importando as consequências e as vantagens que produza. Apenas assim será possível dissipar a ambiguidade embutida na tese de que a vida do homem justo é mais vantajosa do que a vida do homem injusto e mostrar que ser justo *é* bom e coincide com o interesse próprio. Há, pois, a necessidade de se explicar as opiniões correntes a respeito da origem e da natureza da justiça (cf. 358a3-4; 358c; 358e-359b) de modo a persuadir Sócrates a discutir a questão de modo completo e apropriado.

Como já mencionei, os discursos de Glauco (358e-362c) e de Adimanto, este seguindo-se àquele (362c-367a), fornecem a melhor introdução ao tema deste capítulo. Os dois irmãos jamais referem qualquer pensador pelo nome, e o que dizem é certamente invenção de Platão. Todavia, qualquer leitor familiarizado com a vida em Atenas no século V a.C. e com as discussões sofísticas não pode deixar de considerar que Platão está invocando argumentos conhecidos, ainda que os argumentos efetivamente propostos (de que possuímos pouca evidência direta) não sejam formulados em termos tão explícitos e tão brutalmente claros. Platão evidentemente alude a teorias sobre a justiça elaboradas por pessoas intelectualmente bem-dotadas e culturalmente influentes,[5] além de opiniões comuns refletidas no, ou condicionando o, comportamento dos cidadãos em suas vidas cotidianas, assim confirmando as teorias apresentadas.

---

[5] Cf. *Resp.* II 358b-362c e *Leis* X 881e.

As grandes linhas da posição de Glauco, apresentada como um elogio da injustiça, são como segue. Falando em termos absolutos ou, antes, fazendo referência (para usar uma linguagem contemporânea) à noção de "natureza" *(phýsis)*, cometer injustiças é algo bom *(agathón)* e sofrê-las é ruim *(kakón)*, no sentido de que a primeira ação é vantajosa e a segunda, desvantajosa. Todavia, visto que as desvantagens que resultam de sofrer injustiças são maiores que as vantagens que resultam de cometê-las, quem não esteja em posição de cometer injustiças *e* evitar sofrê-las julga proveitoso fazer um acordo com os demais para que não se cometam injustiças. É por isso que os seres humanos promulgam leis e fazem pactos. O nome de legalidade e direito *(nómimon kaì díkaion)* é dado à lei, que passa a se parecer, então, com um compromisso entre o melhor (cometer injustiças sem sofrer as consequências) e o pior (sofrer injustiças sem poder retaliar). Segue-se que quem pratica a justiça o faz obrigado, a fim de evitar um mal maior, não voluntariamente, como seria o caso se a justiça fosse em si mesma um bem.

Ser justo, entendido dessa maneira, pode certamente ser chamado de vantajoso, mas o é apenas por causa do acordo que impede que se sofram injustiças. Segundo essa concepção, a justiça se torna o menos pior. Na realidade, o que ocorre é que a natureza impele as pessoas a ir empós do auto-engrandecimento *(pleonexía)* como um bem, ao passo que a lei, juntamente com a violência *(bía)* as induz a respeitar a igualdade (359c5-6). Isso significa que, assim que as condições forem favoráveis, a natureza readquirirá sua força, acima das regras forçosamente impostas por lei, e quem puder cometer injustiças impunemente o fará. As pessoas pensam que, de sua perspectiva privada e pessoal, ser injusto beneficia-as muito mais do que ser justo (360d) – tanto que se alguém que pudesse cometer injustiças não o fizesse, seria considerado louco (por agir contrariamente à sua verdadeira natureza e à sua real vantagem), ainda que fosse insinceramente louvado por quem teme que se cometam injustiças contra si.

Se considerarmos a vida de dois homens, um completa e verdadeiramente justo e o outro completa e verdadeiramente injusto, e dermos ao primeiro a pecha e a reputação de ser completamente injusto e ao segundo o oposto, a vida do homem justo será em geral considerada o paradigma da infelicidade, sendo o oposto a do homem injusto. A justiça, portanto, pertence à esfera da *dóxa*, da aparência e da opinião, e a injustiça à da verdade e da realidade (*alḗtheia*, 362a). A injustiça, a vantagem pessoal e a felicidade têm ligações estreitas, segundo essa concepção.

O discurso de Adimanto, embora parta da mesma perspectiva que o de Glauco, é apresentado como um elogio da justiça, ainda que com o objetivo de mostrar que o que conta é a sua *aparência* (365b). À objeção de que é difícil escapar à detecção quando se cometem injustiças, diversos expedientes estão disponíveis: quanto às sanções humanas, as pessoas podem fazer recurso a agremiações secretas e a retores que ensinem a arte de persuadir os jurados de uma corte de justiça da inocência de seus clientes; quanto às sanções divinas, pode-se supor que não há deuses, que eles não têm qualquer interesse pelos assuntos humanos ou que, ainda que o tenham, podem ser facilmente aplacados.[6]

Para reforçar seu argumento de que a natureza humana inclina-se à injustiça, Glauco insere em seu discurso a célebre história do anel de Giges. Esse anel permite a seu portador, um simples pastor, tornar-se invisível e adquirir poder matando o rei e tornando-se o fundador da dinastia de Creso da Lídia (*Resp.* II 359c-360b). Como bem se sabe, Platão reelabora uma história transmitida por Heródoto (I.8-13). Em Heródoto, a esposa do rei Candaules força Giges a assassinar seu marido e assumir o lugar dele para punir Candaules por fazer Giges admirar a extraordinária beleza dela. A narrativa de Heródoto pretende explicar como Giges conseguiu adquirir tamanho poder, mas é notável que o historiador não ligue esse evento ao assassinato do rei.[7] Segundo Heródoto, Giges inicialmente resiste ao desejo do rei de fazê-lo ver a mulher nua, mas se submete por medo de vir a sofrer algo ruim (I.9.1). Assim, posto pela mulher em uma posição em que tem de matar ou ser morto, escolhe matar. Heródoto duas vezes enfatiza esse ponto (I.11.4; 12.1), mas também insiste que Giges não dispunha de alternativas reais frente às quais

---

[6] Há paralelos íntimos com os temas desenvolvidos por Platão em *Leis* X 885b-890a, em especial no que diz respeito à abordagem do ateísmo na obra: cf. Decleva Caizzi [452].

[7] Em sua caracterização de como Deíoces adquire poder sobre os medas, Heródoto chama a atenção para o comportamento justo do homem (I.96.2), usando o termo *dikaiosýnē* no que pode ser a sua primeira ocorrência atestada em sentido absoluto. Cf. Havelock [442] e [100] 296-305, que propõe que Protágoras seja o introdutor desse sentido.

pudesse fazer uma escolha real: essa é a diferença fundamental entre a versão de Heródoto e a versão de Glauco para a história. A escolha parece forçada e inevitável porque as alternativas são extremas – vida ou morte. O Giges de Heródoto não é motivado por seu desejo sexual, por uma natural cobiça pelo poder ou por um cálculo de sua vantagem futura. Há, pois, mais diferenças que semelhanças entre as duas versões.

Para aclarar o ponto, imaginemos que o Giges de Heródoto tivesse um anel que tornasse seu portador invisível. Dada a maneira como a história é contada, é razoável supor que Giges usasse esse anel para poder fugir antes de qualquer ação, evitando, assim, a transgressão das leis de seu povo (I.10.3). O Giges de Glauco, ao contrário, usa o anel como meio de cometer assassinato e passar impune, fazendo, assim, o que bem entende sem correr riscos. O ponto da história é mostrar que qualquer ser humano, em virtude de ser um ser humano, agiria de maneira semelhante em circunstâncias análogas. No livro X da *República* (612b), encontramos uma confirmação explícita daquilo que todo leitor de Platão conhece bem: para o Sócrates de Platão, o anel, enquanto símbolo da impunidade, não tem qualquer valor ou função. Se Sócrates se encontrasse em situação idêntica à do Giges de Heródoto, sem hesitar escolheria o suicídio em lugar de uma injustiça. Basta lembrar as discussões de Sócrates com Polo e Cálicles no *Górgias* ou sua refutação da proposta, no *Críton*, de que deve se salvar de uma condenação injusta por meio de uma violação das leis.

As diferenças profundas entre as duas histórias a respeito de Giges permitem-nos focar a atenção sobre o principal ponto em questão nas discussões acerca da justiça ao longo da segunda metade do século V a.C. – a concepção de natureza humana que é pressuposta. Gostaria de sugerir que uma posição, fiel ao espírito do relato de Heródoto, é em essência a tese de Protágoras, ao passo que a versão narrada por Glauco é muito próxima da tese de Antifonte.

A JUSTIÇA SEGUNDO PROTÁGORAS

Com base nas datas relativas a Protágoras e no que afirma Platão a seu respeito, podemos razoavelmente supor que ele foi o primeiro pensador a lidar extensa e autorizadamente com a questão da justiça. Apesar disso, é difícil precisar em que obra ou obras e de que forma ele trata o tópico. A atribuição a Protágoras de uma obra chamada *Verdade* é baseada em uma indicação de Platão (*Tht.* 161c). Com base na evidência em Sexto Empírico (*AM* VII.60), a mesma obra tinha o subtítulo *Derrubando argumentos (Katabállontes lógoi)*, mas estranhamente não encontramos nenhum desses títulos no catálogo das obras de Protágoras em Diógenes Laércio (IX.55). Isso é ainda mais surpreendente porque a única coisa que sabemos por certo a respeito dessa obra é que sua abertura era a célebre sentença: "o homem é a medida de todas as coisas: das que são, de que são; das que não são, de que não são" (DK 80 B1). É possível que a assim chamada *Verdade* de Protágoras não fosse senão um dos argumentos contidos em seus dois livros de *Argumentos opostos* (*Antilogíai*, DL IX.55) e o subtítulo mencionado por Sexto se referisse a essa coletânea.

Essa difícil questão tem relevância para o nosso tópico porque somos informados de que, segundo o peripatético Aristoxeno de Tarento, "praticamente toda a *República* [de Platão] encontrava-se já nos escritos *Antilogiká* de Protágoras" (DL III.37).[8] Muito embora esse testemunho seja obviamente polêmico e de valor histórico dúbio, ao menos prova que Protágoras aborda o problema da justiça mais ou menos extensamente, ainda que não possamos ter qualquer certeza se o faz na obra que Platão chama de *Verdade*.

No que diz respeito a Antifonte, conhecemos bem mais a respeito de sua *Verdade*. O texto ainda era lido e copiado no século III d.C. Tinha pelo menos dois livros e era citado por lexicógrafos como obra de Antifonte de Ramno.[9] Diversos fragmentos importantes tratando da justiça são preservados nos papiros de Oxirrinco.[10]

É notável que as obras desses dois sofistas compartilhem o título, coincidência essa que, juntamente com o que conhecemos da literatura contem-

---

[8] A fonte de Diógenes Laércio para a acusação de plágio que Aristoxeno imputa a Platão é Favorino (cf. DL III.57), ativo nas primeiras décadas do século II d.C. Não estamos em condições de saber se havia alguma verdade na acusação de Aristoxeno, mas Platão tinha evidentes interesses pela obra de Protágoras.

[9] Estudiosos recentes, diferentemente daqueles que escreviam à época de descoberta do papiro, inclinam-se a identificar Antifonte orador e Antifonte sofista. Cf. Narcy [457].

[10] DK 87 B44, reeditado por Bastianini e Decleva Caizzi [449].

porânea, torna plausível considerá-las expoentes de duas concepções radicalmente diferentes da natureza humana e do papel da justiça, elaboradas provavelmente com uma década de intervalo entre uma e outra.

Protágoras reflete o clima cultural e político de meados do século V a.C. quando, após o fim das guerras contra os persas, os atenienses consolidam seu regime democrático.[11] Atifonte é o mais notável representante de uma crítica à lei *(nómos)* que parece atingir seu clímax nos anos 420 e reflete os eventos da guerra do Peloponeso tais como descritos na *História* de Tucídides.[12] O questionamento do *nómos* se mostra de maneira mais radical por meio de antíteses entre *nómos* e *phýsis* ("natureza"). Essa perspectiva pressupõe uma certa familiaridade com as categorias conceituais da filosofia (verdade *versus* aparência, por exemplo) e uma certa noção de antropologia, ao menos como esta nos foi transmitida pelos primeiros tratados hipocráticos e pela obra de Tucídides.

Se deixarmos de lado a seção dos anônimos *Dissoì lógoi (Argumentos duplos)* acerca da justiça e da injustiça que alguns atribuem conjecturalmente a Protágoras,[13] a melhor evidência de sua posição provém de Platão. No *Protágoras*, a personagem Protágoras aborda a questão da justiça extensamente em mito e argumento. Igualmente importante é o *Teeteto* de Platão. A data dramática do diálogo, 399 a.C., é posterior à morte de Protágoras. Muito embora Protágoras não seja uma personagem viva nesse diálogo, imagina-se em certo ponto (166a-168c) uma intervenção sua, sendo sua filosofia discutida em grande detalhe. Duas características desse diálogo, que os leitores geralmente deixam passar despercebidas, são relevantes para o nosso assunto. Primeira, Platão o data logo antes do momento em que a democracia ate-

---

[11] Esse ponto não é afetado pela questão das relações pessoais de Péricles com Protágoras. Para as dúvidas suscitadas, talvez excessivamente, a respeito, cf. P. A. Stadter "Pericles among the intellectuals", *ICS* 16 (1991) 111-224.

[12] Cf. Ostwald [121] 199-290, que se refere à "polarização dos anos 420", e Ostwald [458].

[13] Presume-se costumeiramente que os *Dissoì lógoi* (DK 90), obra de origem e data desconhecidas, refletem o pensamento sofístico. Para uma caracterização equilibrada, cf. o artigo de Burnyeat sobre os *"Dissoì lógoi"* em Craig [145].

niense condena Sócrates à morte. Segunda, o diálogo contém uma assim chamada digressão, estrategicamente colocada no meio dele (172c-177b), cujo tema (e Platão enfatiza a enorme importância desse ponto) é o contraste entre justiça e injustiça.

Ao iniciarmos, como devido, com o *Protágoras*, devemos ter em mente que a interpretação das palavras de Protágoras nesse diálogo encontra respaldo em nossa leitura do *Teeteto*. Segundo alguns estudiosos, muito embora não todos, as teses atribuídas a Protágoras nas duas obras são incompatíveis.

Convidado por Sócrates a provar que a virtude é ensinável, Protágoras começa expondo seu famoso mito (320c-322d). Quando chega o tempo de as raças mortais serem geradas, os deuses encarregam Prometeu e Epimeteu de cumprir a tarefa de organizá-las e dar-lhes suas faculdades *(dynámeis)* apropriadas. Epimeteu, no entanto, estraga a distribuição, usando todas as faculdades em outros animais, de modo que a humanidade vem ao mundo sem meios de autopreservação. Assim, Prometeu rouba o fogo e a tecnologia de Hefesto e Atena, dando-os aos homens. Contudo, apesar desses dons, os seres humanos não estão ainda em condições de sobreviver como espécie porque os demais animais são fortes demais. Suas primeiras tentativas de socialização como meio de sobrevivência falham porque os seres humanos carecem da arte da política e, por essa razão, da arte de se organizar militarmente.

Perturbado com essa situação, Zeus envia Hermes à terra com a missão de distribuir aos homens *aidôs kaì díke*, "respeito mútuo e justiça", isto é, os princípios básicos da vida em sociedade. É essa posse, mais do que a tecnologia (embora necessária como meio humano de assegurar o que os animais obtêm diretamente da natureza), que é a principal distinção entre os homens e as demais criaturas, permitindo-lhes não sucumbir à lei, preponderante no mundo natural, de que o mais forte sobrevive, lei que destruiria a raça humana. A distribuição dessas capacidades vinha acompanhada de um decreto de Zeus: quem não toma parte na comunidade deve ser morto como ameaça a ela.

Segundo essa história, *aidôs kaì díke* são atributos comuns a todos os seres humanos normais. Não representam o estado natural dos indivíduos, tomados isoladamente, antes são considerados atributos naturais dos seres humanos na medida em que o homem se torna um ser social. Onde quer que exista coabitação estarão presentes esses dois atributos, não obstante o comportamento injusto de certos indivíduos, o qual pode causar certas dúvidas a respeito (*Prot.* 327c-d).

Não é mera coincidência que o núcleo desse mito já esteja presente nas célebres palavras de Hesíodo (*Os trabalhos e os dias* 274-280):

> Perses, fixa estas coisas em tua mente: obedece à justiça, esquece de todo a violência.
>
> O Cronida [Zeus] promulgou esta lei aos mortais: peixes, feras e pássaros alados devem devorar-se uns aos outros, pois não há justiça entre eles; mas entre os homens há justiça, o que há de melhor.

O mito de Protágoras adapta o tema de Hesíodo a um novo tempo. Para Protágoras, a lei (ou, antes, seus fundamentos abstratos – a saber: o respeito mútuo e a justiça), longe de conflitar com a natureza humana, fornece as únicas condições sob as quais a segurança fica garantida: a sociedade civil. Nessa concepção, a lei coincide com a utilidade ou com o que é benéfico à espécie humana em geral. Deixando o mito de lado e voltando-se para a história, Protágoras encontra seu princípio geral articulado nos *nómoi* (normas-padrão ou estatutos legais) que toda comunidade estabelece em proveito próprio. A justiça consiste em um respeito a essas normas. Graças a elas e ao modo como elas são inculcadas nos membros de uma sociedade desde o seu nascimento, o interesse individual é absorvido, garantido e em certo sentido facilitado pelo interesse coletivo (*Prot.* 327b): o indivíduo é protegido enquanto tal e enquanto parte de um grupo.

A conexão íntima entre indivíduo e grupo (ou, para usar a linguagem de Aristóteles, o fato de que o homem é um animal social) é claramente formulada por Sócrates na defesa que oferece de Protágoras no *Teeteto* (166a-168c, em especial 167a-c). Se um grupo de indivíduos une seus juízos individuais em um juízo comunal, este último assume o incontroverso *status* que se aplica à percepção individual de algo, como a temperatura da brisa ou o sabor do mel. O que parece "justo" e "bom" a uma comunidade o é enquanto a comunidade assim decidir. No entanto, o conteúdo do que é justo e bom varia de comunidade para comunidade da mesma maneira que, no que diz respeito a indivíduos, as percepções variam de um a outro (cf. *Prot.* 334a-b). E, assim como a percepção de um indivíduo pode nem sempre ser útil a ele (como no caso de certas doenças, por exemplo, quando a desagradável experiência de achar que o mel é amargo pode fazer com que se chame um médico), Protágoras, operando sobre o corpo político (como um médico opera sobre um corpo humano), pode estabelecer como bom ou mau para uma certa cidade o que lhe for útil. Dada a premissa de que o legal e o justo coincidem, Protágoras dispõe das bases de sua missão educacional, que chama de "arte de bem deliberar" (*euboulía, Prot.* 318e-319a), sendo equivalente à deliberação "vantajosa". O conceito pressupõe uma intervenção direta que modifique o estado mental do(s) indivíduo(s), mas o indivíduo ou o grupo permanecem sendo o instigador de suas próprias decisões (assim como o indivíduo, quer doente ou são, permanece sendo a medida de suas próprias percepções, quer sejam vantajosas ou danosas).

À luz de tudo isso, parece legítimo extrair duas conclusões. Primeira, que para Protágoras a decisão de uma comunidade – ou o que a comunidade julgar válido – coincide com o que é justo, consistindo, pois, a injustiça em violar os *nómoi* da comunidade. Segunda, que o conteúdo da percepção e do pensamento individuais é gerado pela peculiar conexão entre o indivíduo e as coisas, sendo ele a medida das coisas porque ninguém mais pode substituir sua percepção e sua experiência da realidade. De modo semelhante, a conexão entre um conjunto de *nómoi* partilhados e o grupo em que é válido é incontestável. Não obstante, assim como o estado de saúde de um indivíduo pode se degradar e gerar uma condição que exija tratamento médico, igualmente o corpo político pode gerar um sistema danoso de leis ou de justiça que requeira a intervenção de um "sábio", com o conhecimento de como restabelecer a unidade temporariamente rompida entre o que é legal ou justo e o que é vantajoso.

Assim, a relação entre o grupo e o que é legal, justo e vantajoso é diretamente análoga à relação de um indivíduo para com as coisas. O grupo é a medida do que é justo e injusto, seu conteúdo variando de comunidade a comunidade da mesma maneira que a experiência de um indivíduo *pode* contrastar com a de um outro.

Podemos, então, ver como, aos olhos de Protágoras, uma constituição democrática pode representar o sistema político em que, mais do que em qualquer outro, os interesses coletivos coincidem com os interesses individuais. Tal sistema põe todos os cidadãos em condição de "igualdade perante a lei" *(isonomía)*.[14] Esse conceito é expresso no discurso que Heródoto põe nos lábios de Otanes em defesa da democracia (III.80.6) e seu paralelo mais significativo é a oração fúnebre de Péricles em Tucídides (II.37.1-3). Nesse discurso, a cultura ateniense é elogiada pela liberdade de que gozam os cidadãos e pelo respeito comunal devido aos princípios da vida em comunidade. O Péricles de Tucídides parece pretender que *aidôs kaì díke*, que Protágoras chama de "dons de Zeus", estejam nimiamente manifestos no comportamento dos cidadãos atenienses, o que, pois, funciona como confirmação da validade geral do mito de Protágoras.

Devemos notar, porém, que a personagem Sócrates no *Teeteto* recusa a aplicabilidade a *valores* da analogia entre o médico e o sofista que oferece a Protágoras como defesa contra seus adversários mais ferrenhos. O sofista, argumenta, é o representante de uma opinião difundida (172a-b) e "até mesmo quem não aceita plenamente o raciocínio de Protágoras assume uma concepção do que seja a justiça" ou, em outras palavras, sustenta que, "no que diz respeito à justiça e à injustiça ou à piedade e à impiedade, nenhuma delas existe por natureza ou tem qualquer realidade por si só, antes o que coletivamente parece verdadeiro o é quando parecer verdadeiro e enquanto parecer verdadeiro". Em resumo, o que vale para os estados físicos de uma pessoa (caso em que estar são é "conforme à natureza" e estar doente é "contrário à natureza") não pode se aplicar a valores: uma vez que adentrarmos o mundo do *nómos*, isto é, o mundo da convenção, não mais haverá o que quer que seja que garanta a conexão entre justiça, legalidade e interesse (individual e coletivo) que Protágoras erroneamente julga poder resguardar. Essa temática platônica motiva o "mais importante discurso" (na assim chamada digressão do diálogo,

---

[14] Cf. Heródoto III.80-82 e M. Ostwald "Ancient Greek ideas of law" em *Dictionary of the History of Ideas*, vol. II (New York, 1973), 673-685, *Nomos and the Beginnings of Athenian Democracy* (Oxford, 1969), Ostwald [121].

177c) acerca da diferença entre o orador público e o filósofo, com sua antítese entre a justiça tal como praticada na vida cotidiana e a justiça *per se* (175c). Platão evidentemente pretende chamar a atenção para o que julgava serem os resultados inevitáveis do relativismo e da missão educacional de Protágoras. Apesar de suas boas intenções, Protágoras não consegue impedir a ruína da comunidade.

Interlúdio: Tucídides

A *História* de Tucídides é o melhor testemunho desse processo degenerativo. A propaganda otimista de Péricles na oração fúnebre é ladeada por uma análise desencantada e desapaixonada da natureza e das motivações humanas.[15] Segue abaixo uma seleção de suas passagens mais famosas.

Ao descrever a disseminação da praga em Atenas, Tucídides comenta como a "ilegalidade" *(anomía)* resulta da perturbação da vida comum (II.53):

> Nem o temor dos deuses nem a lei dos homens restringiam a quem quer que fosse. Quanto aos deuses, julgava-se de mesma valia reverenciá-los ou não, devido ao fato de todos se perderem por igual. Quanto à lei, nenhum infrator esperava estar vivo até o dia em que fosse julgado e punido.

Na situação caótica produzida pela praga, as exigências e os impulsos da natureza individual vêm à tona e expõem o caráter puramente convencional das normas sociais de que, nas palavras de Péricles, os atenienses tanto se orgulhavam.

---

[15] Notem-se as palavras cínicas de Cleão a respeito da conexão entre a força de uma comunidade e a estabilidade de seus *nómoi*, independentemente de seu valor. Sobre Tucídides, cf. Farrar [96] 127-191.

Tucídides argumenta de modo semelhante quando analisa os efeitos da guerra civil em Córcira (III.82-83). Também aí a perturbação da vida comum causa a emergência de carências elementares e solta as amarras dos impulsos de autoafirmação, subvertendo os valores tradicionais. "A guerra", observa Tucídides, "é um mestre terrível", um mestre que se impõe por meio da violência e ensina as pessoas a dar livre curso à violência que aninhamos dentro em nós.

O mesmo pessimismo a respeito da natureza humana é expresso por Diodoto em seu debate com Cleão a respeito do destino de Mitilene. Diodoto assere que a punição em geral[16] e a pena de morte em particular são impotentes para inibir a natureza humana quando se trata de violar a lei (III.45):[17]

> As pessoas, quando tomadas de confiança, aceitam correr riscos. Ninguém, sabendo que não será bem-sucedido, leva seus planos adiante. Tampouco uma cidade se rebela sem estar, segundo lhe parece, bem preparada para tal... Todos, em privado e em público, têm a disposição natural de praticar o mal, não havendo lei que o impeça. Comprovam-no todas as penalidades legais acrescentadas pelos homens a seus códigos de justiça para serem menos molestados pelos criminosos.

---

[16] Protágoras, por contraste, enfatiza o valor educativo da punição (Platão, *Prot.* 324a-c). Argumenta também que a presunção da necessidade da justiça em uma comunidade é tão forte que qualquer pessoa que verdadeiramente admita ser injusta será considerada louca (*ibid.* 323b-c). Contrastar *Resp.* II 359b, passagem em que Glauco alega que ninguém que pudesse cometer injustiça impunemente e declinasse de fazê-lo seria considerado louco.

[17] O discurso que Tucídides atribui a Diodoto reflete os pensamentos de Antifonte a respeito da fraqueza intrínseca do *nómos* como sanção contra as exigências da *natureza* (cf. Moulton [456] e Decleva Caizzi [451]). Também é relevante o famoso fragmento do *Sísifo* de Crítias (DK 88 B25), em que se afirma que os deuses são uma invenção humana para suplementar a fraqueza da lei e espalhar o medo da detecção (cf., neste volume, p. 371-374).

Identifica-se, na caracterização da guerra do Peloponeso que Tucídides nos oferece, a crise do conceito de equilíbrio entre interesse individual e coletivo (que a constituição democrática parecia resguardar). No entanto, a colisão entre o interesse e a justiça (significando esta última o princípio de resolução de conflitos sem recurso à violência) é revelada de modo mais agudo pela política externa ateniense. As palavras de Cleão a respeito das leis e dos intelectuais no debate de Mitilene (III.37.3-4) e, ainda mais claramente, a célebre declaração dos embaixadores atenienses ao povo de Melos dez anos depois (V.89) repudiam o princípio, endossado por Hesíodo e Protágoras, de que a espécie humana (enquanto distinta do mundo animal) possui a justiça. Ao contrário, sustentam que a justiça se dá apenas entre iguais (isto é, entre cidadãos, ou em um único grupo), não quando o equilíbrio de poder é desigual, como no caso da política externa ateniense. Nesse caso, o que se aplica é a fábula de Hesíodo a respeito do falcão e do rouxinol (*Os trabalhos e os dias,* 202): o mais forte vence.

A JUSTIÇA SEGUNDO ANTIFONTE

Os fragmentos do tratado *Sobre a verdade* de Antifonte são os únicos pronunciamentos de um sofista sobre o tópico da justiça que sobrevivem de maneira imediata. Muito embora não disponhamos de evidências seguras a respeito de sua data de composição, é bem plausível que seja anterior à primeira performance das *Nuvens* de Aristófanes.[18] Dado o caráter antidemocrático da obra e sua clara hostilidade à cultura contemporânea, pode bem ter surgido em fins dos anos 430.

"Legítimo" *(nómimon)* é a primeira palavra do texto que pode ser plausivelmente reconstruída (17.1B.I.5)[19] e sugere que Antifonte já havia

---

[18] 423 a.C. Cf. Ostwald [458] 296-297.
[19] Cito o texto segundo a edição de Bastianini e Decleva Caizzi [449] = *CPF* I.1* Antifonte I.17. Nessa edição, 17.1 contendo *POxy* 1364 + 3647, invertemos a ordem anterior dos fragmentos com base em evidências paleográficas e contextuais. 17.1A = DK 87 B44 fr. B e 17.1B = DK 87 B44 fr. A. Nosso 17.2 contém *POxy* 1797.

mencionado a identificação entre legalidade/norma convencional e justiça, sendo sua definição de justiça como "não transgredir as leis/normas da comunidade em que se vive como cidadão" (1B.I.6-11) a conclusão do argumento anterior, hoje perdido, e a premissa do que segue.[20]

A fim de entendermos a crítica de Antifonte à justiça, dois pontos são importantes. Primeiro, nas porções supérstites do texto, Antifonte consistentemente emprega "justiça" e "justo" *(dikaiosýne/díkaion)* em seu significado tradicional e corrente.[21] Não propõe, como o faz Cálicles no *Górgias* de Platão (483c), a sua própria definição de justiça – uma justiça "natural" ou "verdadeira" – que contraste com a justiça como convencionalmente concebida. Segundo, ainda que seja verdadeiro que, por volta de fins do século V a.C., *nómimos* "torne-se o representante adjetival de *nómos* no sentido de 'estatuto', descrevendo pessoas ou atos 'que se conformam às leis'",[22] há diversas indicações no papiro de que Antifonte, no uso que faz desses termos *(nómos/nómimon)*, inclui não apenas as leis escritas como também todo o agregado de normas e regras de uma comunidade, quer sua violação incorra em vergonha *(aiskhýne)* ou em penalidade legal real *(zemía)*. Essa expansão da esfera do *nómos*, que o faz usurpar o domínio próprio à "natureza", serve para enfatizar a relação antitética entre os dois conceitos.

Para Antifonte, a justiça tem relação com os interesses de um indivíduo porque tem de ser praticada, levando-se em consideração as leis, em presença de testemunhas. Todavia, na ausência de testemunhas, pode-se seguir a natureza. No passo seguinte de sua argumentação, Antifonte insiste sobre o fato de que as prescrições da natureza são necessárias, não convencionais. Violá-las inevitavelmente produz dano, não importando a observação alheia. O que Antifonte tem em mente parece serem as exigências primárias ou biológicas da natureza humana. Ele não nega que, em *algumas* situações, seguir

---

[20] Cf. Xenofonte, *Mem.* IV.4.12-18, passagem em que Sócrates, tendo o sofista Hípias como interlocutor e partindo de premissas como as de Antifonte, chega à conclusão bem diferente de que a obediência à lei é inequivocamente vantajosa para comunidades e indivíduos. Cf. Decleva Caizzi [450] 203-208.
[21] Cf. Furley [453], que em parte se baseia em Kerferd [454].
[22] Cf. Ostwald [121] 133.

a justiça possa ser vantajoso. O que ele julga ser "hostil à natureza" é "a parte *principal* do que é justo segundo as leis" (1B.II.26-27).²³ Na verdade, porém, sua posição parece bastante radical quando levamos em consideração sua ênfase sobre o nítido contraste entre as leis e a natureza, no papel de testemunhas, e sobre a diferença entre as sanções dependentes da *dóxa* ("aparência"/ "opinião"), que são aplicáveis apenas quando alguém é apanhado em delito, e as sanções "necessárias" ou "verdadeiras" da natureza. Antifonte dissocia o interesse individual da obediência à lei *per se* (1B.I.14-23) e, em contraste com Protágoras, subtrai à justiça seus fundamentos universais (os dons de Zeus aos homens, *aidôs kaì díkẹ*), que a tornam distintivamente característica da natureza humana e asseguram a coincidência entre justiça e utilidade. Sua posição não deixa de evocar as premissas da caracterização de Giges e seu anel por Glauco.

Diversas observações de Antifonte parecem refletir a experiência da vida social ateniense, considerada de um ponto de vista que enfatize a inadequação de suas regras para responder às carências do indivíduo, a qual é confirmada por evidências à vista de todos. O recurso à natureza, em termos de vida e morte, como único critério de vantagem e desvantagem; a conexão entre o útil e o prazeroso, de um lado, e entre o danoso e o doloroso, de outro (1B.IV.9-22); a observação de que a lei não consegue proteger os indivíduos, mesmo quando aderem a ela (1B.V), e menos ainda quando são inocentes; a referência a procedimentos das cortes de justiça e ao fato de a persuasão ser muito mais forte do que a verdade ou a falsidade (1B.VI-VII) – tudo isso implica uma moral primariamente egoísta e autoprotetora, habilmente justificada ao apontarem-se os resultados da justiça e da lei no que diz respeito à segurança das pessoas.

O segundo fragmento do papiro inclui uma argumentação bastante sutil que pode ser apreciada se assumirmos que o par de termos "cometer e sofrer injustiça" *(adikeîn/adikeîsthai)* está intimamente ligado ao par "cometer

---

²³ Não julgo que essa passagem atribua qualquer utilidade geral à justiça, ainda que, segundo uma passagem citada por Estobeu (DK 87 B58), Antifonte comente a loucura de pensar que quem comete injustiça contra o próximo escapará às represálias.

e sofrer ofensa" *(bláptein/bláptesthai)*.[24] Assumindo-se que contar a verdade é considerado algo justo (e vantajoso) nos assuntos humanos, quem assim age não será justo na concepção de justiça que implica que nenhuma injustiça foi cometida em uma situação em que ninguém foi prejudicado. "É de fato necessário que quem testemunha, ainda que dê testemunho da verdade, cometa em certo sentido injustiça contra o outro, sofrendo-a também ele, na medida em que incorre em ódio" (2A.I.15-22). Comete-se injustiça/ofensa tanto contra quem é acusado pelo testemunho, porque o testemunho é prestado por alguém que não sofreu ofensa da parte de quem é acusado, como contra a testemunha, que deverá precaver-se contra retaliações e ameaças pelo resto de sua vida. Antifonte prossegue (2A.II.12-25):

> Essas injustiças não parecem ser pequenas, nem a sofrida nem a cometida, pois é impossível que essas coisas sejam justas e que a justiça consista em nem cometer nem sofrer injustiça, antes é necessário ou que ambas sejam justas ou que ambas sejam injustas.

Alguns estudiosos procuraram encontrar nas palavras "nem cometer nem sofrer injustiça" o ideal sofístico de justiça, mas Antifonte tem a concepção tradicional em mente, como é mostrado por Glauco (*Resp.* II 359a), que comenta o fato de que as pessoas julgam útil chegar a um acordo mútuo para nem cometer nem sofrer injustiça.[25] Nada exclui o pensamento de Antifonte de que esse resultado possa ser *per se* bem-vindo, mas podemos estar certos de seus esforços para mostrar por que tal argumento tem tão pouca viabilidade prática e quais são suas consequências. A conexão, logo no início de seu texto, entre "justo" e "útil" (2A.I.6-7) e, no fim, a antítese entre "benéfico" e "danoso" (2A.II.30-36) mostram que a base de seu argumento é a tese (1B) de que o que conta é a "utilidade". Ele contrasta justiça e natureza precisamente porque a justiça não pode assegurar o que é benéfico e útil ao indivíduo.

---

[24] Sobre a atribuição desse texto a Antifonte, cf. Bastianini e Decleva Caizzi [449] 214-215.
[25] Para uma resenha da opinião erudita sobre a passagem, cf. Bastianini e Decleva Caizzi [449] 221-222.

É interessante que, logo após a premissa (2A.I.3-9) de que testemunhar a verdade é considerado algo justo e *coletivamente* útil nos assuntos humanos, Antifonte imediatamente muda de perspectiva e foca sobre o indivíduo. Sublinhando os efeitos danosos do comportamento considerado justo, mostra que a utilidade individual e a utilidade coletiva não coincidem, antes estão constantemente em conflito. Assim, confirma mais uma vez a distância que guarda em relação ao pensamento de Protágoras.

Um ponto que ainda requer exame é a função atribuída ao *nómos* e às condições em que vale a pena submeter-se a certas restrições (1B.V.25-VI.3):

> Ora, se quem aceitar tais estipulações receber alguma assistência das leis e quem não as aceitar, antes se opuser, ficar em desvantagem, será de alguma ajuda a restrição das leis. Porém, parece que quem aceita tais estipulações não recebe suficiente ajuda da justiça das leis.

As leis são fruto de um acordo entre pessoas, mas esse acordo não produz os resultados esperados, uma sociedade não controlada pela violência e pela força maior.[26] Esses problemas não são gerais ou abstratos; dizem respeito, antes, aos danos, aos sofrimentos e às agruras que um indivíduo concreto enfrenta em qualquer momento de sua existência. A inadequação do *nómos* (e, portanto, da justiça que consista em prescrições legais) resulta do fato de que as regras legais quase nunca correspondem às exigências fundamentais da natureza, reprimidas pela lei. A natureza é, pois, o critério básico de mensuração de dor e prazer, de utilidade e dano.

Lendo Antifonte de uma perspectiva platônica na qual as bases das inferências são explicitadas, podemos suplementá-lo com as bases de uma conclusão válida extraída de premissas como as que seguem: (1) a lei é inadequada à antecipação ou à repressão de agressões; e (2) o indivíduo naturalmente busca o que lhe causará prazer e evita o que lhe causará dor. A conclusão implícita de Antifonte será que o interesse individual e o que lhe causará prazer consistem essencialmente em dar livre curso a todos os desejos naturais, levar

---

[26] Cf. 1B.I.28-30, passagem em que as leis enquanto "acordos" são distintas das coisas "naturais".

vantagem sobre o semelhante e, em resumo, cometer injustiças. Tucídides faz a personagem desconhecida que chama de Diodoto afirmar que a violação das leis é um instinto natural. No caso de Antifonte, isso não implica que ele convide quem possa fazê-lo impunemente a assaltar um transeunte como maneira de obter os meios de satisfazer seus instintos hedonistas. Em vez disso, devemos considerar que ele convida à reflexão sobre o modo de se viver a vida com o mínimo de desconforto em um cauteloso equilíbrio entre as exigências naturais e aquelas impostas pela vida social. Sua crítica ao *nómos* e à justiça é tão apaixonada por causa de seu teor político, que mostra, nas alusões feitas a ela por seus contemporâneos, o que Ostwald chama de "uma certa tendência das classes elevadas contra a democracia ateniense".[27]

A partir das limitadas evidências de que dispomos no que diz respeito ao tratado *Sobre a verdade* de Antifonte, podemos conjecturar que os fragmentos aqui discutidos pertenciam a um contexto científico mais amplo, marcado por um conceito de natureza (não apenas da natureza humana) que podemos chamar, com o risco do anacronismo, secular e materialista.[28] O interesse de Antifonte pela biologia (em sentido lato) e sua abordagem da natureza humana e do que é útil para os homens lembram não só a tradição médica como também alguns aspectos do pensamento de Tucídides.[29] Esse chão comum fica também evidente em sua linguagem psicológica, por exemplo, seu uso do termo *noûs* para expressar a sede das emoções e o modo como usa *gnóme* significando tanto "decisão" como "faculdade de efetuar decisões". Muito embora atribua uma função diretiva à *gnóme* (DK 87 B2), provavelmente insistia sobre o fato de que ela opera apenas se se leva em consideração a natureza.[30]

---

[27] Ostwald [458] 298.
[28] Sobre a provável alusão a Antifonte em *Leis* X 889a-890a, cf. Decleva Caizzi [452]. Seu nome ocorre apenas em *Menexeno* 236a, passagem sobre a qual cf. as minhas onservações (*op. cit.* 293-296).
[29] Antifonte ilustra a uniformidade da natureza humana com referências a: respiração; riso e choro; audição e visão; mãos e pés (1A.II-III). Xenofonte contrasta-o, enquanto hedonista e defensor do sucesso material, a Sócrates (*Mem.* I.6).
[30] Cf. DK 87 B14, passagem em que o sujeito da expressão "privado de seu ponto de partida" deve ser *gnóme*, não "natureza", como comumente assumido: cf. Decleva Caizzi [452] 304.

Para Platão, tal teoria é contraditória porque atribui prioridade ontológica e axiológica antes à natureza do que à inteligência. Esse erro, segundo Platão, é o sofisticadíssimo resultado de uma ignorância tão grande que pode passar por inteligência suprema (*Leis* X 886b). Seu principal defeito é colocar o corpo acima da mente (891e), pois essa inversão, segundo Platão, torna impossível salvar a vida humana da injustiça e da infelicidade.

É tentador supor que Platão tenha em mente a astuciosa análise de Antifonte quando escreve passagens cruciais de seus diálogos. O fato de que Platão jamais o mencione pelo nome ou lhe dê o espaço que concede a outros sofistas de renome é provavelmente um tipo de *damnatio memoriae*, que se torna plenamente compreensível somente após a reconstrução, com base em toda a evidência de que dispomos, de Antifonte como uma personalidade.[31]

No caso de Protágoras, Platão pode partilhar com ele ao menos a abordagem da justiça e a tentativa de dar-lhe uma fundamentação ao torná-la uma propriedade pertencente aos seres humanos em seu contexto social. Platão pode igualmente simpatizar com a recusa de Protágoras em admitir qualquer polarização entre *nómos* e *phýsis* e a tarefa daí decorrente de tornar a justiça enquanto princípio universal compatível com suas variegadas manifestações locais. Totalmente diferente, no entanto, é o caso de Antifonte – um logógrafo filiado à facção oligárquica; uma personalidade intelectual e politicamente subversiva, que se recusa a adentrar a arena política de maneira direta até a última fase de sua vida; um homem que gostava de explorar a própria inteligência sem se pôr em risco, abstendo-se de extrair aquelas que Platão considerava ser as consequências finais e inevitáveis de suas próprias teorias.[32]

---

[31] Antifonte foi condenado à morte por ser o verdadeiro planejador da revolução oligárquica de 411 a.C. Tucídides (VIII.68) descreve-o como um homem brilhante, que fez o melhor discurso de autodefesa a que jamais ouvira (para um provável fragmento desse discurso, cf. *CPF* I.1* 17.4). Antifonte foi executado, teve seu enterro em solo ático recusado e seus descendentes tiveram os direitos civis cassados.

[32] O logógrafo anônimo, crítico da filosofia, mencionado no fim do *Eutidemo* de Platão, embora quadre bem com Isócrates, pode se tratar de Antifonte, como é bem observado por A. E. Taylor, *Plato: The Man and his Work* (Londres, 1960) 100-102.

Platão escolhe não pôr Antifonte em confronto direto com Sócrates, mas ataca a ele e a outros como ele, por implicação, em numerosos diálogos em que expõe os enormes perigos que uma crítica radical ao *nómos* pode representar para a cultura e a política. Protágoras, apesar de se mostrar favorável à utilidade da justiça e das leis, não sabe como defendê-las de seus oponentes porque, segundo Platão, seu próprio pensamento é o resultado de uma instável ontologia preponderante naquele momento. O argumento de Antifonte em prol da fraqueza das leis e da incapacidade que a justiça tem de restringir a natureza humana deriva, segundo Platão, de uma concepção de mundo erradamente "materialista". À sombra de Sócrates e com bases completamente novas, Platão assume a gigantesca tarefa de restaurar a dicotomia entre *phýsis* e *nómos* e tornar a justiça o maior bem para a alma humana.[33]

---

[33] Cf. M. Ostwald, "Plato on law and nature" em H. North (ed.) *Interpretations of Plato*, *Mnemosyne* suppl. vol. 50 (1977) 41-63.

16 A poética da filosofia grega em seus primórdios

Glenn W. Most

INTRODUÇÃO: A POÉTICA DA FILOSOFIA GREGA EM SEUS PRIMÓRDIOS?

Para muitos leitores, o próprio título deste capítulo parecerá um paradoxo ou uma provocação. Afinal de contas, se o termo "pré-socráticos" é moderno, o conceito tem raízes antigas;[501] e desde os primórdios foi usado para distinguir dos poetas, que compunham em verso, aqueles filósofos que, às mais das vezes, escreviam em prosa. Tal distinção, que atribui um caráter em larga medida não filosófico aos primeiros poetas gregos e um caráter não poético aos primeiros filósofos gregos, pode nos parecer autoevidente, mas, na verdade, nem sempre o foi. Heráclito menciona Hesíodo e Xenófanes no mesmo fôlego que Pitágoras e Hecateu (DK 22 B40); Hípias escreve um tratado colocando em paralelo a opinião de poetas e filósofos (DK 86 B6); Platão não distingue muito nitidamente poetas e filósofos entre seus predecessores, fazendo seu Protágoras alegar que os antigos poetas eram, na verdade, sofistas, mas disfarçavam suas opiniões por medo de suscitar hostilidade (*Prot.* 316d-e). Até onde sabemos, Aristóteles foi o primeiro autor a distinguir terminologicamente entre aqueles que chamava de *mythológoi* e *theológoi*, de um lado, e, de outro, aqueles que chamava de *physikoí* ou *physiológoi*. Em sua concepção, o primeiro grupo compunha-se, na verdade, de contadores de histórias, poetas que narravam mitos a respeito de heróis e deuses, e quaisquer concepções de mundo que pudessem ser extraídas de suas obras eram incidentais, obscuras e filosoficamente desinteressantes. O

---

[1] Sobre a relação entre o desenvolvimento do termo moderno "pré-socráticos" e as fontes antigas, cf. E. Hoffmann, "Die Vorsokratiker in antiker Tradition", *Zeitschrift für philosophische Forschung* 1 (1946) 190-196 e G. W. Most, "Polemos pánton patér: Die Vorsokratiker in der Forschung der Zwanziger Jahre", em H. Flashar (ed.) *Altertumswissenschaft in den 20er Jahren* (Stuttgart, 1995) 87-114.

segundo grupo, iniciando com Tales, engajava-se basicamente no mesmo tipo de investigação do mundo físico em que Aristóteles se engajava e, muito embora suas teorias fossem, nada surpreendentemente, deficientes em comparação com a do estagirita, não obstante eram filosoficamente sérias, isto é, valia a pena estudá-las, apropriar-se delas e refutá-las. Apenas tal distinção, combinada a concepções específicas acerca da verdadeira natureza da *poíesis* como narração de *mýthoi*, permitiria a Aristóteles declarar, na abertura de sua *Poética*, que Homero e Empédocles nada têm em comum a não ser o metro, sendo, pois, correto chamar a um de poeta, e ao outro de *physiológos* em vez de poeta (1447b17-20).

A distinção que Aristóteles introduz constitui a base da coletânea, compilada por seu pupilo Teofrasto, de doutrinas físicas dos primeiros filósofos gregos. Por sua vez, a obra de Teofrasto fornece a base sobre a qual se erigiram praticamente todas as discussões antigas e, em última análise, modernas desses pensadores.[2] Para essa tradição, a diferença entre os primeiros poetas gregos e os primeiros filósofos gregos não é apenas aquela entre verso e prosa, antes envolve oposições mais amplas – entre mito e razão, tradição e inovação, comunidade e indivíduo, restrição e liberdade, erro e verdade. Para a maior parte da tradição moderna que se orgulha, com razão, de se ter emancipado do que vislumbra como as peias do mito e da religião, os primeiros pensadores gregos representam um primeiro passo crucial em um processo milenar de ilustração que deixa para trás as sedutoras quimeras da poesia para avançar rumo à fria e clara luz da razão. Como ousar impor-lhes uma poética?

Apesar disso tudo, há pelo menos três sentidos em que se pode discutir de modo útil e importante a poética da filosofia grega em seus primórdios. O primeiro, mais óbvio e talvez menos interessante, é o de uma poética consciente e *explícita*. Um dos muitos assuntos de que se ocupam os primeiros pensadores gregos é a poesia – na verdade, considerando-se o prestígio de que desfrutava a poesia em sua sociedade, seria surpreendente, e mesmo irresponsável de sua parte, não o ter feito –, e suas concepções acerca do assunto podem ser consideradas contribuições mais ou menos

---

[2] Cf. Mansfeld, neste volume, p. 66.

rudimentares a uma particular disciplina filosófica, o exame da natureza e dos propósitos da poesia, que depois veio a ser chamado de "poética".[3] Nesse sentido, a filosofia grega em seus primórdios, que reflete sobre a poesia como reflete sobre a divindade e o conhecimento, tem uma poética no mesmo sentido em que tem uma teologia ou uma epistemologia. O espectro de concepções explícitas acerca da poesia que pode ser atribuído a esses pensadores é bastante amplo, desde a admiração e o reconhecimento até a mais franca hostilidade. Apesar disso, todos partilham certos temas comuns que continuariam a ser importantes nas poéticas europeias posteriores. Acima de tudo, as poéticas explícitas dos primeiros filósofos gregos parecem frequentemente exprimir um distanciamento frente às autoridades estabelecidas da poesia grega: pelo gesto mesmo de definir e demarcar que poetas podem ter alguma esperança de conhecer ou comunicar algo, os filósofos parecem sugerir que eles próprios estão isentos de limitações desse tipo. Parecem, assim, conquistar para si um espaço discursivo autônomo e privilegiado frente a outras formas de comunicação social. Assim, uma poética explícita pode ser entendida como um instrumento tático a serviço da autolegitimação filosófica.

Em segundo lugar, a herança da poesia grega em seus primórdios foi um fator decisivo na definição dos parâmetros da situação comunicativa da filosofia grega naquele momento. Homero e Hesíodo não são apenas importante evidência das restrições que governavam o discurso público sério na Grécia arcaica, mas também influenciaram massivamente essas mesmas restrições por muitos séculos na cultura grega (e mesmo não grega) posterior. Como consequência, alguns critérios fundamentais que os primeiros filósofos gregos foram obrigados a tentar satisfazer em suas reflexões sobre o cosmos e em sua comunicação dessas reflexões a seus ouvintes e leitores inevitavelmente exibem uma notável afinidade com os traços mais proeminentes das obras de Homero e Hesíodo. Em razão de toda a inegável novidade de muitas perguntas e respostas que a filosofia grega em seus primórdios propõe, a direção básica assumida por essas questões e a forma básica do que

---

[3] Lanata [536] oferece uma coletânea útil de muito desse material, com traduções para o italiano e comentários.

podia contar como uma resposta satisfatória a elas permanece em muitos casos bastante similar a características análogas encontradas na poesia grega arcaica. É pouco provável que essa semelhança seja um paralelo meramente casual ou o resultado de algum obscuro traço da abstrata alma grega arcaica postulada por expoentes de uma abordagem da história intelectual segundo a noção de *Zeitgeist*, mas deve ser entendida como uma medida concreta do extraordinário sucesso literário, educacional e cultural de um número muito pequeno de textos poéticos, aqueles atribuídos a Homero e Hesíodo. As maneiras pelas quais esses dois poetas inevitavelmente moldaram os parâmetros discursivos nos quais operavam os primeiros filósofos gregos pode ser denominada uma poética *implícita*, pois, não importa quão forte possa ter sido a influência dos poetas sobre os filósofos, é mais provável que tenha sido antes subliminar do que consciente. Qualquer grego que produzisse um discurso público nesse período inevitavelmente sentiria essa influência, não sendo improvável que, nesse sentido, os primeiros filósofos gregos conscientemente intentassem rivalizar com os primeiros poetas gregos.

Por contraste, o terceiro, e ainda mais interessante, tipo de poética da filosofia grega em seus primórdios é, provavelmente, plenamente consciente: o caráter imanentemente poético de muitas das obras dos primeiros filósofos gregos. Para além das fundamentais e amplamente compartilhadas restrições discursivas que acabamos de discutir, alguns dos primeiros filósofos gregos em particular parecem ter deliberadamente escolhido emular algumas estratégias textuais altamente específicas intimamente associadas à poesia grega arcaica. O exemplo mais óbvio é, evidentemente, a curiosa decisão, por parte de Xenófanes, Parmênides e Empédocles, de apresentar suas concepções filosóficas sob a forma de metros poéticos, sobretudo de hexâmetros dactílicos. Com efeito, o problema de porque, mesmo depois da invenção da prosa filosófica, essas figuras retornam à forma mais antiga do verso é ainda uma dificuldade interpretativa central nas caracterizações do pensamento grego em seus primórdios. Porém, a questão não se limita a esses três pensadores. Não é menos surpreendente, nesse contexto, o evidente cuidado que Heráclito tem ao formular seus *insights* em uma linguagem que toma emprestados às formas tradicionais de poesia os meios efetivos de expressão, de modo a torná-los mais plausíveis. Podemos chamar esse terceiro tipo de poética de *imanente*, pois faz uso sistemático de recursos especificamente poéticos a serviço da comunicação filosófica. Se é um truísmo, provado de maneira a mais incontroversa por essas quatro figuras, que não há filósofo antigo (ou moderno) cuja forma discursiva possa ser negligenciada na interpretação de seu pensamento, é também particularmente verdadeiro no caso dos primeiros pensadores gregos, cuja filosofia jamais aceitará como plenamente satisfatória uma caracterização que considere apenas a estrutura de seus argumentos e despreze a forma escolhida para veicular esses mesmos argumentos a seu público.

Uma importante razão para isso repousa sobre o fato de que foi apenas gradualmente que a prática da filosofia foi institucionalizada como uma disciplina profissional ao longo da história da cultura europeia. Em sua maior parte, os filósofos modernos são profissionais que escrevem para outros profissionais. Autor e público são um segmento claramente definido da sociedade, demarcado do restante das pessoas tanto em razão de uma atitude, da parte do sistema social, composta de um vago respeito e de uma indiferença básica, quanto por um conjunto de características objetivas identificáveis: ser membro de instituições publicamente certificadas e associações autorreguladoras; publicações em certos tipos de periódicos e livros, vendidos em casas especiais; e um bem-estabelecido sistema de exames, sanções e recompensas, no qual o sucesso é devido em larga medida (mas nunca exclusivamente) à satisfação de critérios publicamente reconhecidos. Foi só com os neoplatônicos, na antiguidade tardia, se é que com eles, que tal sistema fechado passou a caracterizar a filosofia. Não foi senão no fim do século IV a.C. que o primeiro passo nessa direção foi dado, com o estabelecimento em sequência de uma série de escolas filosóficas rivais em Atenas. No período sob análise neste volume, a filosofia ainda não existia como um segmento distinto do discurso social, e os autores que chamamos de filósofos escreviam não apenas um para o outro, mas também para a sociedade de que eram parte. Não surpreende, pois, que exibissem uma dependência mais consciente, e talvez mais proveitosa, em relação aos textos basilares de sua cultura (os quais, no caso da cultura grega de então, eram textos poéticos) do que a maioria dos filósofos modernos. Ignorar essa dependência, descartá-la como não filosófica ou mesmo justificá-la como uma lamentável forma de pensamento primitivo de que se pode extrair e como que resgatar o núcleo realmente interessante, os argumentos filosóficos, é inadvertidamente submeter-se a uma noção bastante recente e provinciana do que é ou não a filosofia, projetando, então, a-historicamente essa mesma noção sobre uma situação discursiva do passado distante, cujos participantes certamente julgariam tais ideias muito estranhas.

Portanto, uma razão para estudar a poética da filosofia grega em seus primórdios reside no alargamento de nosso sentido do que faz com que a filosofia seja a filosofia.

Poética explícita nos primórdios da filosofia grega: a querela entre filosofia e poesia

Ao longo da Antiguidade (até o Iluminismo, na verdade), a concepção mais difundida de Homero e Hesíodo parece ter sido a de que fossem mestres com quem se poderia, e mesmo deveria, aprender não apenas algumas lendas heroicas ou alguns mitos divinos, mas também certos padrões de conduta, certos modelos de discurso e toda uma variedade de conhecimentos práticos específicos – no limite, Homero e Hesíodo eram vistos como sábios divinos que tudo sabiam, podendo, pois, servir como fonte de todo o conhecimento humano. Embora Platão, no *Íon*, retrate Sócrates a demolir a ingênua concepção de Íon de que Homero é um grande poeta precisamente porque é um grande médico, um grande profeta e um grande general, a concepção de Íon sobrevive à aniquilação a que Platão a submete e ecoa por muitos séculos graças a um sistema educacional que faz com que todas as crianças gregas que aprendem a ler aprendam a ler Homero (sendo que, muitas vezes, jamais leem outra coisa).

É essa concepção que Xenófanes e Heráclito têm em mente quando o primeiro afirma que "desde o início todos têm aprendido segundo Homero" (DK 21 B10) e o segundo, que "Hesíodo é mestre de muitíssimos" (DK 22 B57).[4] No entanto, como veremos, precisamente esses dois pensadores são aqueles cujos fragmentos supérstites contêm as mais agudas críticas diretas remanescentes contra Homero e Hesíodo. Não estão, portanto, apenas reconhecendo o privilégio pedagógico amplamente concedido aos primeiros poetas épicos

---

[4] Minhas traduções neste capítulo são extraídas, com ligeiras modificações, de KRS.

– muito menos elogiando-os. Ao contrário: estão denunciando o fato de que muitos gregos simplesmente assumem concepções errôneas oriundas dos antigos poetas sem examiná-las criticamente ou pensar por si mesmos. Esses autores se insurgem contra o predomínio cultural de tais poetas e exigem que, a partir de então, a Grécia aprenda não com os poetas, mas com os mesmos autores que os criticam. Vale a pena enfatizar que nem aqui nem alhures os primeiros filósofos gregos criticam os poetas da Grécia arcaica como deficientes em beleza estética ou persuasão retórica, mas apenas em termos da falsidade do conteúdo de suas obras. A implicação mais óbvia é: esses poetas conseguem enganar tantas pessoas apenas em razão de sua poesia ser tão extraordinariamente bela. Para esses filósofos, como veremos, não é a beleza, em última análise, mas a verdade o critério decisivo de avaliação do sucesso discursivo.

A querela entre os primeiros filósofos gregos e os poetas tradicionais tem início com Xenófanes, que afirma que "tanto Homero como Hesíodo atribuem aos deuses tudo o que é digno de reproche e censura entre os homens: roubo, adultério e engodo" (DK 21 B11).[5] Embora desconheçamos o contexto desse fragmento, seu tom é evidentemente de censura: em vez de elogiar os poetas, por exemplo, por representar os deuses como poderosos o suficiente para se dar bem praticando atividades consideradas vergonhosas entre os homens (a concepção homérica dos deuses por vezes não difere muito disso), Xenófanes acusa-os de cometer um antropomorfismo pejorativo, ao atribuir não apenas ações humanas aos deuses, mas as mais vis dentre estas. Xenófanes não afirma explicitamente que os poetas mentem a respeito dos deuses, mas isso é por certo o que pretende, pois, se os deuses fazem essas coisas, encontram-se em um nível moral abaixo da maioria das pessoas; por que, então, venerá-los? Sabemos por outros fragmentos que Xenófanes desenvolve uma teologia radicalmente inovadora, que postula apenas uma divindade não antropomórfica. Evidentemente, sua crítica à tradição épica pretende abrir caminho para a exposição de suas próprias concepções teológicas.[6] Da perspectiva atual, a concepção do que conta como um deus digno de veneração por parte dos homens se desenvolve entre a época de Homero e a de Xenófanes. Do ponto de vista de Xenófanes, porém, a concepção anterior está simplesmente errada.

---

[5] Cf. Babut [525].
[6] Cf. Broadie, neste volume, p. 279.

É em Heráclito que essa querela atinge seu mais acerbo extremo.[7] Heráclito acusa Hesíodo e Pitágoras, o próprio Xenófanes e Hecateu de muito aprender sem, contudo, adquirir inteligência (DK 22 B40): fragmentos de conhecimento e fatos isolados, ainda que justapostos no vasto construto enciclopédico típico de pelo menos algumas formas do pensamento grego, não substituem a profunda inteligência analítica capaz de reconhecer estruturas subjacentes à superfície das aparências. Heráclito ilustra esse princípio polêmica e drasticamente por referência a quatro mui diferentes tipos de sábios.[8] Alhures, ridiculariza Homero por não ser capaz, segundo uma anedota tradicional, de responder a uma charada proposta por uma criança (DK 22 B56) e defende, com um trocadilho desdenhoso, que Homero e Arquíloco, em vez de serem recitados por rapsodos, deveriam ser espancados *(rapízesthai)* e expulsos das competições poéticas (B42). Os ataques de Heráclito a Hesíodo, por outro lado, são mais específicos, sem dúvida por sentir que a própria natureza da poesia de Hesíodo faz dele um rival mais sério. Assim, a sequência da passagem em que assere que "Hesíodo é mestre de muitíssimos" é: "eles julgam que Hesíodo sabe tudo, Hesíodo que não conhecia nem o dia nem a noite, que são um" (B57) – acusação grave para alguém que compôs um poema chamado *Os trabalhos e os dias*. Reporta-se, ainda, que Heráclito critica Hesíodo por alegar que alguns dias são bons e outros, ruins, ignorando o fato de que todos os dias têm exatamente a mesma natureza (B106). Para Heráclito, o dia e a noite, em lugar de serem opostos um ao outro como contraditórios inconciliáveis, são, na verdade, parceiros complementares em uma estrutura mais vasta, profunda e complexa. Para ele, a erudição de um Hesíodo, que atribui lugares diferentes ao dia e à noite em sua genealogia cósmica e reúne a sabedoria popular acerca dos dias de bom e mau agouro, é simplesmente fútil.

Tanto Xenófanes como Heráclito parece terem dirigido sua atenção à poesia não em virtude de preocupações meramente estéticas, mas a fim de criticar doutrinas com peso de autoridade e abrir caminho para suas próprias doutrinas. Não é senão com Demócrito, mais adiante no século V a.C., que

---

[7] Cf. Babut [526].
[8] Sobre essa passagem, cf. tb., neste volume, Long, p. 51, e Hussey, p. 141s.

um filósofo grego parece desenvolver uma teoria sobre a poesia com preocupações meramente estéticas em mente. Entre os títulos de obras perdidas atribuídas a Demócrito (DL IX.48) figuram *Mousikà* ("As artes das Musas"), *Perì Poésios* ("Sobre a poesia") e *Perì rhythmôn kaì harmoníes* ("Sobre os ritmos e as harmonias"). Não que o fato seja particularmente surpreendente: mais ou menos na mesma época os poetas e músicos gregos começam a compor tratados em prosa acerca das artes que praticam. Infelizmente, pouco se sabe a respeito das teorias poéticas de Demócrito, a não ser no que tange à ênfase dada ao que chama de *enthousiasmós*, um estado temporário de possessão divina a que se deve tudo de belo que os poetas compõem (DK 68 B17, 18). Essa teoria pode ter pretendido mediar as expectativas filosóficas contemporâneas à poesia e as pretensões tradicionais dos poetas concernentes à fonte de seus conhecimentos e habilidades.[9] Entretanto, sua mais notável importância histórica repousa sobre o fato de que Platão a adotará em sua própria poética, combinando-a à concepção de que os poetas não são capazes de oferecer uma caracterização do que aparentemente alegam saber – condenando, para alguns, os poetas como ignorantes e, para outros, exaltando-os como inspirados.

Os primeiros filósofos gregos lançaram as bases de uma das mais persistentes tradições polêmicas da poética ocidental ao negar aos poetas qualquer pretensão (explícita ou implícita) a um conhecimento verdadeiro e atribuir-lhes, quando muito, uma inspiração irracional e inexplicável. Contudo, também apontaram o caminho da mais importante medida recuperativa destinada a proteger os poetas de tais acusações, a saber, a interpretação alegórica.[10] Assim como o inimigo da poesia, o alegorista acredita que a única doutrina verdadeira é aquela que o filósofo possui. Contudo, em vez de simplesmente reconhecer que o texto do poeta, em uma primeira leitura, é incompatível com essa doutrina, o alegorista dá um passo além e alega que, embora o poeta pareça estar dizendo algo que contradiz a verdade, na realidade ele tenciona algo outro, perfeitamente compatível com a verdade. Ao fazê-lo, o alegorista adota a familiar oposição terminológica entre *dóxa* e *alḗtheia*, "apa-

---

[9] Cf. Delatte [532] e Murray [542].
[10] Cf., em geral, Buffière [529], Pépin [543].

rência" e "verdade", inicialmente desenvolvida para dar conta dos problemas epistemológicos relativos à aparência sensória, e reaplica-a ao texto poético. Afinal de contas, se Homero e Hesíodo já afirmavam que Odisseu e as Musas dizem coisas falsas que parecem verdadeiras (*Od.* XIX.203, *Theog.* 27), por que o alegorista não pode simplesmente inverter as polaridades e generalizar a asserção dos próprios poetas, aplicando-a à poesia como um todo?

Os escoliastas tardios apontam Teágenes de Régio, que viveu por volta do final do século VI a.C., como o primeiro a escrever a respeito de Homero (Schol. Hom. B ad *Il.* XX.67). Esse escólio, que trata da interpretação da Batalha dos Deuses, nos dá alguma ideia de sua abordagem. Essa passagem de caráter cômico, inserida por Homero logo antes do clímax que o duelo entre Aquiles e Heitor representa, opõe um ao outro, em conflito sem sofrimento, pares de deuses que são uma mistura notavelmente autoconsciente e inextrincável de pessoas e abstrações. Teágenes ignora o contexto imediato, o evidente antropomorfismo e o delicioso humor da cena, transformando-a em um conjunto de pares conceituais que opõem mutuamente abstrações físicas tais como fogo e água e abstrações éticas tais como prudência e imprudência. A tradução dos deuses em conceitos encontra suporte em parte no papel e no caráter tradicionais dos deuses e em parte na etimologia de seus nomes.

É fácil mofar das interpretações de Teágenes, mas suas motivações são bastante sérias. Curar a ruptura operada na cultura grega entre as fontes tradicionais de autoridade poética e os critérios mais recentes de argumentação conceitual era um objetivo ambicioso, podendo-se medir o sucesso de Teágenes pelo fato de que a interpretação alegórica continuou a se desenvolver ao longo desse período, tornando-se uma das ferramentas básicas da interpretação literária na Antiguidade e depois. Anaxágoras, ao alegar que a poesia de Homero versava sobre virtude e justiça (DL II.11), pode estar simplesmente caracterizando a dimensão ética da narrativa de Homero sem submetê-la a uma interpretação meticulosamente alegórica, mas Metrodoro de Lâmpsaco, que alegava ser discípulo de Anaxágoras (DL, *loc. cit.*), certamente se dedicava a uma alegorese detalhada, sistemática e ridícula, identificando, por exemplo, os heróis homéricos e os fenômenos celestes (Aquiles e o sol, Helena e a terra, Heitor e a lua) e os deuses, a elementos anatômicos (Deméter e o fígado, Dioniso e o baço, Apolo e a bile: DK 61 B3-4).

A mais extraordinária e extensa entre as primeiras alegoreses gregas supérstites veio à luz apenas recentemente. É o assim chamado Papiro de Derveni, no qual um autor ainda não identificado aplica diversas técnicas de interpretação alegórica a um poema épico teogônico atribuído a Orfeu, com o fito de demonstrar que a sua verdadeira mensagem consiste em veicular uma eclética física cosmogônica, que combina elementos reminiscentes de Anaxágoras, Diógenes de Apolônia e outros pensadores gregos.[11] Apesar de o autor do Papiro de Derveni empregar um sofisticado repertório de técnicas familiares à interpretação alegórica – homonímia, sinonímia, analogias com a vida cotidiana, paralelos com a épica tradicional, diferenças entre dialetos e, em especial, a explicação etimológica dos nomes –, o que mais surpreende os estudiosos é a aparente extravagância de sua exegese. Não obstante, de maior interesse é o fato de que ele dispõe não apenas de uma prática alegórica, mas também de uma teoria que a justifica: ele alega que, em razão de Orfeu ter vivido em tempos primitivos, escolheu evitar o uso de uma obscura terminologia científica ao cantar a respeito de assuntos científicos para não confundir seus ouvintes; em vez disso, selecionou as palavras mais apropriadas a tal objetivo na língua que as pessoas comuns já usavam. Apenas a interpretação alegórica recupera o pretenso significado do poema.

Antes de passar adiante, devemos notar que o século V a.C. também assistiu ao desenvolvimento de uma concepção alternativa do discurso literário, a saber, a retórica, que tendia a ignorar por completo a questão da verdade e focar a atenção sobre a análise e a promoção do efeito de um discurso sobre a plateia. Em particular, figuras como Protágoras e Górgias aplicavam-se ao estudo dos recursos formais e da macroestrutura da épica arcaica e da poesia mais recente, provavelmente tentando entender que técnicas os poetas mais célebres haviam empregue para alcançar tal sucesso, a fim de ensinar seus discípulos a aplicar essas mesmas técnicas de modo a engendrar a persuasão na prática oratória destes.[12] A definição de poesia como discurso metrificado que encontramos em Górgias (DK 82 B11) fornece as bases de muitas análises posteriores da linguagem poética; e a sugestão, por parte de

---

[11] Cf. Laks & Most [537] e Most [541].
[12] Cf. Richardson [547], Most [540] e Woodruff, neste volume, cap. 14.

Protágoras, de que um episódio no livro XXI da *Ilíada* havia sido composto com vistas a dividir o conflito em diversas fases, para oferecer uma transição para a Batalha dos Deuses e, quiçá, elogiar Aquiles (DK 80 A30) é sensível às articulações de uma narrativa complexa e livre de quaisquer condenações morais ao retrato homérico dos deuses.

Tais *insights* abrem caminho para importantes desenvolvimentos futuros – mas para a crítica literária, não para a poética filosófica.

Poética implícita nos primórdios da filosofia grega: a herança da épica arcaica

Como a maioria dos povos pré-literários, os gregos da Época Arcaica presumivelmente desfrutavam de diferentes tipos de poesia oral, os quais funcionavam, em sua totalidade, como uma enciclopédia de história e geografia e um repertório de conhecimento acumulado sobre a natureza, os deuses e a sociedade humana. Porém, no limiar do advento da escrita, alguns poetas – os gregos chamavam-nos Homero e Hesíodo – vislumbraram maneiras de empregar as novas técnicas de escrita com tamanho sucesso que, desde então, as audiências passaram a não querer ouvir outros poemas que não os desses autores. O resultado foi que, em um período de uma geração ou duas, esses dois poetas afastaram seus rivais mais tradicionais da disputa, relegando-os, por vezes, ao mais completo esquecimento. Como conseguiram fazê-lo? Sem dúvida desempenha importante papel em seu sucesso a absoluta excelência poética das épicas atribuídas a Homero e Hesíodo. No entanto, "excelência poética" é um conceito notoriamente escorregadio; assim, em vez de fazer apelo ao gênio inato desses autores ou a qualidades inefáveis de sua obra, consideremos quais as características específicas e concretas que seus poemas têm em comum um com o outro, assumindo que esses traços compartilhados nos mostrarão quais expectativas de suas audiências os dois poetas satisfaziam melhor do que seus rivais.

Os objetivos poéticos fundamentais que Homero e Hesíodo aparentemente estabelecem para si mesmos e alegam, explícita ou implicitamente, atingir em suas épicas provavelmente são idênticos ao que a maioria das audiências gregas de então esperavam de um discurso público sério e alentado – não menos porque, como quaisquer grandes poetas, Homero e Hesíodo ajudaram, por meio de suas obras, a moldar as audiências que os podiam ouvir. Esses objetivos representam uma herança e um contexto de expectativas que os primeiros filósofos gregos podiam ignorar apenas às custas de um grande risco – o que rapidamente aprendem a explorar, com grande sofisticação, em vantagem própria.

Podemos sumariar esses objetivos poéticos em cinco grupos de critérios:[13]

(1) *Veracidade*. Podemos com justeza admirar a originalidade e a inventividade imaginativas evidentes na poesia grega arcaica, mas Homero e Hesíodo alegam que, ao contrário, o único valor de seus poemas reside em que dizem a verdade, conformando-se veridicamente a um real estado de coisas, passado ou presente. A Musa épica garante um conhecimento sobre-humano de fatos distantes no espaço e no tempo ou de outro modo remotos em relação ao conhecimento humano comum: como Homero o enuncia no início de seu catálogo das naus (*Il.* II.484-493) – um extraordinário *tour de force* geográfico, onomástico e numérico –, a maior parte dos homens são obrigados a imaginar e inventar, mas o poeta épico, sancionado por sua Musa, realmente *conhece*. De igual maneira, quando Odisseu elogia o canto de Demódoco na corte dos feaces, fá-lo em razão de a caracterização do cavalo de Troia (engenho que Odisseu, que o projetou, conhece bem) efetuada pelo bardo ser tão acurada que Demódoco parece ter estado no interior do cavalo ou, então, ter escutado o relato de alguém que esteve em seu interior (*Od.* VIII.489-491). As Musas de Hesíodo igualmente inspiram-no a cantar o que será, foi e sempre é e, se declaram que sabem contar mentiras que se assemelham à realidade ou, quando o quiserem, anunciar a verdade (*Theog.* 26-28), tencionam, com isso, não que a poesia possa ser falsa, mas que o entendimento dos homens é tão limitado que os mortais, em contraste com as divinas Musas, não

---

[13] Para apreciações gerais da poética da épica arcaica, cf., em especial, as seções relevantes de Mähler [539] e Fränkel [97].

conseguem precisar a diferença entre a verdade e as mentiras.¹⁴ O símbolo mais magnífico dessa pretensão épica à veracidade são as Sirenas, as quais, ao chamar Odisseu pelo nome, provam que sabem não apenas tudo o que ocorreu em Troia como também tudo o que sucede sobre a ampla terra, e cuja promessa de que quem ouve o seu canto retorna encantado e conhecendo mais coisas, e é tão irresistível que quem o ouve acaba enfeitiçado e não consegue se afastar, morrendo de fome (*Od.* XII.39-54, 166-200). Como sempre na poesia grega arcaica, a poesia encanta, mas nenhum encantamento é maior que aquele produzido pela verdade.

(2) *Essencialidade do conteúdo.* Os temas de Homero e Hesíodo não são de pouca monta, antes são os mais vastos e importantes em suas comunidades. Para a épica heroica, a guerra é a forma suprema de interação humana, sendo que a guerra de Troia mobilizara e destruíra mais recursos humanos e materiais que qualquer outra guerra de que até então se tinha notícia (Tucídides I.10.3). As duas epopeias de Homero focam a atenção sobre os dois heróis e as duas histórias complementares que, juntas, compõem a essência do tema: o herói que prefere morrer jovem e célebre longe de casa, no campo de batalha, a viver uma velhice inglória e o herói que se torna célebre precisamente por sua habilidade de sobreviver em condições adversas até a restauração final de sua família e de seu reinado; o melhor dos aqueus em força e velocidade e o melhor em astúcia e persuasão. Quanto a Hesíodo, sua complexa panóplia de divindades e preceitos foca sobre as características mais importantes do universo que descreve: de um lado, os deuses que sempre são, concebidos não apenas em termos de suas sistemáticas relações familiares mútuas como também, e sobretudo, em termos do desenvolvimento da estrutura moral e religiosa do universo desde o seu mais remoto início, entre ódio e violência, até o reino justo e ordenado de Zeus, a quem ora se submetem todos os poderes; de outro, as condições fundamentais da existência humana, envolta em fadiga e angústia em um mundo que, mais cedo ou mais tarde, pune a injustiça e recompensa a piedade frente a homens e deuses – ambos analisados em termos tanto das admoestações e dos pre-

---

14 Sobre o tema da poesia arcaica de pessimismo acerca do conhecimento humano, cf. Lesher, neste volume, p. 293.

ceitos válidos como em termos dos modelos explicativos mito-históricos que inserem o quinhão da humanidade como um todo em um esquema mais vasto e mais inteligível.

(3) *Abrangência do conteúdo*. Dadas as exigências da produção oral, é provável que muitas performances da épica oral tradicional na Grécia arcaica apresentassem apenas episódios relativamente breves, excertos do vasto repertório de histórias divinas e heroicas que, implicitamente apresentadas como conhecimento tácito, uniam as comunidades de rapsodos e seus ouvintes, raras vezes sendo recitadas como um todo, se é que chegassem a sê-lo. Homero e Hesíodo, por outro lado, reconheceram na nova tecnologia da escrita uma oportunidade de criar obras que conjugassem muitíssimo mais material do que jamais poderia ser apresentado de uma só vez em formato puramente oral. Homero ainda foca a atenção sobre episódios relativamente breves extraídos do espectro total do repertório épico (a ira de Aquiles, o retorno de Odisseu), mas expande os horizontes de seus poemas ao inserir material pertencente a outras partes da tradição épica (o catálogo das naus, a visão dos muros) e fazer alusões frequentes, mais ou menos veladas, a eventos anteriores ou posteriores. Ademais, os símiles épicos e o escudo de Aquiles alargam o relato da matança sanguinolenta ao inseri-la no horizonte mais amplo do mundo da paz e dos cuidados cotidianos. Em sua *Teogonia*, Hesíodo agrupa em um único e ricamente complexo sistema genealógico o máximo possível de divindades locais reconhecidas ao longo do mundo grego; em seus *Os trabalhos e os dias*, considera as condições da existência humana e inclui numerosos ditames de sabedoria popular atinentes à moral, à religião e à agricultura. O resultado: as obras de Homero e Hesíodo, embora não esgotem o repertório latente do conhecimento épico oral, apontam para além de si mesmas e incluem, por implicação, segmentos mais vastos desse conhecimento e formam um pano de fundo pan-helênico com validade mais do que meramente local.[15] Isso é o que a audiência queria ouvir.

(4) *Temporalidade narrativa*. Talvez não surpreenda que a épica grega arcaica demonstre um nítido interesse pela narrativa – afinal de contas, contar

---

[15] Cf. G. Nagy, *The Best of the Achaeans. Concepts of the Hero in Archaic Greek Poetry* (Baltimore, 1979).

histórias é um ótimo candidato a universal antropológico. No entanto, o refinamento e o engenho demonstrados pela poesia grega arcaica no emprego de técnicas narrativas são excepcionalmente dignos de nota. A *Ilíada* e a *Odisseia* de Homero fazem uso de recursos tais como suspense, surpresa, antecipação, *flashback*, interrupção e repetição com extraordinárias habilidade e pertinência. A poesia épica posterior, em particular, insere complicadas histórias paralelas que se refletem e comentam mutuamente, ironicamente introduz histórias mais breves em histórias mais longas e demonstra um sofisticado reconhecimento das exigências de vários tipos de pontos de vista. Até mesmo Hesíodo transforma, na medida do possível, seu material em narrativa. Na *Teogonia*, ele temporaliza a caracterização da estrutura divina do mundo ao adotar o gênero da teogonia – entender plenamente as qualidades de um deus requer que se conheça de onde ele provém. Além disso, Hesíodo não apresenta seu sistema teológico sob a forma de um catálogo estático, mas estabelece relações de consanguinidade, aliança e hostilidade entre os deuses, de modo que possam tanto se engajar em relações mútuas de menor relevância como tomar parte na história mais ampla das sucessivas gerações e guerras dos deuses e do gradual, difícil e, por fim, triunfal estabelecimento da soberania de Zeus. Nos *Os trabalhos e os dias*, Hesíodo inventa o mito das raças dos homens com vistas a conferir algo dessa substancialidade temporal também aos seres humanos, inserindo suas reflexões acerca da justiça e do trabalho no quadro conceitual de uma história altamente dramática de altercação entre o próprio Hesíodo e seu irmão. Evidentemente, os gregos gostavam de uma boa história e preferiam poetas que pudessem oferecer-lhes uma.

(5) *Imprecisão da forma macroscópica versus precisão da forma microscópica*. Apesar da aguçada sensibilidade frente às possibilidades da estrutura narrativa, a épica grega arcaica tende a privilegiar fenômenos estilísticos locais em detrimento de considerações formais globais. Ambos os poemas de Homero versam sobre um único tópico, enunciado logo nos versos de abertura, a ira de Aquiles e o retorno de Odisseu. Contudo, os sinais de uma organização formal de larga escala e de uma rigorosa subordinação de todas as partes a esse tema central são tão poucos e sutis que muitos estudiosos perdem-nos completamente de vista. A *Ilíada* não termina com o fim da ira de Aquiles contra Agamêmnon, mas prossegue com a ira de Aquiles contra Heitor e se encerra com a reconciliação parcial de Aquiles com Príamo, incluindo, nesse

percurso, muitos episódios, militares entre outros, nenhum dos quais absolutamente indispensável ao tema. De fato, em algumas cópias antigas do poema, o último verso canônico era seguido pelo primeiro verso de outra epopeia, a qual, portanto, dava continuidade ao poema. Nos poemas épicos de Hesíodo, a organização formal parece ainda mais notavelmente ausente: a progressão do pensamento de seção a seção, em alguns casos de sentença a sentença, é por vezes tão difícil de ser determinada com precisão que muitos estudiosos foram erroneamente levados a negar que os poemas tenham qualquer coerência lógica. Estudiosos antigos e modernos expressam dúvidas quanto ao ponto em que terminam os poemas de Hesíodo. Na Antiguidade, havia incerteza até mesmo quanto ao exato ponto em que se iniciavam os *Trabalhos e dias*. Por outro lado, ambos os poetas demonstram extraordinária maestria em todas as técnicas e em todos os recursos da linguagem artificial e do complexo metro da epopeia grega tradicional. A notável habilidade de Homero e Hesíodo, observada de verso a verso, de fazer uso inventivo e original do repertório tradicional das fórmulas épicas e de combinar frases e termos antigos e recentes nos estreitos limites do hexâmetro dactílico significa que, a cada verso que compunham, ofereciam a um ouvinte bem adestrado uma combinação de conforto na familiaridade e pitadas de surpresa sem a qual a poesia deles seria ou aborrecidamente previsível ou, então, ininteligivelmente novidadeira.

É significativo que esses cinco critérios não se restrinjam à sua origem na poesia grega arcaica, permanecendo plena e centralmente relevantes igualmente para os primeiros filósofos gregos:

(1) Desde seus primórdios, a filosofia grega se identifica como um discurso *veraz*, não de beleza ou persuasão. Entre as primeiras gerações de filósofos gregos – pelo menos a se julgar com base nos escassos fragmentos remanescentes –, essa identificação parece ser antes implícita que explícita, acompanhando e tacitamente legitimando declarações acerca da natureza fundamental do mundo em lugar de ser tematizada e justificada como tal. Desde Xenófanes, porém, o problema concernente à possibilidade e ao modo de os seres humanos atingirem a verdade se desloca para o primeiro plano da atenção dos filósofos, todos eles proclamando que, ainda que seja difícil ou impossível que todos os (demais) mortais conheçam a verdade,

eles conhecem não apenas essa verdade em particular como também muitas outras, sem serem afetados por qualquer tipo de incerteza. Em Xenófanes, encontramos esse paradoxo ainda um tanto mitigado. Quando ele escreve que "nenhum homem conhece, ou jamais conhecerá, a verdade acerca dos deuses e de tudo o que digo a respeito de todas as coisas; pois, mesmo que acidentalmente asseverasse a verdade plena, ainda assim não a conheceria: a aparência grassa por entre os homens" (DK 21 B34, cf. B35), a pretensão de verdade absoluta recai não sobre suas concepções particulares acerca dos deuses e de outros assuntos, antes apenas sobre o princípio subjacente de que nenhum homem pode jamais alcançar a verdade absoluta – princípio do qual Xenófanes está bem seguro.[16] Depois de Xenófanes, filósofos tais como Heráclito, Pitágoras e, sobretudo, Parmênides e Empédocles alegarão que a verdade pertance ao domínio priviliegiado do filósofo, legando essa prerrogativa à posteridade filosófica ocidental.

(2) As verdades que os primeiros filósofos gregos alegam conhecer não são simplesmente quaisquer fatos sobre o mundo, mas os mais importantes dentre estes, aqueles que fazem do mundo o que ele é. A pretensão do filósofo à *essencialidade* parece desde logo implicada na história da escrava trácia que ri de Tales quando este cai em um poço (Platão, *Tht.* 174a), sendo certamente esta a interpretação de tais anedotas, fornecida por Aristóteles (*Pol.* I.11 1259a9): o filósofo escolhe negligenciar os assuntos mundanos com vistas a devotar-se a assuntos mais sérios. O princípio *(arkhḗ)* que o filósofo busca tem tal poder que descobri-lo significa entender a essência do mundo. Igualmente, os *stoikheîa* não são elementos quaisquer, mas elementos essenciais sem os quais certos fenômenos complexos não seriam o que são. Os primeiros filósofos gregos tendem a interpretar a essencialidade em um sentido numérico redutor: princípios essenciais devem ser ou bem um único ou, então, poucos, a fim de se justificar o privilégio que detêm. Já Tales postula um único princípio originativo, a água. Só depois de algumas gerações seus sucessores percebem que a diversidade e a processualidade da natureza requerem mais de um princípio explanatório, e ainda assim procuram estabelecer um número mínimo de causas. Essa é, indubitavelmente, a razão de

---

[16] Sobre essa passagem, cf. Lesher, neste volume, p. 298.

os primeiros filósofos gregos tão frequentemente atribuírem estatuto divino aos princípios que descobrem e aplicarem suas metáforas de poder inquestionado – controlar, dirigir, presidir –, pois, ao fazê-lo, ressaltam que esses princípios são de essencial importância para a explicação do mundo.

(3) Se os primeiros filósofos gregos costumam reduzir as causas ao mínimo possível, ao mesmo tempo tentam usá-las para explicar o máximo possível de efeitos. Têm em mira uma *abrangência* que lhes permite falar em apenas uma coisa, afirmando, porém, que ela é, controla ou produz todas as coisas. Já Anaximandro afirma que o *ápeiron* é princípio e elemento de todas as coisas que são, todos os céus e todos os mundos neles (Simplício, *In phys.* 24.13); reporta-se que Anaxímenes afirmara "que o ar infinito é o princípio de que vêm a ser todas as coisas que estão em processo de vir-a-ser, tudo o que é e que será, os deuses, as coisas divinas e todo o resto de seus produtos" (Hipólito, *Ref.* I.7.1). Quando Xenófanes afirma que "o que chamamos de tudo é, na verdade, um" (Platão, *Soph.* 242c-d); quando Heráclito assevera que "tendo dado ouvidos não a mim, mas ao *lógos*, é sábio concordar que tudo é um" (DK 22 B50); quando Empédocles anuncia "as quatro raízes de todas as coisas" (DK 31 B6); quando Anaxágoras distingue a Mente de todas as demais coisas (DK 59 B12); ou quando Diógenes de Apolônia afirma que "do ar vem a ser todo o resto" (Simplício, *In phys.* 25.1) – para ficar apenas nesses –, encontramos formulações particularmente intrigantes da interdependência de essencialidade e abrangência. Enfatizamos a primeira ao concentrar-nos em poucas causas; a segunda, ao concentrar-nos em múltiplos efeitos. Porém, o gênio da filosofia grega em seus primórdios está precisamente na conexão entre as duas. Assim, a exigência de abrangência pode ser igualmente a razão em virtude da qual grande parte dos primeiros filósofos gregos tentam identificar causas universais e explicar a sua atividade em áreas específicas tais como a cosmologia, a zoologia e a antropologia. O que Plutarco (*Adv. Col.* 1114b) afirma de Parmênides pode ser aplicado, *mutatis mutandis*, igualmente à maioria dos primeiros filósofos gregos:

> Disse muitas coisas sobre a terra, o céu, o sol, a lua e os astros, narrando também a gênese dos homens; e, como convinha a um filósofo natural dos

tempos de antanho, ao escrever um livro de sua própria lavra, sem divergir do que os outros haviam escrito, não passou silente sobre os tópicos mais importantes.

(4) O tipo de imagem do mundo e de seus princípios diretores que os primeiros filósofos gregos escolhem fornecer tende a não ser uma descrição de um sistema estático, mas uma narrativa dinâmica de como as coisas vêm a ser e perecem. Sua inclinação pela *narratividade* já está implícita em sua busca por uma *arkhé*, termo que designa não apenas um princípio diretor como também um início ou uma origem. Para eles, para que se saiba o que algo é, deve-se saber, antes de mais nada, de onde esse algo provém. Daí a ênfase sobre a causalidade e sobre relações de determinação. Daí também as estruturas temporais que acoplam a seus sistemas de modo a que a cosmologia, a zoologia e a antropologia se tornem, em suas mãos, cosmogonia, zoogonia e antropogonia. Até mesmo Parmênides, que localiza o único objeto possível de conhecimento em um ser único, imutável e perfeito, inclui em seu poema uma caracterização das opiniões dos mortais cujas palavras de encerramento ("assim, segundo a crença, essas coisas foram geradas e agora são; e, uma vez amadurecidas, chegarão a um fim no futuro..." – DK 28 B19) enfatizam a dinâmica temporal. No caso de Empédocles, por mais que os estudiosos discordem quanto aos exatos detalhes de sua teoria, não restam dúvidas quanto à complexidade barroca da estrutura narrativa com a qual ele articula a sua concepção dos ciclos cósmicos. Para todos os primeiros filósofos gregos, o mundo que vemos é um mundo de mudanças, que se torna inteligível ao ser inserido em uma narrativa causal como efeito de uma causa mais vasta.

(5) Em parte, pelo menos, pode ser apenas uma impressão devida à natureza fragmentária e doxográfica de muitas das evidências de que dispomos, mas, ainda assim, a maioria dos primeiros filósofos gregos certamente parecem dedicar-se antes à enunciação de doutrinas ou proposições individuais do que à elaboração sistemática de um extensa linha argumentativa com todo o rigor e a continuidade devidos. Em outras palavras, eles parecem, como os poetas arcaicos, focar a atenção antes sobre a *forma microscópica* do que sobre a *forma macroscópica*. Tales aparentemente não escreveu nenhum livro, nenhum, pelo menos, que sobrevivesse alguns séculos depois de sua morte. Em lugar disso, seu nome é associado a doutrinas isoladas cuja cone-

xão e cujo significado eram obscuros já na Antiguidade. Diógenes Laércio reporta que Anaximandro fazia uma exposição sumária de suas concepções (DL II.2), isto é, presumivelmente algum livro circulava sob seu nome em que, em seções descontínuas, doutrinas individuais fossem asseridas sem plena argumentação em sua defesa. A natureza do livro de Heráclito é objeto de considerável controvérsia erudita, mas a concepção mais provável é que fosse uma coleção de aforismos, em seu todo, ou em sua maioria, sem qualquer conexão gramatical mútua, agrupados talvez por assunto. Parmênides certamente escreveu um poema dividido em duas partes, mas a justificativa filosófica da segunda parte e a precisa relação entre a segunda e a primeira partes são razão de extenso debate. Julga-se que Zenão tenha publicado apenas uma coletânea de paradoxos e argumentos individuais. No que diz respeito a Empédocles, os estudiosos divergem quanto a seus poemas *Sobre a natureza* e *Purificações* serem um poema, dois poemas ou, então, duas partes de um mesmo poema; e, caso sejam de fato dois poemas diferentes, qual a relação doutrinal e textual entre eles.[17] Sem dúvida, evidências mais alentadas podem ajudar a esclarecer algumas obscuridades. Seria, contudo, improvável que mudassem a impressão fundamental de que esses filósofos devotavam um cuidado maior às formulações individuais do que às estruturas organizacionais de larga escala. Afinal de contas, suas declarações são cuidadosamente elaboradas e memoravelmente expressas. A única sentença remanescente da obra de Anaximandro é descrita por Teofrasto (*via* Simplício) como expressa "em termos altamente poéticos" (Simplício, *In phys.* 24.13);[18] as paradoxais formulações de Heráclito sempre fascinaram os leitores, deixando-os perplexos; e o último dos primeiros filósofos gregos, Diógenes de Apolônia, dava início a seu livro com uma sentença em que declarava que o estilo filosófico deve ser simples mas, ao mesmo tempo, elevado (DK 64 B1).

De todas essas maneiras, os primeiros filósofos gregos continuam a produzir suas obras segundo o enquadramento discursivo herdado dos poetas arcaicos, transformando-o em um conjunto de expectativas que podiam continuar se aplicando não apenas à poesia, mas também à mais séria prosa.

---

[17] Para discussões recentes, cf. Wright [358]; Osborne [364]; Sedley [377]; e Inwood [357].
[18] Para a sentença, cf. Algra, neste volume, p. 105.

Poética imanente nos primórdios da filosofia grega: o filósofo como poeta

Um dos mais palpáveis escândalos da filosofia grega em seus primórdios é o fato de que, mesmo depois da invenção da prosa filosófica, alguns dos maiores pensadores voltam-se para a poesia como meio de divulgação de sua mensagem filosófica.[19] Xenófanes, Parmênides e Empédocles escrevem no metro tradicional da poesia épica grega, Heráclito escreve em uma prosa profundamente influenciada por técnicas poéticas – em um período em que a prosa havia sido refinada por seus predecessores como meio filosófico e já estava sendo usada pela história, pela genealogia mitológica e diversos outros tipos de tratados técnicos.[20]

Até mesmo os primeiros pensadores escreviam uma prosa em nada desprovida de traços poéticos. Teofrasto afirma, como vimos acima, que a frase supérstite de Anaximandro estava expressa "em termos altamente poéticos" (Simplício, *In phys.* 24.13). A inclinação de Anaximandro e Anaxímenes pelo uso de comparações e símiles impactantes e inesperados com vistas a explicar diversos fenômenos naturais é a adaptação filosófica de um amor por analogias explicativas cuja origem encontra-se provavelmente nos célebres símiles épicos, tão frequentes em Homero, que explicam o que a audiência desconhece por meio de uma luminosa comparação com o que conhece.[21] Quando Anaximandro afirma que uma esfera de fogo se formara ao redor do ar que circunda a terra "como a casca de uma árvore" (pseudo-Plutarco, *Stromateis* 2), que a forma da terra "é similar ao fuste de uma coluna" (Aécio III.10.2), que o sol é um círculo de fogo "semelhante à roda de uma carruagem", com um furo "semelhante ao bocal de um fole" (Aécio II.25.1); ou quando Anaxímenes afirma que a terra flutua sobre o ar "como um tampo" (Aristóteles, *De caelo* II.13 294b15), que as estrelas estão fixas "como garras"

---

[19] Para essa seção, cf., em especial, Snell [128] 136-152; Bernabé [527]; e Long [547] 245-253.
[20] Sobre os vários atrativos da prosa na Grécia arcaica, cf. Humphreys [534].
[21] Cf. Riezler [548]; Kranz [535]; Snell [128] 199-204; Lloyd [108].

no céu (Aécio II.14.3), que o sol é plano "como uma folha" (Aécio II.22.1) ou que os corpos celestes se movem ao redor da terra "como um chapéu de feltro se move em torno de uma cabeça" (Hipólito, *Ref.* I.7.6), parte da eficácia da analogia deriva da surpresa por meio de que subitamente se revela que os fenômenos mais distantes e estarrecedores possuem importantes e até então inimaginadas semelhanças com os fenômenos mais mundanos e familiares. Muito provavelmente esses pensadores aprendem essa técnica com Homero. De qualquer modo, sua aplicação oferece uma vivacidade e uma concretude ao discurso que bem podemos chamar de poética.

Não obstante, com Xenófanes e o retorno à poesia métrica algo novo sobrevém, algo que parece clamar por uma explicação. É muito frequente entre os estudiosos associar a diferença de gênero entre prosa e poesia à diferença geográfica entre a Jônia, no leste, e a Magna Grécia, no oeste, opondo o que se julga ser uma atitude realista, pragmática, empírica e inovadora por parte da tradição jônica a uma tendência mais conservadora e mística vigente no ocidente.[22] É possível que haja alguma razão nisso, mas, ao se notar que Xenófanes é natural de Cólofon, que Pitágoras é natural de Samos e que a prosa floresce tanto no ocidente como no oriente, podemos nos indagar se não seria mais proventoso perguntar a que funções a escolha do metro pode pretender servir. Por exemplo, as restrições formais do verso tornam a poesia muito mais fácil de ser recordada e muito mais difícil de ser manipulada do que a prosa. Sugerir, porém, que Xenófanes e seus sucessores decidem escrever em verso em razão de quererem pôr seus *insights* em uma forma que não fosse facilmente esquecida ou distorcida não explica por que os predecessores de Xenófanes e os sucessores de Empédocles não têm a mesma ideia. Em vez disso, devemos tentar ligar a escolha da forma poética a traços específicos da situação e do pensamento desses filósofos.

No que diz respeito à escolha de Xenófanes, as circunstâncias de difusão de suas obras são, provavelmente, a questão decisiva. Ele recusa o livro, esse objeto novidadeiro, como meio de publicação, preferindo retornar à situação fundamentalmente oral da competição pública entre rapsodos que opõe cada competidor a um outro. O próprio Xenófanes, como nos informa Diógenes

---

[22] Como, recentemente, Wöhrle [553] 176-179.

Laércio, era um rapsodo que recitava seus poemas publicamente (DK 21 A1), sendo os metros em que compôs – hexâmetros dactílicos, dísticos elegíacos, trímetros jâmbicos – típicos de tal recitação em larga escala. Ao escolher para si esse foro privilegiado de divulgação, Xenófanes abocanha uma audiência de não especialistas mais vasta, além de fama e visibilidade mais amplas (ainda que não necessariamente mais duradouras), do que qualquer autor de livros nessa cultura ainda não totalmente literária.

O *agón*, a competição oral pública ritualizada, era, na Grécia arcaica, o palco em que se arbitrava a rivalidade entre exibições poéticas, mas, em razão da importância inigualada de Homero, a competição passa a focar antes sobre a avaliação contrastiva de diferentes performances das mesmas composições poéticas do que sobre a avaliação contrastiva de diferentes composições poéticas. Ao retornar a essa familiar situação discursiva, usando-a não para recitar a poesia de Homero melhor do que os demais rapsodos, mas para recitar uma poesia nova, que fosse melhor (isto é, mais veraz) do que a de Homero, Xenófanes mantém a forma dessa tradicional competição institucional, preenchendo-a, todavia, com um conteúdo novo e antitradicional. Não que Xenófanes ora substituísse, pela primeiríssima vez, algum velho critério de sucesso discursivo pela veracidade – afinal de contas, como vimos, a veracidade sempre fôra um objetivo fundamental da tradição épica –, mas sua verdade era radicalmente nova, sendo a correspondência não com o passado lendário de um povo específico, mas com uma estrutura fudamental e permanente, necessariamente válida para todo o mundo.[23] A posse dessa verdade dá-lhe confiança não apenas para criticar os maiores poetas da Grécia arcaica, Homero e Hesíodo, como também para proclamar a superioridade de sua poesia filosófica concernente à virtude moral e política em relação, de um lado, à temática monódica dos simpósios ("batalhas de Titãs, Gigantes ou Centauros, invenções dos homens de antanho ou violentas disputas civis, em que nada há de útil", DK 21 B1.21-23) e, de outro, ao elogio, presente nos epinícios, "à força atlética de homens ou cavalos" (B2.11-12).

Em Parmênides e Empédocles, a escolha da forma poética parece pretender resolver um problema filosófico crucial: dado que todos os se-

---

[23] Cf. Heitsch [191].

res humanos estão submetidos à ilusão das aparências, como pode o filósofo conhecer a verdade daquilo que alega conhecer? Para Parmênides e Empédocles, apenas um deus pode ser fonte de um conjunto de verdades transcendentes a que um mortal, caso abandonado a seus próprios recursos, não tem acesso. Contudo, na Grécia arcaica, a linguagem em que os deuses falam por meio de vozes humanas é, em geral, o verso metrificado. Já em Homero, o bardo é *theîos*, divino,[24] sentindo-se obrigado, no início de seu poema e em pontos críticos dele, a invocar as instâncias divinas que o inspiram, já que nenhum ser humano desassistido pode compor uma cadeia de hexâmetros perfeitos – como Aristóteles aponta (*Poética* 4 1449a26-28), os dáctilos épicos eram bastante estranhos aos ritmos comuns da fala vernácula. Os poetas continuam a se sentir em débito para com a Musa ao longo de toda a Antiguidade (e muito além) e a doutrina da inspiração divina, que Demócrito lega por herança a Platão, permanece um testemunho eloquente, ainda que por vezes altamente irônico, da viabilidade dessa concepção em filosofia. Os poetas, no entanto, não eram os únicos porta-vozes das divindades na Grécia antiga: os deuses falavam por oráculos, em Delfos e alhures, e, nesse período, não o faziam senão em metros poéticos, quase sempre nos mesmos hexâmetros dactílicos característicos da poesia épica.[25]

Quaisquer que fossem os demais propósitos a que servisse o hexâmetro dactílico na Grécia arcaica, esse metro parece ter funcionado como signo inconfundível de que a fonte última do texto nele articulado não era humana, mas divina. Assim sendo, é certamente significativo, então, que os únicos dois entre os primeiros filósofos gregos a escrever exclusivamente em hexâmetros dactílicos sejam, ao mesmo tempo, os únicos a explicitamente alegar que a sabedoria que proclamam à humanidade deriva de uma fonte divina.

Parmênides apresenta seu poema filosófico como produto de inspiração divina, resultado de sua iniciação mística nos mistérios da verdade

---

[24] *Il.* XVIII.604; *Od.* I.336, IV.17; VIII.43 etc.
[25] Cf. o material coligido em H. W. Parke & D. E. W. Wormell, *The Delphic Oracle*, 2 vols. (Oxford, 1956).

graças à benevolência de uma deusa, que tem a palavra ao longo da maior parte do poema e cuja mensagem ele cita para nós outros.[26] A abertura do poema narra a jornada de Parmênides a essa deusa e a recepção cortês e generosa que ele encontra:

> As éguas que me conduzem até onde meu coração aspira levaram-me, transportando-me, divinais, pelo célebre caminho que leva o homem que conhece a toda cidade... E a deusa cortês saudou-me, tomando de minha mão direita em sua mão, dirigindo-se a mim com estas palavras: "Jovem que vens a minha casa em companhia de aurigas imortais e das éguas que te conduzem, saudações. Não foi algum mau destino que te fez viajar por este caminho (que se afasta, com efeito, dos passos dos homens), mas o direito e a justiça. Convém que aprendas tudo, o coração inabalável da verdade redonda e a opinião dos mortais, em que não se encontra confiança veraz. Não obstante, aprenderás também essas coisas..." (DK 28 B1.1-3, 22-31).

Os estudiosos já de há muito debatem como entender essa detalhada cena de abertura, que parece muito diferente do restante do poema em seu caráter concreto, narrativo e autobiográfico. Assinalam evidentes empréstimos tomados de Homero e Hesíodo, buscam afinidades com a linguagem iniciática das religiões de mistérios e tentam elaborar detalhadas interpretações alegóricas.[27] Todas essas sugestões são, em certa medida, plausíveis, mas não se deve esquecer que essa cena de instrução divina deve ser coerente não apenas com o conteúdo da filosofia de Parmênides como também, em certo sentido, deve ser digna de fé por parte dos leitores se se há de reconhecer o *status* de verdade que essa filosofia arroga para si própria. Assim, quando a deusa descreve a Parmênides a escolha entre as duas únicas vias de perquirição – "Vem, dir-te-ei (e deves levar contigo minha fala depois de a escutares) as únicas vias de investigação que podem ser pensadas" (B2.1-2) –, está fazendo uma distinção, que

---

[26] Cf. Tarán [276], por exemplo, p. 31.
[27] Cf., por exemplo, Bowra [528]; Deichgräber [530]; Fränkel [147] 158-173; Mansfeld [308]; Burkert [284]; Feyeraben [533]; Sassi [550].

nenhum mortal poderia fazer por si próprio, entre uma via da verdade jamais vista por algum mortal e uma via do engano que é, em sentido estrito, "um caminho inescrutável, pois não podes nem conhecer o que não é – isso é impossível – nem exprimi-lo" (B2.6-8). As palavras ditas por ela a Parmênides são-nos transmitidas. Como poderia ele, ou como poderíamos nós, disso tomar conhecimento de outro modo?

Parmênides sempre foi muito criticado como poeta, devendo-se admitir que o que sobrevive de seu poema é mais digno de nota pela profundidade e agudeza de seu pensamento filosófico que pelas características que tendemos a associar à poesia imaginativa. Talvez nossa impressão fosse diferente caso mais houvesse sobrevivido da segunda parte do poema, que tratava em detalhe, depois das doutrinas metafísicas da segunda parte, de uma ampla gama de fenômenos sensíveis. Porém, mesmo nas seções supérstites podemos ver que Parmênides não apenas fazia, em geral, revigorado uso do estatuto divino associado à forma métrica com vistas a legitimar um discurso filosófico que ultrapassava as capacidades humanas como também explorava, em particular, as possibilidades linguísticas e métricas da épica tradicional de maneira criativa e imaginativa, pondo em uma forma arcaica doutrinas novas e estranhas a ela. Isso é verdadeiro especificamente do nível de dicção, de fórmulas épicas particulares e de motivos tais como o da viagem.[28]

Se Parmênides cita as palavras que a deusa lhe dirige, Empédocles avança ainda um passo além e se apresenta a nós como um deus que proclama seu poema divino a uma humanidade atônita e pasmada. Este é o início de suas *Purificações*:

> Amigos que viveis na grande cidade do loiro Acragante, na elevação da citadela, ocupando-vos com boas ações, saudações. Um deus imortal, não mais um mortal, ando por entre vós honrado por todos, como convém, coroado de faixas e guirlandas. Sou reverenciado por homens e mulheres ao adentrar vossas prósperas cidades. Eles me seguem às miríades, inda-

---

[28] Cf., em especial, Mourelatos [309]; Pfeiffer [544]; Pieri [545]; e Coxon [270].

gando onde a via do ganho, alguns à cata de profecias, outros desejosos de ouvir a palavra de cura para todas as doenças, imobilizados por dores excruciantes (DK 31 B112).[29]

Jamais saberemos até que ponto corresponde à realidade a afirmação de Empédocles de que é honrado como um deus (embora possa aí haver maior dose de *wishful thinking* do que o leitor moderno médio esperaria).[30] De qualquer modo, há uma falta de embaraço no reconhecimento da própria divindade que não é atenuada por qualquer citação paralela advinda da épica ou de cultos de mistério contemporâneos ou anteriores. Empédocles não afirma apenas que é um deus, mas também explica alhures por que encontra-se temporariamente afastado da companhia dos deuses para vir falar conosco (ele confiara na Contenda insana: B115), listando as mais elevadas categorias de homens cujo retorno à terra conduz mais rapidamente a um retorno à condição divina: "vêm aos homens terrestres como adivinhos, poetas e médicos, despontando como deuses dignos de honra, partilhando com os mortais seu lar e sua mesa sem participar das desditas humanas" (B146-147). Por certo não é coincidência que essas sejam as diversas profissões que Empédocles aparentemente julgava congregar em sua própria pessoa.[31]

Diferentemente de Parmênides, Empédocles parece ter sido admirado como poeta[32] e mestre de mistérios[33] – de que é extraordinária testemunha um papiro recém-descoberto em Panópolis, no Egito, contendo versos seus, papiro esse que havia sido usado na confecção de uma guirlanda colocada sobre a cabeça de um morto.[34] Sua reputação indubitavelmente se deve não apenas às doutrinas de transformação e reencarnação que pregava como

---

[29] Sobre esse fragmento, cf., mais recentemente, Riedweg [367], que enfatiza suas filiações com os mistérios.
[30] Rösler [549] julga essa tese tão bizarra que se sente impelido a assumir que Empédocles está aqui ironicamente criticando quem o adula em excesso.
[31] Wright [358] 291-292.
[32] Como até mesmo Aristóteles (fr. 70 Rose, *Meteor.* 357a24s., *Rhet.* III.5 1407a34s.), apesar de *Poet.* 1 1447b17-20.
[33] Para um exemplo recente, cf. Kingsley [105].
[34] Cf. Primavesi [546].

também à habilidade com a qual tanto adaptara a linguagem épica (como Parmênides, dentro de limites, também havia feito) como transformara de maneira criativa notáveis recursos desse tipo de poesia.[35]

Duas das técnicas que Empédocles adota, modificando-lhes a função de maneira altamente original, devem, ainda que brevemente, ser indicadas aqui. A primeira é a repetição de versos inteiros.[36] Em Homero, essa era uma ajuda indispensável à composição oral, que facilitava a tarefa do poeta ao permitir-lhe reutilizar certos versos em situações semelhantes de modo que toda a criatividade pudesse ser aplicada exclusivamente a situações novas. Em Empédocles, porém, a frequente repetição de versos, que pelo menos uma vez é explicitamente assinalada ao leitor e justificada (B25), serve para fornecer uma analogia textual dos ciclos de repetição da história do mundo: o poema de Empédocles não apenas justifica esses ciclos como também representa-os. A segunda técnica é o símile épico.[37] Como vimos, essa técnica, que a tradição épica usava para impedir que uma antiga história de guerra se tornasse gradualmente remota e desinteressante para um mundo então em paz, já havia sido apropriada pelos primeiros filósofos gregos. Empédocles, porém, emprega símiles impactantes e altamente elaborados não apenas para ilustrar pontos isolados de sua doutrina que eventualmente fossem obscuros, mas também para oferecer um paralelo no seio de sua poesia para a estrutura de similaridades horizontais e verticais em e entre todos os níveis do cosmos de cuja existência e importância sua poesia pretende nos convencer. A operação de quatro elementos básicos e duas forças fundamentais em todos os fenômenos significa que inevitavelmente haverá padrões de correspondência e analogia no universo de Empédocles (cf., por exemplo, B17.34-35): seus símiles oferecem exemplos persuasivos de tais padrões ao longo de seu texto. Em ambos os casos, Empédocles não apenas escreve um texto filosófico em que a escolha do metro poético ajuda a explicar a fonte de seu conhecimento sobre-humano; além disso, a modi-

---

[35] Cf. Traglia [552].
[36] As passagens podem ser encontradas em Bollack [356] vol. 3.2, p. 618, s.v. "Répétition".
[37] Cf. Snell [128] 213-218.

ficação das funções de técnicas poéticas específicas transforma seu poema em uma apresentação e uma ilustração de sua doutrina.

Isso é ainda mais verdadeiro de Heráclito, o último (embora não cronologicamente) dos filósofos-poetas a ser analisado aqui. Heráclito compôs em prosa, não em verso, mas a conclusão da entrada biográfica sob seu nome na *Suda*, a enciclopédia bizantina, afirma que ele "escreveu muitas coisas poeticamente" (*égrapse pollà poietikôs*: DK 22 A1a). Deve-se provavelmente interpretar essa menção não como referência a poemas espúrios que possam ter circulado sob seu nome, mas como alusão ao fato de que o único livro em prosa que o tornou famoso fosse marcado por uma imensa variedade de técnicas poéticas.[38] Se a estrutura desse livro é objeto de controvérsia, a frequente ausência de partículas conectivas nos fragmentos citados provavelmente não se deve a distorções das citações, antes reflete fielmente a falta de conexão entre muitas ou todas as sentenças que o compunham. Como vimos anteriormente, a organização externa da obra pode ter sido simplesmente a de uma coletânea de aforismos, talvez algo como os *Aforismos* atribuídos a Hipócrates: memoráveis formulações individuais, aplicáveis a diversas situações distintas, agrupadas provavelmente em razão de seu assunto, mas cada uma eficaz antes por si própria do que por seu lugar em uma cadeia argumentativa. Na maioria das vezes, o que torna essas formulações particularmente dignas de nota é uma estrutura poética de paradoxos conceituais ou linguísticos que atrai a nossa atenção mas resiste à compreensão imediata, convidando-nos a refletir sobre o discurso de Heráclito e o mundo que ilustra.

Um exemplo pode servir para ilustrar esse procedimento: "do arco o nome é vida mas a obra é morte" (DK 22 B48). Em que sentido isso é verdadeiro? Conceitualmente, um arco é usado para causar a morte de quem seja alvo das flechas, mas a morte desse alvo pode servir para salvar a nossa vida se é um animal que estamos caçando, se estamos caçando para nos alimentar, ou se é um inimigo no campo de batalha contra quem estamos lutando e que certamente nos matará se não o matarmos antes. Morte e

---

[38] Para a prosa rítmica de Heráclito, cf. Deichgräber [530].

vida estão inextrincavelmente ligadas nos processos do mundo: a morte de uma coisa é a vida de outra, desde que concebida de uma perspectiva diferente.³⁹ Esse complexo balanço de opostos interdependentes, porém, é verdadeiro não apenas do mundo que a sentença de Heráclito descreve, mas também dessa mesma sentença. No fragmento, a palavra traduzida como "vida" é *bios*, palavra que, acentuada na primeira sílaba, significa "vida" e, acentuada na segunda sílaba, "arco". Assim, dependendo de como se lê a sentença, significará ou bem "do arco o nome é *vida* mas a obra é morte" (acentuando-se *bíos*); ou, então, "do arco o nome é *arco* mas a obra é morte" (acentuando-se *biós*). Observando-se a sentença em silêncio, as letras da palavra *bios* podem veicular ambos os significados, mas, ao serem pronunciadas (e, ao menos nesse período, a maior parte das leituras não eram feitas em silêncio), o leitor não pode evitar de acentuar ou bem uma vogal ou, então, a outra, atualizando, assim, ou um sentido ou o outro – inevitavelmente reduzindo, portanto, uma verdade complexa a uma simplificação parcial e, pois, parcialmente errônea.⁴⁰

A prosa de Heráclito, como a natureza de que escreve, ama esconder-se (B123). Aristóteles queixava-se de que, sem pontuação, a articulação e, consequentemente, o preciso significado das formulações de Heráclito ficavam ambíguos (*Rhet.* III.5 1407b14-18). Essa, porém, era sem dúvida precisamente a intenção de Heráclito, já que a ambiguidade é característica constitutiva do mundo que ele descreve, subsistindo uma relação de homologia entre o ambíguo *Lógos* (="discurso") de Heráclito e o ambíguo *Lógos* (="estrutura") cósmico a que ele se refere,⁴¹ estabelecida desde o aforismo de abertura da coleção (a mesma sentença de que Aristóteles se queixa):

> Desse *Lógos* que sempre é os homens se mostram incapazes de compreensão, tanto antes como depois de ouvi-lo. Pois, embora tudo ocorra segundo esse

---

³⁹ Cf. tb. o aforismo B88, citado e discutido por Hussey, neste volume, p. 157.
⁴⁰ Para outros exemplos de tais sofisticadas brincadeiras com a leitura vocalizada na Grécia arcaica, cf. Svenbro [551].
⁴¹ Sobre os significados de *Lógos* em Heráclito, cf. A. Busse, "Der Wortsinn von ΛΟΓΟΣ bei Heraklit", *RM* 75 (1926) 203-214 e Hussey, neste volume, p. 143.

Lógos, os homens parecem inexperientes, ainda que experienciem palavras e atos tais como aqueles que descrevo, distinguindo cada coisa segundo sua constituição e exprimindo como é, mas o restante dos homens não se apercebem do que fazem quando acordados, assim como se esquecem do que fazem quando dormindo (B1).

A que se refere o adjetivo demonstrativo *toûd'* (desse) no início da sentença? Certamente se refere, por um lado, à estrutura subjacente do cosmos, segundo a qual tudo acontece e cujo reconhecimento causa enormes embaraços aos homens. Também certamente se refere, por outro lado, ao próprio livro que contém esse e outros aforismos, incompreendidos pelos homens tanto antes como depois de lidos.

Assim como os proferimentos oraculares a que Heráclito mais de uma vez se refere, seus próprios aforismos nem revelam de imediato seu sentido nem o ocultam de todo, mas revelam-no por signos (B93, cf. B92). Apesar da diferença de gênero, essa atitude encontra seu paralelo mais próximo em Píndaro, contemporâneo mais jovem de Heráclito, que também fazia uso de um estilo obscuro em sua poesia e se apresentava como o expositor de mistérios oraculares das Musas: "Profetiza, Musa, e serei *eu* o teu intérprete" (fr. 150 Snell-Mähler). Essa pode ter sido uma das razões que levaram Heráclito a dedicar seu livro a Ártemis e depositá-lo no templo da deusa em Éfeso (DL IX.6) – não apenas, como Diógenes Laércio sugere, para mantê-lo longe das mãos das massas, que o desprezariam, nem apenas para assegurar que se conservasse uma cópia autêntica de sua obra em um tempo em que bibliotecas e arquivos eram praticamente desconhecidos, mas também para garantir que seria sempre lido não só com a voz de um ser humano, mas com a autoridade de um deus.

Conclusão

Esse período em que os filósofos podiam se apossar das técnicas poéticas para autorizar suas teorias foi esplêndido, mas breve. Inevitavelmente, modos mais humanos de autojustificativa filosófica logo se tornariam mais plausíveis. Quando Sócrates fez a filosofia descer dos céus à cidade, obrigando-a a falar de assuntos humanos em voz humana (Cícero, *Tusculanae disputationes* V.4.10), irremediavelmente mudou o caráter dessa disciplina. Daí por diante, com poucas exceções, a filosofia se exprimirá em prosa, não em poesia, e a prosa em que se exprimirá procurará aderir antes a critérios de lucidez e rigor do que a sugestões e paradoxos. Platão ainda fará engenhoso uso de recursos poéticos tais como o diálogo e o mito, mas a expressão "a antiga querela entre filosofia e poesia" é sua (*Resp.* X 607b) e, do início ao fim de sua carreira, ele demonstra uma preocupação obsessiva com a formulação de argumentos filosóficos adequados para atribuir à poesia tão somente um estatuto não cognitivo e filosoficamente dispensável. Aristóteles, como em diversos outros pontos, segue a trilha aberta por Platão e extrai as consequências extremadas dessa linha de pensamento ao declarar, no início de sua *Poética*, que o fato de Empédocles ter escrito em verso é irrelevante para decidir que tipo de escritor ele era, devendo, pois, ser considerado antes um filósofo natural *(physiológos)* do que um poeta (1447b17-20). A partir de então, para o bem ou para o mal, a filosofia se dedicará em larga medida ao mundo da prosa.

No século passado, precisamente quando um ideal de clareza científica dominava boa parte da filosofia, alguns pensadores tentaram enriquecer a paleta de cores filosófica ao pôr essa clareza em xeque e buscar outros modos discursivos. Dos três mais célebres pensadores nesse grupo – Friedrich Nietzsche, com seus experimentos literários e suas elucubrações de vate; Ludwig Wittgenstein, com suas formulações paradoxais e sua atenção para com a linguagem; e Martin Heidegger, com sua proposta de desconstrução da metafísica ocidental e de retorno aos *insights* dos poetas e primeiros filósofos – Wittgenstein parece não ter sofrido nenhuma influência direta dos primeiros filósofos gregos, sendo, porém, difícil exagerar o grau em que os outros dois foram influenciados e guiados por eles, sobretudo por Heráclito. Investigar essa relação indubitavelmente enriquecerá a compreensão da natureza e dos limites da filosofia contemporânea.

Bibliografia

Esta bibliografia oferece referências completas a todas as obras modernas citadas em cada capítulo por meio de números entre colchetes (por exemplo, Barnes [14]). Também inclui enorme gama de estudos complementares, mas não repete referências (geralmente a obras que fogem da corrente principal dos estudos sobre a filosofia grega) já mencionadas por completo nas notas. Esta bibliografia foi selecionada com base em uma política que privilegia obras padrão em qualquer língua, obras escritas em inglês e, em especial, obras recentes. Porém, alguns dos melhores estudos são relativamentes antigos, e muito está escrito em francês, alemão e italiano, de modo que essa política teve não mais que uma influência diretriz sobre a seleção. Breves notas são oferecidas, muitas vezes com vistas a recomendar alguma obra particularmente útil, mas a ausência de tais recomendações não tem quaisquer implicações negativas.

A seguinte divisão é empregue:

I. Obras introdutórias:
   (A) Textos abrangentes e traduções.
   (B) Estudos abrangentes.
   (C) Recursos bibliográficos.
   (D) Fontes e crítica das fontes (capítulo 2).
   (E) Contexto intelectual e cultural.
   (F) Coletâneas de artigos.

II. Filósofos individuais, movimentos e tópicos:
   (A) Os milésios: Tales, Anaximandro, Anaxímenes. Os princípios da cosmologia (capítulo 3; também capítulos 1, 8, 16).
   (B) Xenófanes (capítulos 1, 3, 10, 11, 16).
   (C) Pitágoras, Filolau e a tradição pitagórica (capítulo 4).
   (D) Heráclito (capítulo 5; também capítulos 1, 10-12, 16).
   (E) Os eleatas: Parmênides e Melisso (capítulo 6; também capítulos 7-12, 16).
   (F) Zenão (capítulo 7; também capítulos 6, 9).
   (G) Empédocles (capítulo 8; também capítulos 4, 10-13, 16).

(H) Anaxágoras (capítulo 8; também capítulos 12-13, 16).
(I) Os atomistas: Leucipo e Demócrito (capítulo 9; também capítulos 10, 12-13).
(J) Diógenes de Apolônia (capítulos 10-11).
(K) Os sofistas: pensamento ético e político (capítulo 14; também capítulos 1, 15).
(L) Antifonte (capítulo 15; também capítulo 9).
(M) Górgias (capítulo 14; também capítulo 16).
(N) Protágoras (capítulos 14-15; também capítulos 9, 16).
(O) Teologia racional (capítulo 10).
(P) Epistemologia e psicologia (capítulos 11-12).
(Q) Causalidade e medicina (capítulo 13).
(R) Poesia filosófica (capítulo 16).

Abreviaturas de periódicos

AGP	*Archiv für Geschichte der Philosophie*
AJR	*American Journal of Philology*
ANRW	*Aufstieg und Niedergang der römischen Welt*
AP	*Ancient Philosophy*
BACAP	*Boston Area Colloquium in Ancient Philosophy*
CP	*Classical Philology*
CQ	*Classical Quarterly*
GRBS	*Greek, Roman, and Byzantine Studies*
HSCP	*Harvard Studies in Classical Philology*
ICS	*Illinois Classical Studies*
JHP	*Journal of the History of Philosophy*
JHS	*Journal of Hellenic Studies*
JP	*Journal of Philosophy*
OSAP	*Oxford Studies in Ancient Philosophy*
PAS	*Proceedings of the Aristotelian Society*
PR	*Philosophical Review*
REG	*Revue des Études Grecques*
RM	*Rheinisches Museum*
TAPA	*Transactions of the American Philological Association*

I. OBRAS INTRODUTÓRIAS

(A) Textos abrangentes e traduções
A edição padrão do material grego, que inclui uma tradução para o alemão dos fragmentos B (cf. Mansfeld, capítulo 2, p. 69), é
[1] Diels, H. *Die Fragmente der Vorsokratiker*, 6ª edição, rev. por W. Kranz, 3 vols. (Berlin, 1952; 1ª ed. 1903).

Sobre os poetas-filósofos, cf. também
[2] Diels, H. *Poetarum Philosophorum Fragmenta* (Berlin, 1901).

Os principais textos doxográficos estão editados discutidos em
[3] Diels, H. *Doxographi Graeci* (Berlin, 1879).

Para uma generosa seleção dos textos gregos (omitindo, porém, o material sobre os sofistas), com tradução e comentário, ver
[4] Kirk, G. S.; Raven, J. E.; & Schofield, M. *The Presocratic Philosophers*, 2ª edição [1ª ed. Kirk & Raven, 1957] (Cambridge, 1982).

Outros livros que oferecem traduções dos textos primários:
[5] Barnes, J. *Early Greek Philosophy*, uma tradução de todos os fragmentos remanescentes e doxografias seletas (London, 1987).
[6] Burnet, J. *Early Greek Philosophy*, 4ª edição (London, 1930; 1ª ed. 1892).
[7] Cohen, M.; Curd, P.; & Reeve, C. *Readings in Ancient Greek Philosophy, from Thales to Aristotle* (Indianapolis/Cambridge, 1995).
[8] Curd, P. & McKirahan Jr., R. D. *A Presocratics Reader* (Indianapolis, 1996).
[9] Freeman, K. *Ancilla to the Presocratic Philosophers. A Complete Translation of the [B] Fragments in Diels' Fragmente der Vorsokratiker* (Oxford, 1948).
[10] McKirahan Jr., R. D. *Philosophy before Socrates* (Indianapolis, 1994).
[11] Wright, M. R. *The Presocratics*. Seleção de textos com introdução e comentário (Bristol, 1985).

Para os textos gregos primários, com tradução para o alemão e comentário, ver
[12] Mansfeld, J. *Die Vorsokratiker: Auswahl der Fragmente, Übersetzung und Erläuterungen* (Stuttgart, 1987).

Edições de textos de filósofos individuais (inclusive sofistas) e escritores médicos são listadas sob as divisões apropriadas na parte II, "filósofos individuais e movimentos".

(B) Estudos abrangentes

Estes incluem Kirk, Raven e Schofield [4]; Burnet [6]; McKirahan [10]; e a excelente introdução de

[13] Hussey, E. *The Presocratics* (Londres, 1972; reimpr. Indianapolis, 1995).

Em escala muito maior, duas obras, com excelentes biografias, se destacam:

[14] Barnes, J. *The Presocratic Philosophers*, 2ª ed. [1ª ed. 1979 em 2 vols.] (Londres, 1982).

e os três primeiros volumes de *A History of Greek Philosophy*, de W. K. C. Guthrie:

[15] vol. 1, *The Earlier Presocratics and the Pythagoreans* (Cambridge, 1962).

[16] vol. 2, *The Presocratic Tradition from Parmenides to Democritus* (Cambridge, 1965).

[17] vol. 3, *The Fifth-Century Enlightenment* (Cambridge, 1969).

Das antigas histórias da filosofia a melhor é

[18] Zeller, E. *Die Philosophie der Griechen in ihrer geschichtlichen Entwicklung*, ed. W. Nestle, vol. I.1, 7ª ed. (Leipzig, 1923); vol. I.2, 6ª ed. (Leipzig, 1920).

A obra de Zeller também foi traduzida, editada e aumentada por

[19] Mondolfo, R. = Zeller-Mondolfo. *La filosofia dei Greci*, vols. I.1 e I.2 (Florence, 1932/1938).

Ver também

[20] Burnet, J. *Greek Philosophy, part 1: Thales to Plato* (London, 1914).

Sobre os sofistas, nada jamais ultrapassou

[21] Grote, G. *A History of Greece*, 2ª ed. (London, 1869; 1ª ed. 1846-1856) capítulo 67.

Para um estímulo filosófico (mas jamais para exatidão erudita), ver
[22] Hegel, G. W. F. *Vorlesungen über die Geschichte der Philosophie* (1ª ed. 1825/1826).

(C) Bibliografia
O recurso bibliográfico mais abrangente é
[23] Paquet, L.; Roussel, M.; & Lafrance, Y. *Les Présocratiques: Bibliographie analytique* (1879-1980), 2 vols., com um terceiro volume suplementar cobrindo o período 1450-1879 (Montreal, 1988, 1989 e 1995).

que, no período 1980-1989, pode ser complementado por
[24] Navia, L. E. *The Presocratic Philosophers: An Annotated Bibliography* (New York/London, 1993).

Para aconselhamento no uso dessas ferramentas, ver
[25] Berryman, S.; Mourelatos, A. P. D.; Sharma, R. K. "Two annotated bibliographies on the Presocratics: A critique and user's guide", *AP* 15 (1995) 471-494.

Ver também
[26] Bell, Jr., G. G. & Allis, J. B. *Resources in Ancient Philosophy: An Annotated Bibliography of Scholarship in English, 1965-1989*, capítulos 2-9 (com breves descrições de 500 livros e artigos) (Metuchen, N.J., 1991).

Mais bibliografias úteis podem ser encontradas em Mourelatos [155] e Lloyd [111].

Para a literatura moderna, podem-se consultar estes periódicos: *L'Année Philologique, The Philosopher's Index, Ancient Philosophy, Elenchos, Oxford Studies in Ancient Philosophy, Phronesis.*

(D) Fontes e crítica das fontes
Os estudos modernos se iniciam com a clássica obra de Diels [3]. A melhor apreciação e correção dessa obra está em

[27] Mansfeld, J. & Runia, D. T. *Aetiana: The Method and Intellectual Context of a Doxographer*, vol. 1: *The Sources* (Leiden/New York/Köln, 1996).

Ver também

[28] Steinmetz, P. *Die Physik des Theophrastos von Eresos* (Bad Homburg/Berlin/Zürich, 1964).

Esclarecimentos no que diz respeito à doxografia encontram-se em

[29] Mansfeld, J. "Aristotle, Plato and the Preplatonic doxography and chronography", em G. Cambiano (ed.) *Storiografia e dossografia nella filosofia antica* (Turin, 1986) 1-59 = Mansfeld [32] 22-83.

[30] Mansfeld, J. "Chrysippus and the *Placita*" *Phronesis* 34 (1989) 311-342.

[31] Mansfeld, J. "Doxography and dialectic: The *Sitz im Leben* of the 'Placita'" *ANRW* II.36.4 (1990) 3056-3229.

[32] Mansfeld, J. *Studies in the Historiography of Greek Philosophy* (Assen/Maastricht, 1990).

[33] Mansfeld, J. *Prolegomena: Questions to be Settled before the Study of an Author, or a Text* (Leiden/New York/Köln, 1994).

Sobre o valor de Aristóteles enquanto fonte, o clássico estudo negativo é o de

[34] Cherniss, H. *Aristotle's Criticism of Presocratic Philosophy* (Baltimore, 1935).

Para apreciações mais positivas de Aristóteles, ver

[35] Guthrie, W. K. C. "Aristotle as historian" em Furley/Allen [148] 239-254, 1ª publ. *JHS* 77 (1957) 35-41.

e

[36] Stevenson, J. G. "Aristotle as historian of philosophy" *JHS* 94 (1974) 138-143.

As fontes gregas para Teofrasto, com tradução, estão coligidas em

[37] Fortenbaugh, W. W.; Huby, P. M.; Sharples, R. W.; & Gutas, D. (eds.) *Theophrastus of Eresus, Sources for his Life, Writings, Thought and Influence* (Leiden, 1992; reimpr. 1994).

O texto grego do *De sensibus* de Teofrasto, com tradução, está incluído em
[38] Stratton, G. M. *Theophrastus and the Greek Physiological Psychology before Aristotle* (London/New York, 1917).

e é discutido por
[39] Baltussen, H. *Theophrastus on Theories of Perception: Argument and Purpose in the De Sensibus* (Diss. Utrecht, 1993).
[40] Mansfeld, J. "Aristote et la structure du *De Sensibus* de Théophraste" *Phronesis* 41 (1996) 158-188.

Para uma importante coletânea de artigos sobre Teofrasto, ver
[41] Fortenbaugh, W. W. & Gutas, D. (eds.) *Theophrastus: His Psychological, Doxographical and Scientific Writings* (New Brunswick/London, 1992).

A exatidão de Teofrasto enquanto fonte é rejeitada por
[42] McDiarmid, J. B. "Theophrastus on the Presocratic causes" em Furley/Allen [148] 178-238, 1ª publ. *HSCP* 61 (1953) 85-156.

e, em menor medida, por
[43] Long, A. A. "Theophrastus *De Sensibus* on Plato" em Algra [139] (1996) 345-362.

Para mais apreciações acerca da doxografia peripatética, ver
[44] Mansfeld, J. "*Physikai doxai* and *problemata physica* from Aristotle to Aëtius (and beyond)" em Fortenbaugh/Gutas [41] (1992) 63-111.

Sobre Aécio, em específico, ver
[45] Daiber, H. (ed.) *Aetius Arabus. Die Vorsokratiker in arabischer Überlieferung* (Wiesbaden, 1980).
[46] Lebedev, A. (1984) "*Phýsis talanteúousa:* neglected fragments of Democritus and Metrodorus of Chios" em Benakis [398] vol. 2.
[47] Lebedev, A. "Did the doxographer Aetius ever exist?" em *Philosophie et Culture. Actes du XVIIe Congrès mondial de philosophie, Montréal, 1983* (Montreal, 1988) 3.813-3.817 (microfilme).

[48] Runia, D. T. "Xenophanes on the moon: a *doxographicum* in Aëtius" *Phronesis* 34 (1989) 245-269.

[49] Runia, D. T. "Xenophanes or Theophrastus? An Aëtian *doxographicum* on the sun" em Fortenbaugh/Gutas [41] (1992) 112-140.

Muito se escreveu recentemente a respeito de Hipólito; ver

[50] Hershbell, J. P. "Hippolytus' *Elenchos* as a source for Empedocles reexamined" *Phronesis* 18 (1973) 97-114 e 187-203.

[51] Mansfeld, J. *Heresiography in Context: Hippolytus' Elenchos as a Source for Greek Philosophy* (Leiden/New York/Köln, 1992).

[52] Osborne, C. *Rethinking Early Greek Philosophy: Hippolytus of Rome and the Presocratics* (London, 1987).

cuja posição é criticada por

[53] Müller, I. "Hippolytus *retractatus:* a discussion of Catherine Osborne, *Rethinking Early Greek Philosophy*" *OSAP* 7 (1989) 233-251.

[54] Müller, I. "Heterodoxy and doxography in Hippolytus' *Refutation of all Heresies*" *ANRW* II.36.6 (1992) 4309-4374.

O valor de Plutarco como fonte pode ser estudado em

[55] Westman, R. *Plutarch gegen Kolotes: Seine Schrift «Adversus Colotem» als philosophiegeschichtliche Quelle* (Helsinki, 1955).

[56] Hershbell, J. P. "Plutarch as a source for Empedocles re-examined" *AJP* 92 (1971) 156-184.

[57] Hershbell, J. P. "Plutarch and Parmenides" *GRBS* 13 (1972) 193-207.

[58] Hershbell, J. P. "Plutarch and Democritus" *Quaderni Urbinati di Cultura Classica* 10 (1982) 81-111.

[59] Hershbell, J. P. "Plutarch and Anaxagoras" *ICS* 7 (1982) 141-158.

[60] Hershbell, J. P. "Plutarch and the Milesian philosophers" *Hermes* 114 (1986) 172-185.

Estudos úteis a respeito de Diógenes Laércio incluem

[61] Mejer, J. *Diogenes Laertius and his Hellenistic Background* (Wiesbaden, 1978).

[62] Mejer, J. "Diogenes Laertius and the transmission of Greek Philosophy" *ANRW* II.36.5 (1992) 3556-3602.

[63] Rocca-Serra, G. "Parménide chez Diogène Laërce" em Aubenque [279] (1987) 254-273.

Para mais estudos acerca de fontes particulares, ver

[64] Gelzer, T. "Plotins Interesse an den Vorsokratikern" *Museum Helveticum* 39 (1982) 101-131.

[65] Gutas, D. *Greek Wisdom Literature in Arabic Translation: A Study of the Graeco-Arabic Gnomologia* (New Haven, 1975).

[66] Hall, J. J. "Seneca as a source for earlier thought (especially meteorology)" *CQ* 27 (1977) 409-436.

[67] Hine, H. M. *An Edition with Commentary of Seneca's Natural Questions, Book Two* (Salem, N. H., 1981; reimpr. 1984).

[68] Mansfeld, J. "Heraclitus, Empedocles and others in a Middle Platonist Cento in Philo of Alexandria" *Vigiliae Christianae* 39 (1985) 131-156 = J. Mansfeld, *Studies in Later Greek Philosophy and Gnosticism* (London, 1989) 218-233.

[69] Mansfeld, J. "Gibt es Spuren von Theophrasts *Phys. op.* bei Cicero?" em W. W. Fortenbaugh e P. Steinmetz (eds.) *Cicero's Knowledge of the Peripatos* (New Brunswick, N. J./London, 1989) 133-158 = Mansfeld [32] 238-263.

[70] Méhat, A. *Études sur les 'Stromateis' de Clément d'Alexandrie* (Paris, 1966).

[71] Mosshammer, A. A. *The Chronicle of Eusebius and Greek Chronographic Tradition* (Lewisburg, PA/London, 1979).

Questões a respeito das fontes e de suas perspectivas interpretativas também são propostas em

[72] Barnes, J. "The Presocratics in context" *Phronesis* 33 (1988) 327-344.

[73] Burkert, W. "Plotin, Plutarch und die platonisierend Interpretation von Heraklit und Empedokles" em J. Mansfeld e L. M. de Rijk (eds.) *Kephalaion: Studies in Greek Philosophy and its Continuation offered to Professor C. J. de Vogel* (Assen, 1975) 137-146.

[74] Grant, R. M. "Early Christianity and Pre-Socratic philosophy" em *H. A. Wolfson Jubilee,* vol. 1 (Jerusalem, 1965) 357-384, reimpr. em seu *After the New Testament* (Philadelphia, 1967).

[75] Makin, S. "How can we find out what ancient philosophers said?" *Phronesis* 33 (1988) 121-132.

[76] O'Brien, D. "Problèmes d'établissement du texte: la transmission du poème dans l'antiquité" em Aubenque [279] (1987) 314-350.

[77] Patzer, A. *Der Sophist Hippias als Philosophiehistoriker* (München, 1986).

[78] Rösler, W. "Lukrez und die Vorsokratiker" *Hermes* 101 (1973) 48-64 = C. J. Classen (ed.) *Probleme der Lukrezforschung* (Hildesheim, 1986) 57-73.

[79] Rudolph, U. *Die Doxographie des Pseudo-Ammonios* (Stuttgart, 1989).

[80] Whittaker, J. "The value of indirect tradition in the establishment of Greek philosophical texts or the art of misquotation" em J. N. Grant (ed.) *Editing Greek and Latin Texts* (New York, 1989) 63-95.

[81] Wildberg, C. "Simplicius und das Zitat: Zur Geschichte des Anführungszeichens" em *Symbolae Berolinenses, Festschrift für Dieter Harlfinger* (Berlin, 1993) 187-199.

(E) Contexto intelectual e cultural

As obras aqui citadas oferecem ampla gama de perspectivas a respeito dos antecedentes, do pano de fundo e do caráter geral da filosofia grega em seus primórdios:

que inclui uma útil apreciação das atitudes em relação à filosofia grega em seus primórdios adotadas por Heidegger e Popper

[82] Adkins, A. W. H. *Merit and Responsibility: A Study in Greek Values* (Oxford, 1960; reimpr. Chicago, 1975).

[83] Bickerman, E. J. *Chronology of the Ancient World* (London, 1968).

[84] Boardman, J. *The Greeks Overseas,* 2ª ed. (London, 1980).

[85] Burkert, W. *Griechische Religion der archaischen und klassischen Epoche* (Stuttgart, 1977).

[86] Cambiano, G. *Il Ritorno degli Antichi* (Roma, 1988), que inclui apreciações sobre as atitudes frente aos primórdios da filosofia grega adotadas por Heidegger e Popper.

[87] Cherniss, H. "The characteristics and effects of Presocratic philosophy" em Furley/Allen [148] 1-28, 1ª publ. *Journal of the History of Ideas* 12 (1951) 319-345.

[88] Cornford, F. M. *From Religion to Philosophy: A Study in the Origins of Western Speculation* (Londres, 1912; reimpr. New York, 1957).

[89] Cornford, F. M. "Was the Ionian philosophy scientific?" em Furley/Alles [148] 29-41, 1ª publ. *JHS* 62 (1942) 1-7.

[90] Cornford, F. M. *Principium Sapientiae* (Cambridge, 1952).

[91] Detienne, M. & Vernant, J.-P. *Les ruses d'intelligence: la Mètis des grecs* (Paris, 1974).

[92] Detienne, M. *Les Maîtres de vérité dans la grèce archaïque* (Paris, 1965).

[93] Dicks, D. R. *Early Greek Astronomy* (Ithaca, 1970; reimpr. 1985).

[94] Dodds, E. R. *The Greeks and the Irrational* (Berkeley, 1951).

[95] Easterling, P. E. & Knox, B. M. W. (eds.) *The Cambridge History of Classical Literature,* vol. 1: *Greek Literature* (Cambridge, 1985).

[96] Farrar, C. *The Origins of Democratic Thinking: The Invention of Politics in Classical Athens* (Cambridge, 1988).

[97] Fränkel, H. *Dichtung und Philosophie des frühen Griechentums* (München, 1962).

[98] Frankfort, H. & H. A.; Wilson, J. A.; & Jacobsen, T. *Before Philosophy* (Baltimore, 1949).

[99] Furley, D. J. *The Greek Cosmologists,* vol. 1: *The Formation of the Atomic Theory and its Earliest Critics* (Cambridge, 1987).

[100] Havelock, E. A. *The Greek Concept of Justice: From its Shadow in Homer to its Substance in Plato* (Cambridge, Mass., 1978).

[101] Heath, T. *A History of Greek Mathematics,* vol. 1 (Oxford, 1921).

[102] Jaeger, W. *Paideia: Die Formung des Griechischen Menschen,* 2ª ed. (Berlin, 1947).

[103] Jones, J. W. *The Law and Legal Theory of the Greeks* (Oxford, 1956).

[104] Kahn, C. H. *The Verb 'Be' in Ancient Greek* (Dordrecht, 1973).

[105] Kingsley, P. *Ancient Philosophy, Mystery and Magic: Empedocles and Pythagorean Tradition* (Oxford, New York, 1995).

[106] Kirk, G. S. *Myth: Its Meaning and Function in Ancient and Other Cultures* (Cambridge, 1970).

[107] Knorr, W. R. *The Evolution of the Euclidean Elements* (Dordrecht/ Boston, 1975).

[108] Lloyd, G. E. R. *Polarity and Analogy: Two Types of Argumentation in Early Greek Thought* (Cambridge, 1966).

[109] Lloyd, G. E. R. *Early Greek Science from Thales to Aristotle* (London, 1967).

[110] Lloyd, G. E. R. *Magic, Reason and Experience: Studies in the Origin and Development of Greek Science* (Cambridge, 1979).

[111] Lloyd, G. E. R. *The Revolutions of Wisdom: Studies in the Claims and Practice of Ancient Greek Science* (Berkeley, 1987).

[112] Lloyd, G. E. R. *Demystifying Mentalities* (Cambridge, 1990).

[113] Lloyd-Jones, H. *The Justice of Zeus* (Berkeley/Los Angeles, 1971).

[114] Long, A. A. "Thinking about the Cosmos: Greek Philosophy from Thales to Aristotle" em R. Browning (ed.) *The Greek World* (London, 1985) 101-114.

[115] Longrigg, J. *Greek Rational Medicine: Philosophy and Medicine from Alcmaeon to the Alexandrians* (London/New York, 1993).

[116] Mansfeld, J. "Myth, science, philosophy: a question of origins" em W. M. Calder III; U. K. Goldsmith; & P. B. Kenevan (eds.) *Hypatia, Festschrift Hazel E. Barnes* (Boulder, Colo., 1985) 45-65 = Mansfeld [32] 1-21.

[117] Mourelatos, A. P. D. "Pre-Socratic origins of the principle that there are no origins from nothing" *JP* 78 (1981) 649-665.

[118] Mourelatos, A. P. D. "Quality, structure, and emergence in later Presocratic philosophy" *BACAP* 2 (1987) 127-194.

[119] Murray, O. *Early Greece*, 2ª ed. (London, 1993).

[120] Onians, R. B. *The Origins of European Thought*, 2ª ed. (Cambridge, 1954)

[121] Ostwald, M. *From Popular Sovereignty to the Sovereignty of Law* (Berkeley/Los Angeles, 1986).

[122] Popper, Sir K. "Back to the Presocratics" em Furley/Allen [148] 130-153, 1ª publ. *PAS* 59 (1958-1959) 1-24.

que é respondido por

[123] Kirk, G. S. "Popper on science and the Presocratics" em Furley/ Allen [148] 154-177, 1ª publ. *Mind* 69 (1960) 318-339.

O debate entre ambos é apreciado por

[124] Lloyd, G. E. R. "Popper *versus* Kirk: a controversy in the interpretation of Greek science" em Lloyd [154] (1991) 100-120.

[125] Pritchard, J. B. *Ancient Near Eastern Texts Relating to the Old Testament*, 3ª ed. (Princeton, 1969).

[126] Sambursky, S. *The Physical World of the Greeks* (London, 1956).

[127] Seidel, G. S. *Martin Heidegger and the Pre-Socratics* (Lincoln, Nebr., 1964).

[128] Snell, B. *Die Entdeckung des Geistes*, 2ª ed. (Hamburg, 1948).

[129] Sorabji, R. *Time, Creation and the Continuum* (London, 1983).

[130] Stokes, M. C. *One and Many in Presocratic Philosophy* (Washington, D. C., 1971).

[131] Tannery, P. *Pour l'histoire de la science hellène*, 2ª ed., ed. A. Diès (Paris, 1930; 1ª ed. 1887).

[132] Vernant, J.-P. *Les origines de la pensée grecque* (Paris, 1962).

[133] Vernant, J.-P. *Mythe et pensée chez les Grecs* (Paris, 1965).

[134] Walcot, P. *Hesiod and the Near East* (Cardiff, 1966).

[135] West, M. L. *Hesiod: Theogony* (Oxford, 1966).

[136] West, M. L. *Early Greek Philosophy and the Orient* (Oxford, 1971).

[137] Williams, B. A. O. "Philosophy" em M. I. Finley (ed.) *The Legacy of Greece*, 2ª ed. (Oxford, 1981) 202-257.

[138] Williams, B. *Shame and Necessity* (Berkeley/Los Angeles, 1993).

(F) Coletâneas de artigos

[139] Algra, K. A.; van der Horst, P. W.; & Runia, D. T. (eds.) *Polyhistor: Studies in the History and Historiography of Ancient Philosophy* (Leiden, 1996).

[140] Anton, J. P. & Kustas, G. L. (eds.) *Essays in Ancient Greek Philosophy* (Albany, N. Y., 1971).

[141] Anton, J. P. & Preus, A. (eds.) *Essays in Ancient Greek Philosophy*, vol. 2 (Albany, N. Y., 1983).

[142] Boudouris, K. J. (ed.) *Ionian Philosophy* (Athens, 1989).

[143] Cherniss, H. *Selected Papers*, ed. L. Tarán (Leiden, 1977).

[144] Cornford, F. M. *The Unwritten Philosophy and Other Essays* (Cambridge, 1950).

[145] Craig, E. (ed. geral) *Routledge Encyclopedia of Philosophy* (London, 1998).

[146] Dodds, E. R. *The Ancient Concept of Progress and Other Essays* (Oxford, 1973).

[147] Fränkel, H. *Wege und Formen frühgriechischen Denkens*, 3ª ed. (München, 1968; 1ª ed. 1955).

[148] Furley, D. J. & Allen, R. E. (eds.) *Studies in Presocratic Philosophy*, vol. 1: *The Beginnings of Philosophy* (London, 1970).

[149] Furley, D. J. & Allen, R. E. (eds.) *Studies in Presocratic Philosophy*, vol. 2: *Eleatics and Pluralists* (London, 1975).

[150] Furley, D. J. *Cosmic Problems: Essays on Greek and Roman Philosophy of Nature* (Cambridge, 1989).

[151] Goulet, R. (ed.) *Dictionnaire des philosophes antiques*, 4 tomos e suplemento (mais tomos no prelo) (Paris, 1989).

[152] Heidegger, M. *Early Greek Thinking*, trads. D. F. Krell & F. A. Capuzzi (New York, 1974; reimpr. San Francisco, 1984).

[153] Hölscher, U. *Anfängliches Fragen* (Göttingen, 1968).

[154] Lloyd, G. E. R. *Methods and Problems in Greek Science: Selected Papers* (Cambridge, 1991).

[155] Mourelatos, A. P. D. (ed.) *The Pre-Socratics: A Collection of Critical Essays*, 2ª ed. com adendos do editor (Princeton, 1993; 1ª ed. New York, 1974).

[156] Owen, G. E. L. *Logic, Science and Dialectic: Collected Papers on Greek Philosophy*, ed. M. C. Nussbaum (Ithaca, 1986).

[157] Robb, K. (ed.) *Language and Thought in Early Greek Philosophy* (La Salle, Ill., 1983).

[158] Shiner, R. A. & King-Farloe, J. (eds.) *New Essays on Plato and the Presocratics* (Guelph, 1976).

[159] Solmsen, F. *Kleine Schriften* (Hildesheim, 1968).

[160] Vlastos, G. *Studies in Greek Philosophy*, vol. 1: *The Presocratics*, ed. D. W. Graham (Princeton, 1995).

[161] Zeyl, D. J. (ed.) *Encyclopedia of Classical Philosophy* (Westport, 1997).

II. Filósofos individuais e movimentos

Itens aqui citados lidam especificamente com filósofos individuais, movimentos e temas dos capítulos a respeito de tópicos deste volume. Muitas obras listadas na parte I – notavelmente Barnes [14], Guthrie [15, 16, 17], Stokes [130] e Furley [99] – são consultadas com provento.

(A) Os milésios: Tales, Anaximandro, Anaxímenes. Os princípios da cosmologia.

O livro clássico, que inclui minuciosa análise da evidência textual acerca de Anaximandro, é

[162] Kahn, C. H. *Anaximander and the Origins of Greek Cosmology* (New York, 1960; reimpr. Indianapolis, 1995).

Outros estudos incluem

[163] Asmis, E. "What is Anaximander's *Apeiron*?" *JHP* 19 (1981) 279-297.

[164] Babut, D. "Le divin et les dieux dans la pensée d'Anaximandre" *REG* 88 (1972) 1-32.

[165] Bodnár, I. M. "Anaximander's rings" *CQ* 38 (1988) 49-51.

[166] Classen, C. J. "Anaximander and Anaximenes: the earliest Greek theories of change" *Phronesis* 22 (1977) 89-102.

[167] Couprie, D. L. "The visualization of Anaximander's astronomy" *Apeiron* 28 (1995) 159-182.

[168] Dancy, R. M. "Thales, Anaximander and infinity" *Apeiron* 22 (1989) 149-199.

[169] Dicks, D. R. "Thales" *CQ* 9 (1959) 294-309.

[170] Dicks, D. R. "Solstices, equinoxes ant the Presocratics" *JHS* 86 (1966) 26-40.

[171] Engmann, J. "Cosmic justice in Anaximander" *Phronesis* 36 (1991) 1-26.

[172] Finkelberg, A. "Anaximander's conception of the *apeiron*" *Phronesis* 38 (1993) 229-256.

[173] Finkelberg, A. "Plural worlds in Anaximander" *AJP* 115 (1994) 485-506.

[174] Freudenthal, G. "The theory of the opposites and an ordered universe: physics and metaphysics in Anaximander" *Phronesis* 31 (1986) 197-228.

[175] Furley, D. J. "The dynamics of the earth: Anaximander, Plato and the centrifocal theory" em Furley [150] (1989) 14-26.

[176] Gottschalk, H. B. "Anaximander's *Apeiron*" *Phronesis* 10 (1965) 37-53.

[177] Hölscher, U. "Anaximander and the beginnings of Greek Philosophy" em Furley/Allen [148] 281-322, 1ª publ. *Hermes* 81 (1953) 255-277 e 385-417.

[178] Kirk, G. S. "Some problems in Anaximander" em Furley/Allen [148] 323-349, 1ª publ. *CQ* 5 (1955) 21-38.

[179] Mansfeld, J. "Aristotle and others on Thales, or the beginnings of natural philosophy" *Mnemosyne* 38 (1985) 109-129 = Mansfeld [32] 126-147.

[180] Panchenko, D. "Thales' prediction of a solar eclipse" *Journal for the History of Astronomy* 24 (1994) 275-288.

[181] Rescher, N. "Cosmic evolution in Anaximander" *Studium Generale* 11 (1958) 718-731 reimpr. em seus *Essays in Philosophical Analysis* (Pittsburgh, 1969).

[182] Seligman, P. *The 'Apeiron' of Anaximander* (London, 1962).

[183] Snell, B. "Die Nachrichten über die Lehre des Thales und die Anfänge der griechischen Philosophie-und Literaturgeschichte" *Philologus* 96 (1944) 170-182 = B. Snell, *Gesammelte Schriften* (Göttingen, 1966) 119-128.

[184] Solmsen, F. "Anaximander's infinite: traces and influences" *AGP* 44 (1962) 109-131.

[185] Stokes, M. C. "Hesiodic and Milesian cosmogonies" *Phronesis* 7 (1963) 1-35 e 8 (1964) 1-34.

[186] Vlastos, G. "Equality and justice in early Greek cosmologies" em Furley/Allen [148] 56-91 = Vlastos [160] 57-88, 1ª publ. *CP* 42 (1947) 156-178.

[187] Vlastos, G. "Cornford's *Principium Sapientiae*" em Furley/Allen [148] 42-55 = Vlastos [160] 112-123, 1ª publ. *Gnomon* 27 (1955) 65-76.

[188] Whörle, G. *Anaximenes aus Milet: Die Fragmente zu seiner Lehre* (Stuttgart, 1983).

(B) Xenófanes

Para texto, traduções e comentários, ver

[189] Lesher, J. *Xenophanes of Colophon, Fragments: Text and Translation with a Commentary* (Toronto/Buffalo/London, 1992).

Para as complexidades da doxografia, cf. Mansfeld [32].

Estudos:
[190] Fränkel, H. "Xenophanes' empiricism and his critique of knowledge (B34)" em Mourelatos [155] 118-131, reimpr. em Fränkel [147], 1ª publ. *Hermes* 60 (1925) 174-192.

para o qual há uma boa resposta em
[191] Heitsch, E. "Das Wissen des Xenophanes" *RM* 109 (1966) 193-235.
[192] Jaeger, W. "Xenophanes' doctrine of God" em Jaeger [481] (1947) 38-54.
[193] Lesher, J. H. "Xenophanes' scepticism" *Phronesis* 23 (1978) 1-21.
[194] Steinmetz, P. "Xenophanesstudien" *RM* 109 (1966) 13-73.
[195] Tulin, A. "Xenophanes fr. 18DK and the origins of the idea of progress" *Hermes* 121 (1993) 129-138.

(C) Pitágoras, Filolau e a tradição pitagórica
Textos, traduções e comentários:
[196] Barker, A. *Greek Musical Writings II: Harmonic and Acoustic Theory* (Cambridge, 1989).
[197] Dillon, J. & Hershbell, J. P. *Iamblichus: On the Pythagorean Way of Life. Text, Translation and Notes* (Atlanta, 1991).
[198] Huffman, C. A. *Philolaus of Croton, Pythagorean and Presocratic: A Commentary on the Fragments and Testimonia with Interpretive Essays* (Cambridge, 1993).
[199] Thesleff, H. *Pythagorean Texts of the Hellenistic Period* (Åbo, 1965).

Bibliografia:
[200] Navia, L. E. *Pythagoras: An Annotated Bibliography* (New York, 1990).

O estudo clássico sobre a tradição pitagórica é
[201] Burkert, W. *Weisheit und Wissenschaft: Studien zu Pythagoras, Philolaos, Platon* (Nürnberg, 1962).

Há uma discussão de extensão monográfica em Guthrie [15]. Para ideias novas e bem argumentadas a respeito dos primeiros pitagóricos, ver Kingsley [105].

Problemas quanto à apreciação das evidências são bem discutidos por

[202] Thesleff, H. *An Introduction to the Pythagorean Writings of the Hellenistic Period* (Åbo, 1961).

Outros estudos incluem

[203] Bluck, R. S. "Plato, Pindar and metempsychosis" *AJP* 79 (1958) 405-414.

[204] Bluck, R. S. "Reincarnation in the *Phaedrus*" *AJP* 79 (1958) 156-164.

[205] Burkert, W. "Platon oder Pythagoras? Zum Ursprung des Wortes 'Philosophia'" *Hermes* 88 (1960) 159-77.

[206] Burkert, W. "Zur geistesgeschichtlichen Einordnung einiger Pseudopythagorica" *Fondation Hardt Entretiens XVIII - Pseudepigraphica I* (1972) 25-55.

[207] Burkert, W. "Craft *versus* sect: the problem of Orphics and Pythagoreans" em B. F. Meyer & E. P. Sanders (eds.) *Jewish and Christian Self-Definition*, vol. 3: *Self-Definition in the Graeco-Roman World* (London, 1982) 1-22.

[208] Cornford, F. M. "Mysticism and Science in the Pythagorean tradition" em Mourelatos [155] 135-160, 1ª publ. *CQ* 16 (1922) 137-150 e 17 (1923) 1-12.

[209] Delatte, A. *Études sur la littérature Pythagoricienne* (Paris, 1915).

[210] Festugière, A.-J. "Les mémoires pythagoriques cités par Alexandre Polyhistor" *REG* 58 (1945) 1-65.

[211] von Fritz, K. *Pythagorean Politics in Southern Italy: An Analysis of the Sources* (New York, 1940).

[212] von Fritz, K. "The discovery of incommensurability by Hippasus of Metapontum" em Furley/Allen [148] 382-412, 1ª publ. em *Annals of Mathematics* 46 (1945) 242-264.

[213] von Fritz, K. "*Estrìs hekatérothi* in Pindar's second Olympian and Pythagoras' theory of metempsychosis" *Phronesis* 2 (1957) 85-95.

[214] Heidel, W. A. "The Pythagoreans and Greek mathematics" em Furley/Allen [148] 350-381, 1ª publ. *AJP* 61 (1940) 1-33.

[215] Huffman, C. A. "The role of numbers in Philolaus' philosophy" *Phronesis* 33 (1982) 1-30.

[216] Huffman, C. A. "The authenticity of Archytas fr. 1" *CQ* 35 (1985) 344-348.

[217] Kahn, C. H. "Pythagorean philosophy before Plato" em Mourelatos [155] (1974) 161-185.

[218] Kahn, C. H. *Pitagora e i pitagorici* (Rome, 1993).

[219] Lloyd, G. E. R. "Plato and Archytas in the seventh letter" *Phronesis* 35.2 (1990) 159-174.

[220] Long, H. S. *A Study of the Doctrine of Metempsychosis in Greece from Pythagoras to Plato* (Princeton, 1948).

[221] Minar, E. *Early Pythagorean Politics* (Baltimore, 1942).

[222] Morrison, J. S. "Pythagoras of Samos" *CQ* 6 (1956) 135-156.

[223] Nussbaum, M. C. "Eleatic conventionalism and Philolaus on the conditions of thought" *HSCP* 83 (1979) 63-108.

[224] O'Meara, D. J. *Pythagoras Revived: Mathematics and Philosophy in Late Antiquity* (Oxford, 1989).

[225] Philip, J. A. *Pythagoras and Early Pythagoreanism* (Toronto, 1966).

[226] Raven, J. E. *Pythagoreans and Eleatics* (Cambridge, 1948; reimpr. Amsterdam, 1966).

[227] Schrenk, L. P. "World as structure: the ontology of Philolaus of Croton" *Apeiron* 27 (1994) 171-190.

[228] Sedley, D. N. "The dramatis personae of Plato's *Phaedo*" *Philosophical Dialogues: Plato, Hume, Wittgenstein Proceedings of the British Academy* 85 (London, 1995) 3-26.

[229] Vlastos, G. "Ravens's 'Pythagoreans and Eleatics'" em Furley/Allen [149] 166-176 = Vlastos [160] 180-188, 1ª publ. *Gnomon* 25 (1953) 29-35.

[230] van der Waerden, B. L. *Die Pythagoreer: Religiöse Brüderschaft und Schule der Wissenschaft* (Zürich/München, 1979).

[231] Zhmud, L. J. *Wissenschaft, Philosophie und Religion im frühen Pythagoreismus* (Berlin, 1997).

(D) Heráclito

Texto, traduções e comentários:

[232] Kahn, C. H. *The Art and Thought of Heraclitus: An Edition of the Fragments with Translation and Commentary* (Cambridge, 1979).

[233] Kirk, G. S. *Heraclitus: The Cosmic Fragments*, 2ª ed. (Cambridge, 1962).

[234] Marcovich, M. *Heraclitus: Greek Text with a Short Commentary* (Merida, Venezuela 1967).

[235] Mondolfo, R. & Tarán, L. *Eraclito – testimonianze e imitazione* (Florence, 1972).

[236] Robinson, T. M. *Heraclitus, Fragments: Text and Translation with a Commentary* (Toronto/Buffalo/New York, 1987).

Dentre os capítulos em livros clássicos, cf., em especial, Guthrie [15] e Hussey [13].

A seleção de estudos a seguir inclui grande quantidade de obras clássicas do século XIX:

[237] Bernays, J. *Heraclitea* [1ª publ. 1848], reimpr. em suas *Gesammelte Abhandlungen,* ed. H. Usener (Berlin, 1885) 1-106.

[238] Conche, M. *Héraclite, Fragments,* 2ª ed. (Paris, 1987).

[239] Dilcher, R. *Studies in Heraclitus* (Hildesheim/Zürich/New York, 1995).

[240] Emlyn-Jones, C. J. "Heraclitus and the identity of opposites" *Phronesis* 21 (1976) 89-114.

[241] Fränkel, H. "A thought pattern in Heraclitus" em Mourelatos [155] 214-228, 1ª publ. *AJP* 59 (1938) 309-337.

[242] Graham, D. W. "Heraclitus' criticism of Ionian philosophy" *OSAP* 15 (1997) 1-50.

[243] Hölscher, U. "Heraclitus" em Mourelatos [155] 229-240, tradução abreviada de "Heraklit" em Hölscher [153] (1968).

[244] Hospers, J. & Robb, K. (eds.) *The Monist* 74 no. 4 (1991), edição especial sobre Heráclito.

[245] Hussey, E. "Epistemology and meaning in Heraclitus" em M. Schofield & M. C. Nussbaum (eds.) *Language and Logos: Studies in Ancient Greek Philosophy presented to G. E. L. Owen* (Cambridge, 1982) 33-59.

[246] Hussey, E. "The beginnings of epistemology: from Homer to Philolaus" em S. Everson (ed.) *Companions to Ancient Thought 1: Epistemology* (Cambridge, 1990) 11-38.

[247] Hussey, E. "Heraclitus on living and dying" em Hospers/Robb [244] (1991) 517-530.

[248] Kirk, G. S. "Heraclitus and death in battle (fr. 24d)" *AJP* 70 (1949) 384-393.

[249] Lassalle, F. *Die Philosophie Herakleitos des dunklen von Ephesos* (Berlim, 1858; reimpr. Hildesheim/New York, 1973).

[250] Lesher, J. H. "Heraclitus' epistemological vocabulary" *Hermes* 111 (1983) 155-170.

[251] Long, A. A. "Heraclitus and stoicism" em A. A. Long, *Stoic Studies* (CAmbridge, 1996) 35-57, 1ª publ. *Philosophia* 5/6 (1975/6) 133-153.

[252] Long, A. A. "Finding oneself in Greek philosophy" *Tijdschrift voor Filosofie* 54 (1992) 255-279.

[253] Long, A. A. "Heraclitus" em Craig [145] (1998).

[254] Mackenzie, M. M. "Heraclitus and the art of paradox" *OSAP* 6 (1988) 1-37.

[255] Mansfeld, J. "Heraclitus on the psychology and physiology of sleep and on rivers" *Mnemosyne* 20 (1967) 1-29.

[256] Nussbaum, M. C. "*Psykhḗ* in Heraclitus" *Phronesis* 17 (1972) 1-16, 153-170.

[257] Rankin, D. "Limitis of perception and cognition in Heraclitus' fragments" *Elenchos* 16 (1995) 241-52.

[258] Reinhardt, K. "Heraklits Lehre vom Feuer" em seu *Vermächtnis der Antike,* 2ª ed. (Göttingen, 1960) 1ª publ. *Hermes* 77 (1942) 1-27.

[259] Robb, K. "*Psyche* and *Logos* in the fragments of Heraclitus: the origins of the concept of soul" *The Monist* 69 (1983) 315-351.

[260] Schleiermacher, F. D. E. "Herakleitos der dunkle, von Ephesos, dargestellt aus den Trümmern seines Werkes und den Zeugnissender Alten" *Museum der Alterthums-Wissenschaft* 1 (1808) 313-533.

[261] Schofield, M. "Heraclitus' theory of soul and its antecedents" em S. Everson (ed.) *Companions to Ancient Thought 2: Psychology* (Cambridge, 1991).

[262] Sider, D. "Heraclitus in the Derveni Papyrus" em Laks/Most [537] (1997) 129-148.

[263] Tsantsanoglou, K. "The first columns of the Derveni Papyrus and their religious significance" em Laks/Most [537] (1997) 93-128.

[264] Verdenius, W. J. "Der Logosbegriff bei Heraklit und Parmenides" *Phronesis* 11 (1966) 81-98.

[265] Vlastos, G. "On Heraclitus" em Furley/Allen [148] 413-429, 1ª publ. *AJP* 76 (1955) 337-368 = Vlastos [160] 127-150.

[266] Wiggins, D. "Heraclitus' conceptions of flux, fire and material persistence" em M. Schofield & M. C L. Owen (Cambridge, 1982)1-32.

Sobre Crátilo e a relação de Platão com o heracliticismo, ver
[267] Kirk, G. S. "The problem of Cratylus" *AJP* 72 (1951) 225-253.

que é respondido por
[268] Allan, D. J. "The problem of Cratylus" *AJP* 75 (1954) 271-287.
[269] Kahn, C. H. "Plato and Heraclitus" *BACAP* 1 (1986) 241-258.

(E) Os eleatas: Parmênides e Melisso
A bibliografia a respeito de Parmênides é vasta. Abordagens de Melisso são em muito menor quantidade, mas a maioria das discussões a respeito de Parmênides também faz referência a Melisso, e ele é particularmente bem estudado em Barnes [14].

Textos, traduções e comentários
O melhor texto de Parmênides, junto com uma excelente coletânea de fontes antigas, é
[270] Coxon, A. *The Fragments of Parmenides: A Critical Text with Introduction, Translation, the Ancient Testimonia and a Commentary* (Assen/Maastricht, 1986).

Outras edições incluem
[271] Diels, H. *Parmenides Lehrgedicht* (Berlin, 1897).
[272] Gallop, D. *Parmenides of Elea: A Text and Translation with an Introduction* (Toronto/Buffalo/London, 1984).
[273] Heitsch, E. *Parmenides: Die Anfänge der Ontologie, Logik und Naturwissenschaft* (München, 1974).
[274] Hölscher, U. *Parmenides: vom Wissen des Seiendes* (Frankfurt am Main, 1969).
[275] O'Brien, D. & Frère, J. = Aubenque [279] (1987) vol. 1.
[276] Tarán, L. *Parmenides: A Text with Translation, Commentary and*

Critical Essays (Princeton, 1965).

Para Melisso, a edição padrão é
[277] Reale, G. *Melisso: Testimonianze e Frammenti* (Florence, 1970).

sobre a qual, ver a resenha de
[278] Long, A. A. *Gnomon* 48 (1976) 645-650.

Estudos acerca de Parmênides são tão numerosos que uma bibliografia completa ultrapassaria as centenas de itens. O que segue é uma seleção das monografias mais importantes, juntamente a uma amostra dos artigos mais recentes:

[279] Aubenque, P. (ed.) *Études sur Parménide,* vol. 1: *Le poème de Parménide: texte, traduction, essai critique,* vol. 2: *Problèmes d'interprétation* (Paris, 1987), que inclui ensaios de quatorze estudiosos.

[280] Austin, S. *Parmenides: Being, Bounds and Logic* (New Haven, 1986).

[281] Barnes, J. "Parmenides and the Eleatic one" *AGP* 61 (1979) 1-21.

[282] Bodnár, I. M. "Contrasting images: Notes on Parmenides B5" *Apeiron* 19 (1985) 57-63.

[283] Booth, N. B. "Did Melissus believe in incorporeal Being?" *AJP* 79 (1958) 61-65.

[284] Burkert, W. "Das Proömium des Parmenides und die Katabasis des Pythagoras" *Phronesis* 14 (1969) 1-30.

[285] Cornford, F. M. *Plato and Parmenides* (London, 1939).

[286] Couloubaritsis, L. *Mythe et philosophie chez Parménide,* 2ª ed. (Brussels, 1990).

[287] Curd, P. K. "Parmenidean monism" *Phronesis* 36 (1991) 241-264.

[288] Curd, P. K. "Deception and belief in Parmenides' *Doxa*" *Apeiron* 25 (1992) 109-134.

[289] Curd, P. K. "Eleatic monism in Zeno and Melissus" *AP* 13 (1993) 1-22.

[290] Curd, P. K. *The Legacy of Parmenides: Eleatic Monism and Later Presocratic Thought* (Princeton, 1998).

[291] Finkelberg, A. "Parmenides' foundation of the Way of Truth" *OSAP* 6 (1988) 39-68.

[292] Fränkel, H. "Studies in Parmenides" em Furley/Allen [149] 1-47, tradução para o inglês de Fränkel [147], 1ª publ. em seus *Nachrichten der*

Göttinger Gesellschaft der Wissenschaften (1930) 153-192.

[293] Furley, D. J. "Notes on Parmenides" em E. N. Lee; A. P. D. Mourelatos; & R. Rorty (eds.) *Exegesis and Argument: Studies in Greek Philosophy presented to Gregory Vlastos* (Assen, 1973) 1-15 = Furley [150] 27-37.

[294] Furth, M. "Elements of Eleatic ontology" em Mourelatos [155] 241-270, 1ª publ. *JHP* 6 (1968) 111-132.

[295] Goldin, O. "Parmenides on possibility and thought" *Apeiron* 26 (1993) 19-35.

[296] Heidegger, M. "Moira (Parmenides VIII, 34-41)" em Heidegger [152] 79-101, 1ª publ. em alemão em *Vortrage und Aufsätze* (Pfullingen, 1954).

[297] Hoy, R. C. "Parmenides' complete rejection of time" *JP* 91 (1994) 573-598.

[298] Kahn, C. H. "The thesis of Parmenides" *Review of Metaphysics* 22 (1968/9) 700-724.

[299] Kahn, C. H. "Being in Parmenides and Plato" *La Parola del Passato* 43 (1988) 237-261.

ver também Kahn [104]

[300] Ketchum, R. J. "Parmenides on what there is" *Canadian Journal of Philosophy* 20 (1990) 167-190.

[301] Laks, A. "'The More' and 'The Full': On the reconstruction of Parmenides' theory of sensation in Theophrastus, De Sensibus 3-4" *OSAP* 8 (1990) 1-18.

[302] Lesher, J. H. "Parmenides' critique of thinking: the *polýderis élenkhos* of fragment 7" *OSAP* 2 (1984) 1-30.

[303] Loenen, J. H. M. M. *Parmenides, Melissus, Gorgias* (Assen, 1951).

[304] Long, A. A. "The principles of Parmenides' cosmogony" em Furley/Allen [149] 82-101, 1ª publ. *Phronesis* 8 (1963) 90-107.

[305] Long, A. A. "Parmenides on thinking Being", com comentários de S. Rosen *BACAP* 12 (1996) 125-162.

[306] Mackenzie, M. M. "Parmenides' dilemma" *Phronesis* 27 (1982) 1-12.

[307] Malcolm, J. "On avoiding the void" *OSAP* 9 (1991) 75-94.

[308] Mansfeld, J. *Die Offenbarung des Parmenides und die menschliche Welt* (Assen, 1964).

[309] Mourelatos, A. P. D. *The Route of Parmenides: A Study in Word, Image and Argument in the Fragments* (New Haven, 1970).

[310] Mourelatos, A. P. D. "Heraclitus, Parmenides and the naïve metaphysics of things" em E. N. Lee; A. P. D. Mourelatos; & R. Rorty (eds.) *Exegesis and Argument: Studies in Greek Philosophy presented to Gregory Vlastos* (Assen, 1973) 16-48.

[311] Mourelatos, A. P. D. "Alternatives in interpreting Parmenides" *The Monist* 62 (1979) 3-14.

[312] Owen, G. E. L. "Eleatic questions" em Furley/Allen [149] 48-81 = Owen [156] 3-26, 1ª publ. *CQ* 10 (1960) 84-102.

[313] Owen, G. E. L. "Plato and Parmenides on the timeless present" em Mourelatos [155] 271-292 = Owen [156] 27-44, 1ª publ. *The Monist* 50 (1966) 317-340.

[314] Owens, J. (ed.) *Parmenides Studies Today, The Monist* 62 no. 1 (1979), edição especial com estudos de oito especialistas.

[315] Phillips, E. D. "Parmenides on thought and being" *PR* 64 (1955) 546-560.

[316] Popper, K. R. "How the moon might shed some of her light upon the two ways of Parmenides" *CQ* 42 (1992) 12-19.

[317] Reinhardt, K. *Parmenides und die Geschichte der Griechischen Philosophie* (Bonn, 1916; reimpr. Frankfurt, 1959).

[318] Schofield, M. "Did Parmenides discover eternity?" *AGP* 52 (1970) 113-135.

[319] Solmsen, F. "The 'Eleatic One' in Melissus" em Solmsen [159] vol. 3 137-149, 1ª publ. *Mededelingen der Koninklijke Nederlandse Akademie van Wetenschappen, Afd. Letterkunde, Nieuwe Reeks* 32/8 (1969) 221-233.

[320] Verdenius, W. J. *Parmenides: Some Comments on his Poem* (Groningen, 1942; reimpr. Amsterdam, 1964).

[321] Vlastos, G. "Parmenides' theory of knowledge" *TAPA* 77 (1946) 66-77 = Vlastos [160] 153-163.

[322] Woodbury, L. "Parmenides on names" *HSCP* 63 (1958) 145-160 = Anton/Kustas [140] 145-162.

[323] Woodbury, L. "Parmenides on naming by mortal men: fr. B8.53-56" *AP* 6 (1986) 1-13.

(F) Zenão

Para abordagens de Zenão relacionando-o a Parmênides e Melisso, cf. a seção anterior sobre os eleatas.

Para texto, traduções e comentários, ver
[324] Lee, H. D. P. *Zeno of Elea* (Cambridge, 1936).
[325] Untersteiner, M. *Zenone: Testimonianze e frammenti* (Florence, 1963).

Ver também
[326] Dillon, J. "New evidence on Zeno of Elea?" *AGP* 56 (1974) 127-131.
[327] Dillon, J. "New evidence on Zeno of Elea?" *AGP* 58 (1976) 221-222.

Os paradoxos de Zenão despertaram enorme interesse entre filósofos e matemáticos. São tratados de maneira extraordinária em Barnes [14] 231-295. Para uma útil antologia acompanhada de bibliografia a respeito, ver
[328] Salmon, W. C. (ed.) *Zeno's Paradoxes* (Indianapolis/New York, 1970).

Para resposta às hipóteses de Cornford [285] e Raven [226] a respeito dos alvos de Zenão, ver
[329] Booth, N. B. "Were Zeno's arguments a reply to attacks upon Parmenides?" *Phronesis* 3 (1957) 1-9.
[330] Booth, N. B. "Were Zeno's arguments directed against the Pythagoreans?" *Phronesis* 3 (1957) 90-103.
[331] Booth, N. B. "Zeno's paradoxes" *JHS* 77 (1957) 187-201.

O que segue é uma seletiva lista de obras que abordam os argumentos de Zenão e questões históricas de interpretação:

[332] Fränkel, H. "Zeno of Elea's attacks on plurality" em Furley/Allen. [149] 102-142, 1ª publ. *AJP* 63 (1942) 1-25 e 193-206.
[333] Furley, D. J. "Zeno" em Furley [400] (1967) 63-78.
[334] Grünbaum, A. *Modern Science and Zeno's Paradoxes* (Middletown, Conn., 1968).
[335] Harrison, C. "The three arrows of Zeno: Cantorian and Non-Cantorian concepts of the continuum and of motion" *Synthese* 107 (1996) 271-292.

[336] Lear, J. "A note on Zeno's arrow" *Phronesis* 26 (1981) 91-104.

[337] Makin, S. "Zeno on plurality" *Phronesis* 27 (1982) 223-238.

[338] Owen, G. E. L. "Zeno and the mathematicians" em Furley/Allen [149] 143-165 e Owen [156], 1ª publ. *PAS* 58 (1957/8) 143-162.

[339] Russell, B. *Principles of Mathematics* (London, 1903) capítulo 42.

[340] Russell, B. *Our Knowledge of the External World* (London, 1914) capítulo 6.

[341] Ryle, G. *Dilemmas* (Cambridge, 1954) capítulo 3.

[342] Solmsen, F. "The tradition about Zeno of Elea re-examined" em Mourelatos [155] 368-393, 1ª publ. *Phronesis* 16 (1971) 116-141.

para as quais há uma resposta de

[343] Vlastos, G. "Plato's Testimony concerning Zeno of Elea" *JHS* 95 (1975) 136-162 = Vlastos [160] 264-300.

[344] Vlastos, G. "A note on Zeno's arrow" em Furley/Allen [149] 184-200 = Vlastos [160] 105-118, 1ª publ. *Phronesis* 11 (1966) 3-18.

[345] Vlastos, G. "Zeno's race course" em Furley/Allen [149] 201-220 = Vlastos [160] 189-204, 1ª publ. *JHP* 4 (1966) 95-108.

[346] Vlastos, G. "A Zenonian argument against plurality" em Anton/Kustas [140] 119-144 = Vlastos [160] 219-240.

[347] Vlastos, G. "Zeno of Elea" em P. Edwards (ed.) *The Encyclopedia of Philosophy* (New York/London, 1967), vol. 8, 369-379 = Vlastos [160] 241-263.

Destaque-se ainda o debate a seguir em artigos do periódico *Analysis*:

[348] Black, M. "Achilles and the Tortoise" *Analysis* 11 (1951) 91-101.

[349] Taylor, R. "Mr. Black on temporal paradoxes" *Analysis* 12 (1951) 38-44.

[350] Grünbaum, A. "Messrs. Black and Taylor on temporal paradoxes" *Analysis* 12 (1952) 144-148.

[351] Wisdom, J. O. "Achilles on a physical racecourse" *Analysis* 12 (1952) 67-72.

[352] Thomas, L. E. "Achilles and the Tortoise" *Analysis* 12 (1952) 92-94.

[353] Taylor, R. "Mr. Wisdom on temporal paradoxes" *Analysis* 13 (1952) 13-17.

[354] Watling, J. "The sum of an infinite series" *Analysis* 13 (1952) 39-46.

[355] Hinton, J. M. & Martin, C. B. "Achilles and the Tortoise" *Analysis* 14 (1954) 56-68.

(G) Empédocles
Texto, traduções e comentários
[356] Bollack, J. *Empédocle,* 4 vols. (Paris, 1965-1969).
[357] Inwood, B. *The Poem of Empedocles: A Text with an Introduction* (Toronto/Buffalo/London, 1992).
[358] Wright, M. R. *Empedocles: The Extant Fragments, edited with Introduction, Commentary, Concordance and New Bibliography* (New Haven, 1981; reimpr. London/Indianapolis, 1995).

O estudo moderno de Empédocles é centrado sobre seu ciclo cósmico, cuja natureza e cujos estágios foram acaloradamente debatidos. Aqueles que propõem um ciclo de quatro estágios, consistindo na dominação alternada do Amor e do Ódio, com duas fases de transição, incluem Wright [358], Inwood [357] e em maior detalhe
[359] O'Brien, D. *Empedocles' Cosmic Cycle* (Cambridge, 1969).

Alternativas a esse esquema são propostas por Bollack [356] e
[360] Hölscher, U. "Weltzeiten und Lebenskyklus" *Hermes* 93 (1965) 7-33, reimpr. em Hölscher [153].
[361] Solmsen, F. "Love and Strife in Empedocles' cosmology" em Furley/Allen [149] 221-64, 1ª publ. *Phronesis* 10 (1965) 109-148.

Para uma avaliação da controvérsia, inclinando-se pela segunda posição, ver
[362] Long, A. A. "Empedocles' cosmic cycle in the 'sixties'" em Mourelatos [155] (1974) 397-425.

Há uma resposta, que endossa o ciclo de quatro estágios, por
[363] Graham, D. W. "Symmetry in the Empedoclean cycle" *CQ* 38 (1988) 297-312.

Ver também
[364] Osborne, C. "Empedocles recycled" *CQ* 37 (1987) 24-50.

Sobre o pensamento religioso de Empédocles e sua relação com a teoria física do filósofo, cf. Kingsley [105] e

[365] Kahn, C. H. "Religion and natural philosophy in Empedocles' doctrine of the soul" em Mourelatos [155] 426-456, 1ª publ. *AGP* 42 (1960) 3-35.

[366] Long, A. A. "Thinking and sense-perception in Empedocles: mysticism or materialism?" *CQ* 16 (1966) 256-276.

[367] Riedweg, C. "Orphisches bei Empedokles" *Antike und Abendland* 41 (1955) 34-59.

[368] Zuntz, G. *Persephone: Three Essays on Religion and Thought in Magna Grecia* (Oxford, 1971).

Para diversas questões interpretativas, ver
[369] O'Brien, D. "Empedocles revisited" *AP* 15 (1995) 403-470.

Outros estudos incluem
[370] Furley, D. J. "Empedocles and the clepsydra" em Furley/Allen [149] 265-274, 1ª publ. em *JHS* 77.1 (1957) 31-34.
[371] Kingsley, P. "Empedocles and his interpreters: the four-element doxography" *Phronesis* 39 (1994) 235-254.

para os quais há uma resposta em
[372] Mansfeld, J. "Critical note: Empedocles and his interpreters" *Phronesis* 40 (1995) 109-115.
[373] Kingsley, P. "Empedocles' sun" *CQ* 44 (1994) 316-324.
[374] Longrigg, J. "Roots" *CR* 17 (1967) 1-5.
[375] O'Brien, D. "The relation of Anaxagoras and Empedocles" *JHS* 88 (1968) 93-114.
[376] O'Brien, D. "Empedocles' theory of seeing and breathing" *JHS* 90 (1970) 140-179.
[377] Sedley, D. N. "The proems of Empedocles and Lucretius" *GRBS* 30 (1989) 269-296.
[378] Sedley, D. N. "Empedocles' theory of vision and Theophrastus' *De Sensibus*" em Fortenbaugh/Gutas [41] (1992) 20-31.

[379] Tigner, S. S. "Empedocles' twirled ladle and the vortex-supported earth" *Isis* 65 (1974) 432-447.

Para uma edição acompanhada da tradução do novo papiro contendo fragmentos de Empédocles, ver
[380] Martin, A. & Primavesi, O. *L'Empédocle de Strasbourg* (Berlin/ New York, 1998).

(H) Anaxágoras
Texto, traduções e comentários
[381] Lanza, D. *Anassagora: Testimonianze e frammenti* (Florença, 1966).
[382] Sider, D. *The Fragments of Anaxagoras* (Meisenheim am Glan, 1981).

Há uma bela monografia de
[383] Schofield, M. *An Essay on Anaxagoras* (Cambridge, 1980).

A bibliografia acerca de sua ontologia é copiosa. Contribuições de peso incluem
[384] Cornford, F. M. "Anaxagoras' theory of matter" em Furley/Allen [149] 275-322, 1ª publ. *CQ* 24 (1930) 14-30 e 83-95.
[385] Furley, D. J. "Anaxagoras in response to Parmenides" em Shiner/ King-Farlow [158] (1976) 61-85 = Furley [150] 47-65.
[386] Furth, M. "A 'philosophical hero'?: Anaxagoras and the Eleatics" *OSAP* 9 (1991) 95-129.
[387] Graham, D. W. "The postulates of Anaxagoras" *Apeiron* 27 (1994) 77-121.
[388] Heidel, W. A. "Qualitative change in pre-Socratic philosophy" em Mourelatos [155] 86-98, 1ª publ. *AGP* 19 (1906) 333-379.
[389] Inwood, B. "Anaxagoras and infinite divisibility" *ICS* 11 (1986) 17-34.
[390] Kerferd, G. B. "Anaxagoras and the concept of matter before Aristotle" em Mourelatos [155] 489-503, 1ª publ. *Bulletin of the John Rylands Library* 52 (1969) 129-143.
[391] Strang, C. "The physical theory of Anaxagoras" em Furley/Allen [149] 361-380, 1ª publ. *AGP* 45 (1963) 101-118.

[392] Vlastos, G. "The physical theory of Anaxagoras" em Furley/Allen 1975 [149] 323-353 = Mourelatos [155] 459-488 = Vlastos [160] 303-327, prim. publ. *PR* 59 (1950) 31-57.

Sobre o conceito de *Noûs* em Anaxágoras muitos itens da seção (P) são pertinentes; ver também

[393] von Fritz, K. "Der ΝΟΥΣ des Anaxagoras" *Archiv für Begrifsgeschichte* 9 (1964) 87-102.

[394] Laks, A. "Mind's crisis: on Anaxagoras' *noûs*" *Southern Journal of Philosophy* 31 supl. (1993) 19-38.

Para mais estudos a respeito de seu contexto intelectual, cf. O'Brien [375] e

[395] Mansfeld, J. "The chronology of Anaxagoras' Athenian period and the date of his trial" em Mansfeld [32] 264-306, 1ª publ. *Mnemosyne* 32 (1979) 39-69 e 33 (1980) 17-95.

(I) Os atomistas: Leucipo e Demócrito

Textos, traduções e comentários

[396] Luria, S. *Democritea*, textos originais dos fragmentos e testemunhos com tradução para o russo e comentário (Leningrado, 1970).

Estudos: a melhor introdução é Furley [99]. Cf. também

[397] Bailey, C. *The Greek Atomists and Epicurus* (Oxford, 1928).

Grande quantidade de artigos importantes encontra-se em

[398] Benakis, L. (ed.) *Proceedings of the 1st International Conference on Democritus*, 2 vols. (Xanthi, 1984).

em especial

[399] Barnes, J. "Reason and necessity in Leucippus" em Benakis [398] (1984) 141-158.

Para a teoria física dos atomistas, ver

[400] Furley, D. J. *Two Studies in the Greek Atomists* (Princeton, 1967)

capítulo 6 "The atomists' reply to the Eleatics" = Mourelatos [155] 504-526.

[401] Furley, D. J. "Aristotle and the Atomists on infinity" em I. Düring (ed.) *Naturphilosophie bei Aristoteles und Theophrast* (Heidelberg, 1969) 85-96 = Furley [150] 103-114.

[402] Furley, D. J. "Aristotle and the Atomists on motion in a void" em P. K. Machamer & J. Turnbull (eds.) *Motion and Time, Space and Matter* (Columbus, Oh., 1976) 83-100 = Furley [150] 77-90.

[403] Kline, A. D. & Matheson, C. A. "The logical impossibility of collision" *Philosophy* 62 (1987) 509-515.

com resposta de
[404] Godfrey, R. "Democritus and the impossibility of collision" *Philosophy* 65 (1990) 212-217.

[405] Luria, S. "Die Infinitesimallehre der antiken Atomisten" *Quellen und Studien sur Geschichte der Mathematik* B 2 (1933) 106-185.

[406] Makin, S. "The indivisibility of the atoms" *AGP* 71 (1989) 125-149.

[407] O'Brien, D. *Theories of Weight in the Ancient World*, vol. 1: *Democritus, Weight and Size* (Paris/Leiden, 1981).

que é discutido por
[408] Furley, D. J. "Weight and motion in Democritus' theory" *OSAP* 1 (1983) 193-209 = Furley [150] 91-102.

Ver também
[409] Sedley, D. N. "Two conceptions of vacuum" *Phronesis* 27 (1982) 175-193.

Para a ética, a epistemologia e a psicologia atomistas, ver
[410] Bicknell, P. "The seat of the mind in Democritus" *Eranos* 66 (1968) 10-23.

[411] Bicknell, P. "Democritus on precognition" *REG* 81 (1969) 318-326.

[412] Burkert, W. "Air-imprints or *eidōla*? Democritus' aetiology of vision" *ICS* 2 (1977) 97-109.

[413] Furley, D. J. "Democritus and Epicurus on sensible qualities" em J. Brunschwig & M. C. Nussbaum (eds.) *Passions and Perceptions*, Proceed-

ings of the Fifth Symposium Hellenisticum (Cambridge, 1993) 72-94.

[414] Gosling, J. C. B. & Taylor, C. C. W. *The Greeks on Pleasure* (Oxford, 1982).

[415] Hussey, E. "Thucydidean history and Democritean theory" em P. Cartledge & F. Harvey (eds.) *Crux: Essays in Greek History presented to G. E. M. de Ste. Croix* (London, 1985) 118-138.

[416] Kahn, C. H. "Democritus and the origins of moral psychology" *AJP* 106 (1985) 1-31.

[417] McKim, R. "Democritus against scepticism: All sense-impressions are true" em Benakis [398] (1984) 281-290.

[418] Müller, R. "Naturphilosophie und Ethik im antiken Atomismus" *Philologus* 124 (1980) 1-17.

[419] O'Brien, D. "Théories atomistes de la vision: Démocrite et le problème de la fourmi céleste" em Benakis [398] (1984) 28-57.

[420] Procopé, J. F. "Democritus on politics and the care of the soul" *CQ* 39 (1989) 307-331, e 40 (1990) 21-45.

[421] Sassi, M. M. *Le teorie della percezione in Democrito* (Florença, 1978).

[422] Sedley, D. N. "Sextus Empiricus and the atomist criteria of truth" *Elenchos* 13 (1992) 19-56.

[423] Taylor, C. C. W. "Pleasure, knowledge and sensation in Democritus" *Phronesis* 12 (1967) 6-27.

[242] Vlastos, G. "Ethics and physics in Democritus" em Furley/Allen [149] 381-408 = Vlastos [160] 328-350, 1ª publ. *PR* 54 (1945) 578-592, e 55 (1946) 53-64.

Ver também Diels [426], Farrar [96]

(J) Diógenes de Apolônia
Texto e comentários
[425] Laks, A. *Diogène d'Apollonie* (Lille, 1983).

Estudos: cf. Jaeger [481] 165-171 e
[426] Diels, H. "Leukippos und Diogenes von Apollonia" *RM* 42 (1887) 1-14.

[427] Diller, H. "Die philosophiegeschichtliche Stellung des Diogenes von Apollonia" *Hermes* 76 (1941) 359-381.

[428] Huffmeier, F. "Teleologische Weltbetrachtung bei Diogenes von Apollonia" *Philologus* 107 (1963) 131-138.

(K) Os sofistas: pensamento ético e político
Para Antifonte, Górgias e Protágoras tratados individualmente, cf. as seções (L), (M) e (N) abaixo.

Textos, traduções e comentários
[429] Gagarin, M. & Woodruff, P. (eds.) *Early Greek Political Thought from Homer to the Sophists* (Cambridge, 1995).
[430] Robinson, T. M. *Contrasting Arguments: An Edition of the Dissoi Logoi* (New York, 1979).
[431] Sprague, R. K. (ed.) *The Older Sophists: A Complete Translation* (Columbia, S. C., 1972).
[432] Untersteiner, M. *I sofisti: Testimonianze e frammenti,* 4 vols. (Florence, 1954-1962).

Estudos abrangentes incluem os de Grote [21], Guthrie [17] e o excelente livro de
[433] Kerferd, G. B. *The Sophistic Movement* (Cambridge, 1981).

Ver também
[434] Guthrie, W. K. C. *The Sophists* (Cambridge, 1971), publicação em separado das partes mais relevantes a respeito em Guthrie [17].
[435] de Romilly, J. *Les grands sophistes dans l'Athènes de Périclès* (Paris, 1988).

e Adkins [82], Farrar [96] e Ostwald [121].

Coletâneas de artigos incluem
[436] Classen, C. J. *Sophistik* (Darmstadt, 1976).
[437] Greek Philosophical Society, *The Sophistic Movement* (Athens, 1984).
[438] Kerferd, G. B. (ed.) *The Sophists and their Legacy* (Wiesbaden, 1981).

Estudos complementares
[439] Burnyeat, M. (1998) "Dissoi Logoi" em Craig [145].

[440] Cole, T. *The Origins of Rhetoric in Ancient Greece* (Baltimore, 1991).

[441] Havelock, E. A. *The Liberal Temper in Greek Politics* (New Haven, 1957).

[442] Haveloc, E. A. "*Dikaiosýnę:* An essay in Greek intellctual history" *Phoenix* 23 (1969) 49-70.

[443] Heinimann, F. *Nomos und Physis: Herkunft und Bedeutung einer Antithese im griechischen Denken des 5 Jahrhunderts* (Basel, 1945; reimpr. Darmstadt, 1972).

[444] Kahn, C. H. "The origins of social contract theory in the fifth century B. C." em Kerferd [438] 92-108.

[445] Nehamas, A. "Eristic, antilogic, sophistic, dialectic: Plato's demarcation of philosophy from sophistry" *History of Philosophy Quarterly* 7 (1990) 3-16.

[446] Nill, M. *Morality and Self-Interest in Protagoras, Antiphon and Democritus* (Leiden, 1985).

[447] Solmsen, F. *Intellectual Experiments of the Greek Enlightenment* (Princeton, 1975).

[448] Woodruff, P. "*Eikós* and bad faith in the paired speeches of Thucyudides" *BACAP* 10 (1994) 115-145.

(L) Antifonte

Texto e comentário (em italiano)

[449] Bastianini, G. & Decleva Caizzi, F. "Antipho" em *Corpus dei Papiri Filosofici Greci et Latini* (CPF) vol. 1* (Florence, 1989) 176-222.

Ver também

[450] Decleva Caizzi, F. "Ricerche su Antifonte: A proposito di POxy. 1364 fr. 1" em M. Capasso, F. de Martino & P. Rosati (eds.) *Studi di filosofia preplatonica* (Naples, 1985) 191-208.

[451] Decleva Caizzi, F. "Il nuovo papiro di Antifonte (POxy. LII 3647)" em *Protagora, Antifonte, Posidonio, Aristotele: Saggi su frammenti inediti e nuove testimonianze da papiri,* Studi e Testi per il *Corpus dei Papiri Filosofici* 2 (Florence, 1986) 61-69.

Para traduções, cf. Sprague [431] e Gagarin/Woodruff [429].

Estudos

[452] Decleva Caizzi, F. "'Hysteron Proteron': la nature et la loi selon Aniphon et Platon" *Revue de Métaphysique et Morale* 91 (1986) 291-310.

[453] Furley, D. J. "Antiphon's case against justice" em Kerfer [438] (1981) 81-91 = Furley [150] 66-76.

[454] Kerferd, G. B. "The moral and political doctrines of Antiphon the Sophist" *Proceedings of the Cambridge Philological Society* 4 (1956/7) 26-32.

[455] Morrison, J. S. "The 'Truth' of Antiphon" *Phronesis* 8 (1963) 35-49.

[456] Moulton, C. "Antiphon the sophist, On truth" *TAPA* 103 (1972) 329-366.

[457] Narcy, M. "Antiphon d'Athènes" em Goulet [151] (1989).

[458] Ostwald, M. "Nomos and Phusis in Antiphon's *Perì Aletheías*" em M. Griffith & D. J. Mastronarde (eds.) *Cabinet of the Muses* (Chicago, 1990) 293-306.

[459] Saunders, T. J. "Antiphon the sophist on natural laws" *PAS* 78 (1977/8) 215-236.

(M) Górgias

Textos e testemunhos

[460] Bushteim, T. *Gorgias von Leontinoi: Reden, Fragmente und Testimonien* (Hamburg, 1989).

[461] MacDowell, D. M. *Gorgias: Encomium of Helen* (Bristol, 1982).

Para traduções, cf. Sprague [431] e Gagarin/Woodruff [429].

Sobre Górgias em geral, ver
[462] Dodds, E. R. (ed.) *Plato: Gorgias* (Oxford, 1959).

Estudos

[463] Kerferd, G. B. "Gorgias on nature or that which is not" *Phronesis* 1 (1955/6) 3-25.

[464] Long, A. A. "Methods of argument in Gorgias' Palamedes" em Greek Philosophical Society [437] (1984) 233-241.

[465] Mourelatos, A. P. D. "Gorgias on the function of language" *Philosophical Topics* 15 (1987) 135-170.

[466] Newiger, H. *Untersuchung zu Gorgias' Schrift Über das Nichtseiende* (Berlin, 1973).

[467] Rosenmeyer, T. G. "Gorgias, Aeschylus and 'Apate'" *AJP* 76 (1955) 225-260.

[468] Segal, C. P. "Gorgias and the psychology of the Logos" *HSCP* 66 (1962) 99-155.

[469] Verdenius, W. J. "Gorgias' doctrine of deception" em Kerferd [438] (1981) 116-128.

(N) Protágoras
Textos: DK 80

Traduções: cf. Sprague [431] e Gagarian Woodruff [429].

Estudos
[470] Bett, R. "The sophists and relativism" *Phronesis* 34 (1989) 139-169.

[471] Burnyeat, M. "Protagoras and self-refutation in Plato's *Theaetetus*" *PR* 85 (1976) 172-195.

[472] Classen, C. J. "Protagoras' *Aletheia*" em P. Huby & G. Neal (eds.) *The Criterion of Truth* (Liverpool, 1989) 13-38.

[473] Fine, G. "Protagorean relativisms" *BACAP* 10 (1994) 211-243.

[474] Glidden, D. K. "Protagorean relativism and *physis*" *Phronesis* 20 (1975) 209-227.

[475] Mansfeld, J. "Protagoras on epistemological obstacles and persons" em Kerferd [438] (1981) 38-53.

[476] Schiappa, E. *Protagoras and Logos: A Study in Greek Philosophy and Rhetoric* (Columbia, S. C., 1991).

[477] Taylor, C. C. W. *Plato: Protagoras* (Oxford, 1976).

[478] Vlastos, G. (ed.) *Plato: Protagoras* (Indianapolis/New York, 1956).

[479] Woodruff, P. "Didymus on Protagoras and the Protagoreans" *JHP* 23 (1985) 483-497.

(O) Teologia racional
Ver Burkert [85], Cornford [88] e [89], Jaeger [102], Vlastos [187] e

[480] Gerson, L. P. *God and Greek Philosophy* (London/New York, 1990).

[481] Jaeger, W. *The Theology of the Early Greek Philosophers* (Oxford, 1947).

[482] Vlastos, G. "Theology and philosophy in early Greek thought" em Furley/Allen [148] 92-119 e Vlastos [150], 1ª publ. *Philosophical Quarterly* 2 (1952) 97-123.

(P) Epistemologia e psicologia
Ver Barnes [14], Bicknell [410], Burkert [201], Huffman [198], Kahn [232], Laks [301] e [394], Lloyd [111], Long [366], Mansfeld [255], Mourelatos [309], Nussbaum [256], O'Brien [419], Snell [128], Stratton [38] e

[483] Beare, J. I. *Greek Theories of Elementary Cognition from Alcmaeon to Aristotle* (Oxford, 1906).

[484] Bicknell, P. "Parmenides, fr. 10" *Hermes* 96 (1968) 629-631.

[485] Bremmer, J. *The Early Greek Concept of the Soul* (Princeton, 1983).

[486] Claus, D. *Towards the Soul: An Inquiry into the Meaning of Psykhḗ before Plato* (New Haven, 1981).

[487] von Fritz, K. "*Nóos* and *Noeîn* in the Homeric poems" *CP* 38 (1943) 79-93.

[488] von Fritz, K. "*Noûs, Noeîn* and their derivatives in Pre-Socratics philosophy" em Mourelatos [155] 23-85, 1ª publ. *CP* 40 (1945) 223-242 e 41 (1946) 12-34.

[489] Furley, D. J. "The early history of the Greek concept of the soul" *Bulletin of the Institute of Classical Studies* 3 (1956) 1-18.

[490] Gottschalk, H. P. "Soul as harmonia" *Phronesis* 16 (1971) 179-198.

[491] Hussey, E. "The beginnings of epistemology: from Homer to Philolaos" em S. Everson (ed.) *Companions to Ancient Thought 1: Epistemology* (Cambridge, 1990) 11-38.

[492] Jarcho, V. N. "Zum Menschenbild der nachhomerischen Dichtung" *Philologus* 112 (1968) 147-172.

[493] Jouanna, J. "Le souffle, la vie et le froid: Remarques sur la famille de *psýkhē* d'Homère à Hippocrate" *REG* 99 (1987) 202-224.

[494] Lesher, J. H. "The emergence of philosophical interest in cognition" *OSAP* 12 (1994) 1-34.

[495] Mansfeld, J. "Alcmaeon: 'Physikos' or Physician? With some remarks on Calcidius' 'On vision' compared to Galen, *Plac. Hipp. Plat.* VII" em J. Mansfeld & L. M. de Rijk (eds.) *Kephalaion: Studies in Greek Philosophy and its Continuation offered to Professor C. J. de Vogel* (Assen, 1975) 26-38.

[496] Müller, C. W. *Gleiches zu Gleichem: Ein Prinzip frühgrichischen Denkens* (Wiesbaden, 1965).

[497] Solmsen, F. "Antecedents of Aristotle's psychology and scale of beings" *AJP* 76 (1955) 148-164.

[498] Verdenius, W. "Empedocles' doctrine of sight" em *Studia Vollgraf oblata* (Amsterdam, 1948) 155-164.

(Q) Causalidade e medicina

Uma bibliografia a respeito da medicina, cobrindo todo o período entre 1839 e 1985, encontra-se em Longrigg [511].

Ver Adkins [82], Jaeger [102], Jones [103], Lloyd [109], [110] e [154], Longrigg [115], Williams [138] e

[499] di Benedetto, V. "Tendenza e probabilità nell'antica medicina greca" *Critica storica* 3 (1966) 315-368.

[500] Deichgräber, K. "*Prophasis:* Eine terminologische Studie" em *Quellen uns Studien zur Geschichte der naturwissenschaft und der Medizin*, vol. 3 (1933) 209-225.

[501] Diller, H. "Hippokratische Medizin und attische Philosophie" *Hermes* 80 (1952) 385-409.

[502] Diller, H. "Ausdruckformen des methodischen Bewusstseins in den hippokratischen Epidemien" *Archiv für Begriffsgeschichte* 9 (1964) 133-150.

[503] Diller, H. "Das Selbstverständnis der grichischen Medizin in der Zeit des Hippokrates" em *La collection hippocratique et son rôle dans l'histoire de la médicine* (Leiden, 1975) 77-93.

[504] Frede, M. "The original notion of a cause" em seus *Essays in Ancient Philosophy* (Minneapolis, 1987) 125-150.

[505] Irigoin, J. "Préalables linguitiques à l'interprétation de termes techniques attestés dans la collection hippocratique" em Lasserre/Mudry [507] (1983) 173-180.

[506] Jouanna, J. (ed.) *De l'ancienne médicine,* texto e tradução para o francês (Paris, 1990).

[507] Lasserre, F. & Mudry, P. (eds.) *Formes de pensée dans la collection hippocratique* (Genebra, 1983).

[508] Littré, E. *Œuvres complètes d'Hippocrate,* 10 vols., texto, tradução, introdução e comentário médico (Paris, 1839-1861; reimpr. Amsterdam 1961-1962).

[509] Longrigg, J. "Philosophy and medicine: some early interactions" *HSCP* 67 (1963) 147-175.

[510] Longrigg, J. *"Ancient Medicine* and its intellectual context" em Lasserre/Mudry [507] (1983) 249-256.

[511] Longrigg, J. "Presocrateic philosophy and Hippocratic medicine", com bibliografia cobrindo os anos 1839-1985, *History of Science* 27 (1989) 1-39.

[512] Lonie, I. M. *The Hippocratic Treatisis On Generation, On the Nature of the Child, Diseases IV: A Commentary* (Berlin/New York, 1981).

[513] Mansfeld, J. "The historical Hippocrates and the origins of scientific medicine" em M. Ruse (ed.) *Nature Animated* (Dordrecht, 1983) 49-76.

[514] Marzullo, A. "Hippocr. Progn. 1 Alex (Proömium)" *Museum criticum* 21-22 (1986-1987) 199-254.

[515] Müri, W. (ed.) *Der Artz im Altertum,* 5ª ed. (München/Zürich, 1986).

[516] Nickel, D. "Bemerkungen zur Methodologie in der hippokratischen Schrift *De prisca medicina*" em P. Pellegrin & R. Wittern (eds.) *Hippokratische Medizin und antike Philosophie* (Hildesheim/Zürich/New York, 1996) 53-61.

[517] Perrilli, L. "Il lessico intellettuale di Ippocrate: *sêmainein* e *tekmairesthai*" *Lexicon Philosophicum* 5 (1991) 153-180.

[518] Rawlings, H. R. *A Semantic Study of Prophasis to 400 B.C.* (Wiesbaden, 1975).

[519] Said, S. *La faute tragique* (Paris, 1978).

[520] Sorabji, R. *Necessity, Cause and Blame* (London, 1980).

[521] Vegetti, M. "Il *De locis in homine* fra Anassagora e Ippocrate" *Rendiconti dello Reale Istituto Lombardo di Scienze e Lettere, Classe di Lettere* 99 (1965) 193-213.

[522] Vegetti, M. *La medicina in Platone* (Venice, 1995).

[523] Vegetti, M. "Iatromantis: Previsione e memoria nella Grecia antica"

em M. Bettini (ed.) *I signori della memoria e dell'oblio* (Florence, 1996) 65-81.

[524] Vegetti, M. "*Kompsoi Asklepiades:* la critica di Platone alla medicina nel III libro della *Repubblica*" em Algra et al. [139] (1996) 61-75.

(R) A poesia da filosofia grega em seus primórdios
Ver Fränkel [97] e [147], Lloyd [128], Mourelatos [309], Sedley [377], Snell [128] e

[525] Babut, D. "Xénophanes critique des poètes" *L'antiquité classique* 43 (1974) 83-117.

[526] Babut, D. "Héraclite critique des poètes et des savants" *L'antiquité classique* 45 (1976) 464-496.

[527] Bernabé, A. "Los filósofos presocráticos como autores literarios" *Emerita* 47 (1979) 357-394.

[528] Bowra, C. M. "The proem of Parmenides" *CP* 32 (1937) 97-112.

[529] Buffière, F. *Les mythes d'Homère et la pensée grecque* (Paris, 1956).

[530] Deichgräber, K. *Parmenides' Auffahrt zur Göttin des Rechts: Untersuchungen zum Proömium seines Lehrgedichts* (Wiesbaden, 1959).

[531] Deichgräber, K. *Rhythmische Elemente em Logos des Heraklit* (Wiesbaden, 1963).

[532] Delatte, A. "Les conceptions de l'enthousiasme chez les philosophes présocratiques" *L'antiquité classique* 3 (1934) 5-79.

[533] Feyerabend, B. "Zur Wegmetaphorik beim Goldblättchen aus Hipponios und dem Proömium des Parmenides" *RM* 127 (1984) 1-22.

[534] Humphreys, S. C. "From riddle to rigour: Satisfactions of scientific prose in ancient Greece" em S. Marchand & E. Lunbeck (eds.) *Proof and Persuasion: Essays on Authority, Objectivity and Evidence* (Princeton, 1997).

[535] Kranz, W. "Gleichnis und Vergleich in der frühgriechischen Philosophie" *Hermes* 73 (1983) 99-122.

[536] Lanata, G. *Poetica pre-platonica: Testimonianze e frammenti* (Florence, 1963).

[537] Laks, A. & Most, G. W. *Studies on the Derveni Papyrus* (Oxford, 1997).

[538] Long, A. A. (1985) "Early Greek philosophy" em Easterling/Knox [95] 245-257.

[539] Mähler, H. *Die Auffassung des Dichterberufs im frühen Griechentum bis zur Zeit Pindars* (Göttingen, 1963).

[540] Most, G. W. "Sophistique et hermeneutique" em B. Cassin (ed.) *Positions de la sophistique: Colloque de Cérisy* (Paris, 1986) 233-245.

[541] Most, G. W. "The fire next time: Cosmology, allegoresis and salvation en the Derveni papyrus" *JHS* 117 (1997) 117-135.

[542] Murray, P. "Poetic inspirantion en early Greece" *JHS* 101 (1981) 87-100.

[543] Pépin, J. *Mythe et allégorie: Les origines grecques et les contestations judéochrétiennes*, 2ª ed. (Paris, 1976).

[544] Pfeiffer, H. *Die Stellung des parmenideischen Lehrgedichtes in der epischen Tradition* (Bonn, 1975).

[545] Pieri, A. "Parmenide e la lingua della tradizione epica grega". *Studi Italiani di Filologia Classica* 49 (1977) 68-103.

[546] Primavesi, O. *Empedokles-Studien: Der Strassburger Papyrus und die indirekte Überlieferung* (Göttingen, 1998).

[547] Richardson, N. J. "Homeric professors in the age of the sophists" *Proceedings of the Cambridge Philological Society* 21 (1975) 65-81.

[548] Riezler, K. "Das homerische Gleichnis und der Anfang der Philosophie" *Die Antike* 12 (1936) 253-71.

[549] Rösler, W. "Der Anfang der Katharmoi des Empedokles" *Hermes* 111 (1983) 170-179.

[550] Sassi, M. M. "Parmenide al bivio: Per un'interpretazione del proemio" *La Parola del Passato* 43 (1988) 383-396.

[551] Svenbro, J. *Phrasikleia: An Anthropology of Reading in Ancient Greece* (Ithaca, 1993).

[552] Traglia, A. *Studi sulla lingua di Empedocle* (Bari, 1952).

[553] Wöhrle, G. "War Parmenides ein schlechter Dichter? Oder: Zur Forme der Wissensvermittlung in der frühgriechischen Philosophie" em W. Kullmann & J. Althoff (eds.) *Vermittlung und Tradierung von Wissen in der griechischen Kultur* (Tübingen, 1993) 167-180.

Índice de passagens

Passagens dos primeiros filósofos gregos são citadas segundo o sistema de numeração de Diels/Kranz: cf. p. 21.

Aécio
I.7.13	227 n. 14
I.26.2	253
I.29.7	252
II.14.3	435
II.20.	194
II.22.1	435
II.25.1	434
III.10.2	434
IV.2	324 n. 15
IV.3.5	324 n. 15
IV.5	84
IV.8	324 n. 15
IV.19.3	254

Alexandre de Afrodísia
Comentário à Metafísica *de Aristóteles*
36.21-25   253

Antifonte
Tetralogias
II.2.3	350 n. 6
II.4.10	350 n. 6
III.2.9	350 n. 6

Gagarin/Woodruff [429]
6	385 n. 21
37	385 n. 21

Sobre a verdade Bastianini/Decleva Caizzi; cf. p. 404 n. 19
1A.II-III	409 n. 29
1B.I.5	404
1B.I.6-11	405
1B.I.14-23	406
1B.I.28-30	408 n.26
1B.II.26-27	406
1B.IV.9-22	406
1B.V	406
1B.V.25-VI.3	408
1B.VI-VII	406

2A.I.3-9	408
2A.I.6-7	407
2A.I.15-22	407
2A.I.17-25	407
2A.II.30-36	407

Aristóteles
Fragmentos (Rose)
fr. 4	129
fr. 70	440 n. 22
fr. 191	122
fr. 192	124
fr. 193	125
fr. 195	123
fr. 201	135
fr. 204	136

De anima
I.1 402a7-10	74
I.1 402a23-b3	74
I.2 404a5	324 n. 15
I.2 404a25-31	72 n. 16
I.2 405a19	100
I.2 405a25-27	154 n. 19
	161 n. 27
I.2. 405a19-21	324 n. 12
I.4 408a13-23	317 n. 30
II.2 413a21ss	321
II.7 419a15-17	339
III.3 427a21-22	327
III.3 427a21-29	72
III.5 429a	317 n. 33

De caelo
II.13 293b25ss.	136	
II.13 294b15		434
II.13 295b10-16	103	
III.1 298b29-33	153	
III.2 300b8-16		249

Categorias
2, 4, 5   237 n. 32

Ethica eudemia
VII.1 1235a25   281
VII.1 1235a25-29   162,
                            140 n. 2

De generatione animalium
V.8 789b2-3   249, 251

De generatione et corruptione
I.2 315b6-15   260
I.2 315b9   262
I.2 316a13ss.   231 n. 24
I.2 316a14-b7   247
I.6 325a24-26   260
I.7-8 324a35-325a31   246
I.8 325a2ss.   231 n. 24
I.8 325a13   331
I.8 325a27-28   247

Metafísica
I.1 981b23   61 n. 35
I.3-4   243
I.3 983b6-984a4   97
I.3 983b20   295
I.3 983b27-984a   372 n. 16
I.3 984a2   34
I.3 984a5-6   81 n. 36
I.3 984a5-8   140 n. 4
I.3 984a11   27, 219 n. 3
I.3 984a11-13   80 n. 22
I.3 984a18-20   103
I.3 984a23-26   102
I.4 985a11-15   99 n. 15
I.4 985b8   248
I.4 985b15-16   257 n. 15
I.4 985b18-19   246 n. 2
I.4 985b22   80 n. 32
I.5 985b23   130
I.5 985b24   130
I.5 986b18   35
I.5 986b18-25   228 n. 17
I.5 986b21   299
I.5 986b21-24   110
I.5 986b27   331

I.5 986b31ss.   233 n. 27
I.5 986b33-987a2   234 n. 29
I.5 987a10   80
I.6 987a29-b7   49 n. 15
I.6 987a29   80 n. 32
I.6 987a30-31   81 n. 35
I.6 987a31   80
I.6 987b29   118
I.9 993a15-24   317 n. 30
II.1 993a30-34   62 n. 34
III.2 997b35-998a4   385 n. 21
III.4 1000b12ss.   285
IV.4 1007b18-25   379
IV.5 1009a6-15   379
IV.5 1009a38ss.   261
IV.5 1009b7-17   255
IV.5 1009b11-12   261
IV.5 1009b12-15   327
IV.5 1009b12-32   72 n. 16
IV.5 1010a10-15   73 n. 19,
                            153
IV.7 1012a24-26   140 n. 4, 151
V.2 1013a31-32   361
VII.1   243
VII.1 1028a36-37   319 n. 38
VII.11 1036b8   118 n. 11
IX.3 1047a4-7   385 n. 21
XIII.4 1078b17-31   49 n. 15
XIV.3   1091a15   296 n. 6

Meteorológicas
357a24s   440 n. 32

Ethica nicomachea
III.1-7   350 n. 8
VI.1 1139a   317 n. 33

Física
I.1 184b15-21   75
I.1 184b18-22   228 n. 18
II.1   228 n. 17
II.4 196a24-28   252
II.8   222
III.4 203b7   101 n. 17
III.4 203b10-15   272
III.4 203b13-15   101
IV.5 213a32-34   247

VI.2 233a26-31	202	I.14 105a34-b25	75
VI.3 234a24-b9	213	VIII.5 159b30-33	148
VI.9 239b5-7	211		
VI.9 239b9	201	**[Aristóteles]**	
VI.9 239b11	202	*De Melisso, de Xenophane, de Gorgia*	
VI.9 239b14	202		
VI.9 239b18-20	202	974a12-14	184
VI.9 239b30-33	214	977a31 278	
VIII.1 252a32-b2	253		
VIII.8 263a5	202	**Arquíloco**	
VIII.9 265b17ss.	239 n. 36	fr. 70	294

Poética
1 1447b17-20   414, 440 n. 32, 445
4 1449a26-28   437
19 1456b15   370

Política
I.11 1259a9   430

Analíticos posteriores
II.1 89b24-35   74
II.8-10   319 n. 39
II.11 94b33   125
II.19   320

Retórica
II.23 1399b6-9   277
II.23 1400b5   279
II.24   373, 387
II.24 1402a23   371 n. 6
II.25.8-11   372
III.5 1407a34s   440 n. 32
III.5 1407b13   29
III.5 1407b14-18   443

De sensu
442a29   340

Sophistici elenchi
14 173b17   370 n. 3, 382 n. 14

Tópicos
I.11 104b1-8   74
I.11 104b21-22 153

Cícero
De natura deorum
I.10.26   227   n. 14, 271 n. 1
I.25-41   79   n. 30

De partitione oratoria
64   78 n. 28

Tusculanae disputationes
V.4.10   445

Clemente de Alexandria
Stromateis
I.64   35
VI.15.1   71 n. 15

Diels/Kranz
11 Tales
A12   97
A22   100, 324 n. 12

12 Anaximandro
A9   106, 297
A10   94, 103
A11   94, 104-105, 105 n. 26
A26   103
A30   95
B1   106, 347

13 Anaxímenes
A1   131
A5   106
A6   107, 131
A7   109

A10	101, 107	B35	313 n. 25, 430
A15	109		
A20	109	**22 Heráclito**	
B1	108	A1a	442
B2	108, 271, 324	A15	157 n.23
		A16	326 n. 18
21 Xenófanes		A17	157 n. 23
A1	131	B1	52, 140, 145, 330, 444,
A1.20	299		
A22	35	B1.4-5	318 n. 34
A24	294	B2	140 n. 2, 144
A25	298	B3	155
A30	110	B4	148, 306
A32	110, 299	B8	302
A33	110, 299	B9	147
A35	276, 299	B10	161
A39	276	B12	147, 306, 326 n. 18
A40	110		
A49	299	B13	147, 306
B1	277, 300	B17	140 n. 2, 330
B1.21-23	436	B18	143
B1-3	35	B19	142
B2	278	B20	140 n. 2
B2.11-12	436	B23	306
B5	109	B24	157 n. 23
B6	98, 120, 279	B25	157 n. 23
B8	34	B26	326 n. 18
B10	418	B27	140 n. 2
B11	277, 419	B28	140 n. 2, 145 n. 11
B14	35, 109, 276		
B15	109, 276	B29	158, 140 n. 2
B16	109, 276	B30	152, 183 n. 21, 227 n. 14, 303
B18	279, 295, 301		
B21a	35	B31	153
B23	277, 278, 298	B32	164, 281, 303
B24	277, 298, 332	B33	281
B25	277, 278, 298	B34	142, 305, 330
B26	277, 278, 298	B35	141, 304 n. 14
B27	278, 298	B36	153 n. 22, 326 n. 18
B28	300		
B29	110, 276	B37	148, 306
B30	110, 300	B38	140 n. 5
B31	300	B39	140
B32	110, 276, 300	B40	52, 112, 122, 140, 141, 140 n. 2, 280, 413, 420
B33	110, 275		
B34	52, 134, 279, 298, 299, 301 n. 10, 330, 430	B41	164, 303

B42	140 n. 2, 420	B86	140 n. 2
B43	157, 160 n. 25	B88	157, 306, 326 n. 18, 443 n. 39
B44	281		
B45	160, 302, 304, 326 n. 18	B89	145
		B90	153, 303
B46	160 n. 25, 305	B91	306
B47	140 n. 2, 145 n. 11	B91a	153
		B92	306, 444
B48	442	B93	142, 280, 306, 444
B49a	306		
B50	54, 143, 161, 302, 304, 431	B94	162, 140 n. 2
		B96	158
B51	149 n. 15, 305	B97	145 n. 11
B52	163	B98	158, 326 n. 18
B53	162, 286	B100	303
B54	143, 305	B101	160, 304
B55	141, 305, 337	B102	149 n. 14, 163 n. 29, 281
B56	140 n. 2, 143, 146, 330, 420		
		B103	147, 306
B57	148, 155, 140 n. 2, 304, 306, 418, 420	B104	140 n. 2, 295, 304
		B106	420
B58	147, 306	B107	142, 337, 326 n. 18
B59	147, 306	B108	140, 164
B60	147, 306	B110	140 n. 2
B61	149, 378	B111	147, 306
B62	158, 281	B113	159
B64	156, 227 n. 14, 303	B114	144
B65	303	B115	160
B67	149, 155, 140 n. 2, 227 n. 14, 281	B116	159
		B117	156, 160 n. 25, 326, 326 n. 18
B67a	326 n. 18		
B70	140 n. 2, 145 n. 11	B118	156, 326 n. 18
B72	330	B119	158
B74	145 n. 11	B121	140 n. 2
B76	156 n. 22	B123	143, 280, 305, 443
B77	153, 160 n. 25, 326, 326 n. 18	B124	163 n. 31
		B125	147
B78	159, 295 n. 3	B126	306
B79	159	B127	140 n. 2
B80	140 n. 5, 162, 281 n. 8, 302	B128	140 n. 2
		B129	122
B81	122	B136	157 n. 23
B82	148, 306		
B83	306	**23 Epicarmo**	
B85	160 n. 25, 326 n. 18	B20	294

24 Alcmeão
B1	295, 301 n. 11,

28 Parmênides
A34	313 n. 27
B1	275, 307, 336
B1.1-3	437
B1.4	284
B1.8	283
B1.11, 13	308
B1.14	282 n. 9
B1.22-31	438
B1.27	283
B1.28-32	53 n. 23, 235, 283, 313
B1.29	283
B1.29-30	307
B1.30	179, 313
B1.31-32	308
B2.1-2	168, 438
B2.2	309 n. 19
B2.3-5	168
B2.4	307
B2.5-8	310
B2.6-8	439
B2.7-8	170
B3	175
B4	177
B5	178
B6.1	176
B6.1-2	171
B6.3-9	171
B6.4-6	309 n. 19
B6.4-7	295
B6.4-9	168
B7	171, 310, 336
B7.2	309 n. 19
B7.3-6	336
B8	171, 334
B8.1-4	310
B8.2-4	173
B8.4	308, 318 n. 24
B8.5-6	173
B8.6	228 n. 19
B8.6-9	173
B8.9-10	173
B8.10	318 n. 34
B8.11-13	173
B8.12	307
B8.13-15	173
B8.15-16	169
B8.22-25	174, 234, 247
B8.26	131
B8.26-33	174
B8.27-28	178, 307
B8.30-31	181
B8.34-36	175
B8.36-38	172 n. 5
B8.34-41	174
B8.37-38	176
B8.38-41	176
B8.42-44	176
B8.42-49	174
B8.50ss.	179, 283, 307
B8.50-52	228, 232, 311
B8.53-54	179, 232, 232 n. 26
B8.53-59	308, 312
B8.54	228 n. 19, 312
B8.56	308
B8.60	179
B8.60-61	233, 312
B9	312
B9.1-4	308
B10	309 n. 18, 312, 318 n. 34, 336
B10.2-3	308
B11	235, 312
B12	312, 348
B12.1-2	308
B12.3	282
B14	312
B15	312
B16	308 n. 17, 315, 328
B19	432

29 Zenão
A29	385 n. 21
B1	196-198
B2	196-198, 247
B3	196, 200

30 Melisso
A4-5	31

A5	35	B30	285
A13	186 n. 24	B31	285
B1	182	B35	221
B2	182	B35.13	287
B3	184	B65	286
B4	184	B67	286
B6	184	B73	284
B7	185	B84	286
B8	187	B89	145, 315
B9	187	B90	315
B10	187	B96	220
		B98	220, 288
31 Empédocles		B100	303, 340
A78	317 n. 30	B105	288, 316 n. 29, 322
A86	316 n. 29, 317 n. 31	B106	316, 328, 329
B2.1-2	316	B108	316, 328, 329
B2.1-8	295	B109	317, 330 n. 23
B3	220, 275, 286, 314	B110	288, 315-316, 318 n. 34
B3.4-8	319	B111	122
B4.2-3	315	B112	129, 288, 440
B6	220, 284, 431	B115	128, 440
B8	230, 318 n. 34	B129	121 n. 16, 122
B9	230	B131	275, 286, 286 n. 11, 314
B11	230	B132	286
B12	230	B134	286 n. 11, 287
B17.6-13	223	B134.4	334
B17.19ss.	220, 284, 286	B136	128
B17.26	314	B137	128
B17.28	347	B138	322
B17.32-34	276	B146	288
B17.34	238 n. 35	B146-147	440
B17.34-35	441		
B20.4	286	**44 Filolau**	
B21.12	288	A7a	133
B21.13	238 n. 35	A27	133, 135
B22.5	284	B1	131, 135, 296
B22.9	286	B1-7	28, 131
B23.1-8	220	B2	132, 296
B23.8	288	B3	134
B23.11	314	B4	134, 296
B25	441	B6	132
B26	347	B6a	295 n. 3, 296 n. 6
B26.3	238 n. 35	B7	135
B27	285	B13	28, 131, 133, 324, 330
B29	285		

B17	28, 131

47 Árquitas
A24	172 n. 4, 296 n. 6
B1	137

59 Anaxágoras
A38-40	23
A77	136
A97	342
B1	131, 224, 231 n. 23
B4	224
B12	225-226, 272, 322, 342, 348, 431
B17	230
B21a	339

61 Metrodoro de Lâmpsaco
B3-4	422

64 Diógenes de Apolônia
B1	433
B2-8	272

67 Leucipo
A1-31	269
B1	251
B2	30

68 Demócrito
A37	289
A74	290
A75	290
A102	324 n. 15
B6-10	258-259
B9	258-260
B11	259, 330
B17	421
B18	421
B33	268
B83	349
B84	265
B117	256-257, 262
B118	349 n. 5
B119	349
B125	259, 331

B156	242 n. 38
B156.14	385
B159	325
B166	290
B171	323
B174	265
B175	266, 291
B197	269
B215	265
B217	291
B222	349 n. 5
B244	265
B245	267
B248	267
B252	267
B258	269
B259	269
B264	265

80 Protágoras
A10	350
A27-30	34
A30	424
B1	367, 378, 396
B4	34, 384 n. 20

82 Górgias
B3	28, 383 n. 17
B5a	370, 375
B6	370, 375
B15	370, 375
B16	370
B23	376
= *Encômio de Helena*	
B11	349, 374-376, 368 n. 1, 423
= *Apologia de Palamedes*	
B11a	349, 375

86 Hípias
B6	98, 413

87 Antifonte
B2	409
B13	25
B14	409 n. 30
B44	266 n. 23, 396 n. 10, 404 n. 19

B58	406 n. 23		VIII.84-85	28, 130
			VIII.91-IX.20	81
88 Crítias			IX.1-17	29
B25	266 n. 23, 291,		IX.1-60	68 n. 5
	403 n. 17		IX.5	29
			IX.6	85 n. 46
Diodoro Sículo			IX.7-12	85
XII.53.1-5	28		IX.18-21	35
			IX.21	83
Diógenes Laércio			IX.21-2331	
I.1-11	61 n. 36		IX.22	76 n. 24
I.12	43 n. 4		IX.24	31
I.13	51		IX.25-29	35
I.14	50 n. 18		IX.28	191 n. 2
I.16	23		IX.30-33	30, 85, 253
I.17-44	68 n. 5		IX.31	135
I.18-19	50 n. 17		IX.34-49	25
I.22-44	34		IX.45	30, 252
I.23-24	68 n. 5		IX.46-48	26, 82
I.24	71 n. 15		IX.47	257 n. 15, 269
I.27	68 n. 5		IX.48	421
I.120	121 n. 16		IX.50-56	33, 81
II.1	295 n. 5		IX.51	371
II.1-2	24		IX.53	379
II.1-17	68 n. 5		IX.55	33, 396
II.2	433		IX.57	26, 81
II.3	24		IX.126-130	128
II.6-15	23		X.27	71 n. 13
II.11	55 n. 28, 422			
II.47	79 n. 29		**Elias**	
III.37	396		*Comentário às Categorias de Aristóteles*	
III.47	83 n. 43		109.17-30	193 n. 5
III.57	396 n. 8		109.20-22	204
V.25	73			
V.26	73		**Élio**	
V.46	71 n. 13		*Varia historia*	
VI.101	71 n. 13		III.17	295 n. 5
VII.38	83 n. 43			
VIII.3	32		**Epicuro**	
VIII.10	124		*Carta a Heródoto*	
VIII.24-33	118 n. 11		56-59	198 n. 14
VIII.46	117, 126			
VIII.51	127		**Escólio homérico B**	
VIII.51-77	27, 68 n. 5		*Ilíada*	
VIII.54-55	128		XX.67	422
VIII.55	122 n. 17			
VIII.77	27			

Ésquilo
Agamêmnon
811   359 n. 17
1116   359 n. 17

Eumênides
199   359 n. 17
465   359 n. 17

Coéforas
100   359 n. 17

Estrabão
XIV.632-33, 642   29

Eudemo
Física (Wehrli)
fr. 7   196
fr. 150   100

Eurípides
fr. 910   58 n. 36
fr. 941   200

Suplicantes
26   359 n. 17

Filópono
De aeternitate mundi
15.20-24   76 n. 24

Comentário a De generatione et corruptione de Aristóteles
23.1-16   260
158.26-159.7   249

Comentário à física de Aristóteles
494.19-25   249

Flávio Filóstrato
Vidas dos sofistas
I.1   28
I.9.1-6   28
I.10   33
I.11.1-8   30
I.15   25
V.12   33

Galeno
De placitis Hippocratis et Platonis
III.1.9-17   77 n. 27

Górgias
Encômio de Helena (cf. também DK 82B11 acima)
7   375
9   375
13   375
14   376
15   381

Apologia de Palamedes (cf. também DK 82B11a acima)
4   375
33-35   376

Heródoto
I.1   351
I.4.1   351
I.8-13   394
I.9.1   394
I.10.3   395
I.11.2   394
I.74-75   34
I.96.2   394 n. 7
I.137.1   351
II.20.2-3   352
II.25.5-26.1   352
II.44   301 n. 11
II.53   96 n. 10
II.81   121
II.109   61 n. 35
II.123   120
III.80.6   401
III.80-82   401 n. 14
IV.79.1   352
IV.95   121 n. 16
IV.133.1   351
IV.145.1   351
IV.167.3   351
VII.103.2   251
VII.125   352

Hesíodo
Teogonia
11   96 n. 9

26-28	425
27	422
33, 37, 51	96 n. 9
116-133	92
212	93
224	93

Os trabalhos e os dias
202	404
267	278
274-280	399
654-659	96 n. 9
814	91

[Hipócrates]
Ares, águas e regiões
4	357
16	357
22	357

Epidemias
III.3	353 n. 11

Sobre a antiga medicina
I.1	359
2	72 n. 18, 363 n. 24
6	360
7	360
19.3	361
20.1	362
20.2	361 n. 20
20.3	361 n. 20

Sobre a respiração
2	358
15	359

Sobre a dieta
IV.86	325

Sobre a natureza humana
1	72 n. 18
9	358
13	358

Sobre a doença sagrada
I.20	356
6	357

Prognósticos
4	355

Hipólito
Refutação de todas as heresias
I.7.1	242, 431
I.7.6	435

Homero
Ilíada
I.69-70	294
I.343-344	293 n. 1
II.484-493	425
II.755	97
III.107-110	293 n. 1
VIII.51-52	278
XIV.201, 246, 271	97
XVIII.250	293 n. 1
XVIII.604	437 n. 24
XIX.86	346
XX.1-18	92

Odisseia
I.336	437 n. 24
IV.17	437 n. 24
VIII.43	437 n. 24
VIII.489-491	425
XI.489	120
XII.39-54	426
XII.166-200	426
XIV.452	293 n. 1
XVIII.130-137	293
XIX.203	422
XX.75	278
XX.350ss.	293 n. 1
XXI.85	293 n. 1
XXIII.107ss.	311 n. 22
XXIV.324ss.	311 n. 22

Isócrates
Antídosis
268	72 n. 18

Busíris
28	122
29	123

Helena
3 ... 72 n. 18

Jâmblico
Sobre a vida pitagórica
I ... 116
82 ... 125
233 ... 124

Nicômaco de Gerasa
Introdução à aritmética
1-3 ... 116

Píndaro
fr. 131 (Schroeder) ... 121
fr. 150 (Snell-Mähler) ... 444

Nemeias
VI.6-7 ... 294 n. 2
VII.23-24 ... 294 n. 2
XI.43-47 ... 294 n. 2

Olímpicas
II.68ss. ... 120
VII.25-26 ... 294 n. 2

Platão
Primeiro Alcibíades
119a ... 191 2

Apologia
4 ... 375
18b ... 371
26d ... 23
33-35 ... 376

Cármides
176b ... 318 n. 37

Crátilo
391c ... 370 n. 3
402a-b ... 72 n. 16
402a4-11 ... 153
412d2-8 ... 154 n. 19
440a ... 319 n. 38

Eutidemo
277e ... 33
286a-b 379

Eutífron
11a ... 237 n. 32

Górgias
449b-c ... 55 n. 29
470d-471d ... 391 n. 4
482c ss. ... 382
482c-484c ... 390 n. 2
483c ... 405
484b ... 377
500c ... 265
501a ... 318 n. 37

Hípias maior
285b ... 55 n. 29
304d8-e2 ... 318 n. 37

Hípias menor
363c-369a ... 55 n. 29

Laques
190d ... 318 n. 37

Leis
X 881e1-2 ... 392 n. 5
X 885b-890a ... 394 n. 6
X 886b 410
X 888a-903b ... 292
X 889a-890a ... 409 n. 28
X 891e 410

Lísis
223b7 ... 318 n. 37

Menexeno
236a ... 409 n. 28

Mênon
71b ... 318 n. 37
80d ... 318 n. 37
98a ... 319 n. 39
100b-c ... 318 n. 37

Parmênides
127a-b ... 35, 191
127a-c ... 31
127b ... 31, 79 n.
 ... 31, 191
127c ... 35, 191

ÍNDICE DE PASSAGENS 501

127e	192, 193	337a-c	33, 370 n. 4	
128a	79 n. 31	337d-338b	382	
128a-b	73 n. 20, 192	338e-339a	370 n. 3	
		339b	379	
128b-d	194	360-361	318 n. 37	
128c-d	192, 217			
		República		
Fédon		I 331c-d	390	
61d	137	I 336c	390	
61e	28	I 343c-d	390	
66	311 n. 23	I 345a-b	391	
79d	317 n. 32	I 347e	392	
96a-b	335	I 354a-b	318 n. 27	
96a7-8	295 n. 5	II 358a3-4	392	
96a9-10	361 n. 20	II 358b-362c	392 n. 5	
96c7-8	361 n. 20	II 358c	392	
97b ss.	348	II 358e-359b	367, 392	
99a ss.	359	II 358e-362c	392	
99b2-4	359	II 359a	407	
100a3-4	359	II 359b	403 n. 16	
		II 359c 267		
Fedro		II 359c-360b	394	
261d	195	II 359c5-6	393	
267a	372	II 360d	393	
267c6	370 n. 3	II 362a	394	
270a	23	II 362c-367a	392	
270c	362 n. 22	II 365b 394		
		II 377d ss.	276	
Filebo		III 414b ss.	292	
16c	137 n. 32	VI 490	311 n. 23	
28c-29a	292	VI 510c	317 n. 32, 319 n. 39	
Protágoras		VII 520c	319 n. 38	
316d-e	413	VII 530d8	137	
318e	55 n. 29, 367	VII 533-534	311 n. 23	
		X 600a9-b5	115	
318e-319a	400	X 607b	445	
320c-322d	398	X 612b	395	
322	382			
322a-323a	267	*Sofista*		
323b-c	403 n. 16	241d	73	
324a-c	403 n. 16	242c-d	431	
324b	368	242c-e	72 n. 18, 140 n. 4, 152 n. 17	
327b	399			
327c-d	399			
334a-b	400	242d	35, 79, 80 n. 32, 86	
334a-c	378			

242d-243a	228 n. 18	16	23
243d-244b	72 n. 18	26-28	31
242d7-e4	151	32	23
		36.3	370 n. 2

Banquete
178a-b	72 n. 16
211c	319 n. 38

Sólon
3.5	34

Teeteto
151d-160e	153 n. 18
152a	378
152d-e	72 n. 16
152d-183e	73 n. 20
152d2-e9	153
153a7-10	154 n. 19
161c	396
161c-162c	387
166a-168c	397, 399
172a-b	401
172c-177b	398
174a	430
174a-b	34
175c	402
175e	319 n. 38
177c	402
179c-183c	153 n. 18
180d-e	228 n. 17
184c	332
189d	251
201d ss.	319 n. 39

Temístocles
2	31

[Plutarco]
Placita philosophorum
I.3.1-9	81
I.7	75
IV.2-7	76
IV.9-15	76

Stromateis
2	434

Políbio
II.39	123

Porfírio
Vida de Pitágoras
12.28	116
19	120
41	125

Proclo
Comentário ao Parmênides de Platão (In Parm.)
694.23-25	193 n. 5
769.22ss.	193 n. 6
862.25ss.	193 n. 6

Timeu
29d	313 n. 25
34b	278
47b	317 n. 32
49c	313 n. 25
90a-e	317 n. 32

Quintiliano
Instituições oratórias
7.2.6-7	78 n. 28

Plutarco
Adversus Colotem
1108f	248, 255
1114b	431

S. Justino Mártir
Apologia
46.3	165 n. 32

De stoicorum repugnantiis
1035c, 1037b, 1047c	78 n. 28

Sêneca
Carta a Lucílio
88.24	78 n. 28

Péricles
4.3	191 n. 2
6	23

Questões naturais
IV.1 — 78

Sexto Empírico
Contra os homens de ciência (AM, Adversus mathematicos)
VII.60 — 384, 396
VII.65ss. — 28
VII.65-87 — 383 n. 17
VII.94 — 125
VII.111 — 32, 89
VII.116-118 — 254
VII.135-140 — 259
VII.136 — 255
VII.137 — 257 n. 15
VII.140 — 262
VIII.6-7 — 258
VIII.56 — 259, 261
IX.126-30 — 128

Esboços de pirronismo (PH, Pyrrhoniae hypotyposeis)
I.213-214 — 259
I.216 — 381, 384
III.14 — 361

Simônides
fr. 1 — 294

Simplício
Comentário à Física de Aristóteles (In phys.)
23.29 — 100
24.13 — 431, 433-434
24.17 — 106
24.26-30 — 106
24.29-30 — 242
25.1 — 431
28.9-10 — 247
42.10-11 — 253
97.12-13 — 196
144.26 — 32
144.28 — 88 n. 56
140.34 — 197 n. 13
151.24-29 — 88 n. 56
327.24-26 — 252
330.14-20 — 252
1108.18ss. — 385 n. 21

Sófocles
Édipo em Colono
266-272 — 350
546-548 — 350

Édipo rei
109 — 360

Sólon
frs. 1, 13, 16 — 294 n. 2

Temístio
Comentário à Física de Aristóteles
49.13-16 — 252

Teofrasto (FHSG)
fr. 227 — 331 n. 26
fr. 227D — 76 n. 24
fr. 233 — 85 n. 46
fr. 241A — 76 n. 24

Metafísica
11 — 137

De sensibus
1ss. — 308 n. 17, 317 n. 31
2 — 341
3 — 328, 339 n. 38
3-4 — 85
7 — 338, 340
8 — 338
9 — 341
10 — 316 n. 29, 329, 342 n. 43
11 — 317, 338
15 — 340
22 — 341
25 — 331, 341
26 — 338, 340
27 — 339, 342
28 — 341
29 — 338
36 — 338
37 — 342

38	330, 340	I.146	352
39	324	II.37.1-3	401
39-45	26	II.48.3	353
40	338	II.49.2	353 n. 11
42	338	II.53	402
43	332, 341	II.60.4-7	352
43-45	327	II.65.8	354 n. 12
44	324 n.16, 332	III.13	353 n. 11
44-45	340	III.37.3-4	404
50	338, 340	III.45	403
50-54	340	III.82-83	403
55-56	338, 340	III.82.8	354 n. 12
58	333	III.89.5	354
72	341	IV.114.5	352
		V.89	404
Teógnis		VI.105.2	353 n. 11
31-36	159	VIII.68	25, 410 n.31
141-142	294 n. 2		

Xenofonte
Ditos e feitos memoráveis de Sócrates

Tucídides

I.10.3	426	I.I.13-14	72 n. 18
I.11.1	354 n. 12	I.6	409 n. 29
I.23.5	352	I.6.1-5, 10-15	25
I.23.6	353	II.1.21-34	32
I.39.3	352	IV.4	30
I.69.6	352	IV.4.12-18	405 n. 20

Índice remissivo

N.B.: Nomes de estudiosos contemporâneos são incluídos neste índice apenas se suas concepções são citadas no corpo do texto ou discutidas nas notas de rodapé.

abstração 307, 386
academia, acadêmicos 42, 62, 79-80
    Pitágoras e os pitagóricos segundo os a. 115, 117-119
acaso 222-253, 292, 278
Adkins, A. W. H. 350
Aécio 67, 70-71, 76-78, 81
agón, cf. competição
água (cf. tb. elementos)
    em Anaximandro 94, 108
    em Anaxímenes 103
    em Tales 97-100
    em Xenófanes 275, 300
aidôs ("respeito mútuo") 398
aitía, aítion, cf. causa
Alcidamas 367
Alcmeão 73, 301, 330-331, 340-341, 343,
alma *(psykhé)* 321-326
    em Anaxímenes 53, 108, 324
    segundo Aristóteles e Platão 321-323, 327
    e o corpo 322-325
    como microcosmo 54, 324
    composição 323/324
    em Demócrito 323-325
    em Heráclito 156-160, 326
    em Homero 323-324
    imortalidade 42, 156, 279, 292, 323, 416,
    na poesia lírica 322
    na medicina 325
    significando "vida" 322-323
    como órgão central 325-327
    segundo Tales 42-43, 323
    transmigração 120, 324
Amínias e Parmênides 31

amor e Ódio, cf. Empédocles
analogia
    em Demócrito 155
    em Empédocles 220-221, 440-441
    em Heráclito 144-145, 149, 163,
    herdada de Homero 434,
    nos milésios 95, 109, 112, 113, 434
    em Filolau 135-136
Anaxágoras 219, 224-233, 235-243, 182
    Ápeiron 131
    postulados básicos 225
    proporções mutantes 239
    cosmogonia 224
    elementos 224-227, 235-236, 238-240
    "tudo misturado com tudo" 225-227, 238
    Homero segundo A. 53, 422
    Homeomeria 225
    divisibilidade infinita 225, 240
    vida e obras 23
    mente *(noûs)* 26, 224-225, 237, 272, 297, 322, 334, 342, 347, 431
    mistura 224-227, 236
    negação do vir-a-ser e do perecer 225, 231, 239-240
    refletido no papiro de Derveni 423,
    relação com
        os atomistas 246
        as objeções eleatas tardias 237-242
        Parmênides 227-237, 239-242
        Platão 347
    sementes 102, 240, 347
    fontes para A. 87-89
    pensamento e sensação 327, 333, 339, 342
Anaxarco 245
Anaximandro
    Ápeiron 94, 101, 105, 431
    como o primeiro filósofo 51-52
    astronomia 94, 104-106
    comparado a Hesíodo 93-94
    cosmologia 104-105, 297, 347
        a divindade como princípio primeiro segundo A. 101, 271
        a evolução do ser humano segundo A. 54, 94-95

    equilíbrio 104
    vida e obras 24, 432-435
    interpretado erroneamente por Aristóteles 97-98, 106-107
    a forma da Terra segundo A. 104, 434
    fontes para A. 81
    zoogonia 95
Anaxímenes
    Ápeiron 106-108
    condensação e rarefação 107-108
    e Diógenes de Apolônia 81
    o ar divino como material básico 100-101, 106-109, 242-243, 431
    a Terra e a astronomia segundo A. 109
    vida e obras 24, 434
    interpretado erroneamente por Aristóteles 242-243
    a alma como ar 54, 109, 324
Antifonte
    argumentos com base no que é *eikós* 371
    como inspiração para o argumento de Glauco em *República II* 395, 407-408
    contrastado com
            Protágoras 396, 405-406,
            Sócrates 409
    a natureza humana segundo A. 405-411
    a lei e a justiça segundo A. 265, 349, 404-411
    vida e obras 25, 349, 367, 396, 410
    Sobre a verdade 396, 404-409
    oposição à democracia 404, 409-411
    linguagem psicológica 409
Antístenes 204
antropologia
    segundo Demócrito 55
    segundo os sofistas 366, 398
antropomorfismo
    críticas ao 60, 92, 276, 279
    substituído pelo naturalismo 95, 101
aparência *versus* realidade
    na interpretação alegórica 422
    em discussões sobre a justiça 393, 397, 401
    em Parmênides 171-172, 175-176, 179-181
    segundo os sofistas 366, 406
ápeiron ("sem limites", "ilimitado")

        em Anaxágoras 131
        em Anaximandro 105-106, 131
        em Anaxímenes 106-107, 131
        nos atomistas 249
        em Melisso 183
        em Filolau 130-135
        em Zenão 199-201
apoftegmas 29, 83, 84
Apolodoro 80
ar (cf. tb. elementos)
        em Anaxágoras 132
        em Anaximandro 94
        em Anaxímenes 106-109, 242-243, 324
        em Diógenes de Apolônia 26, 272, 323, 331
Areópago 389
argumentos (cf. tb. Parmênides; Melisso; Zenão de Eleia; *eikós*; sofistas)
        contra a mudança 185
        contra a corporeidade 187
        contra a divisibilidade 174
        contra a geração e a destruição 173-174
        contra o movimento 174, 186
        contra a pluralidade 187, 193-198,
        contra "o que não é" 168-171
        falíveis 373
Aristóteles 71-81, 260-262,
        os argumentos com base no que é *eikós* segundo A. 371-374
        os atomistas segundo A. 231, 245, 249-252, 255, 259-262
        Categorias 74
        as causas segundo A. 49, 73, 98, 346, 349, 358, 360-364
        e os primórdios da filosofia grega 41, 46, 49, 54, 65, 71-86, 73, 102, 107, 242-243, 318-320, 325, 327-334, 413-414
        Heráclito segundo A. 151, 153, 155-156, 165
        Hesíodo segundo A. 50
        Metafísica 73, 96-100
        os milésios segundo A. 96-103, 107, 242-243
        Parmênides segundo A. 180,
        Física 75, 76, 87-88, 346, 349
        physiológoi versus poetas segundo A. 97-98, 413, 445
        o projeto da filosofia segundo A. 62
        Protágoras segundo A. 379

a psicologia segundo A. 312
Pitágoras e os pitagóricos segundo A. 116-119, 122, 130
Tópicos 73-76
o motor imóvel e Xenófanes 278
os paradoxos de Zenão segundo A. 200-202, 206, 211-215
Aristoxeno 117, 124, 336
arkhḗ (cf. tb. princípio) 133, 432
Arnold, M. 63
Arquelau 81
Árquitas 73, 137-138, 172
Ásia 34, 60-61
astronomia 24, 25, 30, 34, 55, 91, 94-96, 103-105, 135-136, 155, 106, 179-181, 366
Atenas 23-25, 26, 31, 33, 35, 368-369, 377, 389, 392, 397, 401, 404-406, 409
atomistas (cf. tb. Demócrito; Leucipo) 80, 102, 107, 245-269,
    segundo Aristóteles 245-253, 255, 260-262
    átomos 60, 246-250, 289
    o acaso e a necessidade segundo os a. 250-255
    comparados a Anaxágoras e Empédocles 246
    a indivisibilidade segundo os a. 246-247
    o movimento segundo os a. 248-250
    jamais mencionados por Platão 48, 245
    o Princípio de Razão Suficiente 246-247
    resposta aos eleatas 245-247
    as qualidades secundárias segundo os a. 256-259
    teologia 289-292
    vazio 247-248

Babilônia 61
Barnes, J. 45, 51, 85, 219, 226, 252
Bias 140
biografias dos primeiros filósofos 82
    relação com a doxografia 65,82
Burkert, W. 117-119, 124
Burnet, J. 46, 48, 101, 178
Butler, J. 266

calendário 91
Cálicles 266, 390, 405,
caos 92-93, 163
caracterização, cf. *lógos*

caracterizações mitológicas (cf. tb. antropomorfismo),
    segundo Aristóteles 413
    críticas às 60, 300, 366
    em Hesíodo 92-93
    empregues pela filosofia grega em seus primórdios 51
causa(s)/causalidade (cf. tb. Aristóteles; escritores hipocráticos; explicação; princípios; *próphasis*) 345-364
    segundo os historiadores 351-354
    aitía, aítion, aítios 345, 349-351
    nos atomistas 250-255
    concebida como culpabilidade 349-352, 357-359, 362
    concebida como poder 347, 363
    e fatores concomitantes 359
    negação da espontaneidade 359
    e efeito 352, 354, 361, 431
    poucas em número 431
    nos escritores hipocráticos, 354-364
    concepção humeana da c. 346
    nova concepção da c. em *Sobre a antiga medicina* 360-364
    não explicitamente teorizada pelos primeiros filósofos 344-346, 349-351
cérebro 133, 324-325
ceticismo (cf. tb. aparência; Demócrito; Górgias; Protágoras; Xenófanes) 34, 134
    na filosofia posterior 63, 77
    relação com o relativismo 383
Cherniss, H. 76
Cícero 67, 70, 78, 79, 227, 271, 445,
ciência e os primórdios da filosofia grega, a 42, 59, 110-113
cínicos 80
Cleantes 62
Clemente de Alexandria 86
Clidemo 330, 332, 340
competição *(agón)* como característica dos primórdios filosofia grega 52, 56, 435-436
compostos
    em Anaxágoras e Empédocles 219-230, 236-242
    nos atomistas 246
condensação e rarefação 108
conhecimento, cf. epistemologia
contenda, cf. Amor; Heráclito
contradição, impossibilidade da 33, 377, 379
contrato social 367

convenção (*nómos*; cf. tb. natureza) 256, 266-267, 377-378
coração 133, 235, 283, 307, 313, 324, 438
Cornford, F. M. 178
corpo, e alma 322-325
corpos celestes 94, 104, 109, 136, 123, 434
cosmogonia 92
cosmologia
       Anaxágoras 23, 223-224
       atomistas 251-255
       Empédocles 219-224
       Heráclito 140, 152-156
       primórdios milésios 46, 53, 94-113
       Parmênides 178-181, 234-235
       Filolau 131, 135
       escopo 54
       dimensão teológica 271-273
cosmologia milésia (cf. tb. Anaximandro; Anaxímenes; Tales) 280, 295, 297
       apreciação geral contemporânea 110-113
       influência
              sobre a meteorologia posterior 109
              sobre Xenófanes 109-110
              sobre Heráclito 109
       não um "monismo materialista" estrito 243
Crátilo 73, 81, 153
Crisipo 77, 78, 84
Crítias 266, 291, 367, 403
críticas
       aos deuses antropomórficos 109, 275-279
       às autoridades 52-53, 139-142, 301, 304, 415, 419, 437,
       à lei, cf. Antifonte
       às crenças populares 41, 57, 59,139, 148
Cudworth, R. 101

daímon 121, 158-159, 347
democracia (cf. tb. lei; Atenas; Protágoras; Antifonte) 27, 369, 396-397, 404
Demócrates 26
Demócrito (cf. tb. atomistas) 245-269
       aitía segundo D. 349, 350
       comparado a Sócrates 48, 265
       a consciência segundo D. 265-267

cosmologia 252-255
epistemologia 255-263, 330
ética e política 264-267, 291, 325
ética e atomismo 267-269
vida e obras 25
mente, alma e pensamento segundo D. 263-264, 324-325
a necessidade segundo D. 250-255, 297
poética 421, 436
relação com
    Leucipo 245
    Protágoras 50, 82, 255, 260, 262, 267, 385
e o ceticismo 63, 80-81, 255-263
escopo dos interesses de D. 55
a sensação segundo D. 255-263, 330, 339
fontes para 73-74, 77, 82, 86, 89
teologia 289-291
"a verdade está nas profundezas" 256
a visão segundo D. 339
Descartes, R. 283, 322
deus(es), cf. divindade; teogonia; teologia
dia, cf. noite
Diels, H.
    obra doxográfica 66-71, 77, 81, 83-84
    e os pré-socráticos 47
díkę (cf. justiça)
Diller, H. 362, 363
Diógenes de Apolônia
    o ar segundo D. 324, 332, 431
    a divindade do primeiro princípio segundo D. 63, 272-273, 290
    vida e obras 26, 433
    refletido no papiro de Derveni 423
    sensação e pensamento segundo D. 331-332, 339-340
    mente e alma segundo D. 324, 334
    fontes para 81, 88-89
Diógenes Laércio 68, 79-83, 116
Dissoì lógoi ('Argumentos duplos') 367, 397
divindade (cf. tb. teologia)
    em Anaximandro 101, 175
    em Anaxímenes 101, 175
    nos atomistas 290

segundo Crítias 291
  em Diógenes de Apolônia 290
  em Empédocles 284-289, 440
  em Heráclito 175, 280-282
  como invenção humana 291-292
  interpretada alegoricamente 422
  em Melisso 175
  em Parmênides 167-168, 179, 282-284, 437-440
  segundo Pródico 32
  segundo Protágoras 384-385
  em Tales 100-101
  em Xenófanes 275-280, 420
divisibilidades, cf. argumentos contra; Anaxágoras; Zenão de Eleia
doxografia (cf. tb. Aécio; Teofrasto; *Placita*) 65-89
  aspecto dialético
    em Aristóteles 73-78, 362
    nos escritores hipocráticos 362
    em Platão 71-73
    em Sêneca 78
    em Teofrasto 76-77
  dóxai ('opiniões') 66, 75
  relação com a biografia 65, 83
dualismo, cf. Parmênides; corpo e alma

educação
  baseada em Homero e Hesíodo 45, 415
  como objetivo filosófico 56-59
  por intermédio dos sofistas 55, 365-368
Egito 25, 32, 60, 122
eikós ('provável', 'plausível') (cf. tb. relativismo; sofistas; Tucídides) 346, 371-374, 377, 381, 387
Eleia 42
eleatas (cf. tb. Melisso; Parmênides; Zenão) 42, 49, 59, 62, 80-81, 191, 204, 228-229, 236, 238, 241-242, 331
  refutados por Górgias 384
elementos (cf. tb. princípio(s)) 97, 106, 430
    em Anaxágoras 224-227, 232
    em Empédocles 127, 220-221
    em Parmênides 179-180, 308-309
Eliot, T. S. 63

emanações 339
Empédocles 42, 58, 220-224, 226-243, 246, 273-274
    como deus autoproclamado e milagreiro 126, 129, 288-289, 439-440
    ciclos cósmicos 220-221, 284-288, 432, 440-441
    esfera cósmica 220-221, 284-288, 343
    criticado 362
    destino dos *daímones* 128-129, 285-286, 323, 440-441
    teoria dos quatro elementos 102, 127, 219-220, 226, 284-285, 343, 431
        mente santa 334
        vida e obras 27, 434
        "semelhante conhece semelhante" 317, 330
        Amor e Ódio/Contenda 127, 220-221, 226, 284-289, 342-343, 347
        a mistura segundo E. 219-224, 227-230
        a seleção natural segundo E. 222
        negação do vir-a-ser e do perecer 229-231, 240-241,
        um e muitos segundo E. 222-223
        a fisiologia da sensação segundo E. 340-343
        poesia 44-45, 223, 414, 436, 439-441, 444-445
        a *psykhḗ* segundo E. 322-323
        rejeição de sacrifícios cruentos 42, 127-129
        relação com
            os atomistas 246
            as objeções eleatas tardias 237-242
            Parmênides 227-237, 239-242, 314-315
            Pitágoras 122, 126-130, 223
        a percepção sensível segundo E. 337, 342-343
        fontes para 73-74, 81, 85-86, 87-89
        teologia 284-289
        pensamento, mente e conhecimento segundo E. 288-289, 314-320, 329, 331-332, 341-343
        a transmigração das almas segundo E. 120-121, 126-127, 223, 285
        unidade do pensamento 126
        zoogonia 222, 284
Enesidemo 67, 82, 384
Epaminondas 137
Epicarmo 294
Epicuristas 63, 67, 80, 81
Epicuro 62-63, 80, 109, 112, 245
    dívida para com Demócrito 62, 245
epistemologia (cf. tb. críticas; relativismo; ceticismo; sensação; verdade; sabedoria; De-

mócrito; Empédocles; Górgias; Heráclito; Parmênides; Protágoras; Xenófanes) 293-320
    a priori versus empírica 310-314
    divina *versus* humana 298-301
    investigação empírica 299-301, 304-305
    apreensão da origem causal 432
    apreensão da natureza essencial 306, 317-320
    otimismo filosófico 294-297
    pluralista 320
    pessimismo poético 293-294
    pretensão de conhecimento por parte dos poetas 425
Eros, em Hesíodo 92-93
erudição, 30, 52, 122, 280
escritores hipocráticos 44, 397
    Ares, águas e regiões 357
    as causas segundo os h. 354-364
    não tratavam os "sinais" como causas 354-355
    nova concepção da causalidade nos h.
        Sobre a antiga medicina 113, 359-364
    Sobre a respiração 358-359
        Sobre a dieta 325
    Sobre a natureza humana 358
    Sobre a doença sagrada 356
esfera (cf. tb. harmonia das esferas)
    em Empédocles 128, 221, 284-288, 343
    em Parmênides 133, 171, 177, 180
espaço (cf. vazio)
    primeiras pressuposições a respeito do 171-172,
    em Melisso 183-184
    nos paradoxos de Zenão 199, 211-216
Esparta 24
Ésquilo
    a corresponsabilidade segundo É. 359
    Eumênides 389
Estobeu 26, 67, 87, 264
Estoicos 29, 63, 65, 80-81, 252, 363,
    e Heráclito, 165
Estratão 103
estrutura, cf. *harmonía*
éter 92, 128, 131, 224, 230, 284, 312, 317

ética (cf. tb. justiça; Sócrates; sofistas)
    em Demócrito 26, 264-267, 291
    em Heráclito 158-159
    de Homero 422
    e teologia 290-291
    em Xenófanes 275-279, 419, 436
euboulía ('faculdade de bem deliberar') (cf. tb. Protágoras) 371-374, 387, 400
Eudemo 100,185, 196
Eurípides 58, 200, 291, 371
Êurito 130, 137
Eusébio 68, 80, 88
Eutidemo 367, 376
Eveno 367
explicação (cf. tb. causa; *lógos*) 59
    na teogonia hesiódica 92-93, 426
    nos escritores hipocráticos 356-360
    naturalista 95, 100-101, 110, 272-273, 275

Favorino 396
felicidade e justiça 390-394
Ferécides 51
Filodemo 67, 79
Filolau 130-138
    astronomia 135
    melhor documentado do que Pitágoras 119
    cosmogonia 135
    epistemologia 134
    harmonia 134
    vida e obras 28
    limitantes e ilimitados 131-135, 296
    os números segundo F. 134
    frente a seus predecessores 132-133, 136
    a mente e a alma segundo F. 324, 330
    fontes para 86
Fílon de Alexandria 81, 86
filosofia
    no tratado *Sobre a antiga medicina* 361
    suposta cunhagem do termo por Pitágoras 43,111, 362
filosofia grega em seus primórdios (cf. tb. Hegel)
    como caracterização de "tudo" 53-57

contrastada com
    a poesia 413-415
    a filosofia posterior 41-44, 110-113, 416-417, 444-445
contexto cultural 60-62, 424, 436
fluidez 42-43
como tradição inovadora 62-63, 110,
não ainda um discurso distinto 43
escrita poética da 416, 434-445
poética 413-445
relação com a mitologia 51, 96
características notáveis 56-60, 429-433
e a ciência 59-60, 110-113
escopo 41-63
moldada por Homero e Hesíodo 415-416
fontes 65-89
e sabedoria 51, 55
objetivo transformador 57
filósofos italiotas 32, 81
fogo (cf. tb. elementos)
    em Anaximandro 94, 104
    em Anaxímenes 106-107
    em Heráclito 152-156, 301-302
fragmentos 41, 66-71, 348-349
Frede, M. 348, 354, 360
Furley, D. J. 240

Galeno 67, 77, 356
Giges, anel de 266, 394, 395, 406
Glauco 266, 392-395
    aparentado a Antifonte 406
gnṓmai, cf. apoftegmas
Górgias 55, 73, 365-376, 381-388
    aitía segundo G. 350
    as discordâncias entre filósofos segundo G. 71, 77
    o *eikós* segundo G. 372, 375-376
    o primeiro sofista 369
    Oração fúnebre 374
    Encômio de Helena 368, 374, 376, 381
    linguagem e poética segundo G. 370, 375, 423
    vida e obras 28, 367

a natureza segundo G. 381-382, 388
não um cético 383-384
Sobre o não ser 376, 383-387
Apologia de Palamedes 374-375
persuasão e retórica segundo G. 368, 370, 374-376, 384-385
segundo Platão 365-366, 374
preparado para discorrer sobre qualquer assunto 55
refutação dos eleatas 384
estilo retórico 374-375
ensino sem conhecimento 385
Grote, G. 366
Guthrie, W. K. C. 107, 117, 118, 126, 144

Hadot, P. 57
harmonia 133
    em Empédocles 127-128, 220, 285
    como "estrutura latente" em Heráclito 143, 148-149
harmonia das esferas 125
Hecateu 52, 53, 122, 140, 141, 280, 304, 413, 420
Hegel, G. W. F.
    os primórdios da cosmologia segundo H. 110
    Heráclito segundo H. 164
    influência sobre a história dos primórdios da filosofia grega 50, 47
    os sofistas segundo H. 366
Heidegger, M. 41, 178, 445
Heráclito 42, 164-166,
    "tudo é um" 54, 56, 302, 431
    segundo Aristóteles 150-151, 153, 155, 164-165
    conceito de potencialidade 151
    contrastado com Diógenes de Apolônia 326
    contrastado com Xenófanes 280-282
    cosmologia e fogo 152-156, 301-303
    críticas às autoridades 52-54, 122, 143, 162, 281-282, 304, 418-421
    ambiguidade deliberada 443-444
    a ética segundo H. 156-160
    "troca" na cosmologia de H. 153-154
    fluxo 73, 147, 153, 302
    harmoníē ("estrutura latente") 305, 148, 155
    "perquiri-me a mim mesmo" 160, 304
    influenciado pelos milésios 109, 140

contexto intelectual de H. 166
o conhecimento segundo H. 141-146, 156, 159-160, 164, 301-306, 330
a linguagem segundo H. 336-144
o legado de H. 63, 166, 445
a vida e a morte segundo H. 442-443
vida e obras 29, 139, 432-433, 444
estilo literário 45, 140, 442-444
logos 56, 143-146, 160-161, 302, 306, 334, 443
novidade de sua posição 53-54, 56-58
obscuridade e paradoxo 139, 147, 161, 306, 433, 442
os oráculos segundo H. 143, 146
segundo Platão 72, 153, 156, 164-165
racionalidade 141-146, 149
os rios segundo H. 147,
a sensação segundo H. 305, 335-336
o sono e o despertar segundo H. 145, 157
a alma segundo H. 141, 156-160, 304, 326
fontes para 81, 85-89
contenda e justiça 163
a sabedoria segundo H. 163-164
teologia 152-153, 155, 158, 164, 274, 280-282
unidade nos opostos 146-152, 155, 160-163, 302, 305

Heródoto
causa e responsabilidade segundo H. 351-354
o destino segundo H. 346, 351
o anel de Giges segundo H. 394-395
a *isonomía* segundo H. 401
o relativismo moral segundo H. 377

Hesíodo (cf. tb. Caos; Eros; noite e dia; poesia)
como educador 45, 418
como precursor 50-51
comparado a Anaximandro 93-96
criticado 51-53, 141, 276-277, 280, 304
a justiça segundo H. 399, 404
objetivos poéticos 424-429
Teogonia 53, 56, 93-94, 271, 275, 427-428
Os trabalhos e os dias 427-429

hilozoísmo 101-103
Hípaso 130
Hípias

antologia de concepções de poetas e filósofos 71-72, 100, 413
apelo à natureza 382
vida e obras 29
ciência 367
escopo dos interesses de H. 55, 367
a sociedade segundo H. 405
Hipólito 67, 68, 81, 84-86, 94,
homem-medida, cf. Protágoras
Homero (cf. tb. poesia)
interpretação alegórica de 422
como educador 45, 167, 418
e a cosmologia 91
criticado 162, 276, 418-419
a morte segundo H. 120, 156
o destino segundo H. 346
ética 418-419, 422
o conhecimento segundo H. 293-294, 333-334
objetivos poéticos 424-429
a *psykhé* segundo H. 322
Hume, D. 346

igualdade perante a lei 401
ilimitado, cf. *ápeiron*
imortalidade, cf. alma
Índia 120
infinito (cf. *ápeiron*; divisibilidade; Zenão de Eleia)
em Anaxágoras 225
número de átomos 246
do espaço 172
do vazio 248
inspiração divina
segundo Demócrito 421, 437
interpretação alegórica, cf. poética
Isócrates 72, 410
Pitágoras segundo I. 121
isonomía, cf. igualdade perante a lei

Jaeger, W. 345
Jâmblico 81, 116, 124-125, 130
jônios, cf. milésios

judaísmo 166
justiça 60, 389-411
    cósmica 106, 162-163, 173, 282, 347
    "dá-se entre iguais" 404
    e natureza 392-395
    segundo Protágoras 382, 399-401
    concepções sofísticas da j. nos livros I e II da *República* 389-395
    segundo Tucidides 402

Kahn, C. 265
Kerferd, G. R. 46
kósmos
    segundo Heráclito 303
Kranz, W. 47-48, 68, 182

Lebedev, A. 67
lei (cf. tb. justiça; Antifonte; Protágoras)
    e *anomía* ('ausência de leis') em Tucídides 402-403
    como compromisso 393
    em Atenas 368-369, 389
    codificação das l. 60
    e culpabilidade 349-352
    código draconiano 350
    "igualdade perante a l." 401
    em Heráclito 144, 154, 162-163
    e justiça no *Protágoras* de Platão 399-401
    e moral em Demócrito 265-267
Lesher, J. 334
letramento, surgimento do 60, 427
Leucipo (cf. tb. atomistas) 231, 250-255, 262-263, 267, 289
    como figura obscura 245
    vida e obras 30
    razão e necessidade segundo L. 251-252
    fontes para 82-83, 89
Licófrone 367
limite, limitantes 131-135
linguagem (cf. tb. Górgias; Pródico; Protágoras)
    importância da l. em Heráclito 142-143,
    teorias da l. 55, 59
Lísis 130, 137, 318

Lloyd, G. E. R. 44, 60, 345
lógica 59, 283, 314
lógos ('caracterização'; cf. tb. Heráclito; Parmênides)
    significados 56, 311
lua 91, 94, 104-105, 125, 136, 179-180, 312, 337, 422, 431
Lucrécio 27
luz, cf. Parmênides

magnitude, cf. Zenão de Eleia
Makin, S. 65
Marx, K., dissertação de 63
matemática (cf. tb. Zenão de Eleia) 25, 26, 30, 42, 55, 61, 96, 108, 116, 130, 133, 138, 144, 214
matéria (cf. tb. princípio(s))
    definição aristotélica de m. 98-99
    distinta do princípio motor 102, 225-226, 237
    ainda não conceptualizada 101-102
medicina, cf. escritores hipocráticos
medida
    na cosmologia de Heráclito 143,155
médio-platonismo 81-82, 83-86
Melisso 42, 167, 181-189, 231, 247
    atributos do que há:
        incorporeidade 187-188
        imutabilidade 185-186, 238-239
        homogeneidade 184
        indivisibilidade 187
        infinitude em extensão 183
        omnitemporalidade 182
        unidade 184
    comparado a Parmênides 181-189
    negação do vazio 187
    vida e obras 31
    o Um e Deus segundo M. 186
    rejeição dos sentidos 188
    fontes para 73, 88,
    estilo de argumentação e suposta audiência 181-182
mente *(noûs)*, cf. Anaxágoras; epistemologia; sensação; alma
metafísica 60, 179, 282
metempsicose, cf. alma, transmigração da

meteorologia 109-110, 275, 300-301
Metrodoro de Lâmpsaco 422
Mileto 24, 30, 34, 46, 50, 53
Mill, J. S. 266, 361
mistura 127, 219-230, 236-238
monismo
    debates antigo a respeito do pluralismo e do m. 140, 151, 160-161
    de Anaxímenes 106, 243
    de Heráclito 140, 148
    de Melisso 184,
    de Parmênides 175-176, 227-229, 232, 235
    de Zenão 191-194
morte 93, 120, 156-158, 281, 406, 442
movimento (cf. tb. argumentos contra)
    segundo Anaxágoras 224-225
    princípio do 100, 226-227, 278

natureza *(phýsis)*
    como estrutura inteligível 297
    comparada a um pintor por Empédocles 220
    perpétua 97
    segundo Heráclito 143
    investigação da 49, 53-54, 318-320, 361
    e justiça 389, 392-393
    segundo Filolau 131
    nos sofistas 387, 393
    versus convenção 59, 267-268, 368, 377-378, 381, 390, 393, 397, 405, 411
natureza humana
    segundo os sofistas 392-395, 398-400, 405-411
    segundo Tucídides 402-404, 409
Nausífanes 245
necessidade (cf. tb. causa) 346
    no atomismo 250-255
    a ordem natural como 346
    em Parmênides 170, 181
neopirrônicos 80, 82, 86
neopitagóricos 87, 116-117
neoplatônicos 32, 87-88, 115-116, 417
Nicômaco de Gerasa 116-117
Nietzsche, F. 382, 445

noite (e dia), 136, 154-155, 281, 308
    em Hesíodo 93, 420
    a Mansão da N. segundo Parmênides 167, 180
nómos (cf. convenção; lei)
noûs (cf. mente; epistemologia)
número
    em Anaximandro 105
    em Empédocles 127
    em Filolau e nos pitagóricos 118, 125, 127, 130, 134
Nuvens, de Aristófanes 26, 274, 365, 368, 404

objetividade 55, 60
observação e método científico 111-112
Oceano *(Okeanós)* 91, 97, 99
opostos
    em Anaximandro 104-106
    em Heráclito 146-152
    em Xenófanes 110
oráculos
    em Heráclito 139, 142, 145
Orfeu 47
    interpretado alegoricamente no papiro de Derveni, 423
órficos, 121 323
Osborne, C. 85
Ostwald, M. 409
Ouranós 92
Owen, G. E. L. 178

papiro de Derveni 165, 423
Parmênides (cf. tb. eleatas) 42, 59, 167-189, 307-314, 332-337
    segundo Aristóteles 180
    cosmologia 171-172, 178-179, 187-189, 232-235, 275, 282
    revelação da deusa a P. 51, 167-168, 275, 282-284
    relação intelectual com
        Empédocles e Anaxágoras 227-233, 235-237, 239-242
        Homero e Hesíodo 438
        Melisso 181-189
        Xenófanes 83, 299-300
        Zenão 191-192, 203, 216-218
    vida e obras 31, 299, 433

segundo Platão 72
segundo Plutarco 431
forma poética 45, 436-440
o proêmio 86, 175, 177, 180, 307-309
a percepção sensível segundo P. 335-336,
fontes para 74, 83-89
Via da Opinião/do Parecer 179-181, 232-235, 283, 331, 431
    astronomia 179
    dualismo 179-180, 229
    estatuto epistemológico 179-181, 311-314
    luz e noite 179-180, 308, 311-314
    fisiologia do pensamento 315, 327-328
Via da Verdade 168-179, 282-284
    estrutura argumentativa 169-171, 178, 311
    atributos d'"o que é" 173-176, 234, 309-310
    críticas ao pensamento mortal 168, 171, 175, 179-181, 232-233
    negação do movimento 174, 227-228
    não chama o Ser de divino 282
    julgada pelo *logos* 310
    monismo 175-176, 227-228, 233, 235
    o espaço e a esfericidade segundo a V. da V. 171-172, 176
    pensamento e ser 175, 181
    o verbo "ser" 168-169
    as vias de perquirição 168-172, 227-228, 310, 438
pensamento (cf. tb. Heráclito; Parmênides; Empédocles; Anaxágoras; Demócrito)
    como "reflexivo" ou "intuitivo" 333-336,
    assimilado à sensação 322, 327-330, 334
    distinto da sensação 330-333
    identificado ao ser 175, 181
    fisiologia 337-343
Péricles 23, 350, 375, 401-402
Peripatéticos 49, 139, 185, 329, 346, 396
Physikaì dóxai ('Pareceres em física') cf. Teofrasto
physikoì, physiológoi (cf. tb. natureza, investigação da) 49, 66
    distintos dos *mythológoi* e dos *theológoi* por Aristóteles 413, 445
phýsis (cf. tb. natureza)
    significando origem/crescimento 54
Píndaro 120-121, 377, 444
Pirro 62
Pitágoras 42, 115-126, 129

suposta cunhagem do termo "filosofia" por P. 43, 111, 362
como fundador de seita 122-126
como milagreiro 122
como "xamã" 116, 124
criticado por Heráclito 52-54, 121,141, 280
escatologia e simbolismo numérico 125
hagiografia 116
vida 32
na política 123
autoridade religiosa 42, 120-121
fontes para 81-83, 116-119
a transmigração das almas segundo P. 120-121, 125, 278-279
pitagóricos (cf. tb. Hípaso; Filolau) 46, 63, 69, 73-74, 81, 84-85, 124-126, 216-217
    akousmatikoí versus mathēmatikoí 78
    influência sobre Platão 137-138
    pseudepigrapha 119, 130
    segredo 124-125
    modo de vida 123-126
Placita ("opiniões") 66, 71, 78, 84-87
Platão
    Anaxágoras segundo P. 347
    como fonte para o estudo dos primórdios da filosofia grega 71-73, 79, 85-86
    crítica à poesia 418, 421, 445
    crítica aos sofistas 48, 59, 365-366, 369-370, 401-402, 410-411
    Heráclito segundo P. 72, 152-153
    alusões implícitas a Antifonte 409-411
    Parmênides 87-89, 191-196, 216-218
    Protágoras 397-399
    Protágoras e o relativismo segundo P. 377-381
    Protágoras e a sociedade segundo P. 395-402
    Pitágoras segundo P. 115
    relação com
        os primórdios da filosofia grega 48-49, 59, 65, 258, 264-267, 275-276, 289-292, 296, 318, 325, 333, 335
        os escritores hipocráticos 359, 362
        Pitágoras e os pitagóricos 117-118, 125-126, 137-138
    República, a justiça segundo a *R.* de P. 389-395
    a retórica segundo P., 369, 401
    Sócrates segundo P., 48-49, 59, 365-366, 368
    Teeteto 329, 332, 379, 380-381, 397-399, 401

Timeu 117, 138, 278, 290, 348
    a transmigração das almas segundo P. 121
    o uso de coletâneas de Górgias e Hípias 71
    Zenão de Eleia segundo P. 191-196
Plotino 86
pluralidade, cf. argumentos contra
Plutarco (e ps.-Plutarco) 67-69, 75-78, 81-82
poesia
    como meio escolhido pela filosofia 45
    como meio de autoridade divina 436-439
    abrangência 427
    contrastada com a prosa 72
    distinta da filosofia 97-100
    conteúdo essencial 426
    forma microscópica *versus* forma macroscópica 428
    e pessimismo 293-294
    narrativa temporal 428
    veracidade 425
poética 413-446
    interpretação alegórica 420-423
    de Demócrito 420-421
    explícita 414-415, 421-424
    imanente 416
    implícita 416, 424-433
    e interpretação 44
política
    segundo Antifonte 405-411,
    segundo Demócrito 266-267
    e justiça 389-391
    segundo Protágoras 397-402
    envolvimento pitagórico com a 124
Popper, K. 41, 57, 180
    a filosofia grega como investigação "científica" segundo P. 112-113
Porfírio 81, 84, 116, 120, 125
Posidônio 78
prazer (e dor)
    segundo Antifonte 406
    segundo Demócrito 264-266
precursores da filosofia 51
"pré-socráticos" como termo 47-48, 59, 68, 413

princípio(s) (cf. tb. elementos; atomismo; teologia)
    de Anaximandro 105-106, 271-272
    de Anaxímenes 106-107
    de Diógenes de Apolônia 272
    de Filolau 132-134
    relação com
        a matéria 97-98, 100-101
        a causalidade 347
    de Tales 97-98
    de Xenófanes 110
probabilidade, cf. *eikós*
Proclo 35, 87-88, 116, 178
Pródico
    a linguagem segundo P. 55-56, 370
    vida e obras 32
Prometeu 398
próphasis ("pretexto", "justificativa") 349, 353
    significando "razão" 356, 358
prosa
    como meio escolhido pela filosofia 23, 433-434, 445
    influenciada por formas poéticas 29, 435
Protágoras 365-367, 371-374, 377-388,
    segundo Aristóteles 379
    contrastado com Antifonte 396, 405
    a democracia segundo P. 401
    discussões com Péricles 350
    o *eikós* segundo P. 387-388
    os deuses segundo P. 384-385
    interpretado como seguidor de Heráclito 380
    a justiça e a lei segundo P. 382, 395-402
    vida e obras 33, 367
    homem-medida 55, 367, 387, 396, 399
    matemática 385
    o mito do *Protágoras* de Platão 397-398
    a natureza segundo P. 382, 398
    argumentos opostos 371, 374, 395-396
    segundo Platão 368, 377-381, 397-402, 411
    a poesia e a linguagem segundo P. 55-56, 370-371, 424-425
    relação
        com Demócrito 50, 81, 255, 260, 262, 267

        com Hesíodo 399, 404
        com Zenão de Eleia 385
    relativismo 367, 377, 386, 401
    ceticismo 63, 384
    fontes para 81, 68
    ensino da "faculdade de bem deliberar" 367, 374, 388, 399-400
    ensino sem conhecimento 385
    a verdade segundo P. 378, 386-387, 396
psicologia, cf. alma

qualidade
    reduzida à quantidade por Antifonte 107
quente (e frio) 94, 97, 103-104, 132, 154, 224, 360, 381

racionalismo (cf. tb. causa; epistemologia; explicação; *lógos*) 58, 283-284, 295
    de Heráclito 57, 141-146
    aspectos práticos, espirituais e teológicos 58, 271-275
rarefação, cf. condensação
Raven, J. 231
razão (cf. tb. *próphasis*; *lógos*)
    em Demócrito 250-251
Razão Suficiente, Princípio de 104, 173, 247, 251-253
realidade, cf. aparência
reducionismo 94-95
relativismo (cf. tb. convenção; sofistas; Górgias; Protágoras) 55, 61, 377-378, 382
    heraclítico 148-149, 378
religião (cf. tb. antropomorfismo; mitologia; teologia) 28
    e concepções a respeito da alma 323
    críticas à 42
    nas práticas pitagóricas 120-126
retórica (cf. tb. *eikós*; linguagem; sofistas; Górgias; Protágoras)
    primeiros professores 369
    em cortes de justiça e assembleias 368
    discursos opostos 25
    e recursos poéticos 423
Ryle, G. 166

sabedoria *(sophía)* (cf. tb. sete sábios; filosofia)
    aspecto competitivo 52
    fonte divina 437

       em Heráclito 164, 303-304
       profissionalização 55
       segundo Protágoras 399-401
       em Xenófanes 278
salvação 56, 323
sangue 133, 287, 322, 335
Schleiermacher, F. 165
seco e úmido 95, 131, 154, 156, 224, 322, 326
Sedley, D. 330
semelhante por semelhante, princípio do 254, 269
Sêneca 78
sensação 321-343
       assimilada ao pensamento 327, 333
       distinção entre sentidos e mente 327-337
       fisiologia 337-343
       "topologia" e "passagens" 339
separação 94, 127, 220-221
Ser (cf. tb. Parmênides; Górgias) 73, 102, 234, 383
seres humanos
       como objeto de investigação 54, 392-395
sete sábios *(sophoí)* 51
Sexto Empírico 67, 82, 86
       a causalidade segundo S. 360
       Protágoras segundo S. 381, 396
       o "ceticismo" de Demócrito segundo S. 258-259
Sicília 27-28, 33, 120, 127, 219, 300, 369
Simplício 88-89, 76
Snell, B. 322
Socião 79
Sócrates
       segundo Aristófanes 48, 365, 368
       comparado a, e contrastado com, os sofistas 48-49, 59, 365, 368
       atenção sobre a ética 48-49
       a perquirição segundo S. 318, 368-369
       em Platão 389-395
       a alma segundo S. 325
       e o termo "pré-socráticos" 47-48, 413
       julgamento de 397-398
socráticos 80-81
sofistas (cf. tb. *eikós*; Antifonte; Crítias; Górgias; Hípias; Pródico; Protágoras; Trasímaco)

     segundo Aristófanes 365
     em geral 365-368
     a natureza humana segundo os s. 382-383,
     inovadores 55-56
     pertencentes aos primórdios da filosofia grega 46, 366
     a linguagem e a poética segundo os s. 366, 369
     a lei e a justiça segundo os s. 366, 368
     métodos de argumentação 369-374
     como professores profissionais 365, 369
     como retores 359, 374-376
     segundo Platão 47, 59, 365-366, 369-370, 392-402, 409-410
     e o relativismo 377-381
     a retórica segundo os s. 366
     a ciência segundo os s. 365
     vasto escopo do conhecimento dos s. 55, 366
Sófocles
     a responsabilidade segundo S. 350, 360
sol (cf. tb. corpos celestes)
     segundo Anaximandro 94, 104, 434
     segundo Anaxímenes 109, 434
     segundo Heráclito 162, 303
     segundo Homero 91
     em Parmênides 308
     segundo Filolau 136
     segundo os pitagóricos 125
Sorano 67
Spengler, O. 63
Stoppard, T. 63
substrato 97-98, 106-107, 242-243,
"sucessões" de filósofos *(diadokhai)* 50, 79
superstição 291-292

Tardieu, M. 88
Tales
     "tudo está cheio de deuses" 99-101, 271
     não escreveu nenhum livro 432
     a terra segundo T. 97-99
     vida 34
     e o Oriente Próximo 61
     como pioneiro em filosofia natural 50-51, 97, 295, 413,
     a alma segundo T. 100-101, 324

fontes para 81, 92, 430
a água como princípio básico segundo T. 97-101, 430
Teágenes 422
tempo
 em Anaximandro 105-106
 em Melisso 182
 em Parmênides 172-173, 176
 nos paradoxos de Zenão 199, 210-218
Teodoreto 67
Teofrasto (cf. tb. doxografia)
 Anaxímenes segundo T. 106-107, 242-243
 como fonte 41, 46, 49, 66-71, 75-76, 83-84, 413
 De sensibus ('Sobre os sentidos') 67, 76, 85, 324, 327, 329-333, 337-343
 Heráclito segundo T. 139, 327
 Tales segundo T. 100
 Physikaì dóxai ('Pareceres em física') 66, 75, 84
teogonia (cf. tb. Hesíodo) 92
teologia (cf. tb. antropomorfismo; divindade; religião; teogonia; Zeus; Crítias; Demócrito; Empédocles; Heráclito; Melisso; Parmênides; Xenófanes) 271-292
 bem-aventurança 285
 definição 271
 inspiração divina 45, 282-284
 divindade dos princípios 101, 110, 271-274, 430
 a terra e os corpos celestes como deuses 91
 panteísmo 110, 280-282
 discurso pio 274-275, 286-289
teorias baconianas de ciência 111-113
teorias musicais 55, 125, 130, 134, 137-138
terra (cf. tb. elementos)
 em Anaxágoras 224
 em Anaximandro 93-94
 em Anaxímenes 107
 em Hesíodo 92
 estabilidade da 100, 109
 em Tales 103
 em Xenófanes 110, 275-276
Tertuliano 67
Timão 80
"todas as coisas", dar conta de 53-59, 131-132, 278-279, 298, 302, 347, 431
transmissão cristã dos primórdios da filosofia grega 86-87, 165

Trasilo 26, 82, 87
Trasímaco 265-266, 367, 390-391
Tucídides
        a culpabilidade e a causalidade segundo T. 352
        a democracia segundo T. 401
        o *eikós* segundo T. 354, 371
        indivíduo *versus* sociedade em T. 402-404, 409
        influenciado pelos sofistas 368, 396
        a *próphasis* segundo T. 353, 358

Um, cf. monismo
universalismo, cf. "todas as coisas"
Usener, H. 66, 70, 76

Varrão 67
vazio 172, 247-250
verdade (cf. tb. aparência, e realidade; *eikós*; Xenófanes; Parmênides; Protágoras; Demócrito; Antifonte) 60-62, 283, 296, 319-320, 333
        segundo Aristóteles 62
        e justiça 389, 393, 397
        na poesia e na filosofia 419, 424-426, 430, 437
        e o relativismo 377-381
Vetusta placita ('Pareceres tardios') 67-68, 70, 78-79, 84
visão
        segundo Demócrito 337-339
Vlastos, G. 268-269
Vórtice 221

Wardy, R. 242
Williams, B. 345
Wittgenstein, L. 445

Xenófanes
        antecipa o primeiro motor aristotélico 278
        todas as coisas segundo X. 53, 278, 298, 431
        escolha da forma poética 45, 276-277, 434-437
        concepção de sabedoria 278
        crítica ao antropomorfismo 109-110, 276-277, 279-280
        crítica a Homero e Hesíodo 278, 419-421, 436
        empirismo 110, 140-141, 155, 276-277, 299-300

ética 275-279, 421-422, 435-436
e Heráclito 51-53, 141, 280-282, 304
em débito para com os milésios 109-111, 280
vida e obras 34, 435-436
mofa de Pitágoras 120, 278-279
não é "o fundador da filosofia eleata" 282, 299
ceticismo 63, 80-81, 299
fontes para 83
teologia 109-110, 275-280, 298-299, 332
verdade, conhecimento e crença segundo X. 279-280, 282, 294, 298-301, 430, 435-436
Xenofonte 72

Zeller, E. 47, 50, 70
Zenão de Cício 62
Zenão de Eleia 42, 191-218
    segundo Aristóteles 200-202, 205, 211-216
    defensor do monismo eleata 191-195,
    a divisibilidade infinita segundo Z. 197-198, 206
    regressão ao infinito 199
    legado de 246-247
    vida e obras 35, 191-192
    a magnitude segundo Z. 196-198,
    e a matemática 197-198, 200-201, 206-207, 213-216
    significado de *ápeiron* 199
    paradoxos do movimento 199-216, 237, 239-270
        o Aquiles 202, 210
        a Dicotomia 202, 203
        a Flecha 211
        o Estádio 201
    paradoxos da pluralidade 193-198, 201
    segundo Platão 191-196, 201, 216-218
    problema de completar uma série infinita 206-211
    problema do movimento em um instante 211-216
    relação com Protágoras 385
    fontes para 73-74, 87-89, 191-192
    uso de argumentos de *reductio* 194-195
Zeus 91-92, 275, 278, 294, 303, 346
Zoogonia 95, 220-221
Zoroastrismo 166

Esta obra foi composta em CTcP
Capa: Supremo 250g – Miolo: Boivory Slim 65g
Impressão e acabamento
Gráfica e Editora Santuário